中国社会科学院文库
哲学宗教研究系列
The Selected Works of CASS
Philosophy and Religion

中国社会科学院创新工程学术出版资助项目

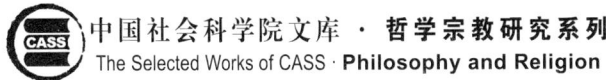

中国社会科学院文库·哲学宗教研究系列
The Selected Works of CASS · Philosophy and Religion

世界佛教通史

A GENERAL HISTORY OF THE WORLD BUDDHISM

第六卷 中国汉传佛教（公元19世纪中叶至20世纪）

魏道儒 主编
本卷 纪华传 著

中国社会科学出版社

图书在版编目（CIP）数据

世界佛教通史．第 6 卷，中国汉传佛教：公元 19 世纪中叶至 20 世纪/纪华传著．—北京：中国社会科学出版社，2015.12
ISBN 978-7-5161-4289-9

Ⅰ.①世… Ⅱ.①纪… Ⅲ.①佛教史—世界 ②佛教史—中国 Ⅳ.①B949.2

中国版本图书馆 CIP 数据核字（2014）第 097941 号

出 版 人	赵剑英
责任编辑	黄燕生　韩国茹
责任校对	王佳玉
责任印制	戴　宽

出　　版	中国社会科学出版社
社　　址	北京鼓楼西大街甲 158 号
邮　　编	100720
网　　址	http://www.csspw.cn
发 行 部	010-84083685
门 市 部	010-84029450
经　　销	新华书店及其他书店
印刷装订	北京君升印刷有限公司
版　　次	2015 年 12 月第 1 版
印　　次	2015 年 12 月第 1 次印刷
开　　本	710×1000　1/16
印　　张	37.75
插　　页	2
字　　数	658 千字
定　　价	138.00 元

凡购买中国社会科学出版社图书，如有质量问题请与本社营销中心联系调换
电话：010-84083683
版权所有　侵权必究

《中国社会科学院文库》出版说明

　　《中国社会科学院文库》（全称为《中国社会科学院重点研究课题成果文库》）是中国社会科学院组织出版的系列学术丛书。组织出版《中国社会科学院文库》，是我院进一步加强课题成果管理和学术成果出版的规范化、制度化建设的重要举措。

　　建院以来，我院广大科研人员坚持以马克思主义为指导，在中国特色社会主义理论和实践的双重探索中做出了重要贡献，在推进马克思主义理论创新、为建设中国特色社会主义提供智力支持和各学科基础建设方面，推出了大量的研究成果，其中每年完成的专著类成果就有三四百种之多。从现在起，我们经过一定的鉴定、结项、评审程序，逐年从中选出一批通过各类别课题研究工作而完成的具有较高学术水平和一定代表性的著作，编入《中国社会科学院文库》集中出版。我们希望这能够从一个侧面展示我院整体科研状况和学术成就，同时为优秀学术成果的面世创造更好的条件。

　　《中国社会科学院文库》分设马克思主义研究、文学语言研究、历史考古研究、哲学宗教研究、经济研究、法学社会学研究、国际问题研究七个系列，选收范围包括专著、研究报告集、学术资料、古籍整理、译著、工具书等。

中国社会科学院科研局
2006 年 11 月

总　　序

魏道儒

2006年底，在制订世界宗教研究所佛教研究室科研项目规划的时候，我想到国内外学术界还没有编写出一部佛教的世界通史类著作，就与几位同事商量，确定申报中国社会科学院重大课题——《世界佛教通史》。该课题于2007年8月正式立项，2012年12月结项，其后又列选为中国社会科学院创新工程项目进行修改完善。呈现在读者朋友面前的这部书，就是当年同名课题的最终成果。

在申报《世界佛教通史》课题的时候，我们按照要求规划设计了相关研究范围、指导思想、撰写原则、主要问题、研究思路、预期目标等。八年多来，我们就是按照这些既定方案开展研究工作的。

"佛教"最早被定义为释迦牟尼佛的"说教"，其内容包括被认为是属于释迦牟尼的所有理论和实践。这个古老的、来自佛教信仰群体内部的定义尽管有很大的局限性，但由于强调了佛教起源于古代印度的史实，突出了释迦牟尼作为创教者的权威地位，符合了广大信众的崇拜需求，不仅长期获得公认，而且影响到现代人们对佛教的认识和理解。我们认为，"佛教"是起源于古代印度，在不同国家和地区流行了2500多年的一种世界性宗教，包含着不同国家和地区信教群众共同创造的精神产品和物质产品。我们这样理解"佛教"既与古老的定义不矛盾，又更符合这种宗教的历史发展事实，同时，也自然确定了我们这部《世界佛教通史》的研究范围和对象。

我们的《世界佛教通史》是一部佛教的世界通史，主要论述佛教从起源到20世纪在世界范围内的兴衰演变的主要过程。我们希望以辩证唯物主义和历史唯物主义为指导，坚持历史与逻辑相统一的原则，以史学和哲学方法为主，同时借鉴考古学、文献学、宗教社会学、宗教人类学、宗教心理学、宗教比较学、文化传播学等相关学科的理论和方法，在收集、整理、辨析第一手资料（个别部分除外）的基础上，全方位、多角度对世界范围内的佛教历史进行深入研究。

在考虑具体撰写原则时，我们本着"原始察终，见盛观衰"的史学原则，对每一研究对象既进行梳理脉络的纵向贯通，又进行考察制约该对象变化的多种因素的横向贯通。我们在论述不同国家和地区的佛教时，希望始终联系制约佛教兴衰变化的政治、经济、民族、科学技术和思想文化等因素，始终将宏观把握和微观探索结合起来，系统阐述众多的佛教思潮、派系、典籍、人物、事件、制度等，并且兼及礼俗、典故、圣地、建筑、文学、艺术等。我们强调重视学术的继承和规范，并且力争在思想创新、观点创新和内容创新三方面都取得成果。我们以"叙述史实，说明原因，解决问题"为研究导向和撰写原则，对纷繁复杂的研究对象进行实事求是、客观公正的阐述和评价。

我们在确定本课题的主要研究问题时已经注意到，在不同的国家和地区，在不同的历史阶段，同是佛教，甚至同是佛教中的某一个宗派，往往具有截然不同的内在精神和外在风貌。佛教在不同国家和地区中的政治地位、经济地位、法律地位，在当地思想文化体系中的位置和发挥的作用，在社会民众心目中的形象和价值，都是千差万别的。当我们综观世界范围内的佛教时，看到的不是色调单一而是绚丽多彩，不是停滞僵化而是变动不居。我们在研究不同的国家、地区和民族中的佛教时，一定会遇到特殊的情况、独有的内容和需要侧重解决的问题。对于各卷作者在研究中捕捉到的特殊问题，建议他们独立制订解决方案，提出解决办法。从本部书各卷必定要涉及的一些共同研究内容方面考虑，我们当时要求相关各卷侧重研究如下四个方面的问题。

第一，佛教的和平传播问题。

佛教从地方宗教发展成为亚洲宗教，再发展成为世界宗教，始终以和平的方式传播，始终与政治干预、经济掠夺和文化殖民没有直接联系，始终没有因为传教引发战争。我们可以看到，无论在古代还是在近代，无论在中国还是在外国，成功的、有影响的佛教传教者都不是以武力胁迫人们信教，都是以其道德高尚、佛学精湛、善于劝导和感化人而赢得信众。佛教的和平传播在世界宗教史上是独一无二的，可以说，这为当今世界各种文明之间建立联系提供了可资学习、借鉴的样板。关于佛教的和平传播问题，学术界虽然已经涉及，但是还没有推出结合佛教在不同国家和地区的具体情况进行集中论述的论著。我们希望本部书的相关各卷结合佛教在不同国家和地区的具体情况，比较全面系统地研究佛教和平传播的方式、过程，研究佛教传播与社会、政治、经济、文化等因素以及与自身教义之间的关联，探索佛教和平传播的内在规律。我们当时设想，如果能够对佛教和平传播问题进行更全面、更系统的考察、分析和评论，就会为学术界以后专门探讨佛教在不同文化中传播的方式、途径、过程、特点和规律建立更广泛的参照系，提供更多的史实依据，确定更多的观察视角，列举更多的分析标本。我们认为，本部书有关各卷加强这方面的研究，对于加深认识今天全球范围内的宗教传播和文化传播具有重要现实意义。毫无疑问，这种研究也将会丰富文化传播学的内容。

第二，佛教的本土化问题。

佛教本土化是指佛教为适应所传地区的社会、民族、政治、经济和文化而发生的一切变化，既包括信仰、教义方面的变化，也包括组织、制度方面的变化。在有佛教流传的国家和地区，佛教本土化过程涉及社会的各个方面，从经济基础到上层建筑都会受到影响。从帝王到庶民的社会各阶层，包括信仰者和非信仰者、支持者和反对者、同情者和厌恶者都会不同程度地参与进来，对佛教本土化进程的深度、广度以及前进方向施加影响、发挥作用。正因为佛教本土化的出现，才使佛教在流传地有可能扎根、生长，才使当今世界各地区的佛教有了鲜明的民族特色。无论在任何国家和地区，佛教本土化的过程都是曲折反复、波谲云诡。如果只有温柔的相拥，没有无情的格斗；如果只有食洋不化的照搬照抄，没有别开生面的推陈出新，佛教要想在任何社会、民族和文化中扎根、生长都是不可想象的。学术界对佛教本土化问题虽有涉及，但研究还不够全面和深入，并且有许多研究空白。例如，对于19世纪到20世纪东方佛教的西方转型问题，就基本没有涉及。我们要求相关各卷把研究佛教的本土化问题作为一个重点，不同程度地探索各个国家和地区佛教形成本土特色的原因，描述佛教与当地社会、政治、经济和文化相互冲突、相互协调、相互适应的过程，分析导致佛教在特定区域、特定历史阶段或扎根生长、或蓬勃兴旺、或衰败落寞、或灭绝断根的诸多因素，以便准确描述佛教在世界各地呈现出的多种多样的姿态、色彩。我们相信，本书加强这方面的研究，一定会填补诸多学术空白，加深对各个国家和地区佛教的认识。

第三，佛教教义体系、礼仪制度和文化艺术的关系问题。

在世界各大宗教中，佛教以典籍最丰富、文化色彩最浓重、思想教义最庞杂著称。在以佛教典籍为载体的庞大佛教教义体系中，不胜枚举的各类系统的信仰学说、哲学思想、修行理论等，都是内容极为丰富、特点极为突出、理论极为精致、影响极为深远的。仅就佛教对生命现象的考察之系统全面，对人的精神活动分析之细致周密，为消除人生苦难设计的方案之数量众多，就是其他宗教望尘莫及的。无论在古代还是在近现代，诸如此类的佛教基本理论对不同阶层信仰者都有强大吸引力和持久影响力。各国家和地区的历代信仰者往往从佛教的教义体系中寻找到了人生智慧，汲取了精神营养，感受了心灵慰藉。相对来说，佛教的教义体系历来成为学术界关注的重点，研究得比较充分。但是，佛教是以共同信仰为纽带、遵守相同道德规范和生活制度的社会组织，所具有的并不仅仅是教义思想。除了教义体系之外，佛教赖以发挥宗教作用和社会影响的还有礼仪制度和文化艺术。相对来说，对于佛教的教义体系、礼仪制度、文化艺术三者之间的有机联系，各自具有的宗教功能和社会功能，三者在决定佛教兴衰变化中所起的不同作用等问题，学术界就涉及比较少了。我们希望本部书的相关各卷把研究佛教教义体系、礼仪制度和文化艺术三者有机结合起来，不仅重视研究三者各自具有的独特内容，而且重视研究三者之间错综复杂的相互关系，考察三者在决定佛教兴衰变化中所起的不同作用。这样一来，我们就有可能纠正只重视某一个方面而忽略其他方面的偏颇，有可能避免把丰富多彩的通史撰写成色调单一的专门史，从而使本部书对佛教的观察角度更多样，整体考察更全面，基本分析更客观。

第四，中国佛教在世界佛教中的地位问题。

中国人对佛教文化的贡献是长期的、巨大的和不可替代的。归纳起来，主要体现在三个方面。其一，中国人保存了佛教资料。从汉代到北宋末年，中国的佛经翻译事业持续了将近一千年，其间参与人数之多、延续时间之长、译出典籍之丰富、产生影响之巨大，在整个人类文化交流史上都是空前的、独一无二的。汉文译籍和中国人写的各类佛教著作保存了大量佛教历史信息。如果没有这些汗牛充栋的汉文资料，从公元前后大乘佛教兴起到公元13世纪古印度佛教湮灭的历史就根本无法复原，就会留下很多空白。其二，中国人弘扬了佛教。佛教起源于古印度，而传遍亚洲，走向世界，其策源地则是中国。中国人弘扬佛教的工作包括求法取经和弘法传经两个方面。所谓"求法取经"，指的是中国人把域外佛教文化传到中国。从三国的朱士行到明朝的官僧，中国人的求法取经历史延续了一千多年。历代西行者出于求取真经、解决佛学疑难问题、促进本国佛教健康发展、瞻仰圣地等不同目的，或者自发结伴，或者受官方派遣，怀着虔诚的宗教感情，勇敢踏上九死一生的险途，把域外佛教传播到中国。所谓"弘法传经"，指的是中国人把具有中国特色的佛教文化传到其他国家。从隋唐到明清的千余年间，中国人持续把佛教从中国传播到了日本、韩国、东南亚等地；近代以来，中国人又把佛教弘扬到亚洲之外的各大洲许多国家。中国人向国外弘法传经延续时间之长、参与人数之多、事迹之感人、成效之巨大，几乎可以与西行求法运动相提并论。中国人的弘法传经与求法取经一样，是整个世界佛教文化交流史上光辉灿烂的阶段，可以作为人类文明交流互鉴取得伟大成就的一个典范。其三，中国人直接参与佛教文化的丰富和发展进程。在两千多年的历史中，中国历代信众直接参与佛教思想文化建设，包括提出新思想、倡导新教义、撰写新典籍、建立新宗派、创造新艺术。可以说，没有中国固有文化对佛教文化的熏陶、滋养和丰富，当今世界佛教就不具备现在这样的风貌和精神。本部书旨在加强研究促成中国在唐宋时期成为世界佛教中心的历史背景、社会阶层、科技状况、国际局势等方面的问题，加强研究中国在促成佛教成为一种世界宗教过程中的作用和地位，加强研究中国在保存、丰富和发展佛教文化方面不可替代的作用。我们应该用世界的眼光审视中国佛教，从中国的立场考察世界佛教，对中国佛教在世界佛教中的地位、作用、价值有更全面、更深刻的认识。我们认为，加强这方面的研究，有利于为中国新文化走向世界提供重要的历史借鉴和思路，有利于我们树立对本民族文化的自觉、自信和自尊，有利于深刻认识佛教在当前中国对内构建和谐社会，对外构建和谐世界方面的重要性。

在收集、筛选、整理、辨析和运用史料方面，我们当时计划整部书切实做到把资料的权威性、可靠性和多样性结合起来，统一起来，从而为叙述、说明、分析和评论提供坚实的资料基础；计划整部书的所有叙述、所有议论以及所有观点都建立在经过考证、辨析可靠资料的基础上。对于能够运用什么样的第一手资料，我们根据当时课题组成员的研究方向、专业特长和发展潜力,确定本部书所采用的资料文本主要来自汉文、梵文、巴利文、藏文、西夏文、傣文、日文、英文、法文、越南文等语种,同时,也希望有些分卷在运用田野调查资料、实物资料方面做比较多的工作。

关于《世界佛教通史》的章节卷册结构,开始考虑并不成熟,仓促确定了一些基本原则。随着研究工作的深入,中间经过几次变动,最后确定本部书由十四卷十五册构成。第一卷和第二卷叙述佛教在印度的起源、发展、兴盛、衰亡乃至在近现代复兴的全过程。第三卷到第八卷是对中国汉传、藏传和南传佛教的全面论述,其中,作为中国佛教主体部分的汉传佛教分为四卷,藏传佛教为一卷两册,南传佛教独立成卷。第九卷到第十一卷依次是日本、朝鲜和越南的佛教通史。第十二卷是对斯里兰卡和东南亚佛教分国别阐述。第十三卷是对亚洲之外佛教,包括欧洲、北美洲、南美洲、大洋洲、非洲等五大洲主要国家佛教的全景式描述。第十四卷是世界佛教大事年表。对于各卷册的字数规模、所能达到的质量标准等,预先并没有具体规定,只是根据学术界的研究状况和我们课题组成员的具体情况确定了大致原则。当时我们清醒地认识到:本部书涉及范围广、时间跨度大,一方面,国内外学术界在研究不同时段、不同国家和地区佛教方面投入的力量、所取得的成果有很大差异,极不平衡。在这种情况下,有些部分的撰写者由于凭靠的学术研究基础比较薄弱,他们的最终成果难免受到这样或那样的制约和影响。另一方面,课题组主要成员对所负责部分的研究程度不同,有些成员已经在所负责方面出版多部专著,称得上是行家里手;有些成员则对所负责部分刚刚接触,可以说是初来乍到者。对于属于前者的作者,我们当然希望他们致力于捕捉新问题、提出新观点,得出新结论,拿出百尺竿头更进一步的著作;对于属于后者的年轻同事,自然希望他们经过刻苦努力,能够在某些方面有闪光突破,获得具有后来居上性质的成果。鉴于我们的研究工作是在继承、吸收、借鉴以往重要的、高质量的、有代表性的成果基础上展开的,所以我们既要重视填补学术空白,重视充实薄弱环节,也要强调在重要的内容、问题方面有新发现和新突破。因此,我们要求各卷撰写者在不违背通史体例的情况下,对自己研究深入的内容适当多写一些,对自己研究不够、但作为史书又不能空缺的内容适当少写一些。总之,我们根据学术界的研究状况和课题组成员的能力,尽量争取做到整个《世界佛教通史》的各部分内容比例大体协调、详略基本得当。这里需要说明一下,本书各卷的定名并非完全意义上的现代国家概念,而是根据学术界的惯例来处理的。

当初在考虑《世界佛教通史》的学术价值、理论意义与现实意义方面,我们关注了社会需要、时代需要、理论发展需要、学科发展需要、培养人才需要等方面的问题,并且逐一按要求进行了论证。除此之外,我们也要求各位撰写者叙述尽量客观通俗,注意在可读性方面下些功夫,务使本部书让信教的和不信教的、专业的和非专业的绝大多数读者朋友都能接受,都能获益。

八年多来,课题组每一位成员都认真刻苦工作,为达到预期目标而不懈努力。可以说,每一位撰写者都尽了心、出了力、流了汗、吃了苦。但是,由于我们水平所限,时间所限,《世界佛教通史》不可避免地存在一些缺点、不足和错误,敬请读者朋友批评指正。我们将认真倾听、收集各方面的善意批评和纠错高见,争取本部书再版本错谬减少一些,质量提高一些。

目　　录

绪言 ……………………………………………………………（1）
　一　晚清民国时期的社会剧变与佛教危机 …………………（1）
　二　近代佛教的新内容与时代特色 …………………………（4）
　三　近代佛教所面临的主要问题与矛盾 ……………………（8）
　四　佛教与近代中国社会 ……………………………………（12）

第一章　清末社会剧变与佛教危机（1840—1911） …………（15）
　第一节　清末佛教制度与佛教的衰落 ………………………（16）
　　一　佛制：戒律及近代律宗之衰敝 ………………………（17）
　　二　僧制：丛林清规制度之演变及佛教的衰落 …………（28）
　　三　王制：从政教关系看清末佛教的衰落 ………………（40）
　第二节　基督宗教的传播及太平天国运动对佛教的打击 …（52）
　　一　鸦片战争后基督宗教在中国的传播 …………………（52）
　　二　太平天国运动对佛教的摧残 …………………………（66）
　第三节　清末庙产兴学运动与僧教育 ………………………（81）
　　一　庙产兴学运动兴起的社会背景及其原因 ……………（81）
　　二　维新派及洋务派倡庙产兴学 …………………………（90）
　　三　朝廷及地方政府庙产兴学政策之实施 ………………（98）
　　四　佛教界之反应及近代僧教育之兴起 …………………（105）
　第四节　杨文会与近代佛教的复兴 …………………………（115）
　　一　生平、著述及佛法因缘 ………………………………（116）
　　二　金陵刻经处的创立及其意义 …………………………（119）
　　三　创办祇洹精舍，培养佛教人才 ………………………（125）
　　四　具有国际眼光，弘扬佛法于世界 ……………………（127）

五　佛学思想略析 …………………………………… (129)
　　六　对日本净土真宗的批评 ………………………… (135)
　　七　结语 ……………………………………………… (137)

第二章　民初及北洋政府时期的佛教政策与佛教的发展（1912—1926） …………………………… (139)

第一节　民初南京临时政府的宗教信仰自由政策 ……… (140)
　　一　民国时期的宗教管理机构 ……………………… (140)
　　二　孙中山与民初宗教信仰自由政策 ……………… (143)
　　三　民初佛教界关于中华民国与佛教关系之探讨 … (148)
第二节　民国初期的佛教组织 …………………………… (152)
　　一　佛教协进会与近代佛教改革之新声 …………… (154)
　　二　佛教会首倡政教分离之原则 …………………… (157)
　　三　民国初年昙花一现的其他佛教组织 …………… (163)
　　四　中华佛教总会 …………………………………… (166)
第三节　北洋政府时期的佛教政策及宗教法规 ………… (177)
　　一　北洋政府初期制定佛教管理政策的背景 ……… (177)
　　二　《寺院管理暂行规则》 ………………………… (184)
　　三　《管理寺庙条例》 ……………………………… (189)
　　四　《修正管理寺庙条例》与佛教政策之缓和 …… (196)
第四节　北洋政府时期的僧教育 ………………………… (202)
　　一　中国传统佛教中的丛林教育及其衰落 ………… (202)
　　二　月霞法师与华严大学 …………………………… (204)
　　三　谛闲法师与观宗学社 …………………………… (211)
　　四　太虚大师与武昌佛学院 ………………………… (218)
第五节　太虚大师的僧制改革与僧团建设 ……………… (226)
　　一　太虚大师生平 …………………………………… (227)
　　二　僧制改革的历史背景 …………………………… (235)
　　三　僧制改革的内容 ………………………………… (240)
　　四　僧团建设之实践 ………………………………… (255)
　　五　僧制改革的教团组织建设 ……………………… (262)

第三章 南京国民政府时期的佛教政策与佛教的繁荣（1927—1937） ……（272）

第一节 国民革命的兴起与各地毁寺占庙之风气 ……（273）
一 国民革命的兴起与各地毁寺占庙之风气 ……（274）
二 军阀干涉佛教与毁佛 ……（278）

第二节 南京国民政府时期的寺庙管理制度 ……（285）
一 国民政府制定佛教法规的背景与法规体系 ……（285）
二 南京国民政府时期有关寺庙登记的法规 ……（288）
三 南京国民政府有关寺庙管理的法规 ……（293）
四 其他有关佛教的政策法规 ……（304）
五 结语 ……（309）

第三节 南京国民政府时期的庙产兴学运动 ……（310）
一 第一次庙产兴学运动 ……（311）
二 "庙产兴学促进会"与第二次庙产兴学 ……（322）
三 七省教育厅提议与第三次庙产兴学运动 ……（329）
四 结语 ……（336）

第四节 国民政府时期的佛教组织 ……（337）
一 中国佛学会 ……（338）
二 中国佛教会 ……（342）

第五节 太虚大师人间佛教思想 ……（353）
一 人间佛教产生的历史背景与时代思潮 ……（353）
二 作为时代思潮的人间佛教思想及其佛教新运动 ……（359）
三 太虚人间佛教思想的内涵及特征 ……（363）
四 结语 ……（366）

第四章 抗战时期的佛教政策与佛教界的爱国举措 ……（367）

第一节 抗战时期的佛教政策 ……（367）
一 佛教参与抗战的指导方针：组织建设与精神抗战 ……（368）
二 积极推动佛教外交，争取国际舆论支持 ……（375）
三 民族宗教政策与边疆安定 ……（380）

第二节 抗战时期佛教界的爱国举措 ……（385）
一 佛教界的空前厄运与抗战宣传 ……（385）

二　战时的中国佛教会 ……………………………………（391）
　　三　战场救护与直接参战 ………………………………（398）
　　四　法会祈愿与宣传募捐 ………………………………（404）
 第三节　汉藏教理院及蒙藏佛教界积极参与抗战 …………（406）
　　一　蒙藏佛教界积极参与抗战 …………………………（406）
　　二　抗战时期的汉藏教理院 ……………………………（408）

第五章　清末民国时期的佛教宗派 ………………………（417）
 第一节　近代密宗的复兴 ……………………………………（417）
　　一　昙花一现的东密与台密之回传 ……………………（418）
　　二　藏地僧人于内地弘传密法 …………………………（431）
　　三　大勇法师与法尊法师的入藏求法 …………………（438）
　　四　能海法师的弘法活动 ………………………………（442）
　　五　结语 …………………………………………………（451）
 第二节　近代唯识学的复兴 …………………………………（452）
　　一　欧阳竟无与支那内学院 ……………………………（453）
　　二　韩清净与三时学会 …………………………………（472）
　　三　太虚与武昌佛学院的唯识学研究 …………………（481）
　　四　结语 …………………………………………………（496）
 第三节　近代华严宗与天台宗的弘扬 ………………………（496）
　　一　近代华严宗的重兴 …………………………………（497）
　　二　近代天台宗的重兴 …………………………………（507）
 第四节　近代净土宗、禅宗与传统佛教的维系 ……………（527）
　　一　印光法师与近代净土宗 ……………………………（527）
　　二　虚云禅师与近代佛教 ………………………………（545）
　　三　来果禅师及其高旻禅 ………………………………（552）

参考文献 ………………………………………………………（573）

后记 ……………………………………………魏道儒（583）

绪　言

鸦片战争以后的百余年时间中，我国内忧外患，饱受屈辱，在思想文化、政治制度、社会生活、经济结构以及价值观念等各个方面都发生了根本性的变化，经历着数千年来所未遇的大变局。中国佛教在历史上的兴衰一直与国家的命运息息相关，近代中国社会的苦难亦深深体现在佛教之中。在晚清民国的空前社会转型中，中国佛教不但在外部历经太平天国运动以及庙产兴学运动的冲击，而且自身千百年来陈陈相因积弊丛生，中国佛教就在此空前的危机中开启了艰难曲折的发展历程。然而中国佛教毕竟有着近两千年源远流长的深厚底蕴，有着上至知识阶层下至平民百姓的广泛社会影响，所以具有自身反省生存和发展的顽强生命力。近代中国是中华民族奋起抗争、逐渐觉醒的历史，国家的图存、民族的振兴成为时代的主旋律。对于佛教而言，近代佛教所面临的危难，为佛教的转型和发展带来了新的契机，因此如何保持优良传统、革除历史积弊、适应时代发展成为这个时代的主题。

一　晚清民国时期的社会剧变与佛教危机

晚清之时，随着政府国力的衰退，战祸连年，内外交困，国家陷入前所未有的困顿之中，中国佛教亦走向衰落。就佛教而言，随着帝国主义列强的入侵，西方文化的传入与基督宗教的传播，传统的儒释道三教共同维系的思想道德教化体系逐渐被打破，加之太平天国运动对传统文化的摧残及晚清、民国时期两次席卷全国、声势浩大的庙产兴学运动，佛教在政治、经济、文化等方面都面临着千百年来所未遇的巨大危机。

第一，在政治方面宗教政策的剧变。在中国历史上，以皇帝为首的中央集权非常强大，故封建时代的佛道教政策，每系乎帝王之好恶，政治对宗教的影响极大。宋元明清近千年的时间中，佛教在帝制的荫蔽下，在制度上不断调整适应了封建时代的政治需要及社会需要，形成了佛教匍匐于封建王权之下极端依赖朝廷的局面。晚清之时，伴随着国势衰微、内外交困，朝廷已无暇顾及佛教，只能任其自生自灭。此时的佛教积弊丛生，各地僧录司已经名存实亡，在封建社会时期形成的各种管理佛道的制度亦趋废弛。晚清时期开始出现的佛教组织僧教育会代替了传统的僧录司，民国时期进而演变成中华佛教总会和中国佛教会等佛教组织，在组织制度上逐渐摆脱了王权之羁绊，开始了僧团自我管理的新阶段。

晚清民国时期宗教政策的巨大变化，还表现在民国时期政府制定了一系列的宗教政策与法规，呈现出与封建帝王时代迥然不同的管理模式。北洋政府时期制定了《寺庙管理暂行规则》、《管理寺庙条例》、《修正管理寺庙条例》、《著名寺庙特别保护通则》等一系列法令，这些法令在参与管理和保护佛教方面尽管还存在不少问题，但开创了用专门的法律法规来管理佛教的先河。1927年南京国民政府成立后，进一步加强了对宗教的控制，其间前后共制定和颁布了二十多部有关宗教的法律法规，其中与佛教有关的主要有《寺庙登记条例》、《寺庙登记规则》、《神祠存废标准》、《寺庙管理条例》、《监督寺庙条例》、《寺庙兴办公益慈善事业实施办法》等，影响最为深远者当属《寺庙登记条例》和《监督寺庙条例》。这些法规虽仍有各种缺点和不足，但对我国宗教立法史具有重大影响，尤其是将佛教的管理纳入新的法律形式，这是佛教所面临的一个巨大的外部变化。

第二，佛教在经济上受到了太平天国运动以及晚清、民国时期两次大规模庙产兴学运动的致命打击。晚清民国时期，佛教由于失去了封建帝王在经济上、政治上的支持和保护，社会地位急剧下降。至清末新政，因财政拮据，朝廷开始注意到佛教广大寺院的田产寺产，由此掀起了庙产兴学运动的序幕，将佛教推向了社会。

太平天国运动给佛教带来了致命的摧残。此运动持续十四年之久，其所占领的十七个省之中的浙江、江苏等江南地区自南宋以来一直是佛教的中心，可谓佛教传入中国近两千年来所遭受的最为致命的打击，更甚于历史上的"三武一宗灭佛"。相比之下，"三武一宗灭佛"持续的时间较短，且对佛教的打击也只是局部性的，而且毁佛的皇帝死后，继任的皇帝均对佛教大力支持，使得佛教能够迅速恢复。而太平天国运动对佛教的戕害却是难以挽回的，该运动打着基督宗教反对偶像的名义，将佛寺道观及孔庙城隍中的神像均视为妖孽，所到之处"无庙不焚、无像不毁"，无数的寺院佛塔、经书典籍被毁于一炬。清末民国时的佛教僧人虽然勉力修复了其中部分建筑佛像，可是佛教思想传承上遭此巨大打击，使得中国佛教从此一蹶不振，再也无力恢复到此前的繁盛状态。

晚清、民国时期的两次庙产兴学运动对佛教寺院经济的打击更为普遍。清末，在维新派康有为倡导"改淫寺为学堂"、"即书院、佛寺为学堂"，洋务派张之洞的《劝学篇》主张改佛寺道观为学堂，并在思想界舆论的推动下，掀起了一场声势浩大的庙产兴学运动。全国上至省府州县，下至穷乡僻壤，各地官员及社会人士乃至恶霸劣绅纷纷借兴学的名义，侵占寺庙及财产，摧毁佛像，驱逐僧尼。清末以来的这一宗教政策，使得本已衰败不堪的佛教陷入了更加悲惨的命运。进入民国以后，占庙逐僧毁像之风一直未停止，尤其是1928—1935年，发生了三次大规模的庙产兴学运动，使寺院僧尼陷入了巨大的恐慌。但是庙产兴学运动也促使佛教界中部分高僧大德认识到，僧团衰败最根本的原因是传统丛林的保守落后导致僧才匮乏，使得佛教难以适应时代，由此他们积极倡导创办新式僧教育机构和学院。从这一角度看，庙产兴学运动在客观上推动了佛教的现代化转换，促成了佛教在社会转型中的新生。

第三，在文化上，佛教受到了近代反传统、反宗教、反迷信以及西方文化和基督教等思潮的影响。近代中国革故鼎新，各种反传统、反宗教思潮和破除迷信运动等成为时代潮流，传统文化受到了新的挑战。作为旧时代意识形态和社会文化形态之一的中国佛教，自然面临着巨大的挑战和生存困境。此外，基督宗教在近代中国的传播与迅速发展，给佛教、儒教、道教等传统的宗教文化带来了新的挑战。由于近代中国特殊的历史情况，基督宗教是在"历史尴尬"时期传入中国的。它伴随着帝国主义坚船利炮而强行传入，难免不被中国人所诟病。例如，士大夫们一致认为基督教对中国文化危害巨大，它蒙昧惑众、动摇人心，严重撼动着作为中国立邦之本的传统文化思想，是伴随着西方列强政治、经济侵略而来的另一"坚船利炮"。

儒释道三教为中国传统社会的精神支柱，在思想领域及社会生活各方面的影响早已根深蒂固，而基督宗教与中国的传统思想有着巨大的矛盾。随着西学的传入，尤其是基督宗教在近代的迅猛发展，儒释道三教动态平衡的体系被打破。佛教作为外来的宗教传入中国后，在与固有的儒道思想相互吸收融合过程中，逐渐成为中国传统文化的重要组成部分。从中国思想史的发展看，佛教虽然在哲学思想上曾对儒家、道教提出过批评，儒家、道教在政治生活和伦理道德方面对佛教也进行过攻击，但总体上是三者互相借鉴和学习的过程。儒释道三教关系首先是相互补充，即儒家治世、道家治身、佛家治心。历史上由于儒家思想在思想文化领域起到过绝对支配的地位，所以佛教一方面肯定儒家在治理社会方面有着佛道二教所不可替代的作用，同时又强调佛教在安定社会人心、劝人向善方面有着独特的作用。概而言之，中国历史上儒释道三教基本处于和平相处的状况，表面上佛教与儒家、道教经常会有矛盾甚至冲突，其实质则是在保持了彼此的鲜明特色和各自的独立性基础上，相互吸收、相互融合，丰富和发展了各自的思想内容。近代以来，随着西方文化和基督宗教的传入，传统的儒释道三教的宗教生态遭到了破坏，正如印顺法师所言："昔日文化之为友为敌，唯儒与道；今则文化之新友新敌，将加入西方之宗教、哲学、科学。处非常之变，而晚唐来之传统佛教者，一仍旧贯，无动于心，真难乎为继矣！"① 然而从另一个角度看，西方文化与基督宗教的传入，为中国传统文化开拓了新的视野，对中国的文化教育事业、医院卫生事业、孤儿院等慈善救济事业都起到了推动作用，在一定程度上刺激和推动了佛教的现代化，促使佛教界逐渐走出明清以来的山林佛教和鬼神佛教的消极倾向，开始走向现实的社会人生，发挥出佛教积极的社会功能。

二 近代佛教的新内容与时代特色

随着国家政体由帝王专制向民主共和转变，近代佛教界在僧团制度、佛教组织、佛教教育等方面都发生了巨大变化，呈现出新的时代特点，而传统的佛教宗派则无法充分体现近代佛教的特点。近代中国佛教宗派中，禅宗与净土宗依然是在佛教界乃至社会上居士信徒中影响最大的，出现了虚云禅师、来果禅师以及印光法师等有影响的祖师，然而两宗均已趋衰微，仅能勉力维系宗风而已。传统佛教的义学在近代佛教教育风气影响下得以新兴，以天台宗的谛闲法师和华严宗的月霞法师为代表，但是并无创新与发展。此外，清末民国佛教出现了两大新的趋势，一是佛教密宗通过日本密教的回归和藏传密法的弘传而得以重兴，二是唯识学的复兴，这是

---

① 印顺：《中国佛史略》，载《妙云集》下篇之九，《佛教史地考论》，台北正闻出版社1992年版，第92页。

清末民国佛教宗派发展的最大特点。总体而言，传统意义上的宗派在近代的发展并不具有鲜明的时代特色，因此必须着重把握近代佛教中最重要的内容和时代特色，将其放在整个中国近代史的大环境下进行研究。

（一）僧团制度的变革

太虚大师是近代佛教最有影响的改革家，他殚精竭虑改革佛教的积弊，力图使其能够适应新的时代，发挥化导社会人心的作用。太虚一生"志在整理僧伽制度，行在瑜伽菩萨戒本"，以改革、重整僧制为使命，在《整理僧伽制度论》、《僧制今论》和《建僧大纲》三部著作中系统阐述了僧制改革思想。僧制改革是太虚毕生为之献身的复兴中国佛教事业的重要内容，是他关于佛教三大革命的首要任务，僧制改革是佛教思想革新的制度保障，也是佛教经济的规范性前提。太虚大师之教制改革就是通过反对深受传统家族制度影响的寺院住持制度和传法制度，革除将法系传承家庭化以及将寺院经济私有化之弊端。太虚呼吁将传法制改为选贤制，主张从佛教学院中选拔优秀僧人住持寺院，建立真正住持佛法的僧团，形成合理的现代僧伽制度。此外，通过创设新兴的教团组织，试图从制度层面顺应近代中国社会由"传统礼俗社会"向"现代法理社会"过渡，用组织的形式来取得社会的认同，达到复兴中国佛教的目的。

除了太虚之外，常惺、震华，以及太虚的弟子大醒、芝峰等，均服膺太虚的僧制改革，踵事增华，深化与完善了僧伽制度革新。不仅如此，僧团制度建设也是这一时期佛教界共同的努力方向，以传统的禅宗为例，虚云、来果重视禅堂规约的重建。虚云禅师志在复兴禅宗祖师道场，每至一处，首先就是革除陋习，整顿禅堂规矩，重建丛林规约。来果禅师住持高旻寺，毅然革除经忏、焰口等佛事，亲订丈室等四寮规约，完善了寺院管理制度。又如净土宗的印光法师订立灵岩山五项规约，1926年印光法师与真达法师共同拟定了灵岩山规约，"只传贤不传法，以杜法眷私属之弊"，将灵岩山建成净土专修道场。谛闲法师及其门人弟子亦重视观宗讲寺及观宗学社的制度建设，谛闲的弟子倓虚法师还对传统的嗣法与住持选任制度进行改良，提出"传法不传座"的新的法系传承制度。虽然太虚及近代高僧如虚云、来果、印光、谛闲等人均提倡僧团制度建设，然太虚与其他高僧从传统的继承中再建完全不同，故招致同时代的诸多阻力和非议。

太虚大师及其近代高僧们针对佛教存在的问题，进行了大胆的改革，并前瞻性地提出了解决的方案和设想，为以后的佛教改革提供了宝贵的经验。由于时代的局限，太虚未能完全实现自己的理想，但他为佛教注入了新鲜的思想，对佛教僧团建设有着深远的影响。放眼未来千年中国佛教的发展，太虚的僧制改革思想具有重要的前瞻性和指导意义。

（二）佛教组织之出现

近代以来，受到世界大环境以及新潮思想的影响，中国社会勃然兴起了革故鼎新的新局面，中国佛教在这样的社会转型中不断革新探索，为了适应新时代的需要逐渐建立起了现代组织体系。最早出现的佛教组织是清末的佛教学公务所和僧教育会，成立的目的是抵抗庙产兴学运动，保护寺产，推动佛教界的联合与兴办僧教育。正如太虚所言："我国前此盖犹无与国政相依，随国家地方之区域，设立机关，部勒全体之佛教徒以成为佛教之统一团体者；有之，实始于僧教育会、佛教总会。"

进入民国之后，中国佛教界为团结僧俗弟子，保护僧寺庙产与佛教利益而不断兴起新的佛教组织。民初之时佛教组织如雨后春笋般纷纷涌现，至北洋政府时期，相继组建的中国佛教组织既有太虚法师所倡建之中国佛教协进会、中华佛教联合会、维持佛教同盟会、世界佛教联合会，八指头陀寄禅法师联合全国寺僧创建之中华佛教总会，欧阳竟无创建之佛教会、支那内学院，谢无量发起之佛教大同会；也有觉社、佛教弘誓会、中央佛教公会、北京佛教会、佛化新青年会、龙华佛学会、蒙汉佛教联合会等组织体系。南京国民政府时期，由于政局相对稳定，国民政府上层政要对佛教亦采取相对宽容和支持的政策，为佛教组织的健康发展奠定了基础，此时成立了两个重要的佛教组织：中国佛学会与中国佛教会。其中，中国佛教会是民国时期存在时间最长、影响最大的全国性佛教组织，与南京国民政府相始终，对于民国时期的中国佛教发展、维护佛教利益、兴办公益事业，以及此后积极参与抗战等都做出了积极的贡献。

近代日本人水野梅晓所著《支那佛教的现状》曾说："教团与经营社会事业的机遇来临，对中国佛教而言，可谓是空前的大事！"① 由于新旧派之间的矛盾，限制了中国佛教组织作用的发挥，如中国佛教会从成立开始即埋藏着新旧之争，以太虚为代表的改革派与以圆瑛为代表的保守派之间矛盾重重。不过，作为近代佛教的重要尝试，中国佛教会等佛教组织在

---

① ［日］水野梅晓：《支那佛教の现状に就て》，支那时报社1926年版，第36页。

联系和组织全国佛教徒、推动中国佛教复兴、发展佛教社会事业等方面都发挥了积极作用。

(三) 佛教学院教育之兴盛

在中国佛教传统中,禅宗的禅堂规矩、丛林制度,坐香、跑香、打禅七等修行方法;教门中讲堂开大堂、复小座等讲经制度;律宗受戒学戒、结夏安居等,可以说每一座寺院都是一所专科的佛教学院。然而法久成弊,清末以来,传统的丛林教育已经衰敝至极。禅堂抱定一句"念佛是谁"话头盲修死参,既无佛法正见指引,见地不明,修行方法路子不清,又无明眼善知识鞭策接引,故宗门之中人才不出是不争之事实。教门之中虽然有天台、贤首,然而能够宣讲几部佛经和祖师著述的已寥若晨星,故遑论弘扬宗派教义。净土则趋于自利自修,经典的研究日渐荒疏。律宗寺院则变为传戒场所,四分律的研习、戒律精神的弘扬后继乏人。更有甚者,各宗故步自封,互相指摘:"习禅者谓教是寻枝摘叶,学教者讥禅为哑羊无知。"[①]

清末佛教教育始自佛教公务所及佛教教育会等组织,其兴起的原因一方面是由于清末中国佛教内部衰败不堪,另一方面则是来自外部面临清末新政兴办新式学堂的刺激以及庙产兴学的逼迫。被誉为近代佛教复兴之父的杨文会祇洹精舍,将教育与传教作为中国佛教振兴之良策,他所创办的祇洹精舍成绩最为卓著,此外还有南京僧师范学校及文希和尚创办的扬州僧立学校等成绩亦比较突出。受此风气影响,至民国以后,把佛教教育作为维持佛教、振兴佛教之根本,已成为佛教界的共识。综观民国时期的佛教教育,主要有四支,即月霞法师创办华严大学,谛闲法师创办观宗学社,欧阳竟无创办支那内学院,以及太虚大师于1922年创办的武昌佛学院、1928年设立的闽南佛学院、1932年成立的汉藏教理院等多所现代化的佛教院校。前两者侧重于传统的丛林教育,后两者则吸收融会了现代学院教育之优点,以上四支佛教院校各擅其美,共同推动了民国时期佛教教育的发展。在上述四佛教院校之中,成绩最大、培养佛教人才最多、持续时间最久的,当属太虚大师一系的佛教教育。

佛教教育本应该是全方位的,既包括传统的丛林教育、新式的学院教育,也包括传统的儒学思想等世学的教育。总体上看,传统的丛林教育与

---

① 《戒尘法师演说本校宗旨》,《海潮音》第2卷第7期,1921年。

现代的学院教育各有利弊，学院教育无法取代丛林教育，丛林教育也无法阻止学院教育。丛林教育以德育为主，在僧格的养成、信心道念的培养方面亦不可或缺；近代的佛教学院虽造就了佛教复兴的人才，但亦有竞趋于知解、不甘澹泊出家的弊端。传统的丛林教育和现代学院教育应该取长补短，然而近代佛教教育总是徘徊在两者之间，难以臻于理想之境地。故亲历近代佛教教育的东初法师曾感叹："唯有恢复丛林教育制度，学院丛林化，建立新的僧教育规范，亦唯有翘首期待将来继起之贤哲了。"①

三　近代佛教所面临的主要问题与矛盾

近代佛教所面临的问题很多，除了来自外部的政治、经济、文化各方面的冲击外，最重要的问题来自佛教自身，具体表现为两个方面：一为新旧之争，即佛教传统与现代之激荡，具体表现为以太虚大师为代表的佛教改革力量与丛林保守势力的矛盾保守与革新；二为僧俗之争，即佛教僧人与居士及社会知识阶层的矛盾，以上两个矛盾贯穿晚清民国佛教的始终。

（一）新旧之争

近代中国佛教处于佛教传入中国近两千年来的重大历史转折时期，面临的最大难题就是传统与现代的交织，因此如何继承传统以及适应现代社会，是佛教生存与发展所应解决的最大问题。由于中国佛教在历史上与封建社会相适应，与世间的宗法伦理社会一样，绝大多数的子孙丛林都是师徒相传，形同私有的家庭，寺院的僧团中形成了以住持为中心的等级制度，这种传统严重阻碍了佛教在近现代的发展。有鉴于清末以来佛教界积弊丛生，多有佛教有识之士提倡改革，太虚法师更是提出了"三大革命"以复兴中国佛教，即教理的革命、教制的革命和教产的革命，力倡革除旧时帝制时代佛教弊端，引导佛教走向现实的社会人生，他的人间佛教思想成为其教理改革的核心内容。在新旧交替的社会环境中，提倡佛教改革自然难以为全体佛教徒所接受，如保守势力常常攻击改革派："佛祖制度，神圣不可侵犯。且佛早已悬记正法像法末法，纵时极运厄，亦岂改革所能挽回。徒自招罪戾，多见其不智也。"②

---

① 东初：《中国佛教近代史》上，台北东初出版社1984年版，第218页。
② 象贤：《中国佛教今渐衰灭当以何法昌明振兴》，《海潮音》第8卷第9期，1927年9月。

近代新旧之争贯穿于佛教会组织、佛教教育等各个方面，有的时候新旧之间甚至形同水火，相互之间的矛盾难以调和。新派与旧派，基本为太虚一系的自称和称他，所谓保守派的代表也并不固定，太虚一系（服膺其佛教革新思想的年轻僧人）往往将他们所反对的长老定位为保守派或旧派，如谛闲法师、印光法师、圆瑛法师等。然而在近代佛教中，保守与革新、新派与旧派、传统与现代，实际上是相对抽象的概念，彼此间的界限是模糊的。如太虚曾多次对弟子们激烈攻击诸山长老进行批评。又如太虚大师的同学、挚友仁山法师，是佛教革新运动的开创者与健将，民初曾与太虚大师一起成立佛教协进会，大闹金山寺，然而他在历经挫折后却转而服膺传统的丛林教育，协助谛闲法师讲习经教。实际上，阻碍近代佛教发展的并非太虚一系的新派与印光、谛闲、圆瑛等所谓的旧派，而是丛林中另外的腐化、堕落者，他们才是释迦牟尼所谓的"狮子身上虫"。

太虚大师的佛教改革，本是一件旷古未有的事业，体现了传统佛教向现代佛教转化的方向，然而在当时由于时代的局限是不可能完成的任务。太虚的改革难以实现，固然与同时代保守势力的反对有关系，但还有两点值得注意：第一，没有强有力的经济作为保障。他的努力多停留在理想层面，未能完全付诸实践，尤其是未能建成一持久丛林，以作为佛教界之模范。虽有杭州净慈寺、湖南大沩山、厦门南普陀寺等丛林，然而多陷于法系纠纷，未能将佛教改革真正进行下去。第二，太虚将改革寄希望于政府，固然佛教的发展离不开国家，然而在民国这样的动荡时代，太虚的佛教改革也只能与国民革命相始终，难以实现。

未来中国佛教的发展，依然应沿着太虚的路子向前探索，继续进行近代佛教所未能完成的任务。不过与太虚在近代的探索不同的是，在改革传统佛教积弊的同时，尤其要注意继承传统佛教的优良传统。本来新旧两派之间各有所长也各有所短，应相互补充、相辅相成。如当时的有识之士曾说："新派为循规时世界之潮流，旧派则重阐发固有教义，二派于互并进，同在一条直线上，实际自无隔阂。故旧派既不必非新，新派亦不必非旧，在教旨本身立场，本无新旧之判也。"① 然而民国期间新旧两派互相攻击，既于佛教自身难以凝聚力量，又予世人以攻击佛教之口实。所以巨赞法师曾总结说："佛教教务改革是必然的，但必须吸收佛教界优秀的素

---

① 《佛教徒新旧融洽》，《四川佛教月刊》第57卷，1931年。

质,作为基本精神。像印光老人的'真诚',弘一大师的'清逸',虚云和尚、寂云和尚的'克苦',太虚大师的'念念不忘佛教',以及欧阳竟无居士的'赤胆热烈,愿力庄严',都是值得取法,并加以发扬的。"[1] 或许这将代表未来中国佛教发展的方向。

(二) 僧俗之争

居士佛教的兴盛是近代佛教的一大特点。居士对于近代佛教的复兴功不可没,此为不争之事实,然居士与僧人之间的争论与矛盾亦贯穿于整个近代佛教史之中。清末以来,由于僧人整体素质低下,居士在佛学水平上明显要高于普通的僧人,在佛学研究、文化教育以及推动佛教组织等各个方面都有开风气之先,概而言之,居士在近代佛教的三个方面都有不可替代之功。

第一,在思想界和文化教育界的贡献。杨文会乃近代佛教第一人,被誉为"近代佛教的先驱者"、"复兴者",从他创立祇洹精舍、金陵刻经处、佛教研究会开始,到他的弟子欧阳竟无继起创办支那内学院、法相大学,校勘经典,培养了一大批佛教人才。如梅光羲、王恩洋、吕澂、缪凤林等一大批佛教居士,为佛教教育、佛教文化事业做出了重要贡献;又如章太炎、谭嗣同、康有为、梁启超等,将佛教思想影响至思想界,使佛学思想成为近代社会革新的思想武器;再如熊十力、梁漱溟、汤用彤等,在文化教育界为佛教思想的研究和传播起到了积极的推动作用。此外,三时学会的韩清净、朱芾煌、周叔迦等在唯识学的研究方面亦有重要贡献。

第二,协助佛教寺僧积极参与佛教组织、佛学院校建设及弘法等工作。在佛教会务方面,民国时期佛教会驻会办公人员中,半数以上为居士,如王一亭、关絅之、钟康侯、谢铸陈等众多居士都积极参与中国佛教会创建及会务工作。在佛学院教育方面,如太虚大师的武昌佛学院的建立,得到了李隐尘、王森甫、胡子笏、汤铸新、皮剑农、陈元白等居士的支持,唐大圆、史一如、张化声、陈济博等居士均长期在学院中授课。在弘法方面,丁福保、狄楚卿、范古农、蒋维乔等居士在佛学研究、经藏整理、讲经说法等方面成绩卓著。此外,还有王弘愿、顾净缘等以宗师自居,弘法传法,推动了佛教在社会各界的传播。

第三,在政界中有大量的居士支持佛教,成为佛教发展的重要外护力

---

[1] 巨赞:《一年来工作的自白》,《现代佛学》1950 年第 1 期(创刊号)。

量。在民国时期，有不少政界高层亲近佛教，如南京国民政府时期的主席林森（字子超），考试院院长戴传贤（字季陶），司法院院长居正（字觉生），行政院副院长兼交通部部长陈铭枢，以及李烈钧、李济深、叶恭绰、段祺瑞、李根源、程德全等军政要人均笃信佛教，即使是蒋介石身为基督教徒，仍与佛教领袖太虚大师过往密切，赞誉他为"中国佛教之健将"，对其佛教改革大力支持。

然近代的僧俗之争十分激烈，从杨文会开始即"劝人学佛，不劝人出家"。康有为虽然推崇佛教思想，却不主张出家为僧，认为"出家为背恩灭类不可"，甚至认为佛教出世的思想不适用于中国。"以虎禅师自号"的佛教居士杨度著《新佛教论》，甚至认为佛教的色戒未尽合理，"有损于身，无益于心"，甚至有人种断绝之虞，故主张"不如解放僧尼，同于居士"。欧阳竟无在《辨方便与僧制》中甚至认为："中国内地，僧尼约略总在百万之数，其能知大法、办悲智、堪住持、称比丘不愧者，诚寡若晨星。其大多数皆游手好闲，晨夕坐食，诚国家一大蠹虫，但有无穷之害，而无一毫之利者。此如不整理、不严拣，诚为革命时之一大遗憾。"① 主张从此百万僧众之中严加沙汰，使其成为自食其力的士农工商的公民，仅留数百人继续为僧，作为住持佛法之用，成为真正的比丘僧团，为世人所敬仰。居士对僧人的批评亦招致僧人的批评和反对，如太虚、曼殊揭谛与王弘愿，支那内学院与武昌佛学院之争是近代佛教的大事。如何正确地认识和处理僧人与居士之间的关系，是佛教健康发展的一个重要方面。章太炎的说法颇为中肯，他认为居士既有家室，不应代替僧人为"典型师表"，同时又认为"居士、沙门，二者不可废一"，主张僧人与居士各有分工，佛教的发展有赖于居士的护持。

佛教中的新旧之争和僧俗之争，本来是佛教界的内部矛盾，然而由于派系与意气之争，双方常常将矛盾公开化，互揭其短，互曝其丑，徒增世人对佛教的恶感。而且佛教界的矛盾又常常被政府所利用，对于寺庙的苛刻管理以及庙产的抽提，理由往往都是源自佛教内部的争论。故时人曾言："兄弟阋墙，难免不受外人的欺侮。社会上蔑视僧伽斥为寄生之虫。而教育界中，每有提倡庙产之说，世俗人固然看不得僧伽，以为出家人是

---

① 欧阳竟无：《辨方便与僧制》，载《内学杂著》上，《欧阳竟无先生内外学》第 11 册，金陵刻经处刻本。

可以欺的。"① 实际上，无论是主张激进改革、服务社会的新派，还是主张保持传统、坚持在山林中办道的旧派；无论是积极弘法的僧人，还是参与佛教文化教育事业的居士，都是值得尊敬的，他们作为佛教在新时代生存与发展的亲历者和探索者，都是佛教担当者，皆为佛教界的中流砥柱，共同推动了中国佛教在新时代的发展。

四 佛教与近代中国社会

清末，面对"衰坏极矣"的中国，虽然有志之士痛其江河日下，不能振兴，但杨文会依然自信："揣度形势，不出百年，必与欧美诸国，并驾齐驱。"② 在百余年前，中国尚屡遭列强凌辱，中国佛教复兴者杨文会已经在憧憬中国傲然屹立于世界民族之林，并且不遗余力地振兴佛教，这代表了近代佛教徒的兴教强国梦想，更反映了在近代中国社会，佛教艰难曲折的发展与整个时代的荣辱沉浮紧紧联系在一起。

清末以来，佛教思想成为近代社会改革与革命的思想武器，对于推翻两千多年的封建帝王专制制度发挥了积极的作用。如章太炎从佛教的缘起性空、种姓平等和众生平等思想出发，反对满汉不平等，提倡佛教的大无畏精神和菩萨的慈悲济世思想，以此作为推翻清朝统治的思想武器。梁启超在《论佛教与群治的关系》中也认为"舍己救人之大业，唯佛教足以当之"。还有不少僧人如宗仰法师、栖云法师等甚至直接投身于推翻封建统治的革命运动。

近代著名爱国诗僧、中华佛教总会首任会长寄禅法师，面对清末中国积贫积弱，频遭外侮，毅然宣称"我虽学佛未忘世"，他还说："予虽学佛者，但爱君报国之心，与忠义士大夫等。"③ 光绪十年（1884），法国军舰袭击我国台湾基隆，敬安正寓居宁波延庆寺，闻知此事悲愤之极，奋然思谋御敌之法，数日中眠不成梦，食不知味，精神郁结而发热病。后被友人强行带回湖南，才逐渐平息悲愤的心情。故太虚大师赞誉他为"血性人"："故不必言立宪，不必言革命，不必挂名党籍，不必献策当道，不

---

① 石点：《振兴佛教的关键》，《海潮音》第13卷第8期，1932年8月。
② 杨文会：《观未来》，载《等不等观杂录》卷一，《杨仁山居士遗著》第七册，金陵刻经处1981年重刊本。
③ 敬安：《冷香塔自序铭》，《海潮音》第13卷第12期，1932年12月。

必如明姚广孝之身列朝班。不必如日僧月照之侈谈国事，而与言立宪、言革命以救国拯民之志士遇，自然议论风生，心气吻合；盖出之天性之真，至诚之感人自多也！"① 光绪二十六年（1900）八国联军入侵北京，敬安闻此，痛哭不已，《赠吴渔川太守六首并序》其三云："强邻何太酷，涂炭我生灵！……太息卢沟水，惟馀战血腥。" 光绪二十七年（1901）作《题魏春阶司马看剑图》云："酒酣看剑长叹吁，国仇哪敢忘须臾！" 以上数事及诗文，足见近代佛教界僧人的拳拳爱国热忱。

抗日战争期间，中国佛教界在弘扬佛法、济世度人的同时，积极参与、组织、联络抗战活动，为打击日本帝国主义势力、救助受难同胞、揭露日本帝国主义的侵略恶行等方面发挥了积极作用。中国佛教界秉持大乘佛教止恶扬善的菩萨精神，积极倡导"念佛不忘救国，救国不忘念佛"、"上马杀敌，下马学佛"，在救国济世的善举中完善自身菩萨行，为抗战献身输力的同时，也改变了自晚清以来中国佛教积弊已久的负面形象，书写了可歌可泣的历史诗篇。

总之，近代佛教与整个时代国家与民族的命运紧紧联系在一起，反映了这一时期的特点。从整个中国佛教两千年的发展历程看，晚清民国时期的佛教是一大转折。中国佛教第一个千年是汉魏两晋南北朝至隋唐五代，这是佛教不断传入中国并且与中国文化进行调适的过程。第二个千年是北宋至晚清，佛教逐渐适应了中国以帝王为中心的中央集权制度，真正成为中国传统文化的有机组成部分。晚清至民国时期则是中国佛教第三个千年的开始，是传统佛教向现代社会转变的过渡阶段，目前还依然处在这一巨大的历史转型时期。

本书系统研究了晚清民国时期佛教的曲折发展与艰难复兴过程，按照历史进程，从晚清、北洋政府时期、南京国民政府时期，以及抗战时期四个历史阶段，全面论述了晚清以来佛教制度的衰微，既有对外部社会剧变、庙产兴学运动以及宗教政策的演变对佛教的巨大影响，同时也有佛教自身僧团组织的兴起、佛教教育的繁盛、佛教改革与人间佛教思想的提出、佛教教派的新兴与发展，以及佛教僧人积极参加抗战的护国佑民思想及实践等内容。以太虚大师为代表的近代佛教改革尚未完成，千百年来蒙染在中国佛教上的尘垢难以扫除殆尽，不仅如此，随着时间的推移，当代

---

① 太虚：《中兴佛教寄禅安和尚传》，《海潮音》第13卷第12期，1932年12月。

佛教与近代佛教之间的断裂与隔膜越来越深。通过对晚清民国佛教进行全面系统的研究，总结近代佛教的主要内容、时代特色，可以更好地厘清中国佛教在历史发展过程中的发展规律，以史为鉴，观照当代佛教的发展，亦可由此展望未来中国佛教发展之趋势。

第一章　清末社会剧变与佛教危机（1840—1911）

佛教自两汉之际传入中国，历经各朝代的兴衰演替，不断与中国固有的儒家、道教文化相互碰撞、吸收与融合，逐渐成为中国传统文化的一个重要组成部分。佛教在中国历史上的兴衰一直与国家的命运息息相关，至清末，随着清政府国力的衰退，战祸连年、内外交困，国家陷于前所未有的困顿之中，中国佛教亦衰落到了极点。首先，传统佛教宗派全面衰落，仅剩禅宗和净土两宗勉力维持，而且僧人的整体素质低下，佛教义学不振。其次，经忏佛事与鬼神迷信盛行，因帝制时代中国佛教所形成的剃度、嗣法、传戒等形式导致丛林之中寺院经济形同家庭私有等，严重制约了佛教的发展。近代佛教改革家太虚大师曾说："迨乎前清，其衰也始真衰矣。迨乎近今，其衰也，始衰而濒于亡矣。从全球运开，泰西文明过渡东亚，中国之政教学术莫不瞠焉其后，而佛教实后而尤后者。中国之佛教，固早失代表全亚之势力矣。"[①] 近代佛教复兴之父杨文会亦说："近世以来，僧徒安于固陋，不学无术，为佛法入支那后第一隳坏之时。"[②]

近代佛教衰落，既有外部原因，也有自身的内部原因。从外部来看，首先是佛教受到了近代以来西方文化传入和基督教传播的冲击，尤其是太平天国运动打着基督教的旗号对传统文化给予了致命的打击。此外，清末庙产兴学运动从寺院经济方面对佛教、道教等都带来了严重的冲击。在此

---

① 太虚：《佛教史略》[宣统二年（1910）作]，载《太虚大师全书》第4册，台北善导寺1980年印本，第913页。

② 杨文会：《般若波罗蜜多会演说一》，载《等不等观杂录》卷一，《杨仁山居士遗著》第7册，金陵刻经处1981年重刊本。

新的社会环境下，中国传统社会中的儒释道文化都受到了挑战，三教之间久已形成的动态互补的宗教生态系统被破坏，使得三教都面临着日益严重的危机。除了外部因素之外，佛教自身的衰败是主要的。章太炎所谓的"佛法衰微，实不在外，而在于内"，对佛教而言，其衰落具体表现在两个方面，即千百年来受帝王及封建制度对佛教的钳制和神道设教的利用，佛教久已远离主流思想界和社会信众，走向山林佛教和鬼神迷信，导致佛教的思想文化影响力下降，影响了佛教赖以生存和发展的外部思想环境和信仰基础。对清末佛教衰落的研究，不应停留在对现象的描述上，而要从佛教制度、社会政治文化环境、佛教自身的发展演变，以及佛教与社会的联系等各个方面进行全面的分析。

第一节 清末佛教制度与佛教的衰落

清末佛教的衰落，最根本的原因是佛教制度的衰敝。中国佛教在长期传播和发展过程中逐渐形成了一套复杂的宗教制度体系，这些相关的制度主要是围绕解决佛教团体的管理问题而制定，适应了中国的政治、经济、文化与社会生活需要。根据这些制度规范的制定主体不同，可将其归纳为三种，即佛制、僧制和王制。佛制，就是以释迦牟尼佛制定戒律为基础而形成的制度规范，主要用来规范僧人的行为与威仪。佛制是印度佛教制度的主要内容，这些制度随着佛教典籍的传译也传入了中国。中国佛教在佛制的基础上，又形成了具有中国特色的僧制和王制。正如印顺法师所说，佛教传到中国后，佛教制度开始向两方面演化，一为"国家的管辖制"，二为"禅僧的丛林制"[①]，前者为中国特殊政教关系下形成的一套政府管理佛教的宗教法规，即王制，后者是中国佛教丛林自我管理过程中形成的相关制度，即僧制。僧制是中国佛教僧团自觉探索和创制的僧团内部管理制度，在中国佛教史上曾出现道安大师的僧尼规范等，后百丈怀海禅师始创的禅林清规成为中国佛教僧制的主体性制度，这也是中国佛教制度的一大特色。王制是封建帝制时代以皇帝为代表的国家所制定的佛教管理制度，如僧官制度、度牒制度等。就地位和作用而言，在中国佛教史上僧制、王制相比于佛制显得更为重要。近代高僧能海法师曾言："僧制重于

---

① 印顺：《泛论中国佛教制度》，载《妙云集》，台北正闻出版社1992年版，第5—7页。

佛制"①，而从中国特殊的政教关系和佛教发展历史看，王制又明显凌驾于佛制和僧制之上，具有至高无上的权威，出世的佛教只能从属于世俗政权，形成了独具特色的中国化佛教制度。在佛教传入中国的两千年时间中，佛制、僧制与王制都在不断地发生变化，共同影响着中国佛教的兴衰演替，因此只有从这三个方面来探究清末佛教的衰落原因，才能有一个更加全面的认识。

关于清末佛教的衰落，历来众说纷纭，综合近代高僧大德的分析，可归纳为三种观点。第一种观点认为，佛制（律制）的不振是根本原因，以弘一法师、芝峰法师等为代表，持此观点者还有宽容法师、可端法师，以及苏曼殊、章太炎等。第二种观点认为，僧制（丛林制度）的衰败是佛教衰落的根本原因，以太虚大师和虚云禅师为代表，然而二人振兴佛教的方法却截然相反。太虚大师以佛教改革者自居，重点落实于僧伽制度（僧制）改革；而虚云禅师则以继承传统自居，对禅堂的规矩和丛林制度等不遗余力。第三种观点认为，清末佛教的衰落与帝制时代国家对佛教的管理（王制）有密切的关系，持此观点者以杨文会和印光法师等为代表，认为世祖顺治皇帝仰遵佛制，罢除试经度僧制度，废除度牒，导致僧人随意出家，由此佛教日渐衰落。笔者认为，近代高僧大德的认识各有道理，但是应该从佛制、僧制和王制三个方面综合来分析，才能更完整地认识中国佛教制度，才能更深刻地理解中国佛教制度的特质及演变规律，尤其是对清末佛教的衰落可以提供一个新的认识视角。总结历史经验，中国佛教的发展应依据佛陀戒律的精神，结合国家对佛教管理的法规制度，建立起一套真正适合时代的僧团管理制度，才是符合中国佛教历史和现实情况的做法。

一　佛制：戒律及近代律宗之衰敝

佛制戒律是佛教赖以流传于世的根本，释迦牟尼佛临终时教诫弟子们"以戒为师"，可见戒律在佛教中的重要性。佛教的修学体系是戒定慧三学，称为三无漏学，被认为是通往解脱生死、达到涅槃的唯一方法和道路。其中戒是三学的基础，由戒生定，由定生慧，是佛法修学之正途。南

---

① 能海法师曾言："于藏地学法，虽极困难，仍坚持素食，因素食为汉地传统，僧制重于佛制故。"《能海上师传》，上海佛学书局1996年版，第61页。

宋以后，因唐代的律宗著述散佚，清末律宗寺院仅变为传戒场所，既无人专研律学，传戒时又多不如法，致使戒律废弛，形成了许多陋习，这是清末佛教衰败的一个重要原因。

（一）佛制戒律概说

佛制又称律制，即指佛教中的戒律和威仪，是由佛所订立，用来规范和约束四众弟子在日常生活中的行为规范。佛教中戒律的"戒"与"律"含义有所不同，"戒"音译为尸罗，是出家及在家信徒所应遵守的戒规，小乘佛教中有五戒、八戒、十戒和具足戒之分，大乘佛教中有菩萨戒，以三聚净戒为代表，即摄律仪戒、摄善法戒和摄众生戒。"律"音译为毗奈耶，包括波罗提木叉（教团中僧尼应遵守之禁止条文及违反者之处罚）和犍度（僧团中受戒、布萨、安居等仪式做法及日常生活的种种规范）两部分，是为了维持教团秩序而规定的种种禁戒及违犯规律之罚则。"戒律"并用，就是指维持佛教教团之道德性、法律性的规范。佛制主要是上述以戒律为代表的羯磨（受戒、忏悔、结界等有关戒律行事的一种宣告仪式）、布萨制度（每半月集僧众说戒经及犯者于众前忏悔所犯之罪）等，是原始僧团的生活与修行制度。佛教经典中常有"佛制比丘六物"（律藏中规定比丘所必持之六种生活用具）、"佛制比丘三衣"、"佛制过中不食"、"佛制断肉戒"、"佛制一食戒"等描述。在印度佛教中，制定戒律为佛陀之特权，僧人不得自制，所以佛典有"佛若不制，僧不得制。若佛制已，僧不得违"、"戒唯佛制"的说法。道宣律师说："原夫正戒明禁，唯佛制开，贤圣缄默，但知祇奉。"① 赞宁认为："佛制毗尼，纠绳内众，如国刑法，画一成规。"② 《摩诃僧祇律》共十五次出现的"佛制"一词，均指佛制戒律。赞宁曾言："禁律乃度世之检括也。且夫菩萨戒净则彰离垢之名，辟支戒完则引无师之智，声闻戒足时俱解脱而可期，内众戒坚招感人天之不坠，由是观之，戒法之时大矣哉。自所推能从言索理，则毗尼也，木叉也，因则声教律焉，果则别解脱焉。直以时论，三世诸佛咸同制也；横从界说，十方净刹悉共行之。所以优波离过去七佛，咸以戒律嘱累之。"③ 毗尼，意译为善治，即指戒律；木叉，全称波罗提木叉，

---

① （唐）道宣：《四分律比丘含注戒本序》，《大正藏》第40册，第429页。
② （北宋）赞宁：《大宋僧史略》卷一，《大正藏》第54册，第237页。
③ （北宋）赞宁：《宋高僧传》卷十六，《大正藏》第50册，第811页。

译言别解脱，为戒律之一名。优波离是佛的十大弟子之一，以严持戒律著称，被誉为"持律第一"，释迦牟尼佛涅槃后，第一次结集经典时即由优波离诵出律部。赞宁认为，戒律都是由三世诸佛所制定，优波离过去七佛，均以戒律付嘱弟子，佛灭以后，以戒为师。

释迦牟尼佛在世的时候，僧团规模较小，僧团生活比较松散，重视个人的自修自证，戒律作为对僧人错误思想和行为的调伏，主要针对的是个体，其约束机制主要靠个人的自我约制，而僧团的组织与管理方面则鲜有论及，也没有任何执事分工。当时在佛教的法戒十利中有三条涉及僧团管理：摄僧、极摄僧和令僧安乐。[①] 它包括僧人的出家受戒、布萨、安居、自恣、皮革、衣、药、迦缔那衣、房舍九个犍度的有关戒律。佛教初期的僧团是一种以佛陀的权威、法和戒律为核心的平等民主的集体，实际上并无严格的组织机构。太虚大师曾说："佛在世时，一切依佛为主，各处散居的僧众，举行布萨、羯磨，都依佛的律制为唯一的标准。"[②] 后随着僧团的扩大、人数的增多，经济模式和居住方式都发生了变化，为更好地管理僧团，由是开始设立三纲：上座、寺主和都维那。上座是由寺院中的位尊、宿德担任，统督寺内僧众和寺务；寺主的职责是掌管寺院的营造及管理；都维那的职责为按寺规指授大众日常诸事。

印度佛教随着历史的演变，基本以佛制作为僧团修学的依据，如那烂陀寺中兼容有大小僧团，《大唐西域求法高僧传》卷上描绘了当时那烂陀寺的寺院管理职务和民主议事的情形："寺内但以最老上座而为尊主，不论其德。诸有门钥每宵封印，将付上座，更无别置寺主、维那。但造寺之人名为寺主，梵云毗诃罗莎弭；若作番直典掌寺门及和僧白事者，名毗诃罗波罗，译为护寺。若鸣健稚及监食者，名为羯磨陀那，译为授事，言维那者略也。众僧有事集众平章，令其护寺巡行告白一一人前，皆须合掌各伸其事。若一人不许则事不得成，全无众前打槌秉白之法。若见不许以理喻之，未有挟强便加压伏。"[③] 寺中三纲如上说，其中议事程序体现了印

---

① 法戒十利是指：摄僧、极摄僧、令僧安乐、折伏无羞人、有惭愧者得稳住持、不信者能信、正信者得益、于现法漏尽、未生诸漏令不生、正法久住。《摩诃僧祇律》卷一，《大正藏》第 22 册，第 228 页。

② 太虚：《真现实论宗用论》，载《太虚大师全书》第 44 册，台北善导寺 1980 年印本，第 1092 页。

③ （唐）义净：《大唐西域求法高僧传》卷上，《大正藏》第 51 册，第 5—6 页。

度佛教时期实行的平等民主的组织形式。

不过，佛陀制戒的精神与原则是变通的，佛制中有"小小戒可舍"及随方毗尼的说法，即佛陀未禁止和开许之事，可以随不同地域和风俗民情之宜而开许废止。如据《五分律》所载，佛曾说："虽是我所制，而于余方不以为清净者，皆不应用；虽非我所制，而于余方必应行者，皆不得不行。"① 律中有言："虽非佛制，诸方为清净者不得不行也。"② 故于佛制之外，又有僧制（清规制度等）和王制（国家对佛教的管理制度）两方面的内容，这两方面尤能体现中国佛教之特质。

（二）近代中国律宗的衰敝

佛制的戒律在释迦牟尼佛涅槃后，由佛弟子优波离尊者结集为《八十诵律》。佛陀涅槃百年后，优婆多门下有昙无德等五位大弟子各执一见，在《八十诵律》中各自采用所需，佛制戒律也随之分裂为五部（昙无德部、萨婆多部、弥沙塞部、迦叶遗部、婆粗富罗部）。佛教传入中国后，佛制戒律也随之陆续传入，先有中印度僧侣昙摩迦罗（此云法时）在三国魏嘉平二年（250）译出《僧祇戒心》一卷，后经一百五十余年，相继由弗若多罗、法显、佛陀耶舍、僧伽跋摩、真谛等译出四律五论。③ 到唐代时，义净翻译有部宗律较多，称为有部新律。此外若毗奈耶律至两宋时期还有翻译，但并没有弘传。"四律五论"译出之后，最初以弘扬《十诵律》为主，而到北魏孝文帝年间（471—499），《四分律》逐渐受到重视，先是推行于北方。关中一带原是盛行《僧祇律》，洪遵律师入关后大力提倡《四分律》后，使《僧祇律》逐渐式微，《四分律》则由此弘扬开来，到唐朝时期达到鼎盛。中国历代僧人对之加以著述、研究和传持戒律，后逐渐形成中国佛教宗派之一的律宗。后因见解不同，律宗又分为三派：法砺律师的相部律宗、道宣律师的南山律宗、怀素律师的东塔律宗，其中以道宣的南山律宗兼通并调和大小乘，解行相应，绵延至元代而宗势不衰。而其他两派不久就废绝不行，没有在中国传承下来。

近代中国佛教衰微，戒律不振、律宗衰微是其重要原因之一。唐宋以

---

① 《五分律》卷二十二，《大正藏》第22册，第153页。
② （北宋）赞宁：《宋高僧传》卷十，《大正藏》第50册，第771页。
③ 四律分别为：萨婆多部的十诵律、昙无德部的四分律、窟内上座部的僧祇律、弥沙塞部的五分律。五论分别为：萨婆多部的《毗尼母论》、《摩得勒伽论》，解四分律的《善见论》，释十诵律的《萨婆多论》，正量部的《明了论》。

后，中国并无真正的律宗，仅有所谓律宗道场的"传戒"而已。明末，以如馨传戒授徒为标志，古林派作为新的律宗派别兴起。不久，如馨弟子寂光创千华派。自清初开始，以金陵地区为中心，如馨一系逐步发展为有严整法系传承、有系统律学思想、传戒活动规模大、法系延续时间长的两支律宗派别。其中，古林派以南京古林寺等为中心，传播范围有限；千华派则以宝华山等为中心，影响最大。清代的所谓律宗寺院，著名者如江苏宝华山、北京潭柘寺、法源寺，南京古林寺等，并无人潜心研究律藏、精究律学，而仅仅依据见月律师的《三坛传戒正范》等作为传戒场所授戒的依据。除了专门的律宗道场外，一些禅宗、教宗的寺院也纷纷传戒，如福州鼓山涌泉禅寺，福建、台湾等地僧人基本于此受戒，另外福州怡山西禅寺、宁波天童禅寺、天台山国清寺、新都宝光寺、成都昭觉寺、武汉归元禅寺等也是传戒场所，而唐代的四分律学已"空谷传响，哀转久绝"。由于律学研究荒疏，传戒场所草率，律学典籍被束之高阁，无人深研，故多数僧人不知戒体、戒相为何物，遑论持守。

  禅宗高僧虚云和尚对清末以来佛教戒律衰微的现象进行了有力的批判，并指出佛教衰败根源在于传戒不如法。他平生最不满滥设戒坛，滥传戒法，每见各地传戒，形同买卖，戒坛及传戒阿阇黎等多不如法，甚至还有"四处卖牒，美其名曰寄戒，不知律仪为何，对此等稗贩如来者，便觉痛心疾首"①。他在《云居山方便开示》中讲道，在佛教月刊中常常说，"佛门遭难，滥传戒法，规矩失传，真理埋没"，他认为，"佛法之败，败于传戒不如法。若传戒如法，僧尼又能严守戒律，则佛教不致如今日之衰败"②。虚云因为初出家时根本不知道什么是戒，只知修苦行，以为吃草不吃饭等就是修行，对于大乘、小乘、三藏十二部等都不知道，对此深感惭愧。虚云出家的鼓山涌泉禅寺是福建名刹，也是清末屈指可数的曹洞宗传法丛林，常住僧人有数百人，山上还有许多茅棚，远近闻名。然而即使这样的禅宗名寺，传戒也极不如法。据虚云讲，他到鼓山出家，传戒时间只有八日，实际传戒工作仅有四五天，从四月初一新戒挂号进戒堂后，马上就教规矩，省略了很多手续，而且没有比丘坛，新戒受戒什么名目都不

---

① 虚云：《开自誓受戒方便》，载净慧主编《虚云和尚全集》第1册，中州古籍出版社2009年版，第335页。

② 同上书，第286页。

知。初八之日在头上燃了香，戒就算受完了。另据相关资料记载，当时鼓山还有寄戒的情况，即有的台湾僧人因为交通、经济等原因，无法来大陆鼓山受戒，台湾又无合法的受戒场所，所以请人交了戒费后代为受戒，然后领取一纸戒牒就成了正式的僧人。其滥传戒法之情形由此可见一斑。当时全国各地传戒的情形各不相同："天台山国清寺戒期五十三天，尽是小和尚受戒；普陀山戒期十八天，名叫罗汉戒；天童寺戒期十六天，宝华寺戒期五十三天，安徽宁国府戒期三天，徽州某寺戒期更快，一昼夜就完事，名叫'一夜清'。"① 后来虚云阅读了经律，才知道这样苟且传戒是不如法的。

然而即使五十三天的戒期，在专研唐代道宣四分律学的弘一法师看来，依然不如法。关于佛教中在传戒时往往聚集数百人，历时一月或五十三天为期，弘一法师认为这并非佛制。他说："佛世，凡受戒者，由剃发和尚为请九僧，即可受之；是一人别授也。此土唐代虽有多人共受者，亦止一二十人耳。至于近代，唯欲热闹门庭，遂乃聚集多众。故蕅益大师尝斥之云：随时皆可入道，何须腊八及四月八。难缘方许三人，岂容多众至百千众也。至于受戒之时，不足半日即可授了，何须多日。且近代一月聚集多众者，亦祇令受戒，助作水陆经忏及其他佛事等，终日忙迫，罕有余暇。受戒之事，了无关系；斯更不忍言矣。故受戒决不须多日。"② 此外，弘一法师还对传戒时的诸多不如法现象予以批评，如传戒时有戒元、戒魁等名，把世间科举考试时殿试头名（状元）的称呼借用到戒坛中，通常是在受戒之前令受戒者出资获得，与清季时纳捐功名无异，并非根据其戒德优劣而分。这些受戒时的诸多陋习，均非佛制，最宜革除。

由于传戒时的诸多不如法，受戒后又没有讲习和研究律学，致使大多数出家僧人根本不知戒体、戒相等为何物，遑论持戒。宽容也对清末以来佛教戒律衰微的现象进行了详细的概括和批评："今世之铸造比丘的传戒机关，但饩羊之仅存其形式。三坛大戒，不知戒体、戒相之谓何。三衣不可假借，问难不清。开遮持犯杳然，而止持、作持，更不问矣。出堂之成

---

① 虚云：《云居山方便开示》，载净慧主编《虚云和尚全集》第 1 册，中州古籍出版社 2009 年版，第 287 页。

② 弘一：《问答十章》，载《弘一大师全集》第 1 册，福建人民出版社 1991 年版，第 253 页。

绩，即头顶之斑斑香疤，戒牒一张，任游四方之衣食住宿免费票也，四缘赖是。天下容易事，谁有过此者？即滥收徒众于前，从此藏垢纳污。有所归纳，而复以方便的传戒，即营生之形式已具。作俑其谁？清世祖之废牒始也。今后改革，应持的态度，当代之善知识，必有良谋硕画，以善其后也。"① 宽容对传戒、受戒种种不如法现象的分析鞭辟入里，并指出了佛教戒律衰微的源头在清世祖废除度牒。弘一法师甚至认为，唐宋以后传戒受戒均不如法，实际上出家僧人并未真正得戒，所以他感叹说："从南宋迄今六七百年来，或可谓僧种断绝了！"② 故清末以来佛教之衰落，与律宗的衰敝及传戒的不如法有着直接的关系。

（三）从佛制戒律与僧制清规的关系辨近代佛教之衰落

佛制不明，戒律衰微，致使僧人素质下降，进而导致佛教的衰微，这是近代佛教界比较普遍的看法。如可端法师论及晚清以来佛法衰微至极的原因时说："时至今日，佛法之陵夷衰微，已达于极度。而僧众不事学问，不明佛法，不行佛制，殊为根本原由焉。盖今世之反对佛教者，非反对佛，非反对法，所反对者，惟僧人而已。……其多数僧尼，既不能从事世间事业，服劳社会以自活，又不能修持出世间功课，以自觉而觉他。世间学问知识，出世间法门又完全未能了解。惟知靠佛吃佛，无唯一志向。"③ 然有的僧人在论及近代佛教衰落的原因时，将律学的衰微归结为禅宗清规的盛行，认为清规的制定没有建立在佛制的基础上，进而导致佛教的衰败，然而此观点并不符合中国佛教的历史事实，值得辨析。

芝峰法师认为，近代佛教衰微的最根本原因在于"律宗不振"，而导致律宗不振的缘由是禅宗的丛林清规，这一说法颇能代表近代佛教中律宗僧人的意见。芝峰说道："中国佛教自清规行后，不仅律学衰绝，而义学亦受其重大之打击。缘伪清规行之于禅宗门庭，虽'仆仆尔，碌碌尔'，因为咬定一句话头，记几则公案，就自谓可以了道，受损失较少；而义学须穷年竟月，浸淫于三藏之中方有所得，而一例以伪清规绳之，'随两序进退'，'日不暇给'，纵使天分绝群之人，而忙里偷闲，其成功亦等于

---

① 宽容：《西藏宗喀巴大士之革命与今日整顿支那佛教之方针》，《晨钟特刊》第 2 期，1927 年 12 月。

② 弘一：《律学要略》，载《弘一大师全集》第 1 册，福建人民出版社 1991 年版，第 199 页。

③ 可端法师：《华严大学告诸山长老住持书》，《海潮音》第 9 卷第 1 期，1928 年 1 月。

零。故唐宋后义学之不发达,全受伪清规之赐,此所以伪清规一日存在,而佛教亦一日无改良之希望也。""中国佛教制度既不根本于律仪,而又大有害于义学,更衡以今日中国之时势,世界之潮流,而原有制度,非经一番彻底之改革,必不能适应现代之需要!"① 这里所说的伪清规是指元代僧人德辉奉敕重修的《敕修百丈清规》。芝峰法师分析了佛教渐趋衰微的原因后,进一步主张通过"废除帝制时代的清规"、"恢复佛教原始的律制"、"融合现代世界的思潮"三个方面,来着手整理佛教。②

  弘一法师从佛制戒律的角度对禅宗清规颇多指摘,他在回答弟子提问"百丈清规,颇与律相似;今学律者,亦宜参阅否"时,引用了明末蕅益智旭的说法,认为百丈清规编纂于唐代,其后屡经他人增删,至元朝改变尤多,已不见其本来面目,所以遭到莲池袾宏、蕅益智旭的诋斥。弘一法师引蕅益大师的说法:"正法灭坏,全由律学不明。百丈清规,久失原作本意;并是元朝流俗僧官住持,杜撰增饰,文理不通。今人有奉行者,皆因未谙律学故也。"又云:"非佛所制,便明非法;如元朝附会百丈清规等。"又云:"百丈清规,元朝世谛住持穿凿,尤为可耻。"所以弘一法师强调:"律学诸书,浩如烟海。吾人尽形学之,尚苦力有未及。即百丈原本今仍存在,亦可不需阅览;况伪本乎?今宜以莲池、蕅益诸大师之言,传示道侣可也。"③ 这是从唐代道宣律师以来,在中国佛教史上一直存在的律宗僧人对禅僧批评的现象。

  芝峰法师、弘一法师都认为,佛教应该以戒律为基础,以此作为僧团修学的基础,这是值得肯定的。但是将律学的衰败原因归于禅宗的清规,则有失偏颇。任何事物的发展,都有其时空因缘,有其因时、因地、因人的变化,佛陀的戒律是根据印度的文化背景、风俗习惯和宗教传统而制定,与中国社会文化等传统有着迥然差异,如果完全拘泥于印度的戒律,中国佛教必然举步维艰,甚至无法生根发展。历史上,中国禅宗僧人在僧制方面的改革一直受到佛教界的诟病,尤其是来自律宗的严厉批评。如唐初禅宗四祖道信于黄梅开东山法门,实行坐作并重的禅修方式,一改佛教

---

  ① 芝峰:《律学大纲"导言"》,载《现代僧伽》第2卷,1929—1930年。
  ② 芝峰:《本律学以整理今日佛教之制度》,载《现代僧伽》第2卷,1929—1930年。
  ③ 弘一:《问答十章》,载《弘一大师全集》第1册,福建人民出版社1991年版,第252页。

乞食托钵的习惯时，还被中国四分律祖师道宣律师批评为"持犯蒙然，动挂刑网。运斤运刃，无避种生"①，认为此农禅并重的做法是违背印度戒律的。此后，百丈禅师于江西百丈山创立清规，也被时人骂为"破戒比丘"。这也正是后来律宗一直所指责的，认为中国佛教的僧制没有建立在佛制的基础上。但实际上，清规作为禅宗丛林管理和禅僧修学的制度和规范，在内容上是参考了印度佛教戒律的，正如怀海禅师《禅门规式》上说："吾所宗非局大小乘，非异大小乘，当博约折中，设于制范，务其宜也。"② 正是由于这些大胆改革，禅宗风行偃草，独步天下，使得来自印度的佛教真正实现中国化，开创了中国佛教之辉煌。

  禅宗门下实行的清规，对僧团进行了符合中国特色的管理和约制，使当时的僧团呈现出和合清净的情景："不污清众，生恭敬故；不毁僧形，循佛制故；不扰公门，省狱讼故；不泄于外，护宗纲故"③，彰显了佛门僧团内部的井然有序，也证明了中国僧团制度的有效性和可行性。对于丛林清规产生的必要性，太虚大师作过很好的阐释："由此可以证明佛教律仪每因其所流传的地域而迁易，如中国的隋、唐间，僧伽律仪就演变到丛林和小庙的僧制，这也是说明当时须要这样的僧团，方能住持当时的佛教。"④ 法久弊深，随着后期因禅林经济的繁荣、僧团的壮大，清规制度日渐繁杂与琐碎，有些不志于道的僧人则忙碌于争权夺利，行事等同俗人，置清规戒律于不顾，使寺院清誉蒙羞。明末莲池袾宏大师在《竹窗三笔》中对此流弊已明确指出："盖丛林使一众有所约束，则自百丈始耳；至于制度之冗繁，节文之细琐，使人仆仆尔、碌碌尔，目不暇给，更何从得省缘省事，而悉心穷究此道？故曰：后人好事者为之，非百丈意也。"⑤ 而这种流弊的产生，实不是清规之过，反而是僧人不严格遵守清规而致使清规松弛之故。因此芝峰法师将唐宋以后义学不振的原因归结为"伪清规"之流行，把清末佛教之衰败原因一味归于禅宗清规，这是不符合历史事实的。芝峰法师、弘一法师等把传统的清规制度视为陈规陋习，

---

  ① （唐）道宣：《续高僧传》卷二十，《大正藏》第50册，第597页。
  ② （北宋）道原：《景德传灯录》卷六，《大正藏》第50册，第250页。
  ③ 同上书，第251页。
  ④ 太虚：《我的佛教改进运动史略》，载《太虚大师全书》第57册，台北善导寺1980年印本，第81页。
  ⑤ （明）袾宏：《竹窗三笔》，《嘉兴大藏经》（新文丰版）第33册，第72页。

希望完全摆脱中国佛教历史传统,回归到原始的理想的律制生活,这是根本不可能,也是不可行的。

(四) 恢复佛教戒律为振兴佛教之关键

由于佛教衰微的根本原因在于中国佛教僧制的混乱和佛教戒律的废弛,因此整理佛教,首要之务是重振佛教戒律精神,使僧制建立在如理如法的戒律基础之上,国家管理制度也应以不破坏佛教戒律为底线。对此,近代僧人也纷纷提出了他们整理佛教制度的主张,值得借鉴。

芝峰法师以戒律为基础,提出了整理佛教的三大前提,即废除帝制时代的清规、恢复佛教原始的律制、融合现代世界的思潮。其中第一、第二条是佛教改革的关键,要把"清规废除",首先须"恢复原始根本的律制"。芝峰法师提出恢复佛教原始戒律的具体做法,如"止持门"中的根本四性戒及其余等流的性戒,始终要严格受持;而"避世讥嫌"的遮戒,应依具体的情况来应付。目前亟须恢复的是"作持门"中的"犍度",即僧伽制度的组织法。如做人家的师父,要具有下面的资格:一不破戒,二不破见,三不破威仪,四多闻,五有智慧,还须出家十载以上。要求出家受戒的人,也须有下列几种资格:一没有十六遮;二没有十三难。而芝峰法师关于改革的第三点,即融合现代世界的思潮,就是应关注其新的时代背景,着手建设新的佛教制度。他认为,佛教在印度时,"自然事例当时印度人民社会的风俗、宗教,以及当时流行的思想",到中国后,也融合了本土的民俗风情。因此,设立的新制度,"应当取宽大的态度,融合现代世界的思潮",并远契"应开者开,应制者制"释迦老祖的意旨,由此应对"佛陀的戒律,和太虚大师的《僧伽制度论》,下一番努力研究的工夫",才能"产生出一部合于时代、合于戒律,精美完善的著作,以谋建设全世界的佛教"。① 由上面三个前提,芝峰提出整理佛教的三个步骤:废除清规,是破坏的时期;恢复律制,是训练的时期;融合世界思潮,是建设的时期。芝峰法师的设想非常具体和详细,尤其是对戒律的重建、恢复原始戒律的做法,都具有很强的可操作性。对于第三条融合现代思潮,吸收太虚大师《僧伽制度论》的内容,建设新的佛教制度,亦具有鲜明的时代特征。唯将流传于中国千余年的禅宗清规彻底废除、隔断中国佛教

---

① 芝峰:《本律学以整理今日佛教之制度》,载《现代僧伽》第 2 卷合订本第 66 册,1929—1930 年。

的历史传统,这是过于理想化的想法,在实际中也是难以实现的。

宽容法师提出了整顿佛教应从恢复佛教戒律开始,禁止违背佛教戒律的行为发生,其中有两条与戒律关系密切。第一条,禁止滥收徒众。宽容法师认为,滥收徒众,使作为人天师范、世间福田的僧人素质水平低下,为群众所不齿,失却了其"弘法师范的责任与人格"。因此整顿佛教,必须"正本清源",对于"发心出家与为人师资者,当有一种定式以取之",严守僧人剃度之关,以确保僧人具格素质。第二条,禁止违制传戒。佛制戒律是"末世比丘防非止恶之法城。而为出世定慧之基础",它能确保如来法身慧命之弘传,是延续佛法命脉之关键。但现在的一些传戒制度仅存形式,而失却其重要的戒律内容。此二条综合起来,要真正整顿中国佛教的根本方法,即为"严守戒律"。①

提倡戒律学的研究,恢复佛教固有的精神,这是恢复戒律、振兴佛教的前提。印顺法师则主张应"法"、"律"并重,重视法与律的合一原则。他认为:"出家的佛教,如忽视僧团的律制,必发生乱七八糟的现象,无法健全清净。""人间佛教,以人生正行修菩萨道,要把握这法、律并重,恢复佛教固有的精神。切勿陷于传统的作风,但知真实参悟,但知博究精研,于毗奈耶——律的原理法则,不能遵重。现代修学菩萨行的,必须纠正这种态度,法、律并重,来契合佛法的正宗。"② 吕澂主张建立"现代律学",现代律学的原则是:"现在我们如果为着整顿僧制而重新阐明律学,应该先将遵行已久的四分律戒本和羯磨刊定正确,再从部执的关系上深刻了解它的真意,最后结合到瑜伽菩萨戒求得实践上最高的指导原则。在这样的基础上,我们相信,一定可以建立起健全、通彻,而又能使僧团适时新生的现代律学。"③ 吕澂对戒本进行校勘以保证其正确,再进一步了解其真正含义的原则,实际上也是弘一大师及印顺法师所致力的工作。弘一大师潜心律藏,把南山律宗各部原典逐一点校,并作《四分律戒相表记》、《南山律在家备览略编》等。印顺法师参考日本学者平川彰等的研究方法,在《原始佛教圣典之集成》一书中对各部律的原始分析綦详。

---

① 宽容:《西藏宗喀巴大士之革命与今日整顿支那佛教之方针》,《晨钟特刊》第2期,1927年12月。
② 《印顺集》,中国社会科学出版社1995年版,第159—160页。
③ 吕澂:《律学重光的先决问题》,载《吕澂集》,中国社会科学出版社1995年版,第131页。

这两种研究当然都有价值,为创立现代戒律之学奠定了扎实的基础。

此外,建立专门的戒律学院是近代高僧大德恢复戒律的重要实践。太虚大师在积极提倡"人生佛教"时,曾设计了一套如何"建设中国现代佛教"的僧制、僧教育、在家佛徒组织等纲领,其中对戒律问题极为重视,建议设立"律仪院"等组织,专司戒律的养成教育,以培养戒律的人才。周叔迦也认为培养佛教戒律的人才是整顿佛教的关键,他主张成立"南山律苑",要"造成专门研习组织佛法适应时代的南山律专门人才"。①虚云和尚虽为禅宗祖师,但同样非常重视戒律,对传戒、学戒与持戒均大力提倡。在鸡足山时,当地的僧人均穿俗服,不讲修持,虚云为整顿僧团,以戒法引化,开坛传戒,逐渐将云南佛法衰败现象扭转过来。他在住持鼓山涌泉禅寺时,将传戒期限由此前的八天改为五十三天,废止了寄戒、不剃发搭衣等非法风气,并请持戒谨严的慈舟法师前来开办戒律学院,力倡戒律,借此振兴佛教,为后世树立了典范。

弘一法师作为近代律宗高僧,非常重视律学著述的研习和弘扬。他出家后,初学有部律,深为叹服,后受徐蔚如居士之影响,专学道宣律师南山律。他曾指出,自南宋至清末七百余年,禅宗兴盛,律学几乎无人过问,所有唐宋诸家律学著述数千卷悉皆散失,唯存南山《随机羯磨》一卷。明末清初见月律师作《传戒正范》一部,从明末以来,传戒之书独此一部。近代受戒仪轨虽依此但稍有增减,亦不是见月律师《传戒正范》之本来面目了。清光绪末年,杨文会自日本请还唐宋诸家律书之一部分。此后十余年间,徐蔚如在天津又刊刻了数百卷。此外《续藏经》所收尚未另刊者,还有数百卷。弘一法师提倡发心专力研习弘扬上述律学著述,力图恢复唐代古风。1935年弘一法师在泉州承天寺讲律时指出:"我们应知道,现在所流通之《传戒正范》,非是完美之书,何况更随便增减!所以必须恢复古法乃可;此皆是你们的责任,我甚希望大家共同勉励进行!"②

二 僧制:丛林清规制度之演变及佛教的衰落

以禅宗清规为代表的僧制,是佛教中国化的重要内容,在中国佛教史

---

① 周叔迦:《关于戒的开缘》,载《周叔迦集》,中国社会科学出版社1995年版,第133页。

② 弘一:《律学要略》,载《弘一大师全集》第1册,福建人民出版社1991年版,第197页。

上发挥了积极的作用。然而禅宗清规随着千余年来帝制时代的演变，在与国家统治相适应的同时，也深受封建专制社会的影响，使得中国佛教已经严重偏离和违背佛教的根本精神，逐渐失去了佛教本有的民主、平等精神。至清末，中国化的僧制流弊尤深，如形同世俗家庭的剃度、嗣法制度，集权化的住持制度及寺院经济私有化倾向，经忏佛事和鬼神迷信盛行等，都严重制约了佛教的发展。随着帝制被推翻，佛教界如何革除帝制时代附着于佛教中的尘垢、恢复清规的民主与平等精神、建立起适合时代发展的新的僧团管理制度，是关系佛教健康发展的重要内容。

（一）僧制概说

僧制是指在中国佛教僧团中，于戒律之外，由佛教界领袖所制定的丛林管理制度，影响最大的是禅宗清规。宋代赞宁曾对佛制戒律与僧制加以区分，详论中国僧制沿革，指出"篇聚之外别有僧制"："佛法流行，随时制断。合毗尼之绳纠，则案毗尼；堪别法之处量，须循别法。故佛诃比丘云：巧避我制造种种过故，许同时立方毗尼，涅槃后立未来教，以为律范所不围，篇科所不载，则比附而求之也。以是篇聚之外别有僧制焉。今时比丘或住一林居一院，皆和众立条，约束行止，俾不罹于愆失也。"① 毗尼意为灭诸恶法，远离恶道，即指佛所说的戒律，如《楞严经》所说"严净毗尼，弘范三界"。赞宁明确强调于佛制之外，别有僧制，并且指出僧制制定的原则即"佛法流行，随时制断"，应根据佛教流行情况，因地制宜制定相应的约束僧尼的条文制度。

关于中国佛教僧制的历史，最早始于东晋高僧道安所定之僧尼轨范，他立行香、定坐、上讲、六时礼忏、布萨、悔过等规定，为后来中国佛教寺院僧制奠定了基础，故赞宁评价说："凿空开荒，则道安为僧制之始也。"此后历代帝王及高僧均重视僧制，如庐山慧远法师就曾制定了《法社节度序》、《外寺僧节度序》以及《比丘尼节度序》，完善了庐山僧团的教制。《魏书·释老志》载，北魏世宗永平元年（508）秋下诏："缁素既殊，法律亦异。故道教彰于互显，禁劝各有所宜。自今已后，众僧犯杀人已上罪者，仍依俗断，余犯悉付昭玄，以内律僧制治之。……若无德行，遣还本国，若其不去，依此僧制治罪。"② "内律僧制"，即包括佛教戒律

---

① （北宋）赞宁：《大宋僧史略》卷二，《大正藏》第54册，第241页。
② 《魏书》卷一一四《释老志》，中华书局1975年版，第3041页。

及僧团制度。又如南齐文宣王著《僧制》一卷。《续高僧传》"释法云传"载，梁武帝普通六年（525）任命光宅寺之法云为大僧正，"敕为光宅寺主，创立僧制，雅为后则"。①

在中国佛教史上影响最大的僧制是禅门清规，其制定的原则是"所宗非局大小乘，非异大小乘，当博约折中，设于制范，务其宜也"，即基于佛制戒律精神，同时又是适合于中国本土文化习俗，以及禅宗思想和修行方式的中国僧制。百丈禅师总结的制定清规的四大益处，其中第二条是"不毁僧形，循佛制故"，体现了清规遵循了佛教戒律的基本精神。至元代，东阳德辉奉敕重修清规，称为《敕修百丈清规》，元代皇帝专门为此颁发敕文，"将那各寺里增减来的不一的《清规》休教行，依着这校正归一的《清规体例》，定体行"。该清规便成为天下丛林所依据的基本管理制度。清仪润《百丈清规证义记》中说："（百丈怀海）盛宏禅宗，兼崇律制，尝以梁朝光宅寺法云奉诏所集僧制未尽协用，遂重阅律藏，博约折衷，设规制范，务合时宜。"② 此处明确将禅宗的清规称为僧制。太虚大师亦讲："中国的僧制，差不多有两千年的历史，古来演变的很多，现在的大概可以唐、宋以来的禅宗丛林制度为代表。除此之外，虽有台、律等宗传承下来，但都受了禅宗寺院制度的影响，成了附庸的制度，故可专以禅宗丛林来说明中国僧制。"③

僧制的产生是历史的必然，印顺法师对此明确指出："形式剿袭的律制，自有碍难通行的地方。全盘印度化，或者中国本位化，在东晋末年已引起争论了。谈玄说妙的南朝，当然不能有什么革新。强毅实行的北方，却有新的制度出现。"④"虽然说，律是佛制的，只好依着奉行。但律是世间悉檀，更着重于时、地、人的适应呢！一分重律的，拘于古制，不知变通。而一分学者，索性轻律而不谈。"⑤ 佛教戒律在中国时、地、人的适应结果，便是具有中国特色的清规的产生。清规制定后，它便成为中国僧

---

① （唐）道宣：《续高僧传》卷五，《大正藏》第50册，第643页。
② （清）仪润：《百丈丛林清规元义》，《卍新纂续藏经》第63册，第379页。
③ 太虚：《真现实论宗用论》，载《太虚大师全书》第40册，台北善导寺1980年印本，第1097页。
④ 印顺：《泛论中国佛教制度》，载《妙云集》下编之八，台北正闻出版社1992年版，第5—7页。
⑤ 印顺：《佛在人间》，载《妙云集》下编之一，台北正闻出版社1992年版，第106页。

人所遵循的主要行为规范。且在唐代以后，中国并无真正的律宗，仅有所谓律宗道场的"传戒"而已，已没有佛制戒律的研究与弘扬，佛制戒律内容已在中国僧人的视野中隐微不显，故能海法师认为在中国"僧制重于佛制"。

从中国历史上看，禅宗清规对维系佛教的存在发挥了重要的作用。禅宗清规在唐代禅宗兴起而定型后，在此后的一千多年时间里，这一制度虽然有所损益，但总的来说它在中国汉地佛教发展史上发挥了十分重要的作用，且为汉传佛教的其他各宗派所引用通行，它保证了僧尼在丛林中过正常而清净的生活并维持了丛林的稳定。到清末时期，整个国家与民族急剧衰败，佛教各个宗派均趋于衰落，只有禅宗借丛林清规制度勉强维持佛教的生存。有人将清末佛教之衰败原因单纯归结为禅宗清规制度，是不符合历史事实的。正如印顺法师曾说："别立禅院的禅僧，在唐代，适应山林农村环境，参照佛陀的僧制，创设丛林制度。'一日不作，一日不食'，他们'辟土开荒'讲求经济自足。这个制度，配合着真参实悟的信心与精进（法的），确乎相当成功。佛教的思想界，虽已因固定、保守而走向衰落；亏了这丛林制度，总算维持佛教一直到最近。"① 南怀瑾亦说："站在我们千秋后世的立场来看，如果他（百丈怀海）当时不毅然改制，还让僧众们保持印度原来的乞食制度，佛教岂能保存其规模，传流到达现在吗？"② 从积极方面看，宋元明清时期，佛教已与中国政治、经济、文化及社会各个方面相适应，为辅助教化及安定社会民心发挥巨大的作用。因此，这一时期从未发生过灭佛运动；中国历史上四次灭佛运动，即所谓"三武一宗"灭佛均发生在南北朝和唐五代时期，反映了佛教与中国社会政治、文化的相调适，适应了帝制时代的需要。

帝制时代佛教清规之颓变，虽然使佛教适应了封建帝王时代的统治，但也带来了许多弊端。苏曼殊、章太炎《告佛子书》说："至于沙门拜俗，礼所宜绝，远公已来，持之久矣。宋世始有称臣之法，清代遂隆拜帝之仪，斯皆僧众自污，非他能强。及至今日，宰官当前，跪拜惟谨，檀施

---

① 印顺：《泛论中国佛教制度》，载《妙云集》下编之八，台北正闻出版社1992年版，第5—7页。

② 南怀瑾：《禅宗丛林制度与中国社会（八）——丛林与宗法社会》，载《南怀瑾著作珍藏本》第5卷，复旦大学出版社2000年版，第497页。

在目,归命为依。乃至刊《同戒录》者,有戒元、戒魁等名,依附俗科,尤可鄙笑。夫儒俗逸民,尚有不臣天子;白莲邪命,且能睥睨贵游。何意圣教衰微,反出二流之下。"由于佛教是社会中的宗教,佛教的生存与发展离不开国家大环境,因此在近两千年时间中,封建流毒已深深影响至佛教中。

进入近代以后,中国社会发生了巨大的变化,特别是社会制度从封建帝制转向民主共和,使得传统的僧制面临着严峻的挑战。以禅宗清规为代表的传统僧制,在千余年的帝制时代中也发生了很大的变化,其中两个方面的变化对佛教的影响最大。第一,从原始清规的平等精神日渐演变为丛林中等级森严的制度。唐代时的百丈清规,实行"普请"之法,上下均力,无严格的尊卑之别。唐宋时期实行三纲制度,凡遇重大寺务,必由首座、寺主和维那这三纲共同协议。然而宋元以后,随着丛林制度的演变,首座、维那成了八大执事之一,实际权力尚不及监院和知客等,而住持地位则显著提高,形成了以住持为中心以两序为辅助的寺院管理制度。住持以下,分列左右两序职事,类似于世俗的皇帝下面的文武两班大臣,背离了佛教中的身和共住、口和无诤、意和同事、戒和同修、见和同解、利和同均的"六和敬"精神。佛教僧团亦与世俗的帝制日渐相似,逐渐失去了原始清规的民主、平等的精神。第二,在寺院形式上,除十方丛林之外,逐步出现了子孙丛林、剃度丛林、传法丛林、传贤丛林等各类形式,渐失十方丛林选贤任能、民主选举等制度特色。这些寺院形同世俗家庭的宗族家谱,注重法嗣世代相承,形成了法系宗谱,他们占夺十方僧寺财产,使之成为子孙私产的传承制度。子孙丛林制度可以说是佛教在千百年来中国宗法社会浸染中形成的畸形,完全背离了佛教寺院财产十方共有的传统。

(二)集权化的住持制度及付法制度之弊

在中国汉传佛教寺院中,传统上有十方丛林和子孙丛林之分。宋代时,丛林已经分为甲乙徒弟院、十方住持院、敕差住持院三种。甲乙徒弟院是由自己所度的弟子轮流住持而传递者,略称为甲乙院,也称为"纯子孙庙"。它是一种师资相承的世袭制,故又称为剃度丛林或子孙丛林。此寺院除了住持徒众外,不让十方僧众入住。十方住持院系公请诸方名宿主持寺务,略称为十方住持院,十方住持院的住持是在公众推举基础上由官吏监督选举产生,故称为十方丛林,佛教丛林多数沿用这一制度,后世逐渐形成十方丛林和子孙丛林之分立制度。

除了子孙丛林和十方丛林，还有一些寺院，财产属性和住持的传承方式同于子孙庙，也有一些法派传承相同的本家寺院，但寺院的规模较大，财力雄厚，在某些时候也允许为本寺院和其他子孙庙的沙弥传具足戒。这样的寺院属于"一半子孙庙，一半十方丛林"性质，简称"半子孙庙"。"半子孙庙"允许其他僧众入住，但纲领执事皆为住持弟子，十方僧众无权平等参与寺院管理，甚至无法平等享用僧团财物。

清末，因国家对于十方丛林和子孙丛林疏于管理，一些著名的十方丛林已名存实亡，多数已演变为选贤或传贤等派。有的大丛林虽然号称十方，但是寺院住持或首座等多拥有下院，作为子孙丛林，不受十方丛林限制，可以自由剃度弟子。子孙丛林名目繁多，住持有剃子、法子和戒子等不同，由此形成剃派、法派乃至戒派等不同。子孙式的传承，住持往往霸占传统大丛林的寺产，使得十方常住的财产成为寺院住持或其徒众私有，将佛教公产视如家族遗产，由师父传给徒子徒孙。在近代史上，经常有僧人变卖寺产、勾结权贵的现象，导致了佛门的堕落。寺院之中经常有剃度派的住持尚未收徒，或者法派的住持尚未传法，因为突然亡故，引起徒众群起争做住持，或有他派乘机侵占，种种情形，不一而足。总之，佛法不适应近代社会，丛林制度之弊端是其中重要因素。

付法是中国佛教中禅宗和天台宗等的传统，所谓付法，即付嘱传法，选择有根器或者明心见性的弟子授法，令教法维持传承，付嘱护持。禅宗及天台宗均依据《付法藏因缘经》等著作，旁参其他著述，详列佛陀入灭以后，自迦叶、阿难等印度诸祖历代相传的传法世系，作为本宗派在印度的传承。如禅宗认为菩提达摩为印度第二十八代祖师，中土初祖，以此次第传法授人，称为付法相承。关于付法制度的渊源，苏曼殊、章太炎《告佛子书》中说："付法藏者，本以僧众宏多，须人纲纪，在昔双林示灭，迦叶犹在叶波，过七日已，乃闻音耗，自念如来曾以袈裟纳衣施我，圣利满足，与佛无异，当护正法（《善见律婆婆第一》）。此岂明有付法之文。正以耆年有德，众望所归故也。此土天台一宗，自谓直接龙树，而受授相隔，事异亲依。禅宗虽有传灯，然自六祖灭后，已无传付衣钵之事。若计内证，则得法者，或如竹林竿蔗，岂必局在一人？若计俗情，则衣钵所留，争端即起，悬丝示戒，着在禅书。然则法藏所归，宜令学徒公选，必若闻修有阙，未妨兼请他僧（惟不令宰官居士与闻选事，以所选必深于世法者故）。何取密示传承，致生诤讼。管求嗣法，不护讥嫌。若尔者，与俗士应举求官何异，而得称为上人哉。"① 故付法本为明心见性弟子的勘验证明，在禅宗六祖之后，一花五叶，禅门广传，已经不再付传衣钵，以免引起纷争。

付法至宋代时已演变为禅师开堂说法（初次出任寺院住持的仪式）时要公开表明自己的得法师承，在拈香说法时，前两支香一般要祝福皇帝、太子或地方官等，第三支香则要从"怀中取出"，以报自己的得法师父法乳之恩。至清末之时，付法已不限于弟子开堂说法之时，而是以传"正法眼藏"等形式的法卷，作为付法的依据，已经没有了古时对弟子开悟的印证，完全演变成招收土地保守祖业的形式。太虚曾说："多数寺院的剃派、法派相传，犹如在家之注重子孙，若无徒弟，便同俗人一样起断绝后代的恐慌，故招收徒弟越多越好，越年幼越好，因而滥收徒弟，只图绵延香火，对于出家的本分事，全不闻问。而传戒的大寺，则以收戒徒的多寡为荣耀。接过法的，至少须传法一人，如一人都不传，就有断绝法嗣的罪过。但传法的仪式，只不过把祖师的源流录成一卷，交与接法者作为凭据，可以为继承保守祖规祖产的一分子，实际与佛法无大关系。故中国现存的僧制，就成为一个个的大小家族僧寺，其重要点，便是招徒继嗣和保守祖规祖业。"②

象贤曾论及剃度及嗣法制度导致佛教日趋衰灭的原因："古者寺院制度，虽有'剃'法，类多选贤与能，各树起专宗门庭，召集学者，研究各宗之教理。逮后流弊滋甚，争夺横生，狡猾之徒，窃据一寺之权，将十方公众常住，视为私有，行秦嬴愚民之策，杜绝教理之研求，至今日僧伽不识字者十之九，识字者十之一，知识云何哉？纵有一二杰出之士，登座谈玄，不过翻读注疏而已。教不领解之弟子。教理云何哉？"③ 宽容将清末佛教的衰落归纳为四个方面的原因，即滥收徒众、违制传戒、嗣法制度、贸易经忏。其中第三条"嗣法制度"云："既混入佛教之门矣，而又

---

① 苏曼殊、章太炎：《告佛子书》，载《苏曼殊文集》，线装书局2009年版，第12页。
② 太虚：《真现实论宗用论》，载《太虚大师全书》第40册，台北善导寺1980年印本，第1098—1099页。
③ 象贤：《中国佛教今渐衰灭当以何法昌明振兴》，《海潮音》第8卷第9期，1927年9月。

受其戒矣，于是奔走四方，略有学习诸山之家风，百丈之清规。识得几页知识，头衔荣升班首，魔子魔孙，悉吾眷属，主持逊位，舍我其谁，龙华三会，到嗣法洗礼受即梵王三请，法王登宝座时也。资格可以不问道德崇奉，可以不问学识，虽有值舍利弗之智慧，目犍连之神通，而不蒙如来之拈花微笑，何以心印心，即是以人传财，佛法尊严可以私相授受。呜呼！以为法派可以任持一切，而不知此乃灵山会上之罪人也。"① 然其根源，皆由于住持制度中十方丛林与子孙丛林的划分不清及嗣法制度混乱所致。

与嗣法制度相联系，一些著名寺院进而演变成各个房头，寺院俨然成了宗法社会的大家庭。如寺院住持收有多个徒弟，大徒弟及门下称为大房、二徒弟门下为二房，等等；徒弟之下又收徒子徒孙。久而久之，各房为争寺产、争地位，竞相剃度，也不问出家动机，不管品行好坏，只靠人多势众压倒对方。已出家的也不修行，戒律形同虚设，出家人不像出家人，这被称为"房头患"。② 雍正十年（1732），贵州省平越人王士俊（字灼三）出任河东总督兼河南巡抚。十三年（1735），他上书皇帝，建议全面修整某著名寺院，并绘制了规划图呈请御批。雍正十分重视此举，做了详细的批示，并着王士俊办理。御批曰："朕览图内有门头二十五房，距寺较远，零星散处，俱不在此寺之内。向来直省房头僧人类多不守清规，妄行生事，为释门败种。"要求将此寺院修建成一丛林，"不应令此等房头散处寺外，难于稽查管束。应将所有房屋俱拆造于寺墙之外，左右两旁作为寮房"③。从此谕旨可以看出，房头现象在当时直省等地已多出现，至清末更为普遍，而"房头僧人类多不守清规，妄行生事，为释门败种"，正是嗣法制度及寺院经济私有化所带来的严重弊端。由于寺院性质的混乱，寺院财产的性质，包括所有权、管理权和使用权等，至清末及民国时十分混乱。寺院中的僧众，因为法嗣、剃度弟子等原因，常常为争寺院财产，相互争讼，长年得不到解决。而国家或地方则往往视其为公有，遇兴办教育及公益事业时，经常任意侵占寺产，严重损害了佛教的权益。

---

① 宽容：《西藏宗喀巴大士之革命与今日整顿支那佛教之方针》，《晨钟特刊》第 2 期，1927 年 12 月。

② 邓子美：《新世纪佛教复兴的组织基础（一）——二十世纪中国佛教教会社团的组建》，《法音》1999 年第 5 期。

③ 温玉成：《少林史话》中所收雍正皇帝圣旨图片，金城出版社 2008 年版，第 222 页。

(三) 经忏佛事与鬼神迷信

清末佛教中经忏佛事盛行,通常寺院以禅宗寺院为主,而讲经、经忏、传戒、净土念佛(念佛堂)均混入其中,并迎合民俗赶经忏做水陆,形成了"内则禅讲律净,外则经、忏、斋、焰",以及"禅讲律净以究真,经忏斋焰以应俗"的特点。即使像扬州高旻寺那样以宗风纯正驰誉天下的禅寺,也常做经忏佛事以谋道粮,后来经过来果禅师多年的努力坚持方断除经忏根子。太虚大师曾概括此时寺院的状况说:"讲经、开戒、念佛堂都兼有。而教寺因为堕落俗化,民间不信,应赴经忏及做水陆道场等,也混入了禅寺。""一方面参禅、讲经、传戒、念佛,另一方面念经、拜忏、设斋、放焰,应世俗一般人的要求。徒子法孙相承,而禅林反成一个空壳,正是只存告朔的饩羊而已。"① 也就是说,虽然天下寺院多为禅宗丛林,但实际上仅为"空壳"而已,经忏焰口、水陆法会等成为维持寺院经济的重要手段,更有所谓的应付僧,专门应世俗人的请求,以超度死人为职业,为世人所诟病。

关于经忏的历史渊源,苏曼殊、章太炎《告佛子书》中曾有论说:"详夫礼忏之法,虽起佛门,要为广说四谛、八正道等,令自开悟,岂须广建坛场,聚徒风(讽)诵。昔迦王虐杀安息国人,自知灭后当堕地狱,马鸣菩萨以八地圣僧为之礼忏,但得罪障微薄,尚堕龙身,岂况六通未具,四禅独阙,唐持梵呗,何补秋毫?此方志公、智者,虽作忏仪,本是菩萨化身,能以圆音利物。若在凡僧,何益之有?云栖广作忏法,蔓延至今,徒悟正修,以资利养,流毒沙门,其祸至烈。至于禅宗,本无忏法,而今亦相牵崇效,非亦深戒者乎?"②

经忏本为依据佛经而制定的忏悔罪业的仪则,为佛教中自利利他的重要方法,对己而言忏悔业障,净化身心;对他而言,应世间的需要,使信徒中的子孙慎终追远,报答逝去的祖父母劬劳深恩,有其积极的意义。然而,清末经忏法事的泛滥,导致僧众素质下降,致使佛教衰落却是不争的事实。太虚的《震旦佛教衰落之原因论》,把当时流行于整个中国大陆的僧人分成了清高流、坐香流、诵经流和忏焰流四种,其中对"忏焰流"

---

① 太虚:《中国佛学》(三十二年秋在汉藏教理院讲),载《太虚大师全书》第2册,"佛法总学"(一),台北善导寺1980年印本,第670页。
② 苏曼殊、章太炎:《告佛子书》,载《苏曼殊文集》,线装书局2009年版,第38页。

描述说:"学习歌唱,拍击鼓钹,代人拜忏诵经,放焰设斋,创种种名色,裨贩佛法,效同俳优,贪图利养者也。"并痛心地指出,忏焰流"其弊恶腐败,尚有非余所忍言者"。

宽容将"资易经忏"看做清末佛教衰落的一个重要原因,他认为:"如来在因地中,舍一身求半偈,所求无量法门,若三藏十二分之教典,正不知所舍者,又当如何,大千世界之微尘,或可以此拟矣。为众生之离苦得乐的究竟法门,今日已变成子孙之营业品,佛教之妙法,一变而为送死祈灾之点缀品。故街头巷尾鱼磬之音频闻柩侧,坟前梵呗之声不绝,此种怪现象,佛祖见之亦当哑然失笑,安可不从事改革耶。"① 范古农曾言经忏应赴,是僧伽堕落以及世人看不起僧人的原因:"应赴者,即为人诵经祷忏之谓也,其始原为自度度他,其后视为应酬具文,今更变为糊口营业,不谋道而谋食,僧伽堕落之原因,此其一端也。复次,僧居寺内,常亲佛法,束摄身心,威仪无缺。及其出外应赴,环境变迁,身心放逸,则流为邪僻。社会由是贱僧,僧亦因以自弃,愈趋愈下,为世诟病,延祸佛教,此最可伤心者。"② 由于赶经忏的应付僧终日与世间之人接触,专在临终、度亡上用力,将经忏收入视为理所当然,在自己修道用功上难免荒疏,导致僧人身心放逸,素质下降,严重影响佛教的社会形象。

清末因为应付经忏成了多数僧人赖以生存的手段,随着经忏佛事的盛行,世人普遍以为佛教是专为死人服务的法门,故佛教界有识之士均深恶痛绝之。然而赶经忏与应赴,已与经忏的本意完全背离。由于经忏应赴之盛行,将本来自利利他的修行法门变成了维持生计的职业,中国佛教演变成消极厌世的鬼神的宗教和死人的佛教。

如何革除经忏佛事的弊病,宗仰法师与仁山法师分别提出了不同的方案。宗仰法师认为,应区分赴应和经忏的区别,应"革除赴应,尊重经忏":"一曰宜。昔者目连救母,乃设盂盆,菩萨度生,是现焰口。即道场功德,亦为度人而非利己。"③ 仁山法师则提出要整顿经忏,将其纳入密宗一派:"一曰经忏宜归宗也。……对于经忏一法,理宜同归密宗(真

---

① 宽容:《西藏宗喀巴大士之革命与今日整顿支那佛教之方针》,《晨钟特刊》第2期,1927年12月。
② 范古农:《告应赴僧文(代论)》,《浙江省佛教会旬刊》第4期,1928年9月10日。
③ 宗仰:《佛教进行商榷书》,原载《佛学丛报》第1期,第35—39页,署名中央(宗仰);又见《宗仰上人集》,华中师范大学出版社1999年版,第47—49。

言宗）。"①

（四）改革僧制，革除帝制时代遗留下来的陋习

中国佛教僧制深受封建帝制与中国宗法制度影响。除了寺院住持、寺院左右两序职事类似于朝廷中文武两班大臣外，方丈升座及重大法事活动的仪式中，幡盖等名目繁多的仪仗等，也与封建时代的皇帝及地方官举行盛大典礼时的陈规旧习相类。在一些古版佛经首页中常常印有"皇图永固，帝道遐昌；法轮常转，佛日增辉"的内容，清代建的寺院大雄宝殿的正面及背面也常常有此对联。从积极层面讲这些反映了佛教爱国爱教的精神，但在表现形式上却带有明显的封建时代色彩。清代佛教寺院中常供奉有"皇帝万岁万万岁"的牌位，在民国时一直供在大雄宝殿之中。20世纪30年代戴季陶在宝华山改掉此旧习，然而多数寺院依然如故，有的将"皇帝"二字改为"大总统"，其他与封建社会时完全一样。佛教中遗留下来的一些旧习，实际上是封建帝制时代的产物，与佛教传统的民主、平等观念完全背道而驰。

而清末剃度、嗣法制度的演变，更是受到封建宗法制度的影响。明代僧人圆实撰《慨古录》，全面揭露了当时佛门的堕落现象，这在清末时更为严重，如僧官与方丈的选拔不是靠品德与才学，而是靠钻营与世俗的人际关系。数十年戒坛不开，丛林之规扫地以尽。私创庵院众多，为豪强恶势力把持，竟成犯罪渊薮。② 因子孙丛林有诸多弊端及因果罪责，所以历代祖师高僧大德不惜一切代价保护十方丛林的纯洁性，制定很多清规来防微杜渐，防止子孙丛林的蔓延，如《金山规约》、《百丈清规》、《高旻规约》、《焦山规约》等，严禁任何人在十方丛林中收徒，连住持亦不例外。子孙丛林的产生，实是深受中国宗法制度的影响。太虚大师对之进行了揭露："中国民族以至中国佛教最大的弱点，则在家族性太深，中国佛教僧寺亦变为一个一个家族，此为中国僧寺没法整兴的症结处，若能医好此病症，中国佛教乃可重振。"③ 印顺法师亦指出："中国佛教不容易前进的最大障碍，是寺院家庭化。中国为宗法社会的国家，家庭意识使佛教变质。

---

① 仁山：《佛教总会进行策》，《佛教月报》第1期，1913年5月。
② （明）圆实：《慨古录》，《卍新纂续藏经》第65册，第368页。
③ 太虚：《建设中国现代佛教谈》，载《太虚大师全书》第33册，台北善导寺1980年印本，第277页。

一方面，佛教不传贤而传子，结果如通货一样，劣质的通货打倒了优良通货；住持的资格，也不再是德学而是应酬与攀缘了。"①

芝峰和尚在《本律学以整理今日佛教之制度》中提出了整理佛教的三大前提，其中第一点即废除帝制时代的清规。芝峰在此提出了废除帝制时代的清规的必要性和迫切性。他认为，帝制时代的清规不废除，佛教是无法下手整理的，佛教之所以不易整理，不是外界人来障碍我们，唯一的大障碍，是僧伽内部不肯受整理。其不受整理的缘由则是他们固守"老祖清规"，固守"老祖清规"，成为僧人精神堕落的护身符，而佛教义学的不振、律学的衰落，也都是老祖清规所赐予的。所以废除帝制清规，是佛教整理改革的希望。因此，设立的新制度，"应当取宽大的态度，融合现代世界的思潮"，并远契"应开者开，应制者制"释迦老祖的意旨，由此应对"佛陀的戒律，和太虚大师的僧伽制度论，下一番努力研究的工夫"，才能"产生出一部合于时代、合于戒律，精美完善的著作，以谋建设全世界的佛教"②。然而传统的力量是非常强大的，要根本废除帝制时代形成的"老祖清规"是根本不可能的，而且清规本身的积极因素依然需要继承和发扬。

太虚大师提出佛教改革目标主要是"革除过去帝制环境中养成流传下来的染习"，尽管这一过程是艰难的，但是这一改革思路却是符合中国佛教发展的历史和现实的。太虚大师分析当时佛教界的情形认为，中华民族的一般文化思想，特别敬重祖先的家族制度，即所谓的宗法社会，佛教还是受其影响的。尤其是明末清初以来，寺院变成一个个特尊各寺祖师的组织，形成剃派与法派两种传承，其主要目的是保持祖规，保守祖产。"因而现在的中国僧制，成为一个个的寺院，俨然是一个个的变相家族；各寺各兴家风，自成一家，独成一国。除大寺院或有统率几个下院——小寺——之权外，一切寺院皆是各个独立，谁也不能干涉谁。但并不注重徒众的教化，使之修学学佛法，自度度他，而专重视法派与剃派的相传和遵守祖规，保守祖基。"③ 由此可见，清末的中国佛教僧制已经演变成世俗

---

① 印顺：《泛论中国佛教制度》，载《妙云集》下编之八，台北正闻出版社1992年版，第13页。
② 芝峰：《本律学以整理今日佛教之制度》，载《现代僧伽》第2卷合订本第66册，1929—1930年。
③ 太虚：《真现实论宗用论》，载《太虚大师全书》第44册，台北善导寺1980年印本，第1098—1099页。

化、家族式的团体，这样的宗教团体已经完全失去了传播文化、教化社会的功能，其为社会所抛弃也是必然的。

丛林制度的这些演变，直接导致佛教精神的蜕变，以至到清末时，佛教走向全面衰落。因此，除非经过一番彻底改革，否则佛教很难适应近代社会。有鉴于此，近代太虚大师提出了佛教"革命"，其内容包含三个方面："教理革命"、"僧制革命"、"寺产革命"，其中"僧制革命"与"寺产革命"都属于丛林制度的改革。据太虚自述，其改革志在整理僧制，为此先后撰写了《整理僧伽制度论》、《僧制今论》、《建僧大纲》等专门论述僧制改革的著述，因此僧制改革是其革命的核心内容。他的改革是以融会贯通中国传统佛教、革新僧制、适应时代，使佛教成为世界性文化为目标。太虚大师对中国佛教寺院之家族化、子孙化现象深恶痛绝，在他住持的寺院，均大力革新，改子孙丛林为十方选贤丛林，然而困难重重，所以他认识到单凭佛教自身的力量势难改革，势必依靠政府的力量，才能真正拣别淘汰僧侣，禁止私人剃度，并完成易滋抗拒的财产改革，他说："非政府主管机关以政治力量执行，亦难睹其成效。"[①] 太虚的期待似非全然空想，其间亦有部分的事实基础。佛教界自身散漫，缺乏相互之间的组织与合作性，各寺自称一家，独成一国，要想彻底改变根本不可能，唯有依靠国家的力量，通过国家对佛教的管理制度（王制）才能改变明清以来佛教的弊端。

三 王制：从政教关系看清末佛教的衰落

（一）王制概说

王制，此处仅指佛教制度体系中与佛制、僧制相对的概念，是指在封建帝制时代佛以皇帝为代表的国家制定的管理佛教事务的相关制度，如僧官制度、度牒制度、僧籍制度等。其与通常所讲的君主专制政体或皇帝的礼仪、制度等意义上的王制不同，如《礼记·王制篇》云："五方之民，言语不通，嗜欲不同，达其志，通其欲。"王制曰："天子之国，四方千里，如是众名，不出天子所都大众所聚，故云京兆。"这里的王制即指后者。

[①] 太虚：《建设现代化中国佛教谈》，载《太虚大师全书》第33册，台北善导寺1980年印本，第278页。

在人类社会发展史上，凡是有宗教存在的国家就必然有政教关系存在，而且不同国家和民族由于政治文化和宗教文化环境各不相同，因此就会形成各种不同的政教关系模式。概而言之，政教关系主要有政教合一和政教分离两大类，在政教分离的一类中，又可以分成政教平等、政主教从和教主政从三种次级模式。古代印度历史上形成了以婆罗门教为主的教主政从的政教关系，在这种历史传统中产生的印度佛教虽然不能像婆罗门教那样主导整个社会，但世俗的国家政权对宗教还是给予了足够的尊重和发展空间。在这种环境下产生的佛教，其僧团管理自然就很少受到国家政权的干涉，印度的佛教僧团的管理主要是依靠释迦牟尼制定的"佛制"来进行管理，因此，在印度佛教制度中较少有"王制"内容，但是，佛陀在制定僧团管理制度时还是考虑并结合了当时国家制度的影响，如《萨婆多毗尼毗婆沙》载："阎浮提一切国法礼义，以王舍城为正，阿阇世王于人王第一。佛为法王，众圣中尊故。佛在王舍城依人王制戒，王舍国法，五钱以上入重罪中，佛依此法，盗至五钱得波罗夷。如是阎浮提内现有佛法处，限五钱得罪，若国不用钱，准五钱成罪。"① 又《四分律行事钞批》明确提到王制："五分虽我所制余方不得行者，谓佛在时有出家者，佛令为剃发，今则国王不许，故言不应行。景云：如佛制夏竟游行，今时王制，若无故离寺十日，皆判还俗，又不得行也。故注云：俗王为僧立制，不依经本，即其义也。"② 由此可知，虽然由于印度的宗教传统，在当时的社会环境下世俗政权绝不干涉僧团的生活，而且佛教作为出世的宗教，还拥有超越于世俗政治的特权，佛教僧团的管理制度主要是佛制，但是王制和僧制的概念已然产生，并且在佛制中已经考虑到并且实际上也为各种王制和僧制留有了一定的空间。

从历史传统来看，中国自古以来就形成了政主教从的政教关系模式，因此，当佛教从印度传入中国后，首先需要解决的问题之一就是如何适应新型的中国式的政教关系传统，而且随着中国封建帝制的国家政权越来越强势，能否适应中国社会政治环境直接影响到佛教在中国的生存和发展。因此，道安大师"不依国主，则法事难立"之说既是佛教界无奈的慨叹，也是对中国政教关系的客观总结。当然，很多帝王也认识到佛教的传播和

---

① 《萨婆多毗尼毗婆沙》卷三，《大正藏》第23册，第517页。
② 大觉：《四分律行事钞批》卷四，《卍新纂续藏经》第42册，第719页。

发展也能够起到社会教化作用，有助于稳定社会和国家政权，因此，大多数封建帝王也愿意在其权力能够掌控的范围内保护和支持佛教的发展，但同时也将佛教纳入了国家事务管理体系之中，并专门针对佛教中的有些事务建立相应的管理机构和相关制度，最后形成了中国佛教制度史上的"王制"部分。与此同时，佛教僧团内部也根据佛教组织自身的管理需求在佛制的基础上开始创制各种僧团管理制度，逐渐形成中国佛教的僧制一系。正如印顺法师所说，佛教传到中国后，佛教制度向两方面演化，即"国家管辖制"（王制）和"禅僧的丛林制"（僧制），之所以出现国家的管辖制，是"因为佛教发达，僧众跟着杂滥起来，影响社会，影响国家，国家不能不出来干涉"①。以此而言，"王制"也可以看做是封建社会国家政权对外来佛教接纳的前提和结果。在中国佛教史上，围绕佛教管理形成了一系列国家宗教管理制度，所以说王制是中国佛教制度中最具中国化特色的内容，其内容主要包括僧官制度、试经度僧制度、度牒制度、僧籍制度、皇戒制度，等等。

（二）帝制时代佛教对世俗政权的依附地位及其畸变

在中国佛教史上，作为佛教管理制度重要组成部分的王制是中国古代政教关系的直接反映，因此，王制的内容也因历朝历代政教关系的变化而变化。若据佛制，"沙门不得亲于王臣势家"，即僧众不得依附于帝王大臣，这其实代表了印度佛教对于世俗政权的基本态度，从中可以看出佛教有意远离政治，减少政权干涉和控制的自觉意识。正如日本学者牧田谛亮所说："佛教是外来宗教，主张沙门不敬王者，印度佛教原本是法主王从的佛教。到了中国，变成了中国人的佛教。"② 在中国早期的政教关系中，佛教也曾为了宗教主体的独立性做了很多努力，如东晋时期慧远撰写《沙门不敬王者论》，该论从"在家"、"出家"、"求宗不顺化"、"体极不兼应"和"形尽神不灭"五个方面在理论上对当权者压制和改造佛教给予了有力反驳，慧远认为在家信徒应遵循礼法，敬君奉亲，服从教化，而出家修行的沙门则应有所不同，应不以世法为准则，不敬王侯，以破除世

---

① 印顺：《泛论中国佛教制度》，载《妙云集》下编之八，台北正闻出版社1992年版，第5—7页。

② ［日］牧田谛亮：《中国近世佛教史研究》，索文林译，台北华宇出版社1985年版，第158页。

俗的愚暗，超脱贪着的妄惑，"协契皇极，在宥生民"。

由于面对的是封建君主集权主义强大的国家，"溥天之下，莫非王土；率土之滨，莫非王臣"是中国历史君主专制的写照，在这种政治环境下形成的中国佛教，其兴衰往往与帝王的好恶有密切的关系，因此道安大师慨叹"不依国主，则法事难立"，这一原则对中国佛教处理佛教与世俗政权的关系具有重要指导意义。《元史》说："释、老之教，行乎中国也，千数百年，而其盛衰，每系乎时君之好恶。是故，佛于晋、宋、梁、陈，黄老于汉、魏、唐、宋，而其效可观矣。"[①] 这段话精辟地概括了中国历史上政治与宗教的关系。从"沙门不敬王者论"的争辩，到后来频繁发生的灭佛汰僧事件，再到"不依国主，则法事难立"观念的确立，度牒、戒牒、赐紫衣、赐师号、赐寺额等制度的实施，南宋五山十刹模式形成，清代雍正皇帝以帝王身份直接干涉佛教内部事务，将三峰一派法脉斩绝等历史过程，可以清楚地看到以出世解脱为宗旨的佛教，很难摆脱政治权力对它的主动纠缠和改造，最后只能扮演依附于以皇帝为中心的世俗政治的顺从者。李向平说："依照中国传统的政治文化模式，其王朝政治多与神学宗教合一。王朝政治出于'神道设教'的意图，必然把各种宗教教义纳入它自己的轨道之中，使其承负礼义之教、教化之教的责任和义务。……任何宗教都不可能凌驾于皇帝的头上，以天下主宰的意气来君临天下。所以中国政治与中国宗教形成了一种服顺于王权天子的政教合一的特殊关系，宗教的信仰大都转化为国家观念及政治信仰。"[②]

中国僧官制度发展的历史最能体现国家政权与佛教之间的政教关系，可以说从佛教传入中国，统治者就开始努力将僧众纳入国家管理体制之中，北魏道武帝于皇始年间任命赵郡沙门法果为"监福曹道人统"，令绾摄全国僧徒，这是中国设置僧官，实行以僧制僧之始。后秦时期姚兴任命僧䂮为僧主（即僧正），僧迁为悦众，法钦、慧斌为僧录，掌管国家僧尼事务管理，这是中国专设佛教事务管理机构的开始。北魏时，佛教管理机构和僧官制度进一步完善，中央设昭玄曹和沙门统掌管全国佛教事务，并在诸州、镇、郡设维那、上座、寺主等掌管地方以及各寺庙僧务。在南朝，僧官设置基本沿袭后秦制度，宋、齐、梁、陈四代统管全国僧尼事务

---

① 《元史》卷二百二十《释老传》，中华书局1976年版，第4517页。
② 李向平：《救世与救心》，上海人民出版社1993年版，第2—3页。

的最高僧官均称僧正或僧主。就是在南北朝时期，国家首先逐渐确立了公度制度，就是能否剃度出家为僧，出家后配住哪个寺院等问题都已经不纯粹是个人的自由，而必须经过国家的批准。而且在南北朝时期，发生过多起灭佛和淘汰沙门的政治事件，如北魏太武帝、北周武帝灭佛事件，北魏孝文帝、北齐文宣帝淘汰沙门事件等。这些历史事件也反映出在早期的政教关系中，佛教为了自身的独立曾付出过很大的代价，而且国家政权也努力尝试把佛教纳入国家权力可控范围内。

隋唐时期是中国佛教的大发展时期，国家对佛教的管理制度也随之发生了各种变化，隋文帝仿照北齐僧官制度，在中央设立昭玄寺作为中央的佛教事务管理机构，任命昭玄大统、昭玄统、昭玄都等中央僧官，管理全国性佛教事务。此外，在各州置统都、沙门都、断事、僧正等分别管理全国和地方僧尼事务。唐初僧官制度承袭隋制，后屡有改易。在唐代佛教管理制度中，对后世最有影响的当属度牒制度、僧尼籍簿制度和试经制度的开创与完善。度牒是官府颁给合法剃度者出家剃度的证明书，因为度牒皆由尚书祠部颁出，故又称祠部牒。僧尼籍簿就是国家依照普通俗民管理办法将佛教僧尼名籍簿册编订呈送官府进行管理的制度。这是中国古代国家户籍管理中的特殊内容，也是中国佛教制度中特有的王制内容，是中国"溥天之下，莫非王土；率土之滨，莫非王臣"理念在政教关系中的体现。试经制度就是通过参加国家组织的考试的方式来确定欲剃度出家者能否获得批准的一种度僧制度。试经制度始于唐代，该制度的实施限制了没有文化或者文化层次较低的人进入佛教团体，一方面从整体上减少了社会上出家为僧的总人数，另一方面也促进了佛教僧众整体文化素质的提高，因此宋代僧才赞叹说："唐中宗始诏天下试经制度，是犹汉家科举取士，最可尚也。"①

宋辽金元时期僧官制度仍沿用了唐代制度，并且在有些方面有所创新。北宋佛教管理的有关政令出于礼部祠部郎官，具体事务则由鸿胪寺统辖。中央设左右街僧录司，掌寺院僧尼簿籍及僧官补授之事；州、县则分别设有僧司，掌管僧尼事务。南宋佛教事务由礼部祠部郎官统一掌理。金代首都设有管理全国僧尼事务的最高僧官，称为国师。其余四京（北京、南京、东京、西京）各设僧录、僧正，州设都纲，县设维那。元代崇尚

---

① （南宋）志磐：《佛祖统纪》卷四十五，《大正藏》第49册，第414页。

藏传佛教，僧官制度也比较复杂，与前代有很多不同之处，以宣政院管理全国佛教事宜，地方设行宣政院，各州府置僧录、判正、副都纲等僧官。明清时期佛教与以前相比较为衰退，但国家管理佛教的僧官制度却远比前代更为细密周详。明代洪武元年（1368）在南京天界寺设立善世院司掌佛教，又置统领、副统领、赞教、纪化等，负责全国重要寺庙住持的任免。洪武十五年（1382），又重新组建中央和地方僧官组织。中央设僧录司，有左右善世、左右阐教、左右讲经、左右觉义各二人，由礼部任命，掌管天下僧务。府设僧纲司，有都纲、副都纲各一人，州设僧正司，县设僧会司分掌地方僧务。清代僧官制度承袭明制，所有中央和地方的佛教管理机构以及各级僧官的名称、人数、品秩、职事等都和明代基本相同，只是后来在僧录司多出左右掌印二位僧官掌管权力。在清代，顺治年间废除了试经制度，后乾隆年间又废除了度牒制度和僧籍制度，使得出家的门槛一下子降低了很多，同时僧众管理处于失控状态，社会各色人等都可轻易进入佛门，这为以后佛教的彻底衰败埋下了种子。

从以上历代国家政权对佛教的管理制度可以看出，在古代封建社会中，国家始终坚持实行对佛教的控制和改造，佛教界也进行了相对的抗争，如南北朝时期梁武帝萧衍就曾经想兼任最高的僧官，后因佛教界的反对才罢休，后来唐代的"致拜君亲"事件又是一个标志性事件。唐龙朔二年（662），高宗降敕"令道士女冠僧尼于君皇后及皇太子其父母所致拜"引发了当时的政教关系大较量，佛教僧侣的反响非常激烈，他们通过各种方式对该敕令提出了反对，最后直至在京官员千余人通过表决的方式迫使高宗收回"拜君"成命。但是，宋元以后，随着封建集权政治越来越发达，其对佛教的管理和干涉越来越深入，佛教的自主性和独立性却越来越弱，其对国家的依赖性也越来越强，以至于最后佛教自身已经完全失去了自我管控的能力，国家管理制度的松弛必然导致佛教团体的涣散和崩溃。在这方面，有人认为缺少政府的支持和保护导致了中国佛教的最终衰落，如大醒法师认为："佛教原始时代，初兴时代，在印度得到政府的全力保障，所以能够勃兴广布。中国佛教极盛时代，亦完全受当时政府之力助。现在如日本的佛教，暹罗锡兰的佛教，无一不是因有其政府的力量，得以大兴。现在中国的佛教，却失去了政府的护助"[①]，导致最后的

---

① 大醒：《民国十八年的中国佛教》，《现代僧伽》第43、44期合刊，1929年。

衰落，以致到了清代乾隆皇帝批评佛教依附帝王、国家，倒因为果，本末颠倒。但是，我们通过历史就可以看到，也正是国家政权对佛教的管控越来越强大，最终使得佛教自身的生命力越来越孱弱，以至于最后只能在政府的扶持下才能勉强维持，当政府突然抽身不管时，必然导致佛教呈现骤然衰败之相。

  国家政权对佛教管理和干涉的加强过程，其实也是戕害佛教组织生命力的过程，由于国家对佛教组织的管理制度过于严格细密，以至于佛教组织自身的自我掌控和管理能力越来越弱，最后基本上处于一切听任朝廷安排的傀儡状态，正如大醒法师所言："佛教盛世，是靠着君主专制的权势的，民众遂由信仰君主的权威而信仰佛教，这是我国信佛民众成为迷信的来源。现在国家的政体既属于民权，一切都要受社会的判断。我们高大庄严的塔庙，虽是竖立在现社会的都市之中山林之内，我们无为淡泊的色身，虽是寄生在现社会的土地民众之间；然而佛教的真精神，早已离社会很久很远了。因此，佛教对于社会既无贡献，又无利益；社会对于佛教，亦只有怀疑、误解、反对了。我们近数年来从教育界知识界在杂志报纸上面发表的关于佛教的言论，我们知道佛教已经推动了社会的信仰了。佛教虽不必如耶稣教那样去强拉人来信仰，但佛教的真精神不能给社会一个确实的认识，而一方受着社会的反对，这总是'佛教的危机'。"[①] 从佛教传入中国之初的"沙门不敬王者论"，到宋以后僧人主动为皇帝不拜佛的行为提供"现在佛不拜过去佛"开脱说辞和肉麻吹捧；再从僧人的超然出世，到追求帝王的敕封师号、紫衣，甚至国师、帝师荣誉称号，求赐寺额，并为此感到无比荣誉，由此可见，到后期佛教对国家政权完全处于依附状态而没有任何独立地位可言，其与帝王、权臣之间的关系也呈现出了一种畸形状态。因此，当民国年间提出政教分离后，当突然没有了皇帝的时候，佛教界一下子却感到不习惯。帝制时代寺院早晚课中都要祝愿国家风调雨顺、人民百姓、皇帝万岁，民国以后的几十年间，不少寺院仍将皇帝改为大总统等予以祝祷。由于佛教长期以来处于国家政权的严密管制之下，因此佛教的出世求解脱、自力更生求自在、弘法度人化社会等精神便日益颓丧，整个僧团整体性地出现了世俗化的趋向，也正是这个原因，太虚大师提出佛教改革目标主要是"革除过去帝制环境中养成流传下来的

[①] 大醒：《佛教的危机和我们的责任》，《现代僧伽》第 2 卷，1929—1930 年。

染习"。

（三）清代王制之松弛与佛教之衰微

自佛教传入中国以来，以皇帝为代表的国家政权就开始了想办法将其纳入国家事务管理之中，为此，从两晋南北朝时期开始国家就逐渐建构了一套专门管理僧人的王制，这一套王制对于中国佛教界而言，其效力既高于印度传来的佛制，也完全高于中国佛教界自制的僧制。这套专门管制佛教的王制到了明代已经发展到了顶峰，其细密严厉程度使得佛教制度中的佛制与僧制基本处于无用状态，这也导致两者因长期没有发展和更新而近于废弃。在国家管理佛教事务的王制体系中，最为重要的当属"考试制度"、"度牒制度"和"僧尼名籍"制度，这些制度在中国佛教界实施近千年以来，一方面使国家达到了完全掌控佛教的目的，另一方面也造成了佛教界对这些制度的适应和依赖。到了清代，国家由于诸种原因逐步废弃了以上各种制度，这在客观上却成为促使中国佛教走向衰败的主要原因。

首先，在清代首先废弃的是试经度僧制度，这一举措对佛教界的影响非常大，以致后来很多人认为这是清代佛教衰败之首要原因。

南北朝时期，有些帝王就有对剃度僧众进行考试的想法，但遭到了佛教界的抵触而未能实行，据《佛祖统纪》卷三七记载，陈后主至德年间（583—586）认为："僧尼类多无业，朝议欲令曾经，不通者皆休道。"僧智顗抗争说："调达日诵万言，未免沦堕，盘特唯忆一偈，乃证四果。笃论为道，岂关多诵。""后主大悦，即停搜简。"这则史料记载了佛教界对政界欲实行试经剃度的一次消解。就目前资料来看，试经作为一项正规的佛教管理制度最早应开始于唐高宗时期，而完善于唐中宗时期。唐代试经剃度主要内容是在中央或地方官府主持下，依照科举考试的方式对想要出家剃度的人进行经律论三科内容的考核，考试合格者方可获得剃度资格。最初的统治者创设试经剃度制度主要是为了限制出家人数，并将僧人剃度的权力掌握在国家机构手中，但这一制度还是有效地限制了那些没有文化的人轻易进入僧团，客观上促进了僧尼整体文化素养的提高，对中国佛教的发展具有积极作用，因此宋僧才赞叹："唐中宗始诏天下试经度僧，是犹汉家以科取士，最可尚也。"试经度僧制度一经创设，就一直为历朝历代所沿袭，至五代时，已经发展成为内容丰富、科目繁多的考试形式："其僧尼欲立讲论科、讲经科、表白科、文章应制科、持念科、禅科、声赞科……以试其能否"（宋洪迈《荣斋三笔》卷九）。宋代试经剃度制度

"尊用唐制,立试经度僧之科"。《清朝续文献通考》中记载:"按明制,凡给度牒,先令考试,于经律论中命题,取者得给,不取者停其剃度,故僧多有学问。国初免试僧之制,研究三藏者鲜矣。"由此可见,试经剃度制度在清代开国之初就没有实施过,实施近千年的试经度僧制度在清代被彻底废弃。

对于清代统治者废弃试经剃度的原因有各种各样的说法,最主要的有两种,一种说法认为,清代统治者因尊崇佛教而有意放松了对社会大众出家为僧的限制,如印光法师所说的:"世祖遂仰尊佛制,大开方便,罢除试僧,令其随意出家。"还有一种说法认为清初民族矛盾尖锐,统治者不愿意花费过多精力于管制僧众问题,于是就废弃了前朝的一系列僧众管理制度,废弃试经剃度制度只是从更有利于国家统治角度考虑。但是不管如何,试经剃度制度的废弃对中国佛教的影响确实非常大,甚至很多人认为这一制度的废弃就是导致中国佛教彻底衰败的直接根源。如杨文会曾说:"盖自试经之例停,传戒之禁弛,以致释氏之徒,无论贤愚,概得度牒。于经、律、论毫无所知,居然作方丈,开期、传戒。与之谈论,庸俗不堪,士大夫从而鄙之。西来之旨,无处问津矣。"① 印光法师认为:"刻论佛法式微,实不在于明末……及至大清启运,崇重犹隆,林泉隐遗,多蒙礼敬,如玉林、憨璞、木陈等。世祖遂仰尊佛制,大开方便,罢除试僧,令其随意出家。因传皇戒,制护戒牒,从此永免度牒矣,佛法之衰,实基于此。"总之,试经度僧制度的废除使得出家为僧的门槛大大降低,在客观上的确使得有清一代佛教僧众的文化素养有所降低,这是导致佛教后来迅速衰败主要原因之一。

其次,在清代初期废弃试经度僧的基础上,乾隆三十九年(1774),在中国延续了一千多年的汉传佛教度牒制度被废除,这是中国佛教史上的一件大事,其对后世佛教产生了深远的影响。

佛教传入中国早期,佛教僧尼的剃度权基本上掌握在佛教僧团手中,就是由佛教僧团来决定哪些人可以剃度,国家政权对此不予干涉,但随着出家剃度人口的增多,直接影响到了国家纳税人口的多少,南北朝以来,封建政府与佛教僧团之间就剃度权展开了激烈的争夺,国家政权一方面通

---

① 杨文会:《释氏学堂内班课程刍议》,《等不等观杂录》,载《杨仁山居士遗著》,金陵刻经处1982年重刊本。

过政治运动沙汰僧尼,迫使大多已出家的僧尼还俗;另一方面通过法律要求剃度须经政府准许,即公度,严厉禁止私自度僧。到了唐代,公度与私度之间的冲突更加激烈,《唐律疏议》规定:"诸私入道及度之者,杖一百;若由家长,家长当罪。"此外,皇帝还多次下诏强调禁止私度。据《佛祖历代通载》卷一三记载:"唐天宝五年丙戌五月,制天下度僧尼,并令祠部给牒。今谓之祠部(牒)者,自是而始也。"由此可知,度牒是国家政权与佛教僧团争夺剃度权的产物,是国家逐步剥夺佛教僧团剃度权的最终结果。随着度牒制度的形成,与之相应的僧尼籍册等一系列配套措施自然形成。此后的宋元明历代在这方面均承前制,也是将试经度僧与度牒制度、僧尼籍册制度等照单全收并进一步完善。

自清代建国到乾隆三十九年之间的一百多年,清朝统治者虽然废弃了试经剃度制度,但是对体现公度制度的度牒却是抓得很紧。如顺治九年(1652)九月戊子,谕礼部:"……如未领度牒,私自为僧、道、尼僧往来者,……定行治罪。"① 康熙帝也曾多次下令严查并惩治没有度牒的僧人,在此期间,乾隆皇帝还曾经一度采取只收回作废的度牒而不发放新度牒的方式来减少僧尼。乾隆三十九年(1774)六月,在山西道御史戈源奏请之下,乾隆皇帝下旨:"僧道度牒本属无关紧要,而查办适以滋扰。所有礼部奏请给发度牒之处,着永远停止。"就是这道敕文,结束了在中国通行千年的僧人度牒的效力,后人从各个方面分析了乾隆皇帝废除度碟制度的原因,其中最为主流的看法是清代"摊丁入亩"赋役制度的实行导致度牒失去了存在的经济基础,如清人俞正燮认为:"至乾隆初年,度牒之制遂废,盖以丁归地,则不须报牒免役也。"② 这种观点将"摊丁入亩"归结为度牒制度废除的根本原因,此外,杨健认为这只是度牒制度废除的原因之一,最根本的原因还是乾隆皇帝常年实行以缴销度牒方式削减僧人的措施导致度牒制度与僧官制度、免除丁役制度、僧籍制度、僧人实际人数等一系列矛盾无法解决,最后只好被迫废弃了度牒制度,依此而言,度牒制度的废除是清代统治者整顿佛教努力失败的集中体现。

度牒制度的废除,给中国佛教带来了深远的影响,一方面,它与前期

---

① 中国人民大学清史研究所编:《清史编年》第 1 卷顺治朝,中国人民大学出版社 2000 年版,第 343 页。
② (清)俞正燮:《癸巳存稿》,辽宁教育出版社 2003 年版,第 398 页。

试经制度废除相结合，使得阻隔在普通社会大众和佛教僧众之间的两堵高墙不复存在，有出家为僧愿望的人更加容易实现自己的愿望，出家的佛弟子必然会有很大的增加，这对佛教界而言是值得庆贺的事情；但是另一方面，由于出家的门槛放到了最低，难免会使出家众的社会成分越来越复杂，对于自我管理和自我进化能力很差的佛教界而言，这将使其面临巨大的挑战和危机。

试经度僧制度久废，度牒亦于清初废除。"按明制，凡给度牒，先令考试，于经律论中命题，取者得给，不取者停其剃度，故僧多有学问。国初免试僧之制，研究三藏者鲜矣。"① 至乾隆三十九年（1774），汉传佛教度牒亦被废除。② 此后，佛教界以戒牒代替度牒的功能，然而戒坛滥设，传戒紊乱。

清代试经制度、度牒制度和僧尼籍册制度的废除，标志着中国封建帝制下形成的一套管理佛教事务的王制体系随着中国历史上最后一个封建王朝一起彻底崩溃。在这套王制的渗透和逼仄之下，作为中国佛教中内制体系的佛制和僧制也早已徒有其表而失去了对僧团的有效控制和自新功能，因此，当这套佛教界仅仅赖以维持运转的王制系统崩溃时，意味着中国佛教进入了制度的彻底崩溃期，长期积累的各种内部矛盾的爆发和各种不良外在因素的侵入，势必导致中国佛教的必然衰败，这也代表了在中国封建帝制下产生和发展起来的中国佛教的衰败。象贤法师也对此作出了自己的判断和呼吁："自'考试'制度废，人民出家为僧，皆得自由。自'度牒'制度废，戒坛随处开建。不良份子不能容身于社会者，率皆遁集佛门，无明师之指导，本习性之不良。犯奸作科，任意妄为，为社会人民之所诟病，六也。""昔者有'考试制'，出家不得自由。'度牒'给自政府，戒坛亦有限制。有清以来，完全废止。以至份子日形复杂。今则宜恢复古制，使不良份子不能混入。组织统一全国佛教之机关，以谋教务之发达。使僧伽处在国民社会上，得平等之地位。此为负有振兴佛教之僧伽，应宜注意者六也。"③

---

① 《清朝续文献通考》卷八十九，王云五主编《万有文库》第二集，《十通》第十种第一册，商务印书馆1936年版，第8487页。

② 参见杨健《清王朝佛教事务管理》，社会科学文献出版社2008年版，第89页。

③ 象贤：《中国佛教今渐衰灭当以何法昌明振兴》，《海潮音》第8卷第9期，1927年9月。

后来的历史事实也印证了各种担忧，正如后来印光法师在《论现在僧伽制度》中所言："刻论佛法式微，实不在于明末。……及至大清启运，崇重尤隆。林泉隐逸，多蒙礼敬。如玉林、憨璞、木陈等。世祖遂仰遵佛制，大开方便。罢除试僧，令其随意出家。因传皇戒，制护戒牒，从兹永免度牒矣。佛法之衰，实基于此。……从兹日趋日下，一代不如一代。致今僧虽不少，识字者十不得一。安望其宏扬大教，普利群生耶。由是高尚之士，除夙有大根者，但见其僧，而不知其道。厌而恶之，不入其中矣。……倘诸君不乘时利见，吾恐此时震旦国中，已无佛法声迹矣。呜呼险哉。"① 印顺法师亦言："废度牒而僧制大滥"。②

正如陈兵先生所言："中国佛教长期以来在帝王的崇敬护持、国家的管理下传布，多数帝王宰官信仰、钦崇佛教，并从维护皇权、收拾人心的政治目的出发，对佛教有意地利用、扶植，寺院多有敕建，高僧历受礼遇，形成惯例，使佛教对当政者具有很强的依赖性，一旦靠山崩坍，佛教便只有消极待毙。"③ 这是近代中国佛教惶恐、曲折命运的真实写照，清末国家民族积贫积弱，无暇顾及佛教，僧官制度至清末已名存实亡，只能任由佛教自生自灭。尤其是清末救亡图存，进行政治改革，佛教作为封建产物的一部分，首当其冲遭受打击，庙产不保，寺僧惶惶不可终日。

从以上几个方面来看，中国佛教在清代的衰败，主要源于清代中期佛教制度就已经逐渐崩塌，就整个中国佛教制度衰败的过程而言，首先是佛制的弱化导致了僧制的盛行，最后在佛教内部几乎由僧制取代了佛制，后来王制又进一步凌驾于佛制和僧制之上，直至最后渗透并完全挤占了佛制和僧制的效力空间，因此，王制的最后崩溃必然导致整个中国佛教的彻底衰落。中国佛教的发展，应依据佛陀戒律的精神，结合国家对于佛教管理的法规制度，建立起一套真正适合时代的僧团管理制度，这才是符合中国佛教历史和现实情况的做法。

---

① 印光：《论现在僧伽制度》，《晨钟特刊》第2期，1927年12月。
② 印顺：《佛教史地考论》，载《妙云集》下编之九，台北正闻出版社1992年版，第92页。
③ 陈兵、邓子美：《二十世纪中国佛教》，民族出版社2000年版，第9页。

第二节　基督宗教的传播及太平天国运动对佛教的打击

基督宗教①在中国的传播及迅速发展，是中国近代历史上的一件大事。自清末基督宗教进入中国以后，在传播西方文化，兴办教育事业，创办医院、孤儿院等慈济事业方面都对中国社会的进步和近代化起过积极的推动作用，与此同时，也改变了中国近代宗教的文化生态环境，打破了中国传统文化中儒释道三教互补平衡的宗教文化格局，使儒释道三教均面临着新的挑战。太平天国运动深受基督宗教的影响，并且带有浓厚的民间秘密宗教组织的狭隘性和迷信色彩，它打着基督宗教反对偶像的名义，所到之处"无庙不焚、无像不毁"，严重打击了中国传统的儒、释、道三教。由于太平天国运动所影响的地方正是佛教最为兴盛的地区，因此佛教遭到了自传入中国一千八百多年以来最为致命的一次打击，使得本已弊端丛生的佛教更加衰败不堪。

一　鸦片战争后基督宗教在中国的传播

自清末基督宗教进入中国以后，虽然在传播西方文化、兴办公益慈善事业等方面都对中国社会起过积极的推动作用，然而毋庸讳言的是，由于这一时期基督宗教在中国的传播是伴随着帝国主义侵略而来，是在不平等条约下借助于军事力量和强权政治强行进入中国的，因此带有强烈的文化侵略的色彩。这一时期的广大老百姓和士大夫阶层比较普遍地对基督宗教存在反感甚至仇视的心理，甚至还有"信了洋教便不是中国人，多一基督徒则少一中国民"的偏激看法②，出现了众多的反对基督教堂和基督教士的反洋教运动及"教案"，这都反映出基督宗教在近代社会对于中国传统宗教的冲击。近代西方文化的传入，为中国文化带来了新的视野，同时

---

① 由于"基督教"一词有广义和狭义之分，广义的基督教包括天主教、东正教和基督新教三大派别，与佛教、伊斯兰教统称为三大世界性宗教；狭义的基督教则仅是指其中的新教。为避免混乱，本书依现代学界的提法，通常将广义的基督教称为"基督宗教"，而将狭义的基督教称为新教。然而近代中国对天主教、新教一般不加区别地统称为基督教，或称耶教、亚教等，故在引用近代著述时，并不对此另作解释。

② 于本原：《清王朝的宗教政策》，中国社会科学出版社1999年版，第312页。

也改变了中国文化生态环境，使中国传统的儒教、道教与佛教都面临着新的挑战。与佛教和平地传入中国，以及中国人自觉地选择吸收不同，近代基督宗教在中国的传播，是伴随着西方列强坚船利炮而进入的，自然面临着被中国人接受和认同的艰难过程，如果要真正扎根、生存、发展，不可避免地需要经历艰难的中国化过程。正如印顺法师所说："昔日文化之为友为敌，唯儒与道；今则文化之新友新敌，将加入西方之宗教、哲学、科学。处非常之变，而晚唐来之传统佛教者，一仍旧贯，无动于心，真难乎为继矣！"① 印顺此论断，精辟地概括了近代以来基督宗教及西方文化的传入改变了中国近代宗教的文化生态环境，基督宗教及西方哲学、科学成为传统文化的"新友新敌"，这对佛教而言是一个新的挑战。晚唐以来，佛教通过主动调整，已经适应了封建帝王时代的政治文化需要，起到了辅助国家教化、安定社会民心的作用。然而近代基督宗教的传入，打破了中国传统文化中儒释道三教互补平衡的宗教文化格局，如果不顺应时代积极面对，仍延续晚唐以来的传统，"一仍旧贯，无动于心"，那么必然将会面临着新的生存危机。

（一）不平等条约与传教自由

基督宗教传入中国，历史上前后共有四次。最早在唐太宗贞观年间，基督宗教中的聂斯托利派开始传入，被称为"景教"，后于会昌五年（845）因为灭佛运动，殃累牵连，遭到禁止。元代基督宗教（景教和罗马公教）再次传入中国，称为"也利可温"，元灭亡后又中断了传播。明万历年间，天主教耶稣会派传教士利玛窦往东方传教，万历十一年（1583）开始，先后在肇庆、韶州、南昌、南京等地传教，晚年一直居住在北京。由于利玛窦尊重中国传统的祭天、尊祖等习俗，并且通过传播西方科学知识博得了中国知识分子的好感，因而使基督宗教在中国的传播得到了长足的发展。清代康熙朝后期因天主教的迅速发展，开始施行限制天主教教士传教活动的政策。雍正朝时公开宣布禁止天主教，不准民众信仰天主教，也不准西方人在中国各地自由传教，并将教堂没收或改为庙宇民居等。乾隆、嘉庆朝，一直采取严厉的禁教政策，如嘉庆十年（1805），朝廷再次重申："军民人等，嗣后倘再有与西洋人往来习教者，即照违旨

---

① 印顺：《佛教史地考论》，载《妙云集》下编之九，台北正闻出版社1992年版，第92页。

例从重惩究，决不宽待。又谕西洋人等，除贸易外，如私行逗留讲经传教等事，即随时饬禁。"① 至道光初年依然维持此政策。自鸦片战争以后，西方列强加紧对中国的侵略，清政府相继签订了一系列不平等条约，基督宗教在中国又一次得到了新的传播和发展，是为基督宗教第四次来华传教。

鸦片战争以后，西方列强以坚船利炮打开了中国的大门，强迫清政府签订了一系列不平等条约，中国开始沦为半殖民地半封建社会。1842年清政府与英国签订了丧权辱国的《南京条约》后，又与美国和法国签订了《望厦条约》和《黄埔条约》，通过这些不平等条约，西方侵略者在中国攫取了大量特权。在这些条约中，有不少条款涉及保护天主教、基督教自由传教的内容，如允许传教士在广州、厦门、福州、宁波和上海五处通商口岸传教。依仗着这些不平等条约的保护，基督教在华传播的势头迅猛扩张，但此时还不允许外国传教士进入内地传教。《南京条约》没有专门关于基督宗教传教的条款②，但是五口通商的特权实际上也默许了在这些口岸传教的权利。

1843年中美《望厦条约》明确提到了传教问题，并且给予美国"治外法权"，该条约第17款规定："合众国民人在五港口贸易，或久居、或暂住，均准其租赁民房，或租地自行建楼，并设立医馆、礼拜堂及殡葬之处。"③ 据德国学者毕尔麦尔（Bihlmeyer）等的研究，在整个19—20世纪，自从比约庇护九世（Pius IX）以来，所有的基督宗教教宗都特别重视传教工作。"在传教士人数和投入的资金方面，法国仍然处于第一位，尤其是巴黎外方传教会。"④

1844年中法《黄埔条约》有更多内容涉及基督宗教，除了享有英国、美国在中国的一切特权，允许法国人在五处通商口岸租地建造礼拜堂外，还要求中国有保护教堂的义务，如第23款规定："倘有中国人将佛兰西

---

① 刘锦藻编：《清朝续文献通考》卷八十九《选举考六》，杭州古籍出版社1988年版。
② 也有研究认为，《南京条约》有"耶稣天主教原系为善之道，自后有传教者来至中国，一体保护"之条款，并将这一条款视为"传教"条款之"滥觞"。参见晏可佳《中国天主教简史》，宗教文化出版社2001年版，第140页。
③ 蒋世弟、吴振棣编：《中国近代史参考资料》，高等教育出版社1988年版，第96页。
④ ［德］毕尔麦尔等：《近代教会史》，雷立柏译，宗教文化出版社2011年版，第324页。

礼拜堂、坟地触犯毁坏,地方官照例严拘重惩。"① 由此开始了强迫清政府负责保护其教堂的责任。此后道光皇帝又被迫解除了对基督宗教的禁令,承认基督宗教为劝人弃恶从善的,并非邪教,但他拒绝了法使"使皇帝谕旨家喻户晓"的要求,认为"万无明降谕旨通谕中外之理",并且坚持外国人不准赴内地传教。1846 年道光的上谕说:"天主教既系劝人为善,与别项邪教迥不相同,业已准免查禁。此次所请依议准行,所有康熙年间各省旧建之天主教堂,除改为庙宇民居毋庸查办外,其原有旧房屋,如勘明确实,准其给还该处奉教之人。……依照现行章程,外国人概不准赴内地传教,以示区别。"② 道光皇帝谕旨将清政府实行了一百多年的禁教政策正式解除,并且将康熙年间的天主教堂归还,于是天主教在五处通商口岸开始正式转为公开活动。

1856 年 10 月—1860 年 10 月,第二次鸦片战争爆发,在此期间中国作为战败国又先后与沙俄、美、英、法签订《天津条约》,与沙俄签订《瑷珲条约》,与英、法、沙俄签订《北京条约》等不平等条约。以法国为例,中法《天津条约》第 13 款中有关传教问题中提道:"天主教原以劝人行善为本,凡奉教之人,皆得保其身家,其会同礼拜、诵经等事,概听其便。凡按第八款备有盖印执照,入内地传教之人,地方官务必厚待保护。凡中国人愿信崇天主教,而循规蹈矩者,毫无查禁,皆免惩治。向来所有或写、或刻奉禁天主教各明文,无论何处,概行宽免。"③ 中法《北京条约》提出赔偿或归还前被充公的天主教产,法方还在中文约本上私自增加:"并任法国传教士在各省租买田地,建造自便。"自此,西方国家来中国的传教活动,逐渐由通商口岸深入内地,由保护传教士进而保护中国教民。正如德国学者毕尔麦尔等所说:"中国是一个庞大的帝国,同时也被西方视为亚洲最重要的和最有前途的传教地区。在 1857—1860 年的第二次鸦片战争后,中国政府被迫在《北京条约》(1860 年)中允许国人有宗教自由,又允许传教士在内地有居住的权利,并且要做出赔偿和归还被没收的教产。在华的公教会传教士享受了法国的保教权。虽然有部

---

① 蒋世弟、吴振棣编:《中国近代史参考资料》,高等教育出版社 1988 年版,第 98 页。
② (清)文庆等辑:《筹办夷务始末》第六册,中华书局 1979 年版,第 2964 页。
③ 王铁崖编:《中外旧约章汇编》第 1 册,生活·读书·新知三联书店 1982 年版,第 107 页。

分的官员反对教会,但在华的传教工作仍得到了很大的发展。"① 自此以后,法国成为在近代中国最主要的传教国家,并与葡萄牙在澳门争夺传教权。

(二) 基督宗教与中国社会及宗教文化的冲突

近代基督宗教传入中国,既受到不平等条约的保护,同时亦为不平等条约所累,影响了中国人对基督宗教的客观公正的认识。如太虚所言,"天主教、基督教等,有许多都是跟着帝国主义者所订的不平等条约来中国的"②,这与佛教以和平传播的方式传入中国完全不同。佛教的教义思想、伦理道德等虽然与中国固有的儒家、道家等思想有很大差异,外来的宗教与本有的文化之间也不断发生着论辩,但是相互之间的矛盾与冲突仅限于思想领域,未曾因为佛教的传播发生过战争。光绪晚年,两广总督陶模曾致函耶稣会教士李提摩太,谈及中国人排斥基督教的原因:"夫我中国人之心胸中,素无忌嫉异教人之思想,即如佛教之来二千年,儒士间有诵言以辟之者,但民间与僧侣则始终相安,焚香膜拜,且遍天下,况贵教之胧诚恳挚与人为善哉!然则民教相仇之故,其不因宗教起见,可知也。"③ 他进一步指出,传教条约是因战争而缔结,由于中外所缔结的不平等条约,使中国民众认为外国传教是以势力相驱迫,所以心生疑畏。这表明,中国人本无排斥外来宗教的习惯,而近代中国民众对西方传入的基督宗教如此仇视,其根本原因不在于宗教观念的不同,而在于清政府与西方列强缔结的一系列不平等条约等退让政策。

近代基督宗教由于是挟帝国势力而来,难免带有文化侵略的色彩,而传教士往往利用法外治,经常干涉诉讼,包庇教民,激起民怨,最后导致"教案"。《清朝续文献通考》曾言及鸦片战争以后基督宗教的传播以及教案之危害:"信教自由,东西通例。我以各国传教载在约章,咸、同以后教案迭出,地方官吏既无布置于事前,复尠挽救于事后,驯至鱼烂河决,不可收拾。惩犯不已,继以偿款;偿款不已,继以割地。朝廷惩前毖后不啻三令五申,而卒不能消此祸患者,非以愚民过多,一哄而起,无意识以

---

① [日] 毕尔麦尔等:《近代教会史》,雷立柏译,宗教文化出版社2011年版,第324页。
② 太虚:《佛寺管理条例之建议》,《太虚大师全书》第34册,台北善导寺1980年印本,第397页。
③ 李恩涵:《同治年间反基督教的言论》,转引自刘小枫《道与言——华夏文化与基督教文化相遇》,生活·读书·新知三联书店1995年版,第226页。

破其障害乎？然而教养无方，民散已久，有司为渊驱鱼，固非徒百姓之咎也。"① 由此可见，近代基督宗教在中国扮演了不光彩的角色。

诺尔斯在《英国海外经济史》中说："在扩大英国殖民地方面，有一个团体比其他任何人有更多的贡献，那就是传教士利文斯敦（David Livingstone）和莫发特（Moffatt）等人所进行的工作。"② 甚至有传教士声称要"以基督教占领中国"。如1913年以后，外国教会曾经对我国基督宗教进行大规模调查研究，出版了名为《中华归主》一书，其英文原名是《基督教占领中国》。基督宗教的这种帝国主义文化侵略性使中国社会和民众对基督宗教的隔膜、误解和偏见逐渐加深，进而引发了一系列教案。据顾长声《传教士与近代中国》载，"仅就由于西方传教士引起的大小教案"，就有四百余起，其中较为重大的教案约有二十五起。如1900年庚子教难，义和团杀死主教、教士及教民共两万多人③，对基督宗教而言是一次空前的灾难。5月25日的上谕中分析了此次教难的原因："我朝二百数十年，深仁厚泽，凡洋人来中国者，列祖列宗罔不待以怀柔。迨道光、咸丰年间，俯准彼等通商，并许在我国传教，初亦就我范围，讵三十年来，恃我国仁厚，一意姑循，乃益肆枭张，欺凌我国家，侵犯我土地，蹂躏我人民，勒索我财物。朝廷稍加迁就，彼等负其凶横，日甚一日，无所不至，小则欺压平民，大则侮慢神圣，我国人民，仇怨郁结，人人欲得甘心，此义民焚烧教堂、屠杀教民、教士所由来也。"④ 近代中国积贫积弱，备受西方列强凌辱，胁彼之威而来的不少基督教士亦往往漠视中国法律，欺压平民百姓，致使怨恨郁结，导致民众焚烧教堂、屠杀教士和教民等教案。

教案的产生，与近代中国人对帝国主义的仇恨，以及对基督宗教的隔膜和误会等都有密切关系。士人、官员对基督宗教普遍抱着反对、警惕的

---

① 刘锦藻：《清朝续文献通考·外交考十三·传教》卷三百四十九，商务印书馆1936年版，第10917页。

② [英]诺尔斯：《英国海外帝国经济史》第1卷，袁绩藩译，上海人民出版社1966年版，第126页。

③ 王治心《中国基督教史纲》对此次教难有过统计："共计被杀害的天主教主教5人，教士48人，教友18000人；更正教教士188人，教友5000人，实在是空前的浩劫。"上海古籍出版社2004年版，第193页。

④ 萧若瑟：《天主教传行中国考》卷七，载民国丛书编辑委员会编《民国丛书》第二编，上海书店1989年版，第474—475页。

态度，带有很深的偏见，即使是有知识，甚至是有世界眼光的知识分子都不能例外。而在广大的老百姓中，则盛传诸如教民被挖眼、剖心，幼儿被采精等骇人听闻的传闻，事实上反映了社会民众普遍拒斥基督宗教的心理。曾国藩在处理天津教案时说导致此等教案原因是"义愤所积"，教案的频发且难以制止并非完全由于百姓的愚昧和对洋教的盲目仇视，更主要的问题在于清政府积弊已久的统治、管理的无方和面对西方列强时表现出的软弱。

　　衰落腐败的清政府虽然意识到基督宗教的传播对中国传统文化的冲击，但是却因帝国主义不平等条约的保护，只得息事宁人。凡有地方官对教案处理不当，保护教士、教民不力者，皇帝常常下旨将其"革职"、"严惩不贷"以及"永不叙用"等。以《清实录》中光绪朝为例，自光绪二十一年（1895）开始，至光绪三十年（1904）十年时间中，至少有二十余次发布上谕，要求各省巡抚谕令地方官，对各国设立的教堂及其教民严加保护，以期民教相安，若有违者从严惩处，由此可以看出清政府在处理基督宗教问题时的软弱和无所适从。如光绪二十四年（1898）九月，"谕军机大臣等、电寄各省将军督抚。前经谕令各省保护各国教士，此事极有关系，各该将军督抚、务当严饬地方官，于教堂所在，及教士往来之处，一律认真保护，不准稍涉玩懈。如再有防范不力致滋事端，定即从严惩处"①。因慑于西方列强的淫威，软弱腐败的清政府不敢将基督宗教纳入正常的宗教事务管理之中，只能一味退让，致使矛盾不断升级与激化。一旦发生教堂被毁，甚至教士、教民被杀的事件，清廷只能赔款安抚；赔款又分官赔和民赔两种。据光绪二十五年（1899）六月因川省教堂被毁赔款之事，谕旨中称："各省教堂，偶有被毁之处，华人之充教士者，往往嗾使司串，动索巨款，甚至数十百万。以致赔款愈多，教堂愈添教案亦因之叠起，种种繆戾，需索无厌。"② 此次赔款，是以川省昭信股票存银，移作赔款。昭信股票存银七十余万两，剿办余蛮子（余栋臣）反洋教起义截银五十万两，添募勇营，剩余银两即移作赔款。

---

　　① 《清实录》第57册，《德宗景皇帝实录（六）》卷四百二十九，中华书局1987年版，第627页。

　　② 《清实录》第57册，《德宗景皇帝实录（六）》卷四百四十六，中华书局1987年版，第885页。

光绪二十三年（1897）山东巨野教案后，张汝梅继李秉衡后出任山东巡抚，山东地区频发教案，至光绪二十五年（1899），在他短短的一年半任上，竟然发生教案二十一起。兹以《清实录》中的谕旨可以看出，朝廷在处理教案问题上，除了弹压百姓，令民教相安外，近乎束手无策。二月，朝廷上谕，电寄山东巡抚张汝梅："近来山东民教不和，屡屡滋衅，亦实不免有虐待教民情事，以致彼教衔恨，藉事生风。此种情形，总由地方官平时不善开导，遂至睚眦报复，积怨成仇，口角细故，致酿巨案。着该抚谆饬各州县，即行剀切晓谕士民，须知入教之人，同系朝廷赤子，与尔民生同里闬，自应谊笃睦女，不必因其习教，故存嫉恶之心，庶彼此相安无事。遇有词讼，无论教不教，地方官总应一律持平办理，毋得稍涉歧视，以期消患无形。……东省民教不和，由来已久。从前平民贱视教民，迨后彼强我弱，教民日见鸱张，横行乡里，鱼肉良民，断无虐待教民之事。嗣后遇有词讼，无论民教，仍一律持平办理。"① 此谕旨对"横行乡里，鱼肉良民"的教民百般辩护，且倒因为果，因为"从前平民贱视教民"故引起教民反弹，为教会开脱责任。三月，又因德国军队驻扎在日照，故电谕张汝梅饬夏辛酉带领军队前往弹压，明示保护教民。并称："业经叠谕，暗为防范。毓贤接任后，应仍遵前旨慎重办理，相机因应。如果一味蛮横，固不得事事忍让，无所底止，尤不得稍涉孟浪，衅自我开。疆臣办事，总须为国家通筹全局，期无后患，不宜顾一时毁誉，率意径行，是为至要。"② 朝廷的忍让并没有使民教之间的矛盾平息，至十二月甚至在平阴、肥城两县酿成了杀害传教士的事件。此事件发生后，朝廷谕旨称："览奏，殊深惋惜。各国传教，载在约章。叠经谕令各该督抚、督饬地方官，随事随时认真保护，奚止三令五申。乃山东地方，竟有教士被害之事。该地方文武各员，事前疏于防范，已属咎无可辞。若不即将凶犯赶紧缉获，尚复成何事体。着袁世凯迅将疏防之该管各官，先行处，一面勒限严缉凶犯，务获惩办，以靖地方而敦邻好。"③ 正是清政府

---

① 《清实录》第57册，《德宗景皇帝实录（六）》卷四百三十九，中华书局1987年版，第786页。
② 《清实录》第57册，《德宗景皇帝实录（六）》卷四百四十，中华书局1987年版，第791页。
③ 《清实录》第57册，《德宗景皇帝实录（六）》卷四百五十六，中华书局1987年版，第1010页。

因对帝国主义的畏惧而表现出的一再忍让等无作为的态度,使民愤愈激愈烈,直至发展到不可收拾的程度。

除清政府因慑于西方列强的淫威及传教条款的原因,对于基督宗教缺乏行之有效的管理外,中国的士大夫阶层对西方传入的基督宗教的认识也是有一定偏颇的,部分学者甚至认为基督宗教是一种外道邪说。如清末名臣沈葆桢在同治六年(1867)时曾认为:"通商罔利,情尚可容;邪说横行,神人共愤。然其为教,亦各不同。耶稣教以清净为宗,虽是非谬于圣人,可以僧道之流待之。天主教则纳污藏垢,无所不为,渊薮捕逃,动与地方官为难。名为传教,实则包藏祸心。正士良民,不胜愤恨之情,致有戕杀之举。法人借端肇衅,转令我词穷。彼以全副精神专注于此,虽仿僧道之法,设官以治之,无益也。"① 李东沅在《论传教·洋务抉要》一文中指出通商、传教皆为中国无穷之害:"窃谓外国传教之士,实中国召衅之由也。洋人之到中华,不远数万里,统计十余国,不外通商、传教两端。通商则渐夺中国之利,传教则并欲夺华人之心。阳托修和,阴怀叵测。而教民交涉之案,遂迭起矣。"② 清末的士大夫均将通商与传教相提并论,认为是西方列强侵害中国的最重要的两个方面,对于通商一事尚能够容忍,然对于传教一事,则普遍持抵制态度。

有人站在保护国家领土完整、维护社会稳定的立场上来防范基督宗教。如康有为在光绪十四年(1888)十月《上清帝第一书》中说:"法既得越南,开铁路以通商,设教堂以诱众,渐得越南之人心,又多使神父煽诱我民,今遍滇、粤间,皆从天主教者,其地百里,无一蒙学,识字者寡,决事以巫,有司既不教民,法人因而诱之。"又说:"法与英仇,畏英属地之多也,近亦遍觅外府,攻马达加斯加而不得,取埃及而不能,乃专力越南以窥中国,数年之后,经营稍定,以诸夷数十万与我从教之民,内外并起,分两路以寇滇、粤,别以舟师扰我海疆,入我长江,江楚教民从焉,不审何以御之?"③ 李鸿章亦认为西方列强"取中国之财利,即以传教阴结中国之人心。夫国家治安天下,以固人心为本,岂容他国之人阴

---

① 《船政大臣沈葆桢条说》(节选),载王明伦编《反洋教书文揭帖选》,齐鲁书社1984年版,第325页。
② 李东沅:《论传教》,载王明伦编《反洋教书文揭帖选》,齐鲁书社1984年版,第37页。
③ 孔祥吉:《康有为变法奏章辑考》,北京图书馆出版社2008年版,第5页。

为邀结？今既准其传教，愚民无知，易受笼络。一入其教，则人心但知有教主，不知有国法矣！此其动摇邦本"①。章太炎在《訄书》中亦说："吾惧夫彼之不以威礜我，而我亦不以彼为畏也。犹有畏也，曰幸矣！何者？景教者，诸科学之所轻，其政府亦未重也。纵之以入支那，使趋于相杀毁伤，而已得挟其名以割吾地，其计画黠矣！吾林麓无鉴之氓，睹其恣横，而以为泰西故重神之也，积忿结气，怨之衔骨，以及其政府。故地为西守，而念不西乡。审是，则景教者，乃祇以梗泰西东竞之道者也。"②

综上所述，皆可看出士大夫们一致认为基督宗教对中国文化危害巨大，它蒙昧惑民众、动摇人心，严重撼动着作为中国立邦之本的传统文化思想，是伴随着西方列强政治、经济侵略而来的另一"坚船利炮"。他们意识到这个外来的宗教与中国传统的道教、佛教有着明显的区别，不仅在教义上，而且在宗教仪式、组织方式以及对社会民风的影响上都迥异。为此，政府对基督宗教的宗教管理政策不能沿袭管理传统宗教的老路，而需要有所调整。但清政府始终无力及此，因其畏惧于西方列强，故而导致一味地偏袒、优待于基督宗教，对各宗教不能平等，从而引起士大夫和社会民众的强烈不满。

（三）基督宗教对佛教的冲击及其现代化的激发

儒释道三教为中国传统社会的精神支柱，在思想领域及社会生活各方面的影响早已根深蒂固，而基督宗教与中国的传统思想有着巨大的矛盾。基督宗教教义与中国传统的儒家思想的冲突，主要表现在反对祀天祭祖，以及反对佛教的佛菩萨、道教的神仙、民间信仰中的关公等，将他们斥为偶像崇拜。

基督宗教与中国儒释道传统宗教矛盾是十分突出甚至势不两立的，不仅来自普通老百姓对其不敬祖先、反对偶像崇拜的反对，更重要的阻力是儒者知识分子的抵制。所以当时的基督教士认为，基督宗教"与中国原有之典章文物礼俗政教真有势不两立之意。彼盖谓：'吾非除旧何由布新？欲求吾道之兴，必先求彼教之毁'"③。美国长老会传教士狄考文在论

---

① 王炳燮：《毋自欺室文集》，载王明伦编《反洋教书文揭帖选》，齐鲁书社1984年版，李鸿章序第27页。
② 章太炎：《訄书·忧教第五十》，内蒙古人民出版社2006年版，第140页。
③ 宓克：《支那教案论》，严复译，转引自《近代中国教案研究》，四川省社会科学院出版社1987年版，第37页。

及基督宗教教会学校的作用时亦着重提出要以基督宗教取代儒家:"中国作为儒家思想的支柱的,是受过高等教育的士大夫阶层,如果我们要对儒家的地位取而代之,我们就要训练好自己的人,用基督教和科学教育他们,使他们能胜过中国的旧式士大夫,从而取得旧式士大夫所占的统治地位。"①

基督宗教在中国的传播给中国佛教带来了不小的冲击,《清朝续文献通考》曾记载俄国借佛教的名义传入天主教:"查雍正五年《恰克图界约》第五款,俄使请造庙宇,见在驻京喇嘛一人,复议补遣三人于此庙居住,礼佛念经,不得禁阻。此为中国教祸之滥觞。俄国本奉天主教,第五款不明言教事,其时中国尚禁传教,故不曰礼拜堂而曰建庙,不曰教士而曰喇嘛,不曰礼拜而曰念经。至咸丰八年津约第八款,则与英法诸国同明目张胆,而曰天主教原为行善矣。国势之不同如是。"② 此处所说的天主教实为东正教,虽然发生在雍正朝,但与近代有相似处,伴随列强入侵强行传入,故被称为"中国教祸之滥觞"。像这样基督宗教与佛教的冲突时有发生。如第一次重庆教案的发生前,在川法国传教士以《天津条约》、《北京条约》中有关对传教弛禁、还堂条款为由,要求退还川东四所教堂旧址,请准以重庆城内长安寺地改修重庆教堂,由此激起民众公愤,导致了1863年3月重庆民众一举捣毁真原堂及教士住宅多处。

西学的传入,尤其是基督宗教在近代的迅猛发展,给佛教带来了严重的冲击。如当时的《申报》对基督宗教和佛教进行了比较,认为基督宗教的精神是积极进取的,而佛教的精神则趋于寂灭消极:"亚教有进取之旨,佛教有寂灭之旨。故亚教之行于中国,可为对病发药。而佛教之盛行,则可使中国人心志愈灰、兴会愈淡,即痼疾愈深。故佛教既衰,吾人不必再为之鼓励。"③ "亚教"即耶稣教,此处应指基督宗教。太虚大师对此有过总结:"清季民初以来,耶稣教之传布,西洋化之输入,更将佛教徒之隐居静修斥为消极,神应灵感呵为迷信,一概抹煞为妨碍强国富民之害群分利份子。凡少壮人士都以佛教寺僧为无用废物,乃提倡化无用为有

---

① 顾长声:《从马礼逊到司徒雷登》,上海人民出版社1985年版,第287页。
② 刘锦藻:《清朝续文献通考·外交考十三·传教》卷三百四十九,商务印书馆1936年版,第10917页。
③ 《论提倡佛教》,《东方杂志》第2卷第7期,1905年8月。

用，开办学校或举行地方警卫等新政，莫不纷纷以占寺毁像提产逐僧为当然之事。"①

近代基督宗教给中国文化生态的改变也带来新的危机，使佛教、儒教、道教面临着新的挑战，这也正是印顺法师所说的，昔日文化之为友为敌，唯儒与道；今则文化之新友新敌，将加入西方之宗教、哲学、科学。基督宗教在近代中国的传播与迅速发展，给中国传统的宗教文化带来了新的挑战。由于近代中国特殊的历史阶段，基督宗教是在"历史尴尬"时期传入中国。它挟坚船利炮而强行传入，难免不被中国人所诟病。它不像历史上佛教是以和平方式传入中国，帝王、士大夫普遍欢迎并且接受，国家也设立专门的译经院、国家译场。佛教传入中国以后经历了长时间的过程，并非不加选择地全盘吸收，而是经过中国化的判教，有选择地吸收接纳，使其适应了中国社会之需要，在与儒家、道教相互碰撞、相互吸收、相互融合的过程中，逐渐形成了互补共存的局面，佛教在净化社会人心、辅助民众教化方面起到了重要作用。佛教的哲学思想、伦理道德、文化艺术等很多内容融入了中国传统社会，成为中国文化的有机组成部分。因此，基督宗教所面临的中国，并非如非洲、美洲、澳洲等荒蛮落后之地，而是一个有着悠久历史和高度文明的国度。而基督宗教顽固、强硬、不考虑中国国情的传教方式，不可避免地会引起一起又一起教难的发生，这使传教的过程变得异常艰难。甚至有佛教僧人评价说："鸦片战争后，准许外人来华经商传教，这证明了帝国主义军事侵略，是要亡我们的国家；经商图利，是要剥削我们民族的利益。传播邪说，是要亡我民族，因为西方宗教，反对祭祖，反对孝敬父母，反对伦理习俗，这不仅直接斫丧中国固有伦理道德，并且瓦解我中华民族传统精神，摧毁佛教文化的生命。"②

关于基督宗教在近代中国传播过程的缺点，王治心的评价颇为公允，他说："其传布的布景，不幸与不平等条约发生关系，这虽在当时情势有不得不尔的苦衷，非一般抱牺牲主义的教士们的夙愿，究竟是基督教在中国的历史上不易洗涤去的污点。是以有不少明达的西教士，曾经电呈本国政府，愿意脱离传教条约的保护，与积极提倡本色教会。平心而论，谓帝

---

① 太虚：《精诚团结与佛教之调整》，载《太虚大师全书》第34册，台北善导寺1980年印本，第633—634页。
② 东初：《中国佛教近代史》，台北东初出版社1984年版，第47页。

国主义利用基督教则可，谓基督教甘心作帝国主义的虎伥，未免有些冤枉。"① 可见，基督宗教若想在中国顺利传播，需要与传统的儒家、道教和佛教相互调适，从而较好地融入中国社会，实现基督宗教中国化的过程。而广大老百姓和士大夫阶层对基督宗教存在方式表现出的普遍仇视心理，客观上也反映出基督宗教在近代社会对中国传统宗教的冲击。攻击基督宗教的揭帖，将基督宗教斥为杨墨之异端："彼教日盛，则从孔孟者必至日衰。孟子云：杨墨之道不息，孔子之道不著。今天主教邪说诬民，充塞仁义，岂直杨墨之比哉！"②

蔡元培在1900年3月著《佛教护国论》，专论佛教对抵制基督宗教在中国传播方面的作用。其文曰："耶氏之徒，能摄取社会之文物以为食，体魄甚恶，如猛兽也，……浸寻而欲占我国孔教之虚矣。……呜呼！儒佛之中，有能食文物而强大于体质之者乎？儒之中，盖有知之者，然而儒者厄于世法者也，集网甚密也，资本无出也。……学者而有志护国焉者，舍佛教而何藉呼。"③ 又云："人之为道也，饱食暖衣，逸居而无教，则近于禽兽。国者，积人而成者也，教者，所以明人与人相接之道者也。国无教，则人近禽兽而国亡，是故教者无不以护国为宗旨者也。"蔡元培深谙宗教对于一个国家精神凝聚和道德教化的重要性，他意识到在中国近代社会转型之中，只有佛教才真正有力量与基督宗教相抗衡，来保存中国的传统文化精神。然而，由于清末朝廷不平等的宗教政策，特别是庙产兴学对佛道教的摧残，实际上加剧了清王朝的灭亡。正如《清朝续文献通考》针对庙产兴学做的按语："印度象教与儒异趣，惟流传中土垂千余年。梵刹林林，并于道观。民习而安之，则亦存而不论可也。况基督之徒，华洋杂遝，挟方张之气焰以相竞，国中莫敢谁何，良以信教自由并行不悖。恹恹衲子虽云方外，要亦齐民，庙产所存，半由自置，不尽钞募，乃必借学务、公益等名义向之勒捐苛派，无以资生，于理殊欠平等。耶、回保护，释、老摧残，不惟政体有亏，将使若辈衣食俱穷，铤而走险，流为盗贼，非有国有家者之隐患耶？"

然而，基督宗教对近代中国佛教的影响是巨大的。近代佛教改革的领

---

① 王治心：《中国基督教史纲》，上海古籍出版社2004年版，第320—321页。
② 王明伦编：《反洋教书文揭帖选》，齐鲁书社1984年版，第29页。
③ 《蔡元培全集》第一卷（1983—1909），中华书局1984年版，第107页。

袖太虚大师,虽然从佛教的立场上将基督宗教判为人天教,但他极少对基督宗教在中国的传播表示反对,相反,他曾说:"基督教同佛教,在宗教的立场上,是相同的。就是我二三十年来,所有改进佛教的努力,一部分也是由于基督教传入中国的启发。因为,基督教对于中国近代文化事业、社会公益、信仰精神,都有很大的影响。而中国的佛教,虽历史很久,普及人心,并且有高深的教理;但是在近来,对于国家社会,竟没有何种优长的贡献。因此,觉得有借镜于基督教来改进佛教的必要。更因此推想到现在中国一般社会,亦需要基督教的精神来改进。"① 他还认为:"学佛者所应知而实行的,学佛惟心愿在利他,非惟应尽觉人的任务,并须做些社会上实利的事业才好。如基督教的致力种种公益事业,寓实行利他主义于宣传宗教中,体用兼施,其用意深足取法的。"② 又说:"现在需借镜基督教,改良佛教,振作佛教精神,影响民间,以共同的团体精神生活,培养组织能力,是中国整个民族所需要的。"③ 不过,太虚大师也说:"在宗教信仰上,必须丢掉理智;到现实生活上,又必须丢掉信仰,这是欧美现时之苦闷。若有与科学思想不冲突,并可为最高精神寄托的宗教,正是欧美所需要的。关于这一点,佛教是可以补基督教之不足的。"④

基督宗教的种种社会公益事业,如办孤儿院、敬老院、医院、学校,救助病人、帮助社会弱势群体等,是值得中国佛教以及中国其他传统宗教借鉴和吸收的。①基督宗教的教会学校对近代佛教僧教育及佛学院的启发。基督宗教教会组织启发了近代佛教僧教育会以及民国时的中华佛教总会、中国佛教会等组织。②慈善公益事业对太虚大师的人间佛教思想的启发。佛教关注于现实的社会问题与人生问题,从关注死后及鬼神,转向现实的关怀,以佛教的精神改进中国社会。③促进佛教的现代化。所以,从另一个角度看,基督宗教传入的同时也将西方文化带进中国,这为中国传统文化提供了新的视野,对中国的文化教育事业、医院卫生事业、孤儿院

---

① 太虚:《真现实论宗用论》,载《太虚大师全书》第41册,台北善导寺1980年印本,第335—336页。

② 太虚:《答穆藕初问十则》,载《太虚大师全书》第52册,台北善导寺1980年印本,第404页。

③ 太虚:《真现实论宗用论》,载《太虚大师全书》第41册,台北善导寺1980年印本,第338页。

④ 同上书,第339页。

等慈善救济事业都起到了推动作用，并且在一定程度上对佛教的现代化产生了刺激和推动，促进了佛教走向世界的进程，开启了佛教国际化的视野，使佛教逐渐走出山林和死人的宗教，开始走向人间，面向社会人心，发挥积极的推动作用。

二　太平天国运动对佛教的摧残

太平天国运动是19世纪中叶爆发的一次大规模的反清农民起义，其持续时间长达十四年之久，势力达十七省之广。① 太平天国运动打着基督宗教反对偶像的名义，将佛寺道观及孔庙城隍中的神像均视为妖孽，所到之处"无庙不焚、无像不毁"，严重地打击了中国传统的儒、释、道三教。而其所占领的浙江、江苏等江南地区自南宋以来一直是佛教的中心，故对佛教的摧毁尤为严重。

（一）洪秀全及太平天国运动与基督宗教

洪秀全（1814—1864）出生于广东花县（今广州市花都区），他的生平经历及领导的太平天国运动和基督宗教在中国的传播有着密切的联系，当然其中也渗透着浓厚的中国传统秘密宗教的色彩。洪秀全出身于耕读世家，7岁时上村塾，学习过四书五经等儒家经典，曾经三次参加科举考试均落选。1836年他赴广州考府试落选，考试期间偶然在城内龙藏街贡院前见一身穿古服的外国传教士，束发于顶，宽袍阔袖，正和一中国仆人讲道，并且赠送给了他一本宣传基督宗教的小册子《劝世良言》。② 不过此时他仍然志在考取功名，所以带回家后并没有注意。翌年再赴广州应试又一次失败，使洪秀全精神上受到严重打击，回家后他大病一场，于梦中产生幻觉，遇一黄发黑服的老人对他说："世界上的人类，都是我所造成，衣食一切，莫不是我所赐给；但是人类不但不知报本，反而弃我而去亲近恶魔了。我希望你能够快去荡灭恶魔，扶持真理，使人类都能够返本归元。"③ 此后他便经常有此奇异的梦境，又有一次，他梦见一位中年男子，嘱咐他要努力斩除恶魔，洗灭罪恶。据此他开始相信黄发黑服的老人就是

---

① 太平天国所过之省包括广西、广东、湖南、湖北、江西、安徽、江苏、浙江、福建、四川、山东、云南、贵州、陕西、河南、直隶、西康等。
② 顾卫民：《基督教与近代中国社会》，上海人民出版社2010年版，第125页。
③ 《天王本纪》，转引自王治心《中国基督教史纲》，上海古籍出版社2004年版，第145页。

天父耶和华，中年男子就是天兄耶稣。这是他在病态中的神秘宗教体验。

1843年他第三次科举考试失败后，找出搁置已久的《劝世良言》，恍然与梦境中所见相似，于是开始归心基督宗教。《劝世良言》是基督宗教新教的中文布道书，作者为中国首位华人牧师梁发。嘉庆十二年（1807）苏格兰长老会会员马礼逊来中国广州传教，梁发成为其门徒，接受了基督宗教的洗礼。道光十二年（1832）梁发在马礼逊的帮助下写成《劝世良言》一书，并由马礼逊修改校订后在广州付印刊行，这是基督宗教在中国最早的中文传道书。全书共九卷，约九万字，九卷名称分别为：真传救世文、崇真辟邪论、真经圣理、圣经杂解、圣经杂译、熟学真理论、安危祸福篇、真经格言、古经辑要。此书最早在马六甲付梓，后又经改订，每卷又被单独付印成单行本。《劝世良言》一书内容多集《圣经》中章节字句而成，并结合中国风俗民情，阐发基督新教的基本教义，如劝人勿贪世上之福，克己安贫，以求死后永享天堂真福。该书"宣扬上帝是'独一真神'，鼓吹人们应该'安于天命'，'安贫守己'，不要反抗剥削和压迫；宣扬西方殖民者带给被奴役人民的一切苦难，是上帝给予我们的惩罚；称赞西方的布道者是'善人君子'"①。该书虽然抨击中国传统的儒、佛、道三教，但又认为儒教提倡的仁、义、礼、智、信"至精至善"，与基督宗教的救世真理略相符合，因而有存留的必要。

洪秀全虽然没有读过《圣经》，但是他受《劝世良言》的影响，开始改信基督宗教，把书塾中的孔子牌位丢弃了，换成了上帝的牌位。他说："看见其书有一位造天造地造万物大主宰之上帝，人人皆当敬畏他、崇拜他。"② 1943年6月，他与冯云山、洪仁玕等创立"拜上帝会"，逐渐走上反帝反封建的道路。

1944年2月，洪秀全、冯云山等离开花县，进行传教活动，秘密发展会众。5月在广西贵县赐谷村捣毁了六乌庙塑像。1845—1846年是洪秀全理论创建时期，相继著成《百正歌》、《原道救世歌》、《原道醒世训》、

---

① 梁发：《劝世良言》，载修朋月主编《人类五千年大事典》，北方文艺出版社1999年版，第540页。

② 《太平天日》，见中国史学会主编《中国近代史资料丛刊·太平天国》（二），上海人民出版社1957年版，第641页。

《改邪归正》及稍后的《原道觉世训》等。① 冯云山等则在广西紫荆山区传教，发展群众。杨秀清、萧朝贵、韦昌辉和石达开等先后参加"拜上帝会"。1847年春，洪秀全到广州礼拜堂从美国牧师罗孝全学习基督教教义，得读《新旧约圣经》。8月，在广西武宣东乡捣毁"九妖庙"塑像，并作题壁诗。到紫荆山与冯云山聚会后，设立"拜上帝教"总机关，制订"十款天条"。1848年4—10月，杨秀清假托"天父下凡"，萧朝贵假托"天兄"耶稣下凡，这些举动均显示出太平天国运动与正统的基督宗教的差异，表现出中国民间秘密宗教的色彩。1951年1月11日，洪秀全率领拜上帝会众于桂平金田村起义，建号"太平天国"。3月，在武宣县东乡称"天王"。10月，攻占永安州，封王建制，改行天历，初步建立革命政权。1853年3月攻克江宁（今南京），改名为天京，正式建立了太平天国农民政权。1864年，太平天国首都天京被湘军攻陷，洪秀全之子兼继承人幼天王洪天贵被俘虏，标志着太平天国运动的结束。

（二）太平天国运动的主要思想

1. 崇奉"独一真神唯上帝"，反对封建帝王统治

洪秀全打着上帝的旗帜，鼓舞士气、稳定军心，声称一切皆是上帝创造，祸福死生皆由上帝主宰。《原道觉世训》中说："实情谕尔等，尔凡人何能识得帝乎？皇上帝乃是帝也。虽世间之主称王足矣。岂容一毫僭越于其间哉！……耶稣尚不得称帝，他是何人，敢觊称帝者乎！只见其妄自尊大，自干永远地狱之灾也。"② 因此所有人都应该"真心扶主，守天条、遵命令，同心同力，同打江山，死由天排定，越受苦越威风"，甚至宣称为太平天国战死可以升天堂等，完全以此神道设教来笼络人心。如《原道觉世训》中说："天下凡间，人民虽众，总为皇上帝所化所生，生于皇上帝，长亦皇上帝，一衣一食并赖皇上帝。皇上帝天下凡间大共之父也，死生祸福由其主宰，服食器用皆其造成。仰观夫天，一切日月星辰雷雨风云莫非上帝之灵妙；俯察夫地，一切山原川泽飞潜动植莫非皇上帝之

---

① 广东省太平天国研究会、广州市社会科学研究所编：《洪秀全集》，广东人民出版社1985年版，第246页。

② 洪秀全：《原道觉世训》，载广东省太平天国研究会、广州市社会科学研究所编《洪秀全集》，广东人民出版社1985年版，第20页。

功能。"①

洪秀全在《原道救世歌》中，顺应了广大农民群众对政治平等的强烈要求，详细阐述了"独一真神唯上帝"的宗教教义，宣扬"天父上帝人人共"、"君王私自专"、"普天之下皆兄弟"、"上帝视之皆赤子"等口号，用以激发农民群众反对封建等级制度的情绪。他把天父上帝渲染为独一真神，声称所有人等应只拜上帝，不拜邪神，认为人除了从父母所受的肉身之外还有一个灵魂，而这个灵魂都是来自上帝，所以"普天之下皆兄弟，灵魂同是自天来，上帝视之皆赤子"，拜上帝应是人民平等的权利，而不是封建君王的私有特权。这一思想对当时的封建统治秩序无疑是一种强烈的冲击，对广大渴望平等、要求权利的农民来说也是一种思想觉悟上的启蒙。1847年，洪秀全将斗争的矛头明确指向了清朝统治者，他在《原道觉世训》中说："皇上帝乃是帝也，虽世间之主称王足矣，岂容一毫僭越于其间哉？……耶稣尚不得称帝，他是何人，敢觊称帝者乎？只见其妄自尊大，自干永远地狱之灾也。"

洪秀全的反对偶像崇拜其矛头是直指封建帝王的。针对当时一些"执拗者"所认为的"皇上帝当拜矣，必然有帮皇上帝保佑人者，譬如君王主治国中，岂无官府辅治也"？洪秀全明确指出："尔凡人设立各偶像来跪拜，正是违逆皇上帝旨意。尔凡人反说各偶像是帮助皇上帝保佑人，何其被魔鬼迷蒙灵心，蒙懂之极乎！"② 洪秀全还历数秦始皇、汉武帝迷信神仙方术，以及汉明帝崇佛教、汉桓帝祠老聃、梁武帝三次舍身佛寺、唐宪宗迎佛骨，尤其是宋徽宗"改称皇上帝为昊天金阙玉皇大帝"，认为是"亵渎皇上帝之甚者也"③。所以"自宋徽至今，已历六七百年，则天下多惘然不识皇上帝，悍然不畏皇上帝"④。故认为"今荷皇上帝之恩，万物备足矣"⑤。针对人们各立仙佛菩萨等像崇拜，洪秀全斥责道："既是皇上帝明明白白保佑人，尔凡人却另立各偶像，另求保佑。有得食有得穿，曰'我菩萨灵'。明明皇上帝恩典，却误认为邪魔恩典，其邪魔敢冒

---

① 洪秀全：《原道觉世训》，载广东省太平天国研究会、广州市社会科学研究所编《洪秀全集》，广东人民出版社1985年版，第16页。
② 同上。
③ 同上书，第18页。
④ 同上书，第19页。
⑤ 同上书，第17页。

天恩者，该诛该灭无论亦。尔凡人良心死尽、大瞒天恩，究与妖魔同犯反天之罪，何其愚哉！"① 又说："明明有至尊至贵之真神，天下凡间大共之天父，所当朝朝夕拜而不拜，而拜专迷惑缠捉人灵魂之妖鬼，愚矣！明明有至灵至显之真神，天下凡间大共之天父，求则得之，寻则遇著，叩门则开，所当朝朝夕拜而不拜，而拜无知无识之木石、泥团、纸画各偶像，有口不能言，有鼻不能闻，有耳不能听，有手不能持，有足不能行之蠢物，抑又愚矣！"②

洪秀全称天下凡信仰上帝之人皆是兄弟姊妹，应摒除私欲、互相团结，共同推翻"魔鬼"的统治，实现天下一家的太平天国。如《原道醒世训》指出："世道乖漓，人心浇薄，所爱所憎，一出于私。"③ 又说："惟愿天下凡间我们兄弟姊妹，跳出邪魔之鬼门，循行上帝之真道，时凛天威，力遵天诫，相与淑身淑世，相与正己正人，相与作中流之砥柱，相与挽已倒之狂澜。行见天下一家，共享太平。"④

2. 主张"男女尊贵一律平等"，反对社会压迫与黑暗

洪秀全在《原道醒世训》中说："天下多男人，尽是兄弟之辈，天下多女子，尽是姊妹之群，何得存此疆彼界之私，何可起尔吞我并之念。"⑤ 他在《原道救世歌》中说，"一丝一缕荷上帝，一饮一食赖天公"，"五行万物天造化，岂有别神宰其中"，"天公"即基督宗教的上帝。在《原道觉世训》开篇中亦称："天下总一家，凡间皆兄弟。"⑥ "万姓同出一姓，一姓同出一祖"，也就是上帝。洪秀全还借用中国的灵魂论，称灵魂"皆禀皇上帝一元之气以生以出"。更有甚者，洪秀全歪曲基督宗教教义，称自己为天王，尊耶和华为天父、耶稣为天兄，说自己是耶稣的弟弟、天父之次子，是下凡来替天行道的。他说："人心太坏，政治腐败，天下将有大灾大难，唯信仰上帝入教者可以免难。入教之人，无论男女尊贵一律平等，男曰兄弟，女曰姊妹。"

---

① 洪秀全：《原道觉世训》，载广东省太平天国研究会、广州市社会科学研究所编《洪秀全集》，广东人民出版社1985年版，第17页。
② 同上书，第17—18页。
③ 同上书，第11页。
④ 同上书，第13页。
⑤ 同上书，第12页。
⑥ 同上书，第13页。

《天条书》是拜上帝会的重要文献之一。内容包括十款天条和宗教仪式两部分。十款天条具体内容如下：①崇拜皇上帝；②不好拜邪神；③不好妄题皇上帝之名；④七日礼拜，颂赞皇上帝恩德；⑤孝顺父母；⑥不好杀人害人；⑦不好奸邪淫乱；⑧不好偷窃劫抢；⑨不好讲谎话；⑩不好起贪心。① 在第一条"崇拜皇上帝"中称："皇上帝为万国大共之父，人人是其所生所养，人人是其保佑，人人皆当朝晚敬拜，酬谢其恩。"② 第二天条"不好拜邪神"中称："皇上帝曰：'除我外，不可有别神也。'故皇上帝以外皆是邪神迷惑害累世人者，断不可拜。凡拜一切邪神者是犯天条。"③

《天条书》中的宗教仪式部分为洪秀全和冯云山所制定，主要内容是在基督宗教某些仪式的基础上融合进中国传统宗教的一些元素，迎合了入会者的世俗利益需求和传统习惯，于1847年在广西桂平县紫荆山制定而成。该宗教仪式涉及范围很广，入会者的受洗、吃饭、晨起、晚睡等都需按照仪轨进行，日常生活中的很多事情如婚丧嫁娶、盖房、搬迁、生病、满月、生日等也需按照奏章祭告上帝。这些祷文仪轨要求会员于入会后二十一日内能够熟悉，否则治罪，不识字者由识字者负责口授。

3. 反中国传统文化，极端排斥儒释道

洪秀全受《劝世良言》的影响，改信基督宗教，甚至把家里的孔子牌位换成了上帝的牌位。虽然未曾读过《圣经》，洪秀全却开始逢人便宣传他所理解的基督宗教教义，称之为"拜上帝教"，奉耶和华（爷火华）为唯一真神："独有一位造化天地万物之主系神，俗称神天上帝，惟启示真经本字音义，称之'爷火华'三个字，斯乃真神，而普世万国之人，皆尊崇而敬奉之。"又指斥儒、释、道三教之"虚妄"："即儒教亦有偏向虚妄也，所以把文昌、魁星二像，立之为神而敬之，欲求其保庇睿智广开、快进才能、考试连捷高中之意……而有些自少年读书考试，乃至七十、八十岁，尚不能进黉门为秀才呢？还讲什么高中乎？难道他亦不是年亦拜这两个神像么？何故不保佑他高中呵？""那释家和尚，专门诱骗男

---

① 洪秀全：《原道觉世训》，载广东省太平天国研究会、广州市社会科学研究所编《洪秀全集》，广东人民出版社1985年版，第145—148页。

② 同上书，第145页。

③ 同上书，第146页。

女敬佛、拜佛，……因佛祖不过是死了之人，自顾不暇，焉能保佑他们？""又那道家奉事三清及三元之像，日月虽然朝夕奉拜之，恐尚不知各像是某朝好丑的人物……三清、三元之像，不过泥塑木雕纸画之形模，焉能保佑他饱食暖衣？"① 从上面所引可以看出，《劝世良言》完全按基督宗教一神教的信仰，对中国传统的儒释道及民间信仰进行贬斥，这些都对洪秀全的信仰产生了深刻的影响。

洪秀全曾于广西武宣县东乡九仙庙题壁诗："朕在高天作天王，尔等在地为妖怪，迷惑上帝子女心，腼然敢受人崇拜。上帝差朕降凡间，妖魔诡计今何在？朕统天军不容情，尔等妖魔须走快。"② 又在捣毁龙王庙偶像之后，题诗曰："这等断非神，愚顽假作真。太平天子到，提醒世间人。"③ 洪秀全把矛头直接指向传统的儒释道及其民间信仰，提出"三教俱废"，他说："不许僧道诵经拜忏，稍与争执，刀背乱砍。"④ "禁人间僧道追荐，不许奉佛敬神，见则以香烛执之厕中。"⑤

洪秀全历数中国历史上毁废佛道，包括"北朝周武废佛道，毁淫祠，唐狄仁杰奏焚淫祠一千七百余所，韩愈谏迎佛骨，宋胡迪焚毁无数淫祠，明海瑞谏建醮，之数人不可谓无特识矣。第其所毁所焚仅曰淫祠、曰佛、曰建醮，则其所不毁不焚不谏者仍在，不知彼所毁所焚所谏者固当毁当焚当谏，即彼所不毁不焚不谏者又何独非当毁当焚当谏乎？何也？皇上帝之外无神也，世间所立一切木石泥团纸画各偶像皆后起也，人为也，被魔鬼迷蒙灵心，颠颠倒倒，自惹蛇魔阎罗妖缠捉者也"⑥。洪秀全还宣扬："敬拜皇上帝，则为皇上帝子女，生前皇上帝看顾，死后魂升天堂，永远在天上享福，何等快活威风。溺信各邪神，则变成妖徒鬼卒，生前惹鬼缠，死后被鬼捉，永远在地狱受苦，何等羞辱愁烦。"⑦

---

① 梁发：《劝世良言》，《近代史资料》1979年第2期，中华书局1979年版，第3—4页。
② 洪秀全：《九妖庙题壁诗》，载广东省太平天国研究会、广州市社会科学研究所编《洪秀全集》，广东人民出版社1985年版，第28页。
③ 同上书，第24页。
④ 《鳅闻日记》，《近代史资料》1963年第1期，第111页。
⑤ 《劫余灰录》，见《太平天国史料丛编简辑》第2册，中华书局1962年版，第162页。
⑥ 洪秀全：《原道觉世训》，载广东省太平天国研究会、广州市社会科学研究所编《洪秀全集》，广东人民出版社1985年版，第19页。
⑦ 同上书，第20页。

（三）太平天国运动对江南佛教的摧残

太平天国起事后，即以"天父上帝为独一真神，一切偶像邪神仙佛甚至祖先圣贤的木主皆视为妖魔，均在被毁之列"。其组织的"拜上帝会"，主要以反对清王朝"阎罗妖"为目的，其中包括儒、释、道传统在内的封建宗法制度，故其行为与其他农民起义不同。正如曾国藩所说："自古生有功德，没则为神，王道治明，神道治幽，虽乱臣贼子，穷凶极丑，亦往往敬畏神祇。李自成至曲阜，不犯圣庙；张献忠至梓潼，亦祭文昌。粤匪焚郴州之学宫，毁宣圣之木主，十哲两庑，狼藉满地。嗣是所过郡县，先毁庙宇。即忠臣义士，如关帝、岳王之凛凛，亦皆污其宫室，残其身首，以至佛寺、道院、城隍、社坛，无庙不焚，无像不灭。斯又鬼神所并愤怒，欲一雪此憾于冥冥久中者也。"① 在长达十五年的战乱中，大批寺庙殿堂塑像被毁，经书典籍散佚，佛教遭受千百年来最为惨烈的摧残。

当时清军方面的记载也说太平军"见庙即烧，神像即毁"，"所过名城繁镇，梵宫宝刹，必毁拆殆尽"。由于太平天国对神佛所持的极端排斥态度，又加上清军镇压太平军的主战场是在长江中下游及东南沿海一带，双方大军云集，多年拉锯攻守，战况惨烈，而这一地区也正是历来禅宗名寺丛林集中之处，故兵燹所至，诸多名寺化为灰烬者实不在少数。据《太平天国社会风情》中所收录的太平天国相关史料载，在湖南，"自孔圣不加毁灭外，其余诸神概目为邪。遇庙则烧"（佚名《粤匪犯湖南纪略》）。湖北武昌"然不信诸神及浮屠氏，遇寺观辄火之，目为妖庙"（佚名《武昌兵燹纪略》）。南京"贼遇庙宇悉谓之妖，无不焚毁，……间遇神像，无不斫弃"（佚名《粤逆纪略》）。江苏常熟"庵观寺院，若城中之致道观、致和观、慧日寺……毁坏甚多，间有存者，唯破房数间而已"（佚名《避难纪略》）。山东临清"各庙神像皆毁，文庙大成殿焚，圣像及两庑木主无存者，松柏多数百年物，并被焚枯死，各庙神像或剜目、斫手足及首，无一全者"（马振文《粤匪陷落临清纪略》）②。据不完全统计，

---

① 曾国藩：《讨粤檄文》，载李瀚章编撰《曾文正公全集》第8册，中国书店2011年版，第47页。

② 以上引文均参见李文海、刘仰东《太平天国社会风情》，中国人民大学出版社1989年版。

当时江浙一带被毁的名山大刹有：咸丰三年（1853）镇江金山江天寺；金陵灵谷寺、瓦官寺；扬州重宁寺、高旻寺、福缘寺、法净寺（大明寺）、建隆寺、慧因寺、静慧寺、观音禅寺、文峰寺、法海寺、西方寺、石塔寺等；咸丰四年（1854）庐山东林寺；咸丰五年（1855）金陵栖霞寺；咸丰六年（1856）金陵大报恩寺；咸丰十年（1860），常熟三峰清凉寺、破山兴福寺、常州天宁寺、苏州灵岩山、文山寺、虎丘云岩禅寺、保圣寺、双塔罗汉寺、寒山寺、西园寺、杭州云栖寺、灵隐寺；咸丰十一年（1861），宁波天童寺、七塔寺、天宁寺，杭州定慧寺、海潮寺、西天目山禅源寺、杭州上天竺寺、龙兴寺、祥符寺、莲居庵；咸丰末至同治元年（1862），上海龙华寺、静安寺等53所寺院。

兹以佛教最为兴盛的江苏省为重点，综述太平天国运动对江南佛教的摧毁。南京作为太平天国的都城，佛教寺院遭到太平天国破坏的情形尤为惨烈。曾国藩谓："盖金陵至六代以来，号为名都，梵宇琳宫，动戚甲地，涌殿飞瓦，往往数千百年，遗构尚存。独至粤贼洪杨之乱，扫地划除，无复一椽片瓦之遗留。"《金陵省难纪略》记载，太平军在攻打金陵时，曾从城外的静海寺挖地道至城墙下放置炸药，炸塌城墙后攻入城内。灵谷寺及神龙庙悉遭坏灭："钟山之阳，灵谷之寺，旧有龙神祠，履获嘉应。洎兵兴祠毁，坛宇荡然无存。"咸丰五年（1855），"清军向荣部队与太平军激战于栖霞一带，全寺悉遭毁坏，为建炎寺燹于金以来，历七百二十四年后，第二次之大坏相，山灵同劫，破敝荒烟者，垂五十年"①。明代著名皇家寺院大报恩寺琉璃塔，在咸丰六年（1856），发匪东王杨秀清、北王韦昌辉②因睹其塔顶为黄金所铸，用火药轰之，复挖空塔座下基地，数日塔倒，寺遭焚毁。当时有童谣曰："宝塔折，自相杀。"③ 其他如夫子庙、半山寺、鸡鸣寺等，也都被毁。

扬州在历史上一直是佛教圣地，城内外寺庙众多，康熙、乾隆之世，扬州规模宏大的寺院有天宁寺、重宁寺、高旻寺、福缘寺、法净寺（大明寺）、建隆寺、慧因寺、静慧寺八座，被称为"扬州八大刹"。咸丰年

---

① 朱洁轩编著：《栖霞寺志》，台北明文书局1980年版，第72页。
② 称"太平军"为"发匪"，是因为太平军蓄发的缘故。清廷规定汉人也须遵从满人风俗，剃光前额的头发，而太平军为表示反满的决心，仍按汉族传统习俗蓄发。
③ 张惠农：《金陵大报恩寺塔志》卷十，台北明文书局1980年版，第145页。

间，八座寺院及其他大多寺院均毁于太平天国运动。震华法师在《兴化佛教通志》中说："当彼咸丰初年，江南有洪杨之乱，名山巨刹皆受糜烂，扬州地当要衡，损害尤重。"① 据陈云观主编《扬州宗教名胜文化》载，高旻寺于"咸丰年间，寺与行宫（按：即康熙、乾隆时到江南所住行宫）均毁于战火"。观音禅寺于"咸丰三年（1853），寺毁于战火"。文峰寺于"咸丰三年（1853），塔遇兵火，腰檐平座尽毁，仅存砖砌塔身"。法海寺于"咸丰年间毁于战火"。天宁寺于"咸丰年间……毁于战火"。重宁寺"可惜寺与园都在咸丰年间（1853）毁于兵火"。西方寺于"咸丰三年（1853）毁于兵火，仅大殿幸免，当时住持达仁以身殉寺"。石塔寺于"咸丰三年（1853），寺毁于兵火，仅存石塔和戒坛"②。又如《扬州御寇录》记载，咸丰三年（1853），太平军攻占扬州后，曾在法海寺内筑垒坚守；咸丰八年（1858）秋，清军败于扬州，曾以千人驻扎于此寺固守。在这种情况下，寺庙实际上成了军事据点。此外，大明寺在清代称法净寺，据《大明寺志》载："清咸丰三年（1853），太平军与清军短兵相接于扬州，法净寺又一次毁于战火。"③

清咸丰十年（1860），太平军战火波及苏州，古城寺庙大都被兵火焚毁。如灵岩山寺，明洪武初赐额报国永祚禅寺。咸丰十年，整个寺院除宝塔外全部毁于兵燹。文山寺，"庚申洪杨之变，三寺（文山寺、潮音庵、云林庵）尽遭兵燹"。虎丘云岩禅寺，"咸丰十年（1860），虎丘寺罹难兵火，殿宇无存一间"④。苏州保圣寺，"清咸丰十年（1860），保圣寺中大部分建筑又遭毁损"⑤。苏州双塔罗汉寺，"一千多年中，双塔禅寺饱受风霜和兵燹战火的摧残，经历过数次毁与修的历程。最大惨痛的是两次，一次是金兵入侵平江时，寺院碑亭几乎都被焚毁，双塔惨遭厄运。另一次是晚清咸丰、同治之后战火的破坏，殿阁廊庑荡然无存，唯有双塔耸立在废墟中。昔日钟磬相闻、香烟缭绕的寿宁万岁院成为残垣断壁，破败不堪，

---

① 震华法师：《兴化佛教通志》，台北新文丰出版公司1986年版，第12页。
② 以上见陈云观主编《扬州宗教名胜文化》，广陵书社2003年版，第69、72、75、76、79、80、81、82页。
③ 王虎华、许凤仪主编：《大明寺志》，中国文史出版社2004年版，第12页。
④ 江苏省政协文史委员会等编：《苏州佛教寺院》（《江苏文史》第98辑、《苏州文史》第22辑），江苏文史编辑部1997年版，第30、62、96页。
⑤ 同上书，第109页。

以后九十多年间从未修建"①。佚名《避难纪略》载，常熟的庵观寺院，若城中致道观、致和观、慧日寺等均遭毁坏，间有存者，唯破房数间而已。《三峰清凉寺志》（或《常熟三峰清志》）谓该寺"咸丰庚申寺毁于兵"，《武进天宁寺志》谓："（咸丰）庚申，太平军陷常州，寺尽毁。"苏州开元寺"清咸丰十年（1860）遭战乱兵灾，殿宇被毁，仅存藏经阁。古刹寒山寺因"清军与太平军交战，将寺纵火，层楼杰阁，荡为烟埃"。寺内原有一尊古佛像，相传为商纣炮烙铜制，也毁于兵燹。苏州西园寺念佛堂（清末时为禅堂）前墙壁上现存一通1928年立的"佛像庄严"碑，其中也有"洪羊（杨）劫后，僧无寮，佛无殿"的文字记载。苏州其他大小寺院，无不遭难。

在镇江，除焦山定慧寺因据长江天险，太平军未攻占而幸存外，其他寺院大多毁于此时。据《镇江宗教》记载："在太平天国革命以前，镇江有寺庙74处，尼姑庵271处。经过太平天国战争后，佛寺仅存20处左右；尼姑庵约存30余处。"② 其中尤以金山寺作为江南第一大丛林，遭受的毁坏尤为惨烈，大雄宝殿、天王殿、关帝殿、龙王殿、伽蓝殿、蕲王殿、江天阁、观音阁、七峰阁、大彻堂、藏经楼、慈寿塔、妙高台均毁于战火。金山寺志中对此均有详细记载，如大雄宝殿："国朝咸丰癸丑间，洪杨之乱，髡山沸泽殿随寺毁，十余年来未能修复。"③

除江苏省之外，其他各省太平军所到之处，佛教寺庙更是惨遭破坏。如浙江省，咸丰十年（1860），太平天国忠王李秀成率太平军入浙经天目山，烧毁寺庙；三月十九日，忠王李秀成率太平军于清波门掘地道轰塌城墙，占领杭城；三月二十三日撤出，灵隐寺被毁，阮元所建"灵隐书藏"等同时被毁。咸丰十一年（1861）十一月四日，太平军李秀成部占领杭城外馒头山，屯兵净慈寺。十二月二十九日晨，太平军自清波、望江、候潮、凤山四门攻入杭城，寺庙尽毁。同治三年（1864）三月三十日，太

---

① 江苏省政协文史委员会等编：《苏州佛教寺院》（《江苏文史》第98辑、《苏州文史》第22辑），江苏文史编辑部1997年版，第113页。

② 老明：《清末民初镇江宗教的简况》，载江苏省政协文史资料委员会等编《镇江宗教》（《江苏文史资料》第86辑、《镇江文史资料》第22辑），《江苏文史资料》编辑部1995年版，第47页。

③ 杨鸿发：《续金山寺志》卷上，载卢见曾、杨鸿发编《金山志·续志》，台北新文丰出版公司1973年版，第7页。

平军撤出杭城，德清走。① 浙江湖州的寺院亦多毁于此时，如《湖州道场山志》载："咸丰（1951—1861），洪杨一炬，寺仅观音殿幸存（故现存观音殿有六百余年历史），余皆成焦土。"② 又如宁波七塔禅寺："咸丰十一年（1861），寺经洪杨之役，惨遭兵火，遂成废墟。"③ 湖北省则有武昌宝通禅寺、武昌莲溪寺、黄梅五祖寺等古寺被毁；安徽省有芜湖广济寺、安庆迎江寺等也都毁于太平天国之役。④

（四）太平天国的性质及反思

太平天国运动长达十四年之久，最终以失败告终，然而它却在中国历史上留下了深刻的影响，它具有显著的时代性和革命性，以及鲜明的反封建、反传统、反帝王的进步思想，为后来的革命者所颂扬。但是，太平天国从创始之初直至最后失败，都带有强烈的中国民间秘密宗教组织的狭隘性和迷信色彩。因其破坏偶像，一切仙佛均列为邪神，乃至反对祖先圣贤崇拜，这与中国千百年来的社会习惯相违背，成为当时人们反对太平军的重要原因。故曾国藩起兵时所发布之檄文，即以违背儒家名教和中国数千年礼仪人伦，以及破坏佛道和民间信仰而引起"鬼神所共愤"作为太平军的根本罪行。概而言之，太平天国运动实际上是一场借着基督宗教的名义，以曲解《圣经》和基督宗教教义的迷信神话为自己的思想纲领，目的在于推翻清政府统治的反封建反传统的农民运动。

近代中国积贫积弱，备受外强凌辱，为迎合这种时代心理，洪秀全以拜上帝会作为反帝反封建的号召，以此反对"满洲人以暴力侵入中国而强争其兄弟之产"，他说："如果上帝助吾恢复祖国，我当教各国各自保管其自有之产业，而不侵害别人所有；我们将要彼此有交谊，互通真理及知识，而各以礼相接；我们共拜同一天父，而共崇敬同一天兄世界救世主之真道；这是自从我的灵魂被接上天后之心中大愿也。"⑤ 洪秀全曾与洪仁玕在一次谈话时，慷慨激昂怒斥清统治者的腐败统治，他指出："每年化中国之金银几千万为烟土，收花民之膏数百万为花粉。一年如是，年年

---

① 冷晓：《近代杭州佛教史》，杭州市佛教协会1995年版，第373页。
② 明学主编：《湖州道场山志》，湖州佛教协会2003年版，第2页。
③ 宁波佛教协会主编：《宁波佛教志》，中央编译出版社2007年版，第25页。
④ 黄运喜：《中国佛教近代法难研究》，台北法界出版社2006年版，第72页。
⑤ 洪秀全：《论时势》，载广东省太平天国研究会、广州市社会科学研究所编《洪秀全集》，广东人民出版社1985年版，第23页。

如是，至今二百年，中国之富者安得不贫？贫者安能守法？不法安得不问伊黎（犁）省或乌隆江或吉林为奴为隶乎？"①

不同于当时其他以"反清复明"为宗旨的民间秘密帮会组织，洪秀全领导的太平天国运动以建立新朝代为旗帜，并且除去了民间秘密宗教一些蒙昧落后的思想和行为，他说："我虽未尝加入三合会，但常闻其宗旨在'反清复明'。此种主张在康熙年间该会初创时，果然不错的；但如今已过去二百年，我们可以仍说反清，但不可再说复明了。无论如何，如我们可以恢复汉族山河，当开创新朝。如现在仍以恢复明室为号召，又如何能号召人心呢？况且三合会又有数种恶习，为我所憎恶者。例如：新入会者，必须拜魔鬼邪神及发三十六誓，又以刀加其颈而迫其献财为会用。彼等原有之真宗旨今已变为下流卑污无价值的了。"②

由于太平天国运动打着基督宗教反对偶像崇拜的旗帜，毁佛排孔的极端行为发展到无以复加的地步，所到之处，所有寺庙宫观焚毁殆尽，经典书籍全部销毁、禁止读诵，这对流传千年的宝贵历史文化遗产和传统人文思想造成了极其严重的破坏。正如曾国藩所言："自古生有功德，没则为神，王道治明，神道治幽，虽乱臣贼子穷凶极丑，亦往往敬畏神祇。李自成至曲阜不犯圣庙，张献忠至梓潼亦祭文昌。粤匪焚郴州之学官，毁宣圣之木主，十哲两庑，狼藉满地。嗣是所过郡县，先毁庙宇，即忠臣义士如关帝岳王之凛凛，亦皆污其宫室，残其身首。以至佛寺、道院、城隍、社坛，无朝不焚，无像不灭。斯又鬼神所共愤怒，欲一雪此憾于冥冥之中者也。"③ 可见太平天国以基督宗教思想废除中国传统文化，扫荡儒家礼仪人伦等举，在当时已遭到知识界及大部分人的强烈反对。这正是曾国藩能够成功镇压太平天国的主要原因。

对于太平天国的性质及与基督宗教的关系，历来有着截然不同的评价。上海英国领事馆翻译富礼赐曾多次见过洪仁玕，也曾在李秀成的忠王府居住过，对于太平天国有着较深的了解，他曾对洪秀全及太平天国的基督宗教信仰如此评价："天王之基督教不是什么东西，只是一个狂人对神

---

① 洪秀全：《论时势》，载广东省太平天国研究会、广州市社会科学研究所编《洪秀全集》，广东人民出版社1985年版，第23页。
② 洪秀全：《评三合会》，载广东省太平天国研究会、广州市社会科学研究所编《洪秀全集》，广东人民出版社1985年版，第31—32页。
③ 张难先：《湖北革命知之录》，商务印书馆2011年版，第6页。

圣的最大亵渎而已；而他的部下之宗教，简直是大笑话和滑稽剧。天王是一个最为顽固、不能匡正的异端之徒。关于基督教的真理，他已被许多人忠告、函告、解释、宣讲，形形式式，不啻苦口婆心，然而他比以前更为顽固。"甚至认为："天主教教皇如有权治他，早就把他烧死了。"① 郝姆士在《南京游记》中甚至将洪秀全贬低为狂徒、危险分子和盗匪："洪秀全不是一个诈骗者，也必是一个无智识的狂徒；从他的人，都是些危险分子。他的组织，无异于一群盗匪，拥戴他做盗匪的头儿罢了。"② 综观以上这些言论，否定者大多认为洪秀全狂妄自大，随意篡窜改基督宗教教义，他所领导的太平天国文化水平低下、素质陋劣，甚至被认为是盗匪组织。而另一部分肯定太平天国运动的人从它推进基督宗教在中国的传播的角度对其做出了积极的评价，如林利氏在《太平天国外记》中说："基督教在中国三十年中，仅得千四百信徒，今太平天国一旦有七千万信徒，而欧洲教士，不知加以扶助教导，其外交官且禁止教士入太平境，此其颠倒之甚者矣。"又说："太平之宗教战争，不背上帝之诫，而欧洲教士之至支那者，本能扶助此宗教之革命……如维多利亚主教，如约翰，如密尔，如密纳，如洛勃斯克，如伦白等，皆未反对者。独有郝姆士，则更狂诋太平，不足以言传教矣。"③

顾卫民在《基督教与近代中国社会》一书中对于洪秀全对基督宗教的信仰做过客观而全面的评价，他认为："以历史观点来看，洪秀全是一个真诚地追求上帝信仰的人，他无限憧憬地奉上帝为宇宙间唯一之真神，剧烈地摒弃其他一切的偶像崇拜，践履其'上帝天国'的理想。"但是，他毕竟是一个下层社会的小知识分子，他对基督宗教唯一的了解来自《劝世良言》，此书只是早期中国基督徒对基督宗教并不完善的描述，这也客观造成了洪秀全宗教知识的匮乏。而且他身边的冯云山、萧朝贵、杨秀清等人，都带有浓厚的江湖绿林色彩，所以"他们不可能心平静气地像明末的士大夫那样研习天主教教义与儒学之异同。洪秀全与他的同辈们在太平天国官书和诏文里昭示的上帝教义，其间所具有中国传统色彩，是

---

① 《天京游记》，载中国史学会主编《中国近代史资料丛刊·太平天国》（二），上海人民出版社1957年版，第950页。
② 郝姆士：《南京游记》，转引自王治心《中国基督教史纲》，上海古籍出版社2004年版，第155页。
③ 转引自王治心《中国基督教史纲》，上海古籍出版社2004年版，第155页。

传统的习俗和观念在他们身上的自然流露，而不是像明末信教士大夫融合耶、儒之后的刻意的自觉创造"。① 洪秀全虽然亦常赞扬基督宗教思想，但是却不赞成其忍耐和谦卑，他认为："过于忍耐或谦卑，殊不适用于今时，盖将无以管镇邪恶之世也。"②

冯友兰在《中国哲学史新编》一书中说："否定太平天国必然为曾国藩翻案，为曾国藩翻案必然否定太平天国。"又说："我之所以否定太平天国，因为太平天国要推行神权政治，假如太平天国统一了中国，太平天国的历史将倒退黑暗时期——中世纪。"冯友兰认为曾国藩和洪秀全的斗争，是"中西两种文化、两种宗教，即有西方宗教斗争中所谓'圣战'的意义，这就是曾国藩和太平天国斗争的意义"。

总之，洪秀全及太平天国运动虽然打着基督宗教的名义，但它很多方面并不符合基督宗教的精神，其中还明显混杂着中国传统民间信仰的内容，尤其是民间秘密宗教的色彩。太平天国虽然也有中国农民起义的通病，即一旦取得阶段性胜利后，即变得贪图腐化，导致功亏一篑，但它失败的更根本原因则在于其特殊的宗教信仰形式。正如王治心所评价："质言之，太平军之兴，兴于利用宗教的力量；太平军之亡，也亡于宗教上的矛盾。因为太平军以破除迷信为前提，而他自己所产生的宗教，仍旧是变相的迷信。想要利用宗教做手段，来达到他的革命目的，那自然要失败的。"③

日本学者中村元等分析说："太平天国军队所经之地，悉数化为灰土，占领南京时杀戮男女四万，在无锡则屠杀十九万七千八百人之巨，以一个打着耶稣教招牌的集团来说，未免太不人道，且有悖于宗教之常。以江南各地佛教寺院而言，几乎所有的知名大寺院都被烧光。他们持续了十三年'无庙不焚，无像不毁'的野蛮行为，名之为排击崇拜偶像。他们所经之处，几乎所有孔庙、道观、佛寺都被破坏无遗，后来佛教界虽然修复其中大部建筑物，可是精神上的打击未免太大，从此一蹶不振，无力再起。"④ 民国时期的"庙产兴学"运动，以及之后一切反佛教的灭法运动

---

① 顾卫民：《基督教与近代中国社会》，上海人民出版社2010年版，第136页。
② 洪秀全：《论时势》，载广东省太平天国研究会、广州市社会科学研究所编《洪秀全集》，广东人民出版社1985年版，第24页。
③ 王治心：《中国基督教史纲》，上海古籍出版社2004年版，第156页。
④ ［日］中村元等：《中国佛教发展史》（上），余万居译，台北天华出版社1984版，第494—495页。

都在一定程度上沿袭了太平天国所开之毁佛的先河。

太平天国对佛教的摧残可谓佛教传入中国近两千年来所遭受的最为致命的打击，更甚于"三武一宗灭佛"。相比之下，"三武一宗灭佛"持续的时间较短，且对佛教的打击也只是局部性的，而"灭佛"的皇帝死后，新皇帝对佛教大都大力支持，使得佛教能够迅速恢复。如唐朝的"会昌法难"，唐武宗虽下令拆毁天下寺庙、勒令僧尼还俗，但由于各地方刺史、节度使的暗中保护与扶持，标榜着"不立文字、直指人心"、不注重外在形式的禅宗仍能较好地维系其存在和发展。而太平天国运动对佛教的戕害却是难以挽回的。太平天国定都的江南自南宋以后一直是中国佛教的中心，经太平军的蹂躏，无数的寺院佛塔、经书典籍毁于一炬。太平军所经之处，"无庙不焚，无像不毁"，几乎所有孔庙、道观、佛寺都破坏无遗。后来佛教界虽然修复了其中大部建筑物，可是佛教思想传承上遭打击之巨大，使江南佛教从此"一蹶不振"，再不能恢复到从前那般光辉灿烂之状态。

第三节 清末庙产兴学运动与僧教育

庙产兴学运动肇始于清末，盛行于民国，就是占用和借用寺庙作为校舍，或派捐以及提取田产和寺庙财产等作为兴办学校的经费。清末维新变法以后，朝野上下在新政改革尤其是教育改革过程中，普遍意识到改良教育是实现富国强民的首要前提和重要途径，然而此时因国库空虚，办学经费奇绌，所以在兴办学堂过程中，纷纷利用佛道教的寺观以及民间宗祠的房屋建筑，提取其田产及钱财等，形成了一场声势浩大的运动。"庙产兴学"首先是在维新派及洋务派人物的倡导以及在思想界舆论的推动下，经过朝廷的政策支持，自上而下有系统地创办了各级学堂。受此影响，全国上至省府州县，下至穷乡僻壤，各地官员及社会士人乃至恶霸劣绅纷纷借兴学的名义，侵占寺庙及财产，摧毁佛像，驱逐僧尼。这一宗教政策，使得清末以来经过太平天国摧毁本已衰败不堪的佛教陷入了更加悲惨的境地。

一 庙产兴学运动兴起的社会背景及其原因

清末庙产兴学运动的兴起，有着深刻的时代背景和社会原因。鸦片战争以后，中国逐步沦为半封建半殖民地社会，振兴国家、救亡图存成为中国国家和民族所面临的最为重要的问题。甲午战争之后，无论是维新派还是洋务派，都不约而同地认识到中国落后的根本原因在于旧式的教育，所以要富国强兵，要改变中国落后的局面必须改良和发展教育，建立新式学堂，培养外交、军事、农业、商业、矿业以及邮政等国家急需的实用性人才。从19世纪末到20世纪初，朝廷迫于形势推出了一系列改革，由此掀起了一场声势浩大的兴学运动。然而此时的中国内忧外患，内政腐朽衰败，外屡遭列强侵凌，割地赔款，国家积贫积弱，朝廷财政极度困难，而办新式学堂则需要投入大量的财力物力。在此背景下，从1897年朝廷开始筹备学堂，至1898年康有为提出"改淫祠为学堂"和张之洞《劝学篇》主张改寺观为学堂后，由于洋务派、维新派等的推动，1906年，朝廷宣布"预备立宪"，推广新式教育，明令在全国及各省府州县开设学堂，允许各地"不在祠典庙宇乡社"租赁为学堂之用，在此政策的支持下，各地官员及士绅纷纷觊觎佛教财物，提取庙产兴办学堂蔚然成风，逐渐演变成一场声势浩大的运动。

庙产兴学运动发生在清末王朝衰微、内忧外困的历史背景中，是当时经济、政治、社会状况的产物，其发生既有外部的社会原因，亦有佛教内部原因，概括而言，主要包括三个方面：一为晚清政府救亡图存，提倡新式教育，开启民智，然国库空虚，财源拮据，经费奇绌。二为在西方列强的入侵、西方文化的冲击下，社会视中国传统的佛教、道教等宗教为当废。三为寺庙财产丰裕，而佛教界自身衰敝，僧人无学行，戒行有愧，授世人以口实，故以兴学为借口，纷纷侵占庙产。前二为外因，后一则为内因。对于佛教界而言，内因更值得省思，这正是印光法师所说的"物必先腐而后虫生"，以及苏曼殊、章太炎所谓"法门败坏，不在外缘，而在内因"。从近代佛教悲惨的命运可以看出，佛教界自身内强素质、外树形象至关重要，一方面对内要提高僧众素养、戒律清净，另一方面对外要发挥佛教利益众生、道德教化的功能，才能改变世人对佛教的偏见，真正实现大乘佛教慈悲济世利益众生的菩萨精神，发挥佛教积极的社会功能。

（一）清末政府为救亡图存而提倡教育，然国库空虚，经费奇绌

鸦片战争以后，清政府历经西方列强船坚炮利的凌辱。至甲午战争后，先进的中国知识分子逐渐认识到教育之于民族兴亡、国家振兴的重要性，清政府为重振国势以抵御外侮，开始大力提倡新式教育，兴办新式学

堂。在清末新政中，教育改革是其中重要内容之一。张之洞在《劝学篇序》中称："古来世运之明晦，人才之盛衰，其表在政，其里在学。"①

然而鸦片战争后，腐朽的清政府历遭外侮，西方列强通过坚船利炮打开了中国的大门，进而通过割地赔款攫取了巨大的利益，仅庚子赔款即高达45000万两白银，加上利息高达98000万两白银，这些巨额赔款给中国人民带来了沉重的负担，加剧了朝廷的财政危机。不仅如此，清中期以后，由于不当的宗教政策，对于民间信仰的高压不断激起国内民变，经过长期对白莲教等民间秘密教派的征伐，以及对清末太平天国运动的镇压，清政府的国库早已严重空虚。

至光绪新政时期财力支绌、入不敷出，办学经费极度短缺。据《清实录》记载："据称部库近来存款无多，本年新增出款，如大学堂开办常年经费，译书局开办常年经费，八旗添练兵丁，武胜新队、骁骑营、护军营、筹拨月饷各项，统计不下百余万两。"②故光绪在上谕中无奈地说："国步艰虞，百废待举，而库储一空如洗。"③为了解决财政问题，朝廷征收了名目繁多的苛捐杂税，使得百姓不堪其扰。据《申报》载："时至今日，国家之度支可谓奇绌矣。计臣之搜括可谓至密矣，其已通行者：若房捐、若膏捐、若酒捐、若糖捐，其议而未行者：若亩捐、若丁捐、若印花捐，条例繁多，名称猥杂，不顾大局，但计目前理财，至此可为浩叹。"④对于苛捐杂税之繁，《民报》亦有记载："因劝学所无款或警（经）费不足，如猪肉、鸡鸭、铺捐、砖瓦捐、烟酒捐，铺房最小之应免者，复另起捐。"⑤虽然苛捐杂税猛增，但仍然难以缓解庞大的财政困难。

从戊戌变法以后，全国各地自上而下兴办了大量的新式学堂，与传统的八股取士的儒家教育不同，新式教育更加重视培养富国强兵及邮政等实用性人才，所以需要大量的经费以筹办学堂的房舍、土地和教学设备等，对于财力匮乏、国库空虚的清政府来说，筹措经费是制约兴办新式教育最

---

① 张之洞：《劝学篇序》，载《张之洞全集》第12册，河北人民出版社1998年版，第9704页。
② 《清实录》第57册，《德宗景皇帝实录（六）》卷四百二十四，中华书局1987年版，第561页。
③ （清）朱寿朋编：《光绪朝东华录》，中华书局1984年版，第5117页。
④ 《捐僧道议》，《申报》光绪二十八年（1902）十二月十二日。
⑤ 《宁函》，《民报》宣统元年（1909）六月十八日。

大的难题。1901年清政府被迫宣布实行新政，9月颁布"兴学诏书"，在教育改革方面提出了废除八股、设立学堂、鼓励留学等举措。除京师已设大学堂，应切实整顿外，要求各省书院于省城均设大学堂，各府及直隶州均设中学堂，各州县均设小学堂，并多设蒙学堂。各地兴建的各种新式学堂如雨后春笋般涌现。根据相关研究统计，1903年全国有各类新式学堂769所，学生数6912人；1905年学堂数增至8277所，在校学生258873人；1906年学堂数23862所，在校学生545335人；1907年学堂数37888所，学生数量突破了100万，达到1024988人；1908年学堂数增至47995所，学生数增至1300739人，比上年增长26.9%，到1909年学堂数增至59117所，学生数达1639641人。① 由此可见清末学堂的设立及迅速发展的情况。然而国家经费毕竟有限，宣统三年（1911）国家财政预算中，总岁出298448365两，其中学部和各省教育经费合计不过2747477两，所占不足1%。②

  由此，清政府所主张的大力兴办新式教育与其财政状况之间形成了巨大的张力，如何缓解、弥合其间的张力，亦即如何广开财路、增加财政收入，是清政府迫切想要解决的问题。于是，朝野上下把目光转向了尚未纳入征税范围而又产业富厚的"方外之土"。于是《申报》有捐僧道的议论："夫国家当万不得已之际，藉众人之财救一时之急，彼食毛践土者固应输将踊跃，不宜稍存吝惜之心。然亦思民之托业于懋迁殚力于畎亩者蝇头，所入固皆从辛苦经营中，来乎以间阎有限之脂膏，岂能供国家无穷之挹注。然则为之奈何，曰是宜仿古人崇本抑末之意而参酌之，末非工商之谓也。世有不耕而食，不织而衣，劳心劳力两无所事而终岁温饱，俯仰裕如，且或作奸犯科，肆其诡诈，此固莠民之至可恶者，而僧道即其一也。僧之原出于释迦，道之原出之于老子，本不过杂众之一，自历代世主相继崇奉，民间尤而效之，于是绀宇红墙充塞宇宙，其间虽不无名君贤相恶其异端，严申禁令，然旋灭旋起，终不能绝其根株。本朝列祖列宗圣德清明，从无崇尚释老之事，彼教之气焰为之大衰。然无业游民犹不免托身其中，为猎取衣食之计。愚尝谓二氏之在今日，实际不患其浮诞之惑众，而惟虑其虚耗之害民。今拟治之以法，莫如重其捐输，严其限制。盖重其捐

---

① 王笛：《清末近代学堂和学生数量》，《史学月刊》1986年第2期。
② 《中国大事记》，《东方杂志》第8卷第1期，1911年3月。

所以补库储之不足，严其限即以挽恶俗于无形。"①

（二）受中西文化的冲击，视传统的佛道教等为当废除

佛教作为外来的宗教，传入中国后，在与固有的儒、道思想相互吸收融合过程中，逐渐成为中国传统文化的重要组成部分。从中国思想史发展看，佛教虽然在哲学思想上曾对儒家、道教提出过批评，儒家、道教在政治生活和伦理道德方面对佛教也进行过攻击，但总体上是三者互相借鉴和学习的过程。每个朝代几乎都有儒者批评佛教，其中以唐代的韩愈、宋代的欧阳修和朱熹对佛教的批评对后世影响最大。受此影响，清代统治者对于儒释道三教的根本态度是提倡儒家思想以巩固其统治，同时对佛教和道教更多采取限制的态度。

清初统治者站在小农社会的立场认为佛教无益于社会，意识不到佛教在安定社会民心、辅助国家得到教化方面的积极作用，认为"多一僧道即少一农民。乃若辈不惟不耕而食，且食必精良；不惟不织而衣，且衣必细美"②。《十朝圣训》中亦说："至于僧侣，全为无用之人，应严加取缔。"又如康熙时颁布的《圣谕》，至雍正时又修正为《圣谕广训》，于每月朔望两次讲读，以此教化民众。第七条中有"黜异端以崇正学"，指责佛教鼓励出家，虚构轮回报应之说，讲经说法以图私利，违逆大义名分以惑世诬民等。大清律例还规定："凡寺观庵院，除现所处所外，不许私自创建增置，违者杖一百，僧道还俗，发边远充军，尼僧女冠入官为奴，地基材料入官；民间有愿创建寺观者，须呈明督抚具奏，奉旨方许营建。"③ "若僧道不给度牒，私自簪薙者，杖八十，若由家长，家长当罪，寺观住持，及受业师私度者，与同罪，并还俗。"④ 故日本学者中村元认为："此一异族朝廷义在假借儒教权威，以巩固统治秩序。虽然清朝政府对于佛教也有宽容的一面（雍正皇帝乃至多数满人皆尊信喇嘛教），但整体而言与明朝一样，施行着隔离民众与僧尼的政策。"⑤ 受此传统影响，近代维新

---

① 《捐僧道议》，《申报》光绪二十八年（1902）十二月十二日。
② 刘锦藻：《清朝续文献通考》，杭州古籍出版社1988年版，第8488页。
③ 《大清律·户律》，转引自蒋维乔《中国佛教史》，武汉大学出版社2012年版，第244页。
④ 《大清律例》，转引自蒋维乔《中国佛教史》卷四，上海书店1980年影印版，第2页。
⑤ ［日］中村元等：《中国佛教发展史》（上），余万居译，台北天华出版社1984年版，第493页。

兴学人士也认为寺庙僧人"不耕而食,不织而衣,游手好闲,无所事事,雅善乞怜",甚至"为盗为贼,作奸犯科"。①

受中国传统儒家思想的影响,以及西方文化的传入和基督宗教的冲击,佛教受到社会思想界的严厉批评。1905年,日本僧人在华传教,引起中国人反感,国人借批评日本佛教同时表达了视中国佛教为无用、有害于国家社会的观点。"窃以为我汉魏以来,二千余年,佛氏之害之毒之病,庶几惩之创之,革之治之,将借欧化为良方药石。收中国无量幸福,拯国民于水火乎。"又称:"佛氏之祸中国,其未有艾耶。中国之民之陷溺,其如水益深,如火益热耶。""当兹中国国民迷悟初启,人人怀新。并具崇外思想之时,而以其佛说,来相诱煽,尤易歆勤。"②

此外,随着西学的传入以及科学的发展,兴学人士视宗教为迷信,反对佛教信仰。如苏州某学堂教材中有这样的内容:"有一庙宇,房屋极大,香火甚盛,因庙中之僧无恶不作,为官所封,菩萨之身,日久烂坏,与粪土相杂,向之有灵者,今亦无灵,故烧香之事,皆不足信也。"③ 在此潜移默化中,学堂培养出来的新式知识分子必然会排斥传统宗教,将佛教、道教及民间信仰视为迷信。

苏曼殊、章太炎《告白衣书》反驳"佛法无用者",可见当时社会思潮对佛教之看法。第一,从哲学、思想上讲:"寂灭无生,本非世谛。高谈哲理,语不经邦。斯亦常人所恨,无足致怪。且论今日空谈之学,可一切废绝耶?哲学造端,远起希腊。虽亦间及政治,而多落漠难知。逮及近世,德国诸师,张皇幽眇。唯理唯心之论,大我意志之谈,利用厚生,何补毫末?其言伦理,义复幽玄。切近可行,犹逊佛教。然且立之国学,以授生徒。何故佛言,偏应废弃?"这是从佛教思想、哲学方面而言。第二,从世间的角度来说,与诗歌、小说、音乐等相比:"又复诗歌、小说、音乐、绘画之流,寒不可衣,饥不可食,出不可以应敌,入不可以理民,而皆流衍至今,不闻议废。优人作剧,荡破民财;小说增缘,助发淫事;是之不禁,而以美术相矜。独此瞿昙圣教,便以无用诟之。高下在心,偏颇无艺,亦

---

① 《拨寺观产业以开学堂说》,《申报》光绪二十八年(1902)五月十四日。
② 《佛界风潮》,《东方杂志》第2卷第5期,1905年6月。
③ 《便蒙丛书初集·文话便读》,苏州中西学堂刊本1901年,转引自吴羽林《清末庙产兴学及其社会反应》,《济南大学学报》2005年第15卷第3期。

可知矣。若云人生须臾，百愁所集；惟兹美术，足以解忧，兼能振起幽情，荡涤烦虑，故有举无废者。"第三，从政治上回应认为佛教会导致国家衰亡："又云印度衰亡，咎由佛教。夫国无政治，理不永存，纵令佛法不兴，何与存亡之数？又自戒日以前（戒日王即《唐书》所谓"尸罗逸多"），印度亦能自保，后遭分裂，乃在佛法废绝之年。历史具存，岂得随意颠倒？神州国政，远胜梵方。佛法得存，正可牖民善俗，何有亡灭之忧？若谓慈悲垂教，乃令挞伐不扬，是亦宜征前史。隋、唐隆法之时，国威方盛；宋、明轻佛之世，兵力转衰。至于六代分崩，离为南北。虽则中原势张，江右气弱；华夷内外，等是奉佛之民。此则像法流行，无亏士气审矣。"① 章太炎所反驳的三点，认为佛教无益于经邦治世、无益于社会民生，甚至是国家衰亡的原因，均为清末时社会上对佛教等传统文化和宗教的普遍态度。时代思潮使然，视佛教道教为当废，遂有庙产兴学之议。

（三）佛教自身之衰敝以及寺产之丰裕，引起世人觊觎

清末寺院众多，寺院经济雄厚，江南一些大寺拥有成百上千亩的地产。对这些寺庙征收捐赋，或者挪作兴办新式学校之用，对清政府来说，无疑是一笔巨大的财政收入，同时又能为兴办新式学校提供一定的物力和财力保障。正如《申报》所论："愚尝谓二氏之在今日，实不患其浮诞之惑众，而唯虑其虚耗之害民。今拟治之之法，莫如重其捐输，严其限制。盖重其捐，所以补库储之不足；严其限即以挽恶俗于无形。考之唐代僧道度牒，皆由官给发，无度牒者不得滥充。今宜仿其意，由部颁发度牒于各州县，凡为僧道者，皆须赴地方衙门纳赀具领。现在各省之僧道，其数虽不可知，然尝见《蚓庵琐语》，载康熙六年七月礼部题奏直隶各省巡抚造送册内：敕封大寺庙其六千七十三处，小寺庙共六千四百九处，私建大寺庙共八千四百八十五处，小寺庙共五万八千六百八十二处。僧共一十一万二百九十二名，道士共二万一千二百八十三名，尼姑共八千五百一十五名。通共寺庙七万九千六百二十二处，僧道尼姑共一十四万一百九十三名。云云。窃谓，开国至今，其数尝有增无减，必使凡为僧道尼姑者，非领有度牒不可。每度牒一纸定以洋银若干元，合各省计之为款，尝不下数十万，再每岁定以常捐之数，有抗违者，严惩无赦。"② 近十二万的僧尼数量，

---

① 苏曼殊、章太炎：《告白衣书》，载《苏曼殊文集》，线装书局2009年版，第12页。
② 《捐僧道议》，《申报》光绪二十八年（1902）十二月二日。

这只是乾隆六年（1741）的官方统计，实际上并不包括出家而无度牒者。乾隆三十九年（1774）山西道御史戈源奏："查乾隆元年至四年，僧道之无度牒者已有三四十万余人，自四年迄今，其私自簪剃者，恐不下数百万众。"① 僧尼多达数百万之众，恐有所夸大，雍正、乾隆时朝廷废除度牒制度，百姓得以随意出家，至清末僧尼人数大致在百万左右，太虚大师在民初著《僧伽制度论》时将当时的僧尼人数估计为八十万，出家人数之多可以推知所赖以生存的寺院之多及寺产之丰裕，尤其是江浙等江南地区的佛寺名刹往往拥有丰厚的庙产，如镇江金山寺有良田万亩，常州天宁寺亦有寺田八千五百亩。如此之多的庙产，必然成为社会人士觊觎之对象，清末庙产兴学运动就是在此背景下产生的。

此时佛教寺产主要来源是经忏佛事。清末佛教寺院虽然是以禅宗为主，表面上是以禅宗为主体的融合性宗教，讲经、经忏、传戒、净土念佛（念佛堂）均混入其中，但实际上是以应赴经忏及做水陆道场等为主要特征，形成了"内则禅讲律净，外则经忏斋焰"，以及"禅讲律净以究真，经忏斋焰以应俗"的特点。有人论及此时佛教寺院的这一状况时说："寺院遍群邑，供奉文殊、普贤、拜迦、观音诸像，晚近信徒多乏知识，但业忏醮为生计，男称僧，女称尼。惟人情每不能脱然于生死之际，故中下社会仍多信之，用以治丧，外人遂称我国为佛教国。"②

明末四大高僧之一的云栖袾宏在他的《竹窗三书》中曾列举当时僧人时说："有作地理师者，作卜筮师者，作风鉴师者，作医药师者，作女科医药师者，作符水炉火烧炼师者……畜僮仆供使令者，……有手持缘簿如土地神前之判官者；有鱼击相应，高歌唱和，而谈说因缘如瞽师者；有扛抬菩萨像、神像而鼓乐喧填、赞劝舍施，如歌郎者；有持半片铜铙，而鼓以竹箸，如小儿戏者"，由此认为"末法之弊极矣"！而清末佛教界衰败之状况远甚于明末。杨文会居士就曾指出："自试经之例停，传戒之禁驰，渐致释氏之徒不学无术，安于固陋。"③ 僧人们多"不得奢摩静虑，而唯终日安居，不闻说法讲经，而务为人礼忏。属累正法，则专计资财。

---

① 郭成康编：《清史编年》第6卷，中国人民大学出版社2000年版，第194页。
② 《清稗类钞》第4册，商务印书馆1928年版，第1942页。
③ 杨文会：《般若波罗蜜多会演讲》，载《杨仁山居士遗书》第七册，金陵刻经处1982年重刊本。

争取缕衣,则横生矛戟。驰情于供养,役形于利衰。为人轻贱,亦已宜矣。复有趋逐炎凉,情钟势耀。诡云护法,须赖人王。相彼染心,实为利己"①。当时佛教确实是到了"哲人日希,法范日凋,法门无人,外侮常侵,改寺兴学,时有所闻,直至今日,危乎其危,若不整顿,立见倾颓"的危难时刻。大醒也分析说:"假使教产能本诸'十方招提之物'的意义,以作开设道场,安僧办道等正常用途,住持者事事公开,不作分毫的私弊,普通社会上的人士亦不致存此无理之野心,贪图教产,造破和合僧业。所以,推究教产发生风潮的因果,也可以说是咎由自取的。"②

印光法师在论及清末佛教之衰败和面临的危机时所说:"物必先腐而后虫生,人必自侮而后人侮之。"这与苏曼殊、章太炎得出的结论"法门败坏,不在外缘,而在内因"是完全一致的。苏曼殊、章太炎认为除了金山、高旻、宝华、归元等少数寺院外,"其他刹土,率与城市相连,一近俗居,染污便起。或有裸居茶肆,拈赌骨牌,聚观优戏,钩牵母邑。杂碎小寺,时闻其风,丛林规范虽存,已多弛缓,不事奢摩静虑,而惟终日安居,不闻说法讲经,而务为礼忏;嘱累正法,则专计资财(此弊广东最甚,其余虽多,亦不求行证,惟取长于世法而已)。争取缕衣,则横生矛戟。驰情于供养,役行于利衰。为人轻贱,亦已宜矣。复有趋逐炎凉,情钟势耀,诡云护法须赖人主,相彼染心,实为利己。既无益于正教,而适为人鄙夷。此殃咎实为自取"③。

清末兴学最大的困难是办学经费和房舍等,而佛教寺院及其田产等成为当时办学最先被打击的对象。有人认为:"以其产悉归于学堂,最为有益而无损失。"④ 张之洞《劝学篇》也认为:"今天下寺观,何止数万?都会百余区,大县数十,小县十余,皆有田户,其物业皆由布施而来,若改作学堂,则屋宇田产悉具,此亦权宜而简易之策也。"所以提取寺产作为办学经费,没收或强占寺院的房屋作为校舍,乃至强行向寺院派捐等在各地办学过程中成了常态化。正是佛教界自身的衰败,使得佛教在民众中有着很差的社会形象,在知识分子和朝廷人士中留下了腐败的印象,所以

---

① 苏曼殊、章太炎:《儆告十方佛弟子启》,载《苏曼殊文集》,线装书局2009年版,第2页。
② 同上。
③ 同上。
④ 《兴学不患无经费之说》,《申报》光绪廿九年(1903)十一月十六日。

苏曼殊和章太炎认为庙产兴学"殃咎实为自取"。若不整顿，立见倾颓，在此危难时刻，佛教界应该首先从自身痛加反省，努力革除自身流弊，适应时代的发展需要，方为浴火重生的唯一途径。

二 维新派及洋务派倡庙产兴学

庙产兴学的出现，就佛教而言，其根本内因是自身的衰败和腐化，其外因则有其鲜明的时代背景和社会原因。无论是维新派改革家康有为，还是洋务派政治家张之洞，乃至当时重要的思想家和知识分子，均不约而同地提出庙产兴学的主张，庙产兴学可谓这一时期的时代思潮。

（一）维新派康有为倡"改淫寺为学堂"及"即书院、佛寺为学堂"

康有为是近代著名的思想家、政治家，是清末庙产兴学运动的重要倡导者。康有为自幼即受到传统的儒家教育，后来还曾出任孔教会会长，虽然他思想受到佛教及西方文化很大影响，但是他的根本思想依然深受唐宋以来儒家思想的影响，与宋儒一样不出阴佛阳儒的思想倾向，终生以儒家圣人自居。

康有为的思想集中体现在《大同书》中，该书始编于光绪二十年（1894），后经过多次修编，于1902年避居印度时才最终成书。《大同书》体现了康有为的政治理想，从中可以看出他对儒佛思想的态度。从此书中可以看出，康有为的思想深受佛教思想的影响，他说："仙学太粗，其微言奥理无多，令人醉心者有限。若佛学之博大精微，至于言语道断，心行路绝，虽有圣哲，无所措乎，其所包容，尤为深远。"① 梁启超称康有为"潜心佛典，深有所悟"，"经常数日夜不卧，其结果也，大有得于佛为一大事出世之旨。以为人相、我相、众生相，既一无所取，一无所着，而犹现身于世界者，由性海浑圆，众生一体，慈悲普度，无有已时。是故以智为体，以悲为用，不染一切，亦不舍一切。又以愿力无尽故，与其布施于将来，不如布施于现在。大小平等故，与其恻隐于他界，不如恻隐于最近，于是浩然出出世而入入世，横纵四愿，而有普度众生为己任之宏愿，其一生学力之修养，端在于是"。②

---

① 康有为：《大同书》，吉林出版集团有限公司2012年版，第374页。
② 梁启超：《宗教家之康南海》，载《梁启超全集》第1册，北京出版社1999年版，第483页。

康有为认为："天地之理，惟有阴阳之义无不尽也，治教亦然。"他把天下之教概括为二，一为孔氏之教，强调"立国家，治人民，皆有君臣、父子、夫妇、兄弟之伦"等；二以佛教为代表："其戒肉不食，戒妻不娶，朝夕膜拜其教祖，绝四民之业，拒四术之学，去鬼神之治，出乎人情者，皆佛氏之教也。耶稣、马哈麻、一切杂教皆从此出也。圣人之教，顺人之情，阳教也；佛氏之教，逆人之情，阴教也。故曰：理惟有阴阳而已。"① 康有为对儒教和佛教进行了比较，认为二者并无"谁是谁非，谁胜谁负"之分，而是如四时以当令为宜，八音以谐节为美："孔子之伦学民俗，天理自然者也，其始作也；佛教之去伦绝欲，人学之极致者也，其卒也。孔教多于天，佛教多于人；孔教率其始，佛教率其终；孔教出于顺，佛教出于逆；孔教极积累，佛教极顿至；孔教极自然，佛教极光大。无孔教之开物成务于始，则佛教无所成名也。狗子无佛性，禽兽无知识、无烦恼，佛可不出。人治盛则烦恼多，佛乃名焉，故舍孔无佛教也。佛以仁柔教民，民将复愚，愚则圣人出焉，孔教复起矣，故始终皆不能外孔教也。然天有毁也，地有裂也，世有绝也，界有劫也，国有亡也，家有裂也，人有折也，皆不能外佛教也，故佛至大也。是二教者，始终相乘，有无相生，东西上下，迭相为经也。"②

尽管康有为的《大同书》服膺佛教思想，深受佛教影响，但是他却不主张出家为僧，在《论出家为背恩灭类不可》中康有为说："吾于佛义之微妙广大，诚服而异之，而于其背父母而逃，不偿凤负而自图受用，则终以为未可也。且夫大地文明，实赖人类自张之；若人类稍少，则聪明同缩，复为野蛮，况于禁男女之交以绝人类之种！若如其道，则举大地十五万万人类之繁，不过五十年而人类尽绝；百年后则大地内繁盛之都会，壮美之宫室，交通之铁路电线，精奇之器用，皆废圮败坏，荒芜榛莽，而全地惟有灌木丛林，鸟兽昆虫，纵横旁午而已，是不独不可行之事，亦必无之理矣。"③ 他还认为："佛法之必出家，固非得已。虽然，在当今之世界，而劝人出家，其义理之不完，有正多者。夫度人出家，为使其人去苦

---

① 康有为：《康子内外篇》，载《康有为全集》第 1 集，中国人民大学出版社 2007 年版，第 178 页。
② 同上书，第 178—179 页。
③ 康有为：《大同书》，中华书局 1956 年版，第 296 页。

得乐也。然一人乐矣，而其一家之苦顿增，众生平等，若此则何其偏毗乎！"他甚至提出，在大同实现以后，"犹当立律以限制之，非至四十岁以外者，不许离世务也。何也？以其曾受社会教养二十年，则有当为社会做事二十年之义务以相偿"①。康有为从佛教与儒教阴阳之义出发，认为佛教思想是一种出世之学，不能施行于中国。他说："夫佛教岁微妙漫漫，然多出世之言，如全施于中国，未见其周于民用也。"② 总体上看，康有为虽然深受佛教思想的影响，但是他基本还是站在传统儒家立场来看待佛教和道教，甚至有时还将它们视为异端。光绪二十四年（1898）五月初一《孔子改制考序》中可见一斑："释老词章之学行，致使天下不知尊圣，不知亲圣，异教横流，不可向迩。"③ 由此可见康有为对佛教和道教的态度。

作为戊戌变法的组织者，他的思想对清末的政治、经济和文化教育等方面都有强烈的影响。光绪十四年（1888），康有为到北京参加顺天乡试，没有考取，此时他已认识到宗教在教化社会人心方面的积极作用。十月他在《上清帝第一书》中说法国侵占越南后，"法既得越南，开铁路以通商，设教堂以诱众，渐得越南之人心。又多使神父煽诱我民，今遍滇、粤间，皆从天主教者"④。1895年四月在《上清帝第二书》中谈及宗教在辅助国家教化、安定民俗人心的作用："然近日风俗人心之坏，更宜讲求挽救之方。盖风俗弊坏，由于无教。士人不励廉耻，而欺诈巧滑之风成；大臣托于畏谨，而苟且废弛之弊作。而六经为有用之书，孔子为经世之学，鲜有负荷宣扬，于是外夷邪教，得起而煽惑吾民。直省之间，拜堂棋布，而吾每县仅有孔子一庙，岂不可痛哉！今宜亟立道学一科，其有讲学大儒，发明孔子之道者，不论资格，并加征礼，量授国子之官，或备学政之选。其举人愿人道学科者，得为州、县教官。其诸生愿人道学科者，为讲学生，皆分到乡落，讲明孔子之道，厚筹经费，且令各善堂助之。并令乡落淫祠悉改为孔子庙，其各善堂、会馆俱令独祀孔子，庶以化导愚民，

---

① 梁启超：《南海康先生传》，载夏晓虹编《追忆康有为》（增订本），生活·读书·新知三联书店2009年版，第25页。

② 康有为：《孔教会序二》，载张耀鑫、刘媛《康有为大传》，华中科技大学出版社2013年版，第274页。

③ 孔祥吉：《康有为变法奏章辑考》，北京图书馆出版社2008年版，第418页。

④ 同上书，第5页。

扶圣教而塞异端。"① 康有为看到了宗教在道德教化及安定社会民心方面所起的作用，但是他以儒教作为中国宗教的正统，忽视了佛教、道教乃至民间宗教的作用。他提出的"扶圣教而塞异端"虽然是直接针对基督宗教在中国的传播，但是主张将"乡落淫祠悉改为孔子庙"，后来庙产兴学即滥觞于此。

至于其废淫祠而改学堂的主张，最先是在《请尊孔圣为国教立教部教会以孔子纪年而废淫祠折》中体现出来的。他认为，应该吁请民间的庙宇废弃淫祠而祭祀孔子，以示对国教重视。为此，他主张罢废所有淫祠，或充孔庙，或作学校。此后，在《请饬各省改书院淫祠为学堂折》中，他重申了这一主张，认为应在各地普设学校，废止淫祠，以广教育，以成人才，主张将乡邑淫祠改为学堂，以其公产作为学堂经费。在光绪二十四年（1898）二月初八《请大誓臣工，开制度新政局折》中康有为明确提出将"各直省即书院、佛寺为学堂"②。五月二十二日的奏折中"请改直省书院为中学堂，乡邑淫祠为小学堂，令小民六岁皆入学，以广教育，而成人才"③。他的理由是："查中国民俗，惑于鬼神，淫祠遍于天下。以臣广东论之，乡必有数庙，庙必有公产。若改诸庙为学堂，以公产为公费，上法三代，旁采西例，责令民人子弟年至六岁者，皆必入小学读书，而教之图算、器艺、语言、文字。其不入学者，罪其父母。若此则人人知学，学堂遍地，不独教化易成，亦且风气遍开，农工商兵之学亦盛。"④

虽然康有为曾辩解所谓的庙主要指民间淫祠，他在自编年谱里曾说："意以佛寺不在淫祠之列，不意地方无赖藉端扰挟，此则非当时意料所及矣。"⑤ 但是根据他在1898年二月的奏折中明确提到"各直省即书院、佛寺为学堂"，所以将庙产兴学的责任推到"地方无赖藉端扰挟"是不准确的。由于康有为等人的一再上书奏请，光绪帝在百日维新中才诏示全国：

---

① 孔祥吉：《康有为变法奏章辑考》，北京图书馆出版社2008年版，第37页。
② 同上书，第139页。
③ 《请改直省书院为中学堂，乡邑淫祠为小学堂，令小民六岁皆入学折》，载孔祥吉《康有为变法奏章辑考》，北京图书馆出版社2008年版，第290页。
④ 同上书，第292页。
⑤ 转引自戴逸主编《中国近代史通鉴·戊戌维新与义和团运动》，红旗出版社1997年版，第695页。

"民间祠庙之不在祀典者,由地方官晓谕,一律改为学堂。"在各地庙产兴学过程中,佛教的寺院和道教的道观都受到极大的冲击。

(二)洋务派张之洞《劝学篇》主张改寺观为学堂

除康有为外,系统论述庙产兴学并提出具体实施措施的是张之洞。张之洞(1837—1909)是洋务派的代表人物之一,提出过著名的"中学为体,西学为用"的口号,对于中国民族工业的发展和现代教育事业的推动厥功至伟,推动了中国教育由传统的封建书院私塾教育向现代学堂教育的转变。

光绪二十四年(1898)三月,张之洞著呈《劝学篇》一书,在序中称"古来世运之明晦,人才之盛衰,其表在政,其里在学",强调了兴学对国家富强的重要性。《劝学篇》共分二十四篇,其中内篇九,外篇十五,所谓"内篇务本,以正人心;外篇务通,以开风气",庙产兴学思想即在外篇"设学第三"之中。

在"设学"篇中,张之洞主张"旧学为体,新学为用",新、旧兼学,政、艺并重,对各级学堂的开办及其课程的设置均有详细的论述。他提出,要在各省、道、府及州县均设立学堂,其中京师、省会为大学堂,道府为中学堂,州县为小学堂,中小学为升入大学堂之阶梯。如果府县人文昌盛、财力充裕者,府能设大学、县能设中学尤善。小学堂中学习《四书》、中国地理、中国史事之大略,并且开设算数、绘图、格致之粗浅者。中学堂各事较小学堂加深,而益以习《五经》、《资治通鉴》、政治之学和外国语言文字等。大学堂学习的内容则在中学的基础上更加深、更加博。然而要举国上下兴办学堂,数量当以万计,以当时国家之财力根本无法承担,为此张之洞提出"先以书院改为之",因为学堂所学习的内容,都是在诏书科目之内,所以改书院为学堂自然在情理之中。

改书院为学堂,并以"赛会演戏之款"和"祠堂之费"充作兴学之用,只能部分解决兴办学堂的场所和经费问题。然而民间祠堂的经费及学堂的数量毕竟有限,全国大中小学堂动辄以万计甚至数万,所以传统的书院根本无力承担,为此张之洞进一步提出以佛道寺观改为学堂:

> 可以佛道寺观改为之,今天下寺观何止数万,都会百余区,大县数十,小县十余,皆有田产,其物业皆由布施而来。若改作学堂,则屋宇、田产悉具,此亦权宜而简易之策也。方今西教日炽,二氏日

微，其势不能久存。佛教已际末法中半之运，道家亦有其鬼不神之忧，若得儒风振起，中华乂安，则二氏固亦蒙其保护矣。大率每一县之寺观取什之七以改学堂，留什之三以处僧道，其改为学堂之田产，学堂用其七，僧道仍食其三。计其田产所值，奏明朝廷旌奖，僧道不愿奖者，移奖其亲族以官职。如此则万学可一朝而起也。以此为基，然后劝绅富捐赀以增广之。昔北魏太武太平真君七年、唐高祖武德九年、武宗会昌五年皆尝废天下僧寺矣，然前代意在税其丁、废其法，或为抑释以伸老，私也；今为本县育才，又有旌奖，公也。若各省荐绅先生以兴起其乡学堂为急者，当体察本县寺观情形，联名上请于朝，诏旨宜无不允也。①

张之洞提出将佛寺和道观改为学堂，其内容主要有五点：第一，寺观数量数万之众，而且皆有田产，寺产均为信众布施而来，改为学堂简便而易行。第二，儒释道三家荣辱与共，西方基督宗教日益盛行，故佛道二教必将衰微不能久存，儒家兴盛，佛道二教亦能蒙其保护。第三，数量上保留十分之三，将十分之七的寺院和道观改为学堂。第四，为保证庙产兴学的实施，以朝廷嘉奖僧人和道士，或授其亲族以官职，通过此恩惠推动庙产兴学的进行。第五，援引中国历史上的唐高祖沙汰佛教以及三武一宗灭佛中的北魏太武帝、唐武宗灭佛之例，并认为前者为"抑释以伸老"为私，而现今兴办学堂为公。张之洞庙产兴学之建言，虽为拯救没落的大清帝国的权宜之计，然未详考虑，将维系封建王朝统治思想重要补充的佛教和道教连根斩除，名为救儒，实则摧毁了作为封建统治思想的根基的儒教，这一做法无异于剜肉补疮，最终加剧了封建统治崩溃之进程。

《劝学篇》奏上之后，光绪皇帝极为赞赏，批示曰："持论平，通达于学术人心，大有裨益。"着总理衙门排印三百部，除了《明纲》一篇，自"议婚有限"至"皆不为婚"二十一字、注语自"七等"至"无为婚"三十四字，着删去，其余俱照原文排印。② 六月七日光绪皇帝上谕：

---

① 张之洞：《劝学篇·外篇·设学第三》，载《张之洞全集》第12册，河北人民出版社1998年版，第9740页。

② 《清实录》第57册，《德宗景皇帝实录（六）》卷四百二十三，中华书局1987年版，第543页。

"备副本四十部，由军机处颁发，各省督府学政各一部，俾得广为刊布。"① 该书流通甚广，据估计约有百万册，且有英、德、日等文字译本流通。② 由于此时正是光绪皇帝颁布"明定国是诏"，宣布变法之时，在文化教育上，废除八股，兴办西学，设立京师大学堂及各中小学堂，由此直接引发了庙产兴学运动。

张之洞主张在大学里设立经学科："中国之经书，即是中国之宗教。若学堂不读经书，则是尧舜汤文武周公孔子之道、所谓三纲五常者尽行废绝，中国必不能立国矣。学失其本则无学，政失其本则无政。其本既失，则爱国爱类之心亦随之改易矣，安有富强之望乎？故无论学生将来所执何业，在学堂时，经书必宜诵读讲解。各学堂所读有多少，所讲有深浅，并非强归一致。极之由小学改业者，亦必须曾诵经书之要言，略闻圣教之要义，方足以定其心性，正其本原。"③ 张之洞改革学制，提倡新式教育，但其思想的根基还是儒学，依然停留在传统儒者在儒佛斗争中对佛教贬抑和歧视的狭隘观念中，认为"中国之经书，即是中国之宗教"，把儒教视为中国唯一之宗教，无视传统的佛教和道教在中国社会中的作用。殊不知唐宋以后，中国化的佛教已完全融入中国社会，儒释道三家已经形成"一荣共荣，一辱共辱"的密不可分的关系。张之洞虽然认识到了儒释道三家荣辱与共，却认为西方基督宗教日益盛行，故佛道二教必将衰微不能久存，通过庙产兴学，使得儒家得以兴盛，那么佛道二教亦能蒙其保护。但实际上的结果却是，随着庙产兴学的实施，不但佛教、道教受到致命的打击，而且由于摧毁了传统宗教文化的基础，作为传统宗教文化一部分的儒教最终遭到了同样近乎致命的毁灭，这是提倡庙产兴学的张之洞始料未及的。

（三）社会思潮与庙产兴学

除张之洞、康有为外，近代众多的思想家中，康有为、章太炎等虽然对佛教有很深的研究，但是他们早年亦主张"庙产兴学"，这反映了清末士大夫阶层和知识界比较普遍的思想倾向，这也是中国历史儒者士大夫对

---

① 苑书义、孙华锋、李秉新主编：《张之洞全集》第12册，河北人民出版社1998年版，第9703页。

② 明复：《中国近代佛教法难的瞻顾》，《狮子吼月刊》第16卷第8期，1977年8月，第19页。

③ 《奏定学堂章程：学务纲要》，湖北学务处1903年。

佛教普遍的一种态度。如太虚大师曾说："中国本部，唐宋来之儒生，信佛固多，而嫉之甚、欲倾灭佛教者，亦往往有。黄宗羲之作《明夷待访录》，亦列改寺院为学校之说，此皆心习褊狭所致。"①

据许效正的研究，清末新政之时，《申报》等不断刊登文章，提出废除一切寺院、淫祠，令所有僧尼还俗，财产全部充公，并且揭露僧尼"不守清规"、"违法乱纪"等，鼓吹庙产兴学的正当性和必要性。如《兴学不患无款说》提出了"举天下佛寺神庙去之"、"举天下一切淫祠悉去之"的建议；《毁寺观以充学费议》则以僧尼"终岁可不耕而食，不织而衣"为由，呼吁官府特下令，"凡男僧女尼悉令蓄发还俗，有不从者从而禁纲之，寺院屋产悉没入官，充作学堂"；《论筹款》一文则呼吁朝廷颁布谕令，"所有各直省寺院庵观，无论敕建与私立，限一年内设法废除净尽"，寺产全部充公，僧尼全部还俗。② 这些呼吁试图从舆论上压制佛教，使庙产兴学举措能顺利实施。从这些文章也可以看出，庙产兴学已经成为这个时代的思潮。

章太炎精研唯识法相之学，并对华严宗、禅宗亦有涉猎，受时代局限，早年亦主张庙产兴学。1898 年，他在《訄书·鬻庙》中主张毁淫祠与寺观来兴学，以实现教育兴国的目的。他认为寺观与淫祠一样宣扬迷信，不能开启民智，因此无益于社会，"宋时之误在鬻祠庙而不及寺观"，所以"余是以建鬻庙之议，而以淫祀与寺观为鹄的"③。章太炎还曾提出过庙产兴学的方法："县取一区以为学堂之址，所节啬多矣，则是不鬻而可以少费也。夫鬻之足以代赋税，即又不雠，则又足以省费，计无便于此者。"④ 与张之洞倡导每县取十分之七的佛寺道观用于办学相比，章太炎"县取一区以为学堂之址"的主张显然要温和得多，但二人庙产兴学的思路则是一致的。

---

① 太虚：《整理僧伽制度论》，载《太虚大师全书》第 32 册，台北善导寺 1980 年印本，第 10 页。
② 参见许效正《论清末民初（1895—1916）的佛教寺产所有权问题》，《世界宗教研究》2012 年第 1 期。
③ 章太炎：《鬻庙》，载《訄书初刻本第四十七》，生活·读书·新知三联书店 1998 年版，第 104 页。
④ 章太炎著，倪伟编选：《章太炎生平与学术自述》，江苏人民出版社 1999 年版，第 26 页。

蔡元培为近代著名的教育家，戊戌变法时期积极提倡新学，曾出任绍兴中西学堂监督，光绪二十八年（1902）在上海创办中国教育会并任会长。他在光绪二十六年（1900）三月撰《佛教护国论》一文，亦对庙产兴学的政策表示赞同："恭读二十四年月上谕，有因佛寺为学堂之议，是匕箸秩然之说也。学者而有志护国焉者，舍佛教而何籍（藉）呼。"① 蔡元培所谓的"佛教护国"，并非佛教自动护国，而是有志于护国的学者，"舍佛教而何藉"，将佛教财产作为护国之基础。因此他将佛寺改为学堂视为"匕箸秩然"，将佛寺庙产兴办学堂视为理所当然。

维新派思想家陈炽（字次亮）也说："各省丛林、道院藏污纳垢，坐拥厚资，徒为济恶之具。有犯案者，宜将田宅一律查封，改为学校，僧道还俗，愿入学者亦听之。一转移间，而正学兴，异端绌，宏治化，毓贤才，不必有沙汰禁革之文，而已收经正民兴之效。此根本之要图，治平之首务。"② 陈炽把佛寺与道观污蔑为"藏污纳垢"之所，于国家于社会并无益处，所以一旦有僧道"犯案"，即可以借机改寺观为学校。

清末教育界、社会思想界的共识，可谓时代之思潮。儒家知识分子沿袭传统的三教关系及儒佛斗争的思维模式，借兴办学堂限制甚至毁灭佛道教，殊不知唐宋以后中国文化中的儒释道已经形成了荣辱与共的整体，三教之间一荣俱荣，一辱俱辱，随着科举制度的取消及代表封建专制统治的清政府的灭亡，儒家赖以生存的国家政治环境受到摧毁，儒教首当其冲受到致命的打击，佛道教千百年来形成的适应封建帝王统治的模式也开始在社会转型的大背景下艰难地探索着适应时代的改革之路。

三　朝廷及地方政府庙产兴学政策之实施

从1901年新政开始实施到清政府灭亡，按收取庙产类型、兴学规模的不同，庙产兴学可分为两个阶段。第一阶段是从颁发兴学堂谕旨到1905年慈禧颁布保护庙产谕旨，这时期庙产兴学运动主要集中在南方地区，并且寺产规模较大。反对力量部分来自社会民众和僧人。第二阶段是从颁布劝学所章程到清政府灭亡。在这阶段，提取的庙产一般是地方公庙

---

① 《蔡元培全集》第一卷（1983—1909），中华书局1984年版，第107页。
② 陈次亮：《求是斋·皇朝经世文编五集》卷四，《时务分类文编》，载赵树贵、曾丽雅编《陈炽集》，中华书局1997年版，第30页。

的财产。因为劝学所的设立,全国各地都兴起了庙产兴学运动,兴建了大量学堂,因为这些庙产与民众密切相关,而引起较多的毁学活动。

(一)清政府兴办学堂的诏令及其影响

1898年6月,光绪帝颁布《明定国是诏》,决定变法,史称戊戌变法,内称:"京师大学堂为各省之倡,尤应首先举办,着军机大臣、总理各国事务王大臣会同妥速议奏。"光绪皇帝采纳了张之洞和康有为的主张,于光绪二十四年(1898)五月二十二日发布此兴办教育的上谕,将不在祀典的民间祠堂改为学堂:

> 将各省府厅州县现有之大小书院,一律改为兼习中学西学之学校。至于学校等级,自应以省会之大书院为高等学,郡城之书院为中等学,州县之书院为小学,皆颁给京师大学堂章程,令其仿照办理。其地方捐办之义学、社学等,亦令一律中西兼习,以广造就。……至如民间祠庙,其有不在祀典者,即着由地方官晓谕居民,一律改为学堂,以节糜费而隆教育。①

在此上谕中,光绪皇帝只是将"有不在祀典"的"民间祠庙"改为学堂,并没有包括佛道教的寺观。上谕中要求各督抚限期两个月覆奏开办学堂情况。七月初三日,降旨各地督抚,催办中小学堂。七月初六日,又专门电寄直隶总督兼北洋大臣荣禄,称直隶为畿辅重地,亟应赶紧筹办,以为倡导。要求荣禄迅速命令各属,将中学堂小学堂一律开办,毋稍延缓,并将筹办情形即行电奏。荣禄上奏直隶筹办大学堂情况后,光绪皇帝又电寄荣禄:"各处书院既已改为学堂,即照议定章程办理。至民间祠庙,有不在祀典者,仍着遵照前旨,改归学堂。"② 由于光绪皇帝多次电寄各地督抚,督促中小学堂的开办,各地庙产兴学之风迅速蔓延。

由于维新变法仅仅持续了三个多月的时间即宣告失败,慈禧太后重新掌权,八月壬辰,谕内阁:"大学堂为培植人才之地,除京师及各省会,业已次第兴办外,其余各府州县议设之小学堂,着该地方官斟酌情形,听

---

① 《清实录》第57册,《德宗景皇帝实录(六)》卷四百二十,中华书局1987年版,第504—505页。

② 同上书,第574页。

民自便。其各省祠庙不在祀典者，苟非淫祠，着一仍其旧，毋庸改为学堂。"① 并称："方今时事艰难，一切兴革事宜，总须斟酌尽善，期于毫无流弊。"② 戊戌变法运动失败以后，改变了原来谕旨中要求的不在祠典的民间祠堂"一律改为学堂"的做法，各省不在祠典的民间祠庙，只要不是淫祠，"毋庸改为学堂"，并且强调兴革事宜，务必要斟酌尽善，不能导致流弊。由此可见，戊戌变法时提出的将民间祠堂改为学堂的改革暂时中止，但庙产兴学之风并未得到遏制。

光绪二十七年（1901）八月，慈禧太后以光绪皇帝的名义下达上谕，宣布实行新政，其中在学校科举方面提出废除科举、兴办学堂、派遣留学等，诏令除整顿京师大学堂外，各省府州县应设中小学堂及蒙养学堂。为推动新式学堂教育，朝廷颁布了《钦定蒙学堂章程》、《钦定小学堂章程》，后又颁布了《奏定初等小学堂章程》，要求各级管理积极动员社会力量广兴学堂，规定地方创立各级学堂时"均得借用地方公所祠庙，以省经费"，但此时尚未明确改佛教寺院为学堂，但是报纸舆论已经迅速有"毁寺观以充学堂经费"及"毁寺庙以为学堂"等说法。

新政颁布以后，《申报》迅即刊文指出应当将寺院、屋产全部没收以充学堂经费，从而引发了关于庙产兴学问题的讨论。"今宜特下一令，严禁二氏之教。凡男僧女尼，悉令蓄发还俗，有不从者，从而禁锢之。寺院、屋产悉没入官，充做学堂经费。即乡僻之荒祠废寺、并无恒产者，亦当毁其屋，而售其地于民，垦为田畴，用以播种各物，收取其价归于学堂。似此则学堂始可广设，经费始得充盈，间阎少耗财之人，异教绝横流之祸，正学昌明，人才日盛。"③ 此后，《申报》陆续刊登各地提取庙产兴建学堂的消息。随着庙产兴学的推进，甚至有人借兴学之机，将各省寺庙全部拆毁，最后达到僧道"绝迹"的目的："故非为学堂计，宜以将各省所有寺庙悉数为之拆毁，……将田产逐细稽查留十分之一，另拨寺庙一二处聚若辈于其中，给与衣食，终其天年，此后永不准再收徒众，违者重治其罪，或有能另谋生计，自愿还俗者，听如是，则数十年而僧道自绝迹

---

① 《清实录》第57册，《德宗景皇帝实录（六）》卷四百二十七，中华书局1987年版，第603页。

② 同上。

③ 《毁寺观以充学堂经费议》，《申报》1901年9月18日。

矣，至列于祀典之寺庙不便拆去，亦只须留屋数间，专雇一人司香火。"①这样极端的主张，已经完全超出了戊戌变法时将不在祀典的民间祠庙改为学堂的主张，也超出了张之洞当初将十分之三的寺院和道观保留，而将十分之七改为学堂的设想。光绪二十八年四月七日（1902年5月14日），《申报》发表了《拨寺观产业以开学堂说》，认为张之洞提出的"取十之七以改学堂，十之三以处僧道"的做法过于保守，应将全部寺产提充学堂经费："地方之庵庙寺观无论为大为小，尽数毁之，在乡者或以其地栽种树木，或以其地开垦作田，在城镇者，或改为民房店铺，岁收其值归入学堂，其中旧有之产业，亦尽数拨入。"②

光绪二十八年（1902）七月，时任管学大臣的张百熙着手制定各级学堂章程，统称《钦定学堂章程》，这是我国第一个以政府名义制定的全国性的教育章程。此章程虽未实行，但却成为后来各届政府编制学制的蓝本。此年秋，朝廷又下谕旨"着各州府县将各寺院改作学堂"③。二十九年（1903），清廷命张之洞会同张百熙对京师大学堂章程进行了修改，至年底颁布了《奏定学堂章程》，史称"癸卯学制"，明令"中学准借地方公所、寺庙等处办学"。由于癸卯学制明确规定了各地兴办新式学堂在近几年内应完成的目标，兴学成为各地一大要政，也成了考核各地方官宪政绩的标准之一，于是，庙产兴学运动轰轰烈烈地展开了，"省城各官学均为寺院修改，尚觉宽敞。兹又议以各寺公产田亩，清查实数，抽提其半，兼作办学经费"④。光绪三十一年（1905）九月，张之洞奏请停止科举，以兴学校。清廷诏准，自翌年始，所有乡试、会试及各省岁考一律停止，一切士子皆由学堂出身，在中国延续1300多年的科举制度就此结束。政府在各地兴建劝学所，发动士绅兴建新学堂。自此，各地官员及士绅借口经费支绌，纷纷提拨庙产以兴学堂，甚至引起地方恶痞劣绅趁机侵占寺产，摧毁佛像，甚至驱逐僧尼，各地庙产兴学之风气已无法遏制。

正如相关研究表明："如果说戊戌维新之前提拨庙产兴学还只是个别地方的个别现象的话，到了1901年之后则逐渐演变成为一场遍及全国的

---

① 《毁寺庙以为学堂说》，《申报》1901年12月18日。
② 《拨寺观产业以开学堂说》，《申报》1902年5月14日。
③ 《严查寺院》载："去秋钦奉上谕，著各州府县将各寺院改作学堂。"《申报》1903年3月3日。
④ 《各省教育汇志》，《东方杂志》第1卷第5期，1904年7月。

运动。"① 此说确实符合历史事实，1903—1905 年前后，各地庙产兴学运动达到了高潮。各地相继发生的毁寺、逐僧及没收寺产等事件，令佛教界大为惶恐，甚至发生了杭州、嘉兴、绍兴等地三十六寺寻求日僧进行保护的严重事件，引起中日两国的外交纷争。光绪三十一年（1905）三月，朝廷不得不发布上谕，明确规定寺院及僧众产业一律由官方加以保护："前因筹办捐款，迭经谕令，不准巧令名目，苛细病民。近闻各省办理学堂、工厂诸务仍多苛扰，甚至捐及方外，殊属不成事体。著各该督抚饬令地方官，凡有大小寺院及一切僧众产业，一律由官保护，不准刁绅蠹役藉端滋扰。至地方要政，亦不得勒捐庙产，以端政体。"②

上谕颁布以后，庙产兴学之风在有的地方稍有收敛，但是多数地方根本无法遏制。光绪三十一年（1905）五月初一，直隶总督袁世凯在给朝廷的上奏中称："遵旨严禁刁绅蠹役滋扰寺院，并分别声明，其未入祀典各庙宇，或由绅民禀请改设学堂，相安无事者，应请悉仍其旧。"③ 又据《直隶总督袁奏遵旨严禁刁绅蠹役滋扰寺院并分别声明折》称："伏查民间祠庙不在祀典者，由地方官晓谕民间一律改为学堂，早经奉旨通饬在案。又恭阅《钦定学堂章程》内载，创立中小学堂，皆得借用寺观公所等语。谨绎先后谕旨章程，是地方官应行保护之庙宇，系指列在祀典者而言；其未入祀典各庙宇，率由绅民禀请改设学堂，相安数年，业已允协。诚恐僧众误会圣意，纷起争端，藉开影射之门，致坏已成之局；有不得不分别办理，缕晰声明者也。臣惟兴学育才，为富强根本。军国大计，无逾于斯。直隶学务，经臣竭力经营。现始稍有规模，但终限于财力，赖有不入祀典之庙宇通融修改，早日告成。其或确载祀典暨僧人手置产业，均不得稍有侵占，必清界限。余如淫祠，本干例禁；私设庵院，律有明条。又绅民先曾布施，原无殊于善举；或僧众情殷报效，未便令其向隅者；均由公正绅耆，分投筹办，应请悉仍其旧，以昭大信。倘有刁绅衙役，藉端滋扰，遵旨从严禁办，不稍宽容。"④ 由于历经戊戌变法和新政改革，各地

---

① 贺金林：《清末僧教育会与寺院兴学的兴起》，《安徽文史》2005 年第 6 期。
② 《清实录》第 57 册，《德宗景皇帝实录（六）》卷五四三，中华书局 1987 年版，第 211 页。
③ 同上书，第 236 页。
④ 《直隶总督袁奏遵旨严禁刁绅蠹役滋扰寺院并分别声明折》，《四川学报》第十册（1905 年，光绪三十一年），附编 1—2。

改寺庙为学堂历时已有数年，各地在兴办新式学堂过程中已经常发生毁学风潮，所以袁世凯对禁止捐及方外上谕的覆奏提出自己的看法，强调已经由绅民禀请改设学堂的未入祀典各庙宇，如果相安无事，应该"悉仍其旧"，以免引起僧众与士绅之间的纷争。时人评论道："此次之谕，虽既误之在前，犹能挽回于后，政体虽乖而未尽乖人心，虽失而未尽乖失，奸民之狡谋未能遽遂，学界之进步不致全阻，直隶之办理此事，诚能救朝廷之阙失，而示地方有司办事之规则哉。"[①]

(二) 各地庙产兴学之风潮

光绪二十四年（1898）的戊戌变法，开启了各地改寺庙为学堂的风气。至二十七年（1901）朝廷宣布实行新政后，庙产兴学运动达到了高潮。虽然光绪三十一年（1905）朝廷颁布保护寺庙和僧众产业的上谕，然而地方兴办中小学堂及蒙养学堂之风迅速蔓延，上至城邑都市，下至穷乡僻壤，庙产兴学之风无法遏制，成为清末新政以后屡见不鲜的现象，保护庙产的上谕实际上沦为一纸空文。

在戊戌变法和新政改革的推动下，各地有计划按部就班地实施庙产兴学，首先是调查庙产。据《申报》中《严查寺庙》一文载：各府州厅县将各寺院改作学堂。僧会道会二司将各邑寺等若干查明禀履僧会司，即开呈清单，惟道会司迄未禀，昨日饬差严谕从速开呈，如再迟延，定干未便。[②] 负责调查寺庙的组织是僧会道会二司，并将结果开列清单呈禀。地方官府调查庙产，以调查结果作为提取庙产的依据。中央政府在调查寺产方面没有统一指令，我们仅可从地方官府的政策中略窥一二。基本上是政府令寺僧将庙产据实上报，无论大小庙宇都在被调查之列。但这种方法遭到一些寺院的抵制。对于地方公庙，则由官府将各公庙的地租、庙树等各项财产详细统计下来，作为提取庙产的依据。如光绪三十年（1904）九月，江苏省扬州府发出告示，要求境内所有寺院，方丈自行禀报寺田，以凭核办，并宣称："如见榜后知某寺田产确有隐匿，一经查实，全数充公。"又如光绪二十九年（1903）二月，上海县令王瑶廷"饬差传谕僧会、道会二司，将阖邑寺观若干查明禀覆"，并对行动迟缓的道会司提出警告："如再迟延，定干未便。"

---

① 《论目前提寺产充学费之办法》，《申报》1905年6月20日。
② 《严查寺庙》，《申报》1903年3月3日。

各地在实施过程中，虽然有不同的形式，但多数直接没收寺产或强迫寺院提取庙产办学。有的直接驱逐僧尼，强行将寺院房屋、田产等用于办学；有的借口个别僧尼或者住持犯戒和违反清规等而没收寺院财产。在这场举国上下轰轰烈烈的运动中，寺僧显然处于被动和弱势地位，绝大多数都是隐忍退让，少数据理力争者，则往往被冠以"不守清规"、"违背戒律"等理由，被直接驱出寺院，甚至送至官府以治罪。

寺产的提取比例，各地也不一样。第一种是直接把僧众驱逐出寺庙，将全部寺产用于办学。如江西萍乡安乐乡有一寺院，当地士绅借口寺僧不守清规，商议将寺院所有山田、屋产、竹木等项均请归入附近的粟江书院。① 又如上海县从1901年至1906年，先后没收了七个寺院财产改充学堂，有的酌给原住持少量资费，但佛像则一个不留。光绪三十四年（1909）十二月，直隶天津县议小会通过决议，将全县所有的寺产尽数收归董事会支配，僧尼只能根据原有寺产数目，领取小额的赡养费。第二种是抽取一半的庙产用于办学，这在浙江省比较普遍。据《东方杂志》载，在浙江省除了学堂均由寺院改建外，还要抽提寺产的一半用于办学经费："省府各官学堂均以寺院修改，尚称宽敞。又议以各寺公产田亩，清查实数，抽提其半，藉作创办学堂经费。"② 又如四川成都新繁县龙藏寺，被地方绅衿"提半以兴学"③。第三种是提取三成庙产用于办学。如光绪三十一年（1905）正月，浙江金华府武义县邀集学绅开会，决定将全县寺田的三成拨充学堂经费。光绪二十八年（1902）江苏兴化县提出将该县庙产"酌提三成作学校之用"，得到两江总督的"大加奖许"后，该县迅速提拨一万亩寺院田产充公，随后泰兴、盐城亦有相应的举动。④

此外，在佛教传统中，有影响的僧人常常同时主持多个寺院，在有的地方规定，同一僧人主持多个寺庙除保留一所寺庙外，其余庙产均充作兴办学堂经费。如《东方杂志》报道，山东费县针对这一情况规定提取庙产办学的办法："沂属殷实僧道甚多，往往一僧道主持二三庙宇，每庙产业少者膏壤数十亩，多者至一二顷，或四五顷不等。费县郎邱孔家湾等处

---

① 《申报》1907年10月25日。
② 《东方杂志》第1卷9期，1904年11月。
③ 《东方杂志·教育》第1卷第6期，1904年8月，第145页。
④ 《兴学有款》，《大公报》1902年9月10日。

绅董，以立学为当今急务，而筹款不易，商酌一僧道而主持数庙者，只准其有一庙产业作用，其余所入作为私立学堂之费。"①

有仅占用寺院以办学堂，但佛像不迁移，僧人继续侍奉香火，保守遗产，并将此举视为"两全"。《申报》中亦有相关报道，谓宁波："镇海县东南管高等小学，现经刘崇照等改名东西管两等小学堂，迁设妙胜寺内，日前具禀宁府，呈请立案，喻庶三太守批云：绅等拟以东西管高等小学改名东西管两等小学堂，迁设妙胜寺内，其寺中原有佛像仍不移动，并令僧人闻馨侍奉香火，保守遗产，事属两全，于该寺毫无出入，应准立案，侯出示晓喻并札饬镇海县知照可也。"② 保留僧人及佛像以维持香火，在地方士绅和官员看来已经是对佛教格外恩惠了，认为对"该寺毫无出入"，于寺于学堪称"两全"其美之举了。

除了提取庙产外，有的地方还分派庙捐、经忏捐等。如光绪三十三年（1907），杭州太守与仁和、钱塘两县县令召集僧尼开会，并根据寺庙规模大小，每季度强行要求缴纳15—500元不等的庙捐："一等五百元，二等三百元，三等一百五十元，四等七十元，五等三十元，六等十五元。"③ 又如萧山县令李思澄下令，要求祇园寺僧众按月申报经忏次数，每忏捐二千文④，有人称此为北伐时期破除迷信运动"迷信捐"、"经忏捐"的来源。⑤

四 佛教界之反应及近代僧教育之兴起

庙产兴学运动在全国施行以后，地方士绅和官员经常借口经费不足而提拨庙产，由此引起了佛教界僧人的普遍恐慌和反对，如光绪三十年（1904），寄禅因秃禅反对庙产兴学，绝食七日而逝，因作诗八首，"以纪一时法门之难"："今秋八月，广东揭阳县因奉旨兴办学堂，驱逐僧尼，勒提庙产。时有老僧秃禅者，年已八十，不堪地棍衙役之扰，乃断食七日，作《辞世偈》八首，沐浴焚香，诵《护国仁王经》毕，即合掌端坐

---

① 《东方杂志·教育》第1卷第5期，1904年7月，第121页。
② 《批准迁设学堂》清光绪三十二年，《申报》1906年。
③ 《僧教育会议详志》，《申报》光绪三十三年（1907）三月二十五日。
④ 《东方杂志·教育》第1卷第7期，1904年7月。
⑤ 参见黄运喜《清末民初庙产兴学运动对近代佛教的影响》，台北法界出版社2006年版，第90页。

而逝。"①《仁王护国般若经》是佛教中著名的祈祷国家平安、免除亡国之难的经典，八十岁的老僧不堪庙产兴学之扰，临终念诵此经而逝，可见他对此政策无声的抗议和护国护教之心。佛教界对庙产兴学的反应各不相同，有的奔走呼吁，通过朝廷和地方上的信徒护法的帮助，来维持寺庙财产；有的寺僧转而改信日本净土真宗，寻求日僧庇护；有的为自保寺产，主动兴办僧俗学堂等，由此推动了近代僧教育的兴起。

（一）主动捐助教育经费或寺产支持兴办学堂

由于救亡图存是近代中国所面临的主要问题，因此庙产兴学运动是近代中国特殊历史背景下的产物，目的是推动国家和民族的复兴与发展。为了支持国家的教育改革以及提高国民的教育水平，佛教界中亦不乏僧人主动捐助教育经费或寺产，积极支持兴办学堂。如直隶行唐（今河北行唐县）封崇寺律宗僧人瑞照，"性好读书，颇晓时局，尝以终身寺院无裨君民，恪守清规何关家国为念，近因听名人演说，不胜感奋，愿将寺产一顷四十亩，尽行归公，以作学堂经费，培养人材，经禀县详直督批准嘉奖"②。还有寺僧出物出力，主动积极支持办学，如河北大寺两等官小学堂及附设之半日学堂均系租用庙房，开学日久，宜加修理，学董正拟筹办，而寺僧光大知之，毅然募捐自行鸠工油饰。③ 直隶临城（今河北省临城县）孟家庄元宝庵僧人洛盛、驾游寺僧人元春、撒马寺僧人誓昌、昊天观道人永言等，一起捐制钱一千八百串，开办初等小学堂一所，请该县派人管理，得到朝廷的赞扬："县令以该僧道寺僻处山隅，教隶方外，概捐巨款，兴办学堂，殊属乐善好施，已为详请直督分别优加奖励，以示鼓励。"④

然而像直隶等地少数僧人主动支持庙产兴学的情况毕竟属于少数，多数寺院开始不情愿捐款，后迫于形势，不得不捐资办学。这种情况在各地庙产兴学过程中最为普遍。如成都昭觉寺富有寺田，地方缙绅劝令筹款拨助学堂经费，主事僧人勉强答应每年缴费白银一千二百两。⑤ 翌年，成都

---

① 寄禅：《次秃禅〈辞世偈〉韵，以纪一时法门之难》，载《八指头陀诗文集》，岳麓书社1984年版，第320页。
② 《东方杂志·教育》第3卷第1期，1906年2月。
③ 《僧修学堂》，《大公报》1905年8月11日。
④ 《东方杂志·教育》第4卷第4期，1907年6月。
⑤ 《东方杂志·教育》第1卷第6期，1904年8月。

昭觉寺方丈却被迫捐银一万二千两。四川督抚锡清帅特为上奏朝廷，颁赐"乐善好施"匾额，称赞他："深明禅学，兼通儒术，知近来兴学款绌，自愿捐银一万二千两以助各学堂经费。"①

广东的寺院多属此种情况。如广东肇庆府庆云寺每年收入四万至五万金，住持称寺内僧人一百多人均赖寺产糊口，所以不肯缴纳办学经费，地方政府便派军队前往催缴。在庙产兴学期间，类似举动在广东可谓相当常见，这与当时的两广总督岑春煊有关。岑春煊（1861—1933）在1903年调任两广总督，1904年上疏请求立宪，1905年又同袁世凯、张之洞等上疏请求废止科举，他在任两广总督期间积极实施新政，兴办教育，惩治贪腐，人称"屠官"。由于广州等地某些寺庙对庙产兴学政策不够积极，岑春煊遂下令拆毁华林寺、长寿寺，将华林寺遗址改作商业区，仅留罗汉堂保存部分文物。又借口长寿寺内发现妇女金镯，以僧人不守清规为由全部拆毁，寺产没官。迫于压力，广州六榕寺僧铁禅以田产充作武备学堂游学经费，受到朝廷嘉奖。据铁禅等禀称："本寺开山萧梁，清修世业，伤心陵谷，蒿目时艰，虽在世外之身，常怀处堂之欢，欲求护法，端仗国威。窃闻日本维新之始，各寺僧侣有舍身济国高义，现在广东武备学堂，拟选派学生赴东西洋学习军备，为自强之策，需款正殷。僧等有祖遗田业二百一十余亩，少留香火养资，愿以一百九十三亩零，按时价约值银钱二万两，悉数充作游学经费。"铁禅此举被称赞为"具见有心兴学，深明大义"，两广总督岑春煊亦称赞其为"其慷慨爱国之诚，洵非寻常义举可比"②，并奏请朝廷，赐给六榕寺僧铁禅等匾额一方，以表彰其义举。受铁禅的影响，广州兹海幢寺僧适安等亦自愿报效学堂，捐助经费四万元，得到学务处批准，③由此亦避免了寺院遭受拆毁的命运。

有的寺院开始积极支持办学，但是随着办学规模的扩大，寺院不堪重负，致使僧众不满，甚至导致毁学事件发生。如1906年泰州士绅朱葆烝等与万缘庵住持善慈商量，欲租借该庵以兴办贫民小学。善慈当即答应出借五间厢房，并邀请僧人能静及其胞叔顾鸿宾作为证人，议定租金，报知州张浍批准。然而学校开办不久，原来租借的五间厢房不敷使用，王培芸

---

① 《东方杂志·教育》第2卷第11期，1905年12月。
② 《东方杂志·教育》第1卷第4期，1904年6月。
③ 《东方杂志·教育》第1卷第7期，1904年9月。

等欲租借大殿作学堂之用。大殿是寺院宗教活动的主要场所，僧众之中海航、松月、瑞莲、次野等本来对借庙兴学心存不满，于是乘机召集各处僧人百余人，打毁学校，殴打教员。当地官府闻讯后派兵围剿，捉拿犯事僧心朗。寺僧又纠集数百人，将心朗劫走。这一庙产兴学与毁学事件引起了旷日持久的学僧之争。①

（二）归投日本净土真宗以寻求庇护

近代中国，以净土真宗为先导的日本佛教各宗派，先后在中国各地进行所谓的"海外开教"，这与日本明治维新时的"神佛分离"政策有关。日本明治维新以后，政府打压佛教，采取了"废佛毁释"的运动，大力鼓励宣扬效忠天皇思想的神道教。日本佛教各派虽然遭受前所未有的劫难，但是佛教徒在遭受打击之后开始积极进行改革以适应社会需要，俯首听命于"神皇一体"，建立起现代化的佛教教育、文化及社会事业，尤其是随着日本帝国主义势力的对外扩张，佛教亦积极对外传教，主动充当起政府对外侵略的工具。最早来华传教的日本僧人是净土宗东本愿寺派的小栗栖香顶，1873年7月，受东本愿寺派老法主严如的赞助，来到中国上海，后经天津入北京，居龙泉寺，在此期间著成《护法论》一书，一年后回国。② 1876年开始，受东本愿寺的派遣，小栗栖香顶以中国弘教使的身份与谷了然、河崎显成、仓谷哲僧、崖边贤超、日野顺正一起共六人赴上海，租屋建立"真宗东派本愿寺上海别院"，开始在中国的传教活动，揭开了近代日本佛教在中国"海外开教"的序幕。此后，六人又于上海设立江苏教校、于北京开办直隶教校等。甲午战争爆发以后，为配合日本军国主义对外战争，日本真宗东、西本愿寺派，以及真言宗、净土宗、临济妙心寺派、曹洞宗、日莲宗和天台宗等，都相继来华传教。③ 日俄战争爆发后，日本政府援引西方列强在华"机会均等，利益均沾"的条文，要求清政府允许日本佛教宗派在华传教的权利，企图利用宗教，美化其侵略的本质，试图从精神上分化和瓦解中国人心。此外，日本佛教在向中国传教的过程中，效仿西方基督宗教的传教模式，经常以包揽词讼、干涉地

---

① 参见谷秀青《清末民初江苏省教育会研究》，广西师范大学出版社2009年版，第91—92页。

② 参见小栗栖香顶《北京纪事·北京纪游》，陈继东、陈卫力整理，中华书局2008年版。

③ 参见肖平《近代中国佛教的复兴与日本佛教界的交往录》，广东人民出版社2003年版，第73页。

方司法的形式来保护和招徕信徒，扩大其影响。

庙产兴学运动由于侵占寺庙房屋、田产，乃至演变为驱逐僧尼的事件，引起佛教界的恐慌，由此导致部分寺僧为保护佛教寺产，转而改信日本佛教。1899年，日僧水野梅晓、伊藤贤道因见清政府压迫佛教，便乘机来华，乃效法西方基督宗教徒来华传教的方法，引诱浙江、江苏等地佛教僧徒受其保护。除了江浙等地外，日本僧人还在福建厦门、广东潮汕一带传教。如光绪三十二年（1906），日本僧人管真海等到汕头传教，由潮州人陈若慈等招引本地人入教，有数百人入教，每人纳银三元。澄海县地方官派人察访，有"连宵聚饮、结党影相不成事体等语"。① 江西巡抚胡廷干在1905年也指出："日僧来华传教，实由中国近立学堂，往往占居寺院，捐入庙产。缁流失其本业，遂为此勾引之谋。"② 由于日本佛教在中国的渗透和影响越来越大，清末戊戌变法时政府开始实施庙产兴学，驱逐僧尼、强占寺产事件不断发生，为了保护庙产，遂发生了日僧干涉中国佛教，诱使杭州、宁波等三十六寺归投日本净土真宗的事件。"近闻各寺院僧人以其宗教同源，且闻华官有提寺租充作学费之说，因此入日本教籍者愈多。"③

在庙产兴学过程中，以杭州等地三十六寺院归投日本净土真宗，以及日僧干涉杭州龙兴寺事件最具代表性。1904年夏，浙江巡抚聂辑规（字仲芳）拟创办工艺传习所，委托高尔伊、罗振玉等办理，因经费不敷，故计划租借杭州龙兴寺（属云栖寺分院）的房屋作为校舍，提出以偏屋三进计十余间为僧人住宿及供奉佛像等用，其余房屋则均归公，按月给付寺僧租资洋银三十元作为香火之资。事情发生后，杭州人丁立诚、丁立中兄弟认为龙兴寺有其私人捐献，于是自任护法，反对租寺办学，并暗中唆使龙兴寺住持向旅杭日本东本愿寺僧伊藤贤道求援，并同时邀集杭、嘉、宁、绍等属三十六大丛林盗用敬安僧名义寻求日僧保护。④ 于是僧伊藤贤道携品照等赶往工艺传习所悬挂"大日本真宗本愿寺总布教场"匾额一方，并燃放爆竹，布告乡绅。杭州士民十分愤怒，即飞电外务部请饬浙江

---

① 《广东澄海县杜查日本僧人传教禀》，光绪三十二年（1906）。
② 《东方杂志》第3卷第3期，1906年4月。
③ 《潮僧争入日教》，《申报》1905年3月3日。
④ 《日僧多事》，《申报》1905年1月29日；《详记日僧干预龙兴寺事》，《申报》1905年2月16日。

巡抚力拒。聂辑规得电后，即与日领事磋商，"日领虽允将匾额撤去，惟工艺传习所借用之大殿，仍须归该寺主持，并将佛像照常安顿，仲帅允之，此案遂定"①。后来经调查，"日僧伊藤贤道久寓杭州，由吴山海会寺僧惠持为之勾介，赴绍兴、嵊县、新昌等处，借名布教，诱徒敛钱，无论僧尼道俗，苟以贿至，无不容纳，各给文牒锦带，以为信凭。旋经警察局拘讯，供认招摇各情不讳，即禀知张筱帅，移行洋务局照请日领事查究，旋由日领事传讯得实，即行勒令回国，三年内不准再来华。而绍郡各邑皈依诸徒，自闻佛教公所成立，日僧伊藤被逐，亦皆纷纷缴纳信凭，以为悔过之证云"②。

经过中日两国外交交涉，该事件最终以驱逐日僧伊藤贤道获得解决。杭州三十六寺僧原有创设僧学堂之议，经与杭州缙绅樊恭煦等共同商酌，公议停办僧学堂，立约五条："（1）前议僧捐学堂经费概作罢论，惟寺院房屋财产大者仰邀敕赐。其次则出自募施，要而言之，皆公家物也，僧等既受诸公家，不得不视如己物，断不愿持赠他人，致招物议。（2）前议开僧学堂，原为开通智识起见，特恐有名无实，徒滋流弊，今僧等公议，决意不办。（3）各处议办僧捐，方兴未艾，吾杭等各寺院，蒙众绅公议，一律免捐，实已体恤周挚，僧等自当谨遵法戒，恪守清规，以期上报国恩，下对檀越，何敢放弃权利，有违公理。（4）地方公事需用寺院房屋者，除从前因案查封入官外，或借由众绅公同议禀官办理，必能俯顺与情，保全僧众。（5）众绅呈请抚宪出示保护各僧寺产，僧等自当仰体盛心，倍加敬戒。"③ 由于中国政府要求日本取缔各宗派传教师在华传教，日本宗教局局长斯波特下令戒饬东西两本愿寺各教派，称"近日传教者每于中国干预地方之诉讼事务，致生种种纠纷，且惹起无谓之交涉，此实逾于宗教家之分之外，不惟失遂我国宗教家之信用，且为国交上烦累之因，各宗派亟宜严饬在外之传教师，使勿生不利之事云云"④。

对于三十六寺归投日本佛教的事件，时人评价说："然吾观浙江三十六寺僧之所为。实为保利，而非为保教。当各处士绅议改寺院为学堂之

---

① 《东方杂志·教育》第2卷第3期，1905年4月。
② 《东方杂志·宗教》第3卷第10期，1906年11月。
③ 《东方杂志·宗教》第2卷第6期，1905年7月。
④ 《各国教务蠡志》，《宗教·各国教务汇志》，《东方杂志》第3卷第7期，1906年8月。

时，三十六寺僧依附日僧，欲藉日本之国权以保众姓所捐之寺产。设布教场，议僧学堂，举浙省官绅之全力以与之抗，几不能胜，及保护寺产之上谕降，而三十六寺僧，悉就范围，布教场可以不复设矣，僧学堂可以不让开矣。利既可保，教可不论绅僧互订条约，而浙僧引日本国权之风潮息矣。"① 由此可见，日僧来华传教事件实因庙产兴学而起，其目的就是为了保护寺庙财产。正如太虚所说："我国僧众因受了国家社会对佛教摧残和日僧来华传教影响，便起了依赖日僧保护寺产的心愿；日人眼见我国佛教受摧残，也就效法西洋耶稣教来华传教的办法，引诱中国的僧寺受其保护，故杭州就有三十多寺投入了日本真宗的怀抱。那时，日本真宗来华代表为伊藤贤道。杭州各寺在真宗保护之下，如遇提僧产、占僧寺等情，就由日本领事出面保护。"②

（三）近代僧教育的兴起：从佛教学务公所、僧教育会到僧学堂

清末庙产兴学运动以及发生的归投日本佛教的事件，客观上促进了近代僧教育以及佛教组织的兴起，随后各地纷纷出现佛教公务所、僧教育会等教育组织，以寺产兴办僧学堂及普通学堂。为保护庙产，一些寺院中的僧众被迫兴办僧俗学堂，以此杜绝外界提取庙产之虞。在创办佛教学堂的僧众中，其中不乏有识之士真心办学，以谋求佛教振兴；但多数则虽为兴学，实为保护庙产。寺庙兴办的学堂共有三类：一为完全招收僧人，对僧侣进行培养，如长沙开福寺办僧学堂；江苏扬州天宁寺僧释文希提议由各寺捐集款项自行创办学校，专教青年僧徒，以便官府提拨寺产时有所借口，当时有二十多僧侣入学。二为僧俗兼收，如北京龙泉寺僧人道心，组织小学，"定额八十名，僧俗各半"。③ 三为世俗学堂，多数为公益性质，即招收贫民子弟入学，如1906年9月，北京的觉先和尚在宣武门的观音寺设立了"佛教公立民小学堂"，分初等科、高等科，共有学生四十多人。④

光绪三十一年（1905）于北京成立的中国佛教学务总公所，是近代中国第一个具有现代意义的佛教组织和教育机构，其成立与近代高僧觉先有密切关系。觉先，湖北襄阳人，大约生于清同治六年（1867），少年出

---

① 《论提倡佛教》，《东方杂志》第2卷第7期，1905年8月。
② 太虚：《我的佛教改进运动略史》，载《太虚大师全书》第57册，台北善导寺1980年印本，第70—71页。
③ 《东方杂志·教育》第3卷第6期，1906年7月。
④ 《顺天时报》1907年10月25日。

家，因目睹佛教衰败，庙产兴学之风盛行，"慨然以改革佛教，挽救时运为己任"①，光绪三十年（1904）春，东渡日本，悉心考察日本各宗派寺院、教育及社会救济事业等，与水野梅晓、大谷光瑞等相往还。觉先回北京后，于1905年8月向总理学务处禀请设立中国佛教学务总公所，并集款开办学校及工艺院等，得到了学务处的赞同。学务处的批示称："该僧觉先知我佛教之衰，皆由僧人无学，询为知本之论。该僧等拟于京师设立中国佛教总公所，推诸各省，由各寺住持公选有德僧人兴办学校事务，志愿宏大，殊堪嘉许。据拟简章各条，于设立学习之外，并设立贫民工艺院，如从此着力，尤能造福地方，立见实效。惟办事必臻妥善周密，方能逐渐推行。应将详细章程妥拟呈阅，所有选派监督一节，俟办有端绪，再行禀候酌夺云云。"② 与此同时，觉先还将南下洼龙泉寺公款提拨两万元，用于创办普通学堂。③ 觉先创办中国佛教学务总公所，得到了北京各大寺院住持的支持，总公所的僧长为光明寺住持东山，发起人除觉先外，还有广善寺达远、广化寺灵山、慈因寺吉安、龙泉寺道兴等。1905年11月11日，学务公所开办的初等民小学堂在宣武门内西城根象来街路北某官宅开学，有学生五十名，所有一切学费及学生午饭，均由僧等妥善捐入，概不收取学生资费。

中国佛教学务总公所成立以后，在觉先的大力推动下，浙江佛教学务公所、宁波佛教学务公所、奉天佛教学务公所等相继成立。浙江佛教学务公所成立于1906年6月，其成立过程颇费周折。1905年8月，京师广化寺住持灵山等向总理学务处禀请设立浙江佛教学务公所，拟仿照京师佛教学务公所章程，提倡佛教。浙江官派留学日本法政大学的学生汪希精通佛典，为僧侣所推重，请求派为浙江佛教学务监督。学务处将此申请转致浙江巡抚聂仲芳，聂委任浙江学务处具体办理。1905年10月，浙江学务处在给浙抚覆文中反对设立浙江佛教学务公所，指出寺僧开僧学堂，意在抵制捐款，既然三月初八朝廷上谕保护庙产，"今既不捐，则僧学堂亦毋庸开办，有名无实，徒滋流弊"④。认为开办佛教学务，存在诸多阻碍情形，

---

① 《北京龙泉寺觉先上人六秩寿辰征言启》，《四川佛教旬刊》1926年5月9日。
② 《东方杂志·宗教》第2卷第7期，1905年8月，第46页。
③ 《东方杂志·教育》第2卷第3期，1905年4月，第49页。
④ 《浙江学务处为议覆设立佛教学务公所事呈浙抚文》（光绪三十一年十月），《东方杂志》第2卷第9期，1905年10月。

故否决了设立佛教学务公所及举汪希充学务监督的申请。经过觉先及杭州寺僧的努力，1906年6月，觉先来到杭州宣传组织佛教学务公所及开办学堂，得到一些寺庙住持支持，浙江佛教学务公所得以成立，当时各报纷纷报道此事。如《东方杂志》载："北京僧人觉先游历至浙，浙省缁流开会以欢迎之，觉先因晓以欲振佛教必先兴学之理，众大感动，公议设一佛教学务总公所，并仿北京办法，先设民小学堂二，僧小学堂一，贫民工艺院一，然后逐渐推广办理，闻已禀准浙抚立案。"①《申报》亦载："杭省各寺院因惧改设学堂，故曾皈依日僧，旋又与绅士等订约，求为保全，仍不免惴惴自虑。适有京僧觉先由日回华，来杭演说，与各丛林住持联名禀请，组织民僧小学堂各二所，及贫民工艺院。尝奉张抚批示，尤准嘉励周至。由是，各僧侣闻之，无不眉飞色舞，甯绍嘉湖等属各寺住持皆一律到省，于初六日在法镜寺内事务所集议，计逾千人，殊足为僧界光荣也。"②1906年年底，敬安就向宁波知府禀办佛教学务公所成功，一切事务均遵照北京、浙江佛教公所章程办理，添设普通僧学及民僧各小学堂。③ 1906年，奉天锦州府僧众到京师邀请觉先赴沈阳，创办了佛教学务公所，得到了奉天将军赵尔巽批准立案，附设民僧各小学堂，俟款项充裕准备再设立贫民工艺院。此外，1906年年底，上海静安寺、海潮寺、青龙寺、龙华寺等各寺僧人共同创设上海佛教公会，推举静安寺僧会司正生为会长，各寺僧人能守清规并且不失宗派者都可入会。筹集款项设立义务小学堂，教育年幼僧徒和民间子弟。④

1906年7月，学部奏准颁布《教育会章程》，要求佛教学务公所改名为僧教育会。学部肯定了佛教学务公所在办学上的成绩，认为该所的宗旨意在兴办各种学校，不分僧俗，一律收纳。其办学经费来自各寺捐助，充分显示了佛门慈悲之心，以及帮助提高国民知识的愿力，所以应该继续维持，以收办学效果。佛教学务总公所改为僧立教育会后，"所立学堂应定名为某寺公立某等学堂，功课一遵定章教授"⑤。从1906年下半年开始，除了上述已经成立的佛教学务公所直接改为僧教育会外，各省僧教育总会

---

① 《东方杂志·教育》第3卷第9期，1906年。
② 《僧侣集众大会》，《申报》1906年6月13日。
③ 《禀设僧小学堂》，《申报》清光绪三十二年（1906）第九版。
④ 《东方杂志·宗教》第4卷第2期，1907年4月。
⑤ 《学部咨改佛教学务公所为僧立教育会文》，《东方杂志》第3卷第7期，1906年8月。

及各地僧教育会相继成立，太虚曾于1908年随寄禅参与宁波及江苏僧教育会的组织工作，他后来回忆当时僧教育会的情况时说："浙江之寄禅、松风、华山，江苏之月霞，北京之觉先等，南北呼应，为当时组设僧教育会而办学堂之僧领袖。"①

各地佛教学务公所及僧教育会的成立，其主要目的是抵抗庙产兴学运动，自动兴学，保护寺产。太虚曾总结过清末僧学校的情况："夷考吾华佛教办学，肇自有清光绪三十年间日人水野梅晓于长沙所办之僧校，盖念余年于兹矣。稍后扬州天宁寺铭廉和尚立普通僧学校。迨光绪三十三年，僧众惕于民间办学夺取寺产，在北京由觉先和尚等创设僧教育会，广立小学，僧俗兼收以为抵制。此种学校，多有遗留至今者，如定海、如皋等处之僧立学校是。亦有中间改为孤儿院者，如宁波是。光绪三十四年，杨仁山居士于金陵建祇园精舍，则旨在互议华梵，及译华文精论为英文，然旋归消灭。后江苏僧教育会复办初级僧师范学校，亦只昙花一现，未能持久。而此先后成立诸校，除仁山居士所设者外，其动机多在保存寺产，仿照通俗所办之学校而办，用图抵制，绝少以昌明佛教造就僧宝为旨者。故其教学科目，亦多属普通学校之性质，间或讲授佛学，亦仅以点缀，未尝重视；且多数办理不久，旋即废止，故殊少成绩可言。"② 清末僧学堂的开办，一般认为始于光绪三十年（1904）日本人水野梅晓于长沙开福寺创办僧学堂，虽然长沙僧学堂得到了笠云等僧人的支持，但毕竟不属于中国僧人独立创办的僧学堂，因为在此之前日本净土真宗已于南京等地创办过僧学校。真正意义上的中国僧教育的兴起，始于佛教学务公所和僧教育会成立以后所创立的僧学堂，其中影响最大的当属扬州普通学堂、祇洹精舍以及南京僧师范学校等。杨文会创办的祇洹精舍与南京僧师范学校有密切的联系，下一章会详述，此处仅将扬州普通学堂略作介绍。

光绪三十二年（1906）二月，文希与扬州各寺僧等共同创立的普通僧学堂于扬州天宁寺藏经楼正式开学，共招收学生二十余人（学额六十名），聘请了七位教员，三名为僧人，四名在家人。③ 普通僧学堂的办学

---

① 《三十年来之中国佛教》（1937年作），载《太虚大师全书》第57册，台北善导寺1980年印本，第47—48页。

② 太虚：《议佛教办学法》，载《太虚大师全书》第34册，台北善导寺1980年印本，第466页。

③ 《东方杂志·教育》第3卷第6期，1906年7月。

动机主要是为保护寺产,《东方杂志》曾载:"扬州各僧寺产业颇丰,有志之士,咸欲酌提庙产为教育之资,诸僧徒得此消息,共谋抵制,近天宁寺僧某倡议,由各寺捐集款项,自行创办学校,专教青年僧徒,以便官场提拨庙款时有所借口。"① 镇江的金山江天寺、常州东门外的天宁寺均在治下,其教育经费全部由镇、扬佛教各寺负担,教授的课程中,除授佛学之外,还有英文和日文,所以此学堂被后人誉为开风气之先。杨文会居士闻知普通僧学堂的开办,欣喜不已,他在给友人的信中称"宜开设僧学堂以振兴佛教"。然而,镇江、扬州、常州等地的诸山长老多数兴办学堂的目的只是为了保护寺产,并无意兴办佛教教育,培养僧才,当庙产兴学之风稍停以后,即无意继续办学。此外,扬州地藏寺等处僧人不满天宁寺所办的普通僧学堂,认为其教授和管理均不得法,于是联合多寺,另外于宛虹桥火星庙设立国民小学一所,称僧立初等小学,不分僧俗,共收学生五十名,一律不收取学费。② 文希在办学过程中备尝艰辛,便想东渡日本考察佛教,此举更遭到了扬州等地保守僧人的猜忌,被人诬告是借赴日本考察佛教的名义勾结日本革命党人。文希在动身赴日前夕遭到逮捕,被两江总督判为终身监禁,直至辛亥革命胜利后方从江西石埭县监狱获释。故杨文会对此深感惋惜,曾感叹说:"江南学务,莫先于扬州天宁寺。而阻之者甚多,甚至同室操戈,斗争坚固,甚可叹也。"③

庙产兴学运动使寺院僧尼陷于巨大的恐慌,但也促使佛教界中部分有识之士及高僧大德认识到僧团衰败的原因,最根本的在于保守传统教育落后而导致僧才匮乏,佛教难以适应时代,在国家和社会发展中发挥应有的积极作用,由此提出要在时代大变革的进程中奋起革新,创办新式僧教育机构和学院。从这一角度看,庙产兴学又在客观上推动了佛教的现代化转换,促成了佛教在社会转型中的新生。

第四节 杨文会与近代佛教的复兴

杨文会在中国近代佛教史中有着举足轻重的作用,被世人称誉为

---

① 《东方杂志·教育》第 1 卷第 9 期,1904 年 11 月。
② 《东方杂志·教育》第 4 卷第 2 期,1907 年 4 月。
③ 杨文会:《与释惟静书二》,载《等不等观杂录》卷五,载《杨仁山居士遗著》第九册,金陵刻经处 1981 年重刊本。

"中国近代佛教复兴之父"。为挽佛教之颓势,杨文会一生致力于近代佛教的复兴运动,其最大贡献在于创建了金陵刻经处和开办祇洹精舍(释氏学堂),而这两处成为近代佛教复兴运动的大本营,由此奠定了杨文会在近代佛教复兴运动中的领袖地位。有关杨文会的功绩,梁启超在其《清代学术概论》一书中说:"晚清所谓新学者,殆无一不与佛学有关系,而凡有真信仰者,率归依文会。"① 民国时期最有影响力的两位讲经法师谛闲、月霞分别重兴天台宗和华严宗,在佛教界有较高的声誉,受杨文会之请,曾任教于祇洹精舍。居士中的领袖人物欧阳渐,僧界改革派领袖太虚大师,以及普光、慧敏、仁山等著名法师,知识阶层及政要如谭嗣同、章太炎、梁启超、宋恕、汪康年、沈曾植、陈三立、夏曾佑、郑孝胥、黎元洪等,均曾受到杨文会的影响。欧阳渐在《杨仁山居士传》中论杨文会门下弟子时说:"唯居士之规模弘广,故门下多材:谭嗣同善华严,桂柏华善密宗,黎端甫善三论,而唯识法相之学有章太炎、孙少侯、梅撷芸、李证刚、蒯若木、欧阳渐等,亦云伙矣。"② 此外,弟子之中谢无量、濮一乘、狄楚青、邱檗(字晞明)等均为民国时期卓有影响的佛教学者。故楼宇烈评价杨文会说:"近代中国发生的佛学振兴运动,原因是多方面的,但其中与杨文会居士为振兴佛学而献出毕生精力的辛勤工作也是分不开的。"③

一 生平、著述及佛法因缘

关于杨文会生平原始传记资料,重要的有徐文蔚撰《杨仁山居士事略》④、沈曾植撰《杨居士塔铭》(以上两种收入《杨仁山居士遗集》)、

---

① 梁启超:《清代学术概论》,上海古籍出版社 2005 年版,第 83 页。
② 欧阳竟无:《杨仁山居士传》,载石峻、楼宇烈、方立天等编《中国佛教思想资料选编》第 2 卷第 4 册,中华书局 1990 年版,第 41 页。
③ 楼宇烈:《杨仁山居士小传》,载刘梦溪主编《中国现代学术经典·杨文会、欧阳渐、吕澂卷》,河北教育出版社 1996 年版,第 3 页。
④ 《杨仁山居士事略》原载《佛学丛报》第 1 期(1912 年),后又转载于《佛心丛刊》第 1 期(1922 年 1 月),《佛音》第 10、11、12 期合刊等,均未署名。故有称为"作者不详"(如蓝吉富《杨仁山与现代中国佛教》),有人则误认为是欧阳渐作(周继旨校点《杨仁山全集》附录),还有的认为是濮一乘作(罗铮《金陵刻经处研究》)。《杨仁山居士事略》收入 1925 年出版的《近代往生传》中题为"石埭杨仁山居士",署名徐文蔚(文蔚为徐蔚如的字),正文之后有徐蔚如概述杨仁山著作和思想的长文。

张尔田撰《杨仁山居士别传》（闵尔昌编《碑传集补》逸民类，卷卅七）、欧阳渐撰《杨仁山居士传》（《内学杂著》下，《欧阳竟无先生内外学》第十二册）等。另有沈彭龄撰《杨仁山先生年谱》（《东北学刊》第8期）、杨步伟撰《先祖仁山公之生平》（《菩提树月刊》第95期）、《杨仁山居士生西传》（收录《往生传》，《北平佛教会月刊》第1卷第8期，1935年5月）等，亦可参考。

杨文会（1837—1911），号仁山，安徽石埭（今石台县）人，清末居士佛教中的领军人物，亦为近代中国佛教复兴的先驱。杨文会出身官宦世家，其父杨朴庵与曾国藩为同科进士，二人交谊颇深。杨文会10岁开蒙，天赋颖悟，却不喜科举仕途，生性任侠，好驰射击刺之术。生平好读奇书，"凡音韵历算、天文舆地，以及黄老庄列之术，靡不探颐，韫之于心"①。咸丰四年（1854），太平天国起事后，随家转徙于安徽、江西、江苏、浙江等地，前后十年时间。其间随父亲杨朴庵协助张苇办理团练，还参加了与太平军的战斗，身先士卒，表现英勇，论功则固辞不受。同治二年（1863），父亲杨朴庵去世后，杨文会进入曾国藩幕府，任职于谷米局，襄助曾国藩办理军粮等事务，因其精于工程，经理土木"费省工坚"，曾国藩、李鸿章皆以"国士"目之。同治三年（1864），正式归信佛法。同治五年（1866），李鸿章署两江总督，任命杨文会负责江宁工程，由此杨举家迁居南京，因感于佛教凋零，佛经散落难见，则在十多位佛学之友协助下，开始着手创办金陵刻经处，校勘刻印佛经。同治十二年（1873），乃屏绝世事，家居读书，专究佛乘。光绪四年（1878），随曾纪泽出使欧洲，考察英法等国政教及科学事业，精研天文、显微等学，并购置了天地球图并舆图尺以及许多科学仪器。归国后辞不授奖，仍然以刻经为主业。光绪八年（1882），至苏州元墓山香雪海，觅得藏经版。光绪十二年（1886），又随刘芝田出使英法，考察英国政治、制造诸学，遂对世界局势有精深的看法，领悟到西方各国富强之道在于以实学为本，曾建议刘芝田，上种种条陈于清政府，但因清政府腐败无能不予理睬，他由此对时政颇感灰心，专心于佛教救国事业。在英期间，杨文会结识了日本人南条文雄，在他的协助下，从日本搜得中国隋唐古逸佛书三百余种，选择其中珍稀者十种刊印。光绪十六年（1890），刘芝田回国出任广东巡抚，杨

---

① 张尔田：《杨仁山居士别传》，载《金陵刻经处历史资料点滴》第一册。

文会也由英回国，此后即未再担任俗世职事，唯以刻经弘法为毕生志愿。光绪二十一年（1895），杨文会在上海与锡兰人达磨波罗居士会晤，对达磨波罗复兴印度佛教的理想十分赞同，曾计划训练一批精通英文、梵文的青年到印度去协助达磨波罗弘扬佛教，这成了他后来创办祇洹精舍的机缘。自此杨文会于佛法志趣更大，提倡僧学，将复兴佛教作为他毕生的目标而为之奋斗，常以"吾在世一分时，当于佛法尽一分时力"自勖。杨文会晚年（60岁以后），追随他学佛的弟子为数众多，其中谭嗣同善华严、桂伯华善密宗、梨端甫善三论，而精研唯识法相之学的则有章太炎、孙少侯、梅撷芸、蒯若木、欧阳渐等，可谓人才济济。光绪三十四年（1908），杨文会在金陵刻经处内设立祇洹精舍，为中国近代第一所新式教育的佛教学堂，招收僧俗学生十余人，由他亲自教授佛学，著名的学生有释太虚、邱晞明等。祇洹精舍办了两年，因缺乏经费就停办了。宣统二年（1910），杨文会创办佛学研究会，自己主讲。杨文会于宣统三年（1911）八月十七日患病逝世，世寿75岁。

  关于杨文会的佛法因缘，许多传记均记载，同治三年（1864），开始正式归信佛法。据《事略》载，他将父亲归葬后回到安徽，因染时疫，乃潜心于佛学。"先是，居士有志学佛，于皖省书肆中得《大乘起信论》，未暇寓目。病后，阅他书不惬，读论，乃不能释卷。赓续五遍，尽得奥旨。由是遍求佛经。"后于坊间得《楞严经》，遂阅之而忘身于书肆。至黄昏肆主催归，方有觉悟。此后，即多方搜寻佛经，"一心学佛，悉废弃其向所为学"。① 上述记载与欧阳渐《杨仁山居士传》中相同，唯增加有老尼授予《金刚经》，"怀归展读，猝难获解"的内容。可见，在1864年之前，杨文会已经开始接触佛经，据其自述："我于二十六岁学佛，二十七岁丧父担任家务，十余口衣食之资，全仗办公而得，日日办公，日日学佛，未尝懈退。"② 然据杨文会的孙女杨步伟的说法，杨文会随父移居杭州时，曾经遇到一位才女想娶为"并妻"，遭到其母亲和妻子的反对，她们只答应他纳之为妾，于是此事遂无结果。经此打击，杨文会更觉世事无聊，终日在西湖边游玩，一日偶然在书摊上见到《大乘起信论》，阅读之

---

  ① 《杨仁山居士事略》，载《杨仁山居士遗著》第一册，金陵刻经处1981年重刊本。
  ② 杨文会：《与廖迪心（世臧）书》，《等不等观杂录》卷六，载《杨仁山居士遗著》第九册，金陵刻经处1981年重刊本。

后，深为叹服，从此开始研究佛学，绝不做官。偶有任职，皆为基本生计所虑，一旦满足，便决然放弃。最初佛道兼学，后舍道而专修佛法："鄙人学佛以来，近四十年。始则释、道兼学，冀得长生而修佛法，方免退堕之虞。两家名宿，参访多人，证以古书，互有出入，遂舍道而专学佛。如是有年，始知佛法之深妙，统摄诸教而无遗也。"①

杨文会一生著作颇丰，但较杂散，著名的有《大宗地玄文本补略注》四卷，《佛教初学课本》并《注》各一卷，《十宗略论》一卷，《观无量寿佛经略论》一卷，《无量寿佛经往生偈略释》一卷，《坛经略释》一卷，《论语》、《孟子》发隐各二卷，《阴符》、《冲虚》、《道德》、《南华》发隐各一卷，《等不等观杂论》八卷，《阐教篇》一卷，另有《天地球图说》一卷，单行。尚有居士手辑《大藏辑要》四百七十种三千三百余卷，《贤首法集》二十二种，《华严著述集要》二十九种，《净土古佚十书》十种，《净土经论》十四种，《大乘起信谕疏解汇编》、《释氏四书》、《释氏十三经》、《释氏十三经注疏》和《佛教中学古文课本》甲乙丙丁四编，均别行。此外又有《杨仁山先生礼拜入观法》一卷。

杨文会对近代佛教的贡献，其弟子欧阳渐曾经总结为十大功德："一者，学问之规模弘扩；二者，创刻书本全藏；三者，搜集古德逸书；四者，为雕刻学书刻佛像；五者，提倡办僧学校；六者，提倡弘法于印度；七者，创居士道场；八者，舍女为尼，孙女外甥女独身不嫁；九者，舍金陵刻经处于十方；十者，舍科学技艺之能，而全力于佛事，菩萨于五明求，岂不然哉。"② 杨仁山对近现代佛教复兴影响极大，被誉为近现代佛教运动的"复兴之父"。③ 概括而言，主要有三大贡献：其一，创建金陵刻经处，刻印流通佛典；其二，创办祇洹精舍，培养佛教人才。其三，具有世界眼光，弘扬佛法于国外。

二 金陵刻经处的创立及其意义

杨文会学佛后，便遍求佛经，在国内遍访古刹，足迹涉及苏、浙、

---

① 杨文会：《与郑陶斋（官应）书》，《等不等观杂录》卷一，载《杨仁山居士遗著》第七册，金陵刻经处1981年重刊本。
② 欧阳渐：《杨仁山居士传》，《内学杂著》下，载《欧阳竟无先生内外学》第十二册。
③ [美] 霍姆斯·维慈：《中国佛教的复兴》，王雷泉等译，上海古籍出版社2006年版，第1页。

湘、皖等省，然因经洪杨战乱，江南佛教文物遭毁殆尽，"搜求殆遍，迄无所得"，深感佛学凋零，遂萌生刻印佛教典籍的念头，以流通佛经，振兴佛教。同治五年（1866），杨文会受李鸿章邀请举家迁居南京，负责江宁工程建设事宜。公务之余，潜心佛学。此时认识工程局同事王梅叔，两人"邃于佛学，甚相得"，在王梅叔的引荐下，"复与邵阳魏刚己、阳湖赵惠甫、武进刘开生、岭南张浦斋、长沙曹镜初诸君子游，深究宗教渊源"。他们在探讨佛学时一致认为："末法世界，全赖流通经典，普济众生。"但因连年战乱，大量佛经被毁，明刻《嘉兴藏》毁于兵火，仅存的《龙藏》因是梵箧本，不便阅读，"因发心刻万册藏经"，以广为流传。①同治五年（1866），杨文会会同佛友草拟章程，劝募经费。于佛成道日（农历十二月初八，即1867年1月）刊印魏源辑《净土四经》（《无量寿经》、《十六观经》、《阿弥陀经》、《普贤行愿品》），他在《重刊净土四经跋》中记载："兵燹之余，仅见小本《弥陀经》，而于大本《无量寿经》及《十六观经》迄不可得。适来金陵，获见此本于王君梅叔处，觅之数年者一旦得之，喜出望外。"②大本《无量寿经》即《观无量寿经》，"此本为邵阳魏公默深所辑。魏公经世之学，人所共知，而不知其本源心地，净业圆成，乃由体以起用也。世缘将尽，心切利人，遂取《无量寿经》参会数译，删繁就简，订为善本"③。原中国佛教协会会长赵朴初先生对杨文会刊刻《净土四经》评价甚高，称其"为近世佛教重光之始"，并认为："《杨仁山居士遗著》，开佛教一代之风气，为居士著述之先河，有功于我国近世佛教之发展者至钜。"④

《净土四经》的刊刻宣告了金陵刻经处的成立，这在中国近代佛学史上意义重大。金陵刻经处承担了佛教的两大事业：讲学与刻经，而讲学与刻经是以佛学的研究为基础的，因此金陵刻经处可以说既是近代佛教史上第一家刊印流通佛经经典的文化机构，同时亦为佛教研究和讲学交流的学术中心，它标志着近代佛教复兴的开始。杨文会在

---

① 《杨仁山居士事略》，载《杨仁山居士遗著》第一册，金陵刻经处1981年重刊本。

② 杨文会：《重刊净土四经跋》，《等不等观杂录》卷三，载《杨仁山居士遗著》第八册，金陵刻经处1981年重刊本。

③ 同上。

④ 赵朴初：《金陵刻经处重印经书因缘略记》，载《杨仁山居士遗著》第一册，金陵刻经处1981年重刊本。

此期间所做的刻经事业，为近代佛教提供了大量佛典，特别是那些在中国境内已遗失的大量珍贵逸书，不仅满足了佛教信众的普遍需求，也推动了中国研究佛学的风气、促进了佛教义学的振兴；其讲学事业，不仅为近代佛教界培养了许多卓越人才，推进了近代佛教教育事业的发展，同时开启了一代居士佛学之新风，对20世纪中国佛教的复兴贡献甚大。

当时协助杨文会创办刻经事业最为有力者是江都人士郑学川，郑后出家，法名妙空，于扬州东乡之砖桥鸡园创立江北刻经处，与金陵刻经处分工合作，刻经甚多。在刻经处创立之初，杨文会还制定了三不刻原则，即"疑为伪经者不刻、文义浅俗者不刻、乩坛之害不刻"，从中可见杨文会对刻经事业严肃认真的态度。三不刻原则成为金陵刻经处的优良传统，使得刻经处威望、声誉与日俱增。在此期间，杨文会日则处理公事，夜则潜心佛学，校勘刻印之外，或诵经念佛，或静坐作观，往往至深夜才就寝，全然成为一个虔诚的佛教居士。

至同治七年（1868），杨文会制定《募刻全藏章程》、《金陵刻经处章程》，"刻经处现设江宁省城鸡鸣山之北极阁，以便十方善信前来随喜"[①]。刻经处请释妙空任主僧，并撰《募刻全藏疏》，此时刻经处方臻于完备。同治七年（1868）八月，杨文会联合江宁杨西华、无锡余莲邦、长白陆凯臣、丹徒赵季梅、湘乡龚熙亭、邵阳魏耆（刚己）、江都徐璧如、武进刘恺孙、钱塘徐灵虚（荫庭）、贵筑黄桐轩、阳湖赵烈文（惠甫）、顺德张浦斋、邵阳魏棨中、海宁唐端甫、钱塘汤衣谷十五人，制定《募刻全藏章程》十条，规定刻经处书籍刊刻形式为"均用书册一本，以便刷印流通。其行数、字数、版式大小，悉照祖定师写刻《华严》等经为则。但易楷字弱宋字。此本募疏章程即是刻经式样"；所刻经籍，"凝照楞严寺书册本目录，不再增减"，"须分先后缓急。不拘经、律、论等，但取现前所急需者竭第一起。捐得某部之资，即将某部先雕"，但并非所有经书都能刊刻，"名德撰著，藏内未收者尚多。全藏刻竣后，倘有余力，须众议众同，亦可续刻。或有指刻某部者亦听。但非由戒定慧三学出者，不得滥收"；确定刻经处募化主僧为释妙空，"耗施功德净资，或亲交刻经处比丘居士等手收，或亲交刻经处出募之僧妙空，方无舛误。若系转寄，

[①] 杨文会：《募刻全藏章程》，金陵刻经处同治七年（1868）八月刻本。

必须付托施主素以亲信之人，以杜意外"，"发心大士，或认刻一卷、二卷，一部、二部，乃至数十卷、十部，以及全藏十分之几，或数人合认一部、一卷，书尾皆载明。施主姓氏，莫不指定者。功德用于何部何卷，即于何部何卷之尾，如式写就。倘有不愿题名者，亦载无名氏捐资若干所刻，以便稽考"，"某部几时刻竣，字数若干，用钱若干，并请印工料若干，俱于经尾载明"；寻访底本时，"南、北两《藏》及楞严寺《藏》，皆须校阅访明。何处有藏，信知藏主。俟刻某部，即请某部。刻竣，当即送还原处。其有藏者，率布法施，俾成善本。其借书者，切须慎重，免致贻误"。

同治十二年（1873），杨文会摒弃世事，家居读书。李鸿章函聘办工，婉拒不往。于是年参考造像量度及净土诸经，静坐观想，审定章法，聘请画家绘成《极乐世界依正庄严图》、《十一面大悲观音像》，并搜古时名人所绘佛、菩萨像，刊布流通，以资供奉。

杨文会自创办金陵刻经处后，益发心搜求佛教亡佚经典。先是在国内寻访古刹，搜求佛典。同治十三年（1874），泛舟游历苏浙，朝礼舍利、名刹。闻洞庭西山有古刹，藏有诸多古经，便只身独往，搜求殆遍，以至盘费缺乏，不能成行。

同治十七年（1878），杨文会随曾纪泽出使欧洲，赴英法二国，考察政教及天文显微诸学甚详，并购得许多科学仪器而归，首开清末研究科技之风气。此际，于一偶然机会，在伦敦结识日本著名佛教学者南条文雄。归国后，二人书信往来，畅谈佛学，交谈甚契。由此得知日本流传佛书甚多，其中中国早已佚失的佛教经论亦有很多。杨文会与南条文雄往来书信计二十八封，收于《等不等观杂录》卷七、卷八。二人笔谈范围十分广泛，包括梵文文字、音韵问题、汉译佛典之梵本存否之问题、净土宗要典之讨论、净土宗教义之问辨等，内容广泛而深入。

1890年杨文会54岁，赴京礼旃檀佛像，并求藏外古德逸书。适逢内弟苏少坡随使节东渡扶桑，即专门托其带信与南条文雄，请其广求中国失传之古本佛经。后果然陆续由日本寻回多种我国久已佚失的隋唐古德注疏，如《中论疏》、《百论疏》、《唯识述记》、《因明论疏》等，总数达"三百余种"。其中专谈净土之书，杨文会选择从北魏到南宋较佳者十种，汇集刻印。十种如下：隋慧远著《无量寿经义疏》、唐善导著《观无量寿佛经疏》、宋元照著《阿弥陀经义疏》、唐靖迈著《称赞净土佛摄受经疏》、北魏昙鸾著《往生论注》、唐道绰著《安乐集》、唐窥基著《西方要诀》、(新罗)唐元晓著《游心安乐道》、唐迦才著《净土论》、唐怀感著《净土群疑论》。这些古德逸书对推动近代佛学复兴意义重大,其精心编刻的《汇刻古逸净土十书》、《华严著述辑要》、《贤首法集》、《中论疏》、《成唯识论述记》等,使净土宗、法相唯识宗、华严宗、三论宗等法脉或久湮复兴,或廓清迷障,或导入正途,或发扬光大,欧阳渐对此有评价:"明末诸老,仗《宗镜录》研唯识,以故《相宗八要》诸多错谬,居士得《唯识述记》而刊之,然后圭臬不遗,奘、基之研讨有路。刻《门论》、《百论》等,然后中观之学有籍,而三论之宗复明。"

杨文会听闻日本寺庙中有"尊藏"之本,不能购买,还托苏少坡"抄稿寄回",并从上述搜求到的经典中,精选一部分加以刊行。对于所搜集的经典,杨文会致南条文雄函中声称:"比年以来,承代购经籍,千有余册。上自梁隋,以至唐宋,并贵国著述,罗列满架,诚千载一时也。……前明刻书本藏经,正藏之外,有续藏三千余卷,其版毁于兵燹矣,此次弟等募刻藏经,拟将贵国传来之本,择其精要,刊入续藏,以为永远流传之计。"①杨文会还多次打算亲赴日本搜访经籍,然时运不遂,终未能成行。

在从日本搜求佚籍的同时,杨文会也为日本藏经书院编辑《续藏经》提供许多注疏和密教典籍。后因感到日本所编《续藏经》的芜杂(多至一万卷),特加以选择,归于纯正,详订书目,编辑《大藏辑要目录》,共收三藏要典及各家著述共四百六十种三千三百余卷,准备陆续刻印。又拟作《大藏》和《续藏》的提要,提供读者研究的门径。虽计划刻版的《大藏辑要》未完成,但重要的著述都已刻出来,如贤首的十疏之六和一些杂著,以及嘉祥的《三论疏》,慈恩的《唯识述记》、《因明述记》,善导的《观经疏》等中国久已失传的要典,都从日本搜得底本,精加校勘,刻版流通,不但丰富了大藏的内容,也启发了学者的研究,使各宗学说得到平等传播。其时,因随着刻经范围逐渐扩大,刻印经费明显不足,杨文会毅然将从欧洲购回的各种科学仪器出售以充刻资,足见他对刻经事业的极大热忱。

杨文会创建主持金陵刻经处四十余年,兢兢业业,"屏绝世事,专力于刻经流通",晚年更作《谢客启》,敬告远近新旧知交,所有远方来函

---

① 杨文会:《与日本南条文雄书十九》,《等不等观杂录》卷八,载《杨仁山居士遗集》第九册,金陵刻经处1981年重刊本。

也概不作答，请求谅解。据不完全统计，在四十余年间，金陵刻经处共刻印经典两千余卷，流通经书一百余万卷，佛像十余万幅，且"校对印刷均极精审"，对挽救佛教颓风、弘扬佛门正法起着不可磨灭的重大作用。

杨文会志愿在金陵刻经处完成三大刻印任务，一为编辑《大藏续藏提要》，二为类别日本续藏刻本为《大藏集要》（又作《辑要》见《序例》），三为亟望金陵刻经处刻成全藏。对其刻印原因及要求，他在《告大同书》中写道："一编辑《大藏》、《续藏》提要。经典浩繁，读者苦难抉择，今仿《四库提要》之例，分类编定，以便初学。一类别日本《续藏》刻本为《大藏集要》。日本现刻之《续藏》，搜求甚富，但其中须加区别，以归纯一。今拟分三类：一必刊行者，一可刊行者，一不刊行者。甄定去留，使读者不至迷于所向。先刻成《大藏集要》约三千卷，以便学者随时购阅。余俟陆续刻成全藏。以上二书，体例略定，尚未着手编订。期以数年，当可蒇事。此外尚有未竟之稿数种，亟须足成之。"又曰："一鄙人志愿，亟望金陵刻经处刻成全藏，务使校对刷印，均极精审，庶不至贻误学者。至他处所刻未精之本，听其自行流通，本处概不与之合并成书。"① 为编定刻印《大藏辑要》，为此精心搜集挑选经律论著作四百余部三千余卷，分十九类，其中华严三十二部、净土五十二部、般若二十三部、涅槃十三部、方等六十六部、法相二十五部、法华十六部、密教五十六部、小乘经十六部、大乘律七部、小乘律七部、大乘论二十三部、小乘论四部、西土撰集十六部、禅宗三十部、天台宗十四部、传记十一部、纂集九部、弘护十三部、旁通十部、导俗四部等。虽由于各种因素，最终没能完成这一庞大的文化工程，但由此可见杨文会宏阔的心志、渊博的学识和惊人的毅力。

金陵刻经处在创建初期，因经费不足等问题，一直没有固定住所，多次迁址，后于1879年，杨文会在南京城北龚家桥附近的延龄巷内买下一块面积约二十一亩的土地建了"杨公馆"，作为金陵刻经处长期住所。光绪二十七年（1901），杨文会与三个儿子签订《杨氏分家笔据》，将金陵刻经处永远作为流通经典之所，三房均不得认为己产。"目前家眷暂住在内，以十年为限。十年之后，照例起租。不得自添屋宇，以杜占踞。俟各

---

① 杨文会：《报告同人书》，《等不等观杂录》卷五，载《杨仁山居士遗著》第九册，金陵刻经处1981年重刊本。

房自造住宅，即当移居。经局刻版之资，系十方善信捐助，永远作为公业，经营之人公同选举。""近年家用不敷，积有欠债。通盘清算，所欠各处债项计银三千八百一十两。以目前进款大小分认归还。计大房一千二百七十八两，又浮桥地基房屋归大房收受，值银六百两，共银一千八百七十八两。二房计银一千零五十七两。三房计银八百七十五两。共认债款三千八百一十两。"① 此中所说分家，不是分家产、分家业，而是分债务。临终前，杨文会又将金陵刻经处托付给陈稚庵、陈宜甫、欧阳渐三人，并说："经办所在，灵柩所在。"由此可见杨文会为法无私的热忱。

沈曾植在《杨居士塔铭》中赞杨文会之刻经事业时，将其与中国历史上刊刻佛经贡献最大的四位高僧大德并称，即隋朝于北京云居寺刻石经的静琬法师，宋代于闽东禅寺刊刻《崇宁藏》的冯檝、于浙江湖州思溪禅院刊刻《思溪藏》的王永从，以及明代于浙江径山刊刻方册本《嘉兴藏》的密藏道开，指出千年以来，此五人"甚难稀有"，进而认为："然静琬受付属于南岳思大师，冯、王生五宗四家禅席风行之世，密公有憨山、紫柏、陆五台、冯开之相助激扬，独居士奋起于末法苍茫宗风歇绝之会，以身任道，论师、法将、藏主、经坊，四事勇兼，毕生不倦，精诚旁薄，居士事盖视前人为倍难。景与响相承，因与果不二。以法运通塞验之，华严极盛于隋唐，天台中兴于南宋，净土普行于明末国初，皆非刻经人所及见。而今者诸方竞进，贤首、嘉祥、慈恩之微言绝学，浸昌浸炽，金胎教令，朕兆萌芽，佛日光明，重昭坏劫，居士实亲见之，非创刻时所预期。则居士之效，视前人倍疾乎？"②

三 创办祇洹精舍，培养佛教人才

杨文会自学佛以来，对当时国内"释氏之徒，不学无术，安于固陋"的状况很不满意，认为只有开办佛学学堂，才能振兴佛教："近世以来，僧徒安于固陋，不学无术，为佛法入支那后第一隳坏之时。欲求振兴，惟有开设释氏学堂，始有转机。"③ 在创办金陵刻经处刻印经典之时，杨文

---

① 《杨氏分家笔据》，载《杨仁山居士遗著》第一册，金陵刻经处1981年重刊本。
② 沈曾植：《杨居士塔铭》，载《杨仁山居士遗著》第一册，金陵刻经处1981年重刊本。
③ 杨文会：《般若波罗蜜多会演说一》，《等不等观杂录》卷一，载《杨仁山居士遗著》第七册，金陵刻经处1981年重刊本。

会即曾拟建"释氏学堂"。

杨文会还把开设僧尼学堂作为中国佛教振兴之策提出，要求当时政府"立一新章，令通国僧道之有财产者，以其半开设学堂"，建议由各省选择名胜大刹开设佛学学堂，经费由寺院庵观田产提充，教习共同推举。他设想把"释氏学堂"分为三等，"仿照小学、中学、大学之例"，各为三年，共九年学成。初等先令学习文理，然后教以浅近释典，三年学成后准其授沙弥戒。中等再令学习稍深经、律、论，三年学成之后，"方能作方丈，开堂说法，升座讲经，登坛传戒，始得称大和尚。仅学得初等中等者，只能当两序职事。若全不能学，仍令还俗，不得入僧班"。只有这样循序渐进地严格学习才"能令天下僧尼，人人讲求如来教法"，成为"国家之盛事"。他还认为释氏学堂不仅要学佛典，而且也要学普通学校的课程，如语文、算术、历史、外文等。外文包括梵文、英文、东文（日文）。同时主张学堂分为"教内"、"教外"二班，既收佛教信徒，又收在家居士。外班以普通学为主，兼读佛书；内班以学佛为本，兼习普通学。他还特别强调内班"专门学者，不但文义精通，直须观行相应，断惑证真，始免说食数宝之诮"。

杨文会不仅大力提倡国内僧界办学，自己也充分利用金陵刻经处的资源优势，积极筹办新式学堂，几经周折，经多年努力筹备，终于在1908年秋于金陵刻经处，中国近代最早的新式佛学学堂——祇洹精舍正式开学，为此杨文会作《祇洹精舍开学记》铭志庆贺。为汲取国外举办僧教育的经验，他又通过南条文雄索取日本佛教各宗大小学校种种章程，以资参考。杨文会还编订了"释氏学堂内班课程"，规定"每日课程六堂，每堂一点钟"，同时详列需学经论三十余种。有关教授事宜，欧阳渐称："冀学者兼通中西文，以为将来驰往天竺，振兴佛教之用。国文、英文，同志任之；佛学，居士自任之。就学者缁素二十余人，日有进益。"[①] 杨文会自任佛学讲习，聘李晓敦教授汉文，诗僧苏曼殊教授梵文和英文，谛闲法师任学监。到精舍讲课之人，皆为尽义务，不收薪金，师生平等，各尽其心。祇洹精舍的办学目的，一是培养本国佛学人才，二是为派人到印度弘法做准备。起初，入学的僧俗共二十余人，一代佛学大师太虚大师即是此期学员。

由于各种条件限制，特别是经费不足的原因，祇洹精舍办学规模不大，

---

① 《杨仁山居士事略》，《杨仁山居士遗著》第一册，金陵刻经处1981年重刊本。

办学时间也不长，只办了两年，1909 年被迫停办，原来设想的赴印度弘法的目的也未能实现，但杨文会开启了现代佛教教育之新风气，被太虚大师誉为我国高等僧教育之始。受其启迪，欧阳渐后来创办的支那内学院和太虚大师后来创办的武昌佛学院，在中国近代佛学史上意义重大，声望卓著。

为培养更多的佛教弘法人才，杨文会采用多种途径来办学、讲经，方式灵活多样，除祇洹精舍外，先以金陵刻经处为基地，建立居士道场，与四方求学者探讨佛学。杨文会对发展居士道场非常重视，欧阳渐在《杨仁山居士传》中记载："居士尝谓，刻经事须设居士道场，朝夕丹铅，感发兴致，然后有继以渐而长。昔年同志共举刻事，乍成即歇者为多，虽砖桥刻经不少，而人亡业败。以故设立学会于金陵刻经处，日事讲论不息。今以避难移川，而刻事犹未衰歇者，由是而来也。"此外，1910 年，杨文会晚年在金陵刻经处创办佛学研究会，自任会长，成员有陈散原、濮一乘、梅光羲、李证刚、孙少侯、邱唏明等，杨文会自己主讲。每月开会一次，每周讲经一次，深受欢迎，欧阳渐即于此时正式依持杨文会。佛学研究会的办学方式比起正规化的祇洹精舍更为灵活，不需固定师资，学员不住校，经费较省。由此可见，近代僧俗佛教人才之辈出，是与杨文会的辛勤育才分不开的。同时，还有一大批近代著名的政治活动家、思想家、学者，如梁启超、章太炎、沈曾植、陈三立、夏曾佑、宋恕、汪康年等，也都在不同程度上受到杨氏佛学的影响。

四 具有国际眼光，弘扬佛法于世界

杨文会早期设想通过刻经的途径来达到振兴与弘扬国内佛教的目的，而随着广泛收集流传海外佛典事业的展开，他与各国间的交往越来越密切，其视野也越来越开阔。晚年其弘法理念发生了变化，由初期的刻印佛典转向佛教教育以及在国外弘扬佛法，都与他这种开阔的国际视野分不开。

杨文会开阔国际视野的塑造，首先，来源于他中年时期的外交官生涯。1878 年、1886 年杨文会先后两次出使欧洲，有着长达六年的外交生涯。在此期间，他近距离了解了国外著名的佛学学者，其中有英国的缪勒、法国的儒莲[①]，让杨文会对欧洲的佛教文献学有所了解。与缪勒门下

---

① 参见苏慧廉《李提摩太在中国》，关志远等译，广西师范大学出版社 2007 年版，第 139 页。

日本学僧的结识更具意义，由此杨文会不仅了解了西方的佛学研究，还知道有梵文佛典及散佚日本的汉语佛典，后来支那内学院编辑的《藏要》，以梵藏文本校勘汉译的佛典，便是吸收了欧洲、日本学者的研究成果。在长达二十年的相互交往中，南条文雄在日本帮助杨文会收集了不少散佚汉语佛典，极大地推动了金陵刻经处的刻经事业。

其次，他的国际视野得益于在华的传教士或佛学家，其中有李提摩太和达摩波罗。李提摩太是英国神学家，1869 年来中国传教，与曾国藩、李鸿章、张之洞、梁启超等各类官员及学者均有接触，他在山东、山西、北京、南京等地讲授西方的科学知识，还在天津、上海等地办报，他主管的上海《万国公报》在晚清影响很大。1884 年李提摩太在南京拜会总督曾国藩时结识了杨文会，并与杨文会合作完成英译《大乘起信论》，成为英语世界的经典译本。后合作虽停止，但李与杨文会结下了深厚的友谊。与李提摩太的交往，使杨文会在告别外交官生涯后还能保持活跃的思想、开阔的国际视野。

而与锡兰人达摩波罗的结识与交往，则直接影响了杨文会的弘法实践，从早期专注刻经转向佛教教育，由此创办祇洹精舍、佛学研究会，培养佛学人才。达摩波罗以复兴佛教为己任，欲在全球传播佛教，来到中国想得到中国佛学界的支持，在李提摩太的引荐下，杨文会与达摩波罗会晤，两人一见如故，相谈甚欢，并达成共识：由杨文会在中国培养出一批精通佛学、汉学和英文的佛学人才，到印度学习梵文并协助达摩波罗复兴佛教。这成为杨文会后来兴起创办祇洹精舍想法的直接机缘。杨文会为祇洹精舍所编订的《佛教初学课本》，据张尔田《杨仁山居士别传》记载，最初是想送给达摩波罗，助他在印度复兴佛教之用。《杨仁山居士事略》中也提到，光绪二十一年（1895），杨文会于上海会见摩诃波罗，摩诃波罗请他复兴印度佛教，于是杨文会提倡僧学，手订课程，著初学课本，一为振兴中国佛教，一为西行传教。可见杨文会后期推行佛教教育，以培养弘法人才，并弘扬佛法于国外的思想与实践深受达摩波罗的影响。

将佛教推向世界理念的提出，也与当时中国新学者们期望通过力挽佛教之危亡的颓势，革新佛教从而托起民族振兴希望的背景有关。而希望通过佛教的革新形成的新佛教担任民族振兴的重任，则借鉴于西方通过宗教改革的方式让西方崛起的经验。梁启超在《清代学术概论》中概括出当时新学者们的共识："欧洲近世史之曙光，发自两大潮流，其一，希腊思想复活，则'文艺复兴'也；其二，原始基督教复活，则'宗教改革'也。我国今后之新机运，也当从两途开拓，一为情感的方面，则新文学新美术也；一为理性的方面，则新佛学也。"而杨文会对新学救国者们则具有巨大影响力："晚清所谓新学家者，殆无一不与佛学有关系，而凡有真信仰者率皈依文会。"杨文会本人也抱有这样的想法，晚年时期所著的两篇《支那佛教振兴策》集中反映了这种理念，《佛教振兴策一》中提到开办"内班"与"外班"的目的是最终使"佛教渐兴，新学日盛，世出世法，相辅而行。僧道无虚縻之产，国家得补助之益"；《佛教振兴策二》中，强调了传教对国运昌盛的影响："泰西各国振兴之法，约有两端，一曰通商，二曰传教。通商以损益有无，传教以联合声气。我国推行商业者，渐有其人，而流传宗教者独付阙如。"这里所说的宗教，虽不拘于佛教，但在杨文会看来，佛教最有可能成为"全球第一等宗教"。因此《佛教振兴策二》进一步提出传教要从印度入手，在世界范围内重兴佛教的主张，反映了他不再拘于国内佛教的振兴，而是具有广阔的世界性眼光，要将佛教推向全球，使之成为"全球第一宗教"。

总之，杨文会创办祇洹精舍时，其目的在于培养造就具有世界眼光的弘法人才，将佛法回传至印度，进而传播至世界。杨文会在《与释氏海书》中明确地表明了这个愿望："今春同志诸君，闻知印度佛法有振兴之机，彼土人士，欲得中华名德，为之提倡。但两地语言文字，难以交通，明道者年既长大，学语维艰。年少者经义未通，徒往无益。遂议建立祇洹精舍，为造就人才之基。用三门教授，一者，佛法；二者，汉文；三者，英文。俟英语纯熟，方能赴印度学梵文，再以佛法传入彼土。"[①] 印顺法师评价杨文会"为佛教人才而兴学，且具有世界眼光者，以杨氏为第一人"[②]。

五　佛学思想略析

杨文会一生致力于刻经刊印以及复兴佛教事业，没有更多撰述长篇大

[①] 杨文会：《与释式海书》，《等不等观杂录》卷五，载《杨仁山居士遗著》九册，金陵刻经处1981年重刊本。

[②] 印顺法师：《太虚大师年谱》，载《妙云集》中编之六，台北正闻出版社1992年版，第38页。

论以阐发其佛学思想,他的许多重要佛学思想和学术观点大多体现在与人书信及为作序、论中,概括起来有两个突出的特点:一是"教宗贤首",重视佛教经论义理的学习,由解起行;二是"行在弥陀",归心于净土,或由经论入手回向净土,或以普度法门专修净土,做到行解相应。

(一) 教宗贤首,推崇《起信论》

从杨文会的佛学因缘上来看,他因《大乘起信论》而入佛教,故对马鸣推崇有加,如其在与人书信酬答中所说:"鄙人初学佛法,私淑莲池、憨山。推而上之,宗贤首、清凉。再溯其源,则宗马鸣、龙树。"① 他认为应根据自己的根器选择修行的方法:"利根上智之士,直下断知解,彻见本源性地,体用全彰,不涉修证,生死涅槃,平等一如。此种根器,唐宋时有之,近世罕见矣。其次者从解路入,先读《大乘起信论》,研究明了,再阅《楞严》、《圆觉》、《楞伽》、《维摩》等经,渐及《金刚》、《法华》、《华严》、《涅槃》诸部,以至《瑜伽》、《智度》等论。然后依解起行,行起解绝,证入一真法界。"② 杨文会一生致力弘扬《大乘起信论》,晚年甚至建立了一个"马鸣"宗,但终究因年老力衰,没能建立完备的理论体系。杨文会认为,众生欲解脱生死烦恼,"殊非深究内典不为功",内典即佛教经论,三藏十二部卷帙浩繁,应该从《大乘起信论》入手,这样"用功省而收效速"。他说:"有马鸣菩萨所作《起信论》,文仅一卷,字仅万言,精微奥妙,贯彻群经。学者苟能熟读深思,如法修行,从十信满心,得六根清净,证入初住,见少分法身。历十住、十行、十回向、十地、等觉、妙觉,彻证满分法身,现圆满报身。以大悲心,起随类用,即现千百亿化身,与十方诸佛,无二无别也。"③ 故而其劝人学佛时必建议先熟读《大乘起信论》,继而悉心研究注疏,则"一切经皆有门径矣"、"于出世之道,思过半矣"。④

---

① 杨文会:《与某君书》,《等不等观杂录》卷六,载《杨仁山居士遗著》第九册,金陵刻经处1981年重刊本。

② 杨文会:《学佛浅说》,《等不等观杂录》卷一,载《杨仁山居士遗著》第七册,金陵刻经处1981年重刊本。

③ 杨文会:《三身义》,《等不等观杂录》卷一,载《杨仁山居士遗著》第七册,金陵刻经处1981年重刊本。

④ 杨文会:《与吕勉夫书》、《与陈大镫书》,《等不等观杂录》卷六,载《杨仁山居士遗著》第九册,金陵刻经处1981年重刊本。

杨文会在佛教教理方面推尊华严学说,他认为华严宗学说可溯源于龙树和马鸣,认为这两位菩萨乃是"释迦遗教中之大导师也。西天东土,教律禅净,莫不宗之"。贤首法藏借《大乘起信论》发挥华严思想对杨文会有很大影响,这也是其对华严宗评价很高的主要原因,他认为《华严经》为经中之王,华严奥义,如日丽中天。① 甚至在研读《法华经》时杨文会也借华严思想来解释义理,如他在读《法华经妙音品》时,以华严"总、别、同、异、成、坏"六相释义:"灵山道场为总相,四圣在会为别相,皆证法华为同相,因果差殊为异相,师资道合为成相,各住自位为坏相。"②

(二) 行持以净土为归

在修证行持方面,杨文会对净土宗推崇备至,认为回向净土,面觐弥陀,方能永断生死,成无上道。杨文会认为净土宗是"圆顿教中之捷径也",既信他力,复尽自力,所以万修万人去。他说:"凡具信心发愿往生者,临命终时,皆仗弥陀接引之力,故能万修万人去也。然往生虽仗他力,而仍不废自力,故以修字勉之。盖生品之高低,见佛之迟速,证道之浅深,受记之先后,皆在自力修行上分别等差。后世有专重自力者,令人疑虑不决,有碍直往之机。又有专重他力者,以致俗缘不舍,空负慈尊之望。二者不可偏废,如车两轮,如鸟两翼,直趋宝所,永脱轮回矣。"③ 杨文会曾并广引经论,证成净土宗之殊胜:"《华严经》末,普贤以十大愿王导归极乐,故净土宗应以普贤为初祖也。厥后马鸣大士造《起信论》,亦以极乐为归。龙树菩萨作《十住》、《智度》等论,指归净土者,不一而足。"④ 由此得出结论:"以念佛明心地,与他宗无异;以念佛生净土,惟此宗独别。"⑤

从杨文会现存著作中也可以看出其研究在净土思想上着力较多:一是编订重刊"净土四经",即大本《无量寿经》、《十六观经》、《阿弥陀

---

① 杨文会:《十宗略说》,载《杨仁山居士遗著》第四册,金陵刻经处1981年重刊本。
② 杨文会:《读法华经妙音品》,《等不等观杂录》卷一,载《杨仁山居士遗著》第七册,金陵刻经处1981年重刊本。
③ 杨文会:《般若波罗蜜多会演说三》,《等不等观杂录》卷一,载《杨仁山居士遗著》第七册,金陵刻经处1981年重刊本。
④ 杨文会:《十宗略说》,载《杨仁山居士遗著》第四册,金陵刻经处1981年重刊本。
⑤ 同上。

经》、《普贤行愿品》合为一集,称为"净土四经"。杨文会认为"世之习净业者,但受此本,无不具足"①。二是建立净土修行方法。杨文会认为:"中人以上,宜以三经一论为津梁:《无量寿经》、《十六观经》、《阿弥陀经》、《往生论》。更以《大乘起信论》为入道之门。通达此论,则《楞严》、《楞伽》、《华严》、《法华》等经,自易明了。盖《弥陀》因地修行,不外此道。往生西方之人,在彼土修行,亦不外此道。是谓师资道合,生品必高也。"②他鼓励专修与杂修的结合,认为:"净土一门,括尽一切法门;一切法门,皆趋净土一门。此是纯杂无碍,利根上智所行之道也。若不如是,恐年久生疲,不见升进,必至退转。"③他认为凡夫习气最重,若令其专念佛名,日久疲懈,心逐境转,往往走入歧途而不自觉④,故而应善巧方便摄受他宗。三是对净土宗思想亦多有新解。如对于弥陀报土,他驳斥阿弥陀佛净土为"凡圣同居土"的说法,并提出自己的见解:"古人以四土释西方极乐世界,复以互相该摄之言通之。仔细参详,似犹未惬。盖佛刹具四土者,不可一概而论。经中每云或有国土纯是菩萨,则下二土自无有矣。今依净土三经所说,一切众生往生彼国者,皆得衣食自然,究竟彻证无上菩提,是往生者虽未证圣,已非凡界。既无凡界,则不可说凡圣同居矣。又二乘种性往生之后,虽证小果,毕竟趋入大乘。是无实声闻,便不可说方便有余矣。统而言之,无非弥陀报土,随往生者根器不同,见彼国土浅深有异。既入弥陀愿海,自业报境全舍,岂有凡界能为牵系耶?"⑤从这些阐述中也可以看出杨文会对弥陀报土的信心。

(三)兼容并包、融通诸宗的思想

杨文会本人虽然"教宗贤首、行在弥陀",然其学术研究范围宽泛,他自称佛学思想"因马鸣而启大乘之机;因莲池而有净土之缘;遵循方山而入华严世界;参祖印可,则景仰高峰",由此可见其涉略之广;杨虽

---

① 杨文会:《重刊净土四经跋》,《等不等观杂录》卷三,载《杨仁山居士遗著》第八册,金陵刻经处1981年重刊本。

② 杨文会:《与李澹缘(息)书一》,《等不等观杂录》卷六,载《杨仁山居士遗著》第九册,金陵刻经处1981年重刊本。

③ 同上。

④ 杨文会:《学佛浅说》,《等不等观杂录》卷一,载《杨仁山居士遗著》第七册,金陵刻经处1981年重刊本。

⑤ 杨文会:《弥陀报土》,《等不等观杂录》卷一,载《杨仁山居士遗著》第七册,金陵刻经处1981年重刊本。

归心于净土，但并未偏执于"万修万人去"的净土法门，而是善巧方便摄受他宗。

对于中国佛教宗派，他提出了"十宗"说，不过这一观点受到后来学者的批评。杨文会作《十宗略说》，将中国汉传佛教分为十宗，即律宗、俱舍宗、成实宗、三论宗、天台宗、华严宗、法相宗、禅宗、密宗和净土宗。他认为："以前之九宗分摄群机，以后之一宗普摄群机。随修何法，皆作净土资粮，则九宗入一宗；生净土后，门门皆得圆证，则一宗入九宗。"①又说："以上各宗，专修一门，皆能证道，但根有利纯，学有浅深，其未出生死者，亟须念佛生西，以防退堕。即登不退者，正好面观弥陀，亲承法印，故以净土终焉。"②可以看出，他的十宗说核心思想依然是"净土一门普摄群机"。

除前文提到的为他推崇的华严、净土二宗外，杨文会对唯识学的研究也极为提倡，认为："（慈恩宗）摄一切教门，立三支比量，摧邪显正，远离依他及遍计执，证入圆成实性，诚末法救弊之良药也。参禅习教之士，苟研究此道而有得焉，自不至颠顶佛性，笼统真如，为法门之大幸矣！"③其弟子亦受其影响。在与桂念祖的信中杨文会劝其专究唯识学："兹有友人，深愿学佛者精通唯识一门，以续千年之坠绪。闻足下向道情殷，愿助赡养之资，每月六元。俾得前来金陵，久住敝宅，专心研究因明、唯识二部。期于彻底通达，为学佛者之楷模，不至颠顶笼统，走入外道而不自觉。实振兴佛法之要门，且于净土道理深为有益。盖庄严净土，总不离唯识变现也。"④后弟子欧阳竟无等更是大兴唯识之学，成果丰硕。

对于其门下弟子，他也是各就所长而引导之，并不拘泥于一宗一门。他的弟子中既有长于华严、三论者，也有法相、密宗的翘楚。杨文会临终虽将金陵刻经处法事托付与弟子欧阳竟无，然后者以唯识为根本，见地大异，认为其师大为推崇的《大乘起信论》为他人托名而作并大加批判："《起信论》出，独帜法坛，支离儱侗之害，千有余年，至今不熄。盖

---

① 杨文会：《十宗略说》，载《杨仁山居士遗著》第四册，金陵刻经处1981年重刊本。
② 同上。
③ 同上。
④ 杨文会：《与桂伯华（念祖）书二》，《等不等观杂录》卷六，载《杨仁山居士遗著》第九册，金陵刻经处1981年重刊本。

《起信》之谬，在立真如门，而不立证智门，违二转依。"① 由此一事，也可以看出杨文会宽容的学术取向、包容的学术立场，从而也开创了门下百花齐放、各宗并茂、人才辈出的局面。

此外，杨文会对儒、道经典也有所涉略，曾注《阴符》、《老子》、《庄子》等书，但都是用佛教教理来诠释。与其他人不同的是，杨文会对儒、道教的看法是"儒道不如佛"，认为儒、道的理论即便与佛理相通，也是菩萨影现，是为救度众生所行的方便。他对各经的梳理考证和用佛教教义来诠释儒、道经典也是他佛学成就的一个重要方面，可见其佛学思想是广博丰富的。

（四）倡居家学佛

杨文会有感于清末之时出家者虽多，学佛者甚少，故平生不劝人出家，唯劝人学佛。在他看来，学佛的目的是了解自己和认识世界，重要的是领悟佛法深义，并能依之实践，自利利他，因而人人可学，人人能成佛，而不一定要出家。杨文会在答居士和弟子的通信中都明确表达了其居士佛教思想：一是认为出家在家对真正学佛的人来说没什么本质区别。在《与廖迪心书》中他以己为例："我于二十六岁学佛，二十七岁丧父，担任家务十余口衣食之资，全仗办公而得。日日办公，日日学佛，未尝懈退。"在他看来办公与学佛并不矛盾，如果非要断绝一切世间俗务方能学修佛法，则佛法就不会深入人心，真正能得到佛法利益的人只会更少；二是认为出家亦有弊端。在与桂伯华书中杨文会直陈：僧人中负有盛名却未真正弄懂佛意，便做人天师表的大有人在，这些人大量收徒，接受供养，却不能真正开导人，不能对徒众心中迷茫对症下药，拜这些人为师不如自己用心体悟。他认为出家人一经投师，必为师所拘，师所学无多，弟子也必然误入歧途。与其为师所拘，不如在家而得自由。② 他的这一观念的形成与清末佛教界衰败之乱象以及自己居士之身学佛经历有直接关系。

不仅对于出家，即便是受持戒律，杨文会也持谨慎态度。在他看来，"戒律一门，受持不易，一受便不能犯"，"与其受而不能持，不如学而能

---

① 欧阳竟无：《杨仁山居士传》，《内学杂著》下，载《欧阳竟无先生内外学》第十二册。
② 杨文会：《与桂伯华书》，《等不等观杂录》卷六，载《杨仁山居士遗著》第九册，金陵刻经处1981年重刊本。

遵也"。① 从中可以看出杨文会居士佛教思想的核心是"学而能遵",而不求身份差别和礼数形式。对于有学佛的居士,他认为是可塑之才的,也无不尽力帮助扶持,门下居士人才辈出。

六 对日本净土真宗的批评

日本净土真宗创始于亲鸾（1173—1262),本为日本净土宗的一个支派,但由于其教义的独特性和组织的独立性,实际上已成为一个独立的教派。杨文会和日本净土真宗的僧人一直有联系,互为经书刊印等事提供便利和帮助,堪称近代中日佛教交流史上的一段佳话。在与日本净土真宗僧人和学者的交往中,杨仁山逐渐了解到日本净土真宗的教义,但他对真宗某些有悖"净土三经"、南辕北辙的净土理论无法认同,似乎到了无法容忍的地步。② 杨文会曾对《真宗教旨》及《选择本愿念佛集》二书加以评语,并撰有《阐教刍言》、《评真宗教旨》、《评一柳读观经眼》、《纯他力论》等文,专门对真宗的相关理论加以驳斥。虽然杨文会并不愿意因辩论引出是非,但对日本净土真宗教义的批斥,也体现出其佛学思想之纯正及其护法之虔诚。他对净土真宗的驳斥可概括为以下几个方面。

第一,认为净土真宗断章取义,违背经意。杨文会认为日本真宗的理论有与净土经论违背处,有断章取义之嫌,有悖净土本义,并直言如违经意则"不得谓之释迦教,即谓之'黑谷教'矣"③。对于真宗所回应的"真宗之教,重在难易之分。其断章取义者,舍其难而取其易也",杨文会断然否定:"西方净土,佛力所成。顺佛意则往生易,违佛意则往生难。若说法不顺经义,则是舍易而就难矣。岂有谤法之人,而能生净土者哉?"④ 对于真宗小栗栖所说的"本宗以第十八愿为真实愿,以十九愿为方便愿。十八愿不许诸行,是为真实;十九愿许诸行,是为方便",杨文会驳斥说:"第十八愿既为真实,佛又何故要说第十九愿之方便,令人舍

---

① 杨文会:《与李息书》,《等不等观杂录》卷六,载《杨仁山居士遗著》第九册,金陵刻经处1981年重刊本。

② 杨文会:《阐教刍言》,《阐教编》,载《杨仁山居士遗著》第十一册,金陵刻经处1981年重刊本。

③ 同上。

④ 同上。

易而行难,既往生而更须转进,方入十八之真实也。若方便易而真实难,佛则令人从易进难,岂有从难进易以为方便乎?总之以立异为高,不立异不足以动人也。"① 小栗栖甚至称"十九愿许诸行,非弥陀本意也",对此杨文会尖锐地指出:"既非本意,何得发此一愿?岂非违心之愿乎?此等判断,实属胆大!有识者决不敢出此语也。"② 对真宗立净土门而舍圣道门的做法,杨亦认为违背净土宗旨:"以净土为入圣道之门,生净土后,则一切圣道,圆修圆证。若在初修时,唱言舍圣道,便是违背净土宗旨矣。净土门以三经一论为依,切须体究经论意旨,方名如来真子也。"③

第二,认为净土真宗颠倒说法。真宗认为往生净土全仗他力,不许稍涉自力;将菩提心及六度等皆判为杂行,悉应废舍。对此杨文会认为完全是"黑谷之私见"、"颠倒说法,至于此极"④,并进一步批驳说:"凡信净土法门者,发愿自度度人,同证佛果,即是菩提心矣。专修念佛,见得世间财物无一可乐,不起悭贪想念,即与施度相应矣;专修念佛,逆境现前,不生嗔恚之心,即与忍度相应矣;专修念佛,心不散乱,即与禅度相应矣;专修念佛,不受世俗愚迷,即与智度相应矣。"⑤

第三,认为净土真宗妄改经文。真宗《选择本愿念佛集》引道绰《安乐集》云:"当今末法,现是五浊恶世,惟有净土一门,可通入路。故《大经》云:'若有众生,纵令一生造恶,临命终时,十念相续,称我名字,若不生者,不取正觉。'"⑥ 杨文会作评指出,经文中并无"纵令一生造恶"六个字。对此,小栗栖《念佛圆通》中说:"余以居士为信道绰,今则以道绰为违道,余不知居士之意在何处?"杨文会回答说:"道绰于愿文内加此六字,开后人放肆之门,不可不辩。岂有刻其书而不检其

---

① 杨文会:《评小栗栖〈阳驳阴资辩〉》,《阐教编》,载《杨仁山居士遗著》第十一册,金陵刻经处1981年重刊本。
② 同上。
③ 杨文会:《评真宗教旨》,《阐教编》,载《杨仁山居士遗著》第十一册,金陵刻经处1981年重刊本。
④ 杨文会:《杂评》,《阐教编》,载《杨仁山居士遗著》第十一册,金陵刻经处1981年重刊本。
⑤ 同上。
⑥ 杨文会:《评选择本愿念佛集》,《阐教编》,《杨仁山居士遗著》第十一册,金陵刻经处1981年重刊本。

过耶？即如南岳《大乘止观》引《起信论》之语，添一'恶'字，莲池已举其错。敝处刻蕅益书甚多，亦时时论其错处，不能为之回护也。"①既然道绰于愿文内加此六字，显然违背经意，那么应遵从道绰还是遵从佛经，两者的差异是显而易见的。所以杨文会坚持"依法不依人"的原则，并不囿于宗派之见，亦不拘泥于祖师之言。

因与日本学僧私交甚深，杨文会对日本真宗有深入研究，对真宗既有学寮讲肆，又开普通学馆，世出世法，兼而习之的做法亦深表赞赏，但对日本真宗的批驳亦不避忌讳，对于真宗学人只树自宗门庭，不顾佛经意旨的辩论深表痛心，显示了杨文会护教心切、护持正法过于身命的悲心宏愿。

七 结语

杨文会生活于清末，正是中国几千年封建社会的末期，国力羸弱，百弊丛生，佛教也日趋式微。随着西学东渐，中国传统知识分子经历了痛苦的精神挣扎，力求在传统中寻求安立之本体。佛教思想显然被赋予了厚望，以杨文会为代表的一批知识分子前仆后继开展的佛教复兴运动，在近代中国思想界和学术界产生了广泛深远的影响，成为近代中国一股不可忽视的社会文化思潮。② 杨文会在《观未来》一文中说道："世间治乱，莫能预知。然自冷眼人观之，则有可以逆料者。且就目前世界论之，支那之衰坏极矣。有志之士，热肠百转，痛其江河日下，不能振兴。然揣度形势，不出百年，必与欧美诸国，并驾齐驱。"③ 杨文会不遗余力振兴佛教的努力代表了百年前佛教徒的兴教强国梦想。

杨文会一生都奉献给了中国佛教的振兴事业，对中国佛教乃至思想界的贡献甚伟，惠及于今：创办金陵刻经处，校刻经典，对挽救佛教重要文献、恢复佛教宗派理论体系、推动佛教研究发挥了重要作用；创办祇洹精舍，探索佛学人才培养模式，对后来佛学院的兴办提供了经验，其弟子欧

---

① 杨文会：《评小栗栖念佛圆通》，《阐教编》，《杨仁山居士遗著》第十一册，金陵刻经处1981年重刊本。
② 楼宇烈：《杨仁山居士小传》，《中国现代学术经典·杨文会、欧阳渐、吕澂卷》，河北教育出版社1996年版。
③ 杨文会：《观未来》，《等不等观杂录》卷一，《杨仁山居士遗著》第七册，金陵刻经处1981年重刊本。

阳渐"支那内学院"的创办以及太虚大师的佛学院教育都深受杨文会之影响；培养扶持佛学人才，为之后佛教的改革及复兴储备了人才；兼容并包的学术立场以及见地深刻的佛教学修思想影响了中国近代一大批政治家、思想家、学者及高僧，特别是佛教方面，杨文会对僧伽制度的论述直接影响了太虚大师僧伽制度改革，净土思想对印光法师亦有影响；积极开展国际交流，丰富了中国汉传佛教的文化内涵，开阔了国际视野，这对后来太虚大师佛教国际化思想亦有影响。尽管杨文会因一生致力于佛教复兴事业而无鸿篇巨制深度阐述其佛教思想，但其与人书信及各类序跋等遗著中，包含了近代中国佛教发展的轨迹和思想信息，亦无损于其作为一个佛教思想家的地位。

第二章 民初及北洋政府时期的佛教政策与佛教的发展(1912—1926)

辛亥革命推翻了清王朝的统治，结束了中国两千多年的封建帝王专制，开启了民主共和新纪元。民主共和的观念从此开始深入人心，国家政体的改变亦深深影响了佛教。在封建帝制时代，帝王"神道设教"，即利用宗教维护其统治，设立僧官制度、度牒制度等诸多管理佛教的制度，将追求出世解脱的佛教牢牢纳入世俗统治之下。虽然中国历史上佛教在辅助国家道德教化、安定社会民心等方面曾经发挥过重要作用，但不可否定的是，在佛教传入中国后的一千九百多年的时间里，由于依附于封建王权而发生了很多扭曲和畸变。进入民国以后，废除了以皇帝为中心的封建专制制度，国家倡导宗教平等和信仰自由的政策，传统社会中以儒家为主体的思想受到了冲击，佛教也面临着新的机遇和挑战。在此新的社会转型时期，佛教界有识之士意识到传统佛教的诸多弊端，即在千百年来的封建帝制时代中佛教蒙染了的诸多尘垢，因此认为必须恢复佛教的本来面目，对佛教制度、寺院经济乃至教理等进行大胆改革，积极参与民国建设，以求适应新的时代。尽管佛教在长期适应封建帝制的过程中形成的思想和制度在短时间内无法完全消除，然而顺应时代思潮，革除佛教自身的诸多弊端，发挥佛教在现实社会中的积极作用，匡扶世道人心，才是中国佛教前进发展的唯一方向。

民国肇兴，革故鼎新，临时政府制定了具有宪法性质的根本大法《中华民国临时约法》，确立了宗教平等与信仰自由的政策，此时，中华佛教总会等佛教组织纷纷涌现，佛教界开始出现《佛学丛报》、《佛教月报》等新式期刊，佛教文化出现了繁荣发展的新局面。袁世凯窃取辛亥革命成果后，反对民主共和，悍然复辟帝制，打压佛教组织，佛教文化的发展由此受到了很大的限制。北洋政府时期相继制定了《寺院管理暂行规则》、《管理寺庙条例》、《修正寺庙管理条例》等法规政策，将佛教事务管理纳入国家法律范围之内，使得宗教权力的保护有了法律的依据，这具有历史的进步意义。但是，由于政府宗教管理机构不完善，宗教政策缺乏连续性，在政策实施及贯彻过程中往往因人而轻易改变，致使佛教只能在艰难的环境下曲折发展，清末以来的庙产兴学并没有根本改变，成为制约佛教发展的重要外部力量。此外，民国初年，民主风气非常浓厚，社会上形形色色的政团组织纷纷涌现。受此时代思潮的影响，佛教界发起组织了佛教会、中华佛教总会等众多的佛教组织，出现了积极高涨的新气象。与此同时，佛教出版物开始涌现，《佛学丛报》、《佛教月报》等新式佛教期刊纷纷出版。1913年，宗仰法师、章太炎等依据日本弘教书院编印的《缩刷藏经》为底本编校而成中国第一部铅印本汉文大藏经《频伽大藏经》，佛教文化逐渐出现了复苏的局面。北洋政府时期，佛教教育得到了前所未有的发展，以月霞和谛闲为代表的传统丛林教育以及以太虚为代表的现代学院教育各具特色，对民国时期佛教人才的培养和佛教的振兴都起到了积极的推动作用。太虚的僧制改革是这一时期佛教界革除传统积弊、适应新的时代的重要探索，对中国佛教的发展具有深远的影响。

第一节　民初南京临时政府的宗教信仰自由政策

一　民国时期的宗教管理机构

民国初期的宗教管理机构主要隶属于内务部。民国元年（1912）1月1日，中华民国临时政府成立以后设立内务部（清末为民政部），受大总统管辖，下设民治、警务、礼教、土木、疆理、卫生六局。其中礼教局主要负责改良旧礼制，拟定新国家礼制和民间礼制。据内务部制定《礼教局章程》，该局设局长一人，接受内务部长命令，有负责全局事务，及监督指挥各员之责任。下设置三科，其中第二科"管理各种宗教及其他类似于宗教约束方法"及"关于淫祠之禁约事项"。[①] 1912年3月10日，袁世凯在北京就任中华民国临时大总统，仍设内务部，与其他各部均属

---

① 《中华民国档案资料汇编》第二辑，江苏人民出版社1981年版，第42—43页。

国务院，下设六个司，其中礼教局改为礼俗司。依照民国元年官制，内务部职掌为：①礼制；②祀典行政；③祠庙；④宗教；⑤褒扬节义，整饬风俗；⑥保存古迹。各司的主官为司长，下设佥事、主事。据内务部官职第九条，"祠庙宗教均归礼俗司职掌"。① 次年礼俗司撤销，并其职于民治司。据1914年公布的《内务部厅司分科章程》规定，民治司设置五科。② 国民党政府时期，内务部改为内政部，复设礼俗司，执掌宗教等事务。

除内务部外，教育部也兼管宗教事务。据《教育部官制》（三年七月十一日教令第九十七号）第一条规定："教育部隶属于大总统，管理教育学艺及历象事务。"第二条规定："教育部置总务厅及左列各司：普通教育司、专门教育司、社会教育司。社会教育司掌事务共八项，其中前三项包括：一、关于通俗教育及演讲会事项；二、关于感化事项；三、关于通俗礼仪事项。"③ 在清末庙产兴学中，由学部负责管理佛教界兴办僧教育及其相关事务，至民国以后，学部改为教育部，负责教育、教化、学术、文化等事务管理，包括佛教中的文化教育事业。1912年5月，时任南京临时政府教育总长的蔡元培曾以教育部的名义提议，拟将内务部负责宗教事务管理的部门礼教司移入教育部。蔡元培指出，宗教是属于国民精神领域的事，占社会教育的大部分，欧洲各国间有将文部称为宗教及教育部的。礼俗所包含的内容多隶属于宗教，二者都属于教育之内容。民国宪法规定信仰自由，政府不应加以干预，"非谓宗教范围以内，举非政令之所及也。"他认为，中国的宗教非常复杂，国民对宗教的观念尤为朦混。"至于礼俗，不今不古，非中非西，尤有不合于共和时代者，使不为之厘订，以与各种教育界之设施互相因应，刚其为教育前途之阻力，势必至巨。"为此，蔡元培认为，将负责宗教事务管理部门的礼俗司置于内务部不妥，建议移入教育部，并提出建议：

>在内务部，本以维持秩序、保障治安为专责。对于礼教一门，

---

① 《内务部礼俗司通行各省公文》，《佛学丛报》第4期，1913年2月，第81页。
② 《内务部厅司分科章程》，1914年8月4日政府公报，见《申报》1914年8月9日。
③ 教育部编：《中华民国教育法规汇编（1919年5月）》第一类"官制"，载沈云龙主编《近代中国史料丛刊》第三编第十一辑，文海出版社1989年版，第4页。

即不立专司，而于其妨治安、破秩序之事，可以警政司干涉之。至改良内容，别择良楷，则虽立专司，而亦无从措手。何则？内务部之权限固如此也。在教育部，则不掌礼教，而教育之业，遂生种种窒碍。业于国务院会议时，提议以礼教事项由内务部移入教育部，经内务部总长、及总理、各部总长赞同。爰请修政内务部及教育部官制条文如左：（一）于内务部官制第一条删"宗教礼俗"四字；而于教育部官制第一条增此四字。（二）于内务部官制第三条删"礼教司"三字，而移其第八条所列各事项于教育部官制之第七条。①

将管理宗教事务的礼教司从内务部移至教育部的建议虽未获通过，但是民国初期乃至整个民国时期有关宗教组织、宗教文化团体和宗教教育等宗教事务，均由教育部部分或全部管理。如民初佛教界组织中华佛教总会时，即由内务部和教育部分别核查批准。又如1935年，内政部和教育部联合成立国民政府时期庙产兴学之风盛行，寺院庙产及兴办教育、组织教会等事务，教育部均参与管理。

南京临时政府时期，还制定了有关民族宗教方面的政策法规，如《关于满蒙回藏各旗待遇之条件》共七项，最后一条规定："满蒙回藏原有之宗教，听其自由信仰。"② 蒙藏等少数民族宗教事务由蒙藏委员会职掌。辛亥革命后中华民国政府废清朝的理藩院，后于1912年4月成立内务部之蒙藏工作处，"此后蒙、藏、回疆等处，自应统筹规划，以谋内政之统一，而冀民族之大同。民国政府于理藩不设专部，俱属内务行政范围。其隶于各部之事，仍归划各部管理"③。7月24日，北洋政府设"蒙藏事务局"，《蒙藏事务局官制》规定，"蒙藏事务局直隶于国务总理，管理蒙藏事务"④，设总裁、副总裁各一人，秘书、参事、佥事、主事、

---

① 《蔡元培全集》第二卷（1910—1916），中华书局1984年版，第167—168页。又见中国第二历史档案馆编《中华民国档案资料汇编》第三辑"教育"，江苏古籍出版社1991年版，第11—12页。
② 《关于满蒙回藏各旗待遇之条件》，《参议院议决案汇编》甲部第一册"庶政案"，北京大学出版社1989年版，第1—3页。
③ 《东方杂志》第8卷12期，1911年6月。
④ 《蒙藏事务局官制》，《东方杂志》第9卷第3期，1912年9月。

执事官等职务，取代清朝的理藩院全权处理边疆事务。1914年袁世凯将蒙藏事务局改为直属大总统府的蒙藏院，地位与各部相同，置总裁、副总裁，直属北洋政府总统府，内置二厅二司，第二司设封叙、宗教、典礼三科。国民政府北伐成功及南京国民政府成立后，于1929年再根据中华民国政府组织法成立"蒙藏委员会"，管理蒙古地方（今蒙古国）、西藏地方及其他各省蒙族、藏族聚居区的行政、宗教及其他各项事务，先直属国民政府，后改为行政院所属部会之一，为中央主管蒙藏政务之最高机关，下设蒙事处、藏事处、蒙藏教育委员会、编译室、调查室等。1925年，九世班禅受封仪式，"段（祺瑞）令执政府礼官处、内务部礼俗司会同蒙藏院共同商酌册封仪式。闻昨日（十七日）下午五时，蒙藏院司长方燕庚、科长王郁襄，与执政府礼官处、内务部礼俗司，已共同会商。大致仿照民国元年袁世凯册封达赖预拟之仪式，略有修正"①。从蒙藏工作处、蒙藏事务局、蒙藏院，乃至蒙藏委员会的设立，可以看出民国时期政府对边疆民族事务尤其是蒙藏宗教事务的重视。

二　孙中山与民初宗教信仰自由政策

民初，虽然西式民主昙花一现，然而民主、平等的观念却已深入人心，在宗教管理方面确定了政教分离和宗教信仰自由的政策，成为近代中国政治的重要方面。辛亥革命胜利后，中华民国临时政府建都于南京，以孙中山为首的革命党人制定了具有宪法性质的根本大法《中华民国临时约法》，于1912年3月11日颁布施行。确立了宗教信仰自由政策。《中华民国临时约法》第五条明确指出"中华民国人民一律平等，无种族、阶级、宗教之区别"，第六、七条也指出"人民有信教之自由"。孙中山亦曾说过："今日之中华民国，乃五族同胞合力造成。国家政体既经改良，不惟五族平等，即宗教亦均平等。"② 1914年5月1日，袁世凯政府公布《中华民国约法》，取代了《中华民国临时约法》，但依然沿用了前者的宗教政策。

---

① 《北京晨报》1925年11月18日。
② 《孙中山全集》第2卷，中华书局1982年版，第477页。

表 2—1　　　《中华民国临时约法》与《中华民国约法》
关于宗教部分内容比较

《中华民国临时约法》	《中华民国约法》
第五条："中华民国人民一律平等，无种族、阶级、宗教之区别。"	第五条："中华民国人民，无种族、阶级、宗教之区别，法律上均为平等。"
第六条第七项："人民有信教之自由。"	第六条第七项："人民于法律范围内，有信教之自由。"

孙中山关于宗教信仰自由的思想主要表现在如下四个方面。

第一，反对封建天命观以及帝王利用宗教神道设教，倡导自由、平等与人权等思想。

孙中山及其革命党人发动的辛亥革命在推翻清王朝的同时，也沉重地打击了中国传统的封建鬼神思想和天命观，否定君权专制制度，使自由、平等的观念深入人心。孙中山曾指出帝制时代"托诸神话鬼语"的欺骗性，反对封建帝王利用宗教神道设教，倡导自由、平等与人权等思想："前此帝制时代，以天下奉一人，皇帝之于国家直视为自己之私产。且谓皇帝为天生者，如天子受命于天，及天睿聪明诸说，皆假此欺人，以证皇帝之至尊无上。其或托诸神话鬼语，坚人民之信仰，中国历史上固多有之。占了帝王地位的人，每每假造天意做他们的保障，说他们所处的特殊地位是天所授予的，人民反对他们便是逆天。无知识的民众，不晓得研究这些话是不是合理，只是盲从附众，为君主去争取权利来反对有知识的人民去讲平等自由。因此赞成革命的学者，便不得不创天赋人权、平等、自由这一说，以打破君权的专制。"① 可以看出，孙中山以资产阶级平等、自由、人权等思想，对传统的宗法思想、鬼神观、天命观进行坚决的抨击，为自己的革命实践奠定了理论基础。

此外，清朝后期，政府未能妥善处理回族伊斯兰教中的新教与老教的教争问题，错误地偏信得到回族及撒拉族社会上层支持的老教，多次禁绝新教传教，镇压新教，故新教视清朝为死敌。孙中山与回教人士谈话时表明民族平等与宗教平等的双重平等原则，是要结束清朝时期对回族新教的

---

① 《孙中山全集》第 9 卷，中华书局 1986 年版，第 285 页。

压制政策，开创民国政府的政教和睦新局面。①

第二，力倡民族平等与宗教平等，主张政教分离原则。

孙中山虽不是佛教徒，但他对佛教的教义和历史亦有一定的了解，本着信仰自由、宗教平等的原则，他对佛教团体的成立、佛教事务的发展持积极态度。著名的革命僧人宗仰（俗姓黄）极为孙中山先生所器重。1901年，宗仰目睹清廷腐败，受孙中山革命思想的启发，组织中华教育会，为第二任会长，兼任《苏报》编辑，宣传革命，启发青年思想。另外，孙中山也受宗仰佛教思想的影响，曾与其共游佛教圣地如镇江金山、南海普陀山，并出资捐助南京栖霞寺的修建等，足见他对佛教的尊重和支持。1912年1月，孙中山先生就任临时大总统，太虚与仁山在南京组织"佛教协进会"，设办事处于毗卢寺内。太虚特往总统府晋见孙中山先生，孙中山令总统府秘书马君武接待，对协进会佛教改革运动表示支持。同年3月，他在给佛教会的复函中赞扬了该会以世界永久和平及众生完全幸福为宗旨，肯定了政教分离的原则。孙中山对伊斯兰教（回教）亦平等对待，他在1912年9月中国回教促进会上力倡五族平等和宗教平等："文受诸君之欢迎，实为抱歉，今日中国得为民国，非文一人之力，乃五大族同胞之力。政体既改良，不惟五族人民平等，即五族宗教亦均平等。宗教为国家不可少之物，贵教在当初地球上为最有力量之宗教，崇拜贵教，信仰贵教之国家亦颇不少。如欧洲、南亚洲、非洲摩洛哥、德兰司法等国，及后，亚非等国之亡，贵教之势力始稍减少，而该国之亡非信宗教之咎，乃政治不良之故也。故虽有极好之宗教，而无所附丽。今我国既改为民国，采共和立宪政党，此为世界最良、最上之政体，贵教宜以宗教之感情联络全国教徒，格外发出一种爱国精神，辅助国家，促政治之进行，并扩充贵教势力，振兴贵教精神，恢复从前贵教势力之状态。"② 孙中山从世界范围内对伊斯兰教信仰给予了肯定，并且鼓励伊斯兰教信徒联络感情，热爱国家，为辅助国家政治建设发挥积极的作用。

关于宗教与政治的关系，孙中山主张政教分离。首先他认为，宗教的道德可补政治之不足，强调"以教补政"："宗教与政治，有连带关系。

---

① 参见刘付婧《民国初期孙中山先生与民族宗教事务》，《广东民族学院学报》（社会科学版）1996年第3期，第48页。

② 《申报》1912年9月22日第2版。

国家政治之进行，全赖宗教以补助其所不及，盖宗教富于道德故也。"①在复佛教会的函中，孙中山强调政教分离的原则，即宗教绝不干预政治，国家应尽力保护宗教。他说："近世各国政教之分甚严，在教徒苦心修持，绝不干预政治，而在国家尽力保护，不稍吝惜。此种美风，最可效法。"②他在广州耶稣教联合会欢迎会上说："我兄弟姊妹，对于教会则为信徒，对于国家，则为国民"，"同负国家之责任，使政治、宗教同达完美之目的"③。1912年4月17日孙中山在上海基督教青年会演讲时也说："愿国政改良，宗教亦渐改良，务使政治与宗教相互提携，中外人民愈相亲睦。仆今在此与诸君相会，更愿诸君同发爱国心，对于民国各尽其应负之责任，有厚望焉云。"④

第三，坚持政教互补原则，反对外国传教者干涉中国内政。

孙中山虽然一生信仰基督宗教，去世时亦以基督宗教的形式举行葬礼，然而他自始至终坚持宗教平等的原则。1912年孙中山于大元帅府，有徐季龙因受基督宗教洗礼，特别热心宣传，准备在帅府开班讲经，孙中山特令制止此事，告诫他，如果要讲经在教会或在任何处所都可以，政府乃全国人民一切宗教信徒乃至不信教者共同之政府，不能为一宗教所私有。徐季龙不明此义，疾声厉色地质问孙中山，难道先生不是基督徒吗？孙中山回答说，孙某为基督徒，大元帅非基督徒也。

孙中山在多个场合发表的演说中反复表明了宗教应为政教和睦、造福人民做出贡献的原则，并肯定宗教在社会文化生活中所起的积极作用。然而，清末以来，在面对外国传教势力对我国宗教的侵略时，软弱的清政府及地方官吏总是百般袒护洋人，打压百姓。庙产兴学之时，实行不平等的宗教政策，对于佛寺、道观和民间祠庙的财产房屋等任意侵占，但是基督宗教则利用不平等条约中的法外治权，干预诉讼，包庇教民，甚至侵夺民产、殴打百姓，激起了极大的民怨，导致在全国各地发生了数百宗教案。孙中山在主持南京政府工作时，即宣布中国自立教会，结束了清政府无力约束外国传教势力的状态，行使独立国家治理宗教事务的政教权力。

---

① 《孙中山全集》第2卷，中华书局1982年版，第477页。

② 《临时大总统孙中山先生覆佛教会函》，《孙中山全集》第2卷，中华书局1982年版，第277页。

③ 《孙中山全集》第2卷，中华书局1982年版，第361页。

④ 王耿雄：《孙中山史事详录 1911—1913》，天津人民出版社1986年版，第286页。

第四，坚决反对蒙藏上层的分裂行为。

1912年11月初，外蒙古的藏传佛教首领哲布尊丹巴与俄国签订《俄蒙协约》，使外蒙受俄国支配。孙中山得知此消息后立即致电北京政府，要其反对《俄蒙协约》："若我坚持，定生死力争，必可转圜。倘稍退让，新疆、藏、满必继去，本部亦难保全，此事关系民国存亡。"1913年1月中旬，孙中山又提出修建"萨臣铁路"，计划"自西藏拉萨首城起，经过木鲁，直达蒙古车臣汗"，"贯通蒙藏"，又由拉萨筑一支线专制政权"并非排满"，"政体虽更，国犹是国"，希望蒙古上层能够识破俄人的勃勃野心，"速举代表来宁，参议政要"。9月，孙中山在北京蒙藏统一政治会、北京五族共和合进会与西北协进会等会议上发表演说，宣传五族共和的建国方针，呼吁"但愿五大民族相爱相亲，如兄如弟，以同赴国家之事"。次年1月下旬，孙中山再次致电北京政府，希望派遣社会知名人士赴外蒙古，开导外蒙古上层，并让绥远城将军等军事人员极力联络内蒙古四十九旗王公，孤立投靠帝俄的哲布尊丹巴，对于西藏的宗教首领达赖喇嘛则主要是从打动人心入手。① 可见，孙中山深知宗教为团结蒙藏民族的重要纽带，并通过对宗教领袖的争取或孤立巧妙改善民族关系、防止分裂。

孙中山生前始终坚持宗教平等的原则，给予佛教界很大的支持，因此，在其生前身后都受到佛教界的爱戴和好评。1912年，孙中山在广州时，广东佛教总会会长铁禅率广大佛教徒于六榕寺召开欢迎大会，孙中山也于此行登上六榕寺花坛一览羊城风貌。同年9月，在北京雍和宫召开的蒙藏统一政治改良会上，孙中山亦受到三百多名喇嘛和数千名佛教徒的热烈欢迎。1925年3月，太虚在中央公园社稷坛开讲《仁王护国般若经》，其间，值孙中山先生逝世，停灵社稷坛。太虚往谒遗体致挽联：但知爱国利民，革命历艰危，屡仆屡兴成大业；大忘悟人觉世，舍身示群众，即空即假入中观。②

所以孙中山的三民主义也得到了佛教界的高度认可。太虚大师提出："要想救水深火热之中国非三民主义不可，三民主义即是救国主义，亦可为救民主义。所以中山先生革命，既不是为自己，亦不是为少数人，是为

---

① 参见刘付婧《民国初期孙中山先生与民族宗教事务》，《广东民族学院学报》（社会科学版）1996年第3期，第47页。
② 参见陈金龙《孙中山与佛教》，《安徽史学》2005年第2期，第65页。

救全社会、全民族、全人类。"他倡言："以民族主义发扬固有文化而达到国际自由平等；以民权主义造成现代国家而达到政治自由平等；以民生主义采用社会主义而达到经济自由平等。"① 太虚甚至认为，中国国民对于三民主义多半不甚了解，对于佛法却有几分认识，故欲实行三民主义，若借佛法为他的先锋，庶能解除一切隔碍和误会，达到中国在经济上、政治上、国际上的自由平等的目的。可见，佛教界已从理论上将孙中山的三民主义与佛教精神高度结合，并以佛教教义将三民主义解释为利益众生、造福社会的大乘精神。

三 民初佛教界关于中华民国与佛教关系之探讨

清末以来，中国佛教在中国思想阶层中的影响力，以及在社会民众中扎根的顽强生命力，使得佛教思想成为近代社会改革与革命的思想武器。如章太炎从佛教的缘起性空、种姓平等和众生平等思想出发，反对满汉不平等。推崇佛教的大无畏精神和菩萨的慈悲济世思想，尤其是从地藏王菩萨"地狱不空，誓不成佛；众生度尽，方证菩提"的大愿，认为只有佛教才能在普度众生中做到"头目脑髓，都可施舍于人"的自我牺牲精神，才能"以勇猛无畏治怯懦心，以头陀行治浮华心，以惟我独尊治猬贱心，以力戒诳语治诈伪心"。梁启超在《论佛教与群治的关系》中也认为："舍己救人之大业，唯佛教足以当之。"他提出佛教有六大特点，即"佛教之信仰乃智信而非迷信"、"乃兼善而非独善"、"乃入世而非厌世"、"乃无量而非有限"、"乃平等而非差别"、"乃自力而非他力"。"信仰必根于宗教，宗教非文明之极则也。虽然，今日之世界，其去完全文明尚下数十级，于是乎宗教遂为天地间不可少之一物。"不同意"教育可以代宗教"，也不主张以儒教代替宗教，"吾以孔教者，教育之教也，非宗教之教也，其为教也，主于实行，不主于信仰，故在文明时代之效或稍多，而在野蛮时代之效或反少"。佛教之中，如宗仰法师、栖云法师等诸多僧人直接投身推翻封建统治的革命运动。佛教界不少深具名望的高僧也积极倡导革命，如太虚大师曾提出"由君宪而国民革命，而社会革命"等观点，这在当时对辛亥革命产生了积极的推动作用。

---

① 太虚：《以为众生的佛法作为民的三民主义之先锋》，《现代佛教》第5卷第1期，1932年2月。

关于中华民国与佛教的关系，这是民国肇建佛教僧人居士所关心和讨论的热门话题，概而言之，主要包括四个方面的内容。

第一，佛教在民国中的地位与影响。

沧江《论佛教与国民之关系》认为："中国之程度以佛教为最逗机"、"佛教之事理以中国为究竟"，前者的理由有二：一佛教为唯心之教，二佛教是平等之教；后者的理由亦有二：一佛教中的大乘只有中国传之，二佛教中的宗派只有中国开创。① 濮一乘在《中华民国之佛教观》一文中认为，佛教虽然产生于印度，而于中国"始极其盛"："佛教者，中华民国唯一之国粹也，中华民国特别之学术也，中华民国无上之灵魂也。"濮一乘以中国人口最多的五大民族为例分析了中华民国民众的信仰情况，其中蒙族、藏族全部信仰佛教，满族中未入关者全部信仰佛教，已入关者半数信仰佛教，只有回族"全数非信仰佛教"。就汉族而言，男子则除笃守程朱者、素无宗教知识者、道士及天主、耶稣教徒外，其余全数信仰佛教；女子亦同，而较男子为多。由此他说："统是以观，则佛教信徒多或全国十分之八九，少亦全国十分之六七焉。"② 对此，太虚曾经有过评论，他认为："若论信仰徒乎，笃守程朱者亦多能信佛，道士亦多信佛，耶稣天主教徒亦多信佛；濮君所谓十有八九，可为定数。"③

第二，佛教在道德教化方面的积极作用。

1913年2月，《佛学丛报》第4期出版，乌目山僧（宗仰）发表《论尊崇佛教为今日增进国民道德之切要》一文，强调"为挽救真道德计，则信用佛教，实唯一不二之方针，起死回生之要药"，否则，"空谈教育，强用法律，虽云治本，无补于标，标不立矣，本于何有"？又认为佛教之教理和戒律对上智和下愚均能摄化："故佛学之理，使上智精研而无穷；佛之戒律，使下愚警觉而易入。世间出世，彻上彻下，义极圆满。"最后又从宗教的演变认为无神论的佛教思想与共和政体的精神是一致的。"大概教分三个时期，一为多神教，二为一神教，三为无神教。亦如政体之分三项：一是贵族政体，二为君

---

① 沧江：《论佛教与国民之关系》，《佛学丛报》第1期，1912年10月。
② 濮一乘：《中华民国之佛教观》，《佛学丛报》第1期，1912年10月。
③ 太虚：《整理僧伽制度论》，载《太虚大师全书》第32册，台北善导寺1980年印本，第17页。

主政体，三乃共和政体。"① 圆瑛从宗教感化人心、改良风俗、辅助教育的角度论述了佛教与民国之关系，认为："世界宗教之发达，即国家共和之进步。共和基础在乎教育，国家教育未能普及之处，必藉宗教以扶助之。宗教可以感化人心，改良风俗，增进国民共和程度。……在会诸君，既抱共和思想，应存佛教观念，庶政教并行，早达平等自由之目的。推究平等自由之理，本来倡自佛家。经云：'心佛众生，是三无差别'，'是法平等，无有高下'，只缘一切众生无明障蔽，不达平等真如之理性，妄生分别。"② 慧定甚至主张将佛教定为国教："请将佛教与中国之关系，并比较各教与中国之关系，详为解说。……今欲救中国必自救人心始，欲救人心当自提倡宗教始，宗教以佛教为最宜。"③ 民国初年，佛教会首倡政教分离，得时任临时大总统孙中山先生之赞同，后为全国性佛教组织中华佛教总会等所继承，影响甚巨。慧定所言，欲倡导佛教为国教，当属佛教界部分人的主张，从其主张看，主要还是强调发挥佛教在拯救社会人心方面的积极作用。

第三，佛教精神与民国平等、共和精神相契合。

圆瑛在《政教合辙》一文中说："佛教大乘之理，几湮没于世间。今民国抱平等之主义，定共和之政体，使大乘宗风，得以普扇大千世界。何幸如之！……既破人见，亦泯人我之情尽，不独表面共和，即人人心性皆已契合中道，是世界不期共和而自成共和矣。余自十九弃儒学佛，阅十六寒暑，于平等共和之佛理，尝潜心研味，窃愿世间众生，早达二者之目的。不意朝廷专制推倒之后，即能一跃共和，布无为至化于宇内，拯亿万生民于涂炭，传海内同胞，共享无穷幸福，揆之我佛教旨，若合符节，斯诚政教合辙而并进之端也。"④ 太虚《无神论》中甚至自信地认为："共和政体，选贤任能之政体也。今世界大势，已骎骎趋向于共和，宗教而与之同时进化，亦必起宗教界之大革命，创多数之新宗教，与旧宗教相剧战，尽推翻一神、多神之宗教，而公择一最哲最圣、如某君所谓与道德学

---

① 乌目山僧：《论尊崇佛教为今日增进国民道德之切要》，《佛学丛报》第 4 期，第 11—14 页，1913 年 2 月。
② 圆瑛：《佛教与民国之关系》，《佛教月报》第 2 期，1913 年，第 483 页。
③ 慧定：《论今日救中国当自提倡佛教为国教始》，《佛教月报》第 2 期，1913 年，第 308—312 页。
④ 圆瑛：《政教合辙》，《佛教月报》第 1 期，1913 年，第 3—4 页。

理合为一物者之宗教而共奉之。由之愈演愈进，世界底于大同，则政治既归政治，宗教亦复无教，即无神之佛教亦于以得兔忘蹄、得鱼忘筌，而不复存其名词矣。"①

民主、自由、平等、共和的精神与佛教的思想是一致的，这几乎是民初佛教界的共识。慈航曾论佛教与民国的关系说："民国立，与神治、天治迥然不同。孙中山先生以《三民主义》，创立民国，而《三民主义》则具有自由、平等、博爱三义。然而中国非不自由，实过于自由；以过于自由故，遂造成越轨行为与自私自利，其误在未能达到普遍合法之真自由。欲达到此目的，必须放弃个人自由，以求众人之自由；牺牲家族之自由，以求社会之自由；牺牲宗族之自由，以求国家之自由。人民既自由矣，进而言平等。神治、天治时代，唯神与天为无上权威，神与天之下，人民不足与言平等；今言民治制度，已无无上权威之可言，万民地位出发点，均以平等精神为依归。博爱精神在乎个人，能推爱己之心，以及于人。故民国的精神，在人民要以觉悟的本性觉悟起来，才有真自由、真平等、真博爱，是与佛教之'众生皆有佛性，皆能成佛'之平等精神同。主义既同，则佛教与民国的精神，固相吻合。民国之自由在精神，佛教视色身世法为缘生，唯心为自由，二者亦同。民国之博爱主义，与佛教之慈悲为本，二者尤同。故佛教与民国之关系，可以两相契合而不相离。"②

第四，佛教当变革以适应新的时代。

太虚曾论及佛教在民国新时代的作用，强调佛教应当适应时代以求变通："故斯时也，乃中国学术史上最衰之时代，亦中国学术史上最盛之时代。宋、明之际，已具如前论；庸可以僧界局方外拘哉！其以僧界局方外拘者，皆取形式而不取精神者耳。然今日之中华民国既度入世界时代，政教学术无一不变，佛教固非变不足以通矣。宋、明之际一变而儒学益以明，佛学益以通；今能乘世界之思潮再一变之，古今东西之政教学术，皆将因之而愈明！全球慧日，于是乎为不僭耳。"③ 文希于中华佛教总会会刊《佛教月报》发刊词中亦称："释尊灭后二千九百余年，而后有新共和

---

① 太虚：《无神论》，《佛教月报》第2期，1913年，第293—308页。
② 慈航：《菩提心影》，载弥勒内院编《慈航大师全集》第六册，台北大乘精社印经会1997年版，第122—123页。
③ 太虚：《佛教史略》，载《太虚大师全书》第32册，台北善导寺1980年印本，第916页。

之中国发现世界，适当我释尊末法之末世纪。……我中国汉唐以来，衣钵相承之正教非不昌明而不能竞存于异学争鸣之一日也。知政体之不得不因时而改革，即知宗教亦不得不因时而转移。穷则变，变则通，世出世间有断然也。……必谓古不如今，今不逮古，是皆非所以能大雄而传法乳者，吾深愿今而后吾各界同胞孤行独诣，继往开来，继甚深之微言，续将绝之慧命。"①

近代以来，随着社会急剧转型，革命新潮流遍及中国各个领域，变化之巨为千百年来所未有。中国佛教受此时代环境以及社会思潮的影响，亦勃然而兴起了革故鼎新的新局面。而在这一巨大的社会变革中不断革新探索，为适应时代需要而逐渐兴起和完善的现代佛教组织即是民国时期极具时代特色的新现象。

第二节 民国初期的佛教组织

近代以来，受到世界大环境以及新潮思想的影响，中国社会勃然兴起了革故鼎新的新局面，此时期社会急剧转型，革命新潮流遍及全国各个领域，气势之大前所未有。中国佛教在这样的社会转型中不断革新探索，为了适应新时代的需要亟须建立完善的现代组织体系。近代日本人水野梅晓所著《支那佛教的现状》描述："中国自古以来就特别重视自我修养，故适合于现代式的教团几乎很难找到，因而与教化事业同步发展的社会事业也几乎看不到。"② 说明了近代中国佛教关于教团组织的现状。民国肇始，百废待兴，推翻了腐朽的清朝封建专制，中国佛教迎来了新生，"教团与经营社会事业的机遇来临，对中国佛教而言，可谓是空前的大事"③！伴随近代复兴中国佛教、改革中国佛教现状的呼声，中国佛教徒之有识之士披荆斩棘、前仆后继组建了一批佛教组织以团结、组织全国佛教力量，保护寺产，维护佛教权益，力图摆脱以往各佛教寺院孤立散漫的状况。此时组建的中国佛教组织既有太虚大师所倡建之中国佛教协进会、中华佛教联合会、维持佛教同盟会、世界佛教联合会、中国佛学会，八指头陀寄禅法

---

① 亚髡（文希）：《发刊辞》，《佛教月报》第1期，1913年，第1页。
② ［日］水野梅晓：《支那佛教の现状に就て》，支那时报社1926年版，第36页。
③ 同上。

师创建之中华佛教总会,欧阳竟无创建之佛教会、支那内学院,圆瑛法师创建之中国佛教会,谢无量发起之佛教大同会,也有觉社、佛教弘誓会、中央佛教公会、北京佛教会、佛化新青年会、龙华佛学会、蒙汉佛教联合会等组织体系。

1912年南京临时政府初期,政府对僧尼寺院的管理较为宽松和民主,此时组建的佛教组织有太虚大师所倡建之中国佛教协进会、佛教弘誓会与维持佛教同盟会;李证刚、欧阳渐等社会名流、佛教居士创建的佛教会;八指头陀寄禅法师联合全国寺僧创建的中华佛教总会;以及诚修法师、云升法师等组建的中央佛教公会,谢无量发起之佛教大同会等众多佛教组织。

至袁世凯上台以后,逐步推行独裁专制政策,对于各种社团组织的发展多有限制和蚕食,佛教组织受到严重打击,多数佛教组织很快解散,唯有中华佛教总会勉强维持。到民国四年(1915),袁氏称帝,全国政治混乱,佛教总会遂完全停止进行。袁氏失败后,虽有僧人持此招牌试图组织活动,但并未得到佛教界其他僧人的支持,遂失去了全国性佛教组织的性质,最终遭到了段祺瑞政府的取缔。故自民国五年至民国十八年(1916—1929),全国佛教僧伽无统一的机关团体。但此时期中华佛教总会虽停止运行,而各省佛教僧伽为了保护寺产,俟机与地方当局接近,独立组织省佛教会或省佛教联合会,借以护教保产。

北洋政府时期,政府虽承袭《临时约法》之"人民有信教之自由"等条文,也颁布了相关寺院管理条例,但是整体来看条例存在诸多漏洞,且难以具体实施。此时期兴建的佛教组织主要有太虚大师创建之觉社、世界佛教联合会(1923)、中华佛教联合会(1925);欧阳渐创建之支那内学院;以及佛化新青年会等。此外,还有龙华佛学会、蒙汉佛教联合会等组织体系。1925年7月1日,中华民国国民政府在广州成立,政局的稳固为佛教组织的健康成长提供了先决条件,此时期的佛教政策相对来说较为宽容、民主,加之当时内忧外患的国际情势,佛教的社会价值得到了突出的体现,此后成立的中国佛学会与中国佛教会,对于民国时期的中国佛教有序发展、兴办公益事业以及积极参与抗战做出了积极的贡献。

总体来看,民国期间的佛教政策是政府与佛教在不断碰撞和调适中发展的结果,尤其是民国初期政府制定佛教政策的种种缺陷以及两次"庙产兴学"对于佛教的发展起到了一定的冲击作用。但是从另一个方面看，这也刺激了近代佛教逐渐适应现代化的发展趋势，至1924年太虚大师提倡组织中华佛教联合会，发布宣言、制定简章，中国佛教由此渐趋兴盛，佛教组织也逐渐整合、系统化，客观上增强了佛教话语权。

一 佛教协进会与近代佛教改革之新声

民国建立初期，在推翻腐朽专制的封建王朝的同时，社会各项事业百废待兴，加之"三民主义"等近代思潮的影响，此时期的宗教政策较为宽容、民主，在此期间多有佛教团体涌现，是为中国佛教建立组织体系的最早尝试，为后来中国佛教组织团体的建设奠定了基础。太虚法师等促成的佛教协进会拉开了近代佛教改革之先声。

1912年1月，太虚大师与当时江苏僧师范学校学僧仁山一同起草了佛教协进会《宣言》和《章程》，设立筹备处于南京毗卢寺，创建了轰动一时的佛教协进会。太虚大师拜见孙中山临时大总统，报告了佛教协进会的计划，得到了孙中山的赞许，并且指定秘书马君武与太虚大师具体接谈，由此获得了政府的赞可。

仁山（1887—1951），号天晴，江苏金坛人，俗姓顾，清光绪十三年（1887）出生。幼读诗书，14岁应县试而拔置榜首，得到了同乡安徽布政使、后擢升安徽巡抚冯梦华的赏识，召其于安庆藩署，并留署中科读，后赴镇江金山观音阁，依西来老和尚出家为僧。1905年于南京宝华山受具足戒，尔后相继在扬州普通僧学堂、祗洹精舍、南京僧师范学堂接受现代佛学教育。仁山既是一个封建末世的文人，又是一个有政治背景，且受过新文化熏陶的僧人，其观念、见识与志向绝非一般僧徒所能企及。

1912年2月，太虚大师履行仁山提议佛教协进会成立大会在金山寺召开的诺言，与仁山法师等于江苏镇江金山寺召开佛教协进会成立大会，被推举为主席，与会宣读了《佛教协进会章程》，并说明了佛教协进会的宗旨。仁山法师随即演讲后，扬州僧人寂山登台，以老和尚教训小和尚的态度对年轻的仁山法师加以严厉的驳斥，引起了仁山的极度愤慨。仁山再次登台历数以扬州僧人寂山、金山寺退居住持青权、住持融通、监院荫屏、知客霜亭为首的金山寺保守派在寺内的专制行为，甚至提出了以金山寺兴办学堂，全部寺产充当学费的建议。"来宾大为鼓掌，寂山向僧众高声呼打，群众骚动"①，幸而各界赴会代表及时加以排解和制止，方使得成立大会草草完成。

会后太虚大师返回南京策划全国协进会，仁山等继续留住金山寺划定会所房屋，入库清点账簿，向禅堂宣布办学，此等举措严重侵害了保守僧人的利益。辛亥年腊月二十，金山寺知客霜亭带领数十工役深夜闯进仁山及其徒众聚集之所殴打仁山等众僧，导致佛教协进会陷入停顿。随后此事经法院判决，以霜亭、青权等为首的五六人被判处为期数年或者数月不等的徒刑，直到南北统一，政府颁布大赦令，青权等仍回金山寺官复原职，轰动一时的佛教协进会运动宣告结束。而在"金山事件"后不久，寄禅法师就邀请太虚大师将协进会并入即将成立的中华佛教总会，并且请太虚大师担任会刊《佛教月报》的编辑。

"大闹金山"事件在当时佛教界引起了很大的轰动。金山寺是清末禅宗的第一丛林，是各地方丈大和尚的摇篮，这座中国最为传统的寺院首先揭开近代佛教改革的序幕有其深刻的原因。首先，近代金山寺僧人众多，是最早接触近代革命改革风潮的寺院之一，协进会成立大会"开会时到二三百僧众，而各界来宾亦到三四百人，以镇江社会党员占多数"②，《新编金山志》中也记载："辛亥武汉起事，天下大谈革命，金山僧侣组织社会党者，在山寺中便宜行事，寺产几为之破。"③ 从中当可见金山寺改革受到了当时革命新潮流的影响，仁山法师等新僧与保守派寺僧之间的冲突由来已久。

再者，对于此事，太虚大师指出了其中的个人原因。仁山所领导的僧师范学校同学们以前在学校时，就曾与扬州、镇江诸山长老发生过很大的摩擦，而"仁山剃度于金山寺房头观音阁，房头僧时受寺僧凌压。仁山在学堂时，亦因以受其排挤"④。另外，仁山等筹备协进会工作"实际行动太轻率散漫"都是造成失败的原因之一。后来太虚大师参加寄禅法师创办之中华佛教总会时，寄禅法师针对此事且提出了"多愤新进之莽撞"

---

① 印顺：《太虚大师年谱》，载《印顺法师全集》第6卷，中华书局2009年版，第33页。
② 太虚：《太虚自传》，载《太虚大师全书》第31册，台北善导寺1980年印本，第186页。
③ 慈舟主编：《新编金山志》卷二，"印开传"，广陵古籍刻印社1993年版，第56页。
④ 印顺：《太虚大师年谱》，载《印顺法师全集》第6卷，中华书局2009年版，第34页。

的批评。

佛教协进会的失败表面上是因为青年僧人的鲁莽和激进,太虚大师在自传中也称他是做"理论的向导",金山寺改革失败是因为仁山等的行动太轻率散乱,但此事与太虚大师却有着莫大的关联。太虚弟子印顺法师认为"金山兴学,固出自仁山主谋;而大师当时,实以革命手段出之者",并根据太虚在1913年夏《佛教月报》创刊号中所说的"夫固有以霹雳一声,震醒大多数人之耳目,复为大多数人所嫉视,而退居反动之地位……则佛教协进会是也",以及《中兴佛教寄禅安和尚传》中所说"余愤僧众之萎靡顽陋,拟用金刚怒目、霹雳轰顶之精神,摇撼而惊觉之,与十数同志,创佛教协进会于金山"等记载认为:"此金刚怒目与霹雳轰顶之精神,安得谓之和平!"① 印顺法师的分析是极为精辟的,改革失败的主要原因并非单纯的青年僧人鲁莽和激进,与太虚大师所提倡之"三种革命"侵害保守僧人的切实利益,难以短时间为之所接受是密不可分的。

释东初法师分析此次事件说,仁山、太虚改革佛教的失败,绝不是因霜亭等少数人殴打仁山的关系。即使没有这等事件的发生,改革金山寺也不见得就会顺利。"因为问题的重心在反对改革佛教的人,不仅霜亭等少数人,也不仅金山寺一家,镇江、扬州、常州、南京、浙江、安徽、湖南、湖北等佛教寺院,多属保守分子,都不赞成佛教改革。"② 东初法师的分析与印顺法师的分析是一致的,"大闹金山寺"事件表面上是仁山、太虚与金山寺的霜亭等之间的矛盾,实际上更深层的原因则是仁山、太虚所代表的佛教革新派与保守派之间存在不可调和的矛盾。

鉴于近代佛教的腐朽,多有佛教有识之士提倡改革,太虚法师更是提出了"三大革命"以复兴中国佛教,即教理的革命、教制的革命和教产的革命,太虚认为,今后佛教应多注意现生的问题,不应专向死后的问题上探讨。对于三大革命,太虚解释说:"第一,佛教的教理,是应该有适合现阶段思潮底新形态,不能执死方以医变症。第二,是关于佛教的组织,尤其是僧制应须改善。第三,是关于佛教的寺院财产,要使成为十方僧众公有——十方僧物,打破剃派、法派继承遗产的私有私占恶习,以为

---

① 印顺:《太虚大师年谱》,载《印顺法师全集》第6卷,中华书局2009年版,第34页。
② 东初:《中国佛教近代史》上册,台北东初出版社1984年版,第96页。

供养有德长老,培育青年僧材,及兴办佛教各种教务之用。"① "三大革命"的口号一经提出,即遭到濮一乘主编的《佛学丛报》严厉批评,称其为"妄人之邪说"、"未免肆无忌惮",对学理革命批评尤甚,说"窃恐非自命新佛之提婆达多从地狱复起不可"②。但毕竟"冰冻三尺,非一日之寒",改革势必会冲击传统的观念,并侵害到保守的僧众的权益,金山寺改革命途多舛、以失败而告终尚在意料之内。

太虚大师后来回忆此事件说:"南京临时政府初成立,笔者与释仁山等先于南京及镇江,有教协进会之设,以教理、僧制、寺产三种革命为号召,曾引起极强烈之保守与改进的斗争,后因寄老及亚髡之调解,协进会自动解散,共同加入于中华佛教总会,由笔者任《佛教月报》编辑,从此中国佛教会乃并含一种改革僧寺制度之因素。"③ 大师的自我回忆一方面说明了佛教协进会的最终归宿,另一方面也暗示了大师所倡导之"三大革命"第一次实践即宣告失败的原因。

金山兴学,创办佛教协进会固然出自仁山主谋,而太虚大师实则以其"三大种革命"作为实践之指导,是其近代改革佛教之"三大革命"的第一次尝试,尽管以失败告终,但却产生了巨大的反响,成为近代中国佛教改革之肇始,为佛教适应新的时代发展积累了宝贵经验。太虚自言:"我的佛教革命名声,从此被传开,受着人们的尊敬,或惊惧、或厌恶、或怜惜。"④ 太虚由此开始成为近代僧青年的领袖、佛教革命的导师,成为民国时期佛教改革力量的领导者。

二 佛教会首倡政教分离之原则

民国初年,百废待兴,除了太虚大师所领导的佛教协进会以外,还有很多佛教组织于此时勃然而兴,而其发展状况却又都以失败而告终。1912年3月12日,杨文会诸弟子李证刚(李翊灼)、桂伯华(桂念祖)、欧阳竟无、蒯寿枢、孙毓筠、张世畸、陈方恪、濮一乘、黎养正(黎端甫)、

---

① 太虚:《我的佛教改进运动略史》,载《太虚大师全书》第31册,台北善导寺1980年印本,第72页。
② 《寄禅上人追悼会纪事》,《佛学丛报》第4期,第93页,1913年2月。
③ 太虚:《我的佛教改进运动略史》,载《太虚大师全书》第31册,台北善导寺1980年印本,第72—73页。
④ 印顺:《太虚大师年谱》,载《印顺法师全集》第六卷,中华书局2009年版,第33页。

邱之恒十人发起组织了佛教会，并撰文《佛教会发趣文》、《佛教会大纲》、《佛教会要求民国政府承认条件》等呈交孙中山临时大总统，并得到了孙中山的面允。孙中山复函赞扬该会"以求世界永久和平及众生完全之幸福为宗旨"①，将《佛教会大纲》交教育部存案，令准予立案。

李证刚等众居士发起之佛教会在高度赞扬民主共和、批判封建专制的同时，首次创新性地提出了"政教分离之说"，该会在《致孙大总统公函》中说："窃维政教并进，世界有完全之和平；政教分离，人类免无穷之纷乱。……今日世界大势趋向共和，政教两方各宜自谋独立之法，必使享相成之利益，泯相侵之弊害，则世界和平庶得维持永远。"② 在《佛教会发趣文》中亦称："政教两端，双峰对峙，合之则相损，离之则相成。"③ 孙中山在回复佛教会函中，对于政教分离思想予以赞同："近世各国政教之分甚严，在教徒苦心修持，绝不干预治政；而在国家尽力保护，不稍吝惜。此种美风，最可效法。"④ 此后，政教分离成为民国时期佛教与国家政治关系的基本原则，对于宗教政策、宗教组织建设等都具有深远影响。民初政教分离原则的提出，最重要的原因是民国共和政体的建立，结束了中国数千年的帝王专制制度，佛教界也力图摆脱封建帝王时代对于佛教的钳制和束缚，希望政府不要干预佛教界自身的事务，使得佛教能够按其本来精神得到重振和发展。

晚清至民初以来，中国佛教僧才凋零，大多限于法事仪轨，甚少有通达佛教哲学义理之僧众。而此时对于佛教义理哲学的研究大多集中在了一批近代著名居士身上，他们兼容并包，在深入研习佛教义理哲学的同时，吸收西方学术研究方法，对于近代佛教的义学发展做出了突出的贡献。其中佛教会的成员主要为居士学者和社会名流，李证刚（李翊灼，1881—1952），江西临川人，早年从杨文会学佛学，与欧阳竟无、桂伯华并称"江西三杰"，1924年6月，代表江西佛教界出席太虚大师在庐山大林寺主持召开的首次国际佛教徒会议，是出席会议的十余名中国代表之一，曾先后执教于东北大学、清华大学、中央大学，主要代表作有《西藏佛教

---

① 《临时大总统孙中山先生覆佛教会函》，《佛学丛报》第2期，1912年。
② 《佛教会致孙大总统函》，《佛学丛报》第2期，1912年11月。
③ 《佛教会发趣文》，载黄彦、李伯新选编《孙中山藏档选编——辛亥革命前后》，中华书局1986年版，第374页。
④ 《临时大总统孙中山先生覆佛教会函》，《佛学丛报》第2期，1912年。

略史》、《印度佛教史》、《劝发菩提心论》、《心经密义述》、《金刚经义疏辑要》等。

佛教会发起者以居士为主，尽管深谙佛教义学理论，撰文严谨，佛学功底深厚，但其组织体系未能完备，缺乏社会基础。以寺院与僧人为代表的更广泛的佛教基础则未被纳入其中，为其失败埋下了伏笔。《佛教会发趣文》是佛教会致函孙中山，说明发起成立佛教会旨趣，争取立案的文书，其内容主要由"世界肇祸之由致"、"自由平等之真相"、"佛教趣入之平易"、"佛教进行之方轨"这"四事"组成。"世界肇祸之由致"是从世界形势、国家政治和社会人心等论及世界隐伏之祸。"自由平等之真相"则以佛法料简诸家所述自由平等之观念，认为自由平等是"真相所存，无逾佛教。因乎菩提，体乎大悲，用乎方便"。这也就是佛教经典《大日经》中所说的"菩提心为因，大悲为根本，方便为究竟"的具体运用。最终总结说："心平，世界自平；心等，世界自等。""佛教趣入之平易"论述了对佛教理解中的"迷信"、"迂阔"和"深远"等误区，阐述佛教趣入之无难。"佛教进行之方轨"则包括"内类出世间业"和"外类世间业"，即从佛教自身和社会传播两个方面对佛教的发展进行规划。依出世间业，分为演教门（包括研究、传布、讲演三事）和宣律门（包括律仪和忏摩二事）；依世间业，分立救济门、劝善门和化恶门。又对佛教事业的施行和佛教会的规划梗概进行规划，详细内容与《佛教会大纲》等其他文件一致。

《佛教会大纲》作为中国佛教第一个完整的佛教组织章程，对于佛教研究和弘扬，以及佛教参与社会事业都有详尽的规划。佛教会"大纲"，内容详密，包罗广泛，囊括了佛教的方方面面。"大纲"整个体系的制定，是按照学术的分类与佛教实践的特点而进行的，这说明制定"大纲"的人稔熟整个佛学，具有相当深入的佛学基础，充分考虑到佛教不同时期理论与教派的特点，同时又把不同的实践方法分类罗列出来，并且没有采纳传统的佛学理论的体系，可见这是在西方学术研究成果影响下而出现的一部具有现代意义的"佛学大纲"。在"大纲"里面还对佛教会的组织形式与人员的分配，以及工作人员的任期等都做了详尽的规定，其中尤其注意突出民主化的管理，强调少数服从多数的民主原则和监察的管理，这些都是借助了西方民主政治的模式，又表现了佛教界与时俱进、努力跟上形势的思想趋向。

《佛教会大纲》内容设计详密，在解释佛教会的名义时提出，欲集合佛教僧俗四众弟子共力策进弘法和利生事业，会通知见，真实行持，依佛本怀而扬本怀。佛教会的宗旨是以弘通佛教，提振戒乘，融摄世间、出世间一切善法，甄择进行以求世界永久之平和及众生完全之幸福。佛教会的事业分为世间业和出世间业两种，出世间业又融摄演教门和宣律门两个方面，对佛教的研究、传布、讲演，以及律仪、忏摩等方面进行了具体的规定；而世间业又涵盖了振饥、援溺、治病、保赤、救灾、济贫、扶困、利便等各个方面。

除了《发趣文》和《大纲》，佛教会为保护佛教计，另作《要求民国政府承认条件》一文对民国政府提出了一定的要求。《要求》共分四款，第一款主要内容包括佛教会有昌明促进共和的任务，以及国民政府应酬以完全保护的利益，第一条佛教会担任的说教、教育和慈善等义务与《佛教会大纲》等同，其余内容均为要求政府承认及保护佛教会之利益。例如第一款第二条列举了"国民政府应酬予佛教会之利益"：

甲、民国政府应承认佛教会为完全自在之教育；

乙、民国政府对于佛教会有完全保护之责任；

丙、佛教会所享民国政府保护之普通利益特别利益应与各教同等；

丁、佛教会得于一切处自在布教；

戊、佛教会有监督佛教公团一切财产上处分之权；

己、佛教会有整顿佛教一切事业促进其发达之权；

庚、佛教会有调和佛教信士种种争竞维持其秩序之权；

辛、佛教会于推行改良社会之宣讲教育及救济社会之慈善事项时有通告民国政府请其如约保护之权；

壬、佛教会于民国政府裁判佛教信士犯国律案时有派员旁听之权或遇民国政府有裁判不公等佛教会得要求复行裁判。

佛教会在法律范围内之种种行为民国政府不得干涉。

佛教会于佛教事业外概不干涉。①

---

① 《佛教会要求民国政府承认条件》，《佛学丛报》第2期，1912年。

从佛教会给民国政府提出的条件可知，主要集中在佛教会对民国政府的要求，如实行保护佛教的政策，以及佛教会的义务和权利。从第一款第一条的一些内容来看，佛教会非常看重掌握教内的领导权与分配权的要求，以及在宗教政策上享有的平等权等。第二款似乎在强调政教分离的政策，但是实质上却是要求政府不得干预佛教内部的事务。这些都是在当时佛教不振的情况下，佛教界人士作出的一些选择，以保护佛教作为其主要诉求。

李证刚等所组织之佛教会设想尽管极富有创新之精神，但是其社会基础相对薄弱，加之过于激进之行为引起了中国佛教界缁素之诤。佛教会成立之时代大背景，正是中国佛教亟待复兴、极度腐朽的年代，避免不了僧尼之逾越轨范，各种末法之乱象杂生，鉴于此等乱象，佛教会成立之始即多有斥责僧尼之言论，终导致了失败。

佛教会成立之初，欧阳渐撰写《警告佛子书》，由此引起缁素之诤，也是其失败的重要原因之一。欧阳渐为近代著名居士，字竟无，生于清同治十年（1871），卒于民国三十二年（1943），江西宜黄人，依止著名居士杨文会学习佛法，一生精研于佛法和金陵刻经处，著述甚丰，晚年自编所存著作为《竟无内外学》，凡二十六种三十余卷，均由支那内学院蜀院刻印，今由金陵刻经处流通。近代著名佛教学者吕澂在《亲教师欧阳先生事略》中记载："翌春，与李证刚等发起佛教会，撰缘起及说明书，并警告佛子文，勖僧徒自救，沉痛动人。以主张政教分离不果，解散。自是长住刻经处，专志圣言，不复问外事。"① 欧阳渐撰之《警告佛子文》原意是希望僧团团结自救，于佛法式微之际否极泰来，颇有"恨铁不成钢"之意味，言辞恳切，沉痛感人。不料却引起了出家缁众的误会，认为是斥骂僧尼四众，尤其是文中对沙门违戒、利养垢染，多有批评之词，欲一举摧灭之，由此引起了缁素相诤。僧人群起而攻之，使筹建中的佛教会半途而废。后来，欧阳渐解散"佛教会"，专志于刻印经书，研究佛典，不复再问外事。

关于佛教会的失败，太虚大师言："李证刚（翊灼）等发起之佛教会，佛教会专事责斥僧尼，开缁素相诤之端。迨中华佛教总会成立，佛教

---

① 吕澂：《亲教师欧阳先生事略》，载王雷泉编《欧阳渐文选》附录，上海远东出版社2011年版。

会乃自动取消。"① 太虚将佛教会的消亡归结为该会"开缁素相诤之端",这是非常精辟的,但是说"迨中华佛教总会成立,佛教会乃自动取消",则是不准确的。不少研究学者甚至说佛教会合并至中华佛教总会之中,这更是错误的。

1912 年 4 月,佛教会发起人李证刚与欧阳渐、张世畸等入北京请愿②,与佛教会关系密切的《佛学丛报》中记载:"佛教会建立以来,蒙孙前大总统正式承认,即由李君证刚、欧阳君竟无、张君奇田入都请愿。嗣以因缘龃龉,进行阻滞,李君等已致函袁大总统、国务院,声明取消。现沪上机关本部同人以缔造艰难,势难中止,一面另邀同志,联合僧界,另拟章程,实力进行。唯该会素以政教分权为宗旨,与固有之中华佛教总会决无关系云。"③ 可见,佛教会取消的最重要的原因是袁世凯复辟专制,扼杀社团组织,故佛教会的消亡,主要原因是所面临的严峻的外部政治环境。

佛教会另一主要发起人濮一乘撰写的《中华民国之佛教观》一文提及当时有人主张"佛教可废,佛学可存"④ 的激进言论,多招致了教内的反对,也是佛教会与中华佛教总会的矛盾之所在。佛教会提倡正信佛教,这从《佛学丛刊》的宗旨中可以看出,在创刊号扉页中特标出以皈依佛、皈依法、皈依僧为宗旨。在佛教会章程中,对会员是以"发心皈依佛教即是佛子"为标准,对会员要求"当发菩提心、大悲心、行四摄利生之事",以及"皆当研究佛教法义自度度人"。但是濮一乘之《中华民国之佛教观》云:"今者影响于中国矣,而'孔子非宗教'之论兴,为此论者,非有憾于孔子也,且其说浸淫及于佛教矣,而'佛教可废,佛学可存'之论兴,为此论者,非有憾于佛也,正所以重佛也。吾于此说固难疑之,继亦且信之。信者何?以宗教本于学理所建,其宗教即属诸学理也。又吾于此说,始虽信之,终亦不能不疑之。疑者何?以学理既为宗教

---

① 印顺:《太虚大师年谱》,载《印顺法师全集》第 6 卷,中华书局 2009 年版,第 35 页。
② 1912 年 4 月 25 日,李证刚等行前宗仰曾作诗相赠,题为《证刚居士偕竟无及张、江二君,为组织佛教会事,有燕京之游,作此赠行》,该诗发表于《大共和日报》,署名乌目山僧,复载《神州日报》1912 年 5 月 10 日,参见沈潜编《宗仰上人集》,华中师范大学出版社 1999 年版,第 176 页。
③ 《佛教之新闻》,《佛学丛报》第 1 期,"纪事",1912 年。
④ 濮一乘:《中华民国之佛教观》(续),《佛学丛报》第 2 期,1912 年。

所含有，学理遂无宗教乎？……佛何以为宗教？全学理即其宗教；佛又以何为学理？"① 具体将佛教之义理总结为五点："佛教非迷信之教"、"佛教非无为之教"、"佛教非厌世之教"、"佛教非专制之教"、"佛教非专制之教"。②《警告佛子文》、《中华民国之佛教观》等佛教会文章虽然以复兴佛教为宗旨，多有改革积弊的积极意义，甚至对于太虚大师改革佛教之"三大革命"理论有着具体的影响，但是言辞过于激进，为教内所不容，引起僧俗相诤最终难以维系。

三 民国初年昙花一现的其他佛教组织

（一）中央佛教公会

1912 年，鉴于保护佛教寺产之需要，由诚修等发起创建了佛教僧林会，在内务部呈请立案奏批。后来佛教僧林会与佛教研究会合并，推举云升法师与澄海法师为正副会长，以合并之缘由在内务部更名立案，改名为中央佛教公会。

"中央佛教公会"布告称："军兴以来，各省提产之事所在多有，内务部为维持现状起见，划分官公私产，以冀调停，殊各省误会其旨，借端侵占庙产不一而足，本会戚然而忧愤然而起，先有本会发起人谭光鉴居士具呈内务府请，确定佛教财产所有权，统治各省切实保护，奉批呈悉该发起人楷中国佛教之衰微，悯僧人能力之薄弱。"③ "明定佛教团体为公益法人，通令各省保护财产以维持地方安宁，而坚蒙藏内向之。"④

中央佛教公会自成立以来，针对外蒙古以民国政府灭绝佛教为口实而倾向独立，积极促成汉地佛教与蒙古佛教的沟通，以为国家统一而服务。中央佛教公会首先派代表与近代蒙古族著名活佛甘珠尔瓦活佛进行磋商。待第七世章嘉呼图克图来京之际，又于柏林寺召开欢饮大会，推举章嘉呼图克图为该会名誉会长，并得到了章嘉呼图克图介绍蒙古信徒入会，以期青黄二教声气相通的承诺。在章嘉呼图克图的努力下，北京雍和宫、山西五台山等各地喇嘛遂有加入，而中央佛教公会在设立分部欢迎蒙古会员的

---

① 濮一乘：《中华民国之佛教观》，《佛学丛报》第 1 期，1912 年。
② 濮一乘：《中华民国之佛教观》（续），《佛学丛报》第 2 期，1912 年。
③ 《内务部批中央佛教公会发起人谭光鉴等呈》（民国元年十二月六日），《最新行政文牍》第 1 册，卷一，"院部批"，上海商务印书馆，第 95 页。
④ 同上。

同时，也开始着手创建佛教师范学校，培养僧才，特重蒙文、藏文的教习，为民族统一、国家安定做出了积极的贡献。

（二）佛教弘誓会与维持佛教同盟会

1913年2月，释式海、静安、桂明、志恒、英修等在平湖报恩寺以佛教"四弘誓愿"为宗旨发起佛教弘誓会。佛教弘誓会发起之际苦于没有会基，恰逢谛闲法师逡巡于是否接管宁波观宗讲寺，于是煽动谛闲法师接管宁波观宗讲寺以为之所用。宁波观宗讲寺原系宋代天台宗第十七祖法智知礼大师所建的延庆寺的一部分——"十六观堂"，谛闲法师志在恢复台宗祖庭，后将其改名观宗讲寺，但清末民初，该寺逐渐败落，无人敢于接管。于是式海等认为可据为弘誓会会众道场，静安等至上海极力邀请谛闲担任方丈的名义，关于实际，则不论财力上、人力上，概由会众负责，以免谛闲法师的顾虑。谛闲因此乃于民国二年正月正式接任观堂住持，借佛教弘誓会作为会基使用。式海、静安等以从前被逐的马流僧常来观宗讲寺骚扰为由，请曾率僧军的玉皇坐镇客堂。邀太虚大师计划弘誓会的一切进行事宜，太虚"因与谛闲法师及式海、静安、玉皇等在观堂同住了一个多月，为撰定佛教弘誓会的缘起及章程，而我（太虚）与玉皇的友谊亦从此深缔"①。

1913年4月，谛闲法师改观堂为观宗寺，式海、太虚等在此召开成立大会。太虚大师所撰写之《佛教弘誓会章程》指出该会以"众生无边誓愿度、烦恼无尽誓愿断、法门无量誓愿学、佛道无上誓愿成"之四弘誓愿为宗旨，组织宣教团、慈善团、编译团，改组教团，组织研究社、讲习所等进行布教活动。而不论僧俗，不拘国籍，只要信仰佛教、热心佛学的个人均可入会。至于寺院入会，则由弘誓会派人住持，寺院亦成为公有，寺产由弘誓会调处，并受到该会保护。此外，在章程中明确规定了会员的权利和义务。

从佛教弘誓会章程可以看出太虚设想中的新僧团的具体形式与实务，后佛教弘誓会虽不了了之，但太虚并未放弃，他于1913年3月赴宁波观音寺再度发起成立维持佛教同盟会，并撰写了《章程》、《宣言》，提出维持佛教不可缺少的五大方面："不可无自由组合之团体"、"不可无勇猛牺

---

① 太虚：《太虚自传》，载《太虚大师全书》第31册，台北善导寺1980年印本，第190页。

牲之精神"、"不可无受学求教之志愿"、"不可无实行博爱之筹备"、"不可无安心立命之修证"①。时任佛教总会总务科长的文希从北京写信给太虚,希望他不要另立组织,而往昔太虚大师之同盟战友释仁山也不愿意"另立无谓之新名词,再挑动顽固辈恶感",因此太虚大师不得不"善刀而藏",暂时收敛佛教革命的努力。

民国初年的佛教组织尚处于不断摸索前进的时期,除了上述佛教组织及中华佛教总会等较为完善的组织形式之外,还有谢无量居士等发起的"佛教大同会"等,但未几即灭,影响不大。针对谢无量等发起的佛教大同会以及仁山、太虚等发起的佛教协进会激进的主张,宗仰法师撰写了《佛教进行商榷书》一文,提出了"复古清规"、"兴新教育"、"裁制剃度"、"革除赴应"四点复兴佛教举措。书云:"居今日而言淘汰沙门,几成天演公例,亦吾侪自认不讳矣。……上焉者厌世逃禅,冥心枯寂;下焉者假衣营养,贻玷梵林。上焉者厌世逃禅,冥心枯寂;下焉者假衣营养,贻玷梵林。无补世道人心,转为社会藉口,所谓狮子身中虫,自啖其狮子之肉也,宁能与世界宗教竞生并存乎哉?我诸方大德,奈何不猛省时机,力图振作耶?其随波逐流,因循观望者无论矣;即或能行吾道,而正觉不明,自生障碍,遂致放任弃本分者,往往而是,要皆智愿薄弱,罔知观机度时,因势利导,从根本着手故也。噫!造泰岱之顶,必从平地展足,非可躐登也;驾海洋之楫,非有针盘定向,不能竞达也。近如佛教大同、协进等会,主张急进,举步即颠,等于昙花,观同泡影,职是故耳。然原其初心,亦非不善,徒以造因不良,遂无结果,吁可概矣。今当性海汩没,象教沦胥之际,适值民国肇建,共和初立之时,欲与国民同谋幸福,挽狂澜而障之,疏浊流而清之,兹事体本,诚不易言。然提纲挈领,循分以求,亦自有其道,讵可操切从事乎?其道奚自则,惟复古清规,兴新教育,为不二之法门。盖清规犹僧界之宪法,宗教所赖以成立也。教育者,尤为培植人材之元素,凡一教之兴衰隆替,胥视乎此,虽大雄复生,必且从事斯语,莫能易也……一者宜革除赴应,尊重经忏。昔者目莲救母,乃设盂盆,菩萨度生,是现焰口。即道场功德,亦为度人而非利己。……至若丛林公产,受之檀越,施于祇园,慧命资生,均沾其益,诚所谓六合共

---

① 印顺:《太虚大师年谱》,载《印顺法师全集》第6卷,中华书局2009年版,第38—39页。

住，粒米同餐。言社会共产主义，盖自缁门而外，莫或先矣。虽储产有多寡不同，而以十方施之于僧者，还为十方僧侣守之，毫无权利可私，但有保存之责，不肖掩窃，法所难容，同类觊觎，事尤不可，又讵能任他人干涉，甚且从而破坏之耶？"①

四 中华佛教总会

近代"庙产兴学"以及社会政局动荡不安，佛教徒从佛教自身出发为保护寺产计，发起了诸多佛教组织，虽大都昙花一现，但也有相对维系时间较长、发挥巨大作用之团体兴建。中华佛教总会是近代佛教组织中存续时间较长、发挥作用较大的佛教组织之一。

（一）敬安寄禅与中华佛教总会的创立

1912 年 2 月，寄禅法师力邀谛闲、圆瑛、太虚、北京道兴、常州清海等诸僧，集思广益，议决以合并改组各省僧教育会为基础，兼并"中华佛教协进会"及"中央佛教公会"，筹建"中华佛教总会"，以统一教界，维护寺院权益。中华佛教总会因其以"同一佛教，阐扬法化，以促进人群道德，完全国民幸福"为宗旨，以"中华民国之僧众共同组织"而得名。2 月 12 日，分别得到了南京政府内务部和教育部两部的批准。内务部认为该会拟联络全体僧界及蒙藏喇嘛等，"以昌明佛教，提倡教育、慈善等事为宗旨，所订章程详慎周密，具见我佛如来范围广大，沐其教泽者类能热心公益，阐发宗风格以辅助政化之进行实堪嘉尚，应由僧界会员公举道行高深，品端学粹之人为该会会长，俾得同心共济，一致进行。本部有后望焉"②。教育部认为僧敬安等联合全国僧团组织中华佛教总会，"意在昌明佛教、提倡教育、公益等事，深堪嘉尚，应即准予立案。释迦文佛应世二千九百三十八年十二月二十五日，中华民国元年二月十二号订"③。

4 月，中华佛教总会于上海留云寺召开成立大会，推举寄禅法师为会长，北京道兴、常州清海（静波）为副会长，以上海静安寺为本部，设

---

① 《佛教进行商榷书》，原载《佛学丛报》第 1 期，第 35—39 页，署名中央；又见《宗仰上人集》，华中师范大学出版社 1999 年版，第 47—49 页。
② 《中华佛教总会章程——内务部批》，《佛学丛报》第 1 期，1912 年 10 月。
③ 同上。

机关部于北京，原有的全国僧教育会各省改支部，各县改分部，陆续成立支部 20 余处，分部 400 余处。

《中华佛教总会章程》共分十一章。第一章"总则"，包括三部分，"名义"："本会系中华民国全体僧界共同组织，定名曰中华佛教总会"；宗旨："本会统一佛教，阐扬法化，以促进人群道德完全，国民幸福为宗旨"；"机关"："本会总机关设本部于上海静安寺，分机关设支部于各直省，设分部于各州县。本部有统辖维持支分部之责"①。第二章"纲要"，总会的主要工作为：昌明佛学、普及教育、中外布教、组织报馆、整顿教规、提倡公益、振兴实业、保守权力八个方面。其他各章分别为：会员责任、权利、职员（佛教总会的组织结构）、经费、会期、奖励、惩戒和附录等。其中第二章"纲要"是整个佛教总会的核心，主要包括三个方面的内容，第一，振兴与弘扬佛教，如"昌明佛学"条，设立佛教研究社和佛学宣讲所。"普及教育"条提出设立学务科，设速成师范学堂等僧民小学，以期普及教育；并设法政讲习所，造就僧界任事人才。乃至设想俟经费充裕时，仿照日本立佛教中学堂及大学堂，以臻完全教育。"中外布教"条，延请深明佛法、精通新旧学者为宣教师，赴各社会及军队、监狱、医院等地布教弘法。"组织报馆"、"提倡公益"、"振兴实业"等皆具时代特色，以此措施以期振兴佛教，提高佛教地位，弘扬与普及佛教等。第二，革除佛教弊端，如"整顿教规"条，对戒牒、度牒的管理，对寺庵财产、住持的更替等均有明确规定，如对各寺庵财产，"无论十方捐助及自行手置，均为佛教公产，只应保守，不得私自变卖"。第三，维护佛教自身的利益，如"保守权力"规定："（甲）本会有整顿佛教进行一切事宜及保全佛教公团财产上处分之权。（乙）本会会员在法律范围内之行为，得受法律平等保护。（丙）凡会中各寺庵所有财产，无论擅越施助，寺僧苦积，外界有欲藉端攘夺，本会得据法律，实力保护，以固教权。"从中华佛教总会章程看，其内容已经相当丰富，与佛教会大纲相比，中华佛教总会章程更加完备，包括了佛教自身、佛教与国家及社会等各个方面，不过，由于中华佛教总会只是一个松散型的组织，与各寺院之间并无直接的隶属关系，会务经费难以保障，许多内容如普及教育一条，实际上仅仅只是设想，无法真正贯彻实施。

---

① 《中华佛教总会章程》，《佛学丛报》第 1 期，1912 年 10 月。

1912年起袁世凯开始逐渐掌握中国政权，2月15日，袁世凯取得中华民国临时大总统一职，3月10日在北京就职，又逼南京临时政府迁往北京，标志着北洋政府统治的开始。临时政府移驻北京后，中华佛教总会并未与之接洽，借即将召集国会之机，佛教总会认为僧界属国民分子，亦应筹划进行方法，冀享民教平等权利，遂公推寄禅法师以总会正会长的资格代表全体僧界进京与袁世凯总统磋商一切。11月1日，内务部因各省往往有营私图利之徒，借端侵夺祭产，有人觊觎改建古物建筑等，为此下令："通咨各省都督、民政长，凡祠庙所在，不论产业之公私，不计祀典之存废，不问庙宇之新旧，一经前人建设，均为古迹，例应保存。希即转饬所属，一律妥慎保护可也。"① 11月2日，中华佛教总会敬安、清海、道兴等呈请大总统，指出虽然此前奉国务院通咨各省都督，按照约章保护佛教财产，然而根据湖南宝庆、安徽桐城、奉天义州等地方的报告，"民间毁像逐僧、占夺寺产，信教转失自由，深为危惧"②。佛教总会援引清末庙产兴学之时，浙江三十六寺僧寻求日僧保护并因此引起中日两国外交纷争之事例，恳准大总统通令全国人民："以政教并进，各自为谋，勿生相侵之弊害，永保完全之和平。"③ 11月，熊希龄呈文给袁世凯大总统，请饬交内务部及各省都督，对佛教加以保护："各省攘夺寺产，日本僧人乘隙而入，虑及为渊驱鱼，求政府按照约法信教自由，力加保护，俾得改良佛教，敦进民德，以固共和基础。将来仿照日本办法，军中亦设布教僧徒，稍弭残杀抢掠之心，实于世道有裨。"④

1912年10月26日，寄禅法师与佛教总会福建支部长本忠、江西支

---

① 《内务部通咨各省都督民政长请转饬所属切实保护祠庙文》，《政府公报》第194号，1912年11月1日。
② 《中华佛教总会呈请大总统保护佛教并送章程文》，《佛学丛报》第12期，1914年6月。
③ 《中华佛教总会呈请大总统保护佛教并送章程文》，《佛学丛报》第12期，1914年6月。呈请文后附有各地支部、分部代表名单，陕西支部长国清寺了全，安徽皖庐分部长地藏寺法尘，吉林支部长松江寺素俊，湖北支部代表归元寺达清，四川支部长文殊院德风，湖南支部代表南岳山月宾，江西支部长光孝寺大春，广东支部代表六榕寺铁禅，浙江支部长接待寺圆瑛，山东清宁分部长普德庵德馨，江苏支部长留云寺应乾、天宁寺文希，山西闻喜分部长清凉寺骏峰，福建支部长涌泉寺本忠，广西支部代表开元寺元痛，河南支部长相国寺性空，南洋支部长极乐寺善庆，川东支部长罗汉寺海清，竹庆尘空莲华寺纯诚，奉天支部长万寿寺显璋，贵州支部代表高峰了尘，北京机关主任龙泉寺道阶、法源寺道兴等同呈。
④ 《熊希龄为保护佛教僧众及军中布道致大总统禀》，中国第二历史档案馆编《中华民国档案资料汇编》第五辑，第一编，"文化"，江苏古籍出版社1994年版，第1017页。

部长大春等前往北京谒见袁世凯。寄禅法师到京之日正逢袁世凯政府发布内务部清查寺产之际，礼俗司通行各省公文表示凡寺庙关于行祝典者和年远无碑可考及寺宇半存半废，以及布施建设者皆属之公产，仅仅由寺僧自出己资或独力募化者为私产，严重侵害了僧伽之利益，引起了僧界的一致反对。寄禅法师力顾大局，一再与礼俗司司长杜关进行磋商，希冀能够收回成命，然而却事与愿违，言语多有抵牾，寄禅拂袖而去，悲愤交集之际，一代尊宿突于1912年11月10日在北京法源寺圆寂。1913年3月，法源寺僧人道阶护送寄禅法师灵柩经上海至宁波，归葬于宁波天童寺冷香塔院，北京、上海等地皆有诸多悼念活动。

敬安，字寄禅，号八指头陀。俗姓黄，名读山，湖南湘潭人，生于清咸丰元年农历十二月初三（1852年1月23日），圆寂于民国元年十月初二（1912年11月10日）。幼时孤贫，7岁丧母，12岁丧父，时就塾师受《论语》未终篇，不得已辍学，为农家牧牛，闲暇时则携书自学。同治七年（1868），因睹白桃花为风雨所摧落，忆及所闻佛教苦、空、无常、无我之理，不禁大哭，遂投湘阴法华寺，礼东林长老为师出家。① 同年冬到南岳祝圣寺，从贤楷律师受具足戒。同治八年（1869），敬安前往衡阳岐山仁瑞寺，随恒志禅师参学五年。敬安在《岐山感旧诗一首并序》中回忆："余以同治戊辰成童剃草，问道岐山。初闻志老人说法，如日照高山，大喜温身，不觉门外积雪三尺，老松僵折矣。乃乞侍巾瓶，晓夕亲炙，于扫洒舂爨，一身兼任。同学数十人，皆一时龙象。"② 岐山恒志为湖南禅宗名宿，嗣法、剃度的弟子各有二十余人，皈依弟子数十人，闻法得益者无数。晚清湖南禅僧多出其门下，敬安曾任侍者，亲承棒喝，是弟子中最有名者。（敬安：《恒志和尚道状》）敬安以生死心切，精进参"父母未生前本来面目"话头，闻溪声而得悟。（敬安：《冷香塔自序铭》）同治十二年（1873），敬安至长沙期间从笠云芳圃参学，受到印可，得禅宗法脉。笠云禅师传法偈云："谁识幽栖子，真空早悟禅。箭锋弹指著，衣法一灯传。莲叶随波净，昙花近日妍。行当谢尘俗，云水听机缘。"笠云禅师赞叹敬安"真空早悟禅"，即早已悟得本来面目，而"衣法一灯传"则明确传法与他。敬安所作《登岳麓山呈笠云长老》也记载了此得法缘

---

① 太虚：《中兴佛教寄禅安和尚传》，《海潮音》第2卷第4期，1921年4月。
② 《八指头陀诗文集》，金陵刻经处2009年版，第161页。

由："欲觅三乘法，来参一指禅。人天开觉路，衣钵得真传。水到源头活，山从雨后妍。拈花曾示我，微笑证前缘。"①"人天开觉路，衣钵得真传"、"拈花曾示我，微笑证前缘"等，记载了敬安于笠云禅师座下开悟及受印可，"水到源头活，山从雨后妍"，则表达了开悟后如获新生的喜悦。光绪二十七年（1901）的诗《送和荪上人主锡岳麓万寿寺》中有"我昔维摩室，瓣香笠云圃"，并自注云："笠云圃公为余麓山得法本师。"

光绪元年（1875），敬安离开湖南，遍游江浙禅刹。他住宁波时间最久，参学于江南禅宗诸尊宿。光绪三年（1877），至阿育王寺担任知客，在佛舍利塔前礼拜，自割臂肉，又燃左手二指供佛，自号八指头陀。其后历游天童、天台、雪窦、阿育王等名刹。光绪十年（1884），他由江浙回到湖南，此后相继住持过衡阳罗汉寺、南岳上封寺、大善寺，宁乡沩山密印寺，长沙神鼎寺、上林寺六大名刹。②上封寺位于南岳祝融峰下，有田产数千亩，其中一半为当地农民侵占，他住锡后诉讼于官府，但多年无法解决，后得巡抚吴清卿相助，次第得以收复。沩山由唐代灵祐禅师所开山，是沩仰宗的发源地，清初寺院已经衰败，敬安住持三年，力振禅宗法门。光绪二十八年（1902），浙江宁波天童寺首座幻人率领两序班首代表前来长沙，礼请他为该寺住持，此后十一年中一直卓锡于此。天童寺为明末圆悟禅师创立的临济宗天童系祖庭，敬安继席以后，选贤任能，百废俱兴，夏讲冬禅，宗风大振。

光绪年间，张之洞作《劝学篇》倡庙产兴学，主张将佛寺道观改为学堂。他认为："今天下寺观何止数万，都会百余区，大县数十，小县十余，皆有田产，其物业皆由布施而来。若改作学堂，则屋宇、田产悉具，此亦权宜而简易之策也。方今西教日炽，二氏日微，其势不能久存。佛教已际末法中半之运，道家亦有其鬼不神之忧，若得儒风振起，中华乂安，则二氏固亦蒙其保护矣。"《劝学篇》奏上之后，光绪皇帝批示："持论平，通达于学术人心，大有裨益。"由军机处对各省督抚学正各颁《劝学篇》一部。受此影响，光绪三十年（1904），各地官员纷纷提取寺产以为经费，强占僧舍作学堂，兴办学校。佛教界惶惶不可终日，杭州僧人情迫

---

① 以上均见《八指头陀诗文集》，金陵刻经处2009年版。
② 太虚：《中兴佛教寄禅安和尚传》，载《太虚大师全书》第11册，台北善导寺1980年印本，第122页。

之下假借寄禅名义领衔，联合浙江三十六座寺院归投日本净土真宗本愿寺，请日僧人伊藤贤道借传教为名加以保护。各报纸宣传，而外务部亦电询浙江巡抚聂仲芳。敬安闻知此事，愤不欲生，以为"辱国辱教，莫此为甚"。① 敬安为"保教扶宗，兴立学校"而奔走不歇。后经聂仲芳电复外部，于是清政府下令各府皆得自办僧学，由学部颁行僧教育会章程。中国之有僧教育，实始于此。敬安与浙江的松风、华山，江苏的月霞，以及北京的觉先等，先后致力于自动兴学之举。光绪三十四年（1908）初于宁波成立僧教育会，敬安被推为会长，创办民众小学和僧众小学，致力于佛教教育事业。

宣统三年（1911），武昌起义，有人借光复之名，强迫僧人出资或为兵，敬安为此忧愁无策，尝为弟子太虚大师说："吾生平不可至北京，今为教当一行耳。"② 不久辛亥革命成功，建立民国政府，确立共和政体，敬安欢喜不已，认为"政教必相辅，以平等国，行平等教。我佛弘恉，最适共和"③。

（二）中华佛教总会的扩张与发展

寄禅法师圆寂后，民国第一任民选总理熊希龄报予袁世凯准许《中华佛教总会章程》施行，经国务院审定，以大总统令颁行各省。1913年3月30日，中华佛教总会上海本部第一次联合大会，各分部代表参加，投票选举了冶开为正会长。冶开（1852—1922），法名清熔，江苏扬州人，俗姓许。江南禅宗名刹常州天宁寺住持，为清末江南禅门五老之一。选举北京道兴、常州清海为副会长，并公请孙少侯、章太炎、熊希龄为名誉会长；公推陈宗普为文书科长；文希为总务科长；本忠法师为理财科正长；应乾法师为理财科副长；谛闲法师为演教科长；月霞、还元、月宾法师为科员；圆瑛为评议科长；评议科员有少青、明心、瑞果、德馨、荫云、达清、行证、一峰、宏贞、竺庵、智水、仁山、正生、德宽、纯安、本然、太虚、道阶等。

---

① 敬安：《冷香塔自序铭》，参见天童寺志编纂委员会编《新修天童寺志》，宗教文化出版社1997年版，第566页。

② 太虚：《中兴佛教寄禅安和尚传》，载《太虚大师全书》第11册，台北善导寺1980年印本，第122页。

③ 冯毓孳：《中华佛教总会会长天童寺方丈寄禅和尚行述》，《海潮音》第13卷第12期，1932年12月。

中华佛教总会成立初期，文希法师对会务的开展贡献甚巨。文希，江苏江都人，生于清光绪四年（1878），讳密万，号亚髡，以字行。年幼时，即于江都大圣寺披剃出家，信道甚笃，尝与佛学巨子杨文会居士交往求教，所学益进。光绪三十年（1904）师事扬州首刹天宁寺铭廉法师，继延为法嗣，任住持。光绪三十二年（1906），在扬州天宁寺创立了江南第一所僧学堂——扬州普通僧学堂，或称扬州僧立普通中学，接着又创办了扬州八邑八区僧立小学。在创办扬州普通僧学堂的同时，他还发起组建宁苏皖赣佛教学务总公所，后经部饬改名僧立教育总会。1912年组织全国佛教组织，文希也热心其事，促其成功，被推举为佛教总会总务长，因中华佛教总会拟原来的各省僧教育会改为支部，文希兼任江苏支部长，同年9月与尚任驻京代表的道阶和尚于中华佛教总会北京办事处法源寺主持其事。针对佛教会权益，文希宣布八项条件，并坚持如不能实行，即洁身而去，不再参与佛教总会会务。这八项条件为："一、请愿参议院通过政教分权议案，不则据《约法》第五条要求参政权；二、遵佛制年在七岁以下二十以上，有驱乌、应法、名字三品沙弥，如未经受过教育，必强迫入校，以期国无不学之人；三、蒙藏不靖，须组织演教团专旅行说教，得兼抚慰，用示民国于佛法益发挥而光大之；四、以佛教总会及佛教会章程比量，存其是而正其误；五、律部详明，年太老及一切残疾恶状貌毁辱佛法者，皆不听度，应如律实行，不得限用度牒，妨碍自由；六、凡施入或募置之财产，概为佛教私产，籍日公产应归佛教公有，他人不得掠夺，致起争端；七、各省支分部对于本部须一致进行，有作狮虫咬人、甘处黑暗者严摈；八、会员赞助会捐及筹办公益，听均随愿，将不容苛勒。"① 文希的八项条件，除了沙弥必须受教育、组织演讲团赴蒙藏弘教抚慰，及佛教财产的处置等内容均为中华佛教总会章程的进一步贯彻实施外，又增加了一些新的内容，其中重要者有两项。一项是第一条，请愿参议院通过政教分权议案，表现出民国初期佛教界强烈的参政议政的倾向，当然这一思想倾向受到佛教会政教分离主张的影响；另一项是第四条，就是要求将中华佛教总会和佛教会两个佛教组织的章程进行比较，存其是而正其误，实际上是以佛教总会作为唯一的代表佛教界的全国性组织自居，对佛教会进行施压，进而试图取消佛教会。

---

① 《亚髡对于佛教总会政见》，《佛学丛报》第1期，1912年10月。

1913年4月，中华佛教总会上海本部、北京机关部暨苏、闽、湘、赣各支部代表上书参议院，主张："世界各国有宗教之信徒，则必有宗教之财产，举集会、讲经、传道、劝善等事，皆赖善男信女，发愿布施，集成财团，支取裕如，事乃举办。"认为参议院关于寺产公私、僧人主客之分未能昭示明白，原文称："各庙有公产、私产之别，即各僧有主体、客体之分。""然各庙之有公产、私产，而其同有佛教之财产则一也。各僧之管理庙产，有主体有客体，而其以佛教为主体则一也。今原文中以庙产公置者，以其所有权归之佛教以外之团体，任其自由处置，则于物权之主客，既未分明，而为公为私，似指僧俗两界而言，不指佛教财产。若谓捐助之款，则可自由处置，则举凡全国公益法人之财产，皆可由公东挪西拨，案之法理，实有未符。"拟请参议院："案照法律，声明国内一切庙产，无论其为公为私，概以佛教为主体，僧固不得擅行变卖，移为佛教之外之用度，俗亦不得迳行提拨，以供佛教以外之设施。"① 自此，佛教界开始通过中华佛教总会这一佛教组织维护信仰自由，保护佛教寺庙财产。

1913年5月，中华佛教总会依照《章程》在上海召开第一次全国代表大会，冶开仍为会长，但会务工作主要由副会长清海负责。清海法师（1865—1939），字悟真，号静波，江苏盐城人，俗姓程，常州清凉寺及海州（今连云港市）法起寺住持。虚云、大春、圆瑛等均出席会议，会议延请扬州大圣寺文希（亚髡）为总务主任，玉皇为庶务，太虚、智府任《佛教月报》编辑，仁山、宣天盘等住会办事。《中华佛总会开会决议案》要求："国会承认政教分权，如不能通过，当要求以保护佛教专条载入国宪。以上二案各支分部均应电达国会，并于阴历三月底各派代表进京，在北京机关部聚集，即外城西砖胡同法源寺。"②《佛教月报》亦于四月初八（5月）佛诞日正式出版。道阶于北平法源寺等开佛诞纪念大会，盛况空前。

第一次全国代表大会之后，佛教总会得到了不断发展，甚至逐渐吸引到了蒙藏佛教诸多僧人，况且政府也有以佛教总会之力量统摄蒙藏佛教之意，以此维护国家之长治久安而有所裨益。据《佛教总会之扩张》一文

---

① 《中华佛教总会上海本部、北京机关部暨苏闽湘赣各支部代表文希、道阶、应乾、本忠、月宝、大春等上参议院书》，《佛教月刊》第1期，1913年5月。

② 《中华佛总会开会决议案》，《佛学丛报》第6期，1913年5月。

载，佛教总会由僧清海等提倡以来，日臻发达，南北各省分会多已成立。又招致蒙藏红黄喇嘛多人一律加入，经过开会，决定进行四个方面的事情。第一，推举佛教界有势力和有影响者出任名誉会长、副会长，以期扩张会势，阐明教旨，推举章嘉活佛为名誉会长，班禅、别蚌二位为名誉副会长。第二，于蒙藏各处设立分部，商请章嘉活佛于回蒙避暑之便预为布置。第三，效仿日本僧侣和基督教徒均重视布教的特点，先从甘新云贵川藏等处入手，选择学识优裕、熟悉本地情形者担任此职务。第四，于京师专设佛教大学，以佛学课程为主，兼授各普通学科，经费由佛教总会担任。① 据佛教总会会刊《佛教月报》载，中华佛教总会推举章嘉活佛为会长："清海以代表佛教总会之资格，历奉至京，迭晤东蒙信教居士及章嘉国师，均以疏通蒙藏、联合教宗为方今切要之图用，特与副会长道兴、驻京代表总务长文希、北京机关部理事长道阶等，公同推举章嘉国师加入本会为会长。业经章嘉国师允许，并给予私印一方。"② 此处所谓推举章嘉国师为会长有误，实为名誉会员。至此，佛教总会各支部、分部已遍及中华民国领土内二十二行省，所有内外蒙古、西藏、青海等处地方，均属纳入民国的管理范围，中华佛教总会得到了空前的发展。

1913年8月，太虚大师等联名上书参众两院，吁请佛教总会为佛教统一机关，并根据信教自由一条，施行承认政教分权："凡佛教范围内之财产、居宅得完全由佛教统一机关之佛教总会公有而保护之，以兴办教育、慈善、布教等事业。除佛教统一机关之外，无论何项机关，或团体或私人，均不能侵蚀而干涉之。而佛教徒除兴办佛教范围内之事外，亦不得侵入政界应有之权利，及混杂政界应办之事业。"③

1913年12月，中华佛教总会上书国务院的呈文称，几乎全国各省"均纷纷攘夺庙产，假以团体名义，毁像逐僧者有之，苛派捐项者有之，勒令还俗者有之，甚至各乡董率领团勇强行威逼，稍有违抗，即行禀报该管官厅严行拘捕，各僧道界（累）讼经年，迄未得直"。不仅汉传佛教各寺庙如此，甚至蒙藏各喇嘛庙亦遭摧残："专利跋扈之辈，率公因缘为

---

① 参见《佛教总会之扩张》，《佛学丛报》第7期，1913年6月。
② 《中华佛教总会推举章嘉活佛加入本会为会长暨刊用汉蒙藏图记致各支部照会》，《佛教月报》第4期，1913年10月。
③ 太虚：《上参众两院书》，载《太虚大师全书》第34册，台北善导寺1980年印本，第659页。

奸，推翻旧制，毁庙毁像，勒捐夺产，并驱逐还俗，侵及喇嘛，种种违背人道之事，迨摘不胜屈。"要求政府按照《临时约法》的有关规定，"饬行各省行政公署，罢除各项苛令"，并承认佛教总会为佛教庙产所有人的资格："本会奉部令有代表佛教所有权主体之资格，并有调查庙产之义务，行将实力进行，遵照法人财团兴办各项公益，以补行政之不逮。"①国务总理熊希龄接到中华佛教总会呈文后，即致内务部，指示："如果属实，自应严行禁止。"②

（三）勉力维持及其被取缔

1914年3月，中华佛教总会召开第二届全国大会，各省支部、分部代表暨来宾到者400余人参会，由副会长清海和尚报告周年成绩及进行事宜。正会长冶开法师以年迈为由函请辞职，后经推选清海和尚升任正会长。又举焦山定慧寺镜融为副会长，静安寺正生为理财正长，普陀山开如暨留云寺应乾为理财副长，前名誉会长章嘉呼图、副会长道兴和尚仍旧。会议还提议兴办黄卐字会慈善暨实业布教等事。③但不久文希、宣天磐、仁山等主张佛教革新的骨干因与清海法师意见不合而次第离去，总会内部人心涣散，会务废弛。

1915年，北洋政府制定《私产管理暂行条例》，以保护寺产为名，规定各寺住持及有关者不得将寺产变卖、抵押或赠予，实际上架空了寺院对财产的处置权。10月又悍然发布《管理寺庙条令》31条，宣布取消中华佛教总会，并规定"寺产遇有公益事业的必要及得地方官之许可，可不在该寺住持的管理处置之内。寺庙住持违反管理之义务或不遵僧规，情节重大者由当地长官训诫，或予撤除"。这实际上将寺产归地方长官处置，而寺院住持原有的管理权则变成"义务"，也为贪官污吏侵夺寺产、再起庙产纷争大开方便之门。但袁世凯政府在发布条例后不久就宣告结束，所以《管理寺庙条令》31条并未切实发挥效力。

清海法师等鉴于总会活动遭袁世凯政府禁止，遂将中华佛教总会改名中华佛教会，希图维持佛教组织，再次召开全国代表会，无奈竟无茬会

---

① 《中华佛教总会致国务院呈》，载中国第二历史档案馆编《中华民国档案资料汇编》第三辑"文化"，江苏古籍出版社1991年版，第690—692页。
② 《国务院关于保护寺庙财产致内务部公函》（1914年1月7日），载中国第二历史档案馆编《中华民国档案资料汇编》第三辑"文化"，江苏古籍出版社1991年版，第690页。
③ 《佛教总会开会纪事》，《佛学丛报》第11期，1914年5月。

者，空余一招牌于清凉寺。究其原因，此时国内革命浪潮低落，革命党人发动的二次革命、护法运动等相继失败，与民众权益紧密相连的佛教徒的权益自然也难保有。袁世凯死后，佛教界知名人士曾联名向国会众议院陈情，要求取消《管理寺庙条令》，但不久因张勋复辟、解散国会而告落空。1919 年，段祺瑞把持北洋政府内务部之际，以《中华佛教总会登记案》与《管理寺庙条令》相抵触为由，公然宣布取缔中华佛教会。至此这一全国性的佛教组织在名义上亦不复存在。之后，仅有道阶之"南方佛教会"、佛源之"四川佛教会"、惠敏之"湖南佛化会"、本修之"九华山佛教会"等地方佛教组织零星活动。

中华佛教总会作为近代中国第一个统一的全国性佛教组织，本应对佛教复兴与现代化起较大的推进作用，佛教界的高僧大德亦对其抱有厚望，然它却如流星般倏亮旋灭，难以发挥更大的作用。陨灭原因有多方面，其中新、旧两派僧人建会的根本意图不同而引起的内部不和是主要原因。但是中华佛教总会毕竟是中国佛教徒初步摆脱政府直接控制，试图联合起来与外力抗衡以保护自身应有权益的第一个全国性组织，对此以其宗旨与任务衡量固然失败，人们还可以指责其种种不足，但从长远的历史眼光看，从两千年中国佛教组织史看，迈出这一步未尝不是巨大的飞跃。它开创了中国佛教组织的新模式，形成了区别于古代的新传统，而且就形式而言已获得佛教界广泛赞同，继此建立的多个全国性佛教组织其实并没有脱离其构建的基本框架，也承继着其应担负而未实现的中国佛教界自治自律、保护自身权益的历史使命。

民国初年的佛教组织尚处于不断摸索前进的时期，至北洋政府时期，继中华佛教总会之后，1919—1921 年，虽有名僧太虚、道阶、竹溪、觉先及名人庄思缄（蕴宽）、夏仲膺（寿康）、汤铸新（芗铭）、胡子笏（瑞霖）、张仲仁（一麟）、陈定远、王家襄等，为筹组佛教统一会"中国五族佛教联合会"而南北呼应、上下奔竞，终归徒劳无功。1925 年，太虚等又筹组"中华佛教联合会"，然应者寥寂；同年，田树海等教外人士组成"蒙汉佛教联合总会"，白普仁、普泉、马振宪等另建"中华佛教联合会"，两会虽获内务部备案，然势力微弱，未能真正发挥全国性佛教组织的作用。

第三节　北洋政府时期的佛教政策及宗教法规

民国时期是中国从延续了两千多年的传统封建社会向现代社会开始转型的特殊历史时段。民国初期的北洋政府政治体制变动频繁，军阀混战，社会混乱，各种社会矛盾集中爆发，宗教管理问题也时时困扰当局执政者。虽然如此，北洋政府仍然制定了一系列的宗教政策法规，避免各种宗教问题的复杂化，其中有关佛教的政策法规又是北洋政府制定的宗教政策法规中内容最丰富、社会影响最广泛的部分。

北洋政府时期相继制定了1913年的《寺庙管理暂行规则》、1915年的《管理寺庙条例》、1921年的《修正管理寺庙条例令》、1921年的《著名寺庙特别保护通则》等一系列法令。因当时北洋政府在佛教管理方面处于尝试和探索阶段，再兼其对佛教管理的政治意图不明确，所以有关佛教的政策法规中存在许多难以克服的问题。第一，北洋政府对佛教的保护缺乏诚意，诸种法令名为保护管理，其内容对汉传佛教的钳制又过于严苛，故收效甚微；第二，政策法规本身存在诸多漏洞，为地方觊觎庙产留下了可乘之隙；第三，官宦的频繁更迭致使政策法规的实施缺乏连贯性，更使其效果大打折扣；第四，政策法规缺乏相应的配套制度，难以全面贯彻落实，加上地方政府恃权自傲，无视中央法律，更使其成为一纸空文。北洋政府的这些法令在参与管理和保护佛教方面虽然未取得良好的效果，但开创了民国史上用专门的法律规章来保护和管理佛教的先河。此外，北洋政府还批准设立了佛教、道教和伊斯兰教等宗教团体和宗教院校，这表明作为民主共和体制的北洋政府虽是军阀掌政，但在共和名义下，毕竟比封建帝国专制政府禁止任何宗教组织的存在有了明显的进步。

一　北洋政府初期制定佛教管理政策的背景

（一）北洋政府宗教政策制定的社会背景

20世纪初，由美国首倡的宗教信仰自由和政教分离原则相继被欧洲等国家确认，并逐渐发展成为现代国家和政府公认和追求的基本政治原则，很多愿意向欧美学习的后进国家也自然以之作为处理宗教问题的主要导向，这对当时民国政府的宗教政策和制度的制定也有明显的影响。

在民国政府开始执政过程中，原有的封建政治、经济、社会、文化等体制土崩瓦解，同时西方文明带来的民主、科学、工业技术等因素在新型社会中艰难萌芽生长。当时的中国社会中，传统与现代时时冲突，新事物与旧观念处处并存。作为旧时代意识形态和社会文化形态之一的中国佛教，也面临着巨大的挑战和生存困境。新型的国家政权一方面顺应世界潮流，宣告宗教自由和平等；另一方面又迫于自身的财政压力使其对丰厚的佛教寺产难断觊觎之心。此外，佛教还受到反传统反宗教的社会潮流的不断冲击，因此被迫奋起反抗，强烈要求政府保护佛教免受侵凌。在各种社会矛盾激增的旋涡中，北洋政府迫于压力不得不制定相应的佛教政策法规，但是却在佛教政策法规的立规宗旨和执行方面摇摆不定。

佛教寺产的归属问题在中国历史上一直缺乏全面的法律规定，这为清末民初屡屡发生地方官员、教师学生、乡间缙绅、无知乡民等打着革命的旗号侵占寺庙权益创造了机会。早在1898年，光绪皇帝推出新政，迫于财政吃紧，遂采取了张之洞等提出的"庙产兴学"主张，掀起了全国范围内利用佛教寺产发展学堂运动，严重侵害了佛教权益，也因此造成了诸多事端。北洋政府时期，国内政局动荡、军阀割据，同时伴随近代革命意识的深入人心，随着科学概念传入中国，各种反传统反宗教思潮和破除迷信运动成为当时之潮流，象征传统的、腐朽的佛教首当其冲，受到了沉重的打击。1926年，中央大学教授邰秋爽成立"庙产兴学促进会"并再次掀起庙产兴学之风，引起佛教界一致反对。以"庙产兴学"为代表的各种势力大肆掠夺和蚕食佛教寺产并因此引起佛教界激烈的反抗活动，大大刺激了近代中国佛教自身的发展变革，佛教界掀起了办学、办书局、办佛学院的浪潮，同时组织各种佛教社团并举办慈善活动等，以此来扩大自身的社会影响和生存空间。

（二）北洋政府时期的佛教境况

民国初年，时局混乱，延续清末"庙产兴学"之风，全国各地军队、警察、社团及学校等纷纷侵占佛教寺产，湖南、云南、安徽等省不断发生"攘夺寺产、销毁佛像"等恶性事件。1912年，中华佛教总会致国务院的呈词中描述道："盖当时臆造新学者，虽孔庙亦在觊觎之列，而于释、道两道（教）为尤甚。近据各省支分部报告，如奉天、吉林、黑龙江、直隶、山东、山西、四川、陕西、新疆等省，两湖、两广、河南、福建、云南、贵州、安徽、江苏、浙江等省，均纷纷攘夺庙产，假以团体名义，毁像逐僧者有之，苛派捐项者有之，勒令还俗者有之，甚至各乡董率领团勇强行威逼，稍有违抗，即行禀报该管官厅严行拘捕，各僧道界讼经年，迄未得直。强半假托议会议决，并回护于抽提庙产者，盖肆行无忌，仍愿继续勒捐，否则认为违法犯罪。凡有财产，均一律充公。去年湖南、奉天、安徽、吉林、河南、江苏、浙江各省僧徒，以此毙命者，均征诸事实。而各省僧徒流离失所相丐于道者，亦实繁有徒。虚祸逆流，迭演成不可收拾之势，而暴烈分子犹然对怨。矧其两年，军兴之后，寻祸相仇，各庙一经军队驻扎，即可援例改为他项公所。一隅倡乱，全国骚然，讵影响所及，几邻于边省。"①

除了"庙产兴学"的社会潮流对佛教寺产的冲击外，军队驻扎、征用是攘夺佛教寺产的又一大力量。自清末开始，尤其在革命时期，全国各省都有军警侵占寺产、滋扰僧尼、毁坏佛像等冲击佛教的行为。近代名僧宗仰法师给时任南京临时政府教育总长的蔡元培②书信中记载："军事既起，各省兵队编集移徙，莫不以就地兰若，张柳为营。其初乃义不容辞，其后或久假不归，或所至遗患，甚或通匪剽掠，蹂躏不堪，即今尚多有喧宾夺主者。……夫共和目的，首在尊重人权，今侵人所居，谋人之物，剥夺人权，如彼而又乖乎？"③ 由此可见，民国初年社会上各种势力霸占寺产、破坏寺庙非常普遍。

佛教界在面临生死存亡的危险境况，危机感也促使佛教界内部开展了各种自我发展和奋发图强的活动。早在1910年，杨文会在南京创立了居士团体兼佛学学术团体——佛学研究会。杨文会逝世后，其弟子李证刚、欧阳渐等发起成立全国性的"佛教会"，以联络这些地方团体，旨在复兴中国佛教。1912年3月，他们向孙中山主持的南京临时政府申请立案。孙中山随即批复《令教育部准佛教会立案文》，文中称："查近世各国政教之分甚严，在教徒苦心修持，绝不干预政治，而在国家尽力保护，不稍

---

① 中国第二历史档案馆编：《中华佛教总会致国务院呈》，《中华民国史档案资料汇编》第三辑"文化"，江苏古籍出版社1991年版。

② 1912年1月4日就任南京临时政府教育总长，1912年7月，因不愿与袁世凯政府合作而辞职。

③ 宗仰（中央）：《致蔡子民先生书》，《佛学丛报》第1期，1912年10月。

吝惜。此种美风,最可效法……合将该会大纲发交该部,仰即查照批准立案。"①"佛教会"是以居士为主的全国性佛教组织,后该会因涉及僧尼的措辞不当而受到全国僧尼抨击,虽逐渐解散,但其开创了中国佛教史上居士组织的先河,此后,因受其影响,中国各地的佛教居士组织此起彼伏,为中国佛教的发展起到了重要作用。

为了整合全国佛教僧众,1912年4月,释敬安等在上海留云寺组织召开中华佛教总会成立大会,该会总会章程规定:"本会系中华民国全体僧界共同组织",总会的宗旨为:"统一佛教,阐扬法化,以促进人群道德,完全国民幸福。"总会的主要任务包括:昌明佛学、普及教育、组织报馆、整顿教规、提倡公益、增兴实业等。②中华佛教总会作为近代中国第一个统一的全国性佛教组织,其为中国佛教徒初步摆脱政府直接控制,试图联合起来与外力抗衡以保护自身应有权益的第一个全国性组织,开创了佛教组织新模式,在保护佛教庙产方面也发挥了一定的作用,获得了佛教界的广泛认同,是中国佛教救亡图存的重要尝试和探索,具有重大的历史意义。1915年10月,袁世凯又悍然发布《管理寺庙条令》,宣布取消中华佛教总会。后又有清海等组织成立了"中华佛教会"等组织。

(三)北洋政府宗教政策制定的政治背景

民国始建,孙中山即以临时大总统名义颁布《中华民国临时约法》,第五条明确规定"中华民国人民一律平等,无种族、阶级、宗教之区别",第二条第七项载明"人民有信教之自由"。这是中国历史上第一次以法律的形式承认并保障人民有信教的自由权利。民国政府建立前后,孙中山对于佛教的历史存在及其社会教化功能是持肯定态度的,他在《三民主义》讲义中说:"诸君都知道世界上学问最好的是德国,但是现在德国研究学问的人,还要研究中国的哲学,甚至研究印度的佛理,去补救他们科学之偏。"孙中山还支持佛教会的成立,力主仿效美欧各国政教分离的做法,他在给佛教会的复函中说:"敬复者。顷读公函,暨佛教会大纲,及其余二件,均悉。贵会揭宏通佛教,提整戒乘,融摄世出世间一切善法,甄择进行,以求世界之永久和平,及众生完全之幸福为宗旨。道衰久矣,得诸君子阐微索隐,补弊救偏,既倡宗风,亦裨世道,曷胜瞻仰赞

---

① 《孙中山全集》第2卷,中华书局1982年版,第277页。
② 阮仁泽等编:《上海宗教史》,上海人民出版社1992年版,第171页。

叹。近世各国政教之分甚严，在教徒苦心修持，绝不干预政治，而在国家尽力保护，不稍吝惜。此种美风，最可效法。民国约法第五条载明：'中华民国人民一律平等，无种族、阶级、宗教之区别。'第二条第七项载明：'人民有信教之自由。'条文虽简，而含义甚宏。是贵会所要求者，尽为约法所容许。凡承乏公仆者，皆当力体斯旨，一律奉行，此文所敢明告者，所有贵会大纲，已交教育部存案，要求条件，亦一并附发。"①

1912年3月10日，袁世凯在北京就任临时大总统，4月1日孙中山卸去临时大总统职务，于次日临时参议院决议将临时政府迁往北京，南京临时政府结束，南北统一告成。袁世凯在就职仪式宣誓词中说："民国建设造端，百废待治，世凯深愿竭其能力，发扬共和之精神，涤荡专制之瑕秽；谨守宪法，依靠国民之愿望，祈达国家于安全强固之域，俾五大民族同臻乐利"②，表达了支持共和、谨守宪法的执政态度。北洋政府虽宣告以孙中山的"三民主义"作为指导思想，但是因为当局执政者更换频繁，且各为其私，"三民主义"思想很难得以持续有效地贯彻执行。袁世凯执政期间，政府制定一系列政策名曰保护佛教，实则为加强控制，也因此佛教难以得到切实的保护，反而更加受到法律条款的钳制。况且袁世凯窃取辛亥革命成果后，公然违逆就职誓言，倒行逆施，反对民主共和，悍然复辟帝制，为了达到这一目的，禁止人民集会、结社，限制和打击各种社会团体，违背了约法"人民有信教自由"的权利。此时期的中国佛教危机四伏，政府和地方军阀等势力虎视眈眈，佛教处境极为险恶。

（四）北洋政府与佛教界的冲突与调适

民国建立之初，北洋政府迫于共和政治原则的约束，宣告宗教平等和自由，但由于动荡的社会局势决定了其无法履行这一政治承诺，对有强势背景的基督宗教等宗教和对弱势的佛道教很难做到平等对待，对佛教的传统管制惯性和对佛教庞大庙产的觊觎之心始终影响着民国政府佛教管理制度的走向。每种佛教管制政策法规出台前后，双方总会有一番试探和角力。

1913年10月，内务部重新订定"寺院调查表"和"寺院财产调查表"，对全国寺院进行摸底排查，以便制订管理方案，加强控制佛教寺

---

① 孙中山：《复佛教会函》，载《孙中山集外集》，上海人民出版社1990年版，第350页。
② 会文堂编辑所：《袁大总统文牍类编》，上海会文堂书局1925年版，第2页。

产。该令通行各省要求各地一体遵照，分别调查填列汇齐送内务部，以资考核。①《内务部为调查寺院及其财产致各省长都统咨》云："祠庙宗教均归礼俗司职掌，现当整顿部务之际，自宜切实调查，以便有所依据。兹由部议定祠庙调查表式，通咨各省长官司转饬各该属，按式切实填报，等因合亟令仰该县民政长限文到两月内，先行切实调查，汇报一次。此令：一祠庙调查表分所在地、官公、私产、住守人、常住人、基址、亩数、存废、备考等项。一祠庙，如祠、庙、寺、观、院、庙社、坛、堂、宫、禅、林、洞、刹等项，皆包括在内。一官公、私产，如该祠庙历属于国家祝愿典者为官产，其有年代碑记无考，非公非私者亦属官产，由地方公共鸠资，或布施建设者为公产。由该寺庙住持人募化，以及私产建设者为私产。一住守人，指僧道女尼冠庙祝祀等人而言。"②

北洋政府该令首次提出了寺庙公产、私产的区别管理，一时引起了佛教界的一致反对，佛教界通过组织和个人以各种方式对政府行为予以批评和抵抗。

民国初年，敬安法师等为保护僧寺利益而成立的"中华佛教总会"得到临时大总统孙中山的赞同，并得到了内务部和教育部的立案批准。1912年12月，由于各地军警及社团学校等仍纷纷占夺寺僧财产，中华佛教总会会长敬安法师赴京请愿，在与内政部主管宗教之礼俗司司长杜关谒谈时发生冲突，杜关称"布施为公，募化为私"，敬安则指出礼俗司界说不清，认为"在檀那为布施，在僧人即为募化"，可见寺产公私之争对佛教的重要性和政府对此之处理不当。

针对此次调查，《中华佛教总会公函》称："阅礼俗司通行各省公文，凡寺庙关于行祝典，及年远无碑可考，又寺宇半存半废，以及布施建设者，皆属之公产。仅由寺僧自出己资，或独力募化，为私产。已遍行各省，刻日清查具报。此事实行后，僧界将立召破产之祸，而骚扰更不堪设想。"③ 此文直接指出了政府觊觎佛教寺产之野心和该令执行的严重后果。

近代以公产办公益事业的名义侵占寺院利益的事情屡见不鲜，早在内

---

① 中国第二历史档案馆编：《内务部为调查寺院及其财产致各省长都统咨》（1913年10月），载《中华民国史档案资料汇编》第三辑"文化"，江苏古籍出版社1991年版，第693页。
② 《内务部礼俗司通行各省公文》，《佛学丛报》第4期，1913年2月。
③ 《中华佛教总会公函》，《佛学丛报》第4期，1913年2月。

务部公布庙产公私之分之前，1912年8月湖南佛教界就出现了此类事件。《太平洋》八月十号"湖南通讯"载："湘省反后各寺公产均提归地方办理公益，而实则多不问公私全数提允，迭经各僧禀请保产勿提。昨僧某又呈称，寺产有公家集货合置者，有僧人自置者，应请分别公私提充民政司。以僧人带产出家本属常事，请分别公私产充家理所当然。但此事早经禀请都督呈请中央政府颁定律例以便遵守在案，应听候中央律例颁定后通饬一体遵照云。"① 然而政府制定之寺产"公私之分"却并不符合佛教事实，难以使佛教界信服。

象先法师撰《敢问内务部》云："《约法》虽载有人民有保有财产之自由，人民有信教之自由，及中华民国人民一律平等，无种族、宗教、阶级之区别。然佛教财产，我国素有拨为地方共有之习惯，不得即准之《约法》云云。其显违《约法》，谓《约法》为不足准，足令人大骇，况援引习惯，又不问此习惯所从出及良否，明明启社会攘夺之恶风也。夫无论佛教之财产，当以人民之私产一律加以保护也。即曰佛教之财产与人民私产有异，而有公产之性质，则所谓公产之性质，亦佛教公产之性质耳。佛教之公产应为佛教所共有，以办佛教之事业。今佛教振兴教育、慈善等公益不之补助，而反欲攘夺之，天下宁有此种法律与公理耶。"② 这是从法理的角度对内务部践踏《约法》、置法律于不顾所诏令的寺产公私之区分提出了质疑。

近代倡导佛教改革之大家太虚大师于1913年4月8日在中华民国第一届国会上撰文《上参众两院请愿书》呼吁政教分开，佛教庙产由佛教统一机关中华佛教总会公有并加以保护，以兴办教育、慈善、布教等事业。太虚大师亦撰文说："凡佛教范围内之财产、居宅，得完全由佛教统一机关之佛教总会公有而保护之，以兴办教育、慈善、布教等事业；除佛教统一机关之外，无论何项机关，或团体、或私人，均不能侵占而干涉之。而佛教徒除兴办佛教范围内之事外，亦不得侵入政界应有之权利，及混杂政界应办之事业。"③ 由于佛教界的强烈反对，该令的实施最后不了

---

① 《分别公私产》（《太平洋》八月十号"湖南通讯"），《佛学丛报》第2期，1912年12月。
② 象先：《敢问内务部》，《佛教月报》第2期，1913年6月。
③ 太虚：《上参众两院请愿书》，载《太虚大师全书》第34册，台北善导寺1980年印本，第660页。

了之。

民初的佛教危机与政府缺乏保护诚意是息息相关的,"庙产兴学"与"军队霸占"等攘夺寺产事件多为政府姑息纵容和管理不善所致,而所谓清查寺产、制定政策对寺产非但不能起到保护作用,反倒使得近代佛教雪上加霜,频遭蹂躏。因此,在这一过程中,佛教界进行了多次的互动和角力。

二 《寺院管理暂行规则》

(一)《寺院管理暂行规则》颁布与内容

1913年6月20日,北洋政府内务部颁布了《寺院管理暂行规则》,该规则只有七个条款,除最后一条技术性条款外,其余六个条款涉及具体的内容。该规则规定:

> 一、本规则所称寺院,以供奉神像见于各宗教经典者为限,寺院神像设置多数时,以正殿主位之神像为断。二、寺院财产管理由其住持主之。三、住持之继承各暂依其习惯行之。四、寺院住持及其他关系人,不得将寺院财产变卖、抵押或赠与于人,但因特别事故,行呈请该省行政长官经其许可者不在此限。行政长官经前项许可后需呈报内务总长。五、不论何人不得强取寺院财产。依法应归国有者,须由该省行政长官呈报内务总长并呈请财政总长交国库接受管理。前项应归国有之财产,因办理地方公益事业时,得由该省行政长官呈请内务总长财政总长许可拨用。六、一家或一姓独立建立之寺院,其管理及财产处分权依其习惯行之。七、本例自公布日施行。①

这是民国时期制定的第一部寺庙管理的法规,其虽为内政部的部门规章,但在中国宗教立法史上被称为"我国寺庙单行法规之嚆矢"②,而此条例因其不利于佛教,故并未得到佛教界的拥护。

(二)《寺庙管理暂行规则》的制定依据及其特点

关于《寺院管理暂行规则》制定的参考依据,明复法师将其与1911

---

① 《寺院管理暂行规则》,政府公报(第403号),1913年6月20日。
② 内政部年鉴编纂委员会编:《内政年鉴》第4册,上海商务印书馆1936年版,第109页。

年6月日本在韩国所颁布的《寺刹法》进行比较，认为《寺院管理暂行规则》完全是仿照后者而订定的，指出了两者之间有着"微妙的亲子关系"①。如第二条关于住持管理寺院财产，《寺刹法》第四条"寺刹要置主持，住持管理寺刹所有一切财产，负责推行寺务及执行法要，并为寺刹之代表"相近。又如第四条关于寺院财产，《寺刹法》中的第二条为"寺刹之基祉及伽蓝，若不经地方长官之许可，不得作传法布教、执行法要、僧尼止住之用，亦不得转让他人使用"，第五条为"寺刹所有土地、森林、建筑物、佛像、石刻、古文书、古书画、其他重要物品，若不经朝鲜总督之许可，不得处分之"，二者相比，亦有明显的抄袭痕迹。②

《寺庙管理暂行规则》将北洋政府对寺院财产管理的基本态度明确表露出来：规定寺院财产管理由其住持主之；寺院住持及其他关系人，不得将寺院财产变卖、抵押或赠与于人；不论何人不得强取寺院财产，依法应归国有者，须由该省行政长官呈报内务总长并呈请财政总长交国库接受管理等条目。该规则看似政府保护寺产，实际上不乏别有用心，东初法师评价说："其中有关寺庙财产之管理，由该寺住持司之；本院住持及关系者不得有将财产变卖、抵押或赠与等行为，任何人亦不得强占寺院之财产，好似黄鼠狼看鸡的一种企图。"③

《寺院管理暂行规则》对于财产的管理概括而言可分为三个方面，即寺院财产的所有权、管理权和使用权，其中明显存在诸多问题。

首先，庙产有国、公、私之分，寺院财产的所有权归国家所有还是寺院所有不够清晰。《寺院管理暂行规则》第五条明确界定了寺院财产"依法应归国有者，须由该省行政长官呈报内务总长，并呈请财政总长交国库接收管理"，但没有明确哪些不归国有。第六条"一家或一姓独立建立之寺院，其管理及财产处分权依其习惯行之"，但表达也不明确，这为寺庙财产的归属问题开启了争端。后大理院判决《公庙可认为法人》认为："庙产之性质原不一致，公庙固可认为财团法人，而由私人或特定团体出资创设其支配权仍存留于出资人者，则该庙产仅得认为该私人或团体财产

---

① 明复：《中国僧官制度研究》，台北明文书局1981年版，第98—99页。
② 明复：《中国僧官制度研究》，台北明文书局1981年版，第98—99页；又见黄运喜《民国时期寺庙管理法规的演变》，载《行愿大千》，宗教文化出版社2006年版，第226—227页。
③ 东初：《中国佛教近代史》，台湾中华佛教文化馆1974年版。

之一部（仅为所有权之标的物），而不能有独立之人格。"① 后判决《私设佛堂并非公有》又认为："私人建立之佛堂与由公众捐集而为地方公有者，截然两事，不能谓凡属寺庙即应推定为地方之公有产。"②《住持不能以寺庙财产久归僧人管理认为私产》则认为："寺庙财产除可以证明系一家或一姓建立之私庙外，凡由施主捐助建设之庙产不属于原施主，亦不属于该庙之住持，而专属于寺庙原施主固不能仍主张为个人所有，在住持亦不能以久归僧人管理遂认为僧人之私产。"③ 由于立法上的不明确，通过司法判决对各种庙产所有权归属问题的司法引导，最终导致宗教政策法规的碎片化和复杂化。

其次，寺院财产的管理权由住持主之，但是住持的责任仅限于管理，而且是有限度的管理。住持及其他关系人"不得将寺院财产变卖、抵押或赠与于人"。财产所有权包括占有、使用、收益和处分四项权能，其中最为核心的则是对财产的处分权，即基于各种法律事由，所有权人之外的其他人都可以实施财产的占有、使用和收益等权能，但处分权唯独所有人行使不可。该规则虽然规定了寺院财产主持有占有、管理和使用寺产的权利，但是却严格限制甚至剥夺寺院僧人对寺院财产的处分权。规则第四条明确禁止寺院住持及其他关系人，不得将寺院财产变卖、抵押或赠与于人。但因特别事故，行呈请该省行政长官经其许可者不在此限。该规则防止住持和其他关系人变卖、抵押和赠与寺院财产的同时，规定"呈请该省行政长官经其许可者不在此限"，这其实是变相地将公有寺庙财产的处分权转移到当地行政长官手中。而且通过司法判决对于施主及其关系人或后人处置庙产之权利，"行政官署以行政处分许原施主后人声请将寺产拨充学款，如非该原施主后人有意侵损庙产，藉行政处分为侵害他人之手段者，自不得由司法衙门受理裁判"④。关于《寺院管理暂行规则》第四条，

---

① 《公庙可认为法人》（四年上字第一三七二号），载郭卫《大理院判决全书》，会文堂书局1932年版，第309页。

② 《私设佛堂并非公有》（四年上字第二三七九号），载郭卫《大理院判决全书》，会文堂书局1932年版，第310页。

③ 《住持不能以寺庙财产久归僧人管理认为私产》（九年上字第一七三号），载郭卫《大理院判决全书》，会文堂书局1932年版，第312页。

④ 《行政处分非声请人藉以为侵权行为者司法衙门不得受理》（四年上字第五六九号），载郭卫《大理院判决全书》，会文堂书局1932年版，第309页。

"虽有住持及其他关系人,非经行政长官许可不得将寺庙财产变卖抵押之规定",民国初年北洋政府时期最高司法审判机关大理院关于此法规的解释,认为住持及其他关系人唯习惯条理所许者始有处分财产权:"然此项规则系为行政上便利起见,对于行政长官明定其应有之职权,而非对于住持及其他关系人,界以处分庙产之全权,故该条之处分应以习惯法则及条理上可认为有处分权者为限。"① 由此来看,该法规虽然有保护寺院财产的内容,但主要意图则是将寺院财产转化为"公产",最终控制在政府手中。

寺院财产的使用权应归地方政府和寺院僧众。对于前者,第五条明确规定,"前项应归国有之财产,因办理地方公益事业时,得由该省行政长官呈请内务总长、财政总长许可拨用",而对于寺院僧众,其使用权仅限于日常生活所需。大理院关于此法规的解释有"国家以法令指拨庙产无庸更问施主意思","公立寺庙之财产施主以一定目的捐助之后,其所有权即不属于原施主而属于寺庙。若以施主所捐财产供其他目的之用,固应得施主之同意。然经国家以一般法令指拨一定庙产以充某项用途,则固无庸更问施主之意思。前清光绪末年,部章准提庙产租杀七成以充办学经费,系属强行法令性质,原非施主所能反抗,且该章程系规定某庙处产即办某处学堂,则他处之施主自亦不能争提隔处之产以供本处之用"②。

(三)《寺院管理暂行规则》的实施效果

《寺院管理暂行规则》颁布后,由于其内容不仅不能更好地保护佛教,相反对佛教寺产财权有明显的限制和剥夺之义,故遭到了佛教界的一致批评和抵制。北洋政府所颁行的《寺院管理暂行规则》不为僧众所认可,并非仅仅因为寺院财产的公私之分。首先,"寺院"本指佛教僧人生活修行场所,道教的称"观",儒家及民间信仰场所称"庙",寺院应包括儒、释、道及民间信仰场所,通称"寺院"不准确。其次,寺院仅限于儒、释、道及民间信仰场所,并不包括基督宗教、天主教的教堂,伊斯兰教的清真寺等,宗教不平等。最后,将寺庙财产置于地方官吏管理之

---

① 《住持及关系人惟习惯条理所许者始有处分财产权》(三年上字第五九五号),载郭卫《大理院判决全书》,会文堂书局1932年版,第309页。
② 《国家以法令指拨庙产无庸更问施主意思》(四年上字第二〇三九号),载郭卫《大理院判决全书》,会文堂书局1932年版,第309—310页。

下，无疑又开启了地方官吏与土豪劣绅互相勾结侵夺庙产之路。吉林、湖南、广东、江苏、河南等省都相继发生过没收或拍卖寺产的风潮。

民国期间，除了政府颁布法律条文参与佛教管理和保护外，在家佛教居士也发挥了巨大的作用。民国初年，政府上层不乏信奉佛教之著名在家居士，针对庙产保护发起了诸多护法行动。尽管诸多护法行动缺乏制度性保障，难以阻止大规模的侵占寺僧利益事件，但在一定程度上也起到了缓解作用。近代著名居士熊希龄（1870—1937），湖南省凤凰县人，字秉三，别号明志阁主人、双清居士，因晚年学佛，又有佛号妙通，1913年当选民国第一任民选总理。熊希龄于1912年11月就保护佛教僧众等致函袁世凯，讲到社会道德堕落，民俗风气浇漓，有赖于宗教教化补充教育之不足。尤其是谈到民国建立以来，各地攘夺寺产，故恳请政府按照《临时约法》信教自由，保护佛教，改善民心道德，巩固共和民主基础；再者日本佛教布教于华，况且设有随军僧人，弘扬我国之佛教有利于敌我力量之对比。以此说服袁世凯切实保护佛教。

《寺院管理暂行规则》颁布以后，在国务总理熊希龄的干预下，1913年10月1日，内务部被迫给各省都督及民政长官发文，切实保护祠庙。文中称："查祀典祠祭及古物保存，均归本部管理。现闻各省往往有营私图利之徒，或藉端侵夺祭产。有人觊觎改建者，若不设法保护，何以存国粹而系人心？为此通咨各省都督民政长，凡祠庙所在，不论产业之公私，不计祀典之存废，不问庙宇之新旧，一经前人建设，均为古迹，例应保存。希即转饬所属，一律妥慎保护可也。"[①]

针对北洋政府时期的宗教管理政策，近代多有学者进行评析：明复法师认为"袁世凯制定《寺院管理暂行规则》是企图提拨寺产，筹集款项以扩张武力"[②]。黄庆生认为"本规则用现代立法技术观之，对寺院的法律地位、设立登记要件、解散合并程序等都无详细规定，仅能算是基本法型态，虽名为管理寺院财产，实则让省级行政机关在寺院财产处分上留有干预操控的空间"[③]。李建忠认为该规则其所影响的层面大约为四方面：

---

① 《内务部通咨各省都督民政长请转饬所属切实保护祠庙文》，《佛学丛报》第12期，1914年6月。

② 明复：《"监督寺庙"之史的剖析》，《明复法师佛学论丛》第一册，新竹觉风佛教教育文化基金会2006年版，第204页。

③ 黄庆生：《台湾宗教立法》，台中太平慈光寺2005年版，第183页。

①违反当时临时约法（1912年3月公布，即临时宪法）保障人民财产权及限制人民自由权利须以法律定之规则。②因行政机关对寺院财产管理的裁量权限极大，造成寺院财产安定性危机，影响僧道的生存，构成对信教自由间接的侵害。③行政机关介入寺院财产的管理处分，恐有违反政教分离原则。④规范对象为寺院，与宗教平等不符。[①] 其从各个角度对北洋政府的佛教管理政策提出了多方面质疑。

《寺院管理暂行规则》尽管存在诸多问题，但也具有一定的积极意义。清末以来流行的拨提庙产兴学办法自《寺院管理暂行规则》颁布以后开始失效，"酌提庙产兴办学堂，乃前清末年部定办法。此项办法在民国二年六月二十日内务部寺院管理暂行规则公布以前尚继续有效"[②]。从上面的规定可知，不管其对僧道的限制规范如何，北洋军阀政府的态度在庙产的处理上是以寺庙为主，而这寺庙尽管有十方选贤制、传法派和剃度派上的差别，但其适用范围显然是包括所有的佛道寺观乃至一般的神庙。若与清末相比较，我们可以发现其适用范围又回到张之洞当初所提议的，不同的是，北洋军阀政府用寺庙与僧侣分开的态度去处理。还有一点要提的是，前述两项法令都规定私家独立建立的寺庙不在此限，这有基于约法保护人民私有财产的意义，这是共和时代与专制时代的另一差别。

三 《管理寺庙条例》

（一）《管理寺庙条例》的颁布

1915年6月，北洋政府内务部制定《寺产管理暂行条令》，10月29日袁世凯以大总统令第66号令发布《管理寺庙条例》，该条例从立法角度看属于国家的宗教立法，其效力级别高于属于部门规章的内政部的《寺产管理暂行条令》，以此而言，该条例提高了我国宗教立法的级别，是我国已有的宗教立法中效力级别最高的，而且其条款数量较多，内容涉及范围较广，在我国宗教立法史上有重大影响。《管理寺庙条例》制定时，内务部曾上书其理由呈请总统批示，表明政府对宗教的态度，该文认

---

① 李建忠：《信教自由之研究——以近代宗教立法之沿革与内容为中心》，见黄运喜《民国时期寺庙管理法规的演变》，载《行愿大千》，宗教文化出版社2006年版，第227—228页。

② 《提拨庙产兴学之办法因〈寺院管理规则〉公布而始失效》（四年上字第二三七〇号），载郭卫《大理院判决全书》，会文堂书局1932年版，第310页。

为："逮清末叶，政教日堕，僧纲道纪两司亦类多滥竽充任，在精通经典，戒行端节者，每不眉为。不肖者则又挟其势利之见以欺凌教众，丛林大刹仅赖一二住持之贤者稍加整饬，而州县所属之僧道官且每下愈况，惟知出入衙署，结纳绅衿，例应官差，岁取规费，几降于与台为伍，不免为世俗所讥，敝坏纷扰，于宗教行政实际上之进行，适多障碍。是其制有监于此，共因各地豪强当扰攘之际，每多藉端侵占庙产，积案缪葛，曾规定寺院管理暂行规则通行在案，惟事属草创多未详备，而各省秩序初定，亦未能实力奉行。本部一年以来，悉心讨论，拟订条例，几经易稿，深恐于习惯稍有未符即施行，动多扞格，又复采访周咨以资参考。兹经订定管理条例都几三十一条，得厥大纲际关于宗教内部教规一切从其习惯外，对于宗教引政多采提倡保护主义，提倡之适，拟俾教徒得专主学校用广流传并可随时公开讲演阐明教义，且以为教化行政之助；保护之方则以调查僧道须发牒证为入手办法，并今将住持位继，寺庙财产分别注册，庶官有所稽考，而侵占之风或可小息。"① 从其上书内容来看，也有整顿宗教、保护庙产的立法目的，但就其条例的宗旨和具体内容而言，尤其是取消我国第一个全国性的佛教自制团体——中华佛教总会，对佛教的打击较大，这部针对佛教的宗教立法使本已困难重重的佛教雪上加霜。

（二）《管理寺庙条例》的主要内容

《管理寺庙条例》分为"总纲"、"寺庙之财产"、"寺庙之僧道"、"寺庙注册"、"罚则"、"附则"六章，共三十一条。

"总纲"共包含六个条款，主要是对寺庙种类、寺产范围、僧道种类等予以界定，同时规定保护著名丛林，允许寺庙开办学校，对寺院的兴创与合并等事项要求向当地政府注册备案等。在该条例中，将寺庙分为十方选贤丛林、传法丛林寺院、剃度丛林寺院、十方传贤寺院庵观、传法派寺院庵观、剃度派寺院庵观等。此外又以"其他习惯上现由僧道住守之神庙"概括性条款将一部分神庙也纳入寺庙管理对象当中，对于私庙则采取了"其私家独立建设，不愿以寺庙论者，不适用本条例"的放任态度。对于该条例涉及的宗教财产，明确指包含寺庙所有不动产及其他重要法物而言，对教职人员则界定为僧、尼、道士、女冠四种。对于著名的丛林则明确规定由地方政府予以特别保护。条例规定对寺院中"昌明宗教陈迹，

---

① 民国《政府公报》，第一二四九号，民国四年十月二十九日。

或其从众恪守清规，为人民所宗仰者"，有地方官员呈请大总统予以表彰。

条例第二章为"寺庙之财产"，共七条，涉及寺院财产的各个方面。首先，条例规定"凡寺庙财产，应按照现行税则，一体纳税"。而其同时规定的寺院财产取得和变更都需要向政府部门禀告注册登记，这是政府对寺院财产进行控制和抽税的前提条件。其次，该章规定："寺庙财产，由住持管理之。"而且对寺庙所属古物，如建筑、雕刻、绘画及其他属于美术者、为历代名人之遗迹者、为历史上之纪念者、与名胜古迹有关系等特殊财物，规定住持负有保存之责。与此同时禁止寺院主持处分寺院财产，如第十条规定："寺庙财产，不得抵押或处分之。但为充公益事项必要之需用，禀经该管地方官核准者，不在此限。"这样就将寺院财产用于"公益事项"和最终行使处分权利交给了地方官。最后，该章第十三条规定："凡寺庙久经荒废，无僧道住守者，其财产由该地方官详请该管长官核准处分之。"这一条再次为以后各种驱僧夺寺行为提供了合法理由。

条例第三章为"寺庙之僧道"，共四条，每条又有诸多款项。该章对僧道的"教务"、"演讲"和"受戒"三个方面进行了规定。在"教务"方面，该条例第十四条规定："关于僧道之一切教规，从其习惯，但以不背公共程序及善良风俗者为限。为整顿或改良前项事宜，得由丛林僧道举行教务会议。"这似乎是对僧道教团的尊重和鼓励改良，但紧接着又规定："举行前项会议时，须由发起人开具会议事项场所及规则。禀请该管地方官核准。其议决事件，须禀由地方官详经该管长官咨报内务部查核。"这又是对宗教团体的有力钳制，有此规定，则僧团内任何事务的开展，都要经过官方的核准，这使得地方官员有可能对佛教事务的干涉深入其中。在"演讲"方面，条例第十五条规定："凡僧道开会讲演，或由他人延请讲演时，其讲演宗旨，以不越下列各款范围者为限：一、阐扬教义；二、化导社会；三、启发爱国思想。前项讲演，须于开讲五日以前，将其时期场所及讲演人姓名履历，禀报该管地方官。"该条是对佛教弘法活动的规制，究其内容来看，不仅对弘法的内容有要求，而且每次活动仍然需要经过政府的核准方能进行。在"受戒"方面，条例第十七条规定："凡寺庙僧道受戒时，由内务部豫制戒牒，发由地方官转交传戒寺庙，按名填给，造册报部。凡从前业经受戒及其他未受戒之僧道，内务部分别制定僧道籍证，发交地方官清查，按名填给，造册汇报内务部。无前项戒牒及僧道籍证者,不得向各寺庙挂单,并赴应经职。各寺庙亦不得容留。"该条规定,首先将戒牒的发放权收归政府,如果政府不予戒牒,则受戒活动自然无法开展,而且,禁止没有戒牒的僧人进行"挂单"和"应经"等活动。如此一来,清朝政府放弃了的政府控制戒牒制度在该条例中再次复活。

条例第四章为"寺庙注册",共五条,规定"地方官署"为注册主管机构,注册的内容为"本条例规定应注册之事项",注册的结果是经过公告后发给注册证,而且注册后的事项"如有变更或消减时,须随时禀请该管官署注册"。不注册的法律后果是:"凡应注册之事项,非经注册及公告,该管地方官不任保护之责。"该条例的注册制度使寺庙陷入注册则受制于政府、不注册则受制于恶人的两难境地。

条例的第五章为"罚则",共六条。该章主要是针对寺庙住持设置了各种处罚规则,根据条例的内容,对寺庙中的僧道和住持可根据其所犯错误的性质和严重程度,追究其行政责任、民事责任和刑事责任,"但关于民刑事件,仍由司法官署依法处断"。当地官署主要是通过追究行政责任来实施管理,行政责任主要有"申诫"、"撤退"、"赔偿"、"罚金"等形式,申诫主要是针对僧道或住持不守教规时适用的惩处方式。"凡寺庙住持违背管理之义务者,由该管地方官申诫或撤退之。寺庙因而受损害者,并任赔偿之责。"由此可见,对于违反规制的僧道,各种行政处罚是可以并用的,即对于一种行为,有可能同时适用各种行政处罚形式。不仅如此,根据第二十五条规定,"违背第十条规定抵押或处分寺庙财产时,由该管地方官署收回原有财产,或追收原价,给还该寺庙,并准照第二十三条规定办理",这就意味着如果违反该条例,还有可能同时承担行政处罚、民事责任和刑事责任。由此可见,该条例对于僧道而言的确是悬在头顶的一把剑,而掌握这把剑的人就是当地的行政长官。

条例的第六章是"附则",共两条。一般法规的附则属于技术性条款,大多只是规定其生效日期一类补充性事宜,但该条例的附则除了例行规定内务部颁行之《寺院管理暂行规则》废止日期和施行日期外,还规定:"曾经立案之佛道各教会章程,一律废止之。"如此不经意处却隐藏了一个巨大的立法阴谋,中国佛教界成立的第一个全国性的佛教自治组织——中华佛教总会就此被解散。这对虚弱的中国佛教而言,不啻又是当头一棒。①

(三)《管理寺庙条例》的实施效果及其社会影响

袁世凯颁布的《管理寺庙条例》虽然是对《寺院管理暂行规则》等佛教管理政策的进一步完善，但是其内容不切合佛教实际，很多条款甚至将寺规、僧道继承等教内问题纳入其中，且对寺僧钳制严苛，已经超越了管理的范畴。条例将寺庙财产处置大权交予地方长官，又将申诫撤退寺院主持的权力也交由地方长官，开启了地方官与土豪劣绅勾结侵吞寺产之大门。同时明令取消中华佛教总会这一全国性佛教组织，使中国佛教再次成为一盘散沙，任由各种势力宰割欺凌，各地方政府也很难依条例遵照奉行。

因该条例中存在各种漏洞，故引起了诸种诉讼纠纷，致使很多问题只能进一步通过司法途径解决，并因此形成了一系列司法判例，如大理院的判例《因行政监督之设备未完许施主有监督庙产之权》认为："寺庙财产由施主捐助者，虽为宗教公产，然当此行政监督设备未能完善之时，为保持公益起见，自应予施主以监督之权，故本院历来判例均认施主对于寺庙及其财产于相当范围以内可以监督。"② 又如《私庙除有特约或规约处原建主得自由处分》认定："凡公庙（与《管理寺庙条例》第一条第一项相当者）住持不能反乎原施主所定目的自由处分，在原施主自应有监督之权。至私家独力所建设之私庙确与管理寺庙条例第一条第二项相当者，其处分寺产原建主得自由为之。除建立当时或其后与所用住持有特别约定或早定有规约者外，无庸取得住持同意，请官准许，尤非局外所能干涉。"③ 这些判例往往又形成了事实上的宗教司法依据，在某种程度上弥补了宗教法规的疏漏，同时解决了一些宗教纠纷，但同时也造成了宗教法规依据的混乱。

《管理寺庙条例》公布之初，即有北京释觉先等指摘疵谬，以印刷品散布各寺庙僧道。北京观音寺住持觉先联合二十二省僧众领袖五十余人具名给国会上请愿书，要求废除《管理寺庙条例》。觉先等所上《请愿书》

---

① 《管理寺庙条例》，《东方杂志》第 12 卷第 12 号，"法令"，1915 年 10 月 29 日。
② 《因行政监督之设备未完许施主有监督庙产之权》（八年上字第七七五号），载郭卫《大理院判决全书》，会文堂书局 1932 年版，第 312 页。
③ 《私庙除有特约或规约处原建主得自由处分》（六年上字第九八号），载郭卫《大理院判决全书》，会文堂书局 1932 年版，第 311 页。

从《临时约法》第五条"中华民国人民一律平等，无种族、阶级、宗教之区别"，以第六条之第四项"有集会结社之自由"、第七项"有信教之自由"出发，系统论述了政府违背约法对于汉地佛教管理之不公，要求公决废止。《请愿书》云："今内务部无管理基督教、回教等寺庙条例，而独制定管理佛道教寺庙条例，是明示宗教以区别，现违平等之宪章。且蒙藏等处寺庙极多，前项条例，如不行于蒙藏特别区域，则同一佛教，政府之待遇各殊，正所以迫教徒外向。如蒙藏特别区域，一律适用前项条例，则蒙藏必有分离、独立之情势。况强邻煽动已历年所，祸患之来翘足可待，闻前清革去达赖喇嘛封号，英俄政府均有违言，现今国情，尤非昔比。复查民国宪法未经公布以前，约法与宪法之效力等。夫法律抵触宪法者无效，岂命令能变更约法乎？前项条例，抵触约法第五条及第六条之第四项及第七项，是前项条例，当然无效。且前项条例，制定于国会停职帝制高唱之时，其为擅作威权，欺压人民，破坏约法，固为国人所共见。且前项条例，未经国会通过，当然不能发生效力。只缘未经明令声明废除，人心仍不免惶惑，官吏每易于藉口，是以觉先等谨依约法等七条，向贵院请愿，即希公决废除，无任企盼之至。""此项条例，违反约法，剥夺人民之自由，不独祸机隐伏，大有伺隙而发之势，适足以启教争而招外侮。"①

圆瑛也在《论管理寺庙条例应取消》一文中指出："依据《民国约法》，宗教一律平等，凡国内所有佛教徒佛教产业，应同天主、耶稣各宗教一律保护，政府官厅不得越格取缔，地方人民不得妄行干涉，应请求明令宣布取消《管理寺庙条例》，佛教与各宗教得受同等待遇，方与《约法》不相抵触。"② 此外还有释宗仰（中央）发表《管理寺庙条例驳议》、太虚大师发表《叠次呈请内务部修改之呈文》及《条陈说明》等文章，反对《管理寺庙条例》之颁布与实施。

东初法师甚至将《管理寺庙条例》比拟为袁世凯政府卖国的《二十一条》："民国元年（应为民国四年）袁世凯首先采取这个蚕食的政策，颁布《管理寺庙条例》三十一条，几乎把全国佛教寺产都充当社会公益

---

① 《请愿国会废除〈管理寺庙条例〉书》，《觉社丛书》1919年第4期。
② 圆瑛：《论〈管理寺庙条例〉应取消》，《百年佛教高僧大德丛书——圆瑛大师文汇》，华夏出版社2012年版。

事业，其苛刻的程度，尤胜于日本二十一条密约。"①

《管理寺庙条例》的制定和具体实施引起了佛教界的一致反对，甚至引起了教内的诸多误会和事端。民国四年，日本人提出"二十一条要求"，又借日僧来华传教的密约掩饰其帝国主义间谍活动。袁氏深知其诈，乃授意组织"大乘讲经法会"，以对制日本人无理要求。孙毓筠、杨度、严复等，承袁氏意，南下邀请月霞、谛闲两位尊宿北上开讲《楞严经》。此举本意在抵制日本人要求，不料影响所及，诸多社会名流学者、政界显要都相继皈依佛教、研究佛学，遂形成了社会群众学佛的风气。袁世凯长子袁克定也在法会期间皈依了谛闲法师。月霞讲经数日后即称病南返，独留谛闲在京主持讲经和法会活动。而未几，袁世凯政府明令取消佛道教会，公布内务部制定的《管理寺庙条例》三十一条，就中赋予地方官吏限制僧徒及侵占寺产特别权利。因此，谣言四起，人们纷纷猜测袁世凯政府制定佛教管理政策与谛闲法师的关系。

谛闲法师与《管理寺庙条例》的关系，在谛闲的弟子宝静撰写的《谛公老法师别传》中记载："内务部长朱公，拟订《寺庙管理条例》，悉以咨师而行。前大总统袁、黎二公，先后颁题'宏阐南宗'、'阐扬台宗'匾额二方，饬地方官，敬谨悬之寺中，以志景仰，诚大法东流，数千年来，未有之盛事也。"② 可见《寺庙管理条例》的制定的确有参考谛闲意见。《天台第四十三代谛闲大师传》中亦有类似的记载："民国四年，孙毓筠承政府之命，于北京设讲经会，延师讲《楞严经》。士大夫及都城四众，赴会听讲者，虽列广座，为之不容。师自二十八岁，初升大座以后，江浙各丛林之礼聘讲经者，岁无虚席，至是年已五十有八，始为士大夫宣讲，其教化乃普被南北焉。时国内有毁庙兴学之议，地方庙产，多生纠葛，内务总长朱启铃拟订《管理寺庙条例》，咨询于师而着为令。总统袁世凯题额赠师曰：'宏阐南宗'。都中筹安会正筹备帝制，授意各界劝进，且及方外。师语人曰：'僧人惟知奉持佛法，不知有民主君主。'讲经期满，即振锡南归。"③

---

① 东初：《中国佛教近代史》，台湾中华佛教文化馆1974年版，第132页。
② 宝静：《谛公老法师别传》，《百年佛教高僧大德丛书——谛闲大师文汇》，华夏出版社2012年版。
③ 《天台第四十三代谛闲大师传》，《百年佛教高僧大德丛书——谛闲大师文汇》，华夏出版社2012年版。

明复法师认为《管理寺庙条例》是袁世凯仿照日本明治四十五年（大正元年，1912）其朝鲜总督所颁的"寺法"及大正四年（1915）八月所颁的"布教规则"，仿日本统治朝鲜的方式，把一切权柄集中在行政官手里。日本人把权柄授予朝鲜总督，袁政府则将绝对统驭权分别赋予全国两千多个"县知事"，使大小寺庙各自独立，互不相干，而辖于县衙门。也较明太祖的清教榜文与清高宗的汰僧谕旨还要苛刻，形成一种没有君主的君主专制状态。[①]

袁世凯所颁行的《管理寺庙条例》虽并未经国会通过，但却持续时间较长，影响极大，严重侵害了佛教利益。民国五年袁世凯去世后，《管理寺庙条例》并未撤销，依然发挥作用。民国八年，北京警察厅又重新公布《管理寺庙条例》，并指民国六年由章嘉、静波等请立之"中华佛教会"与法令抵触，予以废止。至此全国佛教再次陷入无组织状态中，各省县寺庙财产，只有听任各地官吏与土豪劣绅互相勾结，蚕食侵吞。

四 《修正管理寺庙条例》与佛教政策之缓和

（一）《管理寺庙条例》的废止与《修正寺庙条例》的颁布

自《管理寺庙条例》颁行后，佛教界始终没有放弃抗争和废止的呼吁。袁世凯死后，佛教界知名人士曾联名向国会众议院陈情，要求取消《管理寺庙条例》，但不久因张勋复辟、解散国会而告落空。1921年，佛教界请程德全面谒总统徐世昌，请求修改《管理寺庙条例》。程德全（1860—1930），字纯如，号雪楼、本良，重庆市云阳县人，民国时期的著名居士，曾担任清朝奉天巡抚、江苏巡抚，辛亥革命中"反正"加入革命军，任江苏都督、南京临时政府内务总长等职务，1926年受戒于常州天宁寺，法名寂照。

1921年5月，程德全谒见大总统徐世昌，呈请《修正管理寺庙条例》"二十四条"，以修订《寺庙管理条例》的诸多纰漏。《修正寺庙管理条例》共五章，二十四条。因其为原条例修改删减而成，故很多条款有所保留，有些条款直接删除，有些条款予以修改，此外，还增加了新的条款。修改后的条例虽未全面撤销原来规制，但对佛教的压迫略有缓解，佛教僧寺庙产赖以稍安。

---

① 明复：《中国僧官制度研究》，台北明文书局1981年版，第100页。

(二)《修正管理寺庙条例》与《管理寺庙条例》之比较

《管理寺庙条例》（以下简称原条例）共六章，三十一条；《修正管理寺庙条例》（以下简称修正条例）是经过对原条例删减八条、修改六条、新增一条而成，其中原条例的"寺庙注册"部分被整章删减，故修正条例共五章，二十条。下面通过新旧两个条例的变化对比，来了解修正条例的主要内容。

第一，修正条例增补的内容。修正条例增补了第四条，即"寺庙不得废止或解散之"。该条款虽然简略，但对于佛教而言非常重要，这就使很多寺院避免了地方官僚和豪强以各种理由通过废止或解散寺院的方式达到其驱僧夺寺的目的。

第二，修正条例删减的内容。与原条例对比可知，修正条例将原条例中七个条款直接删减，第四章"寺庙注册"中五项条款悉数删除，此外，还删除了第五章"罚则"中的第二十八条和第六章"附则"中的第二十九条。原条例中第四章"寺庙注册"共五条，其中规定寺庙及其财产须向地方政府注册方视为合法，而且寺庙的财产有所变动都需要向官府注册汇报，这是袁世凯政府为了控制佛道教和掠夺寺庙财产而做的一项立法准备，故该条也最为佛教界所拒斥。修正条例将该章全部删减就意味着后期的北洋政府放弃了这样一种控制企图，对佛教教界的压迫也有所缓解。原条例"罚则"中的第二十九条规定："各寺庙违背第十七条第三项规定，容留无戒牒或僧道籍证之僧道时，处该住持一圆以上十圆以下之罚金，其有形迹诡异，隐匿不报者，亦同。"该条主要是为了维护原条例第十七条第三项，即"无前项戒牒及僧道籍证者，不得向各寺庙挂单，并赴应经忏，各寺庙亦不得容留"得以执行而设，因修正条例中对第十七条第三项予以修改，故第二十八条已无存在必要。原条例"附则"中第二十九条规定"本条例所称地方官，指县知事而言"，删减该条，就意味着将原条例中赋予县知事管制和处理寺庙的权力予以撤销。

第三，修改内容。修正条例对原条例中的六条内容进行了或多或少的修改，修改的内容主要涉及寺庙财产的处置和对僧道的控制问题，这些条款的修改，是佛教界长期抗争的结果，因此其修改对佛教界还是有较大影响的。

首先，修正条例修改了原条例中地方官府掌控和处分寺庙财产的内容。原条例"第十条：寺庙财产，不得抵押或处分之，但为充公益事项必要之需用，禀经该管地方官核准者，不在此限"。原条例的内容究其实质而言，禁止僧众处分寺庙财产，但却允许寺庙财产充"公益事项"，而且这类处分权最终都掌控在地方官手中，这为地方官借办理"公益事项"侵夺寺庙财产提供了法律依据。修正条例修改为"第十一条：寺庙不得抵押或处分之"。虽依然禁止僧众处分庙产，但也撤销了原条例授予的地方官得以利用"公益事项"侵夺寺庙财产的借口，两者相较，略有进步。原条例"第十一条：寺庙财产，不得藉端侵占"。修正条例修改为"第十二条：寺庙财产，不得藉端侵占，并不得没收或提充罚款"。虽然原条款规定寺庙财产不得借端侵占，但因地方豪绅官吏常以行政事端为由没收庙产或以罚款名义提留庙产，致使该条文形同虚设，修正条例增加"并不得没收或提充罚款"内容，则具有很强的针对性，对地方政府和教界双方影响甚大。原条例"第十三条：凡寺庙久经荒废无僧道住守者，其财产由该管地方官详请该管长官核准处分之"。修正条例修改为"第十四条：凡寺庙久经荒废，无僧道住守者，由该管地方官查明保护，另选住持"。原条例通过这一条，使地方政府可以依法将无僧道住守的寺庙财产予以处分，这是对佛道教财产的公然掠夺，甚至造成有些地方官府豪绅为夺寺而驱僧的事件频发，故该条的修改，堵住了地方官员以荒废为由公然侵夺庙产的法律漏洞。

　　其次，修正条例删除了原条例中对寺庙内部事务的粗暴干涉和控制的内容。原条例第十四条规定，僧道之一切教规，从其习惯，但以不违背公共秩序及善良风俗者为限。第三项"为整顿或改良前项事宜，得由丛林僧道举行教务会议。举行前项会议时，须由发起人开具会议事项、场所及规则，禀请该管地方官核准，其议决事件，须禀由地方官详经该管长官咨报内务部查核"。修正条例修改为第十五条，将其中"举行前项会议时，须由发起人开具会议事项、场所及规则，禀请该管地方官核准，其议决事件，须禀由地方官详经该管长官咨报内务部查核"。部分内容删减。原条例第十五条规定，凡僧道开会讲演或由他人延请讲演时，"须于开讲五日以前，将其时期场所及演讲人姓名、履历，禀报该管地方官"。修正条例修改为第十六条，将禀报该管地方官相关的内容删减。原条例这两项内容是规定地方政府对寺庙活动的监管方式和控制方式，由于其监管内容多属寺庙内部活动，是对教内活动的粗暴干涉，且因监管方式过于紧迫，致使寺庙的各种活动窒碍难行，使佛道教的内部管理和传教活动受到极大的钳制。

最后，修正条例放弃原条例中规定由政府发放戒牒制度改为注册备案制度，对僧众的身份管控有所松动。原条例"第十七条：凡寺庙僧道受戒时，由内务部豫制戒牒，发由地方官转交传戒寺庙，按名填给，造册报部。凡从前业经受戒及其他未受戒之僧道，由内务部分别制定僧道籍证，发交地方官清查，按名填给，造册汇报内务部。无前项戒牒及僧道籍证者，不得向各寺庙挂单，并赴应经忏，各寺庙亦不得容留。关于第一项及第二项事宜之办理规则另定之"。该条例规定，僧道必须持有政府发放的戒牒，方有合法的宗教身份，否则禁止从事各种宗教活动，而且禁止寺庙容留这种"非法"僧道。这是对僧道身份的行政管控制度，由于该制度和当时社会情况严重脱节，且遭到佛教界的抵制，使其很难落实执行。修正条例将该条修改为"第十八条：凡寺庙僧道受度时，应由其度师出具受度证明书，载具法名年貌籍贯及受度年月交付该僧道，并由度师呈报该管地方官备案。其在本条例施行以前受度者，由该僧道请求度师或相识寺庙之住持或僧道二人以上为出证明书，并由该度师或住持或为证明之僧道，呈报地方官备案"。修正条例的修改宣告政府对僧道戒牒由管控制度转为备案登记制度，这是北洋政府强制管控僧道的一次尝试，最终以失败告终，但政教双方也因此两败俱伤。此外，修正条例对个别措辞等处亦有些许修改，但属无关紧要，不再赘述。

（三）《修正管理寺庙条例》的作用和影响

《修正管理寺庙条例》的颁行，使北洋政府与佛教界紧张的关系略有缓解，但政府对佛教寺庙的管制角色依然如故，仍以管理者和指导者自居，而且对寺庙财产处分权利的兼管也并未有本质的变化。针对《修正管理寺庙条例》中对于"保护历代国家修建的、具有古迹价值的名胜寺庙"一条，内政部又颁布相关的《著名寺庙特别保护通则》："凡著名丛林及有关名胜或形胜之寺庙，由地方官特别保护之，又同条第二项载前项特别保护方法由内务部参酌地方情形定之。各等语。查此项著名寺庙关系古迹名胜甚为重要。前清旧制，凡在京师附近者，类由内务府僧录司直辖，而礼部每岁复有查庙之成例。关于住持之接替，并由内务府详加考核，奏请钦派，其在各省亦由地方官选择僧道送部礼付各教职为之约束。然法久弊生，迨至末流，各项著名寺庙犹不免时有毁坏。民国改建，对于各种寺庙，虽经颁有管理条例，藉资防范，而节目疏阔，于各项著名寺庙之保护，效力至为薄弱。频年以来，或毁于兵灾，或夺于豪强，或败于恶劣僧道，若不遵照条例，将此项特别保护方法从速酌定，恐旧时名迹古刹，日渐于消亡，殊失条例之本意。兹由司详稽旧制，参以现在情形，制定著名寺庙特别保护通则草案十四条，相应抄送贵局查照核查为荷。"① 至此北洋政府时期的佛教政策开始趋向缓和，对于佛教界保护寺产起到了一定的作用。更有甚者，国民政府在1924年又发布《修正管理寺庙条例第五条及第十七条施行细则》，上述细则计有二十一条条文，其主旨是提出奖励寺庙及道行高洁之僧道的具体标准。政府规定了认定标准、办理程序、发给证书等相关规定。在该细则中，虽然有内务部发给受奖者各种奖励并收取相关费用等荒谬之规定，但也能看出政界和教界的关系不断趋于缓和。

太虚大师认为修改条例尚有诸多难尽如人意之处，故于1921年秋冬作《修改管理寺庙条例意见书》一文，该文对条例逐条予以解读并提出了自己的修改意见。太虚大师首先对条例第一条中寺庙分类提出质疑："查第一条所列各款，为本条例全体之大纲，故其分类法，应按各寺庙之性质，详加区别，以为管理之标准。盖性质不同，则管理方法必不能一致，若概以一例观之，反使习惯上各种寺庙性质混淆，大失管理之本意。如原第一条第七款所列各项神庙，虽为僧道住守，然其性质多不应为宗教之所有，乃亦与前六款平列而不略加区别，使宗教与非宗教无所遵依。而第一至第六各款所称选贤、传贤、传法、剃度等项，纯系住持继传事件，与寺庙之根本性质并无关系，即于管理上无分类之必要。且其所列亦多旧日所行制度，与今日实情不符。如此分类，似有未合。"文中还提出了将我国分为宗教寺庙、奉神寺庙和公益寺庙三类的分类方法。对于宗教团体的法律属性，太虚大师认为："查寺庙性质，各国学者论说不一：或以之为公共营造物，或以之为法人，或并二者皆不承认。然以法理论，实与财团法人性质为近。盖寺庙之建设，概出于捐助行为，且有特定与继续之目的，实与民法上财团法人无所区别。故其性质应以建设之目地及捐助人之意思为定。惟普通财团，因情事变更致目的不能达，或违反公益时得变更之。在奉神及公益两种寺庙，自可适用。"所以对于寺庙主体资格的存废

---

① 《著名寺庙特别保护通则》，《内务部制定著名寺庙特别保护通则致国务院法制局公函》，1921年11月。

自当以其属性而予以规范,"民法上财团法人既经成立,其自身即为财产所有权之主体。非至目的消灭或财团解散后,其自身之所有权即无从变更。寺院既无解散或废止之时,则其所有权亦永无变更之日。乃各地方官吏绅民,往往沿袭旧习,视寺庙为一种公共营造物,任意将其财产予夺之。此盖由于原案财产章内未将寺庙自身之所有权明予确定,在谬于旧习者,即不能辨明其性质而无所遵依。非惟失保护寺庙之意,亦与法理大相违背"。太虚大师还对原条例度牒制度予以批评:"原第十七条规定,僧道戒牒既由内务部颁给,又须颁给一种籍证以资考查。不知戒牒系证明教徒之经历,本属宗教内部事项,在官厅本不应加以干涉。至于籍证乃证明教徒之身分,且可杜绝国外游民之假冒,为宗教行政上不可少之手续,当然由部颁发,以示郑重。"① 此外还对寺院财产的保护和宗教教育等提出了一系列相关建议。

对于修正条例的颁行,佛教界也有一部分僧众表达了欢迎的态度,如印光法师在《大总统教令管理寺庙条例跋》中所述:"迨至清末,法道衰微,哲人日希,庸人日多,加以国家多故,不暇提倡,僧徒率多安愚,不事清修,教网既弛,外侮自临。由是一班无信根人,觊觎僧产,无法可设,遂借开办学堂,以为口实。每有改佛寺以为学堂,夺僧产以饱己囊者,纷纷不一。及至民国初年,国基甫立,风潮愈甚。同人忧之,遂林立佛教会,屡恳政府保护。故于四年,遂有《管理寺庙》三十一种条例颁布。其意虽善,但以未加详审,倘施行之人,稍挟偏私,则弊由是生,便成大碍。凡属法门缁素,莫不虑其后患,故屡有意见书,恳其修改。九年秋,程雪楼居士察其利害,又以意见书面呈大总统,既蒙俞允,批交内务部集议。十年春,方始修正为二十四条,详审斟酌,有利无弊。仍呈请大总统,以教令公布施行。然政府颁布,不能尽人皆见,而北京法源寺住持道阶法师,护教情重,遂拟急刊流布,以期僻山穷陬之处,缁素咸知,无或疑虑,间跋于余,以资鼓励。余曰:如来法道,虽藉外护之力,必须内护有人,始获实效。"②

修正条例的颁布是全国佛教界通过多年的努力抗争的结果,虽然并未

---

① 太虚:《修改管理寺庙条例意见书》,载《太虚大师全书》第34册,台北善导寺1980年印本,第348—369页。

② 印光:《修正管理寺庙条例书后》,《佛光月报》第1期,1923年3月2日。

从根本上改变北洋政府对佛教监督和管制的态势，后来的学者对修正条例的评价也不高，但与原条例对佛教的强力压迫和高度钳制相比，还是有很大进步的，对于刚从高压状态下得以缓解的佛教界而言，修正条例的颁布还是一次事关重大的宗教立法的进步。

第四节　北洋政府时期的僧教育

清末佛教教育，始自佛教公务所及佛教教育会等组织，成绩突出的为杨文会创办祇洹精舍，南京僧师范学校及文希和尚创办扬州僧立学校等。至民国以后，佛教教育主要有四支：月霞法师创办华严大学、谛闲法师创办观宗学社、欧阳竟无创办支那内学院，以及太虚大师于1922年创办的武昌佛学院和1928年设立的闽南佛学院等多所现代化的佛教院校。前两者侧重于传统的丛林教育，后两者则吸收融会了现代学院教育之优点，以上四支佛教院校各擅其美，共同推动了民国时期佛教教育的发展。上述四支之中，成绩最大、培养佛教人才最多、持续时间最久的，当属太虚大师一系的佛教教育。

一　中国传统佛教中的丛林教育及其衰落

1921年，月霞法师的弟子了尘等在汉口九莲寺创办华严学校，主讲法师戒尘在开学典礼演说学校宗旨时，对传统丛林教育的论述非常精辟，他说传统的丛林无非佛教学堂，所以佛教教育自古以来就是"家常饭、屋里事"："自来丛林，无非佛教学堂。学宗者入禅堂，学教者入讲堂，学律者入戒堂。寺院庵堂，以是三者为僧徒参学之所。是以大善知识，建法幢，振宗风，宏毗尼，学者望风而至。依止丛林，修学佛法，惟命是从。如学者求道愈切，则师家立法愈严。间有中材下品，列在两席，则撮取古规，因事制宜而变通之。故教授之法，亦随时更易。如马祖为老病死苦而开丛林，百丈见良莠不齐而立清规。至于贤、台、慈恩、南山、宝华、曹溪、洞山等，各有门庭施舍，无非随时相机，成就后学。"[①]太虚大师的弟子苇舫法师也认为"佛教本身即是教育"，他说："这因为释迦牟尼，他就是一位大教育家，所以当他对其弟子说法时，谆谆善诱，恳切

---

① 《戒尘法师演说本校宗旨》，《海潮音》第2卷第7期，1921年7月。

备至，尤其能因机施教，故凡受过他教育的人，没有一个不是对他五体投地底至诚信仰者。"① 释迦牟尼以其道德、学问摄受了众多不同阶级地位的弟子，不但有学富五车的婆罗门知识阶层，亦有地位低下的低种姓者。佛教的慈悲与智慧无不是教育，既有五戒十善的道德教化，又有哲学思想方面智慧的启迪。

在中国佛教传统中，禅宗的禅堂规矩、丛林制度，坐香、跑香、打禅七等修行方法；教门中讲堂中开大堂、复小座等讲经制度；律宗中受戒学戒、结夏安居等，可以说每一座寺院都是一所专科的佛教学院。东初法师曾感叹说："丛林寺院未尝没有教育，并且有一套完整的教育制度。无论是宗门，或是律门，其所推行的教育，就是知行合一的教育。丛林制度，不仅维持了千余年来佛教的慧命，它所培养的人才也最多，无虑千百万众，而影响中国学术思想，人格精神最大者，也唯有丛林教育。只是晚近以来，丛林制度变了质，主持不得其人，以致丛林教育失败，精神萎缩。"②

然而法久成弊，清末以来，传统的丛林教育已经衰敝至极。禅堂抱定一句"念佛是谁"话头盲修死参，既无佛法正见指引，见地不明，修行方法路子不清，又无明眼善知识鞭策接引，故宗门之中人才不出是不争之事实。教门之中虽然有天台、贤首，然而能够宣讲几部佛经和祖师著述的已寥若晨星，遑论弘扬宗派教义。净土则趋于自利自修，经典的研究则日渐荒疏。律宗寺院则变为传戒场所，四分律的研习、戒律精神的弘扬却乏人。甚至各宗之间互相指摘，故步自封，"习禅者谓教是寻枝摘叶，学教者讥禅为哑羊无知"③。佛教之中经忏之风却盛极一时，使得佛教之中原本为自利利他忏除业障的无上妙法，演变成营利谋食的工具，己事不躬，大事未明，却终日应付赶场，为人求忏，致使僧人失信于檀越，使佛教形象蒙羞。

民国初年，中华佛教总会副会长清海在《论保持佛教之必要》一文中力倡佛教教育。他认为："今世之所以衰，则多由于僧徒之不学，僧徒

---

① 苇舫：《十五年来之僧教育》，《海潮音》第16卷第1期，1935年1月。
② 东初：《中国佛教近代史》第八章，"丛林制度与僧教育"，台湾中华佛教文化馆1974年版，第197页。
③ 《戒尘法师演说本校宗旨》，《海潮音》第2卷第7期，1921年。

之不学,则莫非滥度滥戒之所致。"故论述保持佛教第一条即是"兴学校以广智识":"今世所应急谋者,惟普及教育,无论其年几何,其受戒年又几何,凡不通文字之人,皆纳入于初等小学之内,毕业后入高等小学,为义务教育。其愿再研学术者,听其自由。"① 俱忧法师撰《忠告全国僧界兴学刍言》,指出:"今欲生存于内外激刺之交者,当且有爱国热心,爱国热心,首在兴学。……设学宗旨,当以佛学为经,各科学为纬,科学世间法也,佛学出世间也,世出世间,相辅而行。"② 大悟在《十五年来中国佛教之动向》中亦说:"僧教育之创建,为振兴佛教之根本策略。"③

二 月霞法师与华严大学

月霞法师是近代著名的华严学者,近代最早倡办僧教育的僧人之一。清末庙产兴学时期,月霞积极组织安徽省僧教育会、江苏省僧教育会,任教于杨文会创办的祇洹精舍,并与谛闲法师在南京创办江苏僧师范学堂,对近代中国佛教教育有开创之功。民国初年月霞法师创办华严大学,对华严学的复兴和弘扬以及僧才的培养贡献甚大。据月霞弟子持松回忆:"师对于晚近佛教,每抱悲观,常谓佛教前途将有不堪设想之厄运。故一面设立学校,以期造就人才,备布教之用,一面向政府抒其意见,俾藉政治力量,革除劣习,刷新制度。然旧习深染,非旦夕可除,近来佛教学校稍见振作,师实开风气之先也。"④ 月霞法师由禅入教,在近代佛教教育中独树一帜,颇具特色。

(一)月霞法师于上海哈同花园试办华严大学

清光绪二十四年(1898),月霞法师曾协助楚僧普照,在九华山翠峰寺创办"华严道场",讲八十《华严》全部,由"普照主讲,月霞、可安佐之"。⑤ "华严道场"学制为三年,招收苏浙皖等省的学僧共32名,开创了近代中国僧教育之先河。辛亥革命后,月霞法师受狄楚青(平子)居士的邀请至上海,在他所主持的时报馆楼上讲《大乘起信论》。继由狄

---

① 清海:《论保持佛教之必要》,《佛教月报》第1期,1913年。
② 俱忧:《忠告全国僧界兴学刍言》,《佛教月报》第3期,1914年。
③ 大悟:《十五年来中国佛教之动向》,《海潮音》第16卷第1期,1935年。
④ 持松:《月霞老法师传略》,《觉有情》第62、63期合刊,1942年。
⑤ 《开建翠峰华严道场碑志》,参见张轼《佛教与安徽》,安庆市政协文史资料委员会1997年版,第98—99页。

楚青推荐，入哈同花园讲经，历时一年有余，先后讲过《楞严经》、《圆觉经》等，并著有《维摩经讲义》。哈同花园是犹太人富商哈同及其夫人罗迦陵在上海静安寺路所兴建的私人花园，罗迦陵闻经发心，于1913年留月霞创办了华严大学。罗迦陵曾作《大智度论叙》忆及华严大学之设："予坠尘世，遂踰六纪矣。时在少小，诵习释典，修养身心。四十以往，睹机诈之日萌，人性之日晦，乃发私愿，刊布大藏，冀以圣贤经典、古德语录启示众生，俾离邪趣。且于园林建置精舍，任诸师往锡，修其课行。更设华严大学，目导莘莘，听受玄谛。"① 1914年《佛学丛报》曾载罗迦陵所述华严大学缘起："迦陵讬质女流，生当末世，幸闻大教，志慕圆修，曾以暇日手写是经，香光庄严，朝夕诵读，并重印大藏经典，广为流通。继念欲俾大教旁流，莫如弘讲，故又请月霞法师讲演诸经。兹拟于今年之秋大阐华严，订期三载。窃念听众虽不乏人，惟向无专门学校提倡，且四众人士半因经费支绌，以致研究维艰。今欲广益来学，爰就本园讲堂余地，鸠工庀材，增置校舍三十余间，招集法众安居诵习，凡所须用，一切供给。并添聘教师，分科讲授，三年期满，即分布各地，倡导人民，期于世界同享和平，人心共臻良善，进趣佛道，克证圆乘，讵不懿欤！"②

据《华严大学简章》载："本校以提倡佛教、研究华严、兼学方等经论、自利利他为宗旨。"③ 校址设于上海静安寺路哈同花园内。分正班、预班，分别招收额数四十二名、十八名，共六十名。正班分七科：读经（华严教义、《普贤行愿》）、讲经（唐译《华严经》等）、讲论（华严著述）、讲戒（《四分戒本》）、修观（坐禅习华严宗诸观行）、作文（发挥华严经义）、习字（学习大小楷书）。预班读经、讲经与正班内容相同，其他课程程度略浅，如讲论为《大乘起信论》、《八识规矩颂》，修观为坐禅习华严五蕴观及诸观等，并增加阅贤首法数等内容。入学资格有四条，第一，出家人要求"住过禅堂，品行端正，无诸嗜好者"，在家人要求"具有居士资格者"；第二，"文理通达，能阅经疏者"；第三，年龄在20—35岁；第四，"无分中外远近地域"。华严大学尤其重视禅观修行，每日三次坐禅习观，如春秋（夏冬略有调整）早晨三时起，至五时半用

---

① 罗迦陵：《大智度论叙》，《佛学半月刊》第211期（第9卷第16号），1940年8月。
② 《华严大学缘起预白待校舍完工再为登报招考》，《佛学丛报》第10期，1914年3月。
③ 《华严大学简章（十四则）》，《佛学丛报》第10期，1914年3月。

早膳；中午十二时、晚上六时各一个小时。上午讲论、读经、温习，下午听讲《华严经》及温习。晚上坐禅后读经温习。每逢周日上午洗衣、沐浴，下午作文。

"佛学无有止境，本无毕业可言。今依俗例，定三年为一修业，期满说为毕业，届时考试合格者发给文凭，推往诸方传教；其不及格者留堂补习一年再行试演，仍补给文凭以昭造就。"①

中华佛教华严大学在哈同花园开学以后，由月霞亲自担任主讲，应慈法师、陈演生居士辅助教育。然而开学仅两个多月，就遭到其他宗教的信徒从中作梗，刁难僧人。时值哈同六十寿辰，爱俪园总管姬觉弥受人唆使，提出要华严大学师生向哈同行三跪九叩礼，遭到月霞、应慈及全体师生的严正拒绝，华严大学遂告中止，"月霞法师为法心伤，甚至泪如雨下者不知凡几也"②。

(二) 杭州海潮寺续办"中华佛教华严大学"

正当华严大学陷于困境之时，常州天宁寺住持冶开长老及诸山长老、护法居士共同商讨，决定迁移至杭州海潮寺，得应乾法师为之护持，华严大学惨淡经营，得以维持。1915年秋，于杭州望江门外海潮寺继续兴办，校名正式定为"中华佛教华严大学"，由浙江巡按使屈映光报请内务部总长准予成立。1915年8月21日屈映光致内务部的咨文称："根据联合中华佛教总会呈请大总统规定章程之第二章第五条建立华严大学于杭州望江门外海潮寺，梵林之俊，选集兰若之秀，即于上年十二月初八日来校肄业，用稽大乘密藏，讲说方广华严，详订约规，以自利利他为行，博采程范，以修观习教为宗。总期造就布教人材，养成僧众模范，将来散之四方，专宣布我佛最盛功德，使世界同享和平之福，人心共趋善良之途。"③9月6日，内务部致浙江巡按使，由浙江省咨由教育部核复，后又呈请教育部，蒙批"准予自由设立"。

1915年十二月初八正式开学。按章程预定招收正班学僧六十人，预班人数不限，定三年为一修业期。此简章还明确规定了考试方式，共分四

---

① 《华严大学简章（十四则）》，《佛学丛报》第10期，1914年3月。

② 智光：《月霞法师略传》，《海潮音》第11卷第3期，1930年3月。

③ 屈映光：《浙江巡按使屈映光致内务部长咨》，载中国第二历史档案馆编《中华民国档案资料汇编》第三辑"文化"（1912—1926），江苏古籍出版社1991年版，第737页。

种:"常考",每星期进行;"月考",每月终进行;"期考",每半年结束时进行;"大考",三年修业期满进行。后来成名的僧人持松、常惺、了尘、戒尘、慈舟、智光、霭亭、慧宗等,均曾于此就学。

华严大学简章相对于哈同花园时期有所修订,其宗旨为:"本校以昌明佛教、研究华严经义,兼授大乘经论,养成布教人材,挽回世运为宗旨。"① 华严大学的经费由江浙两省诸山发起,于各省丛林筹集。课程的范围亦有所扩展,增加了历史和地理两科,由七科变为九科,除华严讲读唐译八十《华严经》和《普贤行愿品》不变外,其他八科内容更为丰富和具体,分别为:"经论",讲读方等诸经及华严诸著述《大乘起信论》、《中论》、《十二门论》、《百论》等;"教义",讲读贤首大师《华严教义章》及《五教仪开蒙》;"戒律",讲诵菩萨戒、四分戒本;"禅观",讲习禅法及华严宗诸观法;"儒典",《春秋》、《四书》大义;"国文",讲读古文、文典、作文、习字;"历史",佛教历史及本国史、外国史;"地理",佛教地理及本国地理、外国地理。入学资格第一条改为:"出家人住过禅堂、曾学教典、品行端正,绝无不良嗜好;在家人具有居士资格,佛学有根底者",删除了第四条,更显合理。

(三)九华山东崖寺、常熟兴福寺及汉口九莲寺续办

1916年11月,华严大学后又迁往安徽青阳县大九华山东崖寺继续兴办。据北洋政府内务部档案,安徽省长倪嗣冲曾致内务部咨,其中提到华严大学开办两年以来,教育已渐臻发达,"惟僧校性质素以清净为主,奈海潮寺地近城市,过于喧嚣,今拟迁移安徽青阳县大九华山东崖寺为校址,已与该寺住持心坚接洽商妥。伏恳省长咨报教育、内务两部,并恳饬知青阳县出示,妥为保护等情"②。据月霞弟子智光回忆,在东崖寺期间,月霞主要讲《楞严经》,并对弟子们在宗门修行上进行启发。

江苏常熟兴福寺续办。1917年,月霞在常熟虞山兴福寺住持,升座伊始即筹设华严学院,培育僧材,因积劳深重,率弟子十余人至西湖玉泉寺养病,不久圆寂。月霞法师于病危之际,专门召法弟应慈前往,抓住应

---

① 《中华佛教华严大学简章》,载中国第二历史档案馆编《中华民国档案资料汇编》第三辑"文化"(1912—1926),江苏古籍出版社1991年版,第738页。
② 《安徽省长倪嗣冲致内务部咨》,载中国第二历史档案馆编《中华民国档案资料汇编》第三辑"文化"(1912—1926),江苏古籍出版社1991年版,第740页。

慈的手说道："力宏华严，莫作方丈。"应慈从之，遂溘然长逝。月霞法师圆寂后，应慈法师、持松法师为其建塔于虞山。持松法师24岁侍其师月霞居常熟兴福寺，掌书记职，监管工役。月霞法师圆寂后，1918年2月，应慈法师宣读月霞法师遗嘱，以持松法师嗣法继任方丈。持松法师继任住持后赎寺产，还积欠，传戒度僧。华严学院先后易名华严预备学校、法界学院，学制分正、预科各三年，每届学僧六十人，并专门邀请他的同学常惺法师出任教务长一职。所设课程除佛教经论外，还开设《左传》、《古文观止》，以及历史、地理、算术等世间知识课程。

应慈《华严宗教义始末记序》称："门人持松，近虽归向真宗，然以华严为先入之学，兼以吾兄弟期望之殷，亦思有以扶宗本，酬祖德，爰取诸祖撰述，最其精要。考诞应之事迹，辨立言之异同，采五教之名实，详大小之渐证，后附以《五教观行修持法》一章，俾明各宗躬行实践之准绳。"①

1928年，"常熟兴福寺法界学院，自苇庭法师主持以来，学僧加多，课程亦加紧。该寺住持潭月法师又能心谋力量，较上期进展实无量矣"②。据《常熟法界学院重振》载："常熟兴福寺主苇乘和尚，重振法界学院，并请圆湛、圆觉、常明三法师记莂，负责教导。"③

大定《破山法界学院扩充学额及其现状》云："法界学院的前身，就是我国最著名的前辈僧教育家月霞老法师所创办的华严大学。从前所亲近过月霞老法师的比丘，都成为现代法门龙象，位尊望重大名鼎鼎的大法师（如常惺、持松、智光诸法师）。……华严大学自月霞老法师示寂后，继续他的遗志的有他的法嗣门人持松法师，学风和成绩也不亚于月老法师在世时。后来因持松法师东渡学密，而校中续来的学僧程度又太浅鲜，资格又太幼稚，教授一乘大教，真有所谓'有耳不闻圆顿教'之慨。有这两种方面，故缩小范围，改为法界学院，先造就初机学僧，培植中等僧才，以谋僧教育普及，养成深造法器的义利。"④ 由华严大学改为法界学院的十余年时间中，培养了众多优秀的僧才，成为佛教界的栋梁，住持道场、

---

① 应慈：《华严宗教义始末记序》，《佛学半月刊》第210期，1940年8月。
② 《法界学院进展》，《现代僧伽》第15期，1928年10月。
③ 《常熟法界学院重振》，《佛学月刊》第2卷第2期，1942年7月。
④ 大定：《破山法界学院扩充学额及其现状》，《海潮音》第16卷第5期，1936年5月。

创办僧教育的,如三峰寺住持逸溪法师、汉藏教理院苇舫法师、汉口九莲僧学院乘空院长、九峰寺住持济禅法师、世界佛学苑图书馆慈舫法师等,均曾于法界学院学习过。1933年下学期,因学僧风波,法界学院停办。1936年年初,苇乘法师与存厚法师、正道法师召集全寺职僧会议,将法界学院范围扩大,招添学额三十名,添聘法师,恢复此前规模,前往溧阳聘请日文专家古峰法师(曾留学日本,在日本任过高小学校教师,回国后担任过龙池佛学研究社日文教师)、竹吾法师(安庆教理院和闽南佛学院毕业,曾任过安庆僧学院和龙池佛学研究社讲师),于二月十四日举行开学典礼,正式上课。学僧分甲乙两班,甲级在第一讲堂受课,乙级在第二讲堂上课。"禅堂是学僧的宿舍,大殿为学僧的修持处,斋堂是学僧的食堂,客堂是学僧的会客厅。早夕云烟气象万千的名胜空心亭、空心潭、日照亭、印心石屋、山光路等处,是学僧的三部游艺园。外有藏经楼、阅报室、学僧图书室,供学僧在课余刊阅,以助思想活敏,增进常识。"课程方面,因学僧程度不等,故有浅深的分别,甲级有《俱舍论》、《原人论》、《八识规矩颂》,以及国文、作文等;乙级是中级佛学教科书及国语、作文。日语、《遗教经》、算术、国术(太极拳)四课,两班合授。课程及行持上,秉承月霞法师华严大学的学风,每天除上四课外,寺院的职僧、清众及学院的学僧,都必须在清晨齐至大殿,共修二小时;晚上养息时,并礼佛十二拜。院长由寺院退居和尚持松法师担任,常惺法师任名誉院长,潭月法师任副院长。

此外,1921年9月29日,了尘法师创办的汉口华严大学(又称华严学校)于九莲寺开学,该校发起人为直慧、云峰、了尘、戒尘、法戒、参波、常波、法衍、朗慧、慈舟、如九、性彻十二人。由了尘担任校长,聘请戒尘、慈舟、性彻等为教授。在开学典礼上,首先由校长了尘法师宣布本校开学缘起:了尘法师早有心愿,探讨教典,然夙愿未偿,"今春归元法会诸法师齐集,触动鄙人宿愿,商诸执事,恭请诸大法师俯垂教育,当戒慈性公允许,并肯担负责任"[①]。主讲法师演说该校以"改革时弊,维新教育,挽回劫运,昌明佛法"为宗旨。据《中华佛教华严大学预科简章》第二条"名称"载:"本校谨遵前杭州咨部立案准自由设立成案,

---

① 《汉口九莲寺华严学校开学纪事》,《海潮音》第2卷第7期,1921年7月。

先办预科，后办本科，故定名曰华严大学预科。"① 校址设于汉口夏口县九莲寺。课程分三年将习，以佛教经论为主，除经论方面的理论讲读外，还有律学将读、禅观、贤首教义，以及国文、儒典、历史、地理等课程。该校招收僧俗学生三十多人，至1923年春夏之际学生毕业圆满结束。

（四）可端与中华佛教华严大学院

中华佛教华严大学院，1923年由扬州长生寺住持可端法师创办，创办时的名称为"华严大乘学院"，后更名为"中华佛教华严大学院"，至1927年呈请国民政府教育行政委员会备案，得到批准，要求将名称中的"大学院"改为"大学校"。可端法师为丛林中的长老，精究禅教，据印光法师在《佛光月报序》中称："维扬长生寺可端和尚，宿植德本，久参禅讲，于民国八年，由性莲退居，委令住持，因念《华严》一经，乃如来根本法轮，一切众生同得发起一乘善根，时经三年，讲圆一部。而护法居士感其至诚，又祈愿续讲以培人才，因开华严大学院，学术额定四十八明。"②

据1923年成立时的《华严大乘佛学院章程》知，此学院的名称为"华严大乘学院"，宗旨为："本学院依丛林宏经规则，专宏华严大教，修忏习观，俾解行相资，造就僧界人才，阐扬佛化宏法利世为宗旨。"③ 华严大学院成立后，创办了《佛光月报》，第一期邀请显荫法师任编辑，第二期开始由可端自任编辑。至1927年可端法师呈文国民政府教育行政委员会备案："中华佛教华严大学校开办已五年，前由该校校长释可端备文呈请国民政府教育行政委员会备案，业已蒙核准。其批令云：呈暨附件均悉，该僧提倡佛化教育，所订课程，除普通科学外，皆属纯正佛教经论。执行会简章，亦系宏宣佛法之本旨。尚无不合，但大学院名称，不应沿用，宜改为学校。其余大致不差，应准存查。"④ 华严大学院一直维持至南京国民政府时期，当国民革命后各地掀起提拨庙产之风时，可端法师曾致书诸山长老，倡导佛教教育，呼吁培养能够荷担如来家业的有学问的僧众："时至今日，佛法之陵夷衰微，已达于极度。而僧众不事学问，不明

---

① 《中华佛教华严大学预科简章》，《海潮音》第2卷第7期，1921年7月。
② 印光：《佛光月报序》，《佛光月报》第1期，1923年3月。
③ 《华严大乘佛学院章程》，《佛光月刊》第3期，1923年8月。
④ 《中华佛教华严大学核准备案》，《大云佛学社月刊》第16卷第82期，1927年11月。

佛法，不行佛制，殊为根本原由焉。盖今世之反对佛教者，非反对佛，非反对法，所反对者，惟僧人而已。……今日担荷如来大法之僧众，除一二特出人材为世所推崇者外，能知佛教原理，而自修自了者，已十不得三。其多数僧尼，既不能从事世间事业，服劳社会以自活，又不能修持出世间功课，以自觉而觉他。世间学问知识，出世间法门又完全未能了解。惟知靠佛吃佛，无唯一志向。"①

华严大学院虽与月霞一系并无直接的关系，但基本延续了华严大学的办学宗旨，与其他佛学院适应时机注重普通学识不同，华严大学院与当时谛闲法师的观宗学社遥相呼应，一专研天台，一专研华严。华严大学院悉依丛林规则，不尚浮华以标新立异，随众上殿过堂，参禅观修，被誉为"当世完美佛学校也"。《江苏教育厅训令》称："为慎重起见，院中一切设施及办法，悉遵古规，不参新见，教观并重，忏摩兼修，逐日讲说经文，发挥玄奥，按月变形书报，传布遐迩。"② 华严大学院所设课程极为严明，欲造就佛教界之伟器，课程分为正、副二科，正科分三种，即德学、佛学、文学；副科分为六种，即修观、辅讲、复讲、研究、读经、作文。传统的上殿讽经、过堂结食、忏观、禅修等，皆遵佛教传统之遗训，每日需五个小时。佛学则研习佛经，正座后则研究、辅讲及复讲，每日需八个小时。文学则读诸家之文，每日一二小时。又据首届录取的正班佛学科学院学生尘空记的《华严大学学课日行记》载，每日课程及作息安排为早晨三点半早课，六点研究，七点覆讲，八点国文。十点午斋，十点半写字，十一点修习。十二点半主讲大座。下午三点半佛学，四点半读经。六点晚膳。七点念佛、观修，八点辅讲，十点养息。

三 谛闲法师与观宗学社

谛闲法师创办的观宗学社，是与月霞法师创办的华严大学齐名的倡导传统的僧教育学院，为佛教界培养了大量的人才，推动了近代天台宗的复兴。谛闲法师认为慈悲事业固然符合佛教济世的精神，但修学办道、培养人才方是根本，他提倡各处寺庵所住的僧众，都应各发道心，认真修行。所有年少的比丘，都应该到丛林学习佛法。对于传统的丛林，他认为不可

---

① 可端：《华严大学告诸山长老住持书》，《海潮音》第9卷第1期，1930年1月。
② 《江苏教育厅训令》，《佛光月报》第2期，1923年6月。

固执旧习，应该兴办学院或者是研究社。同时秉承开放的宗旨，认为其形式可以是独办也可以合作办学。其最终目的是培养僧才，光大佛法。用佛法的精神对内自利，对外济他。①

（一）观宗研究社、观宗学社、观宗弘法社

谛闲法师身体力行，致力于办学育人，成绩斐然，一生多处兴学。尤其值得一提的是观宗讲寺。法师于1912年受宁波当局之请，出任四明山观宗寺住持。在重建祖庭同时，就重订规约，以三观为宗，说法为用，改观宗寺名为"观宗讲寺"。并于第二年成立了"观宗学社"，自任主讲，专攻天台教观。

1918年7月，谛闲法师在北京讲完《圆觉经》，交通部部长叶恭绰和铁路督办蒯若木因北方佛法不兴，劝谛闲留在北京，创办一佛学院。因观宗寺的建设尚未完工，所以法师仍决定将佛学院设于观宗讲寺，将原先的观宗研究社改组为观宗学社（或称观宗学舍），除从原先研究社里挑出部分学生外，又招收了一些，共有四十多人，分正预两科，正科和预科各二十名左右。上学期讲《十不二门》，直到下学期把《十不二门》讲完之后，又接着讲《教观纲宗》，第二年（1919）上半年讲《法华经》，后半年讲《法华玄义》。② 其中《十不二门》最为重要，法师曾开示天台教观的学习次第："先须熟读《始终心要》、《教观纲宗》。此二种不可不熟读熟背，然后阅《十不二门指要钞详解》。究此一种，要细心玩味。此是性具一宗之纲格，得此纲格已。只须精研《法华》、《楞严》二经，体会佛意，即可自他兼利矣。"③

是时入学的僧侣有仁山、妙柔、倓虚、静权、宝静、妙真、可端、常惺、禅定、授松、戒莲、显阴、持松等，后来这些人分灯于大江南北，各为天台重要法匠。

1921年，观宗学社三年期满，学院毕业。观宗学社毕业的宝静法师与授松法师决定将观宗学社改组为弘法社，继续招生。原预科恢复旧名为研究社，正科改为弘法社。自此，观宗学社分为两个不同等级的学社。仁

---

① 谛闲：《在宁波佛教会演说辞》，载《谛闲大师语录》，台北新文丰出版公司1993年版，第84页。

② 倓虚：《影尘回忆录》，上海佛学书局1993年版，第100—101页。

③ 谛闲：《三证成德》，载《谛闲大师语录》，台北新文丰出版公司1993年版，第209页。

山法师担任主讲,讲《摩诃止观》,宝静法师任职管理学社。仁山法师讲完止观后即离开,社长谛闲法师及学员推举宝静法师继续讲《摩诃止观》,然而才讲完初卷,即因受邀任雪窦寺监院而辍讲。宝静法师离开后,由静权法师接任主讲。1924年春,宝静法师从镇江金山寺大彻堂坐禅出来后,返回观宗讲寺,继续在弘法社任职,讲授《始终心要》和《四教义集注》。1925年,谛闲法师主讲《皇忏》,社中学员与远凡居士等发心记录,宝静法师任辅讲,即为之删繁取要,或加入自己的理解,逐日编辑整理,经过数月辛勤努力,终于编成全部之《皇忏随闻录》,刊印流通,风行一时。①

观宗弘法社注重教观并进,采取冬参夏学的方式,据倓虚法师回忆,研究社根据学生的情况,分成弘法社(高级)、研究社(中级)、预科(初级)三班。在预科听课一年,经考试及格,方可进入研究社两年,再经考试及格,始能升入弘法社,再经三年毕业,不发文凭,不分期别。每天早三点起床,三点半上大殿,五点半下殿,稍微休息一会,就过早斋堂。八点学生回讲,至十一点下课,十一点半就过午斋堂,然后绕佛。下午一点,到讲堂听谛老简单开示,先修止观一个小时,然后听讲大座。下午四点至六点上晚殿。晚间七点至九点,是自修的时间,个人在寮房里看经,或者听课外课,如《古文》、《四书》、《史地》、《书法》等。其时间安排相当紧张,除弘法社的学员因课程重可免去晚课外,其余照常。②

(二) 观宗弘法研究学社

到了1928年,谛闲把观宗学社改级为弘法研究社,召回在香港、广东等地弘法的宝静法师,将观宗弘法社、研究社二社合并为弘法研究社,由座下弟子宝静协助社务。宝静学识渊博,辩才无碍,讲经授课,亦深受学僧欢迎,由是入学者增多,研究社乃扩大规模,培养了大批的佛学人才。同时,研究社发行《弘法社刊》,弘扬天台教义。

宝静法师主持观宗弘法研究社工作以后,完善了各项制度,制定了《观宗弘法研究社简章》、《学员共守规则》、《学员入学资格》、《主要课程》、《学员分级》、《会客室规章》、《书本藏经室条约》七种章程和条

---

① 灵修:《宝静法师史略》,载方祖猷《天台宗观宗讲寺志 1912~1949》,宗教文化出版社2006年版,第59页。
② 倓虚:《影尘回忆录》,上海佛学书局1993年版,第61—62页。

规。在《章程》中规定，弘法研究社的宗旨是："敷扬法化，接引后昆，续焰传灯，唯人是赖，本社专以造就弘法人才为宗旨。"其组织根据学员的程度分为预科、副级、正级："本社原有研究社为副级，另设立弘法社为正级。另又设立预科为出入之先容。其弘法社所有学员，均由研究社升选。研究社所有学员，由预科升选。"在"祖源"条中，明确弘法研究社以天台一宗为根本："去圣时遥，智难胜习，兢攻群典，见必分歧。先学天台一宗，为专门学，务必教观双修，俟有心得益，然后博览余宗。"① 课程以《法华经》为主，重点读《教观纲宗》、《始终心要》，还要阅《法华玄义》、《摩诃止观》、《法华文句》三大部及五小部。此外，如《大乘止观宗圆记》、《四教仪集注》、《四念处》、《起信论》、《裂网疏》等论著，则随力研究。暇时兼习文学，作为初心学经之前方便，亦为将来弘法时之用。在《观宗弘法研究学社主要课程》中，将课程分为三科："经学科"专研天台教理，学习经论讲法（每日下午大座，午前抽签复座）；"行持科"重于真实德行，定时礼忏修观（除讲经前修观外，朝暮课诵随众，以笃精进。弘法部学员，每晚礼大悲忏以自修）；"文学科"教授讲读文艺，练习佛界文学（逢三六九日前授文学科。每月两次作文，在例假日）。②

据《弘化社刊》第6期《观宗弘法研究社戊辰年学院一览表》载，1928年在此就学的学员共六十六人，并与学界人士有着密切的来往，徐蔚如、蒋维乔、江味农等著名居士都参与了学社的教学，形成了良性互动，使学社的佛学教学研究始终处在较高的层次。1930年观宗弘法研究学社任职情况如下：社长谛闲法师，主讲宝静法师，辅讲菩照法师，督学逸山法师、应体法师，教员季圣一居士、钟镜法师，书记昌莲法师，会计式见法师。

1932年春，宝静法师自香港弘法归来，返回观宗讲寺。五月十九日，观宗讲寺举行了隆重的传法及升座典礼，宝静法师受谛闲法师传天台法脉，成为第四十四代祖师，出任观宗讲寺住持，并兼任弘法研究学社社长。1935年观宗弘法研究学社任职情况是：社长兼主讲宝静法师，辅讲如常法师、立祥法师、正兴法师，助讲品觉法师、碧林法师，督学开化法师、心耀法

---

① 《观宗弘法研究社简章》，《观宗弘法社刊》第19期，1932年10月。
② 《观宗弘法研究学社主要课程》，《观宗弘法社刊》第23期，1933年12月。参见心皓法师《天台教制史》，厦门大学出版社2007年版，第486页。

师。1936年年初,宝静法师于观宗弘法研究社讲《摩诃止观》,历时一月有余。日本侵华以后,自1939年至1940年宁波沦陷前,日寇多次轰炸宁波。"战争起后,寺遭回禄,典籍遗轶,学生星散,宝静欲恢复未果,赍志以殁。"① 观宗弘法研究学社不得不停办,整个沦陷期间未能恢复。

(三) 观宗学戒堂及观宗系其他佛学院

1934年,因观宗弘法研究学社影响甚大,前来求学者日众,其中不乏初出家的年轻僧人,根据佛祖诲训,初出家比丘五夏以前宜须学习戒法,因此设立学戒堂,"为初学比丘修学律仪规范,补习普通学识"②,觉光法师谓其"为培植失学的僧伽,作日后弘法之基础"③。学戒堂"专为成就初出家青年比丘学习戒法,诵读经书,教授粗浅佛学及普通知识,研习文艺、梵音及释门应用之学,为造就僧众干才弘法基础,作将来化他益物、慈悲济世之用为宗旨"④。开设的课程有佛学(戒学、经学)、史学、算学、尺牍、文学、梵呗、读诵、行持等课。学制三学期,每学期一年时间,亦分正副两级,正级二十名,副级四十名,年龄在12岁以上20岁以下,毕业后可升入弘法研究学社或在常住任职。觉光法师、演培法师等都曾在观宗学戒堂读书,日后成为颇负盛名的高僧。

根慧法师出任观宗讲寺住持后,于1946年9月发起筹备四明佛学院,成立董事会以筹募四明观宗佛学院基金。先后举行过第一次会员代表大会及常务会议,主要事宜即为成立董事会及募集资金。然此佛学院并未按照规定呈报当地佛教会及各级教育机关核准备案,即仓促试办。至1947年春,佛学院学僧发生风潮,引起观宗讲寺常住与佛学院学僧集体斗殴事件。经诸山长老及当地士绅调解,得以平息。佛学院亦因此停办。后鄞县佛教会曾倡议倡办四明佛学院,因经费等原因亦未创办成功。

此外,仁山法师于江苏高邮创办的天台学院、安徽潜山县三祖山的台宗佛学院,以及觉初法师于重庆华岩寺创办的天台教理院,均属于宁波观宗讲寺一系。仁山法师为民国时期佛教界颇负声望的一代高僧,民国元年

---

① 本空:《恢复观宗弘法研究社启》,参见方祖猷《天台宗观宗讲寺志 1912～1949》,宗教文化出版社2006年版,第147页。

② 《观宗学戒堂章程》,《观宗弘法社刊》第25期,1934年6月。

③ 安童:《观宗学戒堂发展之感想》,《观宗弘法社刊》第32期,1936年10月(按:安童,即后来出任香港联合会会长的觉光法师)。

④ 《观宗学戒堂章程》,《观宗弘法社刊》第25期,1934年6月。

与太虚大师成立佛教协进会,于镇江金山寺改革失败后,退而研习经论。曾入观宗学社依止谛闲法师学习,深受器重,后担任过观宗学社主讲。1919年,仁山法师于江苏高邮放生寺创办天台学院。1921年改为四弘学院,专弘天台教义。天台学院为北洋政府时期深孚众望的僧教育机构之一,吸引了众多优秀的僧青年前来学习。

安徽潜山县三祖山的台宗佛学院,课程全部为佛教经论和天台教义方面的内容,第一学年的课程为《教观纲宗》、《二课合解》、《始终心要》、《普贤行愿品》;第二学年的课程为《四教义》、《无量寿佛经》、《维摩经》、《大乘止观》;第三学年课程为《摩诃止观》、《金刚经》、《梵网经》、《法华经》。学额仅招收学僧二十名,影响不大。

1933年觉初和尚在华岩寺创办"天台教理院"。觉初法师为宝静法师的入室弟子,"解行兼优,真俗双融,前任浙宁七塔报恩佛学院及观宗寺弘法研究社教员,历有年所,成绩昭著,富有办学经验"。天台教理院是根据觉初法师的建议,由川东佛教中学改建而成,延聘钟镜法师主持院务。天台教理院创办之初,学院与寺院常住之间多有隔阂,觉初法师回华岩寺主持学院事务以后,面貌焕然一新:"旧岁经天台教理院再三函聘,法师以梓里情殷,慨然归来,四方学子,不期而集。法师每日讲授之外,早晚随众行道,且能和气接人,不豫外事。学院之进行,深得班首、职事之赞助,一化从前隔阂之积弊。现欲更谋发展,秋季拟续招插班生二十名。"① 至1938年学院不断发展,遂更名为"华岩佛学院"。

兹将宝静法师系所创办的佛学院或领导的莲社情况列表如下。

表2—2　　　宝静法师系在南方创建佛学院或领导莲社②

序号	地点	名称	大致年代	人员	附注
1	广东广州	弘法佛学社	1926	宝静	共同创办,《社刊》第18期
2	广东中山	中山弘法分社	1926	宝静	协办,《社刊》第19期
3	浙江杭州	杭州念佛林	1935	宝静	林长,《社刊》第30期
4	浙江上虞	上虞莲社	1936	宝静	导师,《社刊》第34期
5	浙江莫干山	莫干山莲社	1936	宝静	永久社长,《社刊》第34期

---

① 《重庆天台教理院招考插班学生通告》,《观宗弘法社刊》第29期,1935年9月。

② 方祖猷:《天台宗观宗讲寺志　1912~1949》,宗教文化出版社2006年版,第327页。

续表

序号	地点	名称	大致年代	人员	附注
6	云南昆明	云南佛教居士林	1932	宝静	永久导师,《社刊》第24期
7	江苏淮安	启明学院	1925	尘空	《社刊》第4期
8	贵州贵阳	佛学院	1928	尘空	协办,《社刊》第4期
9	湖北荆州	玉泉寺台宗佛学研究社及律仪院	1936	心宗	
10	四川重庆	天台教理院	1935	钟镜	
11	安徽潜山	三组山台宗佛学院	1936	镜空	《社刊》第32、34期
12	河南洛阳	白马寺佛学院	1937	朗照	《社刊》第33期
13	福建福州	鼓山佛学院	1930	宗镜	协办

从观宗研究社，历经观宗学社、观宗弘法社，到观宗弘法研究社，均以天台宗为独特家风，尤其重视丛林的修学以及教宗传统的讲大座、讲偏座及覆讲制度。《观宗弘法研究学社学员共守规约》载："原夫息心达本，端藉形躯；教典精研，全凭师友。唯恐久参慧学，定力浅而弊忽生，习焉不察；后进初心，识见微而志不固，黯也罔知，致使学业难成。大半多为道源不足，中止半途，甚至流入应酬门庭；衣食有地，菩提心被其退失，坚固子为是沉埋，滥侧僧伦，徒消岁月。兹欲挽救已往颓风，故特创办观宗学社。"① 据演培法师回忆在此学习经教的情形："观宗寺的教学方法，全部依于教育原则，是天台一家的独特风格。不论讲什么经论，或天台教理思想，假定夏历五月初十下午讲大座，由主讲或副讲讲，晚上七时半，由弘法部学员讲偏座，即将下午主讲或副讲所讲的，从头到尾对预科及研究社同学讲一遍，这样，即使弘法学员学习讲说，亦使预科及研究社同学更得深刻的入于脑海。到明天上午九时覆小座，昨日讲大座的法师，同样坐在法座上面，由他从签筒中抽出某支签，签上写的那个名字，就由那个同学覆讲。经过昨天午后及晚上两次讲解，照例应能多少覆讲一点，可是仍有少数同学，一动不动的默然而立。覆讲不出并不受到怎样责罚，但必

---

① 《观宗弘法研究学社学员共守规约》，《观宗弘法社刊》第23期，1933年12月。

须站在原位,等另一同学覆讲完毕,才许坐下。"① 又据维慈的考察:"你可能会设想从低年级到高年级,课程安排也将由浅入深,循序渐进。但是,既然三个高级学部的教学活动安排在同一间教室,那么大家修学的内容也是一样的。一位学生说:'刚开始我们不能完全理解,但是一遍又一遍地重复听讲同样内容之后,就能愈来愈清晰地领会意思了。'当一位低年级学生学习进度很快时,他将接受口试,如果他对一段测试经文的解释令人满意,会被升入高一年级学习。尽管理论上四个学级的课程意味着十二年才能学完,实际上学完任一级的课程并不需要三年。我所访问的所有学生,都提前一年或以上时间就完成了一级课程。"又说:"上课不用黑板,也不用记笔记;没有笔试,没有(考试)分数,没有文凭。结业时,学僧们的收获只有一件法师的红色袈裟,表明他们现在已经取得了讲经法师的资格。实际上,同传统师徒相承的教育体制相比,只是略有区别而已。"② 由此可以看出,观宗弘法研究社基本上继承了传统的师徒相承的教育体制,而与太虚大师所倡导的现代化的僧教育迥然不同。

四 太虚大师与武昌佛学院

(一) 倡办的动机与宗旨

武昌佛学院的创办,主要有两个目的,一为继承中国汉传佛教之传统,二为顺应时代,应机设教,化导群生。关于前者,在武昌佛学院成立的缘起中明确提出,要恢复隋唐大乘佛学之精神:"然则同人等组设佛学院之缘起,夫亦可知矣。第佛学固兼小乘,而以大乘为重,大乘之学宗莫盛隋唐。比年日本尝尽量发挥,其不能云行雨施,普令大地蒙润盖已可见。转观之国中缁素,虽不乏自修之人,尚难言利世之业,且多貌似神非,为佛门玷,必基之以学理,修之以行业,使隋唐大乘诸学宗次第恢复振兴,庶足张法界之纲,捞摝群机,广时雨之化,悉令沾洽焉。谁欤上合诸佛之慈力,下同众生之悲仰,不舍世间,勤学方便,以宏此不可思议功

---

① 演培:《一个凡愚僧的自白》中"我踏上求法的正途·一、到观宗寺求法"一节。《弘化社刊》第23期,参见方祖猷《天台宗观宗讲寺志 1912~1949》,宗教文化出版社2006年版。

② [美]霍姆斯·维慈:《中国佛教的复兴》,王雷泉等译,上海古籍出版社2006年版,第90页。

德之利哉。"① "恢复隋唐大乘佛教之精神",实际上就是要继承中国汉传佛教之传统。关于第二点要顺应时代,化导社会人心,就需要一批有文化、有修行并且能够了解时代思想与潮流的人才,《佛学院章程》中明确把培养能"宏法利世"的人才作为宗旨:"本院招集有志学佛之人,不分缁素,授以佛学,俾行解相应,能宏法利世为宗旨。"② 太虚提出:"欲达整顿僧伽制度实现之目的,则不可不先造就能整顿之人才。"③ 所以创办佛学院是太虚大师进行僧制改革的一项重要内容,他希望通过佛学院教育,培养一批有高尚完美道德、有实修见地和学问,并且了解近代的思想学说的新式佛教人才,在此基础上推动佛教成为合理化的现代组织,建立真正住持佛教的僧团。

继承汉传佛教传统,则必须对传统丛林中的修学制度进行继承;适应时代,则必须吸收现代学校教育的经验以补充传统丛林教育之不足,培养能够适应时代的现代弘法人才。太虚大师在《对于学人之训辞》一文中对这两个方面进行了阐发:"本院之建设,与从前之办僧校迥异。彼为抵御侵占计而模仿学校制,余痛学校之恶习,与不能注重学识普及之丛林,始有佛学院之产生。佛学院创办之唯一宗旨:一、仿照丛林制度,组织普及僧俗修习佛法之学院;二、仿照学校课程,使容易造成适应现代宏法之人才。然而僧俗群居,赖以保持秩序,训练精神,唯在规则;故本院管理,统取严格。又学佛者,首在戒奢侈,故本院衣食住三,均取清苦淡泊之风。此为佛学院取法丛林,期改良现今学校放肆之风尚,而亦恢复固有之简单生活也。如是遵循进行,始有行解相应之希望,宏法利生之能力;否则,为社会之蠹贼,佛门之狮虫而已!"④ 与通常丛林念诵阿弥陀佛回向西方极乐净土略有不同的是,佛学院在早晚禅诵中唯称念弥勒回向兜率净土。

仿照现代学校教育方面,可以看出太虚大师的现代眼光与世界视野。1917年,太虚曾对日本的佛教组织及其管理进行了考察,认为其与他撰

---

① 《武昌佛学院成立之经过》,《海潮音》第153卷第5期,1922年6月。
② 同上。
③ 太虚:《议佛教办学法》,载《太虚大师全书》第34册,台北善导寺1980年印本,第468页。
④ 太虚:《对于学人之训辞》,载《太虚大师全书》第35册,台北善导寺1980年印本,第58页。

写的《整理僧伽制度论》"堪相印合",增加了他对中国佛教改革的信心,在此期间太虚还对日本佛教大中小学的教学内容和方法作了一番考察,以备回国后创办佛教教育的参考。在《我的佛教改进运动略史》一文中,太虚明确讲到武昌佛学院的课程"参取日本佛教大学,而管理参取丛林制度"。佛学院的课程设置亦体现出太虚大师的办学宗旨,一是继承汉传佛教之传统,在佛学课程中,性、相、台、贤、禅、净等均开,体现了八宗平等、八宗并弘的精神,并且注意佛教产生发展的社会文化背景,开设印度外道概论、儒家、道教、诸子、魏晋玄学和宋明理学等;二是吸收现代教育成果,力图了解时代思潮,佛学院课程中还设有逻辑学(论理学)、心理学、宗教学、社会学、生物学等。

仿照丛林组织制度方面,武昌佛学院作为现代的佛教学院,仍带有传统丛林教育的色彩。《武昌佛学院章程》第十章为"共住规约",对学院的日常行为举止、客堂纪律等各个方面都有详细的规定。其中"佛堂规则"要求:"早起点名后,即入佛堂礼拜禅诵"、"在佛堂中坐立皆依一定位次"、"在佛堂中除礼拜持诵绕佛坐禅外,不得谈笑游戏"、"遇休息时得于佛堂中经行静坐"、"除按地共同依课持诵外,均须肃静,持诵功课另定之"、"夜间闻第一次铃声即从自修室出,集佛堂礼佛",颇似丛林清规之内容。

又有"讲堂规约":"须按编定之名次就坐,不得紊乱"、"各按钟点上课,不得无故缺席"、"上下讲堂须依次进出,不得拥挤喧哗"、"衣履概须整洁,虽当盛暑亦不得袒背踩足"、"入堂不得在讲教员之后,出堂不得在讲教员之先"、"讲教员上下讲堂时须起立合掌"、"凡质疑或应问均宜起立合掌而言"、"讲教员未讲辍时不得提问他事"、"不得越席耳语"、"除应用书籍文具外,凡一切玩物食物及与所授功课无关之书籍,均不得携入"、"各人所用书籍文具,下课时宜各自携归,不得任意抛弃"、"上课时须端身正坐,不得有各种倦容"、"凡有来宾参观时,仍须凝神听讲,不得游目回首致乱视听"、"除痰盂外不得随意吐痰"、"每请堂按次轮派值日生督令夫役打扫洁净并随时揩抹黑板"。武昌佛学院取法丛林,借鉴吸收传统丛林中的清规制度,目的是避免现代学校中重视知识的传授而忽视了德育方面的熏陶,以规矩来严格管理,戒除骄奢之风气,恢复佛教固有的简单的修行生活,以期能够培养出行解相应的弘法人才。

（二）成立经过及其章程

1921年3月，太虚大师出任杭州净慈寺住持。净慈寺为禅宗名刹，太虚大师希望凭借此丛林实施僧制改革的理想，为佛教树立新的模范寺院。于是把禅堂改为禅净双修的角虎堂，并筹办永明精舍，以作研究佛学、栽培人才的地方。然而由于思想保守的杭州诸山长老借口法派传承而起纠纷，此事促使太虚大师认识到"凭藉禅林以改进之不易"。12月，太虚大师赴武汉汉口佛教会开讲《仁王护国般若经》。

1922年1月，李隐尘、陈元白等，提出新创办培养佛教人才的学院。于是太虚大师乃提出佛学院计划，邀请武汉政商各界集议此事，决定进行筹备。《太虚自传》曾叙述其因缘："辛酉年底（指夏历言，即1922年元月），我由杭至鄂时……隐尘等时过聚谈。鉴于我接管净慈寺的垒生故障，主张纯凭理想，于武汉新创立一养成佛教基本人才的学校，我乃提出佛学院的办法及学科纲领……隐尘、元白与武汉信徒杨显卿、王森甫等，集议数次，虽院址未能觅得，已决定照我的佛学院计划，积极筹备开办。"① 3月13日，于归元寺开佛学院筹备会，得李隐尘、王森甫、胡子笏、汤铸新、皮剑农、陈元白等三十余人与会，自认为创办人②，每年担任佛学院四百元以上之经费（或自捐或募化）。佛学院由创办人组织，成立时另立院董会，凡创办人皆为本院院董。院务由院董会礼请大德沙门一人为院长主持，于院董中公推大德长者一人为院护进行协助。学院于大德沙门得礼请为座元，于各刹长者得礼请为首座，于诸方法师得礼请为护讲。教务事务各职员由院长协同院护来延请。随后购置武昌城望山门内千家街黎邵平（少屏）宅为院址，可容三百人，改建培修，积极筹备。5月4日（农历四月初八佛诞日），太虚大师于汉口佛教会接受院董会的礼聘出任院长，根据太虚撰《佛学院缘起》，由胡瑞霖、皮剑农等起草了《佛学院章程》，王又农拟具"呈文"，呈湖北省长公署及内务、教育两部备

---

① 太虚：《太虚自传》，载《太虚大师全书》第58册，台北善导寺1980年印本，第256页。

② 据《武昌佛学院成立之经过》所附创办人名单，共有三十五人："邓振玑、熊云程、饶凤璜、黄崇勋、黄炎熙、邓筱园、胡龙骧、王帮铨、何锡藩、万声扬、屈佩兰、孙国安、汤芗铭、周可均、刘国标、陈时、夏寿康、孙惠卿、萧觉天、宗彝、胡瑞霖、肖永寿、江采金、皮鹤龄、冯嗣鸿、李开侁、赵子中、赵均腾、周英杰、王明福、王道芸、陈裕时、郭肇明、王湘生、杨开甲。"

案。黄季刚撰写了《礼请院长疏》，文词隽美。此时，太虚辞去净慈寺住持，交卸兜率寺事务，全力筹备武昌佛学院的开办。

《佛学院章程》共十五章，第一章"总纲"，规定了佛学院的名称、宗旨、组织、地点、学制及办法。佛学院的宗旨为"招集有志学佛之人，不分缁素，授以佛学，俾使行解相应，能宏法利世为宗旨"。学制与办法规定，先办修学、随习二科，三年后改设专宗大学及研究部。佛学院在致湖北督军萧耀南的立案呈文中，曾对佛学院学制的设置及发展有一规划："暂设修学科，以通佛教各宗之邮。兼设讲习科，以阐专一入门之路。并拟当时添设各专宗大学及研究部，以资深造。宗期成就有人，宣传可讬。庶慈悲喜舍，挽沉迷不返之人心；开示悟入，见本来皆具之佛性。"① 修学科暂定一班，俟逐渐扩充，每班额限六十名，三年卒业。随习科不限额数，以半年为修业期，或专习修学科某一学期之课程，或有二十人以上以同意专习一门者得按期增设之。第二章"入院"，规定了入佛学院修学科者必须具备的资格："（一）年龄在十六以上者；（二）身体健全、品性端正者；（三）曾受比丘戒，或沙弥戒，或五戒，或三皈者；（四）曾习教典文理清通者；（五）发心求法济世、誓愿不退者。"学员报名时，须经过院方的三种考试：口头问答、作文，以及入院共住一星期检验品性行持。第三章"课程"，最能体现太虚大师僧教育的理念及时代特色，下文将详细介绍。第四章至第十五章分别为：学年、学期和休假，缴费，试验，毕业，退学，各员职务及权限，公住规约，功惩，礼仪，优待，扩充，附则。《章程》每章下有若干节，每节下有若干条，规定得非常详细完备。

第三章"课程"详细规定了佛学院初级阶段修习科三年六个学期的课程设置，第一学期课程有《大乘起信论》、《大佛顶首楞严经》、小乘佛学概论、佛教之宗派源流、《因明入正理论疏》。第二学期有《百论》、《中论》、《十二门论》、《心经》、《金刚经》、《文殊般若经》、印度佛教史、印度外道概略。第三学期有《成唯识论》、《摄大乘论天亲释》、《解深密经》、《楞伽经》、《弥勒上生经》、中华佛教史、西洋伦理及心理学概略。第四学期有《教观纲宗》、《十不二门指要抄》、《大乘止观》、《维摩经》、《法华经》、各国佛教史、西洋心理学及生物学概略。第五学期有

---

① 《武昌佛学院立案呈文》，《佛学旬刊》第 1 卷第 19 期，1922 年 11 月。

《华严一乘教义章》（五蕴观、妄尽还原观、三经圆融观、法界观），《华严十地品》及论，中华老、孔、诸子及晋宋玄学、宋明理学，西洋哲学概略。第六学期有七佛与三十二祖偈及《信心铭》、《六祖坛经》、《永嘉集》、《梵纲经》及瑜伽菩萨戒学处、《弥陀经》、《十六观经》、《往生论》、《十位心论》、宗教及社会学概略。此外，作文、读文、读经论，以及行持、英文、日文、藏文贯穿于每个学期中。此课程设置涵盖了重要的大乘佛教经典、各宗派著述、中印佛教史，乃至现代学科中与佛教有关系的内容，如逻辑学（西洋论理）、心理学、生物学及西洋哲学等，观其课程设置的核心还在于中国汉传佛教的传统，第一学期的《大乘起信论》和《楞严经》，为汉传佛教各宗派如华严宗、天台宗及禅宗中所推重，第二学期、第三学期为中观、唯识，是大乘佛教的根本见地，与第一学期一起即为性宗、空宗、相宗（有宗），这也是太虚大师所判大乘佛教三系。第四学期至第六学期，佛学课程的重点分别为天台、华严、禅宗与净土，这也贯彻了他八宗平等、八宗并弘的精神。

8月26日，佛学院开董事会成立会，推举梁启超为院董长（暂由陈元白代），王又农为文牍，李隐尘为院护，智信为监院，大觉任学监，玉皇为庶务，竹林为会计。聘定空也、史一如、杜汉三、陈济博等任教员，由李隐尘、孙文楼等合资办了一个正信印书馆，预备印刷流通经典和讲义。9月1日举行开学典礼，湖北督军萧耀南亲临盛典并登台致辞。印顺在《太虚大师年谱》中称"大师之建僧运动，发轫于此，中国佛教界始有佛学院之名"。太虚理想中的佛学院正式创立，标志着中国佛教教育进入了一个新的历史阶段。

（三）武昌佛学院的兴衰及影响

太虚创立武昌佛学院，与他的整理僧伽制度以及人间佛教的实践密切相关。佛学院僧人和居士兼收，通过培养顺应时代思潮、化导社会人心的师范人才，出家者从事僧伽制度整顿工作，在家者组织正信会，由此推动佛教弘扬于人间。第一期招收的学生有六七十名，僧众有漱芳、能守、默庵、会觉、观空、严定、法尊、法芳（舫）、量源等。居士有程圣功、陈善胜（其后出家名"净严"）；张宗载、宁达蕴亦自北京平民大学来从学。王又农、陈维东等亦住院旁听，加上后来有相继入学者，如象贤（芝峰）等，最盛时学生达百余人。

开学伊始在武院任教的有太虚、空也、史一如、杜汉三、陈济博，从第二学期开始，张化声、妙阔、唐大圆、大勇、唐畏三（出家后名大敬）等相继添聘为教师。太虚、空也、史一如、妙阔主讲佛学，杜汉三、唐畏三主讲国文，张化声主讲西洋哲学兼授佛学，唐大圆主讲中国哲学，大勇传授密宗，陈济博授中国佛教史和日文，并译讲印度六派哲学。武院创立后，太虚把主要精力集中在讲课上。第一学期太虚在学院讲授了《佛教各宗源流》、《瑜伽论真实义品》（成《真实义品亲闻记》）、《八啭声义》、《六离合释》等课程，后来又先后讲过《三论玄要》（成《三论般若讲要》）、《十二门论》（成《十二门论讲录》）、《成唯识论》（成《唯识纲要》）、《解深密经》、《二十唯识论》、《慈宗三要》、《教观纲宗》、《弥勒上生经》、《瑜伽菩萨戒》、《弥陀经》、《世亲发菩提心论》等课程，编写了《各地佛教史》。1923年1月，院外研究部成立，太虚为讲《教观纲宗》。第一批学员的第二学年开始时，大师一因感觉禅林管理训练难达预期的成效，学监尤不易得适当的人；二因学生的程度不一，淘汰一些，自动地退学了一些，乃决定将这期学生提前毕业，将后两年的课程压缩为一年授完。

1923年下半年，太虚发表《我新近理想中之佛学院完全组织》，针对佛学院存在的缺点提出改进方案，主张维持本院研究部现状之外，先从小学部办起，自小学而中学而学戒而大学而研究之五级，以二十四年学程，整齐程度，严格训练，养成行解相应的僧才。因为规模过于远大，限于人力与财力，最终难以实行。

1924年6月15日，第一届学生毕业，留二十名优秀学生进入研究部，分为五个系：其一，律宗、唯识、天台、禅宗系；其二，梵学、唯识、贤首、密宗系；其三，国学、唯识、天台、净土系；其四，西学、三论、唯识、贤首；其五，佛史、俱舍、因明、唯识系。为了使佛学院更好地贯彻丛林生活和传统的教育，以养成行解相应的僧才，太虚大师在第二届学生招生过程中提出："只招受过比丘戒的大学部学僧四十名，连寄宿舍亦改为仿禅堂的广单制，先注理律议训练，严格施以生活管理，以为实行整理僧制的基本。"此提议遭到院护的反对。9月1日，第二届学生开学，这一期的学生中，出家众有大醒、寄尘、迦林、恒渐、枕山、机警、亦幻、墨禅等，居士则有虞佛心（德元）、苏秋涛等。这一学期，院董会也开会改选，推出汤铸新任院董长。教员方面，太虚、唐大圆、张化声等仍继续任教，另聘善因到院任都讲。太虚兼任研究部学生的指导，授

《大乘五蕴论》、《发菩提心论》等，但只发端而未讲完，10月底，大师突然宣布辞去院长职务，由善团代理院务。

1925年元月，院董会开会，推孙文楼居士为代表，专程赴宁波，恳请大师回武昌，继续主持佛学院。大师于元月二十五日抵汉口，回佛学院继续主持院务。太虚大师二度回武昌佛学院，对院务逐渐加以整理，为学生讲《二十唯识论》。后来因忙于推进世界佛教运动，以及各地弘法事业，在佛学院的时间较第一届时大为减少。在此期间，太虚还讲授过《大乘五蕴论》、《发菩提心论》、《四大种之研究》、《律议之研究》、《知识行为能力是否一致》、《能知地位差别上之所知诸法》、《佛法大系》等。1926年夏，研究部学生已离尽，大学部学生只剩约三十人。同年10月10日，国民革命军攻克武昌，佛学院师生大部分离散，教学停顿。革命军人入城，佛学院大部院舍为军方征用，军官学校武汉分校的军医处驻进佛学院。这时代理院务的善因回了湖南，院中只剩下一个俗名唐畏三，后来依大师出家的大敬，留在院中看守图书和法物。1927年年底，法舫回到了佛学院，与大敬一起看守院舍，同时刻苦研修俱舍和唯识，学力大进。

1928年年初，武昌佛学院成立新董事会，《武昌佛学院新董事会章程》：第一条称："本会因武昌佛学院经费无着，组织新董事会，负责筹款维持现状及计划一切进行事宜。"① 由王森甫任董事长，赵子中、熊云程、夏致贤为副董事长，聘请太虚大师为院长，院护雷寔坦，事务股监院大敬法师，修持股主任张化声，教育股主任唐大圆（暂由张著翊代理）、职工股主任李友秋。② 改组后的数个月内，在未被军队占用的房舍中，开办佛经流通图书馆，并开设平民小学，招了一班附近的贫民子弟施以教学。此时佛学院最大的问题是经济支绌，武昌佛学院成立之初，有三十五人任发起人，每人每年担任佛学院四百元以上之经费（或自捐或募化），而此次新董事会成立，各董事共认月捐洋123元，其中王森甫、赵子中各认月捐20元，夏致贤、熊云程、王季果各认月捐10元，其余为各居士认捐，1—5元不等，认捐总额尚不及创办之初的1/10。1929年4月，武昌佛学院召开第一次筹备会，推唐大圆为筹备主任。此时大敬离开佛学院回湖南，改由法舫管理。妙阔、唐大圆等都已回院，于是继续开设研究部，

---

① 《武昌佛学院新董事会章程》，《海潮音》第9卷第3期，1928年4月。
② 《武昌佛学院新生命》，《海潮音》第9卷第3期，1928年4月。

学员有尘空等少数人。

武昌佛学院的创办开启了佛教新式教育之先风，在其影响下，全国各地如雨后春笋般相继兴办佛学院，如厦门闽南佛学院、四川汉藏教理院、福州鼓山佛学院、九华山江南佛学院、北平拈花学院、陕西慈思学院等二十多所。武昌佛学院培养了大量德才兼备的高才僧，如法尊、法舫、大醒、茗山等，其中法航、大醒、印顺等后来到了台湾，台湾佛教的兴盛与他们不无关系。另外，武昌佛学院还先后四次派遣大勇、法尊、严定、观空、恒演、法航、苇航、白慧等分别到锡兰、暹罗、印度、南洋各国及西藏地区学习藏文、巴利文、梵文佛教，以培养研究世界佛学僧才，弘扬佛学于世界。

第五节　太虚大师的僧制改革与僧团建设

太虚大师是近代佛教最有影响的改革家及领袖之一。他继承融汇中国佛教传统，殚精竭虑改革传统佛教在封建时代所附着的尘垢和弊端，力图使之能够适应新的时代，发挥其化导人心的社会作用，被誉为"近代佛教的马丁路德"。有人甚至称其为中国佛教继道安大师、禅宗六祖慧能大师之后的又一划时代的人物，圣严法师在其《近代中国佛教史上的四位思想家》中，曾指太虚为"中国传统佛教的最后集大成者"。① 从中国佛教史看，这些评价是恰当公允的。太虚大师一生奔走呼号佛教必须担当起化导社会、引导时代人心之作用，受革命思想影响，他力倡佛教教理、教制、教产三大革命，致力佛教事业，影响极为深远。他修身立德，勤奋研读、孜孜著述，到处弘法传教、兴办教育、住持寺庙，为培植僧才、弘扬佛法，他曾先后设立武昌佛学院、闽南佛学院及汉藏教理院，创办了《海潮音》、《正信》等杂志。他还着手组织了"世界佛学苑"，以建立人生佛教，促使佛教世界化；并派遣学僧分赴西藏、印度、锡兰等地留学，以从事藏文、梵文、巴利文的研究。

太虚大师一生致力于佛教的革兴运动，而在保守落后的环境中谈改革教制，自然不能尽为全体佛教徒所接受。但是他看到了佛教存在的问题，

---

① 释圣严：《近代中国佛教史上的四位思想家》，见《从东洋到西洋》，台北东初出版社1992年版，第456页。

并前瞻性地提出了解决的方案和设想,为以后的佛教改革提供了宝贵的经验并指明了方向。

一 太虚大师生平

太虚(1889—1947),俗姓吕,乳名淦森,学名沛林(沛霖),原籍浙江石门县(民国时改称崇德县,今为桐乡市),清光绪十五年(1890)生于浙江海宁长安镇。他幼失依怙,早年家贫,体弱多病,由外婆一手抚养成人,并勉强完成传统的蒙塾教育。外婆笃信佛教,对他影响极深,佛教对于他而言是"最早的意识和想像,是庵内观音龛前的琉璃灯"①。

1904年6月,16岁的沛林到苏州小九华寺礼士达上人披剃为僧,师为取法名唯心。是年,士达上人携唯心前往镇海拜见师祖奘年和尚,和尚又为取法号太虚。同年12月,太虚到天童寺依寄禅和尚受具足戒。嗣后,寄禅和尚介绍他去宁波永丰寺从歧昌和尚学经及诗文,先后受学《法华经》、《楞严经》等大乘经典,并阅《指月录》、《高僧传》等祖师撰述;后回天童寺听道阶法师讲《法华经》、《教观纲宗》、《相宗八要》等教门著作,并览《弘明集》、《广弘明集》等护教著述。三年闻思薰修的法乳滋养,使少年太虚身心受到陶冶,为他日后超俗入真打下了扎实的基础。

1907年,刚刚步入成年的太虚迎来了人生中的第一次飞跃。这年秋天,他赴慈溪西方寺藏经阁掩关阅藏,当阅至《大般若经》时顿感心神相契,恍然有省。如《自传》云:"积月余,《大般若经》垂尽,身心渐渐凝定。一日,阅经次,忽然失却身心世界,泯然空寂中,灵光湛湛,无数尘刹焕然炳现,如凌虚影像,明照无边。座经数小时,如弹指顷;历好多日,身心犹在轻清安悦中。旋取阅《华严经》,恍然皆自心中现量境界。伸纸飞笔,随意舒发,日数十纸,累千万字。所有禅录疑团,一概冰释,心智透脱无滞。所学内学教义,世谛文字,悉能随心活用。"1908年春,太虚于慈溪西方寺结识了倾向于革命维新思潮的新派僧人华山法师,阅其所携康有为《大同书》,梁启超《新民说》,章太炎《告佛子书》、《告白衣书》等维新派著作,对其未来弘法趋向产生了深刻的影响,自称

---

① 太虚:《太虚自传》,载《太虚大师全书》第58册,台北善导寺1980年印本,第169页。

"由此转变生起了以佛法救世救人救国救民的悲愿心"①。以佛学入世救世的宏愿悲心由此激发，遂迅疾改趋先之超俗入真而为回真向俗。是年夏，他又结识了革命僧人栖云，开始阅读孙中山、章太炎先后主编的《民报》、梁启超主编的《新民丛报》、邹容所著《革命军》等革命党人著述，并开始与他们保持来往，觉得中国政治革命后，中国的佛教亦须经过革命。章太炎《告佛子书》成为清末僧教育之动机，后来太虚在《忆章太炎先生》中说："我最初知太炎先生的名，是在民国前五年，读到先生以'白衣章炳麟'署名的《告佛子书》，此未尝不是我次年随八指头陀办僧教育会之一动机。"② 是年秋，太虚全力辅佐寄禅和尚创设宁波僧教育会，使之成为浙江佛教界寺院兴学的一大模范榜样。自此，太虚踏上了一生所孜孜以求改革传统佛教运动事业的征程。

1909 年春，太虚就读于杨文会主持的南京祇洹精舍，听其讲授《楞严经》，同学有仁山、智光及梅光羲、欧阳渐等，半年后转入南京僧师范学堂学习。这一段学习经历给太虚以极大的影响，他后来回忆说："据我所知，当时佛教或僧徒的办学，全系借办学以保持寺产，并无教育佛教人才以昌明佛法的意图，所以办的学校亦是模仿普通的学校。但杨老居士的设祇洹精舍，则与摩诃菩提会达摩波罗相约以复兴印度佛教及传佛典于西洋为宗旨，内容的学科是佛学、汉文、英文，我一生做半新式学堂的学生只是这半年。"③ "那半年进益的，在读作古文，我好读《管》、《老》、《庄》、《列》诸子，及《左传》、《楚骚》、《文选》、李杜诗等。"④ 又说："距今三十年——光绪三十四年，金陵刻经处杨仁山居士，得锡兰摩诃菩提会会长达磨波罗居士来书，约共同复兴印度之佛教，以为传布佛教于全球之基本。杨居士因就刻经处设立祇洹精舍，招集缁素青年十余人，研究佛学及汉文，兼习英文以为进探梵文、巴利文之依据。后虽以经费支绌，不二年即停止；然摩诃菩提会则仍继续进行，近年已有释迦牟尼佛初转法

---

① 太虚：《我的宗教经验》，载《太虚大师全书》第 41 册，台北善导寺 1980 年印本，第 346 页。

② 太虚：《人物志忆》，载《太虚大师全书》第 31 册，台北善导寺 1980 年印本，第 1306 页。

③ 太虚：《太虚自传》，载《太虚大师全书》第 58 册，台北善导寺 1980 年印本，第 196 页。

④ 同上书，第 197 页。

轮之鹿野苑设立国际佛教大学,并设分会于哥仑布、加尔各答、伦敦、纽约诸地,由法理性海氏继达磨波罗后,迄今扩充未已。且参预祇洹精舍诸缁素,若欧阳渐、梅光羲、释仁山、智光等,多为现今佛教中重要分子,而笔者亦其中之一人也。"①

1910年夏,太虚于广州狮子林组设佛学精舍,按时讲说,编出《教观诠要》、《佛教史略》教材,此为他平生讲学、著述之始。对于传统佛教太虚法师倡导八宗平等思想,佛经中讲"方便有多门",学佛者可随自机宜选择一法门,即得自觉觉他,他说:"修学八宗,深入其一,皆可会归玄极,返本还源,而成就不可思议之神功妙用,遂人心种种之所求,使得安宁满足,从有求以入无求,得大自由,获真平等。"②

1911年春,太虚开始参与革命党人秘密集会。4月27日,同盟会发动广州起义失败,太虚作七言古体诗《吊黄花岗》哀之,其初四句云:"南粤城里起战争,隆隆炮声惊天地!为复民权死亦生,大书特书一烈字。"5月,清廷以太虚有涉革命嫌疑,兵围白云山,太虚隐居《平民报》报馆。

1912年,国民政府建都南京,太虚遂从广州返南京与仁山等创立佛教协进会,成立大会假座于镇江金山寺。为谋新中国新佛教之建设,仁山提议即以金山寺办僧学堂,全部寺产充为学费,并与扬州的寂山法师等相互批驳。由于来宾的支持,会议最终推举仁山与太虚负责接收金山寺为会所,筹备开办僧学堂。但金山寺霜亭等于十二月二十日率工役数十人,打入会所,仁山等数人受刀棍伤,时人称之为"大闹金山"事件,震动佛教界。第二年,佛教协进会并入以寄禅为会长的中华佛教总会,太虚被委任为《佛教月刊》编辑。不久,寄禅圆寂,太虚在其追悼会上演说三种革命:教理革命、教制革命、教产革命,以抒悲愤。由于他的言行受到佛教界内部一些守旧派的反对,遂辞去编辑职务,转入普陀山之锡麟禅院闭关潜修。这是青年太虚初涉佛教改革运动所经历的第一次事业挫折。

1914年,闭关于普陀山的太虚在游心法乐之余,也在积极思考着佛

---

① 太虚:《三十年来之中国佛教》,载《太虚大师全书》第57册,台北善导寺1980年印本,第46页。

② 太虚:《觉社意趣之概要》,载《太虚大师全书》第31册,台北善导寺1980年印本,第1023页。

教的出路问题。闭关期间他先后撰写了《整理僧伽制度论》、《人乘正法论》等重要论著；与此同时，这一次澄心潜修的闭关经历也使他的证境得到了再一次的升华。闭关三年间，始尤重《楞严经》、《起信论》，进而深研中观三论及法相唯识诸经论，亦涉略律部和密宗，兼涉中、西哲学论著等。1915年冬，太虚在静修中悟入楞严心境，每夜坐禅，专提昔在西方寺阅藏时悟境作体空观，渐能成片。"一夜，在闻前寺开大静的一声钟下，忽然心断。心再觉，则音光明圆无际，从泯无内外能所中，渐现能所、内外、远近、久暂，回复根身座舍的原状，则心断后已坐过一长夜，心再觉系再闻前寺之晨钟矣。心空际断，心再觉而渐现身器，符《起信》、《楞严》所说。乃从《楞严》提唐以后的中国佛学纲要，而《楞严摄论》即成于此时。从兹有一净裸明觉的重心为本，迥不同以前但是空明幻影矣。"①《楞严摄论》是太虚会通唯识与如来藏学的主要作品。1916年，太虚于关中对唯识义亦有所悟入，如《自传》云："民五，曾于阅《述记》至释'假智诠不得自相'一章，朗然玄悟，冥会诸法离言自相，真觉无量情器一一尘根识法，皆别别彻见始终条理，精微严密，森然秩然，有万非昔悟的空灵幻化堪及者"。此次闭关证悟奠定了太虚作为一代宗师的思想基础，从此，真俗交彻，幽思风发，妙义泉涌，表现于理论之风格一变。

1917年立春，太虚出关，旋应请赴台湾弘法，并游历日本各地考察佛教。这是太虚平生首次走出国门，奠定了他日后改革中国传统佛教的国际视野。1918年，太虚从日本回国后在上海与章太炎、蒋作宾、陈元白、张季直、王一亭诸名士发起创设旨在"佛法研究，佛法宣传"的佛教社团——"觉社"，并主编《觉社丛书》（季刊）。觉社初期事业定为出版专著、编发丛刊、演讲佛学、实习修行。太虚法师由此开始了有计划的"佛法救世运动"，即应用近代社会组织的形式，将佛教中的在家和出家两众组织起来，分别以佛法担负起救世的责任。翌年，《觉社丛书》出至第5期后改名为《海潮音》（月刊）。1920年2月，《海潮音》正式于杭州创刊，太虚作《〈海潮音〉月刊出现世间的宣言》曰："海潮音非他，就是人海思潮中的觉音。"《海潮音》创刊宗旨为："发扬大乘佛法真义，

---

① 太虚：《太虚自传》，载《太虚大师全书》第58册，台北善导寺1980年印本，第216页。

应导现代人心正思。"① 现代人心即时代思潮。太虚对此解释说:"人心超时代而本存。时代附人心而变着,谓之现代人心;虽未尝无空间普遍性,然绝不有时间的常住性,换言之,即现在周遍人世的新思潮是也。思潮的起灭相续,刹那不停。客观的境,遍显于过未,故将谓之新而所新者已旧。主观的心,恒转于现在,故将谓之旧而能旧者方新。今世俗所谓新思潮者,要亦所新之已旧,而非能旧之方新也。然此本是随俗所起的言说,则亦姑以世俗所谓新思潮者,名之曰现代人心耳。"②

《海潮音》是太虚一生事业的重要支柱,是"人间佛教"最主要的舆论宣传阵地,太虚对其情有独钟。他在《十五年来海潮音之总检阅》中回忆说:"《海潮音》之前身是《觉社丛书》,《觉社丛书》是一种定期季刊。民国七年夏间,蒋雨岩、陈元白、黄葆苍——即大慈——等在普陀听余讲佛学之后,邀至上海组一研究及宣传佛学团体,名为觉社。先刊行余所著《道学论衡》及《楞严》、《摄论》二书。旋于十月出版《觉书》,即《觉社丛书》第一期,时著有出版《宣言》,可据为余十七年来佛教运动之一出发点。"③ 1938年秋,他在《南北东西的海潮音》中又充满感情地回忆说:"本刊最初编于杭而印发于沪,由余一手所支持。次年请善因法师编辑,已而编亦迁沪。入冬善因病,编印发皆托史一如居士而迁北京。第三卷秋,武昌之佛学院及正信印书馆成立,遂由一如迁武院编辑,而印发则正馆任之。最收精力集中之功效。如是三年,得张化声、唐大圆次第次编之。迨第六卷秋,移庐山委员会觉编辑,寄沪泰东图书局印发。第七卷编亦迁沪,托陈秉良任之。第八卷由一雁编辑而玉慧观任发行。卷终余宣言招人接办,遂由泰州佛教居士林钱诚善、王诚普居士接任在泰州编发。如是三年,复因佛学书局愿负印发之责,十二卷起委满智住局编辑,并汇编前十卷为海潮音文库焉。十三卷改由法舫于武院编之,历一年由芝峰改任编辑,而发行则仍上海佛学书局任之。十五卷大醒编辑,止安发行,而编印发再集中武汉。十六卷起再由法舫编辑,如是三载。十九卷

---

① 太虚:《海潮音月刊出现世间的宣言》,载《太虚大师全书》第31册,台北善导寺1980年印本,第1041页。
② 同上。
③ 太虚:《十五年来海潮音之总检阅》,载《太虚大师全书》第49册,台北善导寺1980年印本,第132页。

改由苇舫编辑，周观仁发行，迄今九阅月而迁重庆。"① 佛教界通过办报创刊弘扬佛法是一项前无古人的新生事物，也是传统佛教因应现代社会的一种求存图强手段，对此太虚曾经总结说："佛教定期刊物之较伟大者，民初有《佛学丛报》与《佛教月报》。《佛教月报》亦为余所编，惜仅出四期为止。《佛学丛报》虽只十二期，其质精量富，至今犹有可考之价值。自民七《觉书》出版至蜕变为十五年之《海潮音》以来，其并行之有价值者，前有《内学》年刊，亦才五期而止。后起者为《现代佛教》与《威音》月刊。《现代佛教》虽只十期，然实承《现代僧伽》而来，故亦有四五年之历史；而今之《人海灯》尚步其后尘。《威音》之继续今亦五六年矣。《居士林季刊》、《佛学半月刊》、《正信周刊》等，则为一团体之宣传品；其他日刊、三日刊、周刊、半月刊、月刊、季刊、及南洋之《慈航》等，十五年来殆不下百余种，尚鲜有继续至三年以上者。本刊取材之精审或有不逮于《佛学丛报》、《内学》者，而博大悠久，流行遍全国各省以及南洋各埠东西洋各国，所阐扬者关于各时代各方域整个佛教之各方面者，实无有逾于本刊（按：《海潮音》），不惟求之国内无其比，即衡以东邻日文佛教月刊之最伟大者，亦无多让。"②《海潮音》自创刊以来，从未中辍，现在仍然在台湾发行，成为近代以来中国佛教史上办刊时间最长的刊物。

随着太虚弘法思想的不断完备及法缘的逐渐成熟，1921—1922 年，他的讲经行履遍于南北，当时总统徐世昌赠匾"南屏正觉"，可见其影响之大。由于杭州净慈寺机缘不凑，太虚开始将事业重心转向武汉。民国初年的武汉是全国除上海之外的另一工商业巨埠，同时也是一座风云际会的文化重镇。1918 年太虚于杨子街寄庐开讲《大乘起信论》，并编出《大乘起信论略释》，此为弘化武汉之始；1920 年，太虚作《新的唯识论》正式提出他的新唯识论观，同年，在汉口黄冈会馆讲《心经》及《佛法大意》，并指导建立汉口佛教会，后改为汉口佛教正信会。1922 年 1 月，太虚始提出于武昌成立佛学院计划，3 月于归元寺开筹备会，8 月开佛学院

---

① 太虚：《南北东西的海潮音》，载《太虚大师全书》第 31 册，台北善导寺 1980 年印本，第 1522—1523 页。

② 太虚：《十五年来海潮音之总检阅》，载《太虚大师全书》第 49 册，台北善导寺 1980 年印本，第 138—139 页。

董事会成立会，举梁启超为院董长（陈元白代），李隐尘为院护，9月，佛学院正式举行开学礼。武昌佛学院僧俗兼收，出家者实行整理僧制工作，在家者组织正信会，目的在造就师范人才促进佛教的社会推广工作。当时所聘教师，有空也、史一如、陈济博等，学生六七十名，僧众有漱芳、能守、默庵、会觉、观空、严定、法尊、法舫、量源等。参照日本佛教大学课程，管理则兼参传统禅林规制。早晚禅诵，唯称念弥勒，回向兜率。武昌佛学院堪称近代中国第一所最具影响力的培养佛教僧才的正规高等学府，至此中国佛教界始有佛学院之名。太虚大师给予武昌佛学院以无限期望，视其为建僧运动事业的基地，春季开学之际，他亲自讲授《三论玄要》及《十二门论》、《百论》；1923年1月14日，院外研究部成立，太虚又欣然开讲《教观纲宗》。

除武昌佛学院外，太虚一生创办或主办的僧教育学院还有闽南佛学院、世界佛学苑、重庆汉藏教理院、西安巴利三藏院、北京佛教研究院。以佛教教育事业为依托创办佛教刊物有《海潮音》（月刊）和《觉群周报》等，组织佛教团体有世界佛教联谊会、中国佛教会、中国佛学会、中国宗教联谊会、世界素食同志会等，其造就培养人才甚多，其中芝峰、法舫、大醒、法尊四位法师"世称太虚大师座下四大金刚"。

武昌佛学院的成立是太虚大师一生事业的一个新起点，他开始以更加宏阔的视野、更加深邃的思想投入佛教社会活动。1923年1月22日，太虚针对梁启超关于《起信论》考证是文，作《评大乘起信论考证》，反对以西洋进化论观念治佛学。是年夏，他在庐山大林寺住持暑期佛学讲习会，并发起筹办世界佛教联合会。1924年2月，太虚大师编《慈宗三要》于武昌佛学院，特弘弥勒净土。又作《志行自述》云："志在整兴佛教僧会，行在瑜伽菩萨戒本。斯志斯行，余盖决定于民四之冬，而迄今持之弗渝者也。"7月，佛教世联会正式成立，太虚被选为首任会长。同年10月，太虚率领中国佛教代表团出席在日本东京召开的"东亚佛教大会"，并考察日本佛教。是年，武昌佛学院与欧阳竟无之内学院发生法义之诤。太虚亲作《起信论唯识释》，回应内学院对《起信论》的驳难。1925年8—9月，太虚在庐山讲学，作出《论法相必尊唯识》等文，驳欧阳竟无的唯识、法相分宗说。后来又在杭州作了《再论法相必宗唯识》。通过与内学院往还辩论，表现了武昌佛学院的卓然学风。

1928年，太虚在南京创设中国佛学会，同年秋，游历讲学于英、德、法、荷、比、美诸国，在法国发表《西来讲佛学之意趣》、《佛学与科学、哲学及宗教之异同》、《佛学之源流及其新运动》等重要演讲，在巴黎筹设世界佛学苑，开中国僧人弘法欧美之先河。太虚大师探索中国佛教世界化，最早始于清光绪末年，太虚曾自言："清光绪之末，辄兴悲愿，欲将佛法融摄古近东西之学术，率全球百国，胥循牟尼之化。"① 他在《论中国应努力产生世界新文化》中说："中国文化又以佛教文化为质量精良，且早流行亚东、亚南，处于接触欧洲文化之最前线，足为使世界两大集团文化，互相了解之最好媒介。为提高中国文化在世界文化中的地位计，及缔造世界新文化计，国人于此其可不深深注意乎！"② 太虚探索中国佛教世界化的目的是意欲推动中国佛学的"综摄重建"，他说："这就是中国要重建的佛学：一、普遍融摄前说诸义为资源而为中国亦即世界佛教的重新创建，二、不是依任何一古代宗义或一异地教派而来改建，而是探本于佛的行果、境智、依正、主伴而重重无尽的一切佛法。其要点乃在（甲）阐明佛教发达人生的理论，（乙）推行佛教利益人生的事业。如是，即为依人乘趣大乘行果的现代佛学。"③

1929年，太虚回国后积极从事世佛苑和世佛苑图书馆的筹建，1930年3月，他在漳州南山寺成立"锡兰留学团"，学习英文以备留学，并于1931年在四川创办汉藏教理院。太虚大师一生殚精竭虑创办僧教育事业，如他所说："余在民初已着眼于僧制之整顿，而在民四曾有整理僧伽制度论之作，民六、民十四至日本考察各佛教大学，及民十七、十八至欧美各国考察各宗教学院或各大学神学科之后，尤深知'僧教育'在国家教育制度中之位置，制有国民教育基础上之僧教育表，并另为失教僧尼附设补习之校。"④

1937年，抗战爆发，太虚也被迫中断了他的事业计划，不得不投入更多精力于社会活动中，为抗日救国奔走。1937年太虚发表《电告全日

---

① 太虚：《太虚宣言》，载《太虚大师全书》第31册，台北善导寺1980年印本，第1026页。

② 太虚：《论中国应努力产生世界新文化》，载《太虚大师全书》第31册，台北善导寺1980年印本，第1367—1368页。

③ 太虚：《佛法总学》，载《太虚大师全书》第3册，台北善导寺1980年印本，第760页。

④ 太虚：《建设现代中国佛教谈》，载《太虚大师全书》第33册，台北善导寺1980年印本，第260页。

本佛教徒众》，劝其大启慈心慧眼，以之自救救人，开人类大同之运；1938年，任"佛教访问代表团"团长，偕同苇舫、慈航、惟幻出访缅甸、印度、锡兰以及新、马各地，宣传抗日救国，争取国际支持；1943年，太虚与冯玉祥、于斌、白崇禧发起中国宗教徒联谊会组织中国宗教徒联谊会，呼吁一致抗日。1946年元旦，国民政府因太虚在抗战期间对国家民族的巨大贡献，特授予他宗教领袖胜利勋章。1947年3月17日，太虚病逝于上海玉佛寺。

太虚大师不仅是一位著名的法务活动家，而且一生解行并重著作颇多，广涉佛教三系，现存世有《太虚大师全书》共35册印行。

二　僧制改革的历史背景

中国佛教自明清以来渐势衰微，到清末民初更是风雨飘摇，难以维系。太虚在《震旦佛教衰落之原因论》中说："佛教在今日，其衰落斯极矣！无他可述矣！但有末流之痼习矣！可略别为四流：一、清高流：颇能不慕利誉，清白行业，或依深山，或依丛林，或以静室，或修净土，或览经论，或习禅定，但既无善知识开示，散漫昏暗者多，明达专精者少，优游度日，但希清闲，此流则所谓凤毛麟角，已属最难得者矣。二、坐香流：自长老、班首、职事、清众，群居三二百人，讲究威仪，练磨苦行，但能死坐五六载，经得敲骂，略知丛林规矩者，便称老参，由职事而班首，由班首而长老，即是一生希望。其下者，则趁逐粥饭而已。三、讲经流：此流则学为讲经法师者也，其徒众与坐香流无甚别，师家则授以天台四教仪、贤首五教仪、相宗八要——此数书亦无人兼善者，使由之能略通楞严、法华、弥陀疏钞三四种，在讲座上能照古人批注背讲不谬者，便可称法师矣。下者，则或听记经中一二则因缘，向人夸述而已。四、忏焰流：则学习歌唱，拍击鼓钹，代人拜忏诵经，放焰设斋，创种种名色，裨贩佛法，效同俳优，贪图利养者也。元代天台宗沙门志磐，作《佛祖统纪》，已谓'真言宗徒，流于歌呗'，则其由来久矣。然在彼时，但真言宗徒耳。禅、教、律、净宗徒，鄙夷之曰应赴僧，今则殆为出家者流之专业，人人皆是矣。"[①] 又曾经痛心疾首地说："第回观住持佛法之僧宝则何

---

① 太虚：《震旦佛教衰落之原因论》，载《太虚大师全书》第34册，台北善导寺1980年印本，第28页。

如欤?自禅而净,已成江河就下之趋势,且今亦仅存印光法师之硕果。其他则乘机以掠名利恭敬,传律、宏宗、演教云者,亦滔滔为应赴经忏之类耳。于是住持佛教之僧位,渐为居士侵夺矣。"① 面对此沉疴危局,太虚大师于1912年在上海静安寺召开的寄禅法师追悼会上,发表了复兴中国佛教之"教理"、"教制"、"教产"三大革命的佛教改革口号,揭开了整顿中国佛教之序幕。

近代僧伽制度改革的原因复杂,背景深刻,社会大环境方面,清末民初世界形势瞬息万变,而此时文化萎靡,政局多变,加之维新思潮以及三民主义等新兴思想的冲击,促使中国佛教走向了改革的边缘。除了社会外部环境,近代佛教内部也是混乱不堪、律纪不整。此时佛教僧伽队伍多重视迷信活动,而忽略律仪和佛教理论的修习,僧尼素质普遍低劣,以人治为特征的家长式寺庙管理与民间松散的佛教组织左右着佛教的内部运作。多数寺院沿袭千年以来的丛林制度而不思进取、变通,对近代僧寺和寺僧的约束力逐渐减弱,而寺庙之间又各自孤立,相互隔绝,不思联合保障自身权益。除了这些深层次的社会原因,太虚大师僧制改革的直接原因主要是近代兴起的"庙产兴学"运动和"政府制定宗教法规"两个方面,直接刺激了近代中国佛教内部求生、求变的改革态势。1898年,湖广总督张之洞撰写《劝学篇》力促"庙产兴学",主张利用寺庙财产来兴办学校,所涉及范围极广,对于寺庙的掠夺和摧残极为深入,严重地打击了近代佛教发展;1926—1931年,中央大学教授邰秋爽又发起了第二次"庙产兴学"运动,主张打倒一切罪恶之本的特殊阶级僧阀,解放在僧阀之下受苦的僧众,没收僧阀所有的庙产以此充作教育事业经费。后又成立"庙产兴学促进会"煽动在全国范围内没收寺院财产,此次运动波及范围广,寺庙损失惨重,严重侵害了佛教权益。另外,近代以来政府制定的宗教法规条例对于近代佛教的发展也造成了极大的冲击。1906年,清政府批准"奏定劝学章程",允许地方政府任意处置民产,可随意抽取寺产。在此条例支持下各地出现了诸多侵害寺院权益的举措,使得僧团和教产出现了不同程度的破坏。自1913年以后,北洋政府和民国政府分别颁布了诸多宗教管理条例,分别为1913年的《寺院管理暂行规则》、1915年的

---

① 太虚:《告徒众书》,载《太虚大师全书》第34册,台北善导寺1980年印本,第588—589页。

《管理寺庙条例》、1921年的《修证管理寺庙条例》、1924年的《监督寺庙令》(21条)(后来改为《监督寺庙条例》13条)、1934年的《佛教兴办慈善公益事业规则》、1936年的《寺庙登记条例》、1943年的《寺庙兴办公益慈善事业实施办法》等,这些法规虽然在一定程度上为佛教制度的改革提供了一些依据,但更大程度上冲击了佛教发展,大大缩小了佛教的生存空间。对此,太虚利用他的社会影响力,进行了不遗余力的抗争,如1942年,他在《呈行政院维护佛教寺僧》中说:"为沥陈各省县官民违反法令驱夺僧寺情状,请严令维护事:查十八年十二月国民政府公布寺庙监督条例,第八条:'寺庙之不动产,非经教会之决议,并呈请该管官署许可,不得处分或变更';二十年六月公布中华民国训政时期约法,第六条:'中华民国国民,无男女种族宗教阶级之区别,在法律上一律平等';又第十一条'人民有信仰宗教之自由';同年八月一日国民政府训令第四〇〇号:'以后无论军警以及机关团体个人等,如有侵夺占用佛寺僧产者,概依法律办理';同年十二月三日司法院院字第七〇三号:'学校无处分寺产之权,若因寺产而致与其他学校或寺僧及地方团体发生争执,系属普通诉讼事件,应属法院管辖';二十二年行政院第三七一二号训令:'查保护寺庙法有明文,且政府通令有案。乃迭据报告,各寺庙仍常有军警占据,或地方机关团体或个人任意侵夺情事,似此玩忽法令,殊属不合,应由内政军政两部,分别通行各省市政府及各军队各军事机关遵照';二十五年八月一日内政部训令:'查全国各级佛教会,系属宗教团体,依照监督寺庙条例及中国佛教会章程规定,凡监督保管寺庙财产及执行教规有相当之职权及责任';三十年五月十七日内政部拟具意见呈奉行政院勇一字第八一一四号指令:'关于保护佛教寺庙及佛教学术团体,可由该部咨行各省市政府注意'。右所援陈者,皆国民政府暨各院部会所颁布煌煌法令,应由各省市县政府暨各机关团体个人等所应切实遵行者也。乃强占宇寺、驱辱僧尼之事既时有发生,而顷年或藉征警粮,或藉办乡保中心学校等,拘逐僧人,占提寺产,黔、湘暨川东多县纷恳援救者已百数十起。此固出于各省、市县区乡保之官吏军民玩忽法令,应分别惩戒;但察其所由玩违之故,殆亦由寺僧不能振作佛徒久被轻蔑而致。""兹拟办法五条:一、请令社会、内政两部督导中国佛教会暨各省市县佛教会,依照现行佛教会章程,限半年内务皆组织完善。二、请令内政部责成中国佛教会暨各省市县佛教会,限一年内分别将各省市县寺庵僧尼财产额数，明确登记呈报。三、请令内政部责成中国佛教会暨各省市县佛教会，按照所登记寺僧产额，以寺产十分之二办僧学，十分之二办慈善等；限二年内，以所办成绩呈报稽考。四、如各省市县佛教僧寺能如期组织登记，及办理僧学公益者——例如国民小学等，三十年度占夺者概还原状；三十一年起再有侵扰者依法惩处。五、如各省市县佛教会及僧寺不能组织登记及办理僧学公益者，得由各市县政府呈内政部督导中国佛教会议处之。"① 通过据理力争，虽然能为维护佛教正当合法权益收到一些效果，但是"打铁尚需自身硬"，佛教界内部的改革也是迫在眉睫的。

近代"庙产兴学"和"政府制定宗教法规条例"这两项阻碍佛教发展的措施、运动，促使佛教徒开始逐步认识到自身的弱点和弊端，同时也唤醒了佛教界意欲改革僧团模式的意识，反而于佛教的长远发展意义深远。太虚说："中国在三十年前，因感外侮有变政兴学之举，所办新学新政往往占用寺宇，拨取寺产，激起僧众反抗，由联日僧以保护引起外交；乃有使僧界自动兴学，自护寺产，另立僧教育会之明令。浙江之寄禅、松风、华山，江苏之月霞，北京之觉先等，南北呼应，为当时组设僧教育会而办学堂之僧领袖。笔者亦适于距今三十年之秋，随寄禅长老参预宁波及江苏各僧教育会之成立。时所办学堂，大抵为国民小学一所及僧徒小学一所，例如普陀僧教育会在定海县治立国民小学曰慈云，今犹续办，并于普陀立僧小学曰化雨，初由华山及笔者相继主持，延续至民二十，改为普陀佛学苑，不二年停止。然江苏僧教育会独在南京开办一所僧师范学校，月霞、谛闲等相续主持，约经二年，至辛亥革命军达到南京而停办。此于后来所办之僧教育，亦稍有关系。"②

除了以上原因外，近代基督宗教在国内的有组织地迅猛传播，也强烈地激发了中国佛教复兴的动力。在以上诸社会背景下，除了太虚大师以外，尚有杨文会、苏曼殊、寄禅等高僧大德为中国佛教之复兴而努力。太虚法师在提出"教制革命"以后，得到了近代诸多高僧大德的支持、变

---

① 太虚：《呈行政院维护佛教寺僧》，载《太虚大师全书》第34册，台北善导寺1980年印本，第665—666页。

② 太虚：《三十年来之中国佛教》，载《太虚大师全书》第57册，台北善导寺1980年印本，第47—48页。

通和讨论，来果、月霞、虚云、谛闲、法尊、宗仰、应慈、常惺、巨赞、震华、大醒、芝峰等高僧都十分关注僧伽制度的整理，围绕太虚大师提出的整理僧伽制度的主张展开了各种各样的讨论，也提出了改革僧伽制度的不同措施。太虚大师综合各种意见逐渐明确了佛教制度从以寺庙为中心转到以教团为中心运作的教制改革主张。

太虚大师之"教制革命"就是通过反对深受传统家族制度影响的"寺院住持制度"和"传法制度"，反对将法系传承家庭化以及将寺院经济私有化，呼吁将"传承制"改为"选贤制"，主张从佛教学院中选拔优秀僧人住持寺院，使其适应时势，建立真正住持佛法的僧团，形成合理的现代僧伽制度。此外，通过创设新兴的教团组织，试图从制度层面上来顺应近代中国社会由"传统礼俗社会"向"现代法理社会"过渡，用组织的身份来取得社会的认同，达到复兴中国佛教的目的。他在《敢问佛学丛报》一文中解释"三大革命"之间的关系时指出，教制改革是改革的重心，教制改革为思想革新提供了制度保障，也加强了佛教经济的规范性，从根本上保证了近代佛教改革，可见太虚大师对教制改革的重视程度。

教制改革尤以僧制改革为核心，因为住持正法必须以僧团为依托，僧制改革是迫在眉睫的事情。1930年，太虚作《建僧大纲》视中国佛教之状况非常痛心，能够弘扬正法宣佛妙旨者寥寥无几，"今全中国僧伽能具有僧格的百无其一，今议创设僧制，第一即须精取慎选少数有高尚僧格的，制成僧制"。太虚法师的僧制改革，是在深谙中国传统文化和近代历史背景的基础之上进行各方面设置的，故他在《建僧大纲》一文中说："僧，是本来有的；僧之制度，也是本来有的。故现在所建议的，须加两种限制：一、讲现代者，指现在的时代而言。僧制，为僧伽所依据的法则，大至弘宣教化，小至个人行为，悉皆以此僧制为准绳。然而，僧制亦须基于所在之时代而有所变动；这如发源印度之古代僧制，在时代上，也经过了不少次的变更。现代的人，当然要以现代所依的时势，国家法制，随着时代的变化而变化，实不必泥用古代的僧制的。原来制度这样东西，是有时代性的。二、讲中国者，以现代二字还过于普遍，这里加上中国，则只限于中国而言。而且在狭义上，但指中国本部，连蒙、藏亦未包在内。因为国土之有不同，时代之有不同，住持佛教的僧伽在现在中国状况之下，应有一种适宜的建设。这里所要讲的题目的范围：一表示现代；二指明中国。"① 这些主张体现了太虚大师对中国佛教僧制改革的清醒认识及引导佛教顺应时代的迫切要求。

三 僧制改革的内容

太虚所要主导推广的僧制改革并非充满理想主义色彩的愿景，而是具有明确坚定的改革思路，如他说："在民国十六七年间，全国都充满了国民革命的朝气，我们僧众也有起来作佛教革命行动的。当时我对之有篇训辞，内中有几句话，可作我改进佛教略史的提纲：'中国向来代表佛教的僧寺，应革除以前在帝制环境中所养成流传下来的染习，建设原本释迦佛遗教，且适合现时中国环境的新佛教！'"② 太虚意欲通过僧制改革主张建设"原本释迦佛遗教，且适应现时中国环境的新佛教"，并且明确地提出了中国佛教革命的宗旨，首先在要革除的方面，革除从前中国封建社会利用神道设教以愚民的迷信佛教，改革建立一边精进修习佛法，一边广行度化众生、自利利他的入世佛教，由"治死"转而"治生"；革除习染从前因袭中国家族制度而养成的"剃派"、"法派"，革除僧产变为各家师徒私相授受的遗传制度，引导"选贤制"和"委员制"进入寺院。综合以上两方面的改革思路，太虚大师规划出了建设"人生佛教"和"教制改革"的佛教革命行动方向。

僧制改革是太虚大师所毕生献身的复兴中国佛教事业的重要内容与任务之一，对于此方面思想论述主要集中在他《整理僧伽制度论》、《僧制今论》、《建僧大纲》三本著作之中。

太虚平生的第一次改革尝试，由于其较为激进的做法以及各方面原因，最终酿成"大闹金山"事件以失败收场告终。在改革受挫之际，1914 年，太虚大师在普陀山闭关三年期间，将佛教改革思想加以提炼整理，撰写了《整顿僧伽制度论》，对佛教僧团建设提出了建设规划；1927 年，他在《僧制今论》中说："民国四年，予按照当时国势，曾作整理僧伽制度论，一再出版，流通海内，颇为时彦推许。而一般论者，以为时机

---

① 太虚：《建僧大纲》，载《太虚大师全书》第 33 册，台北善导寺 1980 年印本，第 290 页。

② 太虚：《我的佛教改进运动略史》，二十九年七月在汉藏教理院暑期训练班讲，《海潮音》第 21 卷第 11、12 期，1930 年 11、12 月。

成熟，今有施行可能。然夷考现在社会情状，则又有当改更者。"① 也就是说在前者的基础之上，又做了些许增补和修订；1930 年，他在闽南佛学院讲课时再作《建僧大纲》，指出："前所拟僧制既不能施行，政府方面亦似有让佛教寺僧自生自灭的意思，而集于旧制下的寺僧，仍无觉悟，故今议创设现代僧制，索性不依据原有的僧寺，其所遗留不适现代者，姑听任其自然变化。"② 从《僧制今论》和《建僧大纲》中，可以清晰地看到太虚"僧制改革"设想及具体实施内容的发展脉络。除以上三篇文章外，他还在不同时期作了《建立中国现代佛教住持僧大纲》、《志行自述》、《建设现代中国佛教谈》等系列文章，配合阐述了其"僧制改革"的各方面内容，由此反映出太虚大师改革思想的逐渐完善和成熟。

太虚在《志行自述》一文中解释："昔仲尼志在春秋，行在孝经；余则志在整兴佛教僧（住持僧）会（正信会），行在瑜伽菩萨戒本……志在整兴佛教僧会者，除散见各条议之外，关住持僧之项，大备于整理僧伽制度论。"③ 也就是说，他将其改革佛教理想具体落实为僧众与居士两个层面。近代以来，涌现出一批如康有为、章太炎、梁启超等著名居士，由于他们对佛学造诣精深，对佛教理论的判释以及佛教哲学的研究具有非常高的成就，而其本身又都是具有卓著影响力的社会贤达，所以佛教居士团体也就应运而生。而太虚大师对佛教"僧伽七众"的理解，认为比丘系为主体，故其整理僧制改革中，涉及最多的是关于僧人团体的僧制建设。故《整理僧伽制度论》最初的理论设计将其界定在中国本部，又并无参考可靠的当时中国内部僧伽的田野资料，难免仅凭个人的想象，不论建僧人数或寺产评估皆不能正确地反映实情，也为后来不能尽力实施埋下了隐患。如最初《整理僧伽制度论》曾云："今中国本部之佛教僧伽，有八十万人俱。"④ 而在《僧制今论》中则修正为："前者作僧依品，定僧数为八十

---

① 太虚：《僧制今论》，载《太虚大师全书》第 33 册，台北善导寺 1980 年印本，第 195 页。
② 太虚：《前议改建僧伽之评判》，载《太虚大师全书》第 33 册，台北善导寺 1980 年印本，第 207 页。
③ 太虚：《志行自述》，载《太虚大师全书》第 33 册，台北善导寺 1980 年印本，第 187 页。
④ 太虚：《整理僧伽制度论》，载《太虚大师全书》第 33 册，台北善导寺 1980 年印本，第 5 页。

万人，此准干隆时僧产所养之僧众以言耳。一损失于长发之劫，再毁夺于新政之变，及人民国以来受政治军事与其他种种摧残；加以嘉、道而后，僧伽不振，日益式微；兹所存者，至多不过二十万人（蒙藏喇嘛在外）。"①

《整理僧伽制度论》对当时全国僧伽的分布、数目、制度及组织都作了详细的具体论述，全篇分"僧依品"、"宗依品"、"整理僧伽品"和"筹备进行品"四个部分，尤以第三部分为重点。

"僧依品"主要对建立僧伽人数及信众多寡，出家与在家的区别分别进行了阐述。太虚认为作为住持佛法者，乃人天之师表，必须以身作则，在修行与教理方面都要有一定的造诣，这样才能够更好地弘扬佛法，才能够扭转时代弊端，因此而发心对教内进行整顿。鉴于当时僧团内部非常混乱，赖佛逃生者甚之，出家众十有八九不认识字，大都为亡人超度做法事来谋生，而被外人误认为出家人就是度死人的，没有什么了不起，从而给人们一种错觉，认为佛教处于社会底层，使佛教形象受到了损害。基于此太虚注重提高僧人的素质，兴办各种佛教院校来培养僧人，办佛教大学兼收出家、在家二众，太虚说："自我观之，居士、沙门，二者不可废一。宗教虽超举物外，而必期于利益众生。"佛教的兴衰是靠全体佛教徒的共同护持，不能够忽略任何一个因素，所以在培养出家众的同时，也要对居士进行良好的引导，提高全体佛教徒的整体素质。

第二品"宗依品"对传统汉传佛教八个宗派进行了新的深入判释，明确了修行所依止的宗派见地和信仰模式。太虚认为僧人修学佛法必须要以传统中国佛教大乘八宗为主，学习过程中也应以佛法为主，不能偏于世俗知识，而佛法不离大乘八宗。所谓八宗者（太虚的八宗说）即清凉宗（华严宗）、天台宗、嘉祥宗（三论宗）、慈恩宗（唯识宗）、庐山宗（净土宗）、开元宗（密宗）、少室宗（禅宗）、南山宗（律宗）。其中，他又特别指出："此八宗中，须知有两重别。一者，古有华、梵之二别，开元（密宗）、少室（禅宗）二宗，其祖梵师，余皆华师。"此说明八宗祖师二者出于西土，六者出于中土。此品从宗名、宗史、宗学、问答四个方面分别阐述。从宗名上说，太虚认为古时对八宗的称法不是太准确，所以更改

---

① 太虚：《僧制今论》，载《太虚大师全书》第33册，台北善导寺1980年印本，第195页。

其用名，但是现在仍依照古名而称之。如说华严宗："然此宗当以华严疏钞为根本部，而此部实成于清凉大师，故不称贤首宗；犹天台传自北齐、南岳，以三大部成于天台不称北齐、南岳宗也。又以法由人宏，当尊祖庭。且解华严者有旁家，而此宗所属经论又不仅华严，故不称华严宗，而以清凉定名焉。"可见，太虚是从地名、时间等方面来判摄八宗名称。所谓宗史者，是从每一宗的发展历史上加以说明的，如讲禅宗时说："昔世尊在灵山会上，拈花示众，独大迦叶破颜微笑，乃曰：吾有正法眼藏，付嘱于汝。十二传为马鸣，十四传龙猛，二十八传则为菩提达摩，始将传法衣钵，东来震旦，面壁少室，是为震旦初祖。五传至曹溪，其道始显于世。"从宗学上说，如南山宗"当以道宣律师《四分律戒疏》、《业疏》、《灵芝律师资持记》、《灵峰律师梵网疏》为根本部"。太虚是从每一宗的所依经典、著述、论述等方面来判摄。所谓问答即是用一问一答的方式分别对诸宗进行阐释。

第三品"整理僧伽品"，也是文章的核心部分，主要论述了他整理改革僧伽制度的具体内容，对教所分布、教团组织、僧众来源、要求、类别作了具体而细致的安排。

第一，教所。在全国范围内设立四个级次的管理制度，对佛教寺务进行统一管理。全国设立一个"佛法僧园"，作为"中国本部佛法僧全体机关，包罗宏富，该摄僧俗"，是为统摄全国佛教的最高机构。各省设立一"持教院"，"此为一省的佛教团体机关，依教秉持与僧，宣道与俗者也"。省再设一"佛教慈儿院"，"贫儿孤儿，衣食无靠，教育何处能受，当慈悯故，收养教之，扶植成人"。省下设"道区"一级，按八宗建各自寺院，为八宗之专修学处。另外再设一所"佛教医病院"和"佛教仁婴院"。每县设一所"行教院"（县佛教团体机关）、一所"法苑"（专修经忏法事）、一所"尼寺"（尼众不宜分散，此专住比丘尼）、一所"莲社"（通摄一县善士信女共修念佛三昧）、四所"宣教院"（选择几个大的乡镇对百姓进行弘法）。

第二，教团。太虚在1913年以宁波观宗讲寺为本部组织佛教宏誓会时，就提出了"改组教团"的设想，这是太虚第一次用"教团"的概念来改革佛教制度的文献记载。提出佛教宏誓会为"佛教中之特别团体"，以四弘誓愿为宗旨，通过组织宣教团、慈善团、编译团来开展利人事业；通过修习止观，改组教团、组织研究社、讲习所来实现兼利的目标；用勤修戒定慧、息灭贪嗔痴来实现自利。在鼓励个人入会的同时，也发动寺院入会，规定了会员的权利义务。此举实为组合有志僧俗，凭借自身努力，从小而大，化私为公，为佛教教团之根本革新。

直到1915年，太虚在《整理僧伽制度论》中又系统地制定整理了各种团体的明细。如①佛教主持僧：包括总团体、别团体，总团体设立佛法僧园来统摄本部和全国各地的持教院、行教院、宣教院，还要设立仁婴院、医病院、慈儿院。别团体包括八宗本寺、支寺、尼寺、法苑、莲社。②佛教正信会：设立总团体和别团体，总团体设立总会、总分会、分会。别团体包括佛教通俗宣讲团、佛教救世慈济团、研究佛学社、拥护佛教社。③佛学研究社。④佛教救世慈济团：救灾、济贫、扶困、利便。⑤佛教通俗宣讲团：设立劝导行善和劝化止恶，进一步制定方法和场所。

太虚综览中国佛教现状，从僧团与俗世社团两个方面分别制定了完整的制度体系，通过加强佛教的组织建设，保护佛教的正当权益。通过建立理想中的这种教团组织，对内可以团结全国寺院，将其纳入教团组织之中，增加寺院与各级信众之间的沟通与联合；对外可以利用佛教的组织身份，增加佛教在社会上的地位并维护自身的权益，以期融入现实社会之中，不再让世人对佛教有错误的认识，使其产生好感，以达到佛法利人的目的。

第三，教籍，包括"总籍和别籍。总籍有在僧籍、往僧籍、出僧籍三种。别籍有戒籍、学籍、座籍、职籍四种。戒籍有捕戒籍和受戒籍（沙弥籍、沙弥尼籍、比丘籍、式叉末那尼籍、比丘尼籍）。学籍有内学籍（南山宗籍、少室宗籍、开元宗籍、庐山宗籍、慈恩宗籍、嘉祥宗籍、天台宗籍、清凉宗籍）与外学籍（文学籍、艺学籍、医学籍）。座籍有上座籍、中座籍、下座籍。职籍有掌教籍、法主籍、议员籍"。太虚针对当时的社会环境而制定的僧籍制度，是为了对出家僧众进一步有效管理，受了沙弥戒就算是入了僧籍，发给相应的僧证来证明是一位出家人，若是自求退出或是被拼出，则取消其僧人资格。

第四，教产。僧团修行最重要的是和合共住，太虚鉴于当时佛教财产的私有化很严重，存在很多弊端，强调寺产私有独占和宗派继承的传统诱引佛门败坏风气，必须彻底打破"佛教寺产……宜实行集产制度"。所谓教产，就是使佛教财产成为十方僧众所共有，不为少数住持所私有，要用之以供养大德长老、培养青年僧才、兴办各种僧伽教育事业以及社会慈善事业。在太虚所设想的教产改革中，分为两种，一是公有分配法，二是私有之限制。公有分配法，如预计"佛法僧园每年收入六十万元，当以十万元划充佛教正信会之慈济团作慈济费，十万元划充世界布教团作布教费，十万元作流通经典书报之津贴费，十万元备用，以作各院各宗寺各苑各支提各梵刹周济费。以本是公财故，其余二十万元则为园中食用费、薪费，及各项公费、修造费"。太虚还提出僧团可承办工厂、银行等各种为寺院赢利的事业，所得利益为兴办教育、慈善、医疗等社会公益。私有之限制，有六种事所得为私有："一者任僧中各项职员之薪金；二者僧中所散给之斋儭；三者由代人作礼忏诵经等法事所入者；四者由正当法得之俗中亲属僧中师友者；五者由皈依剃度等各种弟子及诸信仰人等所布施，专以供养本人者；六者仗自己道术学艺利益人，而受人专谢者。"但出家之人当以少欲知足，不宜过分贪求，需安贫乐道。戒律中本有不捉持金银戒，但因中国之僧人有特殊情况，可随宜蓄，在冷的地区蓄毛衣，热的地方蓄棕扇等。"旅泊三界，但支身命，比丘之道如是，不令多蓄财物生顾恋也。"

　　第五，教规。在原有戒律与清规的基础上，太虚进一步制定了僧人日常行为规范，首设建立佛教大纲，然后规定佛教之外界关系与佛教之内界建设。内界建设分为两部，一为佛教正信会规制，二为佛教住持僧规制。佛教住持僧规制又分为两种，即总部（含佛教僧园规制、持教院规制、行教院规制）和别部（含八宗规制；支提规制、梵刹规制、莲社规制）。又有对衣制、斋制、日诵制、布萨制、历制、名制的改革。佛制比丘着三衣，作杂务时着五条衣，随众受食作佛事着七条衣，为大众说法时着大衣。佛教传至中土，依地理条件之关系，为御寒故，不得不方便着棉衣。太虚依照原来僧衣及参考日本僧人服饰，而制定今之袍衫，现称为"太虚装"。在斋制方面，制定八宗寺院在设斋时所念诵之仪轨皆有差别，如"天台宗寺，则集讲堂诵普门品；清凉宗寺，诵普贤行愿品；嘉祥宗寺，则诵心经或金刚经，慈恩宗寺诵佛地经"。僧众共修时间，即是每日早晚功课，太虚认为有四种功德："一、存法门仪，引起正信。二、集善根资量，助发道念。三、为国民祝厘，答谢檀施。四、令鬼神欢喜，护持伽蓝。"但大众所念早晚课诵皆依禅宗仪式，各宗依自己之特色可改为专修课程。布萨制是为僧众犯错误之后的一种忏悔方式，"南山宗寺及梵刹，应全照律文而行，余七宗寺及支提，与佛法僧园，或改百丈清规告香之制"。在历制方面，太虚认为佛教用佛历为宜。所谓名制即是对僧人冠以适当的名号，"得法南山宗者，可称律师；得法少林宗者；可称禅师；得法五宗者，概称法师"。如再有德高望重的僧人可按具体情况而称上士、开士、胜士等，对俗可自称沙门、衲子、释子等。

第四品"筹备进行品"为将长期推行改革僧伽制度的内容而成立筹备会，定为十五年筹备期，五年一期分三期而实行。太虚曾言："今论整理僧伽制度乃根本之整理，非一蹴而就可几者。"必须经过长期的摸索与探求才能使当时中国佛教有所改观，所以制定了一个长期的宏伟目标。

初期：首先，制定严格的寺院管理条例，建立完整的僧团机关。联合全国寺庵主僧，议决筹办。在整顿财产丰足的寺院时，如"以少林宗寺为模范，遴选国中禅行最高之禅师，自缚已解而有愿力解人缚者为法主，及尊者而主持之"。作为一寺之主，必须德才兼备，具有一定的管理能力，对大众修行、生活各方面都负责任的僧人担任之。并计划选出戒德清净，30岁内的出家人送往日本学习密宗法，以五年为限，务求在此限之内能得不可思议之神通力，为以后设立开元宗寺做准备。

二期：计划联合全国有学僧徒，联合佛学研究社、佛教通俗宣讲团等，拟定佛教建设大纲，要求政府承认，要求政教分离为原则，"此事妥定，僧伽内部之制度，乃可着手整理矣"。在僧伽方面，有改组教务会议成行教院，为佛教住持僧机关；创设一佛教基金团向社会募集善款，以为建设佛法僧园经费，及开办佛教银行、工厂之资本；延长求戒期，自沙弥至比丘为三月限制在律宗寺院方得传戒等。

三期：以上二期达到一定程度，能够更好地做好三期筹备工作，再进一步细化。所以在八个方面作了具体说明，"一、就省区成立持教院，为僧伽省机关；二、由持教院即成立慈儿院，凡未及受戒年龄之驱乌沙弥，皆收入之。三、八宗寺兼前之每宗五寺，今每宗各扩充为二十寺，并成立八宗之本寺；四、延长求戒期，自沙弥至比丘为一年，未满二十不得比丘戒。五、用前医学专科人才，省设施医院一；六、仁婴院亦应于此期内，渐次成立之；七、由持教院调查一切属于僧伽田地山场等产；八、用前期所造就专科人才，组织成世界布教团，开始翻译、流通关于佛教书报。"

以上三期，筹备完成之后，就可以开始实施，联合各地方持教院，选任佛法僧园的统教大师及副统教法师，组成统教机关。依照所提出之规章开办银行、工厂并建筑佛法僧园。统教机关制定大纲及规制，联合僧俗佛教徒，要求政府完全承认佛教住持僧。然后以住持僧为佛教的主干，实行政教分离。"至此，则已完全依新制度实行矣。故筹备即实行，筹备至圆满，即实行之完成也。"

《整理僧伽制度论》还对僧伽组织也做了详细的论述，主要分为"僧外摄化徒众"和"徒众"两类。

第一类"僧外摄化徒众"，分为"仁婴类"、"慈儿类"、"求入僧伽类"等部分。"仁婴类"即设立婴儿院，每院常时平均约收有1—6岁的男女婴孩共40人，照幼稚园章程抚养教育，满6岁，应已能写识一两千字。年及7岁，犹无人领养者，则入慈儿院中。由慈儿院中出来11—18岁之女童，每院约常收有25人。晓暮在佛室中行三皈礼，星期日则旋歌祈祷，与在慈儿院同。在院教以各种女工，并教读讲经书，及兼抚育婴孩。及15岁听认院长或抚教师为皈依师。为受优婆夷戒，或入佛教正信会。其已及15岁或已满18岁，犹无人领娶者，若彼自有志愿求入僧伽，资格符合，则或为代觅或听自择一和尚，领住尼寺。凡领养婴孩或领养女童，更须得女童自承许可概不微收财物。若自愿捐施院中经费者，听任多寡，由院长出收据给之。对于"慈儿类"，设立慈儿院未及7岁者与已满15岁者不收，分为两级即7—10岁为初等小学级，以初等小学之法程，分各学学期教之，注重文字、算数，以诱开其知识，男女兼收，每院约600人。11—14岁为二等小学级，亦分各学期教育之，注重道德、实利，以造成其人格，只收男孩，每院约400人。及来院时，由院长或教员先教诵三皈文，行三皈礼，14岁毕业，及15岁由院长或教员授优婆塞戒，入佛教正信会。若自愿求入僧伽者资格符合，由所择得度和尚，领入行教院。其余习为各种农工商业，若有志趣高者重点培养成国家适用人才。对于有志入僧伽者，当由本人自愿，并写自愿书一份同时必须符合下列之条件才有资格入僧伽：一者，非未及15岁、已过40岁者；二者，非五种不男、五种不女；三者，非六根不圆满者；四者，非得传染病及残疾者；五者，非本国刑事犯；六者，非父母夫主未听许之子女妻妾臣仆；七者，非恶心毁佛塔像，及曾邪淫杀伤比丘、比丘尼者；八者，是两等小学毕业以上者；九者，是仁婴之童女；十者，是慈儿院之童男，同时具备以上条件者方才许可其出家。所经程序如下：一者，男得一比丘、女得一比丘尼承认为得度和尚。二者，若未入佛教正信会，或未受优婆塞夷具足五戒者，即由得度和尚为说三皈及五戒。三者，男由得度和尚领入住行教院，女由得度和尚领入自住尼寺，教以《佛史》、《佛法要略》，此当杂取佛及古德言行，编成一书，专为教授求入僧伽者用，若《遗教》、《四十二章经》亦可，增其信心，学习沙门礼仪要略，轻其俗染。四者，约经一月，察其不退初心，弥坚道念，此或畏难生退心者，虽加劝遵，勿稍强勉；始由得度和尚为请一剃度阿阇黎（律中曰出家阿阇黎，男宜即行教院请之，女宜即所住尼寺请，然非限定），来行教院（女亦领同至行教院），由和尚阿阇黎及行教长训示教诫，告以沙门种种难忍须忍、难行须行之事。一一答曰能者，赞叹、庆慰、礼拜，和尚为授八关斋戒及十善戒，教即严持，亦为说十重四十八轻菩萨戒、增长善根；乃脱白衣，易坏色服，授姓释迦，名曰某某，令具求入僧伽志愿书。然后由和尚阿阇黎同住法苑，请五比丘为行忏摩，即诵八十八佛及普贤忏悔文，及供佛毕，使跪佛前发深重誓，誓曰：今我某某，仰白三宝，誓奉身命敬皈三尊，纵遭命不谤不悔，若背斯誓，求堕无间！惟愿慈悲证明摄受！誓毕，乃为如法剃度，具如经律。五者，当岁犹及入受沙弥戒堂，即行送往，若不及者，男则住行教院，听讲经典、读诵礼拜，女则依和尚住尼寺，读诵礼拜，亦曰住行教院听讲，以待次年入受沙弥戒堂。六者，入受沙弥戒堂一二三四月后，已受得沙弥戒品者，由戒堂分别通告本剃度处行教院，注入僧籍，发给僧证，尔时始由求入僧伽类，度进安住僧伽类，入僧事业。这些详细的设想虽然还仅是"纸上谈兵"，但不失为僧团培养僧伽来源提出了可行的办法，同时也为当时因地制宜拓展社会公益事业提出了新的思路。

第二类"徒众"类分为"求沙弥戒类"、"求沙弥尼戒类"、"求比丘戒类"、"求比丘尼戒类"等方面，对于僧人各项规范和制度进行了详细的规定。首先，沙弥、沙弥尼为僧人之基，应授沙弥、沙弥尼戒。先教诵《沙弥律仪文》，每日半时，亦为解说，令诵早晚课诵，及斋供经咒，并习沙弥行住坐卧、礼拜、迎送、讯问、洒净等各种礼仪熟练，于初一十五每半月作沙弥戒布萨，犯者如法忏悔，并教习初级课程如《遗教经》、《四十二章经》等，并教习斋供及各种咒颂歌唱，亦复习用钟、鼓、鱼、磬等诸法器，并使其纯熟，年满19岁者于次年为求比丘戒，未满者礼得度和尚而住。其次，求沙弥尼、式叉摩尼戒，基本与沙弥戒同，唯不须学各宗寺及法苑，佛法僧团，课诵斋供经咒歌呗；令诵熟尼寺所同课诵《斋供文》、《药师经》、《金刚经》、《十六观经》、《无量寿经》、《四十二章经》、《遗教经》及习熟尼寺所用歌呗法器，侍20岁受加式叉摩尼戒，待二年后为求比丘尼戒。再次，求比丘戒者，已受持沙弥戒年及20者，为受比丘戒，令诵熟《四分比丘戒律文》，即依文每日二时，为讲解会诸部律，令识制戒因缘，开遮、持犯，及布萨、羯磨法大意，随讲随令学持，半月半月在堂布萨，犯即令悔，作诸忏摩，亦复教习瑜伽水陆诸施食仪，及诸忏摩仪规所用应法乐器、梵呗歌唱。及遵之次第入比丘戒坛，最多五人一班，依律羯磨、证成。令得比丘无作戒体。亦复教习禅坐，及比丘三千威仪、八万细行所当有事。次受菩萨戒，戒毕发给戒谍，注入戒籍。最后，求比丘尼戒者，已受式叉摩那尼及10年者，得入受比丘尼戒教授堂，先令诵熟比丘尼戒律文。亦为依文讲解，令知开遮，持犯及布萨、羯磨法，半月半月布萨，犯即令悔，作诸忏摩。入比丘尼戒坛，依法羯磨，证戒，令得无作戒体，次授菩萨戒，受比丘尼戒毕发给戒证，即应出堂，随喜依靠诸尼寺而住。受完戒后比丘应专学一宗，入各专宗寺学习，限于五年卒业，举其要件如下：其一，当随堂中学，次第学习；其二，当依所住宗寺、共住之规约而行；其三，除充本堂悦众等外不得任堂外各种职务；其四，在五年中不得离宗寺住及往来各宗寺；其五，不得受人皈依，及为沙弥作依止师；其六，无各种选举、被选举权。五年满后可外出参学，可随心喜愿，云行水游于各宗寺，或住职事，或住藏经阁研究全藏教典等。受比丘戒满十夏后，具诸所学，更不限制须学，随自所愿于学诸菩萨行，戒行具足者发给中座证，担任一定的领导职务。比丘尼者，在十夏内曰下座类，过十夏外曰上座类，对比丘依八敬法，虽百夏比丘尼犹礼一夏比丘，下座比丘尼应自由来居各尼寺及一般职务，上座比丘尼领给比丘尼上座证得举任尼寺和尚及担任主要职务，于布萨时得举一切尼过。对于犯戒者应补过，若比丘犯四波罗夷罪，比丘尼犯八波罗夷罪，生殷重心，自举所犯，对众发露，求不出僧伽修苦行忏悔。若犯四波罗夷一罪者补戒五年，四罪俱犯则应终身补戒，若兼犯故起恶心毁谤三宝者，逐加五年。若俱犯四戒，兼毁谤三宝定遣返俗，不得仍住僧伽悔过。对于自愿退僧返俗者随其自愿，不加强求，收还各种证书及僧物。若私自改变僧相反俗者，冀僧不知，重可入僧，察知应由所在寺庙宣布其事，亦遗弃出僧，以示耻辱，爱名誉者，当不为此，或患传染病、神经等病医治一年以上不能愈者亦弃出僧。虽在僧中不信佛法，多时多处以言语或以文字毁谤三宝，或以恶心破坏经像，由和尚、同学同住等教诫劝导至三次仍不改者可弃出僧。退出僧伽者，非断绝佛教关系，凡退出僧伽者，有可再入僧伽，有不可再入僧伽，此分别述之，然返俗再入僧伽者，至少须过一年。可再入僧伽者，应为各种在僧未犯重戒，由自愿退出僧伽者，仍应如法礼一师为剃度师重新受戒。各种旧因破戒即比丘犯四重四波罗夷，比丘尼犯八波罗夷破见应先礼一得度和尚以白衣身自备资食持八斋戒应修诸忏摩，旧犯一戒一月，四戒四月忏悔期毕方与如法剃度。我佛慈悲许可比丘可往返七次出家为僧，比丘尼一次即可，然有惭愧心者当不应如此，除非因缘所致，如父母重病无人照顾者，或恶因缘者。

《整理僧伽制度论》是太虚关于僧制改革的初步构想，虽然具体操作层面未免带有理想主义者的色彩，但由此可以体味出他对中国佛教从历史到现实充满忧患意识的深刻考量。如他后来自我检讨云："《僧伽制度论》，作于民国四年，当作此论之时，犹有适合国情之处。但现在已颇见有不宜者：一、《僧伽制度论》中之僧额，系根据清乾隆时之调查，说僧众有八十万；可是以后经过嘉庆、道光的衰落，洪杨的烧毁，清季兴学的侵夺，及民国后屡次的摧残，所遗留者、尚不知有乾隆时僧数五分之一否？二、僧伽制度论中所说，以由分组八宗，合起来可成一中国僧伽系统制度；但是现在考察起来，凡中国的各宗，在寺院方面已皆失去他的根据了，实在并非同日本宗派之各有其系统组织可比。三、现在国民革命后，又不同于辛亥之时，趋重民生问题，已不能容有如许僧伽受国民的供养。有此三点，现在虽想根据原有计划整理，也为现在时势不兼容了。"①

1927年，太虚大师又撰写了《僧制今论》，对于《整理僧伽制度论》进行了一定的补充和修正。《僧制今论》主要思想为以下四点：第一，欲着手僧团建设与僧制改革首先必须了解、掌握当时的僧伽数量，此前定全国僧数为八十万人，还是参考清乾隆时代的数据，显然已经与实际不符。由于当时无法进行精确统计，只能以行政区划全国二十二行省，每省平均八千人算，太虚预估汉传佛教僧侣至多不过二十万人。其中，"奉天、吉林、黑龙江、贵州、山东，每省不盈千；云南、广东亦只千余；河南、陕西、湖北、江西、安徽、福建、直隶、山西，不及八千；唯浙江、江苏、湖南、四川，每省有二三万人耳。今以之分为五大区：（一）直隶、山西、河南、陕西、山东、东三省、甘肃、新疆区，（二）川、滇、黔、桂

---

① 太虚：《建僧大纲》，载《太虚大师全书》第33册，台北善导寺1980年印本，第205—206页。

区,(三)湘、鄂、赣区,(四)浙、闽、粤区,(五)苏、皖区,每区可三万六千人而已"。其次,将全国佛教徒分为僧众与信众两大类,僧众中"剃度修行之女众"称为尼众、"出家从事农工商者"称服务众、"求学比丘及宏法菩萨"称学行众、"学行服务三十年以上者"尊称长老众;信众中"皈依修行之男子"称皈戒众、"在家修学之妇女"称女众、"研究佛学之人士"为研究众。太虚之所以这样划分,法理依据在于"佛之律仪本分七众,然是依男女性别及所受持律仪以区分者",同时也是为了适应现代社会实际情况不得已而为之,太虚考量"一者,可广摄学理之研究者,二者,可别开僧众中之从事资生事业者"。这样一来,就可以对太虚欲致力于全力培植及供给的中坚力量——学行众的数量有了大致了解。"大僧十八万中,约计长老三万人,学行众五万人,服务众十万人";"学行众中,约计一万为预学众,六千为正学众,七千余人为参学众,二万六千余众为行化众"。第三,依据以上原则,太虚设想在首都及省(或合数省)、县(或合数县)建立各级佛教组织,如首都设佛法僧园、省设持教院、县设行教院等,发挥组织功能优势,创办中小学等普通教育及仁婴苑、慈儿苑、施医苑等社会慈善事业。另外,把全国僧众与寺院纳入制度化的佛教教育体系,太虚说:"僧众之所要者:一曰预科大学——授戒律寺,传授律仪及授以普通之佛学,以容纳有中学毕业程度(十九至二十岁)而初出家之一万学行众。五区每区一所或二三所,每所八九百人至二千五百人,二年毕业。高材者授以比丘戒选入专宗大学;平庸者授以沙弥菩萨戒,入服务众。二曰专宗大学(即各宗寺),除中央区为佛法僧园外,其余四区,每区二所或四所至八所,每所三四百人、六七百人以至千三百人。及佛法僧园二千六百人,共容纳正学四年、参学六年之万三千余求学比丘。正学毕业当学士位,参学毕业当博士位;连预科十二年之二万三千余众,为立身于学生地位者。三参学毕业受比丘菩萨戒,进为行化众之宏法菩萨,或办佛法僧园以至宣教院、支提之法务,或办预科、专宗及佛法僧园之教育,或办中小教育及慈善等。此有二万六千余众,为立身于教育、行政者。"此举在于以少数优秀分子研习经论。第四,"沙弥菩萨之服务众,半作半修服学农工商业,经二十年(若农寺、工寺、商寺等),受比丘菩萨戒,得服务支提及为农、工、商之寺主(四十以上)以裕资生事业。此十万人,为立身于农、工、商者"。以多数无僧格之僧伽充作劳僧,作农、作工。至于专修出世之长老众则为"学行或服务三十年之后，端受供养以养老退隐、息机自修者。既曾对于社会劳心劳力经三十年，则受社会供养，应无所愧"。由于各种因素未能纳入上述体系之外的各寺院庵堂及其产业，一律因地制宜转变为"服务众之服务场"，如作农修场、工修场、商修场，半作半修。太虚此次主导设计的僧制改设计划，初衷是"令僧众于士、农、工、商各有一立身之地位，勿为世人诟病，且又能以佛法修己化人而已"。使佛教既能跟上时代发展步伐，又能提高社会影响力扩大受众层面，使"当世贤者，愿进教之"①。这样就能使国民中的优秀分子得由信法信佛乃至信僧，学行六度，以产生且养成最具足的僧格，组织成僧。

随着僧制改革实践的逐渐推进，太虚对此前制定的指导思想也在不断反思完善，如他说："《僧伽今论》，作于民国十六年，当时革命空气充溢，且合社会革命意味，论中有意就原有寺僧为根据，以多数无僧格之僧伽，充作劳僧，作农、作工，以少数优秀分子，研习经论。当时所以有这种主张，以为由大多数僧伽从事生产，而供给少数僧伽以专心深造，则寺僧生活独立，可不须依赖民众，这是救济多数迁就时趋的办法。严格的讲，这种作农作工者，实不能谓之为僧；因既作农作工，就不能养成如上所讲的僧格，而行僧的职务，实不能称之为僧。"② 他自认为，此前的僧制改革设想"在理论上尚称完美，但在事实上、环境上、皆难以通行"。如何使佛教在几千年来未有之大变化的现代中国社会不被淘汰，变更建设于从前中国社会制度下的僧制，创设现代僧制是当务之急。

1930年春，太虚大师在闽南佛学院讲课时，再作《建僧大纲》对整理僧伽的范围以及僧格的培养等方面进行了详细论述，再一次制定了僧人所依止的法则，大至弘宣教化，小至个人行为，悉皆以此僧制为准绳。经过反复考量，太虚认为规范可行的僧制必须建立在养成最具足的"僧格"的基础上，创设僧制"须精取慎选少数有高尚僧格的，制成以下之僧制。"为此，太虚提出建立"学僧制"与"职僧制"、"德僧制"的三级构想，所谓学僧制即为具足学僧之资格，亦名比丘僧制，"约一万人，分四个学级，修学十二年"；职僧制亦名菩萨僧制，就是修菩萨行之僧，太

---

① 太虚：《僧制今论》，《海潮音》第8卷第4—5期，1927年4—5月。
② 太虚：《建僧大纲》，载《太虚大师全书》第33册，台北善导寺1980年印本，第206页。

虚设想将其安排在包括以布教所、各种社会福利慈善事业机构、教务机关等五种机关中进行服务性工作；德僧制亦名长老僧制，"这种制度，宜行于山林茅蓬，可以合许多茅蓬为一处，成一专修林或杂修林"。由学僧而至德僧，以三级僧制而立，须经四学级或三职级方至德僧位。

太虚又设想"但有博士、大士学级，可以不经下中级职僧而至德僧位者"。于是他将职僧上中下之级，复各分三级成为九品，如表2—3所示。

表2—3　　　　　　　《建僧大纲》关于职僧制之设想

品级\机关	上上	上中	上下	中上	中中	中下	下上	下中	下下
布教所			甲等布教师	乙等布教师	丙等布教师	甲等布教士	乙等布教士	丙等布教士	事务员
慈善机构		甲等院长	乙等院长	丙等院长	甲等科长	乙等科长	甲等科员	乙等科员	事务员
律仪院等	高等院长	普通院长主任	律仪院长教授	职员教授	职员教师	职员讲师	职员助教	职员助教	事务员
教务机关	会长	会长	会长	科长	科长	科员	科员	事务员	事务员
专修杂修林	林长					科员	科员	事务员	事务员

表2—3中，上下级职僧限于得学士位二十年以上者，上中级职僧限于得博士位十五年以上者，上上级职僧限于得大士位十年以上者。其中任林长之资格，须得大士位满二十年及以上者方可充任。

太虚深感要使佛教能建立于世间社会，使佛法真理能普及于一般国民，首先就要有布教所。本来中国到处所有的大小佛寺，皆是布教所之性质，如今皆已失去了布教性质，而蜕变为一种家族式的私人庵堂。现代僧制，即需要多设此种布教所。太虚设想在全国范围内设立五千所布教所，并配备教职员九千人，如表2—4所示。

表 2—4　　　　　　　《建僧大纲》关于布教所之设想

布教所等次	全国总数	每所所需布教师	教职员人数	
			布教士	事务员
甲　等	一百所	一人	四人	二人
乙　等	四百所	一人	二人	二人
丙　等	六百所	一人	一人	二人
丁　等	三千九百所		一人	

在此基础上，太虚进而设想："要实行建设此现代的中国僧制，当从律仪院师范养成所，及教理院教授养成所办起；三年后即可开办律仪院，十年后方可开办高等教理院。约计三十年可建设完成也。"①

1940年，太虚大师再作《建立菩萨学处》，是指对比丘应学习的律仪而言，使所有如法出家的比丘大众都纳入这个范围，统贯世出世间一切阶位的菩萨，其弘深广大，悲愿切深。具体内容如下：①皈依三宝，不管做任何事情，都要从最基础的开始，学佛更是如此，在入佛门时首先就是要皈依三宝，这是走进佛门的第一步。皈依时须至心发愿，尽形寿皈依佛法僧，永不退转。②三乘共戒。一者，在家众的五戒十善，"我们的身语心行，有善的也有恶的，现在佛法的修学，灭去恶的，使善的方面更充实增加有力，使之完美。五戒便是最基本的道德标准行为"。二者，出家众的沙弥十戒，即是比丘众所共同遵守之出家基本戒条。三者，出家众的比丘具足戒，比丘戒二百五十条，是为比较完备的戒律，重要的就是四根本戒，轻细的涉及行住坐卧语然作止。"比丘戒偏重于机械行为，原为小乘声闻比丘的戒条，到了大乘菩萨戒便注重于佛教的精神。"四者，在家出家的八关斋戒，八关斋戒是佛为在家居士使受出家生活短期的训练，是为一日一夜间严持清净梵行，也就是体验出家生活。③发心正行。一者发菩提心，能发菩提心者即是菩萨，小乘与大乘之间的最大不同，是在肯发菩提心与不肯发菩提心。肯发菩提心，便是进入了大乘的领域，菩萨学处正是倡导大乘之学，以发菩提心为根本的精神。二者，学修六度，在《建僧大纲》中已经谈到这个问题，作为菩萨必须修习六度万行，"六度的重心在于智慧，智慧之道即菩提道"。利用智慧可度凡夫生死大海，到达真

---

①　太虚：《建僧大纲》，《海潮音》第11卷第7期，1930年。

理的彼岸。三者，历行四摄，所谓四摄即是布施、爱语、利行、同事，此四摄法，是菩萨现身化导大众的主要目的，处处为大众着想，令众欢喜。

从1914年《整理僧伽制度论》对僧制改革内容的草创，到1930年《建僧大纲》的进一步完备，直至《菩萨学处》的设想，代表了太虚大师的僧制思想发展脉络。从如何培养僧格到菩萨学处制定了完备的制度，代表了太虚大师在佛教面临中国社会几千年来未有之大变化中的历史责任感，是他在探索佛教改革思想与实践愈挫愈奋的过程中每个阶段性的总结。然而，近代中国的多灾多难却容不得他将此理想一以贯之地付诸实践。

四 僧团建设之实践

太虚大师对近代中国佛教复兴的僧制改革，除了理论上的论述，在实践方面也进行了不懈的探索，这是一项以寺庙组织为舞台背景的艰苦实践。他说："中国的佛教由僧寺代表了二千年，则中国佛教的僧寺内有二千年历史为背景，外有全国全世界的环境为背景，以此中国的佛教革命决不能抛弃了有两千年历史为背景的僧寺。若抛弃了僧寺以言广泛的学术化的社会化的佛教革命，则如抛弃了民族主义，而言世界革命一样的危险。"① 这也是太虚大师一生曾任多寺住持的原因所在，他最早于1910年10月接管双溪寺；1920年3月又被推举为西湖弥勒院及大佛寺住持；1921年3月住持净慈寺；1922—1937年就任沩山住持；1927年就任厦门南普陀寺住持；1932年就任浙江奉化雪窦寺住持；1944年就任岐山寺住持。其中，重点对净慈寺、沩山寺等进行了整顿，具体颁布了诸多整顿措施，试图使寺庙制度更能适应时代的发展要求。

1921年3月，太虚大师于住持净慈寺之际，对寺院丛林制度进行了诸多修正，准备把它作为新的改革试点。净慈寺位于杭州西湖南岸南屏山慧日峰下，是一座具悠久历史和优良传统的寺庙。净慈寺于公元954年由五代吴越国钱弘俶为高僧永明延寿禅师而建，原名永明禅院，南宋时改称净慈寺。净慈寺历史上高僧辈出，永明延寿力倡禅教一致、禅净合行，被誉为"曹溪后第一人"。元代时称"净慈三峰"的高峰原妙、中峰明本、孤峰明德三大禅师在寺内弘法利生。但是到了明末清初，在中国佛教衰

---

① 太虚：《我的佛教改进运动略史》，《海潮音》第21卷第11、12期，1940年11、12月。

落、佛教僧制混乱的大背景下，净慈寺内的各项制度也混乱不堪，并由原来的官办寺庙沦落到了寺僧自行募化生存的地步。经济来源的匮乏致使禅风淹息、宗门凋落，在其寺制方面也由十方丛林而成为"法子派"，也就是"祖孙庙"。祖孙庙的形制是与以宗族社会为根底的小农经济相适应的丛林建制，太虚之所以能够接任净慈寺住持，源于他和原住持鸿定之间具有一种嗣法的师兄弟关系。太虚答应住持净慈寺，是看重它大可开发利用的深厚历史资源，久欲凭借丛林以实施其僧寺理想的建制。太虚本人抱有把净慈寺改造为一座模范僧寺的初志，既是实践其"教制革命"主张的一个尝试，同时也是为中国的僧寺改革开辟一条道路，绝非为一己之私。因此他于接任净慈寺之始立即着手开展了严肃寺规、革除旧弊的工作。先是整顿寺内原有陋习，重振丛林制度的威严。当时寺内受社会上吸食鸦片风气的影响，寺中有五人吸食鸦片。太虚颁布整顿法规，禁绝寺僧吸食鸦片，对正在吸食的五个人令其搬到永明塔院或寺外居住，如不能限期戒除，则遭弹出寺。针对寺内各处寮寇多私设荤腥小灶的现象，一律拆除，全寺只留大厨房及库房边的小厨房，禁止寺僧私营饮食。然后按照丛林制度的传统，重新组织了一支精干的寺庙管理队伍。库房请如惺为监院，智信为副寺，玉阜出任知众，组织各属职管理。通过这些人事改革，理顺了各部门的关系，加强了寺庙运作秩序。太虚大师把禅堂改名为"角虎堂"，取自永明延寿的禅净四料简"有禅有净土，犹如戴角虎"之意，规定寺僧每日除朝暮二时课诵外，必须坐三支香。此外，还建立了具有图书馆功能的佛教文化场所，用于陈列佛学书刊，供公众阅览，以作通俗宣化，并派专人司理其事；注意整修寺庙的硬件设施，修葺运木井和济公殿，同时将大殿佛像重新贴金庄严；整饬客房，要求务必做到清洁卫生条理有序。净慈古寺一改以往凋敝情形，给人以焕然一新之感，香火隆盛几乎赶上了杭州灵隐寺，施资也随之而来，经济收入大为改观。当时杭州盐商周湘黔来寺做水陆法会发起募资修建钟楼，可见整治效果十分明显。随着寺院经济状况的改善，太虚又筹划在寺内创办佛教教育机构"永明学舍"，以作培育佛教弘法僧才；筹设佛教慈儿院，以教育小沙弥；并筹资购置了黑板桌椅，准备秋季开学。太虚通过整顿净慈寺的内部管理制度、教育制度等来发挥寺庙制度在佛教发展中的保障作用，从这些改革措施来看，太虚还是想以传统丛林制度为指导，力图恢复丛林制度的原貌。净慈寺经整顿后所显示出的勃勃生机，说明太虚的这些改革措施是切实可行的，取得了很大成效。但是在当时整个相对保守的僧界，这无疑触犯了其他寺庙的现实利益，这是个别寺庙保守的住持不愿意接受的，难免遭到他们的排挤。1921年，浙江省省长沈金鉴撤销了太虚净慈寺住持一职。面对挫折，太虚不得不寻找新的机缘。

1922年12月，太虚大师开始出任沩山住持。沩山即今天湖南省宁乡著名的禅宗祖庭大沩山密印寺，沩仰宗祖庭，是唐代灵佑禅师在宰相裴休的帮助下开辟的道场，直至清代尚为湖南第一巨刹。开山以后，最初寺内所传承的十几位住持都是沩仰宗的传人，后来才作出改革，不论哪一个宗派的高僧都可以受请出任沩山寺住持。清代以来，慧山和尚为自天童来沩山，重兴沩仰宗，并把沩仰宗改为临济宗，实际上是两宗合流，使沩山成为临济宗的传法寺院，分为五房，轮番住持寺庙。这就是太虚住持沩山前之大体状况。

太虚提出三十二项改革办法，得到了各界的认可。首先，整顿沩山的历史传续，复兴沩仰宗，"以沩山本寺续沩仰宗派，查何代而绝，即由重兴住持从何代续起，其清初掺入临济派法门，齐此即兴沩山之法派脱离关系"。整顿临济宗在沩山的发展，"以沩山所辖之同庆等五寺，即做沩山现传临济宗五房法门之传法寺院，从此各成为独立之门庭，以示宗派之区别"。其次，改革住持传承办法，以后沩山住持之传续不必须先接法，即十方有道德者皆可由本寺住持率两序大众举为住持，但于举出后继为住持之时必须承接沩仰法脉以重宗派，贯彻了太虚大师倡导改"子孙庙"为"十方丛林"的"教制革命"的理念。另外，在祭扫祖塔上突出沩仰宗的地位，"沩山佑祖及历代祖塔之在各寺者仍由沩山本寺每年春秋设斋祭扫以崇祖德。将来设立祖堂以从迦叶尊者至沩仰各祖居中，以自黄叶临济至现在之会为本寺住持者居左，以其余各宗者名之祖居右"。对于寺产收入的支配，太虚大师接受了沩山历史上三次因为土地佃租纠纷而毁于大火的教训，严格规定了寺产的用途及其分配方案，并实行住持负责、账目公开的财务管理制度，规定："甲、在未修复以前以每年寺产收入十分之四作常住大众之经常费；乙、在未修复以前以每年寺产收入十分之四作建造房屋置办器用之费；丙、每年提十分之一积充为三年后于长沙办佛学之费；丁、每年提十分之一充上海设沩山下院及宁县长沙与各处川旅交际等费；戊、寺产用途之支配由住持议定之一切收入，由监院管理之，但账目由副寺管理，于每月报告之，每月公布之。"与太虚大师在净慈寺推行改革时的血气方刚相比，此次改革接受了以前因为准备不足就开始推行改革而受挫的教训，改为比较缓和地进行。所有新的措施"须经沩山现传临济派之五房法眷全体签约承认，并出该地及省垣诸山证明，呈请地方长官核准之"才能施行。这样就把全体僧人都动员到寺庙制度改革中来，减少了改革的阻力。在实行公请住持的落实上太虚走的还是稳妥之路，因为这个牵涉到住持产生的合法性问题。通过公请的方式奠定住持产生的合法性，为住持以后开展工作扫清了道路。主张"对于重兴住持由现居寺内之监院等班首职事，泊五房法眷列名具书公请之，由诸山长老及檀护等列名赞成之"扩大了寺院秩序的民主范围。在改革寺庙制度中，还针对寺僧制定了暂行共住规约。按照传统丛林制度，规定了几种不共住的情形，分别为："无衣钵戒牒不具僧仪者不得容留共住、犯杀盗淫及大妄语之根本戒者不共住、勾串匪人扰乱破坏者摒出并送官究办、酒肉赌博者不共住、破口相骂交拳相打者不共住。"通过这些规定整肃了整个僧众队伍，清除滥竽充数的僧人，保证了僧众队伍的纯洁性，进一步申明了僧众纪律，用制度保证了寺庙的日常有序运行。太虚对沩山的整顿是以一寺带动整座佛山的治理，因为沩山上有五座寺庙，整理好了就是一个整体。

　　太虚在沩山的改革堪称一个经典案例，分析其成功的原因，首先，应源自他对中国传统佛教的整体把握。太虚曾言，"中国佛学之特质在禅，半由中国元有之士人习尚所致。因为若抽去此士夫思想关系，仅由敬崇梵僧则变成神咒感应之信仰，或成为乐着分析辩论之学术。比如西藏原没有文化，故成为神咒佛教。南洋气候生活接近印度，故易重律仪。而中国则在其玄简士习中，成为精彻之禅风，这就是中国佛学之特质在禅的原因。但是，虽说在禅，而又不局于后来所谓之禅宗，其范围较宽，故今先说禅宗以前之禅"，"从梵僧来化，及能领受佛学之中国士夫思想等的因缘和合，而成为当时习尚禅定的佛学，并奠定了二千年来中国佛学的基础"①。太虚不仅对于中国传统佛教具有精辟独到的理解，而且熟稔明清以来的时下禅林制度，在谈及禅堂坐禅行香制度的兴起时，他说："现在中国这种坐跑兼运的制度，最早不过在明末清初间。明时有练魔场，魔就是昏睡，练魔场就是对治昏睡的场所。清初又有禅门锻炼说，此为取大慧杲之法而

---

① 太虚：《佛法总学》，载《太虚大师全书》第 3 册，台北善导寺 1980 年印本，第 553—554 页。

以坐行调身心者。后来合并练魔场为禅堂而锻炼，遂有半坐半跑之行法。这种半跑半坐之成为定制的，据宗下传说，系始于雍正。雍正最佩服玉琳国师，所以他以帝王之威、取消汉月藏之三峰派而承续玉琳之宗派。他当时求玉琳之嫡嗣，众推举高旻寺天慧澈禅师以应。及澈见雍正，雍正问云：……求见雍正，雍正谓之曰：'且喜你已识国师宗旨！'由这段公案，高旻遂定禅堂内半坐半跑之制度。而此种法制，亦确能调适身心，且有助于参究。由此看来，故知宋、元、明、清禅到了清代，遂有坐跑兼运的禅法。"① 他还从国内、国际形势的宏观视角前瞻中国佛教的发展方向，他说："民十三年冬季，余尝短时退隐，静观日、藏密宗新入中国之纷乱，及国民党容共后在中国之新形势，发生二种新觉悟：一曰，中华佛化之特质在乎禅宗：欲构成住持佛法之新僧宝，当于律与教义之基础上，重振禅门宗风为根本。二曰，中国人心之转移系乎欧化：欲构成正信佛法之新社会，当将佛法传播为国际文化，先从变易西洋学者之思想为入手，因着人生观的科学及大乘与人间两般文化，以见其意。"② 太虚之所以对于禅宗的瞩目，在于他认为禅林制度与"僧制"具有千丝万缕的联系，如他说："中国的僧制，差不多有两千年的历史，古来演变的很多，现在的大概可以从唐、宋来的禅宗丛林制度为代表。除此之外，虽有台、律等宗传承下来，但都受了禅宗寺院制度的影响，成了附庸的制度，故可专以禅宗丛林来说明中国僧制。现在所谓的《百丈清规》，虽经宋、元、明诸代的修改，似已失其本来面目，但仍是从其沿革下来的。中国民族的一般文化思想，特重敬祖的家族制度——所谓宗法社会，而佛教也还是受其影响；尤其明末清初以来，变成一个个特尊各寺祖师的寺院。因此，便成剃派与法派的两种传承——唐、宋时尚无，明、清才流行，主要的是保持祖规，保守祖产。法派的继续传承，这算是一般大院寺的规范。其他或限于自寺受戒、自寺剃度，更狭小的只重于自寺剃度，才可接法继承住持。因而现在的中国僧制，成为一个个的寺院，俨然是一个个的变相家族；各寺各兴家风，自成一家，独成一国。除大寺院或有统率几个下院——小寺——之权外，一切寺院皆是各各独立，谁也不能干涉谁。但并不注重徒众的教化，

---

① 太虚：《佛法总学》，载《太虚大师全书》第3册，台北善导寺1980年印本，第668页。
② 太虚：《告徒众书》，载《太虚大师全书》第34册，台北善导寺1980年印本，第587页。

使之修学佛法，自度度他，而专重视法派与剃派的相传和遵守祖规，保守祖基。大的寺院须遵祖规传戒、坐禅，比较有佛教的传习，一部分人对于佛法也还稍有实际修学；而多数寺院的剃派、法派相传，犹如在家之注重子孙，若无徒弟，便同俗人一样起断绝后代的恐慌，故招收徒弟越多越好，越年幼越好，因而滥收徒弟；只图绵延香火，对于出家的本分事，全不闻问。而传戒的大寺，则以收戒徒的多寡为荣耀。接过法的，至少须传法一人，如一人都不传，就有断绝法嗣的罪过。但传法的仪式，只不过把祖师的源流录成一卷，交与接法者作为凭据，可以为继承保守祖规祖产的一分子，实际与佛法无大关系。故中国现存的僧制，就成为一个个的大小家族僧寺，其重要点，便是招徒继嗣和保守祖规祖业。后来虽有其他连带的关系，如地方人民请寺僧诵经礼忏，祈福消灾，既为寺僧与居民相需为关系，也足增加寺院的经济来源；尤其清末以来，许多寺院的重兴或创建，都赖经忏的收入。此外还有出于信仰佛法人的供养布施，朝拜佛菩萨的人进香献帛，因而也成为僧众与信徒的关系。而这两种关系，从前虽有而不成普遍重要，近几十年来渐变重要，但寺院的主干，还是以保守祖规祖产为要点。故清末以来，寺产常被外人侵占，乃有僧教育会、佛教会……团体之组织，办僧教育，才也成近三四十年保持寺院祖产之要事。但中国僧制也含有三种殊胜：一、寺产的传承管理，虽属剃派、法派，而挂单结众之丛林大寺，不问国籍何属，只要是僧众——甚至道士——都可享受有期限或无期限的食宿，颇有十方无碍的僧德。二、一个人入荒山、住茅蓬古硐，独自修行，也有原始佛弟子脱离俗群、超然自立的风尚。三、祖规较好、继承得人的二三大刹，禅堂的团体生活，训练也相当整齐严肃。"① 太虚在僧制改革的过程中，还非常注重随机调研，如他说："予朝五台过京赴甬，沿途若南京、常州、无锡等，稍事游行，与各地缁素佛子相谈，纷纷议及新僧。有赞成者，有反对者，有忧虑者。赞成者浅薄，反对者顽陋，而忧虑者之意颇可感，引为箴：一、予之整理僧伽制度论，最重者即为丛林制度，故对丛林制度应持尊重态度，循之以求完善，不可蔑视！二、汝等初学解行未成，于佛法知一不知其二，对于僧中长老修持有素经验宏富者，纵见其有未知现时情形，施设不宜处，应持孝子孝顺师

---

① 太虚：《真现实论宗用论》，载《太虚大师全书》第40册，台北善导寺1980年印本，第1098—1100页。

僧之态度，婉言谏诤，感以真诚。不可浮夸自大，嚣嚣然欲取而教诲之！上之二义，皆深注意为要！"①

综合以上太虚在沩山的整顿措施，比整顿净慈寺时进步了不少，从整顿环境上来说也比净慈寺好得多。在整顿净慈寺时，面对的是杭州众多的保守住持，而在湖南佛教相对封闭、阻力较小，所以太虚能放开身手，按照自己的理想实行改革，并取得了很大的成效。从具体寺庙制度上看，在住持传承制度上打破了传统子孙庙的"嫡系"传承制度，公请住持的制度保证了寺庙的纯洁性和组织的合法性。而基于寺庙存在的不同法脉，以沩仰宗为主要传承的这种制度保证了重点突出的发展原则，尤其是寺产制度的规定，厘清了长期以来寺产混乱的局面，保证了寺产的合理利用。

在僧制改革的不断探索中，太虚大师还推出了更富有创新性的改革措施。1927年4月，太虚大师就任福建著名丛林厦门南普陀寺住持期间，继续探索着改革佛教制度的道路。他主持制定了南普陀寺的建设大纲，明确提出了"南普陀寺本释迦牟尼之遗教，以建立教场弘法利生"，提出必须教育寺僧的才智，必须修持戒法、独立生活、利济民众。他在寺内倡导开办学校，修行农工慈善等一切事业来实现提高寺僧素质的目的；在寺院组织制度上也实现了创新，"建立道场之首要，在因时制宜以弘扬教化，故改设南普陀委员制，并各种应机之佛教仪式"。南普陀寺组织执行委员会，为全道场对内、对外最高统理机关，决议及执行全道场之一切事业。执行委员会以曾任及现任住持与院长并首领僧众中选任之。这些改革措施具有浓厚的现代气息，以委员会的形式治理寺庙，突破了原来丛林制度住持一人司庙的传统，实现了组织制度上的创新，同时也和近代社会的民主法治原则相契合。因为委员会治理模式更加注重集体协商管理寺庙，从而能避免因住持个人权力过大而带来的弊端。尤其进步的是在寺庙制度的设计上设立监察制度，"设监察委员会以诸方高僧大德及本寺护法正信居士，为监察委员会督察，执行委员会之执行一切事业"。监察委员会的设立初步具备了现代组织治理的规模，加强了寺院的民主管理程度。另外，"凡会任南普陀寺住持班首及现在南普陀寺与闽南佛学院修学之僧伽，皆有直接选举及被选举权，本道场每年开全体僧伽大会一次，以改

---

① 太虚：《箴新僧》，载《太虚大师全书》第34册，台北善导寺1980年印本，第605页。

选执行监察委员"。这样就赋予了僧众应有的民主权利,加快了寺院生活的民主化进程。通过以上改革措施,南普陀寺的运作具有了现代寺庙制度的形态。

太虚僧制改革的最终目的是:"以此革命僧所应取的方法:一、联合同志成立为有主义有组织有纪律的革命僧团。二、全力拥护二千年遗留下来的僧寺财产。三、革除以剃派、法派占夺十方僧寺财产,作为子孙私产的传承制。四、怜愍一般藉愚民迷信以服务鬼神为生活的无识僧众,灌输以佛教及国民的常识;渐渐改良为共营资生事业及服务人群的生活。五、铲除一般藉剃派、法派传承制以霸占僧产而自私自利的大小寺院住持,及大寺中助纣为虐的首领职事。六、尊敬及拥护能改剃派、法派传承制为选贤制,及办学校教育青年僧,与作利济社会事业的菩萨僧——例南山寺、开元寺的转道,及南普陀的转逢与会泉。七、收回少数住持所霸占为私产的僧产,取来支配为教育青年僧及改良一般愚僧的生活,与作利济社会慈善事业等之费用。八、尊敬表扬一般澹泊清高而勤持戒律或精修禅定及深研慧学的有德僧;并劝发其护宣正法、觉世济人的菩萨行。九、警告不能或不愿遵行僧律的僧众自动还俗——僧的制服,虽可以时地而不同,然必异齐民;不愿穿僧服,当可还俗。十、驱逐绝对不能遵行僧律,且强在僧中肆行反动的恶僧,迫令还俗。此之十条虽简单,而《整理僧制论》与《僧制今论》之纲领,具于此矣。最根本者,为革命僧团之能有健全组织。"①

通过对以上三个比较有代表性的寺庙制度改革的分析,我们可以看出太虚大师的寺庙制度改革,每一次都有很大的进步。尤其是南普陀寺的组织改革,成为现代寺庙改革的制度源泉。从力图在寺庙中恢复传统丛林制度到在南普陀寺创新丛林制度,实行委员会组织来治理寺庙,这确实是一个很大的转变,体现着其教制革命中整顿僧众的思路,对今后的寺庙制度改革也起到了很好的示范作用。

五 僧制改革的教团组织建设

"民国初年,除中华佛教总会外,还有佛教会、佛学会、佛教宏誓

---

① 太虚:《对于中国佛教革命僧的训词》,载《太虚大师全书》第34册,台北善导寺1980年印本,第600—601页。

会、维持佛教同盟会、佛教维持会、佛教青年学会等佛教团体。"[①] 太虚在《整理僧伽制度论》中明确提出了建立制度化的宗教组织，团结全国各佛教寺院，增强佛教话语权和教团协作力。

1913年，太虚在以宁波观宗讲寺为本部组织宏誓会时，就提出了"改组教团"的设想，努力用团体的方式来尝试运作佛教社团事业。这是有文献记载的，太虚在改革佛教制度中第一次使用"教团"的概念。佛教宏誓会为"佛教中之特别团体"，以四弘誓愿为宗旨，通过组织宣教团、慈善团、编译团来开展利人的事业；通过修习止观改组教团，组研究社、讲习所来实现兼利的目标；用勤修戒定慧以息灭贪、嗔、痴来实现自利。不论僧俗、不拘国籍，凡信仰佛教热心佛学者都可以以个人名义入会，同时也发动寺院入会，由住持者自愿将所住持寺院加入本会。"每年酌量纳费者本会当负保护之责"，"凡寺院完全加入本会者，由本会派人住持，即为本会所公有，皆有本会调处，不得复以私人资格据为己有"。在构建教团中，作为会员有受本会保护、教育之权利，有选举被选举之权；同时有维护本会经济、信从本会宗旨、遵守本会规约、扩张本会势力、进行本会事业之义务。通过权利义务的平衡，"会员当相互警策、相互亲爱、遵佛教诫、同心协力、广行慈善"，据此实为组合有志僧俗，凭借自身努力，从小而大化私为公，为佛教教团之根本革新。这是太虚大师僧制改革中一个有益的尝试和突破，也是第一次正式提出佛教要走教团化组织的道路。

经过宏誓会的实践和对中国佛教制度现状的思考，他在《整理僧伽制度论》中更是专门辟出一节来阐述教团的构想。构想把佛教作为一个大的佛教集团，把各种事业都归入教团组织之内，从而发挥教团组织联合的力量，振兴佛教。这种教团组织主要包括了佛教住持僧，设立总团体、别团体。总团体包括本部和各国各地的持教院、行教院、宣教院，还要设立仁婴苑、医病苑、慈儿苑。其他团体还包括八宗本寺、支寺梵刹、支提，莲社设立授学处、修行处。佛教正信会也有总团体和别团体建制，总团体设立总会、总分会、分会，其他团体包括佛教通俗宣讲团、佛教救世慈济团、研究佛学社、拥护佛教社等。佛学研究社与佛教救世慈济团负责

[①] 太虚：《上佛教总会全国支会部联合会意见书》，载《太虚大师全书》第34册，台北善导寺1980年印本，第333页；又见《佛教月报》第1期。

救灾、济贫、扶困、利便佛教通俗宣讲,并且在教团组织的构想中——落实了这些机构的处所,每个处所容纳的人数,每类处所的数量及其全国的数量,分别为尼寺、莲社、法苑、行教院和宣教院、八宗寺、仁婴苑、医病苑、慈儿苑、行教院、佛法僧园、无方所,合计全国僧伽八十万人。并且设计了仁婴苑领养证,善男子、善女子求入僧伽志愿书、住持僧、住持尼证并且附有规约。并就各类小团体的人事任职安排做了详细的说明。如"救世慈济团:1.救灾(援拯焚溺、赈济饥荒、消防水火、救治兵伤);2.济贫(传习工艺、开垦荒地);3.扶困(安养老耄、保恤贞节、矜全残废);4.利便(施舍灯明、修造桥路、义置舟渡)"①。

通过梳理以上太虚的教团组织构想,我们可以看出,这种教团组织的建立是为了克服寺庙之间孤立无援的分散状态,通过加强佛教的组织建设来保护佛教的正当权益。通过这种教团组织对内可以团结全国寺庙,将其纳入教团组织之中,增加寺庙及其各层面信众之间的信息沟通和力量联合;对外可以用佛教的组织身份,来增加佛教在社会上的话语权、维护自身的权益,并用组织的身份参与社会各项事业,融入现实社会之中。教团组织正是凭借自身的这些功能,演绎着佛教和社会之间的桥梁角色,正是在这样的教团构想支配下,太虚在佛教会建设和正信会建设方面作出了不懈的探索和实践,推动着中国佛教制度不断向前发展。

佛教会在中国佛教史上是新兴事物,也是最有活力的制度形式,指导着中国佛教的未来发展。故"佛教会者乃人民团体中之宗教团体,宗教团体中之兼有职业与社会两种性质之特殊团体,堪与比者唯有天主教之自成其系统之组织者"。这里对佛教会是团体需要做深入的分析,因为近代倡导团体组织成风,近代佛教制度转型先着力对寺庙进行改制,包括改为佛教信众教产公有、培养人才、建立新僧队伍,进而把佛教的各个相关行业组成一教团,也就是以佛教信仰为核心的一个大的佛教组织,近代佛教制度的转型就是从寺庙场所转到组织运作的阶段。早在太虚大师之前既有寄禅等建立佛教组织团体,并为后来太虚建设组织团体提供了借鉴作用。近代为了应对庙产兴学的冲击,1907—1910年,各地先后组织僧教育会,在一定程度上联合了当时孤立分散的寺庙,实际上成为参与办学的寺院之

---

① 太虚:《整理僧伽制度论》,载《太虚大师全书》第33册,台北善导寺1980年印本,第65页。

相互联系以及寺院与社会联系的主要组织形式。这一超越了单一宗派与子孙法系的佛教地方性组织，也为全国性近代佛教组织的建立打下了基础，是中国近代佛教组织的雏形之一。后又有近代名僧八指头陀敬安法师所组建的中国佛教总会，这是制度变迁的开始，一时中华佛教总会几乎成为当时唯一的全国性佛教团体①，但因会章未经袁世凯政府认可，未立案登记，敬安于是上京争取佛教总会合法化，以便能更为有力地维护佛教权益。最终，袁世凯政府核准了《中华佛教总会章程》，中华佛教总会才得以合法化。1915年，清海将中华佛教总会改名中华佛教会，1918年段祺瑞政府内务部以《中华佛教总会登记案》与《管理寺庙令》相抵触为由公然宣布取缔中华佛教会，至此这一全国性的佛教组织在名义上不复存在。中华佛教总会是中国佛教徒初步摆脱政府直接控制，试图联合起来与外力抗衡，以保护自身应有权益的第一个全国性组织，体现了与古代佛教组织完全不同的性质，开创了中国佛教组织的新模式。到1920年左右，全国重要的佛教组织和社会团体有上海佛学会、重庆和成都佛学社、北京龙泉寺孤儿院、宁波佛教孤儿院、南京支那内学院等。

关于教团组织制度的建立，太虚从出家和在家两个方面着手，通过组织佛教会和正信会来组建一个大的教团。

1924年，为了参加在日本举行的东亚佛教大会，太虚与李隐尘等联合发起筹组中华佛教联合会的建议，强调了佛教团结的重要，他指出办会的五个宗旨："此会之联合虽在联县会合成一省会，联省会合成全国会，而遍于县省国之横的联合，则尤重在出家佛教僧与在家佛教徒之由分组而合组。这是太虚组织的大原则。如何分组耶，即在每县每省及全国皆组成纯粹出家僧众之佛教会及纯粹在家教徒之佛教协会即后来所说的佛教正信会。由佛教会专联合僧众，依照整理僧伽制度论做整理僧伽之事业。等到整理之事业完成，则废佛教会之名称而更名佛教住持僧。佛教正信会向普通社会宣传，发起全国人民皈依三宝之正信为佛教中与住持僧相对之一团体。佛教中出家的与在家的之二众，混合而不分途组织，既多互侵互乱之

---

① 1912年春，太虚特别强调了维持佛教会乃"自由组合之团体"，而不是与中华佛教总会相对抗："然今固有佛教总会为佛教团体也，但佛教总会，非由个人意志结合。凡集会结社，贵有一定之宗旨，起人自由之信仰，方能以亲爱之感情相联络，一致之精神相贯注。窃取斯义，因有本会之组织，非欲表示其抵抗力，与佛教总会对垒也。"太虚：《维持佛教同盟会宣言》（民国二年春作），载《太虚大师全书》第31册，"文丛"，台北善导寺1980年印本，第1006页。

弊，分组而不联合，又成相隔相疑之患。故今此中华佛教联合会必注重于此之分组而合组也。"太虚倡导把佛教信徒按照出家和在家分别组织团体，显荫法师提出联络全国各丛林长老协同进行，组织对外负责之代表团体以便相提携而不致被他轻视。在做了各项准备之后，太虚大师尝试着佛教联合会的建立。中华佛教联合会以联合中华全国佛教徒发扬佛教济世利人精神为宗旨，组织联合部、评议部、总务部来运作。联合部包括佛教徒联合部、佛教文化事业联合部、佛教利济事业联合部、佛教宣传事业联合部四个部门。会员招募上既包括沙门，也包括居士，符合《整理僧伽制度论》的构想；同时平衡在家、出家在联合会的任职，一名会长由沙门担任，两名副会长一名沙门、一名居士，干事若干。在会议方面，大会议每年一次，常会议每月一次，临时会议无定次。会费由各省联合会分别承担，听任自愿捐助。会址暂设于庐山大林寺。自太虚倡导建立佛教联合会以后，各地也纷纷响应，以四川省为例，四川省佛教联合会以联合全川佛教团体寺院及佛教七众弟子，并实心信仰佛教之个人，以弘扬佛法、救世利生为宗旨，召集会员，以全省各佛教县联合会，各佛学社、各寺院之代表及七众弟子为会员，但是热心佛学或者赞捐的经推荐亦可以为会员。联合会设会长一名总理全会事务，并设总务部、交际部、文牍部、宗教部、宣导部、慈善部、调查部、会计部来运作日常事务，并规定了薪水发放规则。在会员的权益方面，会员有建议及求助之权利，遵守会章的义务，违反章程要退会。关于会期、经费，常年大会每年一次，职员会议每月一次。经费主要来自基金、常捐、特别捐。其实成立佛教会的目的就是把空间存在的寺庙和佛教信众个体联系起来，作为一个组织来提高发言权。

    太虚大师对中华佛教联合会寄予了很大的希望，经过中国佛教总会以及后来各类佛教团体的曲折实践，太虚迫切想建立一个佛教的全国组织，来团结全体佛教信徒实践其教团组织的构想。中华佛教联合会的各种制度设置与早期的中国佛教总会相比有了很大的进步，它不再像中国佛教总会那样大跃进式地把各种现存的佛教大小团体简单地联合，而是以参加东亚佛教大会为契机，通过一套完备的制度设置、筹备全国性的佛教联合会，同时也发动地方佛教联合会，奠定了建立教团的组织基础。中华佛教联合会在东亚佛教大会结束后组织逐渐松散，再加之当时许多地方性的联合会没有健全，所以佛教联合会渐渐也不能满足佛教在新的社会环境中的发展需要。

1929年4月12日，中国佛教徒第一次全国代表大会在上海觉园举行，决定成立中国佛教会。太虚大师做了各级佛教会组织系统及事业案，并规划各省县的佛教会。1929—1935年，中国佛教会运作期间只是忙于两派斗争，未做什么实际工作。太虚领导的革新力量在和圆瑛的比较保守的势力的斡旋中，还是为健全教团组织制度作出了应有的努力。中国佛教会作为在近代存在时间较长的全国性佛教组织，在保障佛教发展中起到了一定的积极作用。随着社会环境的变化，抗战时期基本没有多少积极的作为，乃至战后的中国佛教整理委员会一直都是在调整之中。中国佛教会的组织和运作制度较中华佛教联合会有了更大的进步，作为教团的一个比较重要的组成部分，中国佛教会这一组织得到了僧俗各界前所未有的关注，他们都想通过这一组织来反映自己的要求，表达对社会、对国家的责任，抛开这其中的一些个人因素，可以说佛教利益的组织表达已经深入人心，这是一个可喜的进步。太虚大师后来回忆说："民十五六间，社会起大变动，河南省等有毁灭僧寺之案，全国僧寺岌岌危殆。至十七年，在庙产兴学呼声下，有内政部新订管理寺庙条例公布，颇能激起全国寺僧保护寺产之热情。时笔者在南京筹设中国佛学会，开办僧众训练班，并定次年召开全国佛教徒会议。上海另有江、浙佛教联合会之设，亦提出整理僧伽方案。然改格或整理僧寺，为笔者民初首先启发之运动，民四著《整理僧伽制度论》，曾订详细之办法，后于海潮音月刊等亦屡有关于改善僧制、寺制之论述。至民十七八间，遂颇有成熟之势。故民十八组中国佛教会及分设各省县佛教会，以成全国系统之组织，笔者于其时一二年间实主持之。迨管理寺庙条例改成监督寺庙条例后，寺产渐有保障，而佛教会又为保守分子占优势，虽于逐渐改进之办法亦难施行，笔者因于民二十后不再参加中国佛教会。"①

在家信众的组织方式——"正信会"，在太虚大师的教团组织构建中是很重要的一部分。关于佛教正信会，太虚法师曾言："今佛教正信会之设，都摄正信佛教之在俗士女，期与出家众相辅而行者也。盖出家众为住持三宝之本，谓之住持僧，其所由来者久；自有其僧伽诸部之律仪，丛林清众之规范以为式凭。虽有扶助整理之谊，须是出家众之自淑耳。然正信

---

① 太虚：《三十年来之中国佛教》，载《太虚大师全书》第57册，台北善导寺1980年印本，第49—50页。

佛教之在俗士女，所以不可无会者，凡教化之行，皆期普及，出家僧但住持佛教之一种特殊徒众，欲期普及之化，必都摄乎正信佛教之在俗士女而后圆满。故佛教本有四众，中国沿习上只知出家二众为佛教徒，盖由国习障碍之使然。今国习既经化除，而异信异见者又环伺其旁，以阴肆其侵凌假饰之行为，则凡曾宣誓以佛法僧为师，不复皈依天神鬼外之道术及其徒众之士女，皆应称之为佛教正信士佛教正信女，认为佛教徒众；建会以都摄此佛教之正信徒众，庶足以正佛教徒之名而明信佛者之系统。不然者，佛教徒仅寥寥之出家众，其何以见佛化之大，复何以任佛化之重哉？"①关于佛教正信会成立之意义，太虚大师总结六大利益："杜异道之凌乱，持正信之系统，一也。广佛教之徒众，大佛化之事业，二也。互相资助以收研究切磋发明光大之益，三也。拥卫僧仪，护持佛宇，辅进净德，屏蔽凶邪，四也。和光同尘，遍住于种种流俗之内，宣传正法，讲演真理，以醒世人之迷梦而减人世之恶业，五也。合群策之力，藉众擎之势，以之体正觉之慈悲，行大士之方便，世间现苦，广为救济，六也。"② 今日佛教的现状，很明显地摆在眼前，便是出家的僧伽生活在寺院里，所赖以维持生活的资源，一部分是靠寺院田亩山场的收入，另一部分是靠香火经忏的收入，更有一部分全靠募捐抄化。靠香火经忏募化收入过活的僧伽，自然唯忙于生活，对于个己的修学完全荒废，结果变成只知靠佛的招牌吃饭，于佛教自身应有的认识全没有；靠田地收入的最大丛林，应有余暇修习佛教的各宗的法门，但经过有清一代的愚僧政策，各宗都衰微，鲜有杰出的哲匠出为唱导，古规模虽具，活力全无，僧质日渐低下，流为愚氓。于是社会大众对于佛教之观念：僧伽是消费不生产的，僧伽专替死人念经、是最迷信。而僧伽亦甘于忍受这种侮辱不肯自拔，苟活偷生。直到今日，整个佛教界的现状还没有多大变动。太虚唱导菩萨学处，正是针对这个病症开的药方，指出出家菩萨和在家菩萨应走的路线。③ 太虚早年在《整理僧伽制度论》中就曾经设想"自我观之，居士、沙门，二者不可废一。宗教虽超举物外，而必期于利益众生"。1924年，他在《志行自述》中将

---

① 太虚：《佛教正信会缘起》，载《太虚大师全书》第31册，台北善导寺1980年印本，第1031页。

② 同上书，第1031—1032页。

③ 太虚：《菩萨学处讲要》，载《太虚大师全书》第33册，台北善导寺1980年印本，第292—293页。

上述设想归纳为"志在整兴佛教僧（住持僧）会（正信会），行在瑜伽菩萨戒本"①。太虚在实践中逐渐认识到："中国佛教，近年渐从'寺僧佛教'解放成'社会各层阶民众佛教'，新兴居士及青年学僧，极易吸收各方输入之异质。"②当时"在家学佛团体之有特殊性质者，一、为南京欧阳竟无、吕秋逸等之支那内学院，虽亦有学僧出入其中，然于僧教育无何影响，而学界颇有由之研究唯识，讲佛学于各大学者。二、为北平韩德清、徐森玉等之三时学会，专讲奘、基学并设办医院等。三、为上海段芝泉、汤住心之菩提学会，则以西藏佛教为中心，从事翻译，亦兼作弘化慈善之事。其他更有专修密宗各团体、专修净土各团体等，不遑枚举。"③知识阶层中"各大学于文学院哲学系中打印度哲学而讲佛学，应始于北京大学之张克诚、邓伯诚、梁漱溟等，今有熊十力、周叔迦等尚在讲授；他若笔者及唐大圆、张化声、陈维东等，曾讲于中华大学；李证纲（刚）、景昌极等，讲于东北及中央大学；刘洙源、王恩洋曾讲于成都大学，其他各大学之短期讲授者尚多"④。

太虚认为"中国的传统佛教制度向来都以出家人为代表，在家的佛教徒没有独立的组织，一般的传统观念皆以为要实行佛法就必须出家，又以为学佛是老年人，所以在家学佛并没有离开出家僧众的制度，仍然附属于僧伽团体"，为此太虚大师致力于汉口佛教证信会的建设，可以说是当时正信会建设的典范。汉口佛教正信会敦请太虚大师为导师，以实行大乘佛法造成人间净土为宗旨。依太虚大师所著《整理僧伽制度论》中之佛教正信会原则组织之，定名佛教正信会，以汉口佛教会旧址为会址，设各国部、各省部，其组织章程另定之。在入会条件上不分国籍、性别，满足以下条件即可：年满16周岁以上、非本国刑事犯在追捕或审判中或刑之执行中者，曾以一比丘或一比丘尼为师皈依三宝或受持一戒以上者，发愿担任别团体一款事业以上者，愿纳入会费及经常会费者，得本会会员一人介绍得本人自具入会书得本会理事会议或理事长之认可。在人员组成上正信会设理事长一人、副理事长二人、理事十二人、候补理事七人、监察九

---

① 太虚：《志行自述》，载《太虚大师全书》第33册，台北善导寺1980年印本，第187页。
② 太虚：《三十年来之中国佛教》，载《太虚大师全书》第57册，台北善导寺1980年印本，第55页。
③ 同上书，第53页。
④ 同上书，第55页。

人、候补监察四人、由会员大会选举之，二年任期，可以连选连任。该会最高机关为会员大会，如各国部、省部等组织，在代表大会上通过的决议明显违背佛法时，得由导师纠正之。在会务上由正副理事组成理事会办理，包括分工合作、共同运作好正信会。正信会成立之后在文化事业上辅助文化学院，扩大弘化小学校；在宣传慈善事业上赈灾、送诊、施药、施茶；在修持事业上举办莲社、居士林、法会等都取得了很大成绩，得到了社会的认可。尤其是在慈善方面，1930年武汉寒灾，"近月以来大雪绵连，寒气严重，汉水结冰，为数十年来未有之寒灾也，武阳夏三镇贫民因之生活穷困，路中巷口尝有冰死者，闻今商民组织冬赈委员会于三镇分设粥厂，施放稀饭，每同就食者二万余人。正信会会长王森甫并其副会长兼慈济团主任钟益居士则筹发豆菜，以助贫民饭食"。1935年水灾，正信会也是积极赈灾，记载有："此次水灾胜二十年之数倍，正信会原有慈济团之组设。此次复特别成立救灾组，以钟副会长为正组长，队员为该慈济团全体团员，武学院全体学僧参加工作，专办水灾救济事宜。两月以来工作极为紧张，十日之内救五万余名灾民。救灾食品十万余枚，各种药品数量二万余副，救济放赈工作人员先后几百余人，各界参加者办数十人。其热烈艰苦精神实能实践我佛慈悲之旨。"另外抗日时期，正信会组织慈济团救护队，并设备防空壕，筹设妇孺避难收容所。佛教正信会为中国佛教新兴事业，对于佛教、国族、社会均有莫大之贡献，尤以抗战以来，该会先后组织难民所、救护队、慰劳队及送诊施药、施棺等慈善事业，加强抗战力量，为世界和平与人类正义事业奋战。汉口正信会于1935年1月武汉沦陷而停止活动，但其近代于国于民之丰功伟绩为民众所称道，系佛教参与社会事业成功的范例之一。

太虚大师的佛教改革事业虽然未能一以贯之地进行下去，但是在多年的实践中培养涌现了一批他所称道的"新佛徒"，如太虚自言："就出家之新佛徒言：余近在闽南演说之救僧运动：一、真修实证以成圣果，二、献身利群以勤胜行，三、博学深究以昌教理；第一第三则常惺、大勇、大愚诸同道，今亦不无力行者，就在家之新佛徒言：胡君子笏最为有志，蒋君特生似亦近之，他若唐大圆、周少如、罗庸、杨卓、臧贯禅诸君，亦同其意。"①

---

① 太虚：《告徒众书》，载《太虚大师全书》第34册，台北善导寺1980年印本，第591页。

太虚整理僧伽制度，改善丛林制度，目的在于"示各地丛林以模范，作全国僧徒之纲纪"①。然而他的努力多在理想层面，未能完全付诸实践，尤其是未能建成一持久丛林，以作为佛教界之模范。太虚所处的时代，社会及政治、文化环境已经逐渐呈现出全面革新的气息，而那时的佛教却还没有"走出中世纪"，仍在接续晚明以来传统佛教的余绪，无视急剧变迁的外部环境，他的思想自然要受到来自保守派的抵触，从而给他的事业带来了种种障碍，使其在施行佛教革命时受到了极大的掣肘和困难。最终，太虚自称他的佛教改革事业是失败的，他说："后起的人应知我的弱点及弱点的由来而自矫自勉，勿徒盼望我而苛责我……以我的失败为来者的成功之母。"② 并自嘲："空有霸才难造世，能全傲骨愿违时。"③ 今天当我们重新审视太虚大师与近代佛教，正如台湾著名学者李志夫先生所言："当时，国民革命是全中国政治上之大气候；大师之佛教改革只是其小气候之一环而已。我们何忍对他寄望太高！"④ 他的失败是时代环境所无法避免的。"太虚对佛教思想的启道，及时代观念的引进，其意义要大于改革运动的本身。因为，改革事业可以是一时的成败，而思想的转移却是历史的工作，其影响则是全面而长远的。"⑤ 太虚在当时虽未完全实现自己的理想，但为佛教注入了新鲜血液，使佛教面貌有很大改观，对现在的僧团有着深远的影响。

---

① 太虚：《太虚宣言》，载《太虚大师全书》第 31 册，台北善导寺 1980 年印本，第 1025 页。
② 太虚：《我的佛教革命失败史》，载《太虚大师全书》第 29 册，台北善导寺 1980 年印本，第 63 页。
③ 太虚：《潮音草舍诗存》，载《太虚大师全书》第 32 册，台北善导寺 1980 年印本，第 63 页。
④ 李志夫：《太虚大师佛教现代化之研究序》，载洪金莲《太虚大师佛教现代化之研究》，台湾法鼓文化事业股份有限公司 1999 年版，第 1 页。
⑤ 洪金莲：《太虚大师佛教现代化之研究》，台湾法鼓文化事业股份有限公司 1999 年版，第 359 页。

第三章　南京国民政府时期的佛教政策与佛教的繁荣（1927—1937）

南京国民政府时期是近代佛教发展最为迅速的阶段，政府相继颁布实施了《寺庙管理条例》、《监督寺庙条例》等，对宗教的管理日趋完善。在这一时期中，佛教组织在经历了北洋政府的沉寂之后又开始活跃，中国佛教会、中国佛学会等进入相对成熟和迅速发展阶段，为团结佛教徒、维护佛教权益发挥了重要作用。虽然在民国时期政治势力迭烦、军阀割据，然而在南京国民政府时期仍有不少国民党高层亲近佛教，如国民政府主席林森（字子超）、考试院院长戴传贤（字季陶）、司法院院长居正（字觉生）、行政院副院长兼交通部部长陈铭枢，以及李烈钧、李济深、叶恭绰、段祺瑞等军政要人均笃信佛教，即使是蒋介石身为基督教徒，仍与佛教领袖太虚大师过往密切，赞誉他为"中国佛教之健将"，对其佛教改革大力支持。尽管如此，佛教依然面临着新的社会危机。第一，寺产之侵占，从1927年国民革命兴起后掀起的新一轮占庙逐僧毁像运动，以冯玉祥摧毁河南佛教最为惨烈，1928—1935年，又先后发生了三次庙产兴学运动，使得侵占寺产之风达到了高潮。第二，佛教教育之干涉，如内政部拟订《僧教育及整理僧制办法》等。第三，教制之整理。第四，佛教组织之操纵，如国民党关于中国佛教会的干涉，以及对佛教界领袖太虚与圆瑛的利用等。总之这一时期，全国寺产依然岌岌可危，僧人惶惶不安。正如慈航法师所说："民国以来，争夺庙产，驱逐僧尼，侵占寺院，尤其是一般知识分子，对于僧尼的轻视，真是不能过那种人间地狱的生活。这些事实，在在都可以证明社会对于佛教是无足轻重的特征。"① 正是此艰难

---

① 慈航：《菩提心影·杂俎篇》（全一册），载《慈航法师全集》下册，慈航法师永久纪念会1981年再版，第121页。

的环境，反而激起了有识之士奋起改革，太虚大师及其门下所倡导的人间佛教思想成为近代中国佛教复兴与发展的标志。

第一节　国民革命的兴起与各地毁寺占庙之风气

宗教信仰自由政策，尽管在各地实行过程中多有差异，但是确为民国时期的一个基本观念。如1927年5月15日武汉《革命军日报》载国民政府命令，重申宗教信仰自由的原则："信仰自由，法律所许。佛化流行中国已久，且东方被压迫民族崇信佛化者实占多数，国民政府于天主、基督教堂尚加保护，对于佛化寺院岂容歧视？"① 即使是以基督将军著称、曾经将河南一省佛教摧毁殆尽的冯玉祥亦承认："照得各宗教，虽有宗派方式不同，二皆以劝人向善为主。信仰自由，既不容强异求同，更不得藉端干涉。本军管辖地方，范围甚广，如儒教、释教、道教、回教、喇嘛教、耶稣教、天主教等，夙所并行，各成其化。所有各教人员之生命财产，及各庙宇教堂礼拜寺等，均与一般人民同受法律上之保护，不分国界，无问种族，以维公安，向无歧异。"② 虽然如此，但是由于各地因军阀混战，在实际中并没有真正贯彻信仰自由政策，尤其是军队及地方警察侵占庙产的情况十分普遍。

国民革命兴起后，全国各地又兴起了新的一轮侵占庙产逐僧毁像的活动，尤其是各地军队侵占庙宇一时成为风气。如1927年7月，浙江省政府通令各县整顿风化，禁止未成年人剃度出家，20岁以内的僧尼道士被勒令还俗。③ 9月，四川铜梁县佛教会反抗县教育局提拨寺产，通电全国请求救援。尤其是以1927年冯玉祥于河南毁寺逐僧、摧毁河南佛教最为惨烈，引起佛教界巨大惶恐。至南京国民政府成立以后，佛教寺庙及其财产被地方政府人民团体所强迫占用者，几乎无地不在，无时不有，而为军队、警察等永久占用乃至拆毁者更为平常之事。其寺庙往往无端被人占用或拆毁，各省县乃至村镇所有的寺庙，皆成为军警驻所及人民团体之机关

---

① 《佛化旬刊》1927年第79期，第4页。
② 《冯总司令联一布告》（1927年2月），《佛化随刊》1927年第1卷第1期。
③ 《为僧尼还俗事上浙政府书浙江省政府委员诸公》，《海潮音》第8卷第9期，1927年9月。

极为普遍，如潮州开元寺内各门所悬挂的机关招牌多至三四十块。据大醒法师推测，全国寺庙所有房屋被军警及人民团体占用者，至少当在半数以上。佛教徒既无力抵抗，只得任由其占用。

一 国民革命的兴起与各地毁寺占庙之风气

（一）佛教之腐败为世诟病

国民革命期间，各地纷纷侵占寺产，主要原因固然在于军阀觊觎庙产筹措军费，然佛教界内部的腐败亦是其中原因之一。净严法师曾言河南佛教衰败状况："殆至近代，魔业炽盛，道法陵夷。僧徒堕落，为世诟病。……凡所作为，与律背道而驰，甚至以应付为正务，积私为能事。十方丛林，变为子孙。子孙寺院，尽成俗化。小庙生活，俨然家庭。光头俗汉，不伦不类。败坏佛门，莫此为甚。其为人群之所不齿，社会之所痛恨，乌足怪矣。"① 又如法舫法师所言："自佛教言，佛教之传来首在洛阳。故中国佛教之发源地，厥为河南。历代河南佛法，亦极兴盛。有清以后，日渐腐败。僧人百之九九，皆堕落下流，酒肉烟赌，无所不为。故虽寺庙林立，僧人塞途，所谓寺产，只养无赖之游民，实无佛法可言。"② 1927年3月20日，正值河南佛教被毁前夕，西安佛教界认为："毁寺伤僧，固由外力，而穴空风来，物腐虫生，僧界腐败，不守清规，亦招辱取侮之总因。……倘至此犹不猛省，或专应付经忏以混生活，或把持寺产，欲法子徒孙，世袭绵绵。甚或嗜好甚深，勾结败类而相济为恶，纵人不我毁，恐十年后将无寺僧（今广西等省已无）。果尔，则自玷法门，僧罪滔天矣。"③ 数月以后，中原佛教圣地河南因冯玉祥毁寺逐僧，顷刻间全省之内几乎无寺无僧矣！常惺法师曾分析当时僧徒的情况，将当时的僧众归纳为几种：①山林派的消极，②长老派的闲逸，③方丈派的虚荣，④法师派的养利，⑤云水派的寄生，⑥子孙派的俗化，⑦应付派的稗贩，⑧革命派的青年（原文曰革命派的躁动）。④ 由此可见佛教界腐化派之多，佛教革新之艰难。

---

① 净严：《河南佛教近年之回顾与将来的发展　亦名河南佛教之三世因果观》，《海潮音》第12卷第10期，1931年10月。
② 法舫：《二十一年度全国佛教之总成绩》，《海潮音》第13卷第11期，1933年11月。
③ 释道代表：《敬告各界文》，《佛化随刊》第1卷第1期，1927年12月。
④ 怀朴：《感谢冯总司令的训话》，《佛化随刊》第8卷，1928年9月。

佛教界自身存在的诸多问题，导致佛教的社会形象不佳。社会上的民众通常认为，佛教对社会事业毫无建树，而佛教寺庙及其财产却较其他宗教丰厚。如1933年杭州市政府调查宗教团体情况，调查结果是，基督宗教和伊斯兰教等宗教的信徒和寺庙都远不及佛教。对此，该报得出结论说："寺庵之中，大都有产，除闭门修行以外，社会事业，毫无建树；较诸其他宗教，势力反为宏伟。是殆象教之引人入胜，较诸言教之收效速焉。"①

（二）广州政府时期没收庙产之风

1923年年底，在共产国际和中国共产党的帮助下，国民党进行了改组，1924年1月20日，在广州召开了中国国民党第一次全国代表大会，重新解释了三民主义，确立了"联俄、联共、扶助农工"的三大政策，明确了反帝、反封建的主张。第一次国共合作成立后，有力地推动了全国革命形势的高涨，为北伐战争和国民党在全国统治的建立奠定了基础。1926年7月9日，国民革命军在广州誓师北伐，1927年1月，国民政府迁都武汉；4月18日，蒋介石在"四一二"反革命政变后，于南京成立国民政府，形成了武汉与南京对立的局面。1927年8月25日，武汉国民政府迁往南京，并入南京国民政府。至1928年12月29日，张学良改易旗帜，宣布遵守三民主义，服从国民政府，至此国民政府获得了形式上的统一与稳定。

国民革命虽然推翻了军阀时期的黑暗统治，结束了军阀割据和军阀混战给国家和人民带来的灾难，然而北伐战争和国民党统治时期却给佛教带来了新的伤害。1924—1927年，广州作为国民革命的根据地，开启了政府公开没收庙产之先例，此后，全国各地军阀打着国民革命的旗号，随意侵占寺庙，驱逐僧尼，佛教界一片恐慌。国民革命时期，佛教寺院、佛学院及佛教组织和团体都受到冲击，如武昌佛学院、支那内学院（1927年3月）等均在此时陷入困境，很多寺院则被军队所占。满智在给国民政府上书时说："自革命军兴以来，两粤、两湖及江西等地佛法频受摧残。僻地者更演逐僧掠产之怪剧。其事虽微，然政府默许民众摧残文化，于此可见。"②

---

① 芝峰：《社会事业毫无建树的佛教徒》，《海潮音》第14卷第3期，1933年3月。
② 满智：《为摧残佛法上国民政府书》，《海潮音》第8卷第4、5期合刊，1927年5月。

1927年3月初，广东省政府借口尼庵中的出家尼众"十九藉庵观为藏春之所"，饬广州市政厅，"将所属不规则之尼庵悉予没收，即将其财产为解放若辈之用，以新耳目而资模范"①。据当时报载，此事基于总政治部后方工作会议之决案，而决案的动机是效法江西驱逐张天师、湖北废除祭祀孔子。关于广州尼众不守戒律之事，在民国时的野史小说中有所记载，但也只是个别情况。可见，没收尼庵的动机并非因为尼众不守戒律，而是与其他省侵占道观、孔庙一样，主要是窥伺尼庵财产。历史上以僧尼犯戒作为借口而摧残佛教之事例是常见的，民国时佛教界戒律废弛的情况较多，个别僧尼不守戒律的情况总是难免的。对于佛教界而言，如果有违反国法之事自然应绳之以法，若是破戒犯斋、有失威仪风化等，佛教有惩治的办法，寺庙殿堂建筑及财产是十方善信布施供养的，政府不应随意"悉予没收"。《海潮音》对此事评价说："若以僧尼多行不义，则政府自可予以相当之改革，不宜因此而摧残寺庙，使至高无上之佛法无生存之地也。"②

（三）武汉国民政府时期"拥护佛法即拥护革命"

国民党中央总部和国民政府迁往武汉后，由于共产党和左派势力的影响，两湖地区工农运动高涨。湖南佛化会由唐生智发起主办，所有军政界长官无不加入成为会员，湖北佛化会由僧人德空任委员长。1927年5月，武汉佛教徒即汉口佛教会址成立两湖佛化联合会，并设两湖佛化讲习所。因唐生智笃信佛教，武汉国民政府令保护佛教寺院，1927年5月13日，武汉《革命军日报》载国民政府命令："为令饬事，信仰自由法律所许，佛化流行中国已久，且东方被压迫民族崇信佛化者实占多数，国民政府于天主、基督教堂尚加保护，对于佛化寺院岂容歧视？近闻各处有占佛化寺院之事，着各该机关从严制止，并加意保护，合行令仰湖北省市政府武汉卫戍事宜，武汉公安局仰即遵照此令。"③ 1927年5月，伍朝枢于国民党中央第九十三次政治会议，提议保护宗教团体，经会议表决获得通过。当革命浪潮冲击两湖的时候，湖南民众佛化协会以适应时代的要求，倡导"佛法不是宗教"，"拥护佛法即拥护革命"，要"以大慈大悲救人救世的

---

① 《佛化时事杂记》，《海潮音》第8卷第3期，1927年3月。
② 同上。
③ 《国内佛化消息》，《佛化旬刊》第79期，1927年6月。

精神努力革命"等口号。湖南僧徒晓观、开悟等集合僧众千余人，加入革命军。

1927年，革命军兴起以来，因民众运动激烈，发生了不少蓄意摧残佛教的事件。各地秉势欺压，借公攘夺，酿成毁佛逐僧、没占寺产之案者比比皆是。如湖北省各县城纷纷没收侵占寺产，僧人具呈至湖北佛化会，该会委员长释德空因此呈请湖北政府，"蹂躏人权，破坏法律，莫此为甚。现值党务在革非除暴之时，庶政在救弊补偏之日，僧众所受压迫急当依法解除。恳乞通令所属凡占有寺院财产者，应一律照案分别发还等情"，请求政府下令发还庙产，以维护佛化。湖北政府调查属实后，下发归还庙产通令："查信教自由，保护寺院，早经中央明令公布，并经本府迭次布告，通令在案。兹据前情合再令仰该县知事，迅速遵照布告，切实保护并调查被占庙产，分别发还，勿稍延玩。"①

（四）中国共产党革命根据地的宗教政策

第二次国内革命战争时期，中国共产党在革命根据地发动了土地革命，打土豪、分田地、废除封建剥削和债务，满足了广大农民的土地要求。南昌起义后，中共中央正式确定了"土地革命和武装反抗中国国民党反动派"的方针，此后相继组织武装起义，走上了武装夺取政权的道路，相继创建了井冈山、湘鄂西、鄂豫皖、陕甘、海陆丰、左右江等革命根据地，领导根据地人民开展了打土豪分田地的土地革命斗争。1928年年底制定了《井冈山土地法》，这是共产党历史上第一个土地法，规定"没收一切土地归苏维埃政府所有"。《修正土地法决议案》进一步补充："土豪房子、洋人房屋、教堂、祠堂、庙宇及其他公共建筑物等由政府没收，其房屋由政府分配与无房屋者居住，免收租税，但须向政府登记，所有以前房租一律取消，店房例外，店房一律没收为县政府出租。"《江西省苏维埃政府对于没收和分配土地的条例》亦规定：

（1）祠堂、庙宇、社会的土地、房屋、财产由县府一律没收。

（2）和尚、道士、尼姑、斋公、算八字的地理先生等封建残余及基督教天主教的牧师神父，本人是以宗教为职业吃饭的不得分配土地，过去

---

① 《湖北发还没收庙产通令》，《佛化旬刊》第89期，1927年10月。

分得的应收回。①

土地革命时期，根据地的佛教与此时国民党统治地区一样，受到了一定程度的影响。如赣县，"佛寺佛事活动广及赣南各县和闽广部分地区，盛极一时。土地革命时逐渐衰退，建国后基本停止活动"②。

二 军阀干涉佛教与毁佛

国民革命时期，因军阀割据和混战，法律形同虚设，对宗教信仰之规定，往往因军阀个人之好恶而随意废设，缺乏制度性保障。如唐生智信奉佛教，在湖南组织佛化会，开办两湖讲习会，强行接受寺产，干涉佛教内部事务，甚至发生了枪杀僧人的事件。又如冯玉祥信仰基督宗教，主政河南时驱逐僧尼，掠夺寺产，发生了骇人听闻的毁佛运动。

（一）唐生智与佛化会："以党治国，以教治心"

军阀信佛者不乏其人，如吴佩孚等，然而唐生智以佛教治理军队、管理地方事务很有特色，颇能反映军阀割据时期宗教信仰之情形。唐生智（1889—1970），字孟潇，湖南省东安县人，信佛后法名法智，号曼德。唐生智毕业于保定陆军军官学校，曾参加辛亥革命和讨袁、护法战争。北伐时任国民革命军第八军军长、前敌总指挥、第四集团军总司令、湖南省主席等职。1924年唐生智拜佛教密宗居士顾子同（法名净缘）为师，自称"佛教将军"。1926年1月7日，唐生智令全体官兵摩顶受戒当佛教徒，部队士兵均佩戴"大慈大悲救人救世"胸章。

第一，军中设佛法宣传队。唐生智于北伐时任国民革命军第八军军长、湖南省主席等职，受其信奉佛教之影响，部下士兵亦均受佛教戒律。顾净缘随军讲法，军中都尊之为老师。顾净缘的身份在当时颇为神秘，有传言他为南方某山的大和尚，云游至湖南，为唐生智讲经三日不倦，使唐生智大为敬服。然而1927年唐生智于武汉洪山宝通禅寺建金光明法会时，顾净缘亦亲自到会讲经，引经释意，非常详尽，故为精通佛教的学者而非和尚。顾净缘建议唐生智组织佛法宣传队，即在留养后方的伤员中选择尚

---

① 《中央革命根据地史料选编》，江西人民出版社1983年版，转引自汪光华《民国时期江西寺产嬗变的研究》，《江西科技师范学院学报》2003年第1期。

② 新版《赣县志》，转引自汪光华《民国时期江西寺产嬗变的研究》，《江西科技师范学院学报》2003年第1期。

能行动、口齿流利的，由顾净缘进行培训，然后派往各处宣传。这样既可宣扬佛法，又可使散漫缺乏管束的伤员有所事事，不致胡作非为，一举两得。唐生智大为嘉许，令顾净缘照办。①

第二，整理僧伽制度，统一管理寺院财产。湖南佛化会系唐生智发起主办，所有军政界长官无不加入成为会员。1927年6月，湖南佛化会召集四众举行会议，请唐生智参加指导，讨论整理僧伽制度、统一佛化问题。决议在小吴门外二学园（唐生智新建学法之地）内，建筑僧房数千间，将长沙乡城各寺观僧众一律迁入居住，衣食一切，概由二学园支配供给。所有各寺观财产概收归佛化会所有，勒令各佃户向佛化会更换佃约，实行佛化统一借资整理，统一实行后，即由佛化会主持，开办工厂，垦殖荒地，将不事生产之和尚分农禅工禅二项，从事农工，扫除从前传戒化缘等积习，并决定从长沙实行后，再次第推行于各县。无奈各大寺庙中和尚财权向握在手，一旦交出，受佛化会拘束，殊感不便，故起而反对。是时唐生智尚在长沙，乃又召集佛化四众演说："我之弘扬佛化，不是保护几个僧人吃饭，是要大家真实学佛，莫造劫数，使秽土变为净土。我对于贪官污吏土豪劣绅与不法的和尚且严加惩办，如有不遵守议案，遵令传戒隐匿财产贪污的和尚，我是一定不容。"② 此时在座佛化会员省政府代主席周澜、民政厅厅长冯天柱、建设厅厅长曾伯陶、财政厅厅长赵墨农、省党部委员尹松乔等，一致赞成唐氏主张，严办反抗之和尚。而反对整理僧伽制度之和尚十二人，立即被捕，收入长沙县狱，南岳僧素禅（武昌佛教学院毕业，又名潄芳）被枪毙，并派人清查各寺财产，以杜隐匿。唐离湘时，嘱令冯天柱等切实执行，闻佛化会对此事势在必行，将来定以政府权力压平云。此外，佛化新青年会创始人张宗载因推行佛化青年会遭受保守僧人的阻挠，在武汉以锄奸会名义，遍发传单大骂僧尼，并在汉口发行《无畏》月刊，因涉及唐生智的老师顾净缘，在湖南时被逮捕，风靡全国的佛化新青年会也因此偃旗息鼓。佛化会召集全省僧伽大会，拟改服装为党制，另加特种标记以便识别，将寺院改为工业合作社，寺院方丈制改为委员制。

第三，反对侵提庙产。湖南革命成功后，地方武装多不受法律拘束，

---

① 《唐生智军之佛法宣传队》，《佛化随刊》第1卷第1期，1927年12月。
② 《湘省统一佛化之风潮》，《佛化旬刊》第103期，1928年3月。

各地佛教寺院农会、工会等被占为会址，甚至勒提寺产、驱逐僧尼之事件亦多有发生。为此，唐生智连发两函给长沙党部、省工会、省农会等，劝阻勒提寺产并令归还。函云："佛学风行世界，历千余年，其教义一以慈悲救世为主，以平等大同为归。先总理本我佛大无畏、大牺牲精神，致力于国民革命，以三民主义揭橥国人，宏风悲心，古今同揆。"并称："佛教以高深微妙之真理，为人类谋精神之解放，其救护世间，以大悲济物为本，大雄无畏，为不断之牺牲实将全人类建筑于绝对平等自由之上，无论何等政治，该得圆融，不相冲突。"① 然而，进来湖南省各属，每有假借党部及农协、工会的名义，侵占寺产，勒减佛学会田租，甚至有擅自吊拷僧人之事件。唐生智还根据佛典称，"夺僧衹物，破和合僧，是绝人生教化之源"，因此力劝各团体尊重党义、尊重佛学，互相策励，互相规劝，勿再发生勒提寺产之事。故大圆法师曾言："顾净缘居士以密法摄湘中军政各界，渐及于鄂。凡农民会对旧礼教，罔弗摧残，独于佛法尚能维持不堕。他省或毁寺提产，湘中独能保存者，皆可云是顾居士之力，亦密教之效。顾虽宏密，亦重教理。故于马日事变共乱平后，复创办两湖佛化讲习所于长沙，四众兼收，将近三百，可云盛矣。"② 在军阀割据混战之时，唐生智身为佛教徒，能够遵从顾净缘居士之佛法教化，保护佛教寺产，尤为难能可贵。然而，他设湖南佛化会，统一管理寺院财产，整顿僧伽制度，干涉佛教内部事务，有反对者则坚决予以镇压，甚至发生逮捕住持、枪毙僧人的事件，也反映出军阀混战时期对宗教信仰粗暴的态度。

（二）冯玉祥毁灭河南佛教

冯玉祥（1882—1948），原名冯基善，字焕章，是民国时期著名军阀，以基督将军而闻名，他在1914年接受了基督宗教，1917年受洗成为一名正式的基督徒。冯玉祥倡导用基督宗教来治理军队管理官兵，据称他的部队因激昂地演唱基督宗教赞美诗以代替进行曲而出名。③

历史上冯玉祥以毁寺逐僧、毁灭河南佛教而为佛教界所痛斥。然观其对宗教乃至佛教的态度，前后有变化。冯玉祥对佛教的态度转变以及毁佛行为，在民国时期的军阀中很有代表性，对了解民国时期佛教的外部政治

---

① 《唐生智反对侵提寺产》，《大云月刊》第10卷第76期，1927年3月。
② 大圆：《十五年来中国佛法流行之变相》，《海潮音》第16卷第1期，1935年1月。
③ 《剑桥中华民国史》上卷，第六章"军阀时代：北京政府之下的政治斗争和黩武主义"。

环境与社会环境有重要意义。

冯玉祥对佛教虽向来没有好感,然开始并无摧毁之意。1926年12月25日,冯玉祥通电甘肃国民军总司令刘郁芬、省长薛笃弼,陕西国民军总司令于右任、副司令邓宝珊,以及省、市、县各级党部,主张信教自由:

> 查各种宗教,虽有宗派方式之不同,而其主旨,皆以劝人向善,弗纳于邪,是以信仰绝对自由,不容强异为同,更不得藉端干涉。本军管辖地方,范围甚广,如儒教、释教、道教、喇嘛教、耶稣教、天主教等,夙所并行,各成其化。所有各教人员之生命财产及文武庙宇、礼拜堂等,惟当革命时期,凡百图新,俱属非常,对于宗教护持,尤应加意。倘不明了此种真象,倡作谬解,或别有用心,因而毁害及于宗教人员之生命财产,均应就其犯罪情形,按照军法从严处治。断不以藉口宗教意见问题,稍有宽贷,庶免枝节,而昭公平。①

除通电致令外,1927年2月,冯玉祥又发布公告②,二者内容大致相同,主要阐述宗教平等,信仰自由,对各宗教人员的生命财产,以及寺院、道观、教堂、清真寺,都同样受法律保护。而且强调在国民革命时期,尤其应当注意不得毁害宗教公共财产,如有违反,按照军法从严惩处。冯玉祥此时对宗教的保护,深得佛教界的欢呼,赞誉其"护教之热心","得未曾有"③。

河南佛教为中原佛教的中心,白马寺为佛教最初传入中国的发祥地,而少林寺、开封大相国寺都是历史上极具影响的大丛林。民国时期,虽然寺产殷实,但都已由十方丛林变为子孙寺院,形同世俗家庭,为社会所不满及痛恨。

冯玉祥毁灭河南佛教的直接动因实源于开封相国寺。1927年4月冯玉祥所部被武汉国民政府改编为国民革命军第二集团军,冯玉祥任总司

---

① 《冯总司令主张信教自由之有电》,《佛化随刊》第1卷第1期,1927年12月;又见《佛化旬刊》第87期,1927年10月。
② 《冯总司令联一布告》,《佛化随刊》第1卷第1期,1927年12月。
③ 释道代表:《敬告各界文》,《佛化随刊》第1卷第1期,1927年12月。

令，旋率部东出潼关，鏖战中原，与北伐军唐生智部会师郑州。冯玉祥主豫期间曾向民间派捐，而相国寺为河南首刹，财产丰裕，也被要求捐款。然而相国寺住持叙惠自恃为河南名刹长老，有当地大绅之士护持，严词予以拒绝。冯玉祥部下鹿钟麟与叙惠相识，亲自出面到相国寺劝说叙惠，说明出洋五千元即可了事，否则危险断难避免。而叙惠坚持不肯屈服，并说："和尚吃八方，岂总司令吃十六方耶？"此言触怒冯玉祥，当日黄昏相国寺即被军警包围，所有僧众尽行驱逐，寺庙财产概行没收。后复下令改相国寺为中山市场，除千手观音像认为有美术价值予以保留外，其余所有佛像均被捣毁。

此后，又有薛笃弼等相助，立即发布通令，在河南全省范围内实行严厉的灭佛逐僧。"为通令事，按据本省政府秘书处提议，查各县旧有之寺观庙宇，向系供奉神像，豢养僧道，传播迷信之所。当兹革命时期，是有根本铲除改作别用之必要。拟由本省通令各县，先将各县所在地之原有寺观庙宇，由县属详细调查，分别登记，其庙宇弘敞，资产丰富者，或将房屋改建兵房，或将资产办理学校，抑或创办平民公园，专做人民公共娱乐场所。或改办救恤事业，收容贫苦无告穷民。是否可行当候公决等情。业经交会议定，通令各县照办。除分行外，合行令仰该县，即便遵照详细调查，分别登记，并拟具改造办法，呈候核夺，毋稍延缓，切切此令。"①全省大小寺院，除冯势力所不及之镇平菩提寺、浙川之香严寺，以及光山县全县（该县有河南佛学社社员黛湄川、孔守恒、熊伯履居士维护之力得以幸免）外所有僧众一律驱逐，甚至勒令还俗，强迫从军，产业悉数充公。寺庙或改为学校，或救济院，或图书馆，或公共娱乐场。

此后，冯玉祥又以河南省政府的名义发布了第二条通令，提出了具体的处置寺庙田产的办法："为通令事，查寺庙之设，原系以神道设教，愚惑民众之政策。值革命时期，首先革除。前已将开封之龙亭相国寺救苦庙等处，改为中山公园、中山市场及救济院等，并将改造原因及经过情形布告通知。惟查省城内外大小各庙仍系摆列偶像，或存放尸棺。以至多少房舍等于废地空园，殊属可惜。况社会进化，端赖教育。应办公共事业。至为县伙，正须相当处分，分别举办。又时届冬令，一般贫民栖止无所，尤

---

① 《河南省政府处置寺庙田产之通令一》，《河南处置佛寺之省讯》，《海潮音》第9卷第2期，1928年2月。

须设法安置。兹为利用废物起见，已令警察厅将省城内外大小各庙切实调查，有偶像者，立即铲除。存放之尸棺，量力移动。预计房舍之多寡，某处可办公共事业，某处可办社会教育，某处可以安置平民。详为呈报，以凭核办。总期化私为公，仍归正用。此种办法系为破除旧日迷信，改造社会习惯，与唐狄梁公明王阳明清汤文正毁淫祠同一作用。而以此项庙宇产业办理地方公益，化无用为有用。尤为国民革命民众福利之最要工作。深虑一般人莫明真相，妄为疑议，以讹传讹，淆乱听闻。业将理由详细布告，以免误会在案。各县境内寺庙，启应调查情形，照此办理。除分别令行外，合行令仰该县长，即便遵照。限文到十日内迅依前项办法，将县境内各寺庙妥为调查，分别办理具报，毋稍稽延，切切此令。"① 受此影响，除大相国寺由省政府改作中山市场外，全省各地迅速实施，将寺院改做营房、学校等，如凌云寺改为救济院，信阳双林寺、朝阳寺、贤山寺、指南寺等开始被迫捐献巨额军费，后又被没收全部寺产。50岁以下的僧众被勒令还俗，15岁以上被迫从军，老弱残疾则领取政府救济度日。"其通令谓寺庙为帝制时代愚惑民众之工具，佛教为传播迷信麻醉人心之药剂，自非根本铲除，改作别用，不足以促成国民革命云。"②

愿航法师曾论及河南佛教被毁的内在原因："物必先腐而后虫生，国必自乱而后人伐。一般僧伽，既不守范围而自修，又不作公益而利人，自甘寄生米蠹之讥，安受狮虫哑羊之诮，一旦遭摒，顿起仓皇，无未雨之绸缪，致风雨之飘摇，自御无力，懊悔何及？"又说："所谓家庭式之丛林也，世袭制之嗣法也，以及稗贩经典，营业经忏也，旅馆式之观音堂也，渔利应机之娘娘、嫘祖也，抽签打卦也，下而所谓马流也，拆白也，无所不至；乃至一般经论法师之广说布施功德；推究其原，无不由是演成。经此番剧烈打击之后，正可藉以澄本清源，披沙汰石，以免鱼目之混同，而失社会之信仰。"③

与此前在陕西、甘肃保护宗教的通电和布告相比，冯玉祥在河南处置寺庙田产的通令完全相反。首先，前者称任何宗教都是"劝人向善"，强

---

① 《河南省政府处置寺庙田产之通令二》，《河南处置佛寺之省讯》，《海潮音》第9卷第2期，1928年2月。
② 《愿航上人致友人书》，《海潮音》第9卷第6期，1928年6月。
③ 同上。

调"信仰绝对自由",不得"藉端干涉",而后者则称寺院道观为"传播迷信之所"、"寺庙之设,原系以神道设教,愚惑民众之政策"。其次,值此国民革命特殊时期,两者对待佛教的态度更是有天渊之别,前者"惟当革命时期,凡百图新,俱属非常,对于宗教护持,尤应加意。倘不明了此种真象,倡作谬解,或别有用心,因而毁害及于宗教人员之生命财产,均应就其犯罪情形,按照军法从严处治"。而后者却称"当兹革命时期,是有根本铲除改作别用之必要"、"值革命时期,首先革除",将所有寺院佛像立即铲除,将寺院产业用于办理地方公益。净严法师曾分析冯玉祥:"冯玉祥氏,对于佛教因无认识之故,虽向持反对态度,而初无完全破灭之决心。可以断言,观其对于陕西佛教徒未下令毁坏是一明证。又陕西佛教多无产业,河南寺产丰富,其为收产,非为灭教,又是一证。"①

1928年8月5日,冯玉祥曾与国民政府主席谭延闿等数十位政府要人同游南京栖霞寺,对僧众演讲说:"现在革命是整个的革命,从前对僧人视为化外,取放弃主义,现在革命则不然,对于僧人亦系视同国民一份子,要取同化主义,是要兴革命同化。"并对佛教提出两点建议:"(一)庙产原系国民金银建筑,应由僧人自动兴办学校与医院。医院系善举性质,并不离我佛慈悲本旨,勿以庙产为无益之用。(二)佛必不能不供,但佛像不必要造得极高极大,务极华丽,如此枉费金钱,似应节省。僧人并亦不是国以外的人,对于爱国观念亦不可缺乏,如现在日本占据山东,其情形想僧等亦闻之甚熟,应大家都要起来救国才是。"②

对此《海潮音》评价说:"第一项注意寺院之管理权,寺院归国有,已成宗教上行政的惯例。诚以民权为固有所赋与的。僧侣为佛领国土之重要份子,同时在宗教行政上为特殊团体之一个单位,故处分寺有财产亦属事实上应有之权能。"在佛教界影响最大的佛教刊物上发表这样的评论,将佛教寺院管理权和财产处置权归于政府视为理所当然,可以看出佛教界的无奈。

---

① 净严:《河南佛教近年之回顾与将来的发展 亦名河南佛教之三世因果观》,《海潮音》第12卷第10期,1931年10月。

② 宁墨公:《冯玉祥与栖霞山》,《海潮音》第9卷第10期,1928年10月。

第二节　南京国民政府时期的寺庙管理制度

1927年4月，南京国民政府成立，此后到1949年的二十多年时间里，南京国民政府进一步加强了对宗教的控制，其间前后共制定和颁布了二十多部有关宗教的法律法规，与佛教有关的主要有《寺庙登记条例》、《寺庙登记规则》、《神祠存废标准》、《寺庙管理条例》、《监督寺庙条例》、《寺庙兴办公益慈善事业实施办法》等，其中影响最为深远者当属《寺庙登记条例》和《监督寺庙条例》，这些法规虽仍有各种缺点和不足，但对我国宗教立法史具有重大影响。

一　国民政府制定佛教法规的背景与法规体系

（一）南京国民政府制定佛教政策法规的背景

相对于北洋政府而言，南京国民政府对佛教较为宽容，制定的相关政策法规整体来看较为柔和，但也有个别法规对佛教比较严苛。综观1927—1937年日本全面侵华战争以前，南京国民政府与佛教界始终保持着一种既合作又对抗、既妥协又监管的关系。佛教界与政府的这种冲突与调适，始终贯穿于整个南京国民政府统治时期。

由北洋军阀政府进入南京国民政府时期，政府在接受佛教管理的同时，势必要接手由来已久的诸种佛教难题，自清末到20世纪20年代所积累的佛教与政府之间的各种问题，都需要在此得到基本解决，各种宗教政策法规也需要进一步完善。然此时南京国民政府初建，百废待兴而又财力有限，利用佛教庙产兴办教育和慈善事业，以缓解国家财政压力是政府积极参与佛教管理、制定相关政策的重要考量因素，由此不难发现其如北洋政府一样不时觊觎佛教庙产。此外，佛教界敦促政府制定法规是希望能够获得更多的保护，但国民政府制定法规的动机则更多的是以限制佛教的发展为目的，正如教育部答复内政部的复函所言："现在信仰虽任人民之自由，而佛教关系国脉民命，至为重大，自不能过于放任，既妨害国家民族之发达，复阻碍社会文化之进步。"[1] 这虽为教育部的复函，但其实也反

---

[1] 《教育部为中国佛教会佛教学苑组织大纲事复内政部咨》（1933年2月），中国第二历史档案馆馆藏档案，全宗号722，案卷号1968。

映了当时政府内部的主流看法。

不论是北洋政府,还是南京国民政府,由于当时的政治形势决定,其对待国内宗教确实难以做到完全平等对待。基督宗教(新教、东正教、天主教)作为列强渗透中华的一分子,国民政府对其屡屡迁就,更不必谈管理,再何况基督教会在内政、外交上尽力支持政府,尤其是南京国民政府中不少教会人士出任要职,如孔祥熙、颜惠庆等,这势必使得基督宗教更容易获得较大的活动空间。伊斯兰教在我国分布较广,且多以西北边疆为要,所以政府对其管理更是无从下手。而对于佛教,尤其是汉传佛教在国内社会基础深厚、影响较大,所以当时政府对其管理过于严苛,由此导致了佛教界的不满,甚至多有说服信佛高官从中斡旋以维持自身权益的事件。

南京国民政府时期内忧外患,为国强民生所左,全国民众逐僧没产日甚一日,中央大学教授邰爽秋等更是在全国教育会议中提出了没收寺院财产充当教育基金的想法,清末张氏以来的第二次"庙产兴学"之风遂普遍全国,佛教僧尼岌岌不可终日。对于第二次"庙产兴学"运动,政府因慑于民气民运之猖狂,亦听其自然演变,不加制止。然而佛教僧尼则不堪常此摧残,遂群起呈请保护佛教,维持寺产。如武昌佛学院太虚大师上国民政府《为全国佛教请愿书》,上海佛教维持会王一亭等呈国民政府《请保持佛教电》等。太虚大师讲学南京,甚至与政府当局交涉保护寺产,取消兴学之议。为了切实保护僧寺,太虚大师专心谋组佛教会,后因参加者请避"教"字,故组织中国佛学会。同时太虚大师呈请内政部"整理宗教"文保护佛教,驳斥"庙产兴学"之非法,得到了南京国民政府的关注,后导致政府制定诸多法律以作协调,为保护寺产发挥了巨大作用。

佛教对国民政府的认知也是经过了一个发展变化的过程,由于受孙中山的影响,南京国民政府对佛教基本上持认同态度,而且将宗教信仰自由写进相关法规,在打倒宗教的呼声日益高涨之时,南京国民政府通过1927年国民党中央会议决议保护宗教,发布训令否定了社会上"打倒宗教"的极端呼声,由此赢得了佛教界的认可。稳定的政局环境是昌明佛教不可或缺的条件,佛教界在南京国民政府建立之初,曾对其寄予厚望。在这样的一种自身设想下,佛教势必要与政府协调合作,达成共识,以期通过完善佛教政策法规来加强对寺庙和僧众的保护。但清末以来,佛教积垢日深，世俗化极为严重。佛教界在面临重重危机而无力自拔时，也希望能借助政府的力量来推动佛教内部的整顿。在佛教界的要求下，国民政府教育部、内政部、国民党中央民众训练部曾对佛教僧伽制度的整理提出了一些基本原则和方案，受到了佛教界的好评和欢迎，但由于佛教内部矛盾重重，最后使很多整顿活动收效甚微。南京国民政府虽然标榜宗教平等，但由于各种原因导致的政府明显偏袒基督宗教而压制佛教的种种行为引起佛教界明显的不满，在国民革命的北伐过程中，不时有革命群众捣毁寺庙和基督教堂，或地方官僚拍卖庙产之事发生，蒋介石曾专门明令保护基督教堂，但没有对佛教寺庙采取有力的保护措施，且随着各种破坏寺庙的行为不断升级，民国政府消极迁就的态度使得佛教界对国民政府的热切期望逐渐冷却。再随着民国政府有关钳制佛教政策的逐步出台，佛教界与政府的冲突也逐渐升级。

（二）南京国民政府佛教管理法律的体系

南京国民政府成立后，制定了一系列法规管理宗教，逐渐形成了一套系统的宗教管理政策法规。其所制定的佛教管理政策与道教、民间宗教基本相同，但与基督宗教、伊斯兰教却有极大的差异。对汉传佛教的管理和藏传佛教的管理也有根本性的差别，这都与当时的社会政治现状息息相关。

从南京国民政府颁布的有关宗教的相关法律法规来看，其基本上形成了一套从宪法到法律、行政法规到部门规章的宗教立法体系，但由于当时社会处于极大动荡之时，民国政府也处在内忧外患之际，故宗教立法主要还是以行政法规与部门规章的形式为主。国民政府是我国第一个政党主导政府的政权，所以执政党的政策往往是各种立法的前导和理论基础，国民政府建立之初，1935年5月13日的国民党中央政治局第九十三次会议决议保护宗教，这可以视为国民党宗教政策的基本方针。1930年10月制定的《中华民国约法草案》，如该法案第27条规定"人民于法律上一律平等，无男、女、种族、宗教、阶级之分"；第39条又规定"人民有信教之自由，非违背良善风俗及扰害社会秩序，不得干涉"；1931年6月1日公布的《中华民国训政时期约法》第6条规定："中华民国国民无男女、种族、宗教、阶级之区别，在法律上一律平等。"第11条规定："人民有信仰宗教之自由。"1945年通过的《中华民国宪法》重申了宗教平等和信教自由的原则。这些宪法性文件的规定就明确宣示当时的最高法律对

"宗教平等"和"信教自由"作为基本法律原则的确认,这也是后来各种有关宗教立法的基本原则和指向。南京国民政府在其他各种立法中也作出了相应的规定,如 1935 年 1 月 1 日公布的《中华民国刑法》第 246 条规定:"对于坛庙、寺观、教堂、坟墓或公众纪念处所公然侮辱者,处六月以下有期徒刑、拘役或三百元以下罚金。妨害丧葬、祭礼、说教、礼拜者亦同"等。正是这些法律条文和具体的宗教行政法规一起构筑了民国宗教立法的框架和体系,它们也是宗教法规和规章的效力渊源和依据。

作为南京国民政府宗教立法体系中重要的组成部分,因为当时尚未制定法律层面的宗教法律,所以当时的宗教立法以行政法规和部门规章为主,其具有主体性的地位。在南京国民政府执政的二十多年中,共颁布了十多部有关佛教的行政法规和规章,主要有 1928 年 9 月 2 日颁布的《寺庙登记条例》;1928 年 9 月 22 日颁布的《废除卜筮星相巫觋堪舆办法》;1928 年 10 月颁布的《神祠存废标准》;1929 年 1 月颁布的《寺庙管理条例》;1929 年 12 月颁布实施的《监督寺庙条例》;1930 年颁布的《令禁止幼年剃度》;1931 年 6 月颁布的《蒙古喇嘛寺庙监督条例》;1932 年 9 月颁布的《寺庙兴办公益慈善事业实施办法》;1934 年 1 月颁布的《边疆宗教领袖来京展觐办法》;1935 年春颁布的《佛教寺庙兴办慈善公益事业规则》;1935 年 12 月颁布的《管理喇嘛寺庙条例》;1936 年 1 月颁布的《喇嘛奖惩办法》和《寺庙登记规则》等。根据法规和规章的内容,可将其归类为"有关寺庙登记的法规"、"有关寺庙管理的法规"和"其他有关佛教的法律法规"三个方面,下面依此分类择其要点进行介绍和分析。

二 南京国民政府时期有关寺庙登记的法规

寺庙登记是寺庙管理的前提和基础性工作,故从北洋政府到南京国民政府,为了有效管理寺庙,曾多次进行寺庙登记,但由于诸种原因,这些登记活动最终大多无果而终。早在北洋政府时期,内务部于 1913 年 10 月曾制定"寺院调查表"与"寺院财产调查表"两种,要求各地分别填列,报送内务部,但地方报送者寥寥无几。南京国民政府成立后,寺庙调查登记事宜再次提上议事日程。作为主管机关,内务部主动要求对寺庙进行全面登记,也得到了南京国民政府的支持。各地方政府对寺庙的登记工作甚至比中央政府更加积极主动,有些地方政府早就开始了自主性的寺庙登记工作,如上海在 1927 年 10 月就制定了《寺庙注册暂行条例》,同年 12

月，浙江省也公布了《寺庙财产登记暂行条例》。与此同时，由于庙产危机的不断冲击，佛教内部也有庙产调查登记的需求和呼声，太虚大师曾倡议："由各县佛教会速为严密之寺产调查与僧徒调查，制成统计，以为整理之所本。"① 当然，佛教界内部也有反对登记者，如闻兰亭、可成等认为佛教会最要紧的工作是对外交涉，而不是对内管理。虽然各级政府和佛教界对寺庙登记的动机不同，但是摸清寺庙情况的需要基本一致。

南京国民政府前后进行了三次寺庙登记活动，在1928年和1936年两次登记活动中还为此专门颁布了相关的法规，1942年的寺庙登记活动没有再颁发法规。由此可见，南京国民政府在寺庙登记方面还是做了大量的工作和努力，但由于种种原因，始终未能达到对全国寺庙有一个全面准确了解的调查结果。

（一）《寺庙登记条例》的公布与实施

南京国民政府初期，鉴于第二次"庙产兴学"的影响，为了维护佛教利益，全国僧侣纷纷上书请愿，唯准国民政府制定切实条例保护寺产，折消危机。国民政府为了便于管理，首先开展寺庙登记工作，于1928年10月2日公布了《寺庙登记条例》，该条例共十八条，对寺庙的登记范围、登记事项、登记机关、登记程序、登记时限等作出了明确规定。

《寺庙登记条例》第一条规定了登记的范围："凡为僧道住持或居住之一切公建、募建或私家独建之坛、庙、寺院、庵、观，除依关于户口调查及不动产登记之法令办理外，并应依本规则登记之。"该范围基本上涵盖了所有寺庙。

该条例第二条到第九条规定了登记事项，主要包括：人口登记、不动产登记和法物登记三个方面。这部分内容是登记条例的重点。第一项人口登记主要规定了三个方面内容：人口登记以僧道为限，非僧道而为寺庙之主者，准用前条之规定一并登记；寺庙内之雇佣或寄居人等不在登记之列，未成年人不得登记为僧道；寺庙内之住持及其他有执事之僧道，应于登记时注明其职务，居前项职务之僧道有变更或增减时应随时声请登记。第二项不动产登记的内容较为明晰，寺庙不动产包括寺庙本身建筑物及其附属之土地、房屋。第三项法物登记的内容较为复杂，条例规定法物包括宗教上、历史上或美术上有重要关系之佛像、神像、礼器、乐器、经典、

---

① 太虚：《评监督寺庙条例》，《海潮音》第11卷第1期，1930年1月。

雕刻、绘画，及其他保存之一切古物。但由于法物的大小、品质、保损等较为复杂，所以容易造成登记过程中的种种歧解，为后来的登记工作带来了很多障碍。

该条例第十条规定寺庙登记的主管机关在各县为县政府，在特别市为公安局。第十一条、第十二条规定了登记的程序，即各个主管机关置备各种制式登记簿，各寺庙申请登记后主管机关应在三日内派员实地核查申报事项是否真实。该条例第十二条到第十五条规定了登记时限、上报规程和后续变更程序。这些规定看似较为合理，但其实与当时的实际情况仍有较大差距，所以在实施过程中出现了规定难以落实的情况。该条例最后还针对违反条例的情况规定了相应罚则，"情节轻微者强制使之登记，情节重大者科以一百元以下之罚款或撤换其住持"。但由于其罚则非常轻微，并不能起到威慑作用。

因《寺庙登记条例》之规定尚存在不周全之处，故全国各地依条例所奉行，然多有各方面释疑和误解。尤其是《寺庙管理条例》颁发以后，其内容之简略更是使得地方政府不得不向内政部、司法院呈请解释。

1932年颁布的《释寺庙登记条例疑义案》云："寺庙之不动产及法物，凡未经所属教会之议决，并呈请该管官署许可，而先行变卖或处分者，无论其事后已否补行呈准备案，均应认为违法"①；"住持被革除或逐出送究后，其所属之佛教会于不违反该寺庙历来传授习例之范围，得征集当地各僧道意见遴选住持"②；"慈善事业系指济贫救灾养老恤孤，及其他以救助为目的之事业，不得利用为宗教上宣传（参照《监督慈善团体法》第一条、第二条），若办理佛教之学校及祈祷超拔等事，自不得谓为慈善事业，尤与公益之事业无关"③；"寺庙住持僧如有不守清规，容留妇女情事，系属有碍风化，自当查核情形，分别究办。若只容留居住，应饬勒令迁出。倘或涉及奸宿，应依刑法办理"④；"寺庙住持不守清规，系宗教范围内之事，当由其教会按照教规惩戒。如系触犯违警罚及一般刑章，则与

---

① 《内政部第九十七号咨》（二十二年三月二十九日），《释寺庙登记条例疑义案》，第七类"礼俗附载"，内政部编《内政部法规汇编》第2辑，1934年，第528页。

② 《司法院字第八一七号解释》（二十一年十一月十一日），《释寺庙登记条例疑义案》，第七类"礼俗附载"，内政部编《内政部法规汇编》第2辑，1934年，第529页。

③ 同上。

④ 同上。

平民同科，应由官署依法惩处。其情节重大者，得依照《监督寺庙条例》第十一条之规定，革除其职务"①；"查《寺庙登记条例》第六条，既明载未成年人不得登记为僧道，且幼年剃度复经通令查禁有案，根本上已无承继之可能，自难因其子孙庙关系认为例外特予登记，致违定例"②。

《寺庙登记条例》颁布后，各地借废除淫祠神像为由，任意毁灭、侵占寺院，引起了佛教界的恐慌和抵制，民国二十五年杭州市公安局奉内政部《寺庙登记条例》调查寺庙共计890座，较之"民国十八年登记总数，短少五十五所，因市内寺庙无僧道住持，遵令均免登记故"③。不得已内政部又颁布《内政部禁止任意毁灭神祠》，不准人民对应存神祠任意毁灭："查本部前颁神祠存废标准，原为尊崇先哲，与破除迷信起见。范围各别，规定详明。乃各地人民对于应存神祠有任意毁灭任意行动，纠纷丛生，殊于治安关系至巨。务望通令所属，布告人民，一体遵照标准，分别办理，不准人民任意毁灭。倘敢故违，即予严惩，以儆效尤。"④ 为了平息因破除迷信引发的摧毁寺庙之风，内政部又于1928年年底颁布了《神祠存废标准》："规定神祠存废标准，通令凡应废之淫祠神像限期由各祠自行消灭，向有佛神合祀之庙亦应分别纠正，不得任人民自行处分。所应存之寺庙，并力予保护，以彰扶正黜邪之至意。"⑤ 该标准的公布不仅没有阻止毁庙之风，而且致使此风愈演愈烈，大量应存祠庙被任意捣毁，同时也波及很多佛教寺院和佛像，引起佛教界人士的极大不满和恐慌，纷纷致电中央要求制止。1929年1月21日，内政部颁发部令，禁止民众擅自处分寺庙，并呈请国民政府采取补救办法。在这一过程中，佛教庙产受到了较大的冲击，寺庙登记活动也受到了很大影响。

这次寺庙登记活动最终无果而终，《寺庙登记条例》也就形同虚设，究其原因主要有以下几点。首先，该条例本身存在诸多的漏洞和不周之

---

① 《司法院院字第八一七号解释》（二十一年十一月十一日），《释寺庙登记条例疑义案》，第七类"礼俗附载"，内政部编《内政部法规汇编》第2辑，1934年，第529页。
② 《解释未成年僧道承继疑义案》（二十年十月三日本部礼字第138号咨行各省市），《释寺庙登记条例疑义案》，第七类"礼俗附载"，内政部编《内政部法规汇编》第2辑，1934年，第530页。
③ 《杭州地方志资料》第一辑、第二辑，杭州市地方志编纂办公室编《民国杭州市新志稿专辑》，1987年，第245页。
④ 《内政部禁止任意毁灭神祠》，《海潮音》第9卷第12期，1928年12月。
⑤ 《内政部颁布寺庙登记条例》，《海潮音》第9卷第9期，1928年9月。

处，由于条例规定模糊，导致对很多登记事项认定不清，所以才会有后来各地不断来电要求就条例中各项内容进行解释，最终导致登记工作无法如期完成。其次，登记工作考虑不周，具体负责机构混乱，工作效率低下，甚至很多地方政府敷衍塞责，故意刁难登记对象，最终导致登记工作无法完成。最后，由于不断发生的侵夺寺产事件，致使很多寺庙心存顾忌，不愿如实填报庙产情况，有些地方的住持由于文化程度较低，没有能力完成登记申报工作，等等。各种原因最终导致这次登记活动直到1935年尚未完成。

(二)《寺庙登记规则》

由于第一次庙产登记活动没有完成，内政部于1935年再次着手进行新一轮的庙产登记活动。内政部也意识到第一次登记活动未能完成与登记条例本身有关，于是首先对登记条例进行了修改，"为便利全国各寺庙登记，以确定其财产而便保护起见，特将寺庙登记条例重行修正，分总登记十年举行一次，变更登记每年举行一次，所有财产一应列入，该项修正条例已呈送行政院核议施行"①，1936年1月4日内政部公布《寺庙登记规则》，1928年公布之《寺庙登记条例》即行废止。

《寺庙登记规则》对《寺庙登记条例》做了以下几个方面的修改：第一，明确将"寺庙登记之举办分总登记及变动登记二种，总登记每十年举行一次，变动登记每年举行一次，新成立之寺庙应于成立时声请登记，其登记手续与总登记同"。第二，更加详细地规定了寺庙登记的具体负责人："寺庙之登记由住持声请之，无住持者由管理人声请之。"第三，对于寺庙人口登记一项，除了僧道外，其他住在人等应附带声报。第四，进一步明确了具体负责登记的受理机关："经办寺庙登记之机关在县市为县市政府直隶行政院之市为社会局在特殊行政区（如威海卫管理公署管治局等），为各该主管官署，经办寺庙登记机关应置寺庙概况登记表。"第五，进一步明确了登记的具体要求和登记标的标准化："寺庙人口登记表，寺庙财产登记表，寺庙法物登记表，寺庙登记证，寺庙变动登记表，寺庙变动登记执照等表。"第六，使登记和上报程序更加细致化、合理化："经办机关于总登记时须先通告当地寺庙，限期领取填送本规则第八条一至四等表各四份，经派员调查所填确与事实相符，即将每表抽留三

---

① 大醒：《内政部修正寺庙登记条例》，《海潮音》第16卷第11期，1935年11月。

份，以一份边同登记证发给该寺庙，如有不符应责令更正后发给之。登记证得酌收费用，但每证不得超过一元。总登记办理完后其经办机关应将所留三份登记表分订成册，以一份存查余，两份送该管省市政府存转；经办机关于登记后每满一年通告当地寺庙，限期领取填送寺庙变动登记表四份，经派员调查所填确与事实相符，即抽留三份，以一份边同变动登记执照发给该寺庙，如有不符应责令更正后发给之，其存转手续与前条同。"第七，加大了惩罚力度，以保障规则的执行力度："寺庙于通告后逾期延不登记，及新成立之寺庙不声请登记者应强制执行登记，如无特殊理由并得撤换其住持或管理人；如呈报不实或有故意蒙蔽情事，经发觉后除强制执行登记外，并得撤换住持或管理人，其情节重大触犯刑章者，并送法院究办。"第八，明确回避了除佛道教以外其他宗教的登记问题："本规则于天主、耶、回及喇嘛之寺庙不适用之等规则。"① 这项规定明显有违宗教平等原则，导致了佛道教界的不满。

该规则颁布之初，因得到了中国佛教会的支持和配合，因此工作有一定的进展，但由于当时南京国民政府的行政效率普遍低下，工作进展整体缓慢，后又爆发了抗日战争，这项活动再次被迫中断。后在1942年内政部再次提出了庙产登记事宜，但由于种种原因，南京国民政府终究未能圆满完成一次全国寺庙登记活动。

三 南京国民政府有关寺庙管理的法规

（一）《寺庙管理条例》的颁布与废止

南京国民政府成立后，由于国民革命破除迷信、庙产兴学等社会潮流导致的侵夺庙产、捣毁佛像、焚烧经书等事件此伏彼起，深陷危机中的佛教界强烈要求南京国民政府承担保护合法宗教职责，各地方政府也因处理各种庙产纠纷于法无据而致电要求尽快制定相关法规。为了平息纠纷、管理寺庙，制定相关法规成为南京国民政府刻不容缓的任务。1929年1月，南京国民政府颁布了由内政部制定的《寺庙管理条例》，该条例不分章，共二十一条。因该条例基本上是对北洋政府制定的《修正管理寺庙条例》略加修订而成，其中有十一条内容与修正条例几无变化，故除个别条款内容有所变化外，基本上是前者的翻版，下面对其修订部分内容略作分析和

---

① 《民国二十五年一月四日内政部公布》，《中国佛教会会报》第1期，1936年1月。

介绍。

第一,《寺庙管理条例》再次赋予政府"因人废寺"的权力。该条例第四条规定,寺庙僧道有破坏清规、违反党治及妨害善良风俗者,可由政府以命令废止或解散。该规定是宗教立法上的一次大倒退,又退回到袁世凯政府制定的《管理寺庙条例》之中去了。其倒退的原因从该条例第五条中便可找到答案:"寺庙废止或解散,应将财产转归该管市县政府或地方公共团体保管,由其酌情兴办各项公益事业。"由此可知,立法者作出此等规定,还是因觊觎庙产的心理在作祟。

第二,对寺庙办理公益事业作出了强制性规定,该条例第六条规定寺庙应根据自己的情况,自行办理各项公益事业。这一条例虽承认寺产所有权属于寺庙,但由于第九条规定寺庙财产由寺产保管委员会管理,第十条规定寺庙财产之处分或变更须经庙产保管委员会公议,对于寺庙财产干涉过甚,寺庙仅享有财产之空名,实际上一切事务却均须仰承委员会处理。

第三,改变了以往寺庙财产的管理方式,将寺庙管理方式分为三种:"有僧道主持者,应由该管市县政府地方公共团体以及寺庙僧道各派若干人合组庙产保管委员会管理之";"无僧道主持者,应由该管市县政府申诫或撤退之";"由地方公共团体主持者,呈请该管市县政府备案,归该团体组织庙产保管委员会管理之"。而且进一步规定:"保管委员会僧道不得过全体委员人数之半。"由此可见,这是将僧道管理寺庙财产的权利基本剥夺而交给"保管委员会",而该委员会又由政府人员把持,这其实是一种赤裸裸的权利抢劫。

第四,加入了僧道必须学习党义,遵从党制的内容。

《寺庙管理条例》本身存在重大的缺陷,对寺院财产的所有权作出一律从公的新规定,甚至有些条款严重侵犯了僧人对寺产的管理权,使"庙产兴学"风潮有政府法令可援,《寺庙管理条例》一经颁布,就引起了全国佛教界的强烈反对。而且由于条例本身存在重大漏洞和矛盾之处,自公布以后,各地庙产纠纷更形严重,呈请修改者,不一而足。国民政府不得不将条例送立法院修正,而所有寺庙事项,一律保持现状,停止处分。

《寺庙管理条例》对于寺产之管理权、所有权于僧尼不利,引起了全国各地佛教僧徒的反对。浙江省佛教会呈内政部请确定寺产所有权,而四川省佛教会则驳斥《寺庙管理条例》。1929年3月,四川佛教团体联合全省 19758 寺，通电力诋新颁《寺庙管理条例》十种不合法，誓不承认："僧道个人违法，即得废止寺庙。授贪官污吏劣绅土豪以宰割寺庙之柄，誓不承认。寺庙之所有权，僧道不得行使处分，反令僧道以外之人行使处分之五洲万国无此法理，誓不承认。佛教寺庙重重取缔，耶稣天主不敢过问此等侵害弱小民众不平等之条例，誓不承认。僧人护持庙产，乃其职责，反谓把持，从而禁止此等蹂躏人权觊觎寺庙之条例，誓不承认。僧人违背条例，责令赔偿非僧人而损害吞没寺产，仅限于持有物，方能治以侵占之罪，且不定明责令赔偿其余动产等物，又故意漏列此等阶级不平等之条例，誓不承认。变没收充公之名词为废止解散财产归政府法团，此等巧立名目以得财为目的之条例，誓不承认。僧道各自然人已有户籍登记，寺庙房田已有不动产登记，历史流传之法物，又有古物登记，乃于斯种种之外又复重之以寺庙登记，为取缔剥削寺产之蓝本，此等叠床架屋之条例，誓不承认。未征求佛弟子民众同意，由少数人草率定订纰谬百出之法文妨害民权，誓不承认。"①

全国僧尼因政府对寺庙之管理权、所有权未确定，相顾愕然，遂竭力进行组织中国佛教会，以自行保护合法权益。1929年4月，僧俗共同组织的中国佛教会在上海觉园召开中国佛教会第一次代表大会，推太虚大师、王一亭居士等任执委常委，圆瑛当选主席，此为革命后之中国佛教徒有组织之团体。由于太虚与王一亭联名致书蒋介石，南京国民政府内政部终于准中国佛教会备案，通令全国谨慎处理寺产，不久《管理寺庙条例》废止，改为较为和缓的《监督寺庙条例》十三条。②

（二）《监督寺庙条例》的颁布实施

1929年国民政府立法院第六十三次会议通过《监督寺庙条例》，废止了《寺庙管理条例》，其为十余年来佛道寺庙之最高法律。《监督寺庙条例》仅十三条，主要内容围绕庙产监督，其内容虽有监督之义，但删除了以往对佛教庙产构成直接威胁、容易引起庙产纠纷的内容，同时佛教活动和身份的约束也较宽松，其立法旨意主要是庙产属于寺庙，主持行使管理权，处分权属于教会，监督权属于政府。对该条例佛教界基本上持肯定态度，但也有人认为该条例对佛教缺乏积极整顿之意，只是任其自生自灭

---

① 《四川佛教团体力争寺庙条例之激昂》，《海潮音》第10卷第3期，1929年3月。
② 太虚：《佛寺管理条例之建议》，载《太虚大师全书》第34册，第398—408页。

而已。但与以往各种寺庙管理法规相比，其进步之处也是相当明显。首先，其为民国建立之后效力最高的一部关于佛教的宗教法律。其次，其改变了过去立法中总有威胁佛教庙产条例的惯性，减少了政府插手寺庙财产的机会。最后，明确了住持、教会和政府各自在寺庙财产权问题上的分工。

《监督寺庙条例》的主要内容为以下五个方面：第一，凡有僧道住持之宗教上建筑物，不论用何名称，均为寺庙管理；但由政府机关管理、由地方公共团体管理、由私人建立并管理的寺庙，不适用于该条例。第二，寺庙财产及财物，为寺庙所有，由主持管理，但应向地方官署呈请登记。住持于宣扬教义、维持戒律及其他正当开支外，不得动用寺庙财产之收入；寺庙之不动产及法物，非经所属教会之决议，并呈经该管官署许可，不得处分或变更。第三，寺庙收支款项及所兴办事业，住持应于每半年终报告该管官署，并予以公告。寺庙应按其财产情形，兴办公益或慈善事业。第四，违反条例之规定者，该管官署得革除其主持之职，逐出寺庙，或送法院究办。第五，条例不适用于西藏、西康、内蒙古、青海的寺庙。

监督条例也的确减轻了政府对佛教的压迫，同时也因其过于简略而致使各种庙产纠纷的解决缺乏直接性的法律依据，因此围绕监督条例的适用，形成了大量的司法解释和判例。大理院为民国时期最高司法机关，该院对于宗教管理法规的判例和解释，是民国时期宗教政策的重要补充，也是司法解释的重要依据。《监督寺庙条例》公布后，大理院先后对其第三、六、八、十条进行了相应的解释和详细的规定。

关于《监督寺庙条例》第三条第三项，由私人建立并管理的寺庙，有多条解释，如"私人或团体创设之寺庙无独立人格"，"庙产之性质，原不一致，公庙固可认为财团法人，而由私人或特定团体出资创设，其支配权仍存留于出资人者，则该庙产仅认为该私人或团体财产之一部（仅为所有权之标的物），而不能有独立的人格"，又规定"私建寺庙施主有自由处分寺产之权"，"寺庙及庙产，由施主捐助者，与僧人自置之私产不同，即凡公庙（与《管理寺庙条例》第一条第一项相当者）庙产，住持不能反乎原施主所定目的自由处分，原施主自应有监督之权。至私家独立所建设，确与《管理寺庙条例》第一条第二项相当者，其处分寺产，原建主自有自由之权，除建立当时或其后与所用住持有特别约定或早定有规约者外，更无庸取得住持同意。请官准许，尤非局外所能干涉"。①

关于《监督寺庙条例》第六条，"寺产由施主捐赠者施主有相当监督权"，"寺庙财产由施主捐助者，虽为宗教公产，然当此行政监督设备未能完善之时，为保持公益起见，自应予施主以监督之权。故本院历来判例，均认施主对于寺庙及其财产于相当范围以内，可以监督"，又"由施主捐助建设之庙产属于寺庙"，"寺庙财产除可以证明系一家或一姓建立之私庙外，凡由施主捐助建设之庙产，不属于原施主，亦不属于该庙之住持，而专属于寺庙。原施主固不能仍主张为个人所有，在住持亦不能以久归僧人管理，遂认为僧人之私产"②。

关于《监督寺庙条例》第八条"寺产非经官署许可不得处分之规定并非畀住持以处分之权"，"寺院管理规则第四条，虽有住持及其他关系人，非经行政长官许可，不得将寺庙财产卖抵押之规定，然此项规则，系为行政上便利起见，对于行政长官，明定其应有之职权，而非对于住持及其他关系人，畀以处分庙产之全权，故该条之处分，仍应以习惯法则及条理上可认为有处分权者为限"，又"寺产非经许可不得处分之规定系就有处分权人之处分加以限制"。

《管理寺庙条例》第十条寺庙财产不得抵押或处分之，但为充公益事项必要需用，禀请该管地方官核准者，不在此限等语，是为原有处分权之人（原施主或其承继人及住持僧道）处分寺庙财产时加以限制，并为行政上之便利，认地方官有监督之权。故地方官对于有处分权之人禀请所为许可与否之处置，固属行政处分，而关于该庙产之是否私有，原施主或住持之身份，及处分之会否经其同意，在禀请处分之人，与僧道间有所争执，或因管理用益等事涉讼者仍处于民事诉讼，应由司法衙门予以受理审判。而关于此项审判之上诉，该管上级审衙门，自亦不得诿为行政事项，予以驳斥。③

《内政部对于荒废寺庙解释文》又补充："据中国佛教会常务太虚呈称，无人继承之寺庙，似应由佛教会征集诸山意见，另选住持管理，请核准通令遵办。又据江苏民政厅呈为荒废寺庙能否变卖，乞鉴核示遵……以

---

① 朱鸿达主编：《大理院判决例全集·监督寺庙条例》，世界书局1936年版，第1—2页。
② 同上书，第2—3页。
③ 同上书，第3—4页。

上各项，《监督寺庙条例》均无明文规定，即经分别批令，并并案呈请行政院咨转解释在卷。"①

《中央党部宗教仪式不加干预》指出："现有该寺住持尼募捐，重塑佛菩萨像大小五十一尊，为该县党务整委会指为崇拜偶像，提倡迷信，函请加以制止，请示办法等情。职厅查《监督寺庙条例》并无明文规定不许重塑佛像，似无制止之必要。惟事关党部提议，呈请示遵前来，经部呈请行政院，函请中央党部秘书处转陈核示，准复开。奉常务委员批，事关宗教仪式，自不应加以干预，即令浙江省执行委员会，依照监督寺庙条例，转饬奉化党部知照等因，令饬转行遵照，足见中央尊重约法，实行保障人民自由云。"②

《监督寺庙条例》与《寺庙管理条例》的不同点在于改"管理"为"监督"，就是寺庙的住持假使犯法，可以"逐出"或"送法院究办"，对于寺不必"废止"或"解散"；对寺庙之不动产及法物，假使处分变更，非经所属"教会"决议，呈请该管官署许可不可，这一条似乎赋予教徒组织的"教会"一定的权力，可是《监督寺庙条例》与《寺庙管理条例》一样对寺庙未加以"勒令整顿"，故所谓"管理"，所谓"监督"，皆是一种敷衍的纸上文章，与僧道不但毫无利益，并且有由其"自然消灭"之含意。

太虚大师在《评监督寺庙条例》一文中云："寺庙管理条例，与监督寺庙条例之不同点，显明的、只是管理条例乃用官署及地方团体之力量来逐加破灭，而监督条例，则一听寺庙僧道之自生自灭而已……僧寺终究须趋于自灭，而亦甚非国民之福！代表佛教的全国寺僧，若能一致团结成系统之组织，为适当之整理，昌明佛教之救世学理，振兴佛教之济人事业，则在此不妨害寺僧自求生路的监督条例之下，亦尽有发荣滋长的机会，且可造成为国民的信仰中心，建立人类与国民的新道德标准，造福全国全世界，此实为听我汉族寺僧自灭自生之一关键。故特举其自寻生路的荦荦大者，为全汉寺僧告：一、速为各县各省以至全国之佛教会的严密组织。二、由各县佛教会，速为严密之寺产调查与僧徒调查，制成统计，以为整

---

① 《内政部对于荒废寺庙解释文》，《四川佛教月刊》第57卷，第31页；又见《世界佛教居士林林刊》第30期，1931年9月。

② 《中央党部宗教仪式不加干预》，《世界佛教居士林林刊》第30期，1931年9月。

理之所本。三、条例之监督，注重于由官署对于住持之革除与逐出及究办。住持之职务，在于宣扬教义，修持戒律，及其他正当设施与兴办公益或慈善事业等。如此之住持，非明教理持戒行及有能办公益教育及慈善等之才德不能。故任为各寺院菴堂之住持，非由佛教会公订分别等级之考取选任方法，精选适宜之住持人才不可。否则，寺僧将随住持之革除与逐出究办而消灭。四、尤须注重者，则为速办各县各省以至全国之佛学苑，编成系统之教育程度，造成寺院住持之僧，方能实行宣扬教义等。"①

《监督寺庙条例》十三条较之《寺庙管理条例》二十一条已经有了进一步的缓和，对于保护寺产而言起到了一定的积极作用，如四川省政府训令各县政府云："省为通令事，照得寺庙财产，原有公私之别，地方行政官署依照《监督寺庙条例》，只有监督之权，不能任意处分或变更，地方团体更不能借端侵占。迭经通令有案，查川省向来三宝绍隆，有关风教，地方寺庙林立，僧道众多，其原有财产，或为僧道私人出资所置，或为多数私人醵金而成，其性质与人民私产无异。近年以来，每有地方豪猾，及不肖团保，借名估提，或贱价募卖，随意处分。僧道呼吁，时有所闻，言之实深浩叹。昨准内政部咨转奉行政院令，准司法院统一解释法令会议议决，《监督寺庙条例》第三条第三款所称之私人，非指一私人而言，凡结合多数私人，非以出捐为目的，而以其个人私有财产建立寺庙并管理者，自应与一般私人同视。至同条例第八条所称之寺庙之不动产及法物，系指归属寺庙所有而言，属于僧道个人私有者，不适用该条之规定等因。业经令行民政厅转饬知照在案，准此解释，监督寺庙条例所称私人与寺庙之不动产及法物，皆以明晰无疑。此后对于僧道以私人财产建立寺庙，及僧道个人私有及承继之不动产并其法物，应与一般私人之私产相等，同受法律之保障。即使寺庙僧徒偶有一二违法犯规，被人告发，依法亦只罪及本身，不能带充罚庙产与法器，乃符事理。如地方举办公益事项，对于寺庙应与普通人民一律待遇，平均担负，勿得畸轻畸重，用昭平允，并不许再有侵占庙产擅加处分情事，显干法纪。"②

《监督寺庙条例》授予政府监督寺庙财产的权力，但其规定相当简

---

① 太虚：《评监督寺庙条例》，《海潮音》第11卷第1期，1930年1月；又见《中国佛教会公报》1929年第5、6期合刊。

② 《省政府饬属切实保护寺产》，《四川佛教月刊》第2卷第7期，1932年7月。

略，漏洞不少，想从寺庙榨取油水者自可上下其手，为此，南京国民政府进一步通过司法解释或政令弥补这些漏洞和不足。内政部即承认"第十条之规定，极为空洞，又附以第十一条之规定，则流弊滋多"，要求司法院解释，但被司法院以两条规定"是否适当，系属立法问题，不属解释范围"为由拒绝解释。从内政部的态度来看，虽然条例赋予它相当大的权力，但它主张从外部保持强大的监督压力，并不想全面介入寺庙内部事务，因为全面介入必然会导致问题丛生，反而不利于政府的管理。因此，它比较重视佛教、道教界的自我管理。内政部解释规定"凡和尚之寺庙，均应属于佛教会，道士观宇均应属于道教会"，从而将佛、道两教的众多寺庙纳入教会系统，便于统一管理，解释还允许教会参与各寺庙管理事务。在住持传承这一重要问题上，内政部也采取了尊重现实，允许佛教、道教自我管理的态度。关于"住持被革除后，其传继办法，依向来习惯办理，命意不无含混，若由教会遴选，又多不洽舆情，能否由自治团体，或地方公正人士保举，由主管机关核委"的询问，内政部态度坚决。"住持被革除之后，其传继办法，依据习惯办理。词意合混、不洽舆情与否，官署自不必过问，至保举与核委各节，更不可行。"对这一问题，司法院主张由寺庙"所属之教会，于不违反该寺庙历来管理权传授习例之范围内得征集当地各僧道意见，遴选住持管理"。内政部进一步解释说"寺庙住持，如向由僧众遴选，地方公决"，也"可认为习惯"。中国佛教会曾经向内政部提交关于选派寺庙住持的提案，内政部在答复时表示司法院"所谓寺庙历来传授习例，系指该寺庙本身历来住持继承之习例而言，该项习例，应否改良，系另一问题，须视该项习例是否与现行法令抵触为断，至该寺从未采用之办法，自不能谓为该寺庙条例"。

《监督寺庙条例》公布后，虽然也能为佛教寺产提供些许保障，而野心家觊觎寺产，仍在暗中运用各种方法与法律的手续，似乎不夺得寺产，势不罢休，后南京国民政府专门发布《国府行政院重申保护寺庙令》进一步加强寺产保护："查保护寺庙，法有明文，且经政府通令有案，乃迭据报告，各地仍常有军警占据，或地方机关团体，或个人任意侵夺情事，似此玩忽法令，殊属不合，兹经本院第一一九次会议决议，关于寺庙财产保护事宜，除依照《监督寺庙条例》，以庙产兴办公益或慈善事业外，军警及其他机关团体，或个人不得任意侵占，应由内政、军政两部分别通行，各省市政府，及各军队军事机关遵照。"①

除了军警等豪取佛教寺产外，当时的"庙产兴学"运动对佛教造成了较大的冲击。《监督寺庙条例》发布后，南京中央大学教授邰爽秋首先发表宣言，并组织"庙产兴学促进委员会"，案经国民党第三届第四次全体会议议决，"本案经教育审查，认为应送政府发交教育部会同内政部及古物保管委员会，妥拟办理"，似此非要取得庙产不可。而《内政部批兴学促进会宣言尽可置诸不理文》则宣布"庙产兴学促进会"宣言无效，"查此案前准行政院秘书处函送前来，当以维持宗教，保护寺产，均已明白规定于《监督寺庙条例》，分令遵行。至庙产兴学促进会，所发宣言，及其进行手续，皆未正式呈请到部，尽可置诸不理"②。

经过全国佛教界的努力，《行政院第三十二次国务会议决议通令全国，以后无论军警及任何机关团体如有侵占佛寺僧产者概以法律办理由》发布："查原提案办法第一、第二两项，由国民政府通令首都、各省市、各边地占用佛寺僧产者，一律恢复原状。按诸事实，殊多窒碍，盖自《监督寺庙条例》公布后，本部督促各省市政府对于寺产均依照条例处理，若一律恢复原状，事实上已不可能，徒滋纠纷，无裨实际。至第三项，由国民政府通令全国，以后无论军警以及任何机关团体个人等，如有侵夺占用佛寺僧产者，概依法律办理云云。查《约法》第六、第十一、第十六、第十七等条，规定详明，所请通令一节，事属可行，可否由钧院呈请国民政府通行之处，本部未敢擅夺，理合具文呈请钧府鉴核施行，指令只遵等情，据此，应准照办，除指令并分行外，合行抄发原提案，令仰遵照，并转饬所属一体遵照。"③

从以上各方面来看，在国民政府后期，对于佛教的保护还是有较大进步，尤其在《监督寺庙条例》颁布后，政府对寺庙财产的保护日益加强，佛教界对该条例也持认同态度。

（三）南京国民政府有关蒙藏佛教管理的法规

清末以后，西藏地方政府与中央政府之间的政治统属关系日渐松弛，

---

① 《国府行政院重申保护寺庙令》，《四川佛教月刊》第3卷第10期，1933年10月。
② 《内政部批兴学促进会宣言尽可置诸不理文》，《四川佛教月刊》第1卷第1期，1931年4月。
③ 《国民政府训令》第400号，《中华佛教会会报》第23、24、25期合刊，1931年8月。

在这样的历史背景下，中央政府制定的佛教管理政策对于藏传佛教而言，其法律效力就显得十分微妙，政府既要在名义上管理藏传佛教，又实在难以有具体实施和实质性的进展。再者清末以后，各列强对于西藏虎视眈眈，竞相分羹，中央政府既要体现西藏与祖国内地的所属关系，又要笼络西藏僧俗高层，这种矛盾成了民国时期管理蒙藏佛教的基本出发点。

佛教神秘主义在诞生之初即有广泛的信众范围，尤其后来传入东土遂成汉传佛教唐密，弘传西番形成藏密，都以其神秘的佛教理论和实践为信众所痴狂。尽管汉地唐密早已消失在历史的长河中，然而其再传之日本密教在清末以后回传中国，却引起了各方面的重视。其难以掩饰的军国主义色彩实难为中国人所接受。与此同时，藏传佛教东流中土，信众日增，蔚为壮观，对于日本密教在内地的打击是不言而喻的。国民政府制定相关佛教管理政策没有理由不考虑在内地正如火如荼传法的藏传佛教。

南京国民政府期间对蒙藏佛教的管理一般通过制定相关政策和笼络藏传佛教高层僧官两个手段。南京国民政府时期，优待九世班禅、七世章嘉、诺那、贡噶、多杰觉拔、白普仁等蒙藏高僧，通过他们度化边疆、安稳国防取得了积极的效果。在制定政策管理方面，南京国民政府时期对蒙藏佛教的管理主要由行政院蒙藏委员会负责，自成立开始即通过设立直属机关和颁布法令政策等方式对蒙藏佛教进行了积极的管理。1929年，蒙藏委员会改名为"北平事务处"，1930年复改为"喇嘛生计处"，1932年又改为"喇嘛寺庙管理委员会"，负责管理北平、热河等地蒙藏佛教寺庙。

1931年6月，国民政府颁布《蒙古喇嘛寺庙监督条例》共十八条，具体为：

> 第一条，蒙古各旗及北平、沈阳、承德、五台、长安、归绥、甘肃、青海、东陵、西陵等处之喇嘛寺庙，不论为何人建立，均依本条例监督之，前项喇嘛寺庙，指向由喇嘛管理之宗教上一切建筑物而言；第二条，喇嘛寺庙之黑徒，应一律解放，其办法由蒙藏委员会定之；第三条，喇嘛寺庙之领袖喇嘛，视为住持，其现有职衔，即定为该寺庙住持之职衔，喇嘛寺庙住持，不得以非中华民国人民充之；第四条，蒙古各旗喇嘛寺庙之住持，由该管蒙旗旗官署派充，并呈报蒙藏委员会；第五条，前条以外之蒙古喇嘛寺庙之住持，由蒙藏委员会

派充；第六条，喇嘛寺庙住持受该管官署及蒙藏委员会之监督，综管该寺庙事务，并约束所属僧众；第七条，喇嘛寺庙之职任喇嘛，由住持按照惯例及等级派充，并呈报监督官署；第八条，喇嘛寺庙喇嘛换发交付等事，由住持办理，年终汇报监督官署；第九条，凡有喇嘛五十人以上之寺庙，应设委员会，协助住持处理寺庙事务，其组织章程，由住持拟请监督官署核定之；第十条，喇嘛寺庙住持，应造具喇嘛名册，送呈监督官署登记，遇有还俗、移转或圆寂等事，应随时呈报；第十一条，喇嘛寺庙主持，应造具寺庙财产及法物清册，送呈监督官署登记，遇有变更时，应即为变更之登记；第十二条，前二条之登记办法，由蒙藏委员会定之；第十三条，喇嘛寺庙住持，应将寺庙每年收支款项，造具预算决算呈报监督官署，并公告之；第十四条，喇嘛寺庙应按其财产情形，筹办学校，以培养喇嘛生活上必要之知识与技能；第十五条，喇嘛寺庙之不动产及法物，非经监督官署核准，不得处分变更；第十六条，喇嘛寺庙住持，除宣传教义，修持戒律，及其他正当开支外，不得动用寺庙财产及收益；第十七条，违反本条例第二条、第十条、第十一条或第十三条之规定者，监督官署得免其住持之职；违反第十五条、第十六条之规定者，得遣出喇嘛寺庙，或送法院究办；第十八条，本条例自公布日施行。本条例施行日，蒙古喇嘛印务处、事务处等机关一律裁撤。[①]

涉及范围包括蒙古各旗及北平、沈阳、承德、五台、长安、归绥、甘肃、青海、东陵等处的喇嘛寺庙。

蒙藏委员会为调查各地喇嘛状况以便于管理，特制定了《喇嘛登记办法》。该办法要求除达赖、班禅、哲布尊丹巴呼图克图外，各地喇嘛均须向蒙藏委员会声明登记。职衔喇嘛未经合法登记，不得享受职衔喇嘛权利，非职衔喇嘛未经合法登记，查出后勒令还俗。这一办法试图建立一个完善的登记管理制度，但在当时动荡的政局下事实上难以完成。

1934年1月，国民政府制定了《边疆宗教领袖来京展觐办法》，仿照清朝举措，规定"凡蒙藏及其他各地之呼图克图、诺们汗、绰尔济、班第达呼毕勒罕"等藏传佛教领袖，"分为六班，每年召集一班来京展觐"，

---

① 《国民政府第三十七号训令》，《世界佛教居士林林刊》第31期，1931年12月。

以"报告边地宗教情形"①。1935年12月,制定《管理喇嘛寺庙条例》,次年1月又公布了《喇嘛奖惩办法》,这两条法规,借鉴清代管理经验规定颇为详细,但由于藏传佛教主体不在国民政府有效控制范围之内,显然作用有限。

四 其他有关佛教的政策法规

南京国民政府时期,除了制定《寺庙管理条例》、《监督寺庙条例》等法规外,多有诸多补充律令和相关管理规定相继发布,主要表现在发展社会慈善事业、保护僧徒寺产、破除迷信、提高僧人教育水平、管理佛教会等佛教组织方面。

(一) 兴办慈善事业的规定

国民政府时期监督保护寺庙财产之余,责令佛教"以兴办公益及慈善事业之义务",对不履行义务者,更予以严厉之制裁,但因条例规定过于简单,难以施行。1928年10月蒋介石与近代著名居士王一亭谈话中提出可以保存"真正依佛教行持的僧徒,藉教育造就有知识的僧徒,寺院须清净庄严,不可使非僧非俗的人住持,且对于社会要办有益的事业"②等。

1932年8月,内政部拟订《寺庙兴办公益慈善事业实施办法》,呈交行政院修正后,于9月12日以部令公布施行。《寺庙兴办公益慈善事业实施办法》规定了寺庙兴办公益慈善事业的范围:"(1)关于民众教育事项;(2)关于济贫救灾事项;(3)关于育幼养老事项;(4)关于公共卫生事项;(5)其他公益或慈善事项。对出资标准、'寺庙兴办公益事业委员会'的组织、主管官署对于寺庙兴办公益慈善事业的监督、罚则等问题,均作出了相应的规定。"③

实施办法公布后,遭到佛教界僧众的一致反对,理由主要有以下几点:首先,内政部对清真寺的寺产、喇嘛庙的庙产、基督教堂的教产等都没有规定必须兴办慈善事业,唯独要求佛教的庙产用来兴办慈善事业,是

---

① 《边疆宗教领袖来京展觐办法》,转引自马莉《现代性视阈下民国政府宗教政策研究》,中国社会科学出版社2010年版,第97页。
② 《蒋总司令对王一亭居士的谈话》,《海潮音》第9卷第10期,1928年10月。
③ 内政年鉴编纂委员会编:《内政年鉴·礼俗篇》,商务印书馆1936年版,第304—305页。

公然的宗教不平等；其次，除了江浙等地的大寺，佛教寺庙大多数都依靠经忏活动维持生计，并没有多余的钱财办理慈善事业，即使有能力办理，也只能倡导而不宜用强迫的方式；最后，佛教很多庙产被提取兴办学堂或被侵夺而未归还，因此要求政府先追回这些被侵夺的庙产之后再兴办慈善事业。

1932年10月11日，中国佛教会常务委员仁山、智圆、黄庆澜、圆瑛、明道、闻兰亭、常惺、王震、赵云韶等，发布《中国佛教会第二十号通告》，明确反对该办法的公布实施。与此同时，中国佛教会呈文给行政院、内政部等，请求修正《寺庙兴办公益慈善事业办法》。该呈文认为："查各级佛教会会章，向有举办公益慈善之规定，本会成立以来，凡于僧俗教育地方公益及赈灾救济等事，或进行举办，或督促各省教徒，努力设施，不胜枚举，为国人所共见共闻。惟义务虽当共尽，而权利所属未可混淆。"即强调举办慈善事业是佛教界自觉所尽的道德义务，而非法律义务。同时呈文对慈善事业管理委员会的组织极为不满："查佛教寺院与其他宗教大略相同，其财产属于寺院所有，其性质属于财团法人，不但非他人他机关所能过问，即团员个人亦绝无支配之权"；"查此次所颁办法第六条及第七条，规定由该管官署组织寺庙产业兴办公益慈善事业委员会，以该管官署代表一人，地方自治团体代表三人，教会代表一人，僧道代表二人组织之等语。乃此次奉颁办法，其委员会之组织又属于该管官署，显与条例不符。又财团法人之财产，依照法例，当然应由该团自行处理，今以地方官署及自治团体代表得于宗教财产收益办理公益慈善事业有共同征收保管之权，实不能不谓之越俎。查东西各国教会林立，所有财产及其收益，绝未闻有其他团体混杂争管之事"。① 此外，认为办法中规定的缴纳善款的数量比例不符合现实情况，难以实施。

大醒法师在《评佛教寺庙兴办慈善公益事业规则》一文中指出："佛教寺庙兴办慈善公益事业，谁也不能说不当，因佛教向以慈悲为本之故。不过晚近一般僧徒及世俗人等均误以'慈悲'就是'慈善'，所以在一般人就也把佛教会一类的组织当做慈善机关；……就'利生'方面言，慈善公益事业，原为'利生事业'之一种；就'弘法'方面言，佛教会应该要以'弘法为家务'，才是道理！如今佛教会的一类组织，不从根本上

---

① 《中国佛教会呈行政院、内政部文》，《海潮音》第14卷第1期，1933年1月。

去做'弘法为家务'的事，专着重在慈善公益事业方面；外表似乎想以此缓和政府对于佛教保护之感情，而实际上只是少数以行慈善而名居士的人，从中劈划，想假机会为其借名活动的鬼计。"① 在佛教界一片反对声中，该办法只能暂停实施。

1934年9月，中国佛教会拟订《佛教寺庙兴办慈善公益事业规则》，经内政部修正后，呈交行政院核准，由内政部备案，并通行各省市。对于道教寺庙，内政部也批准用该规则办理。该规则规定了寺庙兴办慈善公益事业的出资比率：100元以下者为1%，100—300元者为2%，300—500元者为3%，500—1000元者为4%，1000元以上者为5%。寺庙兴办慈善事业应受主管官署监督，并受当地佛教会指导。每年年终，寺庙应将办理状况及收支情况向内政部备案，并由中国佛教会评定成绩，分别奖惩，呈报内政部备案。寺庙住持如不遵守出资比率规定，由当地佛教会请求主管官署协助令其出资，如再违抗，则按《监督寺庙条例》的规定，革除其住持之职。因该规则为佛教会自己拟定，比较符合实际情况，因此得到了佛教界的认可和支持，该规则的制定和实施也是一次由教界制规、政府颁行的立法方式的成功尝试。

（二）干预教内寺僧日常生活的规定

为了加强对佛教的管理，南京国民政府在干预、管理僧人滥行传戒等方面也进行了相应的努力，但因缺乏实践经验，导致佛教界多有微词。《浙江省佛教会呈为杭县净慈寺抗命传戒请迅函浙江民政厅饬公安局严行禁止文》指出："窃查各寺院滥戒一案，属会曾于十七年六月间开全省代表大会，议决整理僧伽制度大纲内，对于出家之限制，曾有严密之规定。当经呈民政厅批示照办，属会于奉批后，即通告全省各寺院知照，一面函请各市县政府备查。本年二月间，又将改良传戒试办规程，呈奉民政厅批准，通饬遵行。旋因各寺院尚有私自滥行传戒情事，又经呈请民政厅通令各市县政府布告禁止。前因杭州净慈寺僧心融，有违背成案，滥行传戒情事。复经属会呈奉民政厅令饬禁止各在案。兹阅上海新闻报广告，该寺僧竟敢藉朦请杭州市政府核准之案，大肆招徕，实属破坏公意，违背

---

① 大醒：《评佛教寺庙兴办慈善公益事业规则》，《海潮音》第16卷第3期，1935年3月。

成案。"①

大醒法师所撰写之《山东韩复榘氏制定整顿僧尼办法》窥知:"传戒之寺院,须将每届受戒人名单履历,于六个月前呈报当地官厅,分别呈报民政教育两厅备案;凡各地寺院,非具下列各项资格,呈经内政教育两部均认可者,不得传戒:(一)十方丛林;(二)具备完全之大藏经典;(三)有研究专门宗教学术及教学之设备;凡传戒师僧之依止、教授、羯磨三师,必须精通教义律法,得教育部之认可;各地传戒寺院,自民国二十三年起,满五年内,停止传菩萨戒。同时限令各传戒之丛林寺院,于此五年内,必须依照第五六两项之规定,改良其内容,呈请内政教育两部会同派员检看,其经验看合格者方许传菩萨戒;凡受菩萨戒之僧尼,必须受比丘僧尼戒律满足五年,且具备下列两项资格之一:(一)曾在大学毕业,及具备与入学毕业相当之学问程度。(二)有合与本章程第四款所定之丛林三所以上之联名保证,其保证之要点如下:(甲)尽忠于国家社会之一切慈善事业;(乙)诚心扶持三民主义,不违反乎三民主义之宣传;(丙)终身不违犯国家法律;凡曾经取得比丘僧尼及菩萨僧尼戒戒牒之僧尼,限于一年内,取具其剃度本寺及受戒本寺之保证书,呈请各该地方官应验看,加盖印结后,汇案分别转呈民政教育两厅备案。其未成年者之戒牒,一律取消。自民国二十年一月一日起凡戒牒未经验看,未曾取得官厅印结者,一律不准担任各地方寺院执事,并不发生一切法律上之效力;第四款及第九款所定各种登记及验看印结,各地方官厅得斟酌地方生活情形,收取手续费;但每件不得超过二元。"② 此整顿办法大大限制了僧伽之授戒人数。1931年,湖北内政会议,民政厅竟然提出了僧侣职业化一案,议决通过,由官厅责令筹设职业机关,训练职业技能,更是全国一片哗然,中国佛教会呈请政府撤销。

南京国民政府时期,取缔佛教幼年剃度具有一定的积极的社会意义。1930年3月18日,内政部致函行政院,请通令各省市政府查禁幼年剃度。事情起因是余姚县代表大会提议,请通令全国严禁寺庙收养幼年僧尼,经浙江省执委会呈请中国国民党中央执委会,转交至内政部核办。内

---

① 《浙江省佛教会呈为杭县净慈寺抗命传戒请迅函浙江民政厅饬公安局严行禁止文》,《中国佛教会公报》第3期,1929年9月。
② 大醒:《山东韩复榘氏制定整顿僧尼办法》,《海潮音》第16卷第4期,1935年4月。

政部长杨兆泰、政务次长樊象离（代）在致行政院呈文中说："查幼年剃度，违反人道，妨碍进化。前颁《寺庙管理条例》中即有未成年人不得剃度为僧之规定，以示限制。而训政时期，内政部训政工作分配年表第二期内复列入查禁幼年剃度一项，以期切实调查取缔。自《寺庙管理条例》废除后，《寺庙监督条例》对于剃度一层，未经提及。今日各省市党部迭经函请严禁，以彰人道。此事关系重要，似未便因条例未经规定再行开禁。准函前因，拟通令各省市切实查禁，其已被剃度者，应由各该地方官署设法救济。"①

南京国民政府时期，内政部因认为"现代僧徒关于智、识方面，除少数具有相当程度和出家资格堪受大乘戒典外，其余多数都无相当了解，甚或目不识丁，公然滥厕僧宝之列，贻讥人世"。并认为佛教会"创办之佛学院，内部认为与现今教育行政制度，有紊乱之嫌，拟即敕令改良，或进行停办云"②。为振兴佛教，提高僧伽学识强制僧尼教育。1935年11月，内政部发布《内政部通知礼字》致中国佛教会云："对于佛学之研究及佛教徒之训练颇为重要，兹经本部暂定原则。（一）先由该会试办佛教研究所，其地点设于南京或上海，将来他处如有推广必要，应由该会拟议呈部核定。（二）由各大寺庙选派相当僧尼轮流到所学习，毕业后回庙转教本庙僧尼。（三）修业期以一年为度。（四）经费由各寺庙负担。（五）课程以研究党义及教义，并使其知劳作之重要，及明了世界大势。"③

国民革命时期，政府宣扬鼓励要破除迷信，佛教因此遭受了很多曲解和损失，法舫法师撰写《论军事当局之破除迷信》对佛教和迷信的不同予以解释和辩驳，说蒋介石在成都讲演时指出："大家要首先改革的，在社会方面第一就是破除迷信，第二就是要戒绝鸦片，所谓迷信与宗教的信仰不同，前者是信赖鬼神邪术，拿来支配现实的事物，其结果比妨害社会之进化；后者是基于哲理的信仰，以为个人精神超向的寄托，涵养人类高贵的德性。所以宗教的信仰是应当有，并且应当听其自由的，而迷信却是

---

① 《内务部致行政院批》，载中国第二历史档案馆编《中华民国档案资料汇编》第五辑第一编"文化（一）"，江苏古籍出版社1994年版，第436页。
② 《佛教新闻》，《海潮音》第14卷第11期，1933年11月。
③ 《内政部通知礼字》（民国二十四年十一月廿五日发一六八零号），《中国佛教会会报》改编第1期，1936年1月。

绝对不可有，而应当彻底破除。"①

由此可知，南京国民政府对佛教的管理和干涉是多方位、多角度的，其政策法规不仅对佛教庙产有重大影响，而且对僧众的日常生活都有较多的干涉和影响。

五 结语

南京国民政府在北洋政府宗教管理法制化的基础之上，先后制定相关佛教管理政策法规，将佛教管理进一步纳入法制化轨道，使之有法可依，促进了中国宗教管理逐步走向法制化、规范化、健全化的进程。南京国民政府对宗教管理机构、寺产、宗教团体、宗教活动场所、宗教教职人员、宗教活动、兴办慈善和公益事业的管理等方面基本上都制定了单行的法律或法规（规章），条文更清晰、严密、细致，也更具有可操作性，反映了中国法制建设总体水平的提高。但在具体的宗教管理实践中却屡屡出现了有法不依、违法不究的现象，这给佛教造成了巨大损失，同时也对政府的威信造成了不良影响。

南京国民政府宗教管理政策的出发点是将各宗教纳入其统治的轨道，制约宗教中不利于稳固国民党政权的因素，因而宗教管理的基本原则就是控制。首先是控制宗教团体，将宗教团体的活动置于国民党的各级党部监视之下；其次是控制宗教意识，竭力将宗教意识限制在国民党所提倡和许可的所谓三民主义范围之内；再次是控制宗教活动，规定一切宗教活动不得"违反党治"，妨碍国民党的一党专政；最后是控制宗教活动场所，对活动场所进行严格的登记和监视，防止有人利用宗教活动场所进行危害其统治的活动。

南京国民政府这些宗教控制的措施与其一贯所宣称的信教自由政策是矛盾的，也与西方资本主义国家的信教自由政策完全不同。南京国民政府一方面声称保护寺庙财产不受侵占，另一方面又强令寺庙兴办公益及慈善事业，这也是矛盾的。《监督寺庙条例》规定，寺庙必须按其财产情形兴办公益或慈善事业，否则住持或僧道要被逐出寺庙或送法院究办。这明明是强迫寺庙捐出寺产，实际上是将原来"寺产兴学"运动时政府和个人对寺产的随意侵夺变为政府有程序、有组织地侵夺而已，虽然冠以兴办公

---

① 法舫：《论军事当局之破除迷信》，《海潮音》第16卷第7期，1935年7月。

益及慈善事业的堂皇名义，但强迫寺庙拿出寺产的本质并没有改变。这与司法院和内政部在对《监督寺庙条例》的解释中强调任何人（包括政府）不得强迫寺庙出款或提取寺庙财产的规定严重相悖。此外，南京国民政府在《中华民国约法草案》中明确规定，人民于法律上一律平等，无男女、种族、宗教、阶级之分，但事实上，南京国民政府对道教、汉传佛教的管理，比对伊斯兰教、基督宗教的管理要严格得多。针对佛道教制定了一系列压制和强迫的法律法规，而对于伊斯兰教和基督宗教等却一味姑息迁就，这于其宣扬的宗教平等政治原则也是严重的名实不符。

大醒法师对南京国民政府时期的佛教政策评价认为："前者管理条例，一方取管理态度，一方则含有解散之用意。后者监督条例，一面取监督态度，一面似又有放纵寺庙教徒作弊及沿守陋习的样子。政府对于佛教，完全取的一种不过问的态度，似问非问，非问亦问；是非存亡，乃欲任凭佛教自作自取。"① 大醒法师完整地剖析了国民政府对佛教的态度。虽然如此，但南京国民政府的宗教立法在佛教界不断抗争和调和过程中，还是取得了很大的进步。南京国民政府执政的二十多年中针对佛教先后制定了二十多部法律法规，虽然有些法规颁布不久就因佛教界的抵触或反对旋即废除，但这一时期的宗教立法活动在我国宗教立法史上具有重大意义，为以后的宗教立法提供了重要的实践经验，这一时期的立法文件也将成为我国宗教立法史上重要的法律文献资料。

第三节　南京国民政府时期的庙产兴学运动

"庙产兴学"，兴起于清末，盛行于民国时期，就是利用各地寺庙建筑、田地及财产等来兴办教育，包括提拨庙产、田产以补助学费，利用寺庙殿堂建筑作为校舍等。南京国民政府时期的庙产兴学运动既与清末以来社会思潮有关，即承接晚清以来庙产兴学运动之流风余绪；同时也有其现实的原因，主要与南京政府推行普及教育过程中经费严重不足有直接关系。

南京国民政府时期，庙产兴学运动大致可以分为三个阶段。第一阶段为1928年4月至1929年10月，以传闻国民政府内政部长薛笃弼拟议庙

---

① 大醒：《民国十八年的中国佛教》，《现代僧伽》第43、44期合刊，1929年。

产兴学为发端,以中央大学邰爽秋教授"打倒僧阀、解放僧众、划拨寺产、振兴教育"的倡议为代表,史称"第一次庙产兴学运动"。第二阶段始于 1930 年 11 月,邰爽秋等联合教育界人士,发起成立"庙产兴学促进委员会",并公开发布《中华民国庙产兴学促进会宣言》,谋划拨庙产以兴办教育,史称"第二次庙产兴学运动"。第三阶段起因于 1935 年 8 月 16 日,湘、浙、鲁、皖、鄂、豫、苏七省教育厅联合呈请中央,厉行《监督寺庙条例》,提出以寺庙财产充作民众小学或其他地方教育事业。接着,江苏省教育厅厅长周佛海、山东省教育厅厅长何思源、安徽省教育厅厅长杨廉、浙江省教育厅厅长许绍棣、湖北省教育厅厅长程其保、湖南省教育厅厅长朱经农、河南省教育厅厅长李敬斋向南京政府教育部提出接收寺产,充作教育基金的提议,在全国教育会议上获得通过,呈报内政部,可视为南京民国政府时期的"第三次庙产兴学运动"。

一 第一次庙产兴学运动

(一) 内政部庙产兴学之传闻及其佛教界之反应

1928 年 4 月,《新闻报》、《申报》以及各佛教刊物纷纷报道,南京政府内政部长薛笃弼将计划实行破除迷信,将庙产改办拟学校。此外,南京中央大学教授邰爽秋进而提出具体方案拟向全国教育会议建议。据 4 月 9 日《新闻报》载:"内长薛笃弼,拟于全国教育大会,提议改僧寺为学校,提案文在起草中。大义谓对于先哲,理应尊崇,并实践其主张,至祠宇巍然,非即尊崇本义。暹罗原为佛国,寺宇已一律改为学校,既收普及教育之效,全国人民,亦仍信佛不衰,今甘、豫亦实行有效云。"① 暹罗即泰国的旧称,素来为信仰佛教的国家,并不存在将"寺宇改为学校"的现象,恰恰相反泰国佛教界和政府一起借鉴西方现代教育制度,建立起了现代的僧伽教育制度,推动了暹罗佛教教育的发展。当时改编巴利三藏以及稍后成立的佛教教会,均得到了皇室及政府的资助和支持,根本不存在中国人所理解的提拨庙产以兴办社会教育的庙产兴学。此外,国民革命时期发生在河南、甘肃等地的毁佛事件,本来是军阀混战之时摧残宗教的令国人蒙羞之事,显然与暹罗普及佛教教育的性质截然不同,二者均不能

---

① 《薛内长主张改僧寺为学校(录闻二月十九日〈新闻报〉)》,《海潮音》第 9 卷第 4 期,1928 年 5 月。

成为没收寺院财产、改僧寺为学校的理由。

薛笃弼拟议庙产兴学虽为传言，但并非空穴来风，实则有一定的事实依据。1926年9月，冯玉祥组织国民军联军就任总司令时，薛笃弼任联军总司令部财政委员会委员长。1927年2月，基督将军冯玉祥毁灭河南佛教之时，实际上得到了薛笃弼相助，由他负责起草并相继发布处置寺庙田产之通令，将势力所及的河南省所有僧众一律驱除，寺庙财产全部没收，将寺庙改为学校、兵营及公园或娱乐场所。薛笃弼出任内政部长后，一直倡导破除迷信，所以关于他计划于全国教育会议上提议改庙产为学校的提案见诸媒体后，引起佛教界的强烈反对。迫于压力，薛笃弼在接受记者会晤及覆佛教会的函中，均坚称内政部并无强改寺庙为学校之举，认为报纸所载为"无稽之谈"。他在回答记者提问时说："此事纯系外间误传，本部实无此项计划。"① 对此，蒋介石在致杭州佛教会的覆函中亦称："内政部对于佛寺仅有希望改良之意，并无强改寺宇为学校之举。薛内政部长覆佛教会函申述此意，业见报载矣，仰即知照。"② 1928年4月18日，他在覆佛教会的函中称："笃弼鉴于吾国国势之不振，以为信仰佛教，固属国民自由，唯不应仅为僧侣博衣食之资，及为少数信徒精神所寄托。应将我佛博爱平等坚固卓绝之精神发挥光大，使社会人类均得受其指导，蒙其利益，即具有感化人心、转移风气、改良社会、改造国家之效用，方不愧为真正佛教之信徒。若图以烧香膜拜邀福免祸相号召，不唯无益于社会，抑且有失佛教慈航普渡之本旨。"③ 薛笃弼进而将佛教与基督宗教进行比较，认为基督宗教"组织之严密，愿力之弘毅，事业之伟大，成绩之卓越"与年俱进，而信仰佛教者，"上焉者独善其身，其次者不过藉寺庙为生活之资，下焉者甚且以庙宇为藏垢纳秽之所"，所以与实行救世精神的基督宗教相比，则远远落后，所以他对佛教提出两点希望："（一）应负有整顿佛教、改良佛教之责。本旧有佛学之精神，查世界进化之潮流，努力改善，发挥光大以拯救中国民族，挽回中国国权，免除远东战祸，促进世界和平为己任。（二）不应仅为消极之信仰，并应进一步努力作积极之

---

① 《薛内长并无改僧寺为学校之议》，《现代僧伽》第5期，1928年5月16日。
② 《蒋总司令覆杭州佛教会文》，《频伽音随刊》第4期；另见《海潮音》第9卷第4期、《晨钟特刊》第3期等均载此文，均题为《蒋总司令覆文》。
③ 《薛内部长覆佛教会函》，《佛化随刊》第5期，1928年6月16日。

工作。即自动地按庙宇原有之房屋田产多寡，兴办各种学校，或平民图书馆，或平民医院，或贫民工厂等，既不悖我佛救济众生延登彼岸之旨，又可上益国计下益民生，而亦可以钳制讥讪僧侣为不劳而食之口。愚意为必如是而佛教始可昌明，佛教始能得全国人民之真正信仰，始于世界人类有无量之功德。否则纵无人主张改寺庙为学校，恐佛教自身亦必日趋于灭亡之路也。"① 薛笃弼覆佛教会的函中确实指出了佛教存在的一些问题，但是也不难看出，他对基督宗教不乏推崇而对佛教则多存偏见。至于他主张将庙宇按房屋田产之多寡，兴办学校，及平民图书馆、医院或工厂等，虽然说是"自办"，但难免会成为世人以僧寺不办学校等而强制庙产兴学之始作俑者。至于他主张的驱逐"世俗所崇拜之土地、财神、传瘟、送痘、送子诸神，以及狐仙、蛇神、牛头、马面之类"，将其列为淫祠，严加禁止，以正人心，固然有其道理，然而在实际执行过程中必然会伤及正常的民间信仰，进而影响佛教与道教等正当的宗教。

佛教界得知内政部及政府有改僧寺为学校之举，惊骇万分，僧俗信众随即奋起抗争。杭州佛学会立即召开全体会员大会，议定更名为杭州佛教会，推举惠宗、弘伞、却非等代表，致电国民政府中央执行委员会等部门，反对改僧寺为学校之举。函电中称："顷闻政府有改僧寺为学校之举，得悉之余，惊异万状。……先总理亦因解放民众苦痛，欲以三民主义得实现平等解放自由者，其用意正复与我佛慈悲普度相同也。故一从本原性体上着想，一从身体上与精神上着想，其为利益大众，救拔痛苦则一也。政府提倡教育，果为当务之急，但以甚深广大之佛光，尤应同予维护。查党纲对内政策，确定人民有信仰之完全自由权，僧寺为研究学习信仰之根本地，若一旦改设学校，则信仰完全失其自由矣。"② 此外，浙江省政府民政厅已通令全省各县，禁止未成年的男女出家，并将20岁以内已经出家者勒令还俗。浙江省党部改组委员会亦有通令，其要求各县城党部解散僧道集会团体。杭州佛教会又以杭州民众的名义致电中委会，对于未成年男女出家之事，杭州佛学会已自行呈请杭州公安局出示布告，加以禁止。已经出家未成年的男女，佛学会已经筹备教养院以安置教育。对于

---

① 《薛内部长覆佛教会函》，《佛化随刊》第5期，1928年6月16日。
② 《杭州佛教会上中委会等电一》，《世界佛教居士林林刊》第19期"专件"，1928年6月。

国民党党部解散僧道集会团体的通令,认为此举大有铲除僧道、消灭佛教之势,与国民党政纲中的"确定人民有集会结社居住信仰之完全自由权者"显有抵触。① 4 月,上海佛教维持会王震、施肇曾、闻兰亭、聂其杰、赵嘉荣、李云书、史量才、丁传琳、狄葆贤、关炯、黄庆澜、谢健等,致电国民政府,指责各地有强封佛教寺院、没收财产、驱逐僧人等种种压迫,完全违背了孙中山所提倡的尊重宗教居住完全自由的国民党党纲,并且与政府历来保护佛教庙产的明令相悖,应该取消前议。1928 年 4 月 15 日(闰二月二十五日),素来与佛教有很深因缘的陈铭枢、李济深二将军在接到江浙佛教团体代表王震等的函件之后,亦给南京国民政府谭延闿主席通电称:"报载内政部有改僧寺为学校之主张,将提出会议等语,消息传来,群情惶恐。"陈、李认为,国民党对于人民信教自由,原不干涉,对于民间一切宗教团体,都加以保护。"即令政府扩充教育,亦应别有正当筹策,无单独摧残佛教之理。所有报载前项拟议,似非事实。如有其说,亦望钧府公议作罢为幸。"②

(二)邰爽秋的庙产兴学之建议

与此同时,邰爽秋在给即将召开的全国教育会议的建议中明确主张庙产兴学运动,提出"打倒僧阀、解放僧众、划拨庙产、振兴教育"的口号。邰爽秋(1897—1976),中国近现代教育家。江苏东台县人,1923 年毕业于国立东南大学。后赴美国芝加哥大学、哥伦比亚大学学习,1927 年学成回国后,出任省立南京中学校长兼中央大学教授。邰爽秋的建议中对于佛教极尽歪曲、丑化、谩骂之能事,认为佛教之罪恶"罄竹难书",并且制订了详细的实施方案。如"怎样打倒僧阀"时提出:"调查僧阀罪恶,尽量宣传"、"剪除僧阀爪牙;驱逐僧阀走狗"、"在各处组织'打倒僧阀联合会',力求贯彻"。在解放僧尼方面,提出"调查僧尼苦状,尽量宣传"、提倡"解放僧尼运动"、"援助僧尼还俗"、"呈请中央以法律规定未成熟之幼年男女,不许入庙为僧尼,以绝来源"等。第三条"利用庙产"和第四条"振兴教育"是其根本目的,在利用庙产方面,提出六项措施:"(一)由国民政府即速组织'庙产委员会',调查全国庙产,

---

① 《杭州民众上中委会电二》,《世界佛教居士林林刊》第 19 期 "专件",1928 年 6 月。
② 《陈、李二军长通电(录闰二月二十五日〈申报〉)》,《海潮音》第 9 卷第 4 期,1928 年 5 月。

一律收归政府管理;(二)划拨一部分之庙产,在各省会设立大规模的工厂,并补习学校,收容还俗僧尼;(三)划拨一部分之庙产,建设'国立佛学院'。聘请僧界硕彦,担任讲席,昌明佛学;(四)划拨一部分之庙产,为保管名山胜迹之用,其保管员或即聘请不愿还俗之僧尼担任之;(五)拨出若干万,为年老及不愿还俗之赡养费;(六)其余款项一律拨充教育经费,请中央命令规定,不得移作他用。"① 在"振兴教育"条中,建议"拨归教育项下之庙产,应一律划作教育基金,支用利息"。邰爽秋甚至辩解,庙产兴学并不妨碍人民之自由信仰,并不妨碍佛理之研究,并不妨碍人民所有权,以及在中国不是一件骇人听闻的事。如第一条的理由是:"在这革命的时代,人民是否应有完全之信仰自由,尚属疑问。纵使应有,亦不能拿来反对庙产兴学。"这简直是明目张胆、赤裸裸地剥夺了人民正当的宗教信仰自由!

邰爽秋的建议一经报刊披露,佛教界大为震惊,佛教僧人居士等立即撰文反对。太虚发表《对于邰爽秋庙产兴学运动的修正》,针对邰爽秋提出的"打倒僧阀、解放僧众、划拨庙产、振兴教育"四条庙产兴学的口号,提出了"革除弊制,改善僧行,整理寺产,振兴佛教"四个整顿僧制、振兴佛教的建议。太虚认为,邰爽秋所谓的"僧阀",在中国其实并不存在,然而中国佛教因受家族主义影响而形成的剃度、传法弊制需要彻底革除,恢复佛教六合和的精神。改善僧行即是要改变神道设教、服务鬼神的弊端,实践大乘菩萨的修行,弘法利世,服务社会人生。整理寺产就是要将寺院私产变为财团法人的财产,集中力量兴办佛教教育、弘法以及公益慈善事业等。通过如上三个方面的改革,就能够使得佛教振兴,从而使僧众的生活安定,国民及世人亦可由此得到佛教教化的利益。对于邰爽秋所谓的"解放僧众",太虚认为中国的僧众是过嫌自由散漫的,所以应当使他们"纪律化、组织化,智识化",并不是要解放的。"尤其是邰君对于寺产的误会,寺产是信佛民众以供给僧众奉行佛教的目的捐赠;及僧众以劳力所集成,为生活费及修学办事费的。并不是由邰君所谓专'拿来研究玄奥的佛学'的。"②

---

① 邰爽秋:《庙产兴学运动——一个教育政策的建议》,《现代僧伽》第5期,1928年5月16日。
② 太虚:《对于邰爽秋庙产兴学运动的修正》,《海潮音》第9卷第4期,1928年5月。

受邰爽秋庙产兴学建议的鼓舞，各地教育部门和学校逐步开始提议实施庙产兴学运动，尤其是在江苏省，如仪征县、泰县、东台县等地教育局都开始提议办理庙产兴学，用于创办学校或补充教育经费等。据《江苏大学日刊》载："本校教育学院教授邰爽秋先生，夙创庙产兴学之说，著有《庙产兴学计划》专书。近以国府内长薛笃弼亦力主是说，邰先生以政府方面既有同样主张，将来假政治力量，自易促其实现。"① 又据《新闻报》载："仪征县教育局提议拨庵产三成充教育经费案，其理由谓各县地方庵产，纯属公有性质，在昔迷信之风甚炽，人民乐于由僧道管理；现在训政开始，极力破除迷信，虽云信教自由，但公有财产，似宜加以措施，况且各县教育，已切实整理，在在需款维持，倘各县实行提拨三成，补充教育经费，一方面可以减少人民负担，一方面可以减少迷信之风。"② 泰县、东台县等亦有提取庙产或征收庙产捐等提案。为此，江苏大学抄录以上各县决议案及原提案，知照各县教育局，提议"究竟已办之县能否增加？未办之县应否仿办？"由各县局长斟酌地方情形，妥善办理。

欧阳竟无致函大学院院长蔡元培，对于庙产兴学之议，认为应当暂停实行，以免引起变乱："方今江苏大学，有人倡言庙产兴学。苦不得间，若自贵院启其端，必求遂所欲而后已。执事宁能以庙产只可办研究所社会教育为辞乎？其始不正，其终必乱，有固然也。鄙意现时革命未竟全功，宗教问题暂行放任。如执事前言，莫此为善。若为关利，遂变前函，草率处分，使民失所，致益纠纷。"欧阳竟无还说："现闻内政部将与贵院合设宗教委员会，分配寺产，以十之二归贵院办研究所，及社会教育，余归慈善行政等用，窃以为过矣。以数百万资产，供百余万游民，诚为非政。然独不欲伐腐枯为精良乎？是则造百余万有用之国民，而仅此数百万之材料，人止数金，宁能有济。方缺资之是虞，而夺资之是启，则是弃其民而已。夫僧侣愚顽，导纳轨范。各还其所，不执一途。此正执事之责也。今利其产，而自为谋。安足以为政。执事必谓普通教育有必需，而宗教可废者，直接通令强没全部寺产可也。奚必假宗委会之命，而行瓜分之实。"③ 欧阳竟无虽然力倡佛教教育，对普通的出家僧众素无好感，然对于强行瓜

---

① 《庙产兴学运动——转录江苏大学日刊》，《现代僧伽》第5期，1928年5月16日。
② 《苏大令县酌行庙产兴学案——转录新闻报》，《现代僧伽》第5期，1928年5月16日。
③ 《欧阳竟无致蔡院长函》，《海潮音》第9卷第4期，1928年5月。

分僧寺财产之行为,却坚决予以斥责。

(三) 全国教育会议庙产兴学之提案

"训政开始,教育事业,正待发端",1928年5月15日,中华民国大学院于首都南京召集全国教育会议。与会者包括各部各省区、各特别市和大学院正式会员及专家,共78人,会议历时两星期。① 会议共收到各类议案402件,其中有不少议案涉及庙产兴学的问题。

其"学校制度改革案"中针对当时教育制度存在的弊端,提出了改革的方案。其中提出建设三馆(图书馆、科学馆、体育馆),其经费的来源有二,一为挪用他项不必要之经费,二为增加教育税收。其中第一项即通过减少军费及提拨寺产来增加教育经费。军费方面,当时竟占42%,而教育费不及1%。而1926年广东全省共收入1亿余元,军费达72%,教育费只占1%。"若照文明国通例,教育经费达百分之二十,则一切教育推广均不成问题。""其次为寺产。寺产兴学,倡于张之洞(光绪二十四年,其所发表之《劝学篇·兴学章》详言及此),全国庙产,每年收入不下数千万元,提拨一部分,即有余裕。"②

教育经费组提议增加教育经费,保障教育独立:"照美国一九一八年之统计,大都市之教育费,占全部政费百分之二五,且有占全部政费百分之五十者。而吾国教育经费,则为数甚微。照民国八年中央教育费总额数,与其他费用总数比较,仅占百分之零三四。以与美国之教育经费相比较,何啻天壤?"③ 此外,在普通教育组,各省市县及个人亦提出了多条庙产兴学的提案。如上海特别市教育局的《确定社会教育经费案》还提出设立"迷信捐",包括"锡箔捐、香烛捐、纸马捐、僧道经忏捐等"。又规定"庵观庙宇"和"遗产"两项产业之半,作为社会教育款产,对前者规定:"凡无业主的或公共的庵观庙宇,一律移作教育款产。"④ 湖南

---

① 《全国教育会议宣言》,《全国教育会议甲编》,载沈云龙主编《近代中国史料丛刊续编》第43辑,台北文海出版社1989年版,第1页。

② 舒心城:《学校制度改革案》,《全国教育会议乙编》,第124页。《全国教育会议报告(十七年五月)》,载沈云龙主编《近代中国史料丛刊续编》第43辑,台北文海出版社1988年版。

③ 王世镇:《增加教育经费并保障其独立案》,《全国教育会议乙编》,载沈云龙主编《近代中国史料丛刊续编》第43辑,台北文海出版社1989年版,第225页。

④ 上海特别市教育局:《确定社会教育经费案》,《全国教育会议乙编》,载沈云龙主编《近代中国史料丛刊续编》第43辑,台北文海出版社1989年版,第235页。

教育厅提交的《普及全国教育计划案》认为，"训政开始，兴革万端，权其轻重，固未有较普及国民教育为尤切者也"，在兴学办法第四条"经费"中提出了五项增加教育经费的措施，其中第一款即为"寺院祠庙祠产之划提"。① 南京特别市的《全国庙产应由国家立法充作全国教育基金案》，基本以邰爽秋庙产兴学运动的提议为蓝本，如以江苏丹徒为例，认为该县寺产有五千万元之多，据此推算，"全国庙产，何啻百万万"，如果将佛教寺产用于办学，则义务教育、民众教育等问题都可迎刃而解。

全国教育会议结束后，由大学院编辑为报告，以决议为主，包括宣言、会章、会务以及提案等各项内容，编录成四编。在《全国教育会议宣言》中，把贯彻三民主义的精神作为教育的宗旨，制订了十个方面的实施方案，其中第一项即"教育行政及经费"，可见如何增加教育经费成为该次会议最为重要的议题之一。关于教育经费问题，"我们主张凡国省县除向有指定的教育专款外，应于各种税收中带征教育附税；同时实行遗产税，为教育专税，以平均国民对于教育的负担；收用官产、荒地、山林、沙田以尽地利，以裕民生，以兴教育"②。虽然没有明确提出庙产兴学，但是在当时人们的观念中，寺庙财产实际上属于"官产"，对于教育部门而言，此为心照不宣之事。在全国教育会议作出的决议中，则明确提出庙产兴学的具体措施，要求大学院会同内政部审核："（一）由大学院组织庙产兴学委员会，秉承大学院长，负责办理庙产之调查、统计、审查、移拨等事项。（二）各省市县次第成立各级庙产兴学委员会，分别秉承各该高级委员会办理庙产兴学的事项。各级委员会应受该地上级委员会之监督及该地同级或相当教育局的指导。（三）国家明令规定全国庙产应即拨充全国教育基金，只许支用利息，不得侵占本金。（四）此项基金之用途，以补助义务教育及民众教育经费为限。民众教育完成后，即以办理民众教育部分之基金，为办理文化事业之用。（五）对于老幼僧尼，应由各省市县筹办平民工厂或职业学校，分别容纳。或于寺庙中酌留房屋田

---

① 湖南教育厅：《普及全国教育计划案》，《全国教育会议乙编》，载沈云龙主编《近代中国史料丛刊续编》第43辑，台北文海出版社1989年版，第299—302页。

② 《全国教育会议宣言》，《全国教育会议甲编》，载沈云龙主编《近代中国史料丛刊续编》第43辑，台北文海出版社1989年版，第3页。

产。"① 1928年8月22日,《广州日报》新闻登载了大学院令,内容为:"查信仰自由,为本党党纲所规定。此次全国教育会议,对于处分寺产各议案决议,分送内政部及本院参考,亦仅为建议性质。现在各地僧人,如能自动兴学,各该地方教育行政机关,应各加以指导,予以维持,不得擅行处分其寺产,致违反本党党纲人民信仰自由之规定。"②

全国教育会议召开后,苏慧持、汪济生首先发表文章,斥责提拨庙产以振兴中国教育之谬说,苏、汪的文章指斥了当时教育界存在的腐败问题,岂有"必捐庙产而益教育"之理?而且从法律、道德方面而言,庙产自有所属,不容任意侵占。针对邰爽秋所谓的"庙产兴学无妨自由之信仰,无妨佛理之研究,无妨人民之所有权",认为是"饰词曲说,亦极眩惑之能矣"。进而从事理上分析说:"庙产之来源,诚多数出于捐助,以法律言,既赠与之财物原主不得自由处分,遑论其他。今教育家果以何权力得据而分配之?以道德言,他人意志之应尊重,不以其死亡而有异。昔人施舍庙产,其意固欲专用于佛教,使道德未沦亡,此意用受尊重不容变也。今教育家又以何权力遂蔑视之?且庙产非私人所有,而僧伽团体所有也。僧团既未经法令解散,庙产当然有主。今教育家又有何权力得从而剥夺之。庙产未失主权,僧侣欲用以充其信仰自由盖其昌明佛学,提倡其佛化教育,皆非逾分。今教育家又有何权力得强遏止之。必倒行以逆势,唯利是图,置一切道德、法律情理不顾。此邰氏自谓穷人抢饭,诚穷极无聊之举也。然以盗跖之行,为教育之谋,岂徒贻纯洁教育羞,吾哀其理性沦亡,正义熄灭,恶影响之所及,将使教育永陷于万劫不复之地矣。"③苏慧持、汪济生从道德、法律两个方面指斥庙产兴学之谬,太虚曾称赞说:"苏慧持、汪济生之当今教育界根本问题,为最有益人道民德之杰作!"④

当时反对庙产兴学最激烈的当属江浙佛教联合会整理僧伽委员会。该会在听闻内政部部长薛笃弼将有寺庙改办学校议案提交会国教育会议,即

---

① 《全国教育会议丙编》,载沈云龙主编《近代中国史料丛刊续编》第43辑,台北文海出版社1989年版,第6页。

② 《首都大学院令》,《频伽音随刊》第4期。

③ 苏慧持、汪济生:《当今教育界之根本问题 敬告全国教育家》,《海潮音》第9卷第6期,1928年6月。

④ 太虚:《第九年海潮音之回顾》,《海潮音》第10卷第6期,1929年6月。

推举代表入京请愿，后经薛笃弼声明是出于讹传，并主张佛教整理改良，自动兴学济众。该会迅即于5月8—9日两日召开大会，一方面组织整理僧伽委员会，对佛教进行整顿；另一方面积极兴办佛教利他之各种社会事业。正当江浙佛教联合会整理僧伽委员会准备对佛教自动进行整顿的时候，得知全国教育会议的提案中有不少主张提拨庙产兴办教育，尤其是上海特别市教育局亦有庙产全充教育费之议案，1928年5月13日，该会理事谛闲、印光、寂山、德浩、青权、静修、常惺、如幻、德宽、慧明、德峻、知慧、惟宽、净心、王一亭、闻兰亭、关炯、孙嘉荣、黄庆澜、谢健、聂其杰、施肇曾、黄文叔、江味农、狄葆贤、许止净、陈圆白、包承志等，联名致电南京国民政府，要求罢议提拨庙产兴办教育。电文称："如果言论成为事实，不特内政部两次函令谆谆期望之德意及敝会积极改革之计划均归无效，即党纲府令亦必因此种议案而失败，革命前途何堪设想，迫得先行电恳钧府迅予电令大学院，将此种处分庙产之议案悉数剔出，无庸列议，以符党纲而符权限，实为公便。除赶推代表晋京请愿，并电呈内政部及大学院外，先此电呈。"①

1928年7月3日，大学院长蔡元培、内政部部长薛笃弼等呈复国民政府，对江浙佛教联合会整理僧伽委员会请求政府通令保护函及计划书进行了答复。关于通令保护佛教的要求，认为"信仰自由，自应根据党纲办理。惟仅可许其自行研究，自行崇信，似无特颁通令，重申保护佛教之必要"。关于请求设立僧伽委员会事项，答复了七条意见："（1）整理僧伽委员会应为带地方性的民众团体，委员中应有所在地党部、政府及教育行政机关之代表加入，并应将组织情形呈请所在党部审核备案，转交同地方行政机关立案。（2）该整理僧伽委员会原计划书内应规定僧众职业，使僧人于修持之外从事工作，衣食有所自给。盖僧众不能不有衣食住行，斯不能不有正当职业，彼回耶教民各有职业，固丝毫无妨于信仰也。（3）各地方慈善或教育事业之财产，除组织该项事业财产委员会妥为保管外，并应受该地方政府及教育并公益行政机关之监督与保护，此项规定在各整理僧伽委员会各寺庙所办之慈善教育等事业，当然适用之。（4）办理工厂、学校及其他社会教育等事业，应参照大学院民众教育方

---

① 《江浙佛教联合会整理僧伽委员会致国民政府代电》，载中国第二历史档案馆编《中华民国档案资料汇编》第五辑第一编"文化（一）"，江苏古籍出版社1994年版，第436页。

针办理,并受该地有关系之行政机关之严格指导。(5)大学院或内政部所颁关于公益及教育之各项法令,各僧伽委员会各寺庙办理该事业时应遵守之。(6)各僧伽委员会各寺庙不得提倡迷信及反革命思想。(7)原计划书内整理方针应改为整理方案。"① 教育部门和内政部的答复明确将佛教界的僧伽整理纳入教育部门及内政部的管理,如整理僧伽委员会委员的组成应有所在地党部、政府及教育行政机关的代表参加,佛教界兴办的工厂、学校等也要参照大学院民众教育方针办理等,限制了佛教界自身的兴学及公益事务。

虽然佛教界不断地呼吁保护佛教,反对提拨庙产,然而"庙产兴学运动"在全国并没有得到有效遏制,却有蔓延之势,尤以1929年北平电车工会为兴办子弟学校抢占铁山寺而引起的纠纷最具有代表性。1929年4月,北平电车工会成立工人子弟学校。后因学校扩招,校舍不敷使用,9月21日,工会敦请北平电车公司派工人六十余人协助占领铁山寺,然而遭到拒绝。同日,该校呈文北平特别市公安局、社会局等,要求将铁山寺拨给学校,以便扩充校舍发展教育。② 22日,未得到公安局、社会局任何批示的情况下,第九区党部主任白彦章、第九区党部党员兼电车工会工人子弟学校女校长石又磊以铁山寺和尚不守戒律为借口,假借慈善、教育为名,率工人手持铁链、棍棒等武器强占铁山寺,将佛像全部捣毁,二十余名僧人被驱逐出寺,除衣服以外概禁携带。23日,铁山寺住持证修分别向公安、社会两局呈文,控诉子弟学校捣毁寺庙、驱逐僧人。此事件引起佛教寺院僧尼惶恐万分,觉先、怀朴等僧人以其个人的影响呼吁各方。铁山寺的住持证修将寺院被占情况报告北平佛教会,请求援助,收回寺产。于是佛教会联合各寺院住持召集会议,谋求保护佛教寺产。佛教会推举台源、觉先等为请愿代表,向政府请愿要求收回铁山寺。30日,北平市社会局向市长兼公安局局长汇报事情经过及解决办法,认为电车工会工人子弟学校未经政府命令,擅自侵占铁山寺,应当依法严惩,勒令搬出。然而第九区党部大为不满,发表了《援助电车工会工人子弟学校接收铁山寺

---

① 《蔡元培等致国民政府呈复》,载中国第二历史档案馆编《中华民国档案资料汇编》第五辑第一编"文化(一)",江苏古籍出版社1994年版,第436页。

② 参见付海晏《革命、法律与庙产——民国北平铁山寺案研究》,《历史研究》2009年第3期。

宣言》，铁山寺问题上升到革命与反革命的斗争，党部要求将铁山寺拨归工人子弟学校并严惩不法的和尚，并于10月4日在中山公园举行记者招待会，向社会各界人士报告铁山寺被占情况。10月5日，北平市佛教会特召集市区喇嘛、僧尼、道士，以及各寺院所办的平民学校的学生等共二千余人，上街游行示威，散发宣言，向市政府市党部请愿。北平市政府将此案批交社会、公安两局查办。在此期间，北平电车工会及子弟学校也不断散发宣言，鼓动群众，反抗交还铁山寺。10月10日，借国庆纪念大会之机，工会召集北平农共商学妇五大团体代表，联合向政府提出提案："（一）函请市政府按中央颁布之《寺庙存废条例》，于一星期内将全市寺庙一律废除，将庙改为学校，并将庙产创办工厂、劳工学院；（二）如市政府在一星期内不能着手办理时，由五大团体负责，召集全市市民大会，自动废除；（三）函请市政府严办铁山寺犯法僧人证修、德安，并请将铁山寺收回，改为电车工厂子弟学校校址。"① 北平第九区党部《援助电车工厂子弟学校接受铁山寺宣言》称"接收铁山寺系革命工作，解决此案应尊重党的意见，绝对反对地方法院以法律解决"。公然将国民党一党的主张凌驾于法律之上。又有十余条宣传口号，其中有："革命同志联合起来铲除封建余孽反动和尚"、"接收铁山寺是革命行动"、"反对铁山寺问题由法院解决"、"严防和尚及佛教会的反对阴谋"、"革命与反革命是势不两立的"，等等。后又组织北平破除迷信委员会，强迫僧尼改业。② 直到1931年11月，北平社会局才最终拟定了处理办法，将铁山寺有条件地交由长椿寺接收。

二 "庙产兴学促进会"与第二次庙产兴学

全国教育会议以后，由于佛教界的激烈反对，庙产兴学运动暂时归于沉寂。1930—1931年，随着庙产兴学促进会的成立，庙产兴学之风再次达到高潮。

（一）庙产兴学促进会宣言及其主张

1930年11月，南京国立中央大学邰爽秋等发表了庙产兴学促进会宣

---

① 钟鸣：《北平占夺佛寺风潮》，《海潮音》第10卷第11期，1929年12月。
② 参见北平佛教会《对于北平第九区党部"援助电车工会工人子弟学校接收铁山寺宣言"之疑问与声明》，《海潮音》1930年第11卷第2期；以及钟鸣《北平占夺佛寺风潮》，《海潮音》1929年第10卷第11期。

言，认为"际兹国库空虚，民生凋敝，教费竭蹶之秋，吾人欲谋国运之兴隆，民生之安乐，亟应结合同志，组织团体，促进庙产兴学，因此吾人乃发起组织本会"①，由此拉开了民国时期第二次庙产兴学的序幕。

《中华民国庙产兴学促进会宣言》包括两个部分，第一部分为主张庙产兴学的五个理由：庙产兴学可以巩固党国基础、可以均平教育负担、可以实现本党主义、有久远之历史、是出自全国教育界之公意。第二部分为释疑，即解释庙产兴学是否妨碍人民的自由信仰、妨碍佛理之研究、妨碍人民所有权、剥夺僧尼之生计，以及毁灭名山胜迹五个问题。

第一，庙产兴学可以巩固党国基础。认为中国革新伊始，国家之根本在于教育，由于中国积弱，军事尚未结束，需款浩繁；即已结束，而百事亟待建设，断不能将全国收入尽量充为教育经费，所以必须另辟财源，维持教育。根据调查，仅江苏丹徒一县已有五千万元的财产，以此推断，全国庙产价值超过数万万。如果以此作为兴学之资，则义务教育、民众教育等问题即能解决，由此可以振兴教育、巩固党国基础。

第二，庙产兴学可以均平教育负担。全国教育经费，类多来自田赋、盐税或苛细杂捐。据调查，江苏一省地方教育经费，田赋所出，几乎占了十分之六。所以教育经费对老百姓的生活影响很大。而寺庙财产数额巨大，如果以此兴办教育，即可均平教育负担，解除民众疾苦。

第三，庙产兴学可以实现本党主义。三民主义中民生主义的目的就是不使任何人成为地主、大资本家，以致妨碍农工阶级的自由发展。而拥有房屋千间、田地千顷的僧尼在在皆是，多已成为大地主、大资本家。如果不由国家以兴学之法间接遏制其发展，减少其富源，恐日后根深蒂固，成为推行民生主义、实现农工之幸福的障碍。

第四，庙产兴学有久远之历史。在中国历史上，庙产兴学运动已有久远之历史。如宋绍兴三十一年有毁寺院以赔费之诏、清末张之洞著劝学篇力主庙产兴学；民国袁世凯、徐世昌时代，都订有管理庙产计划。当今中国社会，庙宇用作校舍已成通例，庙产拨作校产亦屡见不鲜。

第五，庙产兴学是出自全国教育界之公意。近年以来，全国教育界倡议实行庙产兴学者风起云涌。如湖北教育行政会议、广东全省教育会议、

---

① 《中华民国庙产兴学促进会宣言》，《中国佛教会报》1930 年 9 月至 1931 年 3 月合刊，1931 年 4 月。

江苏全省教育局长会议、山东全省教育局长会议、中央大学区县直机关督学教育委员联合会议等，皆有庙产兴学之决议案。武汉政治分会及苏大校长曾通令庙产兴学，浙江大学区曾决议提庙产四分之一办学，南京市教育局又提议庙产兴学，当年全国教育会议各省教育代表又一致议决以庙产为教育经费。可见庙产兴学之主张，在我国已成为一种中心舆论。

在释疑部分中，对于庙产兴学的五个质疑进行了辩解。如认为庙产兴学并不妨碍人民的自由信仰："在今日革命时代，人民固应有完全之信仰自由，但不应持以反对庙产兴学。因自由信仰为一事，拨庙产以兴学乃另为一事。自由信仰，不在聚千百之众，拥巨万之财；移拨庙产兴学，亦非灭绝佛事，更非反对佛教。"又认为庙产兴学并不妨碍佛理的研究，主张提出部分庙产设立佛学院专门从事研究，或者在大学中设佛学讲座。又认为庙产多为帝王之赏赐，十方施主之布施，或由僧尼之募化而来，其性质均属公有，不属于人民之私产，所以庙产兴学并不妨碍人民所有权。又认为一般僧尼受僧阀的压迫，应解放僧尼，援助其还俗，教习其技艺，施行教育，使之生活安全。此外，美术造像具有艺术价值或历史价值者应加以保存，名山胜迹亦可由不愿还俗的僧尼或组织地方人士进行保管。

以上辩解，或者夸大佛教的负面作用，或者避重就轻，歪曲解释。庙产兴学既然剥夺佛教赖以生存的庙产，谈何"完全之信仰自由"？如此行动竟然宣称不是"灭绝佛教"，"更非反对佛教"，完全是强词夺理。把佛教等同于佛理的研究，完全无视佛教作为宗教信仰的特点。此外援助僧尼还俗，完全无视他人宗教信仰之需求，为赤裸裸地剥夺他人宗教信仰自由之行为，竟然宣称并没有剥夺僧尼之生计。由于反对庙产兴学运动的声浪太高，政府亦担心一旦实现会引起极大纠纷，所以内政部会议未能通过。然庙产兴学促进会"决以政治的运动，法律的手段，争得最后之胜利"[①]。

1931年4月25日，中央大学又召开全国庙产兴学促进会宣传大会，意图在国民会议召开之前扩大影响。1931年5月，国民会议在南京召开，会议通过了代表罗桑楚臣等曾有提议保障汉蒙藏佛教徒约法上所许可之权利一案，由行政院发布了《国府通令保障佛教徒权利》，要求各省市政府

---

① 《中华民国庙产兴学促进会宣言》，《中国佛教会报》1930年9月至1931年3月合刊，1931年4月。

饬属遵照:"(一)由国民政府严令首都各占用佛寺僧产者,于国民会议未开幕前,一律恢复原状。(二)由国民政府令各省市各边地,转饬各处占用佛寺僧产者,于最近期内一律恢复原状。(三)由国民政府通令全国,以后无论军警,以及任何机关团体个人等,如有侵夺占用佛寺僧产者,概依法律办理。"① 然而庙产兴学促进会依然不肯罢休,6月22日,于中央大学致知堂开成立大会,会场内有标语"人其人而不火其书,利其产而不毁其宇",与会者有张忠道、徐庆誉、汪同尘、刘振东等及京市党部、社会局代表共二百余人。庙产兴学促进会的干事有中央大学教育学院院长程其保,以及邰爽秋、张官礼、刘保宗、徐瑞祥、谢俊、郭栴、刘开达、朱宕潜、唐秉辰、王秀南、戴元志、吴志慎、杨骏、赵立、马镇国、宋连鸾、葛延韶等。② 庙产兴学之风再次席卷全国。

(二)佛教各方对于庙产兴学的驳斥

1930年11月,邰爽秋等发表庙产兴学促进会宣言后,南京市佛教会立即致函中国佛教会,请召集紧急会议抵制。中国佛教会议定12月1日召集临时紧急执、监委员会议,并致函国民政府各院部,积极呼吁取消庙产兴学。浙江省佛教会、北京佛教会、四川佛教会等、汉口佛教正信会护法社、陕西省佛化社(康寄遥)等,亦纷纷致函中国佛教会及政府部门。如浙江省佛教会(常务委员却非、愚宗、朗镜、钟康侯、郁慎廉等)致函国民政府主席、行政院长、内政部长、教育部长等,反对庙产兴学促进会宣言,请求国民政府切实保护佛教,认为:"此种主张美其名曰兴学,实则破坏国法,攘夺产权,不顾党纲,摧残信仰。此而可为,凡假公益建设之名无一不可侵民财产,国家前途何堪设想!"③

此外,中国佛教会及佛教界领袖及居士等纷纷撰文,驳斥庙产兴学促进会宣言,认为庙产兴学的理由根本不能成立。其中重要者有中国佛教会《庙产兴学促进会宣言驳议》④(以下简称《驳议》),以及太虚《由第二

---

① 《国府通令保障佛教徒权利》,《现代僧伽》第4卷第3期,"佛教要闻",1931年10月。
② 《庙产兴学促进会开成立会》,《现代僧伽》第4卷第3期,1931年10月。
③ 《浙江省佛教会为庙产兴学促进会事呈请国民政府切实保护文》,《中国佛教会报》1930年9月至1931年3月合刊,1931年4月。
④ 中国佛教会《庙产兴学促进会宣言驳议》,先后登载于《佛学半月刊》第7期(1931年1月)、第8期(1931年2月)及《四川佛教旬刊》第211期(1931年)、《四川佛教月刊》第1年第1期(1931年4月)等。

次庙产兴学运动说到第三届全国佛教徒代表大会》、大醒《驳"庙产兴学促进会宣言"》、圆瑛《驳庙产兴学促进会主张庙产之理由》、卢戆机《庙产兴学之法律上意见》、王骧陆《对于庙产兴学之意见》、张学钧等六位学生《庙产兴学教育界的民众大不赞同有不合理由十三条宣言》、贾静《阅各处驳〈庙产兴学宣言〉之感言》等①，上述文章中，集中反映了佛教界对于庙产兴学宣言的驳斥，认为庙产兴学的理由根本不能成立。

第一，驳斥"庙产兴学可以巩固党国基础"。中国佛教会《驳议》指出："兴学之费，自应有其正当来源。除已有之款外，如裁节军费、开辟边荒、整理田亩、恢复交通、厘剔中饱，以及种种开源节流之事，不胜枚举。不此之务，而专谋及庙产，又专谋及宗教之庙产，岂佛教以外之庙产非产业耶？或宗教以外之庙皆无产耶？抑惟佛教之庙产为应充公耶？"圆瑛从民族政策、边疆稳定的角度论述了庙产兴学之害："党国成立至今，统一伊始，欲固国基，须得民心，若以庙产兴学，不独七十余万僧界之民心，与蒙藏二族之民心，一朝离散；即各界一向瞻仰佛教之民心，未始不代抱不平也！"贾静认为："所有教育经费，无论大小学校，皆应由国家负责，正当筹划，除得款外，如有不敷，尽可裁节浮费，灭除滥支，或加增正税，或另辟来源，使全国教育经费，充裕丰足，无或亏缺。如是正当筹款兴学，既起民众之信仰，亦安学子之观念，正因善果，则必可成就为国为民之贤能干材，而得巩固党国基础，昭垂永远。"大醒也认为，国家的基础要建筑在教育之上，但是要去强拆佛教僧尼寺庙来"变作兴学之资"，这样"肥己饥彼"、"利己害人"的主张，未免失去教育的本旨了。并指出，现在受过教育的民众，其智识与行为是不一致的，所以提倡"知行合一"的教育尤为紧要。

第二，驳斥"庙产兴学可以均平教育负担"。圆瑛指出，"佛教庙产，

---

① 以上文章及其出处分别为：太虚：《由第二次庙产兴学运动说到第三届全国佛教徒代表大会》，《海潮音》第12卷第4期，1931年4月；大醒：《驳"庙产兴学促进会宣言"》，《中国佛教会月刊》1930年9月至1931年3月合刊，"各方对于庙产兴学之反对声"，1931年4月；圆瑛《驳庙产兴学促进会主张庙产之理由》，《中国佛教会月刊》1930年9月至1931年3月合刊，"各方对于庙产兴学之反对声"，1931年4月；卢戆机：《庙产兴学之法律上意见》，《海潮音》第12卷第1期，1931年1月；王骧陆：《对于庙产兴学之意见》，《海潮音》第12卷第2期，1931年2月；《庙产兴学教育界的民众大不赞同有不合理由十三条宣言》，《弘法社刊》第18期，1931年2月；贾静：《阅各处驳〈庙产兴学宣言〉之感言》，《弘法社刊》第18期，1931年2月。

未尝不纳田赋,僧界与苛细杂捐,在衣、食、住、行诸方面,未始不同小民,共受影响,已是平均负担,奈何定要全夺佛教庙产,绝其生计"!宣言中以镇江金山寺和定慧寺为例,认为"有少数僧侣,坐拥巨资,恣意挥霍",对此《庙产兴学教育界的民众大不赞同有不合理由十三条宣言》指出:"丹徒县最大的丛林金山、焦山两大寺,其中余小庵必无大庙,两山每寺的僧众有三百之多,平白摊派,每人只有粮田十亩,除去国税化银洋有二十元,请问一人一年二十元穿衣吃饭住屋行走,一事无成,衣食住行四字清苦已到极点。"大醒在反驳此说时,倡导庙产兴学的大学教授们每月的薪金有三百元,小学教员每月薪金只有三十元,假如要平均教育负担,"一个大学教授能省减二千元一年就可以施设两所义务学校或民众学校,假使中央大学的教授能有这种的'均平教费负担',南京市至少可以添设两百个以上的义务民众学校"。王骧陆则亦说:"我人对于庙产兴学的事,是极表赞同的,本来庙产根本上是用来兴学,不是专养活僧尼的。但是兴佛学的,不是作别用,各有各的界限,和天主、耶稣各教堂同一性质;所以僧尼不宏法,是僧尼放弃责任,自有佛教团体去理论,断不能因此牵到庙的本身上去。"又说:"邰某主张庙产兴学,并非没有理由,但兴学是政府和大家的责任,不是佛教团体偏面的责任,只要政府减少兵费百分之一,教育界就大放光明了。"①

第三,驳斥"庙产兴学可以实现民生主义"。圆瑛指出:"查国民党以三民为主义;佛教徒,同是中国之民族,自应一视同仁,不可虐待!中国国民一样平等,无宗教阶级之区分,则应当享有财产之自由权;僧界同为国民份子,不能独夺其产,使失民主之利益。"对于宣言声称的"拥有庙产之僧尼,有屋千间,有田千顷者在在皆是",大醒则强调:"其实全中国并找不出几个有千间屋、千顷田的佛寺,假设就'有屋千间、有田千顷'的所谓庙产,也皆是佛教公有的教产,并不是属于哪一个僧尼的,僧尼不过有住持管理的权罢了。"况且多数寺僧过着"不堪设想"的贫苦生活,岂可因个别住持"坐拥巨资,恣意挥霍"就可以将整个佛寺财产予以剥夺?"这同一个学校校长失职犯过一样,岂可以一个不好的校长而欲废全国的学校教育呢?"

第四,驳斥"庙产兴学有久违之历史"。《驳议》指出,佛教自传入

---

① 王骧陆:《对于庙产兴学之意见》,《海潮音》第12卷第2期,1931年2月。

中国以来，历代帝王崇饰庙宇、优待僧尼者，几乎纸不胜书，如唐太宗，宋太祖、太宗，明太祖、成祖，清圣祖、世宗等，无不信仰佛教，故庙产兴学并非有久远的历史。贾静分析说："佛教在中国，具数千年来光荣之历史，虽其间迭有盛衰兴废，而佛法毕竟如如。纵令如三武之毁法灭僧，悉毁经像塔寺，抄没庙产充公，令僧尼远俗者数百万，摧残至极，毁灭殆尽，而时未几何，复宏振于寰中，辉耀更胜于前，无能损其毫末。"大醒认为，从历史上看，"我国教育在'大学教育'、'书院教育'以及到现在还没有到'学校教育'的时候，佛教教育（丛林寺院）的组织已经很完备了"，中央大学是学校教育机关，佛教寺院是宗教教育机关，二者的性质是一样的。

第五，驳斥"庙产兴学是出自全国教育界之公意"。《驳议》认为："教育界人数众多，思想正非一致，其堕于谬误者，亦不知凡几。吾人今日一切言动，自应以党义为标准，若轶出范围之举非所敢闻。且教育界中人反对此种掠夺主张者，正不乏其人。"大醒则指出，以几个人的提议，根本不算公意，而是以强凌弱，以一个人民团体（学校）剥夺另一人民团体（寺庙）的财产所有权，这种提倡残害同胞、夺人产权的大学教育是中国教育的悲哀。

此外，卢燮机从法律方面驳斥了庙产兴学的主张，首先，他认为，所有权是民法所确定的原则，"虽政府亦不能对于某种所有权加以摧残或否认"，所以庙产兴学缺乏实行的可能性。其次，他认为："寺院之对于其财产有所有权，乃为寺院登记条例所明示，其有法人的资格，且纯粹系公益法人而兼财团法人。尤为法律当然之解释。盖寺院得以用本寺本院之名义为财产之买进享用支配收息卖出处分纳税，凡所有权者所能为悉具足。是故庙产者，乃寺院法人之产。法人在民法享有所有权，非法不得干涉。非法侵害可依法涉讼，以求保障。北平之铁山寺案卒之胜诉，即其先例也。"《庙产兴学促进会宣言驳议及驳斥主张全国庙产兴学之理由》一文亦从法律条文及法理两个方面论述了庙产兴学之非。法律方面，违背了1929年公布的《监督寺庙条例》中的相关条款，如第六条"寺庙财产及法物为寺庙所有"，第七条"住持于宣讲教义、修持戒律及其他正当开支外，不得动用寺庙财产收入"，又第十条"寺庙应按其情形兴办公益或慈善事业"，"此寺庙财产为寺庙所有，所有权业经确定，除正当开支外，若尚有余力应办之事亦不仅属于公益之教育一端。今不惜违背明令，将宏法、供众及其他公益慈善事业之费,一概抹煞,拟全提作教育之用,卤莽蔑裂,莫此为甚"!从法理上看,"合法公共团体所有之财产,即不得横加侵夺,此稍明法理者所同晓,党国首重法治,断不肯歧视佛教财团,致违法律原则"①!

由于佛教界的强烈反对,终于由内政部批示,兴学促进会宣言尽可置之不理:"查此案前准行政院秘书处函送前来,当以维持宗教,保护寺产,均已明白规定于《监督寺庙条例》,分令遵行。至庙产兴学促进会,所发宣言,及其进行手续,皆未正式呈请到部,尽可置诸不理。"② 至此政府明确宣布"庙产兴学促进会"宣言无效,佛教庙产暂时得到了保护。

三 七省教育厅提议与第三次庙产兴学运动

1935年,先有湘、浙、鲁、皖、鄂、豫、苏七省教育厅联合呈请中央厉行《监督寺庙条例》,以庙产办短期小学或其他地方教育事业。接着,七省教育厅厅长向南京政府教育部提出接收寺产,充作教育基金的提议,经全国教育会议通过,报行政院。行政院准据教育部所请,通令各省市府,依照寺庙兴办慈善公益事业规则第二条第一项切实举办一文(已充教育经费之庙产应予保障,系以在《监督寺庙条例》施行前拨充者为限,至兴办公益事业,应着重于地方教育之扩充)。《国民政府文官处为七省教育厅联呈中央保障庙产办学案奉交行政院复称函请查照由》称:"查佛教寺庙兴办慈善公益事业规则前,由内政部呈经本院核准令部备案并通行。各省市政府有案依该项规则第二条第一项原有兴办民众教育事项之规定,原呈所请自无不合,应由各省市政府切实主办。"

(一) 七省教育厅提议及国民政府相关部门的支持

第二次庙产兴学之讨论虽然由于佛教界的强烈反对而偃旗息鼓,然而全国各地从城市到乡村,庙产兴学之风从未停止过。南京国民政府对待庙产兴学问题一直摇摆不定,态度暧昧,虽然从总体上支持庙产兴学,但又担心佛教界的反对引起社会的不满,1929年12月通过的《监督寺庙条例》中规定寺庙应按其财产情形兴办公益事业或慈善事业,以及1932年

---

① 无名氏:《庙产兴学促进会宣言驳议及驳斥主张全国庙产兴学之理由》,《中国佛教会月刊》1930年9月至1931年3月合刊,"各方对于庙产兴学之反对声",1931年4月。

② 《内政部批兴学促进会宣言尽可置诸不理文》,《四川佛教月刊》第57卷,第9页。

内政部制定的《寺庙兴办公益事业实施办法》又明确规定了寺庙兴办公益慈善事业的范围首先即为民众教育事项。虽然1931年5月于国民会议召开前夕，行政院发布的《国府通令保障佛教徒权利》要求已占用佛寺僧产者一律恢复原状，并且通令全国，以后无论军警以及任何机关团体个人等，如有侵夺占用佛寺僧产者，概依法律办理；但各地因庙产兴学经费短缺动辄觊觎寺产，所引起的纠纷层出不穷，有的甚至长时期的诉讼都难以得到解决。

1935年8月16日，上海《申报》载有湘、浙、鲁、皖、鄂、豫、苏等行政院和教育部，"请保障寺庙财产，办理各地方教育，并厉行《监督寺庙条例》，将寺庙收入充作民众小学或地方教育经费"①。据江苏省教育厅厅长周佛海、山东省教育厅厅长何思源、安徽省教育厅厅长杨廉、浙江省教育厅厅长许绍棣、湖北省教育厅厅长程其保、湖南省教育厅厅长朱经农、河南省教育厅厅长李敬斋等，联名呈请教育部称："各省地方兴学之初，颇多经费短绌，恒由主持人士就各地庙产拨充学校常费，或以其屋宇作为学校校舍，呈经地方政府核准定案，历数十年相安无异，教育事业，胥赖维持。是庙产办学就已往事实而言实具有深切悠久之历史，应予以切实保障，自属毫无疑义。近年以来，各地寺院常有假籍《监督寺庙条例》或各省单行之管理寺庙条例条文，曲解误会，遽将已经拨用之庙产诉诸司法，充假翻案，甚或狡黠之徒利用机缘从而推波助澜，乃至以久经行政决定拨归学产之庙产以移转司法解决，而卒将原案推翻者不乏其例。此种情形苟不从速设法防止，妥谋补救，将见地方教育事业必缘经费断绝或校舍无着，陷于停顿而不能维持，是不仅引起纠纷且足危及学校根本，影响教育前途，至为重大。"②

七省教育厅保障庙产兴学虽然还在酝酿之中，尚未得到行政院和教育部的批复，但七省教育厅已经着手部署庙产兴学事宜。如湖北省宜昌地方各联保召开联席会议，形成决议：为普及社会教育，抽借各寺寺产十分之七，办"联保学校"，呈请县政府勒令全县，依此办理。宜昌县积极进行庙产兴学，扬言为上峰命令。佛教界猜测，所谓"上峰命令"，应该是鄂省教育厅电令宜昌县政府令办义学，而县府责成联办筹款。而庙产兴学影

---

① 《中国佛教会请愿无结果》，《海潮音》第16卷第10期，1935年10月。
② 《教育部原呈》，《中国佛教会会报》改编第1期，1936年1月。

响最大的是江苏省镇江县强占佛寺事件。1935年8月,省教育厅厅长周佛海为推广义务教育,事前并不通知,于镇江县强占佛寺三十八处,强令公安局于各寺庙门首贴"义务小学预定校舍"字样,后又换为铅牌,并粘贴县政府公安局之布告一纸称:为义校"借用寺庙"作校舍,如有阻挠不借,即"从严拘办"。一时激起僧尼激愤,认为政府保护佛教早有明令,何能任此蹂躏,遂联名呈请省佛教会、县佛教会依法制止,并且有信众四五百人,联合至省党部、省政府、教育厅、公安局、商会等处请愿,反对省教育厅强借寺庙作义教校舍。至第二次请愿,才由省政府出面调解,暂借的九处寺庙还在相持中。省佛教会呈请省政府、省教育厅等请求法律保障,收回成命,却一直不见省方回复。9月1日,义校即将开学,镇江全体僧尼联合至县府教育局、教育厅、民政厅、省政府请愿,总数三四百人,推举代表与各方接洽。终于蒙省政府万科长答复,称未得省方有回复妥当办法之前,将制止义校侵入各寺庙,代表们认为满意,纷纷返回。然而数日后仍未见省方回复,而义校进占寺庙依然如故。于是又联合僧尼于星期五省府各委员聚会时,作大规模的请愿,引起全省震动。省府罗秘书接见代表时说,借用寺庙决非庙产兴学,现在暂借九处,以后有适当场所将迁移。但代表们并不满意,依然据理力争,罗秘书即称,"此时理论上不必谈"。此时教育厅陈天鸥秘书亦在座,大声呵斥代表,并说教育厅暂借用寺庙实系无法可想,是佛教僧尼故意破坏。经过以上请愿以及各方呼吁后,又经种种交涉,最终由全镇江大小寺庙僧尼自动办六个义务小学,省教育厅才放弃占用寺庙之命令。①

然而,尽管佛教界强烈反对,教育部还是同意了七省教育厅厅长的建议。教育部部长王世杰呈函给行政院院长汪精卫,认为《监督寺庙条例》颁行之前已经拨归学产之庙产应予切实保障,不可变更。以后庙产仍须遵照法令,不得擅自处理。并认为《监督寺庙条例》中保障庙产仍为维护教育之意,教育前途有赖于此。为减轻民力负担,寺庙财产应分担教育之经费,自1935年起,应根据《监督寺庙条例》第五条、第八条的规定,并参酌《佛教寺庙兴办公益慈善事业规则》第五条所定出资标准,就各地寺庙情形及财产多寡具体规定兴办公益事业之额款。"此项公益事业在实施义务教育期间,暂时悉数移办短期小学或其他地方教育事业,庶人民

---

① 《镇江各寺僧尼反对强占寺产》,《海潮音》第16卷第10期,1935年10月。

负担得以减轻,义务进行尤所俾益用。"① 并特别强调,地方公益事业之兴办应注重教育,在《监督寺庙条例》公布施行以前,所有业经拨充教育经费的庙产均应照旧维持,在条例施行后,各寺庙自应照该条例第五条的规定履行登记,并根据条例第十条的规定,充办公益事业之经费并应着重于地方教育事业之扩充。

11月2日,行政院致函国民政府文官处,也完全同意了七省教育厅厅长的意见。第一,在《监督寺庙管理条例》公布实施之前,所有业经拨充教育经费的庙产均应照旧维持;第二,要求内政部迅速办理寺庙登记工作;第三,寺庙兴办公益事业,应着重地方教育事业的扩充,认为这与《佛教寺庙兴办公益慈善事业规则》中的相关规定"自无不合,应由各省市政府切实主办"。② 11月8日,教育部在致中国佛教会函时亦称:"已充教育经费之庙产应予保障,系以在施行前拨充者为限。至兴办公益事业,应着重于地方教育之扩充。"③ 至此,七省教育厅厅长的提议已基本得到了行政院和教育部的同意。国民政府文官处根据行政院和教育部的批示,复函中国佛教会理事长圆瑛法师:"该条例(《监督寺庙条例》)公布施行前,所有业经拨充教育经费之庙产,自应照旧维持。关于督促各省市政府依照《监督寺庙条例》第五条规定,实行寺庙登记,应由内政部迅筹办理。至各寺庙充办公益事业之经费,着重于地方教育事业之扩充,查《佛教寺庙兴办慈善公益事业规则》前,由内政部呈经本院核准令部备案并通行,各省市政府有案,依该项规则第二条第一项原有兴办民众教育事项之规定,原呈所请自无不合,应由各省市政府切实主办。"④ 此外,内政部还制定了庙产兴学实施的具体办法,呈请行政院核准,主要有三个要点:"(一)各省市政府在《监督寺庙条例》公布实施前,所有业经拨充教育经费之庙产,均应照旧维持,似应由教部饬令各省教厅,将推翻原案不照旧维持者之详细数目查明具报,以凭核办。(二)凡在《监督寺庙条例》公布后迄未登记之寺产,因教育而占用者,于登记后,应一律认为

---

① 《教育部原呈》,《中国佛教会会报》改编第1期,1936年1月。
② 《行政院致国民政府文官处公函》,中国第二历史档案馆馆藏档案,全宗号1(1),案卷号1768。
③ 《教育部批》,《中国佛教会会报》改编第1期,1936年1月。
④ 《国民政府文官处为七省教育厅联呈中央保障庙产办学案奉交行政院复称函请查照由》,《中国佛教会会报》改编第1期,1936年1月。

租用，庶于寺庙产权及地方教育，得双方统筹兼顾。（三）各寺庙充办公益事业之经费，应依《佛教寺庙兴办慈善公益事业规则》，迅饬佛教会，关于民教事项切实举办。"① 内政部的实施办法完全倾向于教育部门，虽然第二条规定因教育而占用的寺产应该属于租用，但在实际中往往由教育部门强行占有，并没有尊重佛教界的意见。

七省教育厅关于庙产兴学的提议得到行政院、教育部批准后，各地迅速开始实施，尤以江苏省为甚，省教育厅厅长周佛海"以往年恒就各地庙产，拨充学校常费，庙产作为校舍，历来办理甚久。乃近年各县寺院，常有假藉监督寺庙条例，曲解误会，遽将已经拨用庙产，诉诸司法，冀图翻案，甚或利用机缘，推波助澜。此种情形，苟不设法防止，妥谋补救，将见地方教育，陷于停顿"。因此制定实施办法以保障庙产兴学的进行，并分呈省政府及内政部，主要内容有三点："（一）查《监督寺庙条例》之颁行，其目的在监督寺庙及财物，使以后处分者有遵循，按诸法律，不追既往之原则，对于已经处分之庙产，自不能以此项条例相准绳，致滋纷扰，此对于已经定案拨归学产，应请切实保障者。（二）各项庙产既经定案，拨归学产，即系有关指定用途，自应继续维持，未可变更。设不顾及事实，随意推翻，非第已成事业无法办理，揆之国家维护教育之意，亦大相违背，此对于已经定案拨归学产之庙产，应请切实保障者二。（三）当此全省义教开始实施，中央既筹集巨款补助，地方似亦应多所劝募，然环顾目前社会经济状况，苛杂既尽须废除，民力尤不胜负担，拟请自即日起，厉行《监督寺庙条例》第五第八两条规定，实行登记按期呈报，另参酌《佛教寺庙兴办公益慈善事业之规则》第五条所定出资标准，就各地寺庙情形，及财产多寡具体规定，兴办公益事业之额数，此项公益事业，在实施义务教育期间，暂时悉数移办短期小学，或其他地方教育事业，庶人民负担得以减轻，义教进行，尤所裨益。"② 由此可见，江苏省教育厅厅长周佛海相比较内政部的办法更为具体，对于庙产兴学的实施更为严苛，将民国时期庙产兴学之风推至顶峰。

（二）佛教界的回应

1935年8月24日，在《申报》披露七省教育厅联呈中央请保障寺庙

---

① 《庙产兴学案——内政部议定办法三项》，《佛教日报》第260号，1936年1月8日。
② 《苏教厅拟保障庙产兴学》，《海潮音》第16卷第12期，1935年12月。

财产办学案几天后，中国佛教会推举代表圆瑛、大悲、明道、王一亭、关䌹之赴京请愿，由理事长圆瑛，常务理事大悲、明道、弘伞、可端、远尘、王震、闻兰亭、关炯、黄庆澜、屈映光等起草《请愿文》，分呈国民政府行政院、内政部、教育部等。《请愿文》称："查信仰自由，载在党纲与约法，则因信仰而组织之寺院及教会，其设置之财产，当然为国家法律所保障。乃各地方教育机关，往往因自身经费短缺，动辄觊觎寺庙财产，不但启侵占产权之嫌，抑亦蹈违犯法令之咎，以造就人才之学府，而甘为占产违法之举动，此吾国法治精神未能提高，而为世界文明各国所轻视者，亦一重大之原因也。"① 佛教会认为，七省教育厅要求对已被占用的庙产一律请求保障，"不惟违反法令，将见此后各地方教育机关夺之寺产，皆可请求保障，则纠纷丛生，将无已时"！认为应由寺庙自行出资兴办公益等事业，不应由地方教育机关越俎代庖。《申报》所载七省教育厅厅长联呈中央情形如果属实，"显有侵夺寺产收益之举，在法令固应严予制止，全国佛教徒亦不能任听攫夺"。中国佛教会派人来京后，虽向行政院、内政部、教育部等部门呼吁，但各方并不重视，所以闻请愿并未取得结果。

11月，教育部和国民政府文官处相继致函中国佛教会，维持七省教育厅厅长的意见，对已经兴办学校的庙产维持不变，寺庙充办公益事业应着重于地方教育事业等。此后，各地教育机关兴办义务教育，均占用佛教寺庵，有的地方甚至拘押僧人，强迫侵占，或者派警察恫吓，勒令接受，致使佛教僧尼苦不堪言。11月20日，中国佛教会呈函行政院、内政部，请转饬各省省政府通令各教育机关，应依照《监督寺庙条例》保障佛寺僧产，凡举办短期小学一律不得占用佛教寺庵："查教育部颁发《实施义务教育暂行办法大纲施行细则》第十九条，各小学区新设之短期小学，得充分利用当地公所、祠庙等房屋。查是项条文，系指各地方之宗祠神庙而言，良以宗祠神庙，平时类皆关闭，短期借用，自无问题。乃各地方教育机关，竟将住有僧尼之佛教寺庵，藉端占用，不惟违反法令，抑亦破坏产权。且僧人居住寺庵，清净修持，若使人声喧杂之学校附设在内，于习

---

① 《中国佛教会为反对"湘、浙、鲁、皖、鄂、豫、苏七省教育厅联呈中央请保障寺庙财产办学"一案特推代表圆瑛、大悲、明道、王一亭、关䌹之赴京请愿文》，《中国佛教会会报》改编第1期，1936年1月。

静清修之功用，妨害殊甚，世界各国宗教教堂，未闻有其他机关任意侵占之事。吾国《刑法》第二百四十六条，对于坛庙寺观教堂有妨害者，须处以徒弄、拘役、罚金。若任听教育机关强追占用，既为国际所耻笑，抑亦藐视于国法。"① 中国佛教会援引《实施义务教育暂行办法大纲施行细则》和《刑法》相关条款，但在全国各地如火如荼的庙产兴学运动面前显得苍白无力。

与中国佛教会的呼吁相比，太虚及其弟子们则将庙产兴学深层原因以及佛教自身的改革联系起来，提出了颇有建设性的思想。太虚在第一次庙产兴学以后即发布《佛教僧寺财产权之确定》一文，认为庙产兴学皆因僧寺财产的性质不清而引起。"佛教之僧寺财产性质，向未确定。以之或视为地方或国家所公有，地方之民众官吏，与中央之民众官吏，任意侵凌毁改，或争为僧众内某个人某一系某一宗派所私有，以之互相争讼，累年不能解决。而袁政府时代之《寺庙管理条例》，虽规定寺庙财产由各寺庙住持管理，然不得有变卖抵押及处分之权，且各寺庙住持又归县公署管理，其所有权似仍视为地方或国家所公有。种种纠纷皆由此起。"② 太虚认为，僧寺财产应明确三种权利，即所有权、管理权和享用权。僧寺财产所有权属于"十方常住僧物"，即全国性统一的佛教组织；管理权属于"全国十方常住僧"；享用权由全国佛寺僧众支配。在第二次庙产兴学之时，太虚论及"庙产兴学与学产兴庙"，呼吁佛教僧众应自动寺产兴学，兴办布教事业、文化事业、慈善事业与教育事业等。其中教育事业包括两个方面，第一，创办从初级小学至大学的学校系统教育，并增加佛学的内容，"佛教信徒必修，非信徒自由选修，以养成其向真善的心力"；第二，创设民众学校、夜学校、半日学校、阅报所、通俗教育馆等社会教育，当适应人民实况，教令渐进于善。太虚的弟子法舫法师在第三次庙产兴学后发表《实行庙产兴学》一文，指出："如果视全国寺庙为肥肉，纵许你们把寺产完全去办学，我敢说一句：中国教育还是不能普及！僧尼之职任，原司教育感化之责。依佛教原意和中国古制，僧尼寺庙是应该属于教育部管理，日本佛教，就是属于文部省的。所以我们提议佛教改属教育部管

---

① 《本会呈行政院内政部为请转饬各省省政府通令各教育机关凡举办短期小学一律不得占用佛教寺庵由》，《中国佛教会会报》改编第1期，1936年1月。
② 太虚：《佛教僧寺财产权之确定》，《海潮音》第9卷第6期，1928年6月。

理。由教育部（或内政部）先改善僧尼教育生活及其佛教事业，使佛教正当发展，在社会有了力量；僧尼各尽其职，宏法利生，自修养德，由僧尼自动去普及社会教育，方是善法。"① 法舫法师强调，僧尼必须自动谋求改进，负起荷担佛教的责任，佛教才不会被社会所淘汰。

四 结语

从1927年至1937年，庙产兴学之声此起彼伏，佛教界的反抗可谓不屈不挠，由此可见庙产兴学对佛教的刺激。正如时人张国威在初谈及庙产兴学时所说，当时的一般僧伽"不但不心寒，不胆碎，不弃甲，不曳兵，不望风而逃；反之，还不挠不屈，踏踏前进；风云怎样恶劣，处境虽怎样险狠，却和它切切的周旋，不致战胜凯旋不止，一种英勇势力，多么令人钦佩"！由此他得出结论："世尊大教，不惟不因之而衰败，而殂落；反之，而蓬蓬勃勃，而蒸蒸日上，这是一桩如何可歌可泣可喜可悲的事业？可是，究以何故而致此？一言蔽之，无非一般僧伽，能组织，能团结，能自醒，能自觉，能顺应潮流之趋势，能因势而利导之，所以，虽处着万恶的环境，都能处之泰然，没有毫末颠倾之虑，就职为了这个缘故，如今各地僧伽之竞办学校，赛创学院，弘法利生，无非为顺应潮流之趋势，使世人个个明白佛教之主旨，不致摧残，反加拥护，这就职人事殚力做去的效果。"② 太虚的另一位弟子大醒法师亦撰文称："如今读书人骄浮太甚，皆以为僧尼无能，于是轻视佛教，无所不用其极。一味假用团体名义侵夺占用佛教寺院，已成为一种最恶之习惯！教育机关不自愧责办理教育者之无理，甚且反讥僧尼为无用之徒，谤佛教于社会无补，吁可慨矣！"③

太虚则分析了庙产兴学的原因以及佛教界的使命，他认为国民这种普遍存在的对佛教的误会心理是导致庙产兴学的社会基础："然而佛教僧寺之在中国，除去真正信解佛教之极少数人外，旧学、新学之读书人阶级，则视为异端，斥为迷信；未读书之农工商妇孺阶级，于佛菩萨则一概混同鬼神。于寺院僧众，则受戏剧、小说等影响，不尊异为神怪，则鄙为奸

---

① 法舫：《实行庙产兴学》，《海潮音》第16卷第9期，1935年9月。
② 张国威：《佛教近代之过现未来形势概观》，《弘法社刊》第18期，1931年2月。
③ 大醒：《为镇江推行义务教育占用佛教寺院聊进数言》，《海潮音》第16卷第10期，1935年10月。

盗!"因此要消除庙产兴学的社会基础,佛教徒必须从理论上、事实上昌明佛教的真实意义,显出佛教的真正精神,使大多数国民都能了解到佛教对于国家民众的利益。从另一方面看,庙产兴学客观上也激发了佛教界自身的觉醒,如太虚认为第二次庙产兴学运动促成了第三届全国佛教徒代表大会的召开,使得这次大会呈现出两种精彩之处:"其一,即于各省市佛教会代表之外,顿加了佛学社、正信会、居士林等团体代表,佛学院等学院代表,及蒙、藏、南洋代表,范围扩张了,气象也活泼了。其二,则提案所提议的,关于求保寺产的极少,而趋重于振作会务、整顿教规、设办僧学的几点。这不能不认为全国缁素佛教徒思想上、精神上进步的表现。"①

第四节 国民政府时期的佛教组织

自清末的中国佛教教育会到民初的中华佛教总会,中国佛教界为团结僧俗弟子,保护僧寺庙产与佛教利益而不断兴起的佛教组织,经历了北洋政府时期的挫折与低谷以后,至20世纪20年代中期开始又逐渐复苏,进入了相对成熟、迅速发展的阶段。1927年8月25日,武汉国民政府迁往南京,并入南京国民政府,政局相对稳定,国民政府的上层政要对于佛教亦采取相对宽容和支持的政策,为佛教组织的健康发展奠定了基础,使佛教在现实社会中发挥了积极的作用。此时期成立的中国佛学会与中国佛教会,对于民国时期的中国佛教发展、兴办公益事业以及此后积极参与抗战等都做出了积极的贡献。

1928年,南京国民政府内政部长薛笃弼据传有"改僧寺为学校的建议",中大教授邰爽秋提出了具体的"庙产兴学"方案,至1929年政府颁布《管理寺庙条例》二十一条,其目的皆在于利用法令条文来实行"庙产兴学",当时佛教因缺少全国统一的组织,无法团结全国佛教的力量来对抗薛笃弼与邰爽秋。先是1928年太虚大师因获蒋介石支持同意成立"中国佛学会",后又有1929年4月12日,谢健、黄忏华等乃以中国佛学会名义,会同江浙佛教诸山,召集十七省代表,于上海举行全国佛教

---

① 太虚:《由第二次庙产兴学运动说到第三届全国佛教徒代表大会》,《海潮音》第12卷第4期,1931年4月。

代表会议决议成立佛教会，拟定章程，呈请党部及内政部备案，并请修正《管理寺庙条例》，这是中国佛教会成立的起因。

南京国民政府时期，太虚大师等僧伽护教的表现逐渐深入人心，且经过清末之"庙产兴学"对于佛教的冲击以后，佛教界保护寺产及个体利益的手段逐渐成熟，也认识到了成立统一佛教团体对于维护佛教权益的作用。佛教内部积极要求成立统一之团体，直接原因虽是迫于"庙产兴学"等外力，力求保护权益，但也体现了近代佛教积极参与政治的要求，以及力图改善生存环境，普及、复兴佛教的积极诉求。太虚大师在《建设适应时代之中国佛教》一文中指出："现在之政治环境已变，僧众对此当大大觉悟，应即改变旧来之处世方法以图生存发达"①；"负有此等重大责任和使命，故不是向来旧有的残余、无精神的佛教团体所可做到，须有健全的知识分子，认真地共同来探求佛法的真理"②。大醒法师也说："我们要弘扬佛法，我们首要注重结集团体。"③ 可见近代佛教对于建立佛教组织的迫切需求。

一　中国佛学会

南京国民政府统治下，最早的全国性佛教组织为中国佛学会。而早在1928年5月，太虚大师在上海组织的"全国佛教代表会议"，主张消除佛教界新旧之分歧，提出了期望通过召开全国佛教代表会议的形式，成立全国统一、永久的法定佛教团体的设想。6月，太虚大师发起筹备中国佛学会，并订于次年召集全国佛教代表会。6月24日，太虚大师应蒋介石的邀请赴南京，二人同游汤山期间，太虚大师借此机会向蒋介石阐述了建立统一佛教团体的裨益之处，认为："以佛学为世界人类最高理想之表现，其救世之精神，尤非其他学术宗教之所及，必适应时代之思潮与国民之生活，方可推行无阻。际此训政伊始，百度维新之际，最好组织一能统一僧俗两界之佛学团体，俾收民富国强、政修俗美之效"④。

6月，蒋介石邀请太虚大师，并托张副官送来300元筹备经费，并致

---

① 太虚：《建设适应时代之中国佛教》，载《太虚大师全书》第19册，台北善导寺1980年印本，第169—173页。

② 同上书，第423—428页。

③ 大醒：《佛教的危机和我们的责任》，《现代僧伽》第2卷合订本，1929—1930年。

④ 《中国佛学会之筹备概况》，《世界佛教居士林林刊》第21期，1928年11月。

函给南京国民政府主席谭延闿（字组安）、外交部部长王正廷（字儒堂）、国民政府秘书长钮永建（字惕生）、大学院院长蔡元培（字子民）、建设委员会委员长张静江（字子珉）、内政部长薛笃弼（字子良）、国民政府代主席李烈钧（字协和）等，称赞了太虚大师之学问与德行，请对中国佛教会组织工作予以支持："沙门释太虚，为今日中国佛教中之健将者，主张佛教改善，已颇有成绩。其潜修极苦，著作等身，尤非寻常紫衣者可仰其向背。兹以中国佛教会事来京，乞为一言介谒左右，盖夙钦护法愿宏，必能大有造于佛教，敬仰实出于至诚也。"① 太虚大师持此七通介绍函分别拜谒了此七位政要，得到了各方的认可。

中国佛学会原拟定名为"中国佛教会"，蔡元培、张静江等国民党元老认为，此时反宗教、反迷信之风正盛，所以政府不便出面提倡宗教等，建议改"中国佛教会"为"中国佛学会"，还扩大了参与者之范围。"诸发起人协商后认为，佛教之'教'，本指'言教'，与'学说'同义，以'学'代'教'，理无不可。"② 蔡元培致函太虚大师云："不如名为中国佛学会，可兼容一般有志研究佛学之人士，故该会创立之始，原包含学会、教会两种性质。"③ 太虚大师曾解释说："今欲统合全国缁素以组织佛会，以非僧众则无专以佛法职业而住佛法者；非加入信佛士女及研究佛学者，则不能将佛法普及于国民，使民同受佛法之化益，及使法僧得以安固。往者主权在君，可藉君相护持；今者主权在全国人民，非佛法普及国民使皆有相当之信崇或谅解不可！故佛会中必须有民众。"④ 可见中国佛学会扩大了会员范围，由原来的佛教组织以寺僧为主，扩大为僧俗两众及普通民众，包括了僧人以及在家居士和研究佛学者。

经太虚大师呈请，佛学会会址选定为南京毗卢寺，也得到了蒋介石的亲自关照。《蒋总司令令让毗卢寺驻军为佛学会会址》记载："为令遵事，顷居释太虚呈请，准以毗卢寺为中国佛教会场，并饬现住该寺之军队迁让等情前来。经查现驻该寺军队，系属宪兵第二团，前以该团尚不妨碍寺

---

① 《蒋总司令致谭组安、王儒堂、钮惕生、蔡子民、张子珉、薛子良、李协和诸公提倡佛教介绍函》，《海潮音》第9卷第5期，"佛教要闻"，1928年5月。
② 《中国佛学会会名说明》，《海潮音》第9卷第5期，"佛教要闻"，1928年5月。
③ 《蔡子民先生致太虚法师函》，《海潮音》第9卷第5期，"佛教要闻"，1928年5月。
④ 太虚：《恭告全国僧界文》，载《太虚大师全书》第34册，台北善导寺1980年印本，第396页。

务，据该寺呈请，分一部分房屋借与暂住。今据呈以庙宇为佛学会场所，自属正当。除批示并转函内政部外，合行令仰该司令迅即转饬遵照，并派员督促，克日迁让具报，毋任玩延，是为至要，切切此令。"①

1928年7月28日，太虚大师于毗卢寺成立中国佛学会筹备处，组织召开预备会，会议签到者有宁波代表禅定、了悟、源龘，普陀代表达严，湖南代表太虚，山东济宁代表印古、徵贤，四川代表克全、谢健，杭州代表玉皇、惠宗，湖北代表王森甫、陈维东，福建漳州南山学校代表达如，岭东佛教会代表欣西，及临时筹备员黄忏华、孙慧风、宁达蕴等各地佛教代表二十三人参加会议，会议推举太虚大师为主席，由观同、惠宗、王一亭担任筹备主任。会议议决事项主要有：①中国佛学会筹备处正式成立；②用全国各省区代表名义向五中全会请愿；③筹办旬刊一种，定名《中国佛学》，由宁达蕴负责；④筹办"佛教工作僧众训练班"一所，远行及唐大圆负责；⑤预算经费每年约七千二百元，由分区筹划。②

中国佛学会于1928年8月在南京成立，其《组织大纲》对于其组织宗旨、入会准则等做了具体规定，并将《组织大纲》分别呈请国民政府大学院内政部认可施行。组织中国佛学会的宗旨即是"为统一各省寺院僧众及各种佛学团体，集中力量整理佛教、发扬佛学"③。中国佛学会先征集发起人，推定筹备委员，成立筹备处，负责进行。为实现中国佛学会的宗旨，由筹备处先行召集全国佛教代表会议，提议决议应兴、应革各事宜。关于会员及入会手续规定，各省寺院僧众及民众之已加入各种佛学团体者，俱为当然会员，不合格者则淘汰之，其自愿还俗或退出团体者允许。民众之个人研究佛学者，可自由加入。中国佛学会以首都毗卢寺为会址。并将《组织大纲》分别呈请国民政府大学院、内政部认可施行。

中国佛学会呈内政部准予备案公文称："窃佛学为世界人类最高理想之表现，其救世之精神，尤非其他学术宗教所能及，然在今日之中国，其不可磨灭之真价，与对于人生广大殊胜之利益，已为弊制与迷信所深埋，以致误会丛生，真相尽失。某等之愚，以为值此国民政府百废维新之际，再不刮垢磨光，必将烟销雾灭。爰不揣冒昧，发起组织中国佛学会，期集

---

① 《蒋总司令令让毗卢寺驻军为佛学会会址》，《世界佛教居士林林刊》第21期，1928年。
② 《中国佛学会筹备处开会纪事》，《中国佛学》第1期，1928年9月。
③ 《中国佛学会组织大纲》，《世界佛教居士林林刊》第21期，1928年。

中华全国寺院僧众,及各种佛学团体之策力,一面整理佛教,一面发扬佛学,同时举办各种教育慈善等社会事业。俾有合于时代之潮流,而无背于佛陀之大法,庶几数千年先德所遗之精神的遗产,得以发扬光大,随世运国运以俱进。为此抄录组织大纲,呈请大部鉴核备案,谨呈国民政府内政部长薛。"[1] 公文解释了中国佛学会之缘起。

另外,为能够更好地推行佛学会工作,开办佛教僧众训练班、培养相关僧才迫在眉睫。《中国佛学会开办佛教工作僧众训练班简章》指出:"本班应时势之需要,以实现大乘佛法救世之精神,招集僧众于最短期间养成整理寺院、服务社会之人材,分配各省县佛教团体工作,故定名为佛教工作僧众训练班;本班之学程如左:三民主义、佛教常识、国民常识、演讲实习、事务实习、其他;本班之组织如左:主任教员二人,教员若干人,其事务由中国佛学会筹备处职员兼理之;本班入学之资格如左:(甲)二十五岁至四十岁出家三年以上者;(乙)曾在各丛林担任职务,或充各寺庵住持,并受过普通教育者;(丙)身体健全及无嗜好者;(丁)有相当保证人或各大寺院及佛教团体保送者;本班之学额暂定二十人至三十人,逐渐扩充;本班之经费由中国佛学会筹备处担任之;本班修业期间三个月;本班学膳及书籍等费均免;本简章如有未尽事宜得随时提交中国佛学会筹备委员会修正之。"[2]

正当中国佛教会踌躇满志之时,太虚大师决定游化欧洲,尽管有净心、融高等劝其暂缓,但大师以"赴欧观化,乃数年来预定之规划"为由毅然前往,并致函蒋介石说明游化欧美之意,蒋介石嘱咐陈果夫赞助其三千元经费,太虚遂与翻译郑松堂于8月11日从上海登轮船前往欧洲。尽管太虚赴欧后依然关心中国佛学会发展,甚至书信嘱托召开佛教大会。但从1929年南京国民政府下达《寺院管理条例》开始,严峻的外部环境和太虚的缺席致使中国佛学会会务工作逐渐荒疏,作为不大,以至于后来大多由追随太虚之徒众所构成。中国佛学会作为南京国民政府时期最早组织的佛教团体,至中国佛教会建立以后,依然独立存在,于1937年抗战全面爆发后逐渐销声匿迹,其对中国佛教之诸多设想也随着抗战兴起而中断。

---

[1] 《中国佛学会呈内政部文》,《世界佛教居士林林刊》第21期,1928年。
[2] 《中国佛学会开办佛教工作僧众训练班简章》,《世界佛教居士林林刊》第21期,1928年。

二 中国佛教会

中国佛教会是民国时期存在时间最长、影响最大的全国性佛教组织，与南京国民政府相始终，在维护佛教利益方面发挥了重要的作用。然而，由于以太虚一系为代表的改革派与以圆瑛一系为代表的保守派之间的矛盾，中国佛教会从成立开始即埋藏着新旧之争，限制了其作用的充分发挥。

（一）中国佛教会之建立

中国封建时代对于寺庙管理由于没有颁布较为规范的单行法规，所以每遇到寺庙纠纷只得由当地官员量情处理，难免因处理不当造成诸种纠纷。1913年6月，北洋政府内务部公布了《寺院管理暂行规则》七条，此为我国寺庙管理单行法规之嚆矢。观其内容，大都侧重于庙产保护，如第二条规定寺院财产由其住持管理，第四条规定寺院住持及其他关系人不得将寺院财产变卖、抵押或赠人，第五条规定不论何人不得强取寺院财产，均着眼于庙产保护。由于此项规则系"暂行"的办法，又过于简略，且仅由内务部公布施行，并未经过立法程序，故其本身的效力不强。

1915年10月29日，始以大总统名义正式公布《管理寺庙条例》，计分总则、寺庙财产、寺庙僧道、寺庙注册、罚则五章三十一条，对于寺庙界限、寺庙注册、处罚等，均有详细规定，较之《寺院管理暂行规则》已有明显进步。但其内容太泛，已超出"管理"范围，且将实体问题（寺庙财产及僧道继承等）、手续问题（寺庙注册）混合规定，以致内容庞杂，适用困难，故条例虽经公布施行，而各省鲜有能遵照办理者。至1921年5月20日，北洋政府始将该项条例废止，另行公布《修正管理寺庙条例》，计分总则、寺庙之财产、寺庙之僧道、罚则、附则五章二十四条。其可取之处在于规定寺庙不得废止或解散，寺庙注册另订法规，教规事项概不列入。

南京国民政府成立后，因破除迷信、"庙产兴学"引发的侵占寺产、毁坏佛像、焚烧经书之风，使佛教界感到危机四伏，各处寺庙因产权关系时起纠纷，地方政府处理此种纠纷时，亦无适当法令遵循。因此，政教双方均纷纷呈请另颁"寺庙管理条例"。1928年6月23日，太虚大师呈内政部整理宗教文所附条陈就提出："废除袁政府时之寺庙管理条例，以示宗教平等。"7月3日，内政部长薛笃弼复函太虚："查前管理寺庙条例，多偏于管理佛教之规定，关于其他教会，则涉疏略，按之现在情形，自难适用。本部正拟另新订定此项条例，对于各种教会寺庙，将有妥当管理方法之规定。承示各节，具有见地，已饬主管司参考矣。"可见，主管当局对于太虚提出的意见还是相当重视的。同年8月，江苏省政府主席钮永建也呈文国民政府："训政开始，社会积习急宜革除，现在处理寺庙财产争执，若照从前管理寺庙条例办理，不免与党国精神有所抵触，应另行颁订，以资遵守。"钮永建呈请国民政府另颁条例，主要是当时处理庙产纠纷无据可依，若仍按照北洋政府颁布的《修正管理寺庙条例》来处理庙产纠纷，显然不合时宜。国民政府秘书处8月30日将其呈文转交内政部参考。10月26日，钮永建再度呈文国民政府，一方面申明另颁条例的必要，另一方面提出，在新条例"未经颁布以前，管理寺庙条例是否继续有效"。11月6日，国民政府秘书处分别致公函内政部、江苏省政府："在未颁布以前，所有管理寺庙条例核与现行法令无抵触者，仍继续有效。"

为管理寺庙、平息纠纷，颁布新的寺庙管理条例已成刻不容缓之举。1928年12月，由内政部草成《寺庙管理条例》，经国民政府酌加修正后，于1929年1月25日正式公布。由于国民政府行文仓促，并没有争取佛教界的参与意见，况且此时制定的《寺庙管理条例》又有袭制袁世凯时期的旧版条例之嫌，所以其内部存在诸多问题，内容苛刻，实难为佛教界所接受。

自《寺庙管理条例》公布后，各地庙产纠纷有增无减，上海、云南、四川、山西、浙江等地佛教团体纷纷致电、呈文国民政府，或向国民政府请愿，要求修改。四川省各县佛教会于1929年3月15日致电国民政府，指出"新颁管理寺庙条例，名曰保护，实近摧残"，"僧众为维持正法起见，誓死不敢遵从此项不平等条例，伏冀政府收回成命，迅速召集深明佛法民众，另行慎重规定颁布维持庙产条例，以示大公而维国本"。云南佛教团体致国民政府行政院、内政部的通电，措辞也非常激烈，指出"此项条例，诸多抵牾，一经颁行，弊害丛生，危及佛法，影响甚巨"。同样要求国民政府"收回成命，另外召集深明佛理之人，详加审定，制为完善条例"。不少佛教徒还以个人名义上书南京国民政府当局，质疑《寺庙管理条例》的合理性、合法性。1929年3月27日，守培法师呈文内政部，认为《寺庙管理条例》"不但消灭佛教财产，且丧失国府威信，亦败坏世道人心",要求国民政府设法保全庙产以免伤风败德。鉴于中国佛学会仅是代表太虚一系佛教改革的佛教组织,因此联系更广泛的寺僧代表以实现保护佛教之利益、成立统一的佛教组织得到了广泛的关注,"中国佛教会"应运而生。

1929年4月12日,中国佛教界因痛感《寺庙管理条例》之苛刻,由中国佛学会谢健、黄忏华等,会同江浙佛教联合会,召集十七省代表,于上海觉园召开第一次全国佛教代表大会,会议决定再行成立中国佛教会。会议选举太虚、圆瑛、仁山、可成、德浩、禅定、惠宗、荫屏、寂山、明道、大悲、兴慈、弘伞、德宽、静修、常惺、慧轮、克全、王一亭、关䌹之、闻兰亭、黄涵之、钟康侯、范古农、江味农、狄楚青、李云书、宁达蕴、罗奉僧、陈正有、谢铸陈、许止净、徐平轩、朱石僧、简玉阶、孙厚在三十六人为执行委员;谛闲、印光、德峻、白普仁、转道、达如、施省之、庄蕴宽、焦易堂、程德全、梅撷芸、王森甫十二人为监察委员;并请政府设立宗教委员会,要求政府修正《管理寺庙条例》。

4月25日,中国佛教会代表德峻等为中国佛教会拟定会章,呈请内务部备案。中国佛教会呈请立案文云:"窃维佛教以六波罗蜜、慈悲平等、利益群生为宗旨,故先总理中山先生于所著《三民主义》中,既称宗教造成民族力量之雄大,复谓佛学足补科学之不及,足征古今先觉,遥相默契。际此统一告成,训政伊始,复兴中国古有之文化,建设三民主义之国家,实为当务之急。而佛教之于三民主义所根底的中国文化,尤有不可分离之关系。我佛教徒为致力于党国,尽国民之天职,自应本大乘救世之精神,宏扬我佛之正法,以期贯彻博爱互助之本愿,实现世界和平天下大同,德峻太虚等。爰本斯旨,特联合全国佛教团体代表,于三月一日,在上海赫德路十九号,共同会议,组织中国佛教会,以领导全国僧众,去妄显真,破迷合觉,尤积极努力于社会公益事业,如赈济、施医、平民教育等,并提倡农工事业,皆为重大之使命。"① 在解释其立会之宗旨的同时,历陈佛教与三民主义和传统文化的关系,试图以此获得许可。

在呈交立案文的同时,代表们还呈交了太虚等人所拟定的中国佛教会会章十六条。《中国佛教会会章》规定:"中国佛教会由中华民国全国佛

---

① 《中国佛教会代表大会呈中央政府请求备案文》,《中国佛教会公报》第1期,1929年7月。

教徒组织之",为僧俗共同的组织;宗旨是"联合全国教徒,实现大乘救世精神,宏宣佛教,利益群众";规定"设会所于首都(南京),为事实上便利起见,设总办事处于上海";其主要任务是"举办慈善公益"、"普及平民教育"、"提倡农工事业"、"设立各种研究所"、"宣传佛教"、"整理教规"等。王一亭、太虚联名致书蒋介石,并由王一亭亲谒蒋,6月3日,行政院发布告示宣告中国佛教会准予立案,然党部尚未批准。行政院的批示云:"呈及会章均悉。此案前准国民政府文官处公函开,奉主席谕:交行政院,转饬内政部查照备案等由,业已由院转饬内政部查照备案矣!仰即知照,此批!"① 经过太虚法师与王一亭的苦心努力,中国佛教会初步得以奠定基础。

1929年6月3—5日,中国佛教会第一次执监联席会在上海举行,推选圆瑛、太虚、仁山、寂山、惠宗、王一亭、关䌹之、钟康侯、谢铸陈九人为执行委员会常委。于是日起,在南京毗卢寺成立会所,并于上海赫德路十九号设立总办事处。决议全体执监委员于6月6日赴南京请愿政府及立法院,要求废止《寺庙管理条例》,并请速颁宗教法。中国佛教会认为《寺庙管理条例》"违反党纲,抵触国法","所以发生窒碍之处,实由起草者根本上不明佛教为何物,而复中于一般流播之浅说,故所以条款多含破坏之精神"。1929年11月30日,立法院第六十三次会议逐条讨论通过《监督寺庙条例》,国民政府于12月7日公布了这一条例,并将《寺庙管理条例》明令废止。会议推举克全和尚、古云和尚、宁达蕴居士先赴南京会所筹备一切,推举常惺法师,谢铸陈、钟康侯居士起草请愿呈文。

中国佛教会成立以后,重视各省县的分会发展,立即颁布了《本会正式成立训令各省佛教会文(第一号)》,知照各省县,并要求各省县依照组织大纲分别设立或者改组。圆瑛法师于1929年9月发表《奉劝全国佛徒实行真佛教》,奉劝全国佛徒集腋成裘,建设佛教大乘救济各事业,云:"我全国佛徒,果能本大雄氏无畏之精神,实行大乘真佛教,慈悲广运,救济实施,无论大小寺院庵堂,能将平日所施于人者,转施于各处佛教会,勿存利己之心,常发利他之愿,俾得集腋成裘,建设佛教大乘救济各事业。如育幼院、养老堂、感化院、残废所、民众学校、贫民工场、图书馆、佛学院、施医院、协赈会等。不舍尘劳,而作佛事;不违世谛,而

---

① 印顺:《太虚大师年谱》,《妙云集》中编之六,台北正闻出版社1992年版,第293页。

阐真乘。外则利生，内则卫教。"①

1930年5月，中国佛教会于上海召开第二次全国代表会议，因赖蒋介石的饬令，始获内政部批准和中央党部的认可，于是经党、政两方面认定为合法的团体，并且通过了《中国佛教会各省县佛教会组织大纲》。

（二）佛教会之分化

1929年之后，佛教界对于革新佛教制度问题，发生了新旧两派的争论，分别以太虚大师与圆瑛法师为代表。一主张革新，利用寺产，创设僧教育，培育僧才，以配合训政，建设新中国佛教；一主张保守，维持丛林寺院独特家风，不附和时势，不标新立异。大醒法师在谈到1929年的中国佛教时，专门论及新旧思想难以调和："用新的思想，处处以现代为立场；守旧的思想，却反乎此，把现在的事样样都要拉到几百年以前去。前者，是受了时代的转流、革命空气的熏陶，委实感到佛教内部腐败已不足持，外境波动在在可危，因此若教他跟着守旧思想的回转跑，做到几百年前的思想，这是万万做不到的。后者，是染了封建制度的遗毒、懒惰偷安的病菌，又吃了子孙法派的迷魂药，他们以上代祖宗是这样的，我也只有这样。……譬如说要整顿佛教，他们就拿几百年前事来偏护，整顿佛教古来没有听过。"② 近代佛教内部新旧两派之争肇始已久，为佛教会的发展和运作埋下了分化的种子。佛教会在内部派系矛盾重重的情况下，坚持运作。

太虚大师受到近代改革思潮的影响，大胆提出了近代佛教改革之"三大革命"，是为新僧的代表；而圆瑛法师历任浙江宁波天童禅寺，福州雪峰禅寺、鼓山涌泉禅寺，南洋槟城极乐寺等名刹方丈，被太虚一系斥为僧伽保守派的代表。中国佛教会建立以后，二人分歧日增，渐行渐远，使得两派矛盾愈加不可调和。

早在佛教会建立之初，即因会址选定上海还是南京的问题，新旧两派便发生了争论，加之当时一些社会知名居士从中加以挑拨，争论更是日盛，对于佛教会的日常工作也产生了很大的影响。佛教会建立之初，各项制度不够健全，另外由于新旧派系的矛盾分歧，诸种工作设想皆因人为原因而名存实亡。佛教会的内部分歧肇始已久，新旧两派矛盾实难调和，但

---

① 圆瑛：《奉劝全国佛徒实行真佛教》，《中国佛教会公报》第3期，1929年。
② 大醒：《民国十八年的中国佛教》，《现代僧伽》第43、44期合刊，1929年。

是新旧两派矛盾的与日俱增,与南京国民政府的置之不理、不作为也是分不开的。

1931年4月,中国佛教会在上海觉园召开第三次全国代表会议,到会全国各省及内蒙古、西藏、南洋代表百余人。席间太虚大师发表《告全国佛教徒代表》书,大力批判中国佛教会之种种不足,并要求立即改组,云:"本会第二届以来,经费益枯窘,人才益凋散。常务委员开会,每不合会章。如委托非本会委员为代理人,及一人同时代理二人之违反办事细则第八条。他若开会不推定主席、纪录,不具开会仪等。又名为佛教会总办事处,而办事员中甚至无一僧人或正信居士。如此何能构成为全国佛教最高机关,而期其能得全国佛教徒之信托,振兴佛教事业耶?今谓如中国佛教会要续办者:一、必须精选才德僧伽、正信居士以构成常务委员会,及总办事处。每半月须将议办之事,通知全体执监委员与各省佛会,以凭纠察。二、最少须筹有确定之常费三万元。除常委及办事员能有安定之办事经费外;并办一万不可少之会报,及急需之'全国各级佛教会办事僧员训练班'。以期各省各县佛教会,陆续可得有能贯彻本会宗旨之办事僧员。否则空挂一招牌,而每年徒耗讨乞来之数千元经费;反为佛教增加许多不合理不体面之情节;倒不如速速将'中国佛教会'自动解散取消之为愈!"①

佛教会第三次会议,太虚大师陈词以后,在其追随者的努力之下,改选结果太虚一系大胜,圆瑛当选常委,但其随即辞职,保守派对改组后的中国佛教会采取不合作态度,抗缴以前认可的经费。"一向包办中国佛教会的沪杭名流如黄建六、钟康侯落选……不甘失败,从中制造事端,新旧之间矛盾骤然激化。"②

及至1931年4月11日,中国佛教会召开第三届第一次执行委员会议,圆瑛法师、闻兰亭等先后来函辞职,太虚、仁山等全面接管中国佛教会,并且移址南京毗卢寺。自此新旧两派矛盾更加激化,一度只有太虚一人主持毗卢寺会务,而各省所任领之会费也抗而不捐,会务无法实行。而此时黄建六等人也致函太虚提出异议,要求会务返沪,并且将函件印刷分

---

① 太虚:《告全国寺院僧伽》,《海潮音》第11卷第4期,1930年4月。
② 陈金龙:《南京国民政府时期政教关系——以佛教为中心的考察》,中国社会科学出版社2011年版,第120页。

发，新旧两派矛盾公开化。

6月3日，太虚大师针对旧派的质疑，公开发表辞职声明《宣布退出中国佛教会通告》："余以近世中国佛教之沉晦，其原因在僧制之窳败，故欲从整理僧制入手，进而昌明佛法，利济人群。二十年来，此志未敢稍懈！民国十六七年间，因学界一部分有摧灭宗教之议，爰发起中国佛学会，藉欲保教。迨十八年夏，余自欧、美游历归，则已由中国佛学会蜕为中国佛教会，并已推余为执委、常委之一。当时察知仅为保持寺产之集团，本不愿就职，然尚冀由维护而渐规兴革；委顺曲协，挈携偕进。荏苒两年余，以至今日，乃知此保持寺产集团，不惟无整理僧制、振兴佛教之望，且有最近暴露其实以整理僧制、振兴佛教为仇敌者，则余不应再空耗其精力于中国佛教会，故特郑重声明退出，以明今后之责！"①

太虚辞职以后，上海部分执行委员以协调挽留的名义召开第三届第二次执行委员会议，通过了请王一亭居士复职和王一亭在南京设立会所、在上海设立办事处的建议。南京由太虚大师负责，上海由圆瑛法师和王一亭等负责。此二决议"实际上弃南京中国佛教会不顾，导致了中国佛教会分裂的加剧。6月14日后，中国佛教会所发出的文件和通告，即用圆瑛和王一亭两人具名，给人的印象是中国佛教会已废除委员制而改为独裁制，太虚和圆瑛之间的关系更趋紧张，已无法合作共事"②。太虚再次发表声明退出中国佛教会，之后革新派黄忏华等也相继退出。

太虚退出中国佛教会以后，仍然对中国佛教会的事务较为关心，后来又发表了《告全国僧寺主持书》等，但由于新旧两派的矛盾不可调和，1932—1934年，所有中国佛教会通过的决议，并没有很好地实施，而且由于新旧两派的矛盾导致了全国僧俗对于中国佛教会的一致质疑，甚至引起了国民政府内部对于中国佛教会立案成立的反思和质疑。

1935年，有七省主管教育人士向南京国民政府教育部提出接收寺产充作教育基金的提议，经全国教育会议通过，报批内政部。1935年7月18日，中国佛教会在上海召开第七届全国佛教徒代表大会，保守派活动

---

① 太虚：《宣布退出中国佛教会通告》，载《太虚大师全书》第33册，台北善导寺1980年印本，第93页。

② 陈金龙：《南京国民政府时期政教关系——以佛教为中心的考察》，中国社会科学出版社2011年版，第121页。

积极，擅自修改会章为《中国佛教会章程》，后又单方面呈请政府民众运动指导委员会备案，该中国佛教会为中国佛教总会，委员制为理事制，改国省县三级组织机构为国县二级，取消省佛教会，在各县直接设置分会，表面上看似佛教会便于切实督办各分会佛教事务，实际上在于统辖全国僧尼，控制全国寺产。

中国佛教会中保守派僧人修改佛教会章程的做法不符合当时组织形式立法程序，且大刀阔斧的改革章程对于佛教会现状的关注不够。实际上，各省佛教会在佛教会工作中作用极大，对于保护县级佛教会以及创办各项事业发挥了不可或缺的作用。新修订章程一经推出，即得到了全国多数省份的抗议，首先有江苏省佛教会通电全国，后又有安徽、湖南、四川、贵州等各省佛教会响应。尽管全国数十省佛教会反对新修订佛教会，但是由于有内政部和民众训练部的支持，全国范围内强令推行新修订法案，且多有民众训练部出面催促各省督办。保守派借民训练部的权威推行新修订法案的同时，革新派对中国佛教会强烈不满，激化了双方之间的矛盾。

大醒在《略评中国佛教会近事》一文中指出："中国佛教会根本上组织就不健全：第一，该会并非由各组织的基本团体而组成者；第二，该会每届出席之省代表均非正式由县会选出者；第三，该会伪选之执监委员从来未有一次全数就职。由此之故，中国佛教会为少数人所操纵，已为极显明之事实，无可讳言者也！"①

1936年，国民党中央民众训练部开始正式介入调解佛教会内部新旧之争端。6月9日，江苏代表仁山、法权、霜亭、静严，安徽代表本僧、镜空，以及四川、贵州、湖南僧诸代表齐集金山寺对当时不尽如人意的佛教会新修订法案筹商办法，得到了国民政府民众训练部、江苏党委等的高度重视。会议主要通过了"维持佛教会"、"停止中国佛教会新章"、"请愿迅速召开大会"等决议。

金山寺决议得到了国民政府的认可，1936年6月民众训练部拟定《中国佛教会章程草案》七十条和要点说明八条，直接参与了佛教会内部的纷争。《草案》内容主要包括了"僧尼必须入会"、"县会员人数不得少于500人"、"各级代表大会、理监事会之组织、人数分配、产生方法及会议时法定人数，务求比例相当，合乎事实与法理"、"详细规定寺僧及

---

① 大醒：《略评中国佛教会近事》，《海潮音》第17卷第1期，1936年1月。

僧尼等级和会员入会手续"、"传戒与以后新剃度僧尼入会办法，力求复戒律精神"、"监督总分会各寺庵收支"、"减低汇费与寺庵应纳常年捐之标准"，得到了全国革新派僧尼的拥护和认可，而保守派僧尼则极力反对。

中国佛教会自1929年建立之初，即多有新旧之纷争，直到1936年，国民政府才正式介入与当时的国际形势是密不可分的。"九一八事变"、"华北事变"以来，日本图谋发动全面侵华，国民党政府鉴于团结民众共同抵御外侮之需要成立民众训练部。再者，近代以来，日本侵华多借助于日本佛教作为先遣，宗教渗透和收买僧尼作用重大。国民政府深谙中国佛教抵御日本宗教渗透的巨大作用，一方面，笼络佛教内部团结一致、共同对外；另一方面，通过对于佛教会的管理和宣传，尽量杜绝僧尼为日本所收买之祸患。

1936年8月，圆瑛法师于南京毗卢寺再次主持中国佛教会第七届四次理监事联席会议，鉴于各方面压力，会议决议恢复了中国佛教会三级制；决议10月15日前召开第八届全国佛教徒代表大会；居士不得入会留待大会讨论等成果。

国民政府民众训练部一方面促成佛教会第八次全国佛教徒代表大会，同时为佛教会发展提供了新的构思。1936年9月2日，民众训练部提出了"改组中国佛教会为中国佛教寺僧会和中国佛教居士会"、"采取国省县三级制度"以及"废止现行选举制度，代表只产生由民众训练部全国范围内选拔"三项办法，其中建立佛教居士会等方案赢得了佛教会内部革新派的认可。

1936年11月15日，中国佛教会第八届全国佛教徒代表大会在上海觉园召开，出席代表二百余人。会议主要讨论修改了《中华佛教会会章》、《会员入会规则》、《各分会组织通则》、《选举代表规则》等。讨论通过的新会章，其中"会员"一章有较大修正，规定"除在家二众及皈依三宝、护法有力者，均得入会为会员外，全国僧尼一律登记入会为会员"。其他各章亦有改动。大会以后，中国佛教会发表《第八届全国佛教徒代表大会宣言》提出：①关于宣传教义方面，主张普遍弘扬，不拘于一宗一派之成见。②关于办理僧尼教育方面，主张研究佛教本身以外，并提倡科学知识，以为办道之补助。③关于整顿教规方面，主张慎收徒众，重视戒律，并努力大乘修持功夫，以崇佛制。④关于保护教产方面，主张以佛教产业办理佛教事业，不使施主布施之本意有万一之辜负。⑤关于促进会务方面，主张重实际不重高调，按部就班，以避坐言不能起行之弊。

1937年7月7日，抗日战争全面爆发，中国佛教会理事长圆瑛在上海觉园召开理监事紧急会议，号召全国佛教徒参加抗日救国工作，并成立中国佛教会灾区救护团，圆瑛为团长。随后建立僧侣救护队，赶赴前线救护伤员和救护抗日将士；建立僧侣掩埋队，掩埋战场尸体；为了筹募经费，圆瑛在1937年10月和1938年冬两次赴南洋各地筹募，取得了巨大成功。

中国佛教会在抗战爆发后，全力投入抗日工作，会务一度宣告停顿。1938年4月，抗战期间，圆瑛法师等宣布在上海孤岛恢复办公，废止会址迁移重庆的决议。而在重庆的部分中国佛教会理监事则商决成立"中国佛教会临时办事处"，由太虚大师主持，推动"僧众救护队"、"伤兵慰劳队"，募捐救济流亡同胞，并与大后方各省县佛教会保持联络。1940年1月，圆瑛法师以老病为由，辞中国佛教会理事长及灾区救护团团长等职务。

抗战胜利后，国民政府内政部与社会部对中国佛教会进行整理，拟订了《中国佛教会整理委员会组织章程》。1945年8月，抗战胜利，国民政府授予太虚大师"胜利勋章"。1945年11月17日，内政部、社会部确定太虚、章嘉、李子宽、虚云、圆瑛、昌圆、全朗、朱庆澜、屈映光九人为整理委员，太虚、章嘉、李子宽为常务委员。1946年1月1日，中国佛教整理委员会从重庆迁至南京毗卢寺。7月19日，该委员会第三次常务会议在上海玉佛寺召开，出席者太虚、章嘉（大醒代）、李子宽，列席王慧达、心高。7月20日，该委员会第三次会议在上海玉佛寺召开，出席者太虚、李子宽、章嘉（大醒代）、虚云（张小廉代）、黄涵之、圆瑛（白圣代），列席王慧达、心高，讨论召开全国代表大会，各地对该会章程及各规则草案提出修正意见等。

1947年3月17日，太虚大师于上海玉佛寺圆寂，世寿57岁。同年5月26日，中国佛教会抗战胜利后第一届全国代表大会在南京毗卢寺召开，出席代表70余人。大会发表《宣言》，修订《中国佛教会章程》，制定《中国佛教会及分支会选举代表规则》、《会员入会规则》、《传戒规则》、《寺庙住持规则》、《僧尼剃度规则》、《分支会组织规则》及《大会议事规则》等。选举章嘉为理事长，雪嵩为秘书长。1948年3月，中国佛教会通告全国各寺庙：凡有干涉寺政寺产，违反宪法及该会规章的任何组织，一律不予承认。5月21日，该会第三次理事会在上海玉佛寺召开。章嘉（雪嵩代）、巨赞、茗山、东初、赵朴初等二十余人出席，会议讨论经费问题。决定设立蒙藏教务委员会，通过《中国佛教会蒙藏委员会组织规则》。

（三）佛教会之评价

中国佛教会是近代佛教组织中存续时间最长、影响最为深远、具有全国性性质的佛教组织，是在政府的参与下逐渐完善的，尽管佛教会内部新旧两派斗争激烈，外部深受"庙产兴学"等新思潮冲击，但是其作为近代我国佛教徒团结一致、立志复兴中国佛教、发展佛教社会事业而进行的一次伟大尝试，极具积极意义。

中国佛教会自1929年至1949年的二十年时间，领导中国佛教界付出了积极的努力和尝试。1931年"九一八"事变后，日本帝国主义开始赤裸裸地侵占我国领土，残害同胞，加之此时期自然灾害，内忧外患中的中国佛教会领导僧俗各界为中国佛教之复兴、社会之稳定、民族之团结以及抗战之胜利发挥了积极的作用。

1932年《中国佛教会致省市佛教会书：诚心祈祷以消灾国难》一文云："国家不幸，当洪水为灾之日，方救死扶伤之不暇，而东邻挟其侵略政策，伺际以动，突以重兵袭取辽吉，所至蹂躏，被祸其惨，警耗森传，举国震动，凡有血气，莫不悲悯，内忧外患，相逼而来。此诚国命绝续之交，而志士仁人所当协力同心共赴国难者也。嗟我佛徒，救世之旨，夙承教义，爱国之宜，绝后于人，乃者捐募赈款之举，亦既踊跃轮将，稍尽布施之力矣。而浩劫方来，民生滋苦，尤宜合全国僧伽居士，随地建设祈祷道场，虔诵仁王护国经，念持观世音菩萨圣号。本世精诚，冀获灵感，藉以消灾弭劫，救亡图存，而佛教之兴衰，亦将视此为转移。顾瞻前途，长胜危悚，愿诸山长老，暨各省市县分会其亟起而图之。专此布奉，诸虽公鉴。"[①] 文章体现了其拳拳报国之心。而于实践方面，中国佛教会在抗战期间更是组织僧侣救护队、居士团体舍粥募捐等活动为抗战出力，还带领僧众于南亚诸国宣传日本帝国主义之侵略事实和我国顽强抵御法西斯之决

---

① 《中国佛教会致省市佛教会书：诚心祈祷以消灾国难》，《四川佛教月刊》第10期，1932年10月。

心,甚至僧众直接参与抗战,为抗战胜利付出了惨痛的代价,僧侣护国之艰辛彪炳史册,贻学后人。

第五节 太虚大师人间佛教思想

中国佛教自明清以来渐趋衰微,到清末民初,经过太平天国革命、庙产兴学运动等屡次致命打击,更是风雨飘摇,难以为继。然而中国佛教毕竟有着近两千年源远流长的深厚底蕴,有着上至知识阶层下至平民百姓广泛的社会影响,所以依然具有自身反省生存和发展的顽强生命力。近代佛教所面临的危难,也为佛教的转型和新的发展带来了契机,使之从荆棘丛生中开辟了新的出路。太虚大师作为近代佛教最有影响的领袖和佛教改革家,继承融会中国佛教传统,改革佛教在封建时代所附着的尘垢和弊端,力图使佛教能够适应民国新的时代,化导社会人心,被誉为"近代佛教的马丁路德"。有人甚至称其为继古代道安大师、禅宗六祖慧能大师之后的又一划时代的人物,从中国佛教史看,这一评价是公允的。人间佛教思想的提出及其实践,不仅仅是太虚大师一人的倡导和努力,更是近代中国社会时代的产物,是一场轰轰烈烈的佛教新运动。由于太虚为倡导人间佛教最杰出的代表,故被尊为"人间佛教导师"。虽然受时代局限,太虚大师的佛教改革思想与民国这一特殊的历史阶段相始终,未能完全取得成功,然而放眼未来中国新的千年佛教的发展,太虚的人间佛教思想无疑是最具前瞻性和指导性的思想资源,值得佛教界深入挖掘和创新发展。

一 人间佛教产生的历史背景与时代思潮

人间佛教思想,可谓太虚大师的一贯佛教思想,从民初提出佛教教理、教制、教产三大革命开始,太虚力倡革除旧时帝制时代佛教弊端,引导佛教走向现实的社会人生,人间佛教思想成为其教理改革的核心内容。1920年,《觉社丛书》改刊,定名为《海潮音》,其宗旨是"发扬大乘佛法真义,应导现代人心正思",这正是人间佛教思想的精神。1934年,《海潮音》刊物还专门出版了人间佛教专号。与此同时,人间佛教思想也是这一时代的主流思潮,反映佛教在这个时代适应社会、图存救亡、生存与发展的努力。

（一）从佛教自身的衰落奋起探索生存与发展的新路

中国佛教自明清以来渐趋衰微，到清末民初，历经太平天国革命、庙产兴学运动等，更是风雨飘摇，难以为继。针对明清以来中国汉传佛教片面地重视死后来世和鬼神迷信的弊端，太虚大师提出了人生佛教、人间佛教的思想，使得佛教由偏于鬼神信仰转向对社会问题及人生问题的关怀。

1913年3月，在上海静安寺召开的寄禅法师追悼会上，太虚大师发表了复兴中国佛教的组织革命、财产革命和学理革命的佛教改革口号，即太虚后来所总结的"教理"、"教制"、"教产"三大革命，揭开了整顿与振兴中国佛教之序幕。三大革命的口号一经提出，即遭到濮一乘主编的《佛学丛报》的严厉批评，称其为"妄人之邪说"、"未免肆无忌惮"，对学理革命批评尤甚，说"窃恐非自命新佛之提婆达多从地狱复起不可"。太虚于是作《敢问佛学丛报》以驳斥之。对于教理革命，太虚解释说："我认为今后佛教应多注意现生的问题，不应专向死后的问题上探讨。过去佛教曾被帝王以鬼神祸福作愚民的工具，今后则应该用为研究宇宙人生真相以指导世界人类向上发达而进步。总之，佛教的教理，是应该有适合现阶段思潮底新形态，不能执死方以医变症。"① 所以三大革命的提出，其中的教理革命与此后明确提出的人生佛教及人间佛教的阐释和实践是一致的，可以看作太虚大师人生佛教以及人间佛教的思想起点。针对中国传统佛教的弊端，太虚大师的人间佛教思想主要强调了两个方面，一为由传统的偏于鬼神迷信转向对人生问题的关怀，二为由佛教的偏于出世转向积极入世。

第一，由鬼神迷信转向对人生问题的关怀。1946年，太虚在镇江金山寺作《人生佛教》的演讲中说："在人类生活中，做到一切思想行为渐渐合理，这就是了解了佛教，也就是实行了佛教。因为佛陀教人持戒修善，息灭烦恼，就在使人类的生活合理化。人类生活中可共同通行之道，便是道德；互相欺诈、淫乱、争夺、杀害，皆是不道德的行为。佛法切实的指导改进，使其互相推诚、仁爱、谦让、扶助，这就是学佛的初步。学佛，并不一定要住寺庙、做和尚、敲木鱼，果能在社会中时时以佛法为轨范，日进于道德化的生活，就是学佛。"又说："佛教，并不脱离世间一

---

① 太虚：《我的佛教改进运动略史》，载《太虚大师全书》第57册，台北善导寺1980年印本，第78—79页。

切因果法则及物质环境,所以不单是精神的;也不是专为念经拜忏超度鬼灵的,所以不单是死后的。在整个人类社会中,改善人生的生活行为,使合理化、道德化,不断的向上进步,这才是佛教的真相。""由人向下为一切有情众生,由人向上为天及三乘、菩萨、佛。上下总依人生为转依,可见人生之重要性。我们应依佛的教法,在人类生活中,把一切思想行为合理化、道德化、佛法化,渐渐向上进步,由学菩萨以至成佛,才是人生最大的意义与价值。"太虚所讲的人生佛教包含了三乘佛法,与人间佛教思想并无根本差别。

第二,由消极出世而积极入世。1935年化声在《十五年来佛学思想之趋势》中明确说太虚大师倡导"由出世而趋向世间":"出世法门亦是方便假说,究竟出到何处,饶你到常寂光净土,又便如何?既生在这个世界,岂必既可离脱,不过因为度人的程度不够,烦恼不能断除,于是方便离开人群,专门自修,一般人以为学佛就是出世,不知道佛法是不能离开世间的。故太虚大师近来积极提倡人间佛教,建立人间净土,改造人间佛国。不但即人间而改造人间,还要入地狱而庄严地狱,所谓'我不入地狱谁入地狱',这才是真正行菩萨道。"① 太虚在《人生的佛教》中讲:"旧行之佛教,厌离现实人生之心切,每重求后世之胜进或智生之寂灭,净土、密法,即应此希求之方便门也。然专以来世或寂灭为务,每与现实脱节,不能圆显佛法之功效。今倡人生佛教,旨在以现实人生为基础,改善之,净化之,以实践人乘行果,而圆解佛法真理,引发大菩提心,学修菩萨胜行,而隐摄天乘二乘在菩萨中,直达法界圆明之极果。即人即菩萨而进至于成佛,是人生佛教之不共行果也。"②

(二) 时代革命思潮的影响

在近代思想史上,佛教思想成为社会改良与革命的思想武器。如章太炎从佛教的缘起性空、种姓平等和众生平等思想出发,反对满汉不平等,推崇佛教的大无畏精神和菩萨的慈悲济世思想。梁启超在《论佛教与群治的关系》中也认为:"舍己救人之大业,唯佛教足以当之。"他提出佛

---

① 化声述,尘空记:《十五年来佛学思想之趋势》,《海潮音》第16卷第1期,1935年1月。
② 太虚:《人生的佛教》,载《太虚大师全书》第5册,台北善导寺1980年印本,第238页。

教有六大特点,即"佛教之信仰乃智信而非迷信"、"乃兼善而非独善"、"乃入世而非厌世"、"乃无量而非有限"、"乃平等而非差别"、"乃自力而非他力"。清末,革命观念更是浸染于佛教僧徒的思想之中,太虚人间佛教思想亦深受此社会风气的影响。

辛亥革命时,有不少僧人如华山、栖云、宗仰等直接参加了革命,对于太虚都有直接的影响,促使他"回真向俗",认为佛教亦必须经过革命方能发挥其入世救世的作用。据《太虚自传》载,华山在少年时,已蜚名讲肆,文字口辩俱所擅长。其诗词、书画也很不错,在当时的僧众中,属于开新学风气的人物。曾在杭州与僧松风等创设僧学堂,与维新办学校的人士多有交往。他经常向太虚力陈世界和中国大势所趋,认为佛教亦非速改革流弊、振兴僧学不为功。"我乍闻其说,甚不以为然,且心精勇锐,目空一切,乃濡笔为文与辩;泛从天文、地理、杂及理化、政教等,积十余日,累十数万言。净宽等见相争莫决,出为调解。我亦觉其所言多为向来的中国学术思想不曾详者,好奇心骤发,因表示愿一借观各种新学书籍。就其所携者,有康有为《大同书》、梁启超《新民说》、章炳麟《告佛弟子书》、严复译《天演论》、谭嗣同《仁学》,及五洲各国地图、中等学校各科教科书等。读后,于谭嗣同《仁学》尤爱不忍释手,陡然激发以佛学入世救世的弘愿热心,势将不复能自遏,遂急转直下的改趋回真向俗的途径,由此乃与华山深相契好。"① 又如栖云和尚是湖南人,据说曾赴考中秀才。出家后从寄禅等参学,又舍而去日本留学速成师范,加盟孙中山先生的同盟会,与徐锡麟、秋瑾等回国潜图革命。曾于秋瑾在绍兴所设学校担任教员,时以僧装隐僧寺,时以短发,西装革履,招致人猜忌。"我初遇于平望小九华,而大受其革命思想的掀动。传阅民报与新民丛报的辩论,及孙先生所讲三民主义、邹容革命军等。但我初不稍移我以佛法救世的立场,只觉中国政治革命后,中国的佛教亦须经过革命而已。"② 此外,还有僧人直接参与革命、各地僧众组织僧军参加革命军的,如灵隐寺方丈玉皇组织僧军参加了攻打南京的联军,绍兴亦有一支由数百名僧人组成的革命军,由谛闲法师和开元寺僧铁岩统领。铁岩后来离开绍

---

① 太虚:《太虚自传》,载《太虚大师全书》第29册,台北善导寺1980年印本,第191页。

② 同上书,第192页。

兴开元寺，以俗姓许铁岩隐于革命党中，1916年，因反对袁世凯称帝谋划浙江独立，被杀于杭州，后葬于西湖玉泉寺畔，题"许烈士铁岩之墓"。

正是由于新学思潮与革命思想，促使太虚的思想发生了转变，觉得中国政治革命后，中国的佛教亦须经过革命。太虚曾说："偶然的关系，我与许多种的革命人物思想接近了，遂于佛教燃起了革命热情，在辛亥革命的侠情朝气中，提出了教理（那时叫学理）革命、僧制（那时叫组织）革命、寺产（那时叫财产）革命的口号。"① 太虚以革命思想改造中国佛教，剔除封建帝王时代时染着于佛教中的尘垢，主张佛法救世的立场，以适应新的时代，与他倡导人生佛教及人间佛教思想是一脉相承的。

（三）社会思想的震荡

人间佛教思想作为近代思潮和佛教改革运动，与民国时期的社会思潮，如反迷信、反宗教思潮，新文化运动，关于人生论的争论，科学与玄学的论争，尤其是来自儒者的批评等都是分不开的。1934年，岫庐曾作《大乘积极精神的人间佛教》，分析了当时文化界名流和哲学家梁漱溟、张东荪等儒者对佛教的批评："然而国内有少数学者，凭他们的片面观察，以为学了佛便不能再做社会其他救人救世的事业。张东荪和梁漱溟两位先生可作为这类主张的代表。张先生论出世思想虽也曾极力称道佛法的大智大仁大勇的精神，不过只是客观的佩服其态度而已，而他本人所推尊信仰的仍是西洋实用主义的淑世思想。故张先生一方面确认佛法为出世思想，而一方面又诧异学佛不以出世为宗旨的可怪。至于梁先生起初对于佛法原是较有深刻的认识的人，不过后来因为被爱国家爱种族的热情所倾动，故舍佛逃儒去办他的乡村建设。这仿佛仍是循着他的乡村建设事业非待舍佛逃儒不能办理。实则这种观察是大半不正确的；不，基于大乘佛法的立足点，可以说完全是错误的。"② "其实著者也曾再三考量过他们这种片面观察的理由是有因缘的：一、一部分小乘佛学实际确是偏于出世解脱，而无救人救世的精神。二、确也有些学佛的人未能免俗，与现实征逐的生活太接近，却把佛法以出世为宗旨的意义忘了。三、是由于他们未能

---

① 太虚：《我的佛教革命失败史》，载《太虚大师全书》第57册，台北善导寺1980年印本，第61页。

② 岫庐：《大乘积极精神的人间佛教》，《海潮音》第15卷第1期，1934年。

明了菩萨即入世即出世！即要想入世必先有出世精神为之基础。基此三点，所以佛法一直到今天仍不能如理如量的应用在人间。这不能不说是我们佛徒对于人类不可讳言的遗憾！"①

梁漱溟的《东西方文化及其哲学》本来是抗衡当时西学而开设的系列讲演稿，后结集成书，对当时思想界产生了震撼性的影响。他认为"印度文化是以意欲反身向后要求为其根本精神的"，所以他在谈及儒家与佛教的区别时说："孔与佛恰恰相反：一个专是谈现世生活，不谈现世以外的事；一个是专谈现世生活以外的事，不谈现世生活。……总而言之，佛教是根本不能拉到现世来用的；若因为要拉他来用，而改换他的面目，则又何苦糟蹋佛教？我反对佛教的倡导，并反对佛教的改造。"1921年11月，太虚在杭州撰写了《论梁漱溟东西文化及其哲学》一文，指出："梁君视佛法但为三乘的共法，前遗五乘的共法，后遗大乘的不共法，故划然以为佛法犹未能适用于今世，且虑反以延长人世之祸乱，乃决意排斥之。其理由，盖谓东方人民犹未能战胜天行，当用西洋化以排除物质之障碍；西洋人民犹未能得尝人生之真味，当用中华化以融洽自然之乐趣。待物质之障碍尽而人生之乐味深，乃能觉悟到与生活俱有的无常之苦，以求根本的解脱生活，于是代表印度化的佛法，始为人生唯一之需要。若现时则仅为少数处特殊地位者之所能，非一般人之所能也。故对于特殊人的个人之学佛虽或赞成，而对于向一般人提倡，必力反对之。""梁君欲排斥佛化，先以提倡孔化，使迷入人生之深处，极感苦痛，然后再推开孔氏，救以佛化。乃不直施佛化，俾世人得孔氏同样之利益，而预免其弊害，用心颇为不仁。又孔子天才之高，殆大士之应生，而此种人才，决非孔学所能产生，唯佛法乃能产生之耳。故宋明儒者，亦莫不与禅宗有渊源者。即梁君自身，要非先曾入佛不为功，乃反欲排佛以期孔化，何异斫除本根而求枝叶敷荣乎？则又颇为不智。一言而不仁不智，窃为梁君惜焉！"② 太虚在谈到人生佛教四个目的时，第一个目的就是"人间改善"，主张"以佛教五乘共法中之五戒等善法净化人间。从家庭伦常、社会经济、教育、法律、政治乃至国际之正义公法，若各能本佛法之精神以

---

① 岫庐：《大乘积极精神的人间佛教》，《海潮音》第15卷第1期，1934年。
② 太虚：《论梁漱溟东西文化及其哲学》，载《太虚大师全书》第49册，台北善导寺1980年印本，第307页。

从事，则均可臻于至善，减少人生之缺憾与痛苦。故现实人生可依佛法而改善净化之也。此虽一般科学、哲学及儒家等学术之所共，而佛教亦有详明发挥与其不共之特质者在；本此特质，进以融摄科、哲、儒学等所长，则佛教对此改善人生之目的，自可发挥其无尽之效力也"①。

二 作为时代思潮的人间佛教思想及其佛教新运动

关于人间佛教是古已有之还是近代中国社会特殊时期的产物；人间佛教是大乘佛教的菩萨精神，甚至是禅宗的"佛法在世间，不离世间觉"的精神，还是源自早期佛教的人间亲切性；这些问题在民国时期已多有讨论。《海潮音》第15卷人间佛教专号，曾广泛列举佛教经典以证明人间佛教思想。如《华严经世间品》云："虽知佛法即世间法，世间法即佛法，而不于佛法中分别世间法，不于世间法中分别佛法，一切诸法悉入法界。"《金光明经》云："世法即是法。"《六祖坛经》云："菩提在世间，不离世间觉；离世觅菩提，犹如求兔角。"《大毗婆沙》云："观世间安立出世间，观有为安立无为。若无世间应无出世间，若无有为应无无为。"《法华经》云："治世语言资生事业等，皆顺正法。"《莲宗初祖慧远法师传》云："释迦之教，无所不可，适教固是叫源，齐俗亦为要务。"

20世纪20—30年代佛教界，人间佛教思想可以说是一种时代思潮，或者说是佛教新运动。如1927年持松法师在《佛教对于人类将来的根本使命》中提出了"人间的宗教"的说法："圣者的意思，就是一切知者，一切觉者的意思，无论是在过去，是在未来，是在现在，常常的到这个如如里来的圣者，所以叫做如来。圣者的意思，就是一切知者，一切觉者的意思。把所有一切宇宙万有，通通自觉了的精神，就叫做佛的地位，佛教的根本理想也就在这里。因为自觉的东西叫作佛，所以佛教是人间的宗教。在人间以外，另外立一个实在的神，那是绝对没有的。"② 1933年夏天，《海潮音》月刊征文拟出版人间佛教专号，10月1日，太虚应汉口律师公会、佛教正信会、红十字会邀请，于汉口市总商会做了《怎样来建

---

① 太虚：《人生佛教之目的》，载《太虚大师全书》第5册，台北善导寺1980年印本，第234页。
② 持松：《佛教对于人类将来的根本使命》，载杨毓华主编《持松大师选集》（六），华夏出版社2009年版，第89页，原载《晨钟特刊》1927年第2期。

设人间佛教》，对人间佛教思想做了系统的阐述。

1934年《海潮音》第1期，出版了人间佛教专号。默如总结说："'人间佛教'，把这四个字连缀成功一个专门名词者，差不多是近来佛学家的一种新运动。其目的，在乎实现'人间佛教'化，这确是可幸庆的一大快事！在表面上看来，'人间佛教'这个名词，似乎是近来出产品；按其实际呢，佛陀老早的提倡过人间佛教了。……自从佛教传入中国以来，就少有实行人间佛教的机会。大部分的僧伽都是好谈清高摒弃外缘，退隐到山林里去，少顾及人间的佛教化。于是社会上不认清佛教，甚至把佛教和神鬼等相提并论了。近来佛学家深感佛教在社会上太嫌隔膜，并觉得图谋所以振兴之道，非把社会民众都知道佛教是个什么东西不为功，欲能达到此目的，除人间佛教化外，别无妙法，所以有重新提倡的必要。"[①]大醒在《人间佛教号致辞》中说："释迦牟尼佛，示生人间，其所教化之对象，自以人类为中心；故一一行径，全示同人法，指示人生光明之道，是人间的大导师，没有什么玄妙诡秘的色彩。行化乞食，深入社会，而以人间社会为基础。在大小乘经律论三藏中，都充溢着这愿意。可是到了后来，住持佛教者无释迦牟尼佛的智力，罩上一层玄妙不测的面幕，把佛教成为人间世以外的东西，差不多成为'脱离人世遁入空门'；不然，'与佛无缘'；于是佛教变为虚悬的没有人间基础的无角之鬼了。虽然也应以部分消极厌世悲观人生的要求，但是这在佛教是方便而非真实，大背乎释迦牟尼佛出现于世的宗趣。这虽然是时代环境的关系，而住持佛教的徒众是不能全盘的卸却责任的。现时代的环境和从前已是划开了而整个的变换了，人生一切的问题就在这现实世界来求解决，无需另外的一个玄秘的解决，这趋重于现实世界的现实生活，是重视人类自身问题的解答。故那些离开这人间而想拿另一种方法来解决的当然不适合这现实的人生思想。在佛教的本身讲，原是视对象的机感而施设的，当然也应换了一个方向，为这大众之机而投以适宜之教，这无疑地是人间佛教了。现代的先进佛教徒，应立在人世间使是人世间的文化道德生活都向着释迦牟尼佛所指示的光明大道上前进，恢复释迦牟尼佛出现这五浊恶世大无畏大勇猛的精神，建立人间佛国净土。"[②]

---

① 默如：《人间佛教面面观》，《海潮音》第15卷第1期，1934年1月。
② 大醒：《人间佛教号致辞》，《海潮音》第15卷第1期，1934年1月。

太虚的弟子法舫有多篇文章系统阐述了人间佛教,对人间佛教定义为:"所谓人间佛教者,人间乃指人类所处之世间,名曰人间。或人谓人类,间即世间,亦名世界,人类即世间,故曰人间。在此人类世间中,设施佛陀教化,以佛陀之教化,而利济世间之人类,故曰人间佛教。"并认为佛教不离人间,人间即佛教,佛教即人间:"人间佛教为一切佛教之大总法门。一切佛教,不离人间佛教,故建立人间佛教者,使人间即佛教,佛教即人间,佛教全为教化人间故,则人间外无佛教,故曰人间佛教。"[①]他在《人间佛教史观》中对当时时代建设人间佛教的必要性作了深入的分析,并认为:"释尊时代与小乘时代之人间佛教,可曰古代之人间佛教。自马鸣至中国隋唐之大乘时期之人间佛教,可曰中古时代之人间佛教。自佛教入西藏而遍于亚洲,可曰近世之人间佛教。现在二十世纪之世界佛教运动,可曰现在之人间佛教。"[②] 太虚的另一弟子大醒则认为:"在现前新思潮最蓬勃而易于转变的今日,全人间都在静待着新时代的变动;我国民众处于内忧外患的国难之中,无论在教育方面、生活方面、政治方面,皆正期冀有一种新的改造、新的建设,化苦恼而为和乐,这是我国民众所急切共同要求的。因此,我们理想中之人间佛教的和乐国,也算是要求国家的一种新的改造,一种新的建设!"[③] 甚至还有人把人间佛教思想与社会主义思想进行比较,认为社会主义要把黄种白种、东洋西洋、这国那国,等等一切的畛界打破;社会主义要把专制、侵略、压迫、剥削、奴隶等都打破;社会主义、主张分工合作、各尽所能、各取所需等,这与人间佛教思想都是一致的。

太虚在《怎样来建设人间佛教》中对人间佛教作了明确的界定:"人间佛教,是表明并非教人离开人类去做神做鬼,或皆出家到寺院山林里去做和尚的佛教,乃是以佛教的道理来改良社会,使人类进步,把世界改善的佛教。"他在《建设人间净土论》中亦说:"遍观一切事物无不从众缘时时变化的,而推原事物之变化,其出发点都在人等各有情之心的力量。既人人皆有此心力,则人人皆已有创造净土本能,人人能发造成此土为净土之胜愿,努力去作,即由此人间可造成为净土,固无须离开此龌龊之社

[①] 法舫:《依据圣言量来建立人间佛教》,《海潮音》第15卷第1期,1934年1月。
[②] 法舫:《人间佛教史观》,《海潮音》第15卷第1期,1934年1月。
[③] 大醒:《我们理想中之人间佛教的和乐国》,《海潮音》第15卷第1期,1934年1月。

会而另求一清净之社会也。质言之，今此人间虽非良好庄严，然可凭各人一片清净之心，去修集许多净善的因缘，逐步进行，久之久之，此浊恶之人间便可一变而为庄严之净土，不必于人间之外另求净土，故名为人间净土。"

印顺法师受太虚大师的影响，对人间佛教思想又有新的阐释，他认为，人间佛教不是创新，而是将固有的"刮垢磨光"，有感于《阿含经》及早期佛教的亲切性和真实感，根据《增一阿含经》中所说的"诸佛皆出人间，终不在天上成佛"，人间佛教的实质即是"从人而学习菩萨行，由菩萨行修学圆满而成佛"，他说："从经论去研究，知道人间佛教，不但是适应时代的，而且还是契合于佛法真理的。从人而学习菩萨行，由菩萨行修学圆满而成佛——人间佛教，为古代佛教所本有的，现在不过将它的重要理论，综合的抽绎出来，所以不是创新，而是将固有的'刮垢磨光'。"① 印顺法师所讲的古代佛教，主要是指印度源于《阿含经》的具有亲切感和真实感的根本佛教，以及以菩萨慈悲利他精神为代表的大乘佛教。他在《契理契机之人间佛教》第一节"探求佛法的信念与态度"中说，"我在修学佛法的过程中，本着一项信念，不断的探究，从全体佛法中，抉择出我所要弘扬的法门"，所谓"全体佛法"就是"立本于根本佛教之淳朴，宏传中期佛教之行解（天化之机应慎），摄取后期佛教之确当者，庶足以复兴佛教而畅佛之本怀也欤"②！太虚在"人间佛教"这个问题上对印顺作了批评："佛法应于一切众生中特重人生，本为余所力倡，如人生佛教，人间佛教，建设人间净土，人乘直接大乘，由人生发达向上渐进以至圆满即为成佛等。然佛法究应以'十方器界一切众生业果相续的世间'为第一基层，而世间中的人间则为特胜之第二阶层，方需有业续解脱之乘及普度有情之大乘。……原著以《阿含》'诸佛皆出人间，终不在天上成佛也'片言，有将佛法割离有情界，孤取人间为本之趋向，则落人本之狭隘。"如果联系印顺对中国传统佛教"重玄理、重证悟、重（死后）"的弊端强烈批评可以看出，印顺人间佛教思想的一个重要特征是要向佛陀本怀或者说印度佛教传统回归，他对佛教经典中的人间佛教资

---

① 印顺：《佛在人间》，载《妙云集》，台北正闻出版社1992年版，第99页。
② 印顺：《契理契机之人间佛教》，载《华雨集》（四），台北正闻出版社1992年版，第1—2页。

源的挖掘，深化了人间佛教的思想内涵。

三 太虚人间佛教思想的内涵及特征

受孙中山三民主义的影响，1928年4月，太虚在《对于中国佛教革命僧的训词》一文中系统阐释了人生佛教思想，提出了佛僧主义、佛化主义及佛国主义的"三佛主义"。第一，佛僧主义，即任何时候都要以僧人和寺院为基础；第二，佛化主义，以佛教善行化导社会；第三，佛国主义，创造或改建净佛国土。太虚提出了中国佛教革命的三个宗旨：第一，要革除帝制时代君王利用宗教神道设教进行愚民的迷信，以及从前中国家族制度所养成的剃派法派；第二，要革改佛教在传统社会中形成的遁世出离以及重视死后来世和服务鬼神的态度，转而积极化导民众、服务人群；第三，要在三民主义的文化下，积极建设由人而菩萨而佛的人生佛教，以此大乘精神整理原来的僧寺建设成适应现时中国环境的佛教僧伽制度等。太虚认为中国佛教革命，是为建设而革命的，非为破坏而革命的。

第一，"佛僧主义"。太虚认为，中国的佛教，由僧寺代表了两千年，所以中国的佛教革命，绝不能抛弃已有两千年历史背景的僧寺，而是要弃短取长，使得佛教适应时机，生存发达。具体革命的方法包括：联合同志成立为有主义有组织有纪律的革命僧团；全力拥护两千年遗留下来的僧寺财产；革除以剃派、法派占夺十方僧寺财产而形成的子孙私产的传承制；怜愍一般借愚民迷信以服务鬼神为生活的无识僧众，教导以佛教及国民的常识，渐渐改良为共营资生事业及服务人群的生活；铲除一般借剃派、法派传承制以霸占僧产而自私自利的大小寺院住持；尊敬及拥护能改剃派、法派传承制为选贤制，及办学校教育青年僧，与作利济社会事业的菩萨僧；收回少数住持所霸占为私产的僧产，取来支配为教育青年僧及改良一般愚僧的生活，与作利济社会慈善事业等之费用；尊敬表扬一般澹泊清高而勤持戒律或精修禅定及深研慧学的有德僧，并劝发其护宣正法、觉世济人的菩萨行；警告不能或不愿遵行僧律的僧众自动还俗；驱逐绝对不能遵行僧律，且强在僧中肆行反动的恶僧，迫令还俗。在这十项革命方法中，最根本的是革命僧团要具有健全的组织。

第二，"佛化主义"。太虚认为，帝制时代，君相以神道设教作为愚民的工具，故佛教的生存与发展依赖于国王、大臣的保护。而民国时期的国家与社会环境都发生了巨大的变化，旧有的佛教传统意境不能适应新的时代。因此必须呼吁佛教居士成立敬佛法僧、信业果报、正身语意、淑家国世而有组织有纪律的信众团体："一、辅助学校教育、社会教育，以扫除帝制时代传统下来的愚民鬼神迷信；提高及改正一般人民的思想，使于佛教有大体的真认识，而成为正智的信仰。二、辅助革命僧，以铲除霸僧产为私产及破坏僧律的恶僧；并改良一般愚僧的生活。三、尊敬及拥护有德的菩萨僧，以为僧众模范及人天师表。四、整理及阐发佛教的学理到一般学术界中，使成为文化教育界的公共学术——对于这一点，很敬欧阳竟无居士。五、辅助革命僧以教育青年僧，及教化社会民众——这一点，武汉居士颇可敬。六、以佛教简单正确明了且近人情理的庸言庸行，向军、政、绅、商、农、工、教学各界为广大之宣传，使普遍的能积极之信从，或消极的不反对。七、联合僧众广作教养，及救济社会的教育慈善事业——这一点最敬王一亭居士。八、各就其所居农、工、商、绅、军、政、教、学的地位，以佛教的正因果理及十善行，辅导各阶级各社会民众，渐渐皆成佛教的善行化。九、努力提倡为地方的国家的世界的人群服务，并积极的参加各种政治的社会的进步事业，及救国救世的运动。"①通过上面九个方面的努力，对外可以化解觊觎寺产、破坏僧寺制度的危机，对内可以对治愚民鬼神迷信的弊病，以佛法化导世俗。

第三，"佛国主义"，即建设人间净土思想。太虚认为，佛教所谓的国土就是世界，菩萨修行就是庄严国土，即改善社会国家，使得社会善化、净化、美化。佛教僧众与居士应联合行动，组成"中国信佛民众会"及"国际信佛民众会"，以佛教的精神改善各种社会制度，如经济、政治、教育等，以及各种社会文化，如文字、语言、礼俗、风尚、思想、学说、艺术、教化等的运动。使婚丧庆吊等一切人群行为，都遵从佛教的十善行化。在物质方面，开辟及发达各种地利、水利与林场、矿场、农场及工厂、商务等生产事业，以造成家给人足、时丰物阜的安乐国土，使得人与一切生命、人生与自然都能和谐相处，从而实现人间净土。

1933年10月，太虚在汉口市商会做了《怎样来建设人间佛教》的演讲，提出从一般思想、国难救济、世运转变三个方面来建设人间佛教。②第一，从一般思想中来建设人间佛教，侧重于人生佛教，体现了佛教对现

---

① 太虚：《对于中国佛教革命僧的训词》，《海潮音》第9卷第4期，1928年4月。
② 太虚：《怎样来建设人间佛教》，《海潮音》第15卷第1期，1934年1月。

实人生问题的关怀。太虚认为，佛教在传入中国近两千年的历史过程中，虽然从城市聚落到穷乡僻壤，几乎都有佛教，然而佛教的真相并没有被显发出来，中国人常常把佛教看作神怪、奸盗、闲隐、朽弃等，都蒙蔽了佛教的真相。人间佛教就是要将佛教真正的精神发扬出来，提倡佛教的报恩思想，即报父母、社会、国家、圣教四重恩，实现佛教教人做人的道德。强调"佛菩萨不是鬼神"，佛教是指导人们觉悟而趋向光明，由学菩萨直至成佛，从而实现人生的价值和意义。第二，从国难救济中来建设人间佛教，侧重人间佛教，体现了佛教对现实社会的关怀。太虚认为，佛教徒应在救济国难中来建设人间佛教。近代以来，中国内忧外患，天灾人祸，接踵而来，讲到国难，尤其是日寇的入侵使得国家处于灾难之中，因此凡是国民各应尽一份责任能力，共想办法来救济个人所托命的国家，在佛法中就是报国家恩。第三，从世运转变中来建设人间佛教，侧重于佛教的世界化。建设人间佛教就是要以佛教引领世界思潮，使现实世界转变至光明大道，领导世间的人类改善向上进步。太虚认为，近代文明发源于欧洲，乃至美洲全世界皆受其影响，而日本等皆是效仿欧洲以成为现代国家的，其源泉是纵我制物的思想，是以人为本位。由纵我制物的思想，造成了近代帝国主义、资本主义文明的源泉。由于利用万物以享乐为主义，世界各国都已陷入走不通的死路，中国不能追随此路走，而是要救各国救全世界，即"济世界末路之穷而作世界之领导，显出中国文化的真价值与真精神"。欧洲、美洲、亚洲等各国佛教徒组织的日内瓦世界佛教大会，曾发表宣言阐明其宗旨，即"不为个人精神的修养和安慰，乃为救全世界人类道德之沦亡"，所以人间佛教的建设就是要建设世界人类的新道德，使全人类走向光明大路。

通观太虚大师的人间佛教思想，可概括为三个方面：第一，以中国大乘佛教为基础，挖掘传统思想资源；第二，发扬佛教救世精神，摄化世间，适应时代社会人心；第三，从世界思想潮流中推动佛教世界化。人间佛教思想尤其重视在家居士的作用，太虚撰《论佛法普及当设平易近人情之方便》，主张佛法的根本在信解，在家人只要信奉三皈五戒，"便是行菩萨道"，可以"不离常俗婚娶、士宦农商工作之事业"。前者在于使佛教人间化，后者在于使人间佛教化。太虚创办的武昌佛学院，僧俗兼收，目的就是要造就师范人才，出家者实行整理僧制工作，在家者组织正信会，推动人间佛教的发展。佛学院学员宁达蕴、张宗载、陈维东等，奉太虚之命，推进佛化青年活动，提出了"农禅、工禅"，"服务社会"，"自食其力"等口号，积极实践人间佛教思想。

四　结语

　　人间佛教思想是 20 世纪中国佛教最为重要的一笔精神财富。人间佛教的提倡，不仅要回归到淳朴人间性的早期佛教，发挥大乘菩萨精神，还要继承中国传统佛教中的积极因素，挖掘中国传统佛教资源，以丰富人间佛教的内容。中国佛教未来的发展，无论是正本清源，回归到人间亲切性的早期佛教，还是发挥大乘菩萨精神，都不能割裂中国佛教的传统，也无法回避传统佛教因历史演变而形成的现实形态。人间佛教对明清佛教弊端的批判，应该是为了更好地发挥中国传统佛教的正面价值。人间佛教的未来发展，应该在克服中国传统佛教弊端的同时，更好地继承中国佛教的优良传统，剥离在历史演变过程中形成的山林佛教消极隐遁和死人鬼神的低俗迷信的弊端，恢复中国佛教历史上积极进取、服务社会的大乘菩萨精神。这样，人间佛教将不仅具有厚重的根源性经典依据，而且具有广阔的传统资源和现实土壤。

第四章　抗战时期的佛教政策与佛教界的爱国举措

自 1931 年"九一八"事变爆发致使东北沦陷，到 1937 年"卢沟桥事变"爆发，日本帝国主义开始了罪恶的全面侵华战争，自此揭开了中华民族万众一心、同仇敌忾、共同抗日的伟大篇章。经过八年浴血奋战，中国人民顽强御敌，取得了抗日战争的最终胜利，这也是中国近代史上抗击外敌入侵第一次取得完全胜利的民族解放战争，是中华民族团结一致共同抗战的结果。作为中华民族的一部分，八年抗战期间的中国佛教界在弘扬佛法、济世度人的同时，积极参与、组织、联络抗战活动，为打击日本帝国主义势力、救助受难同胞、揭露日本帝国主义的侵略恶行等方面发挥了积极作用。抗战时期中国佛教界秉持大乘佛教止恶扬善的菩萨精神，积极倡导"念佛不忘救国，救国不忘念佛"、"上马杀敌，下马学佛"，在救国度世的善举中完善自身菩萨行，为抗战献身输力的同时，也改变了自晚清以来中国佛教积弊已久的负面形象，留下了可歌可泣的历史诗篇。

第一节　抗战时期的佛教政策

抗战时期，针对日本帝国主义利用宗教辅助侵华战争的特点，在全民抗战的指引下，中国佛教界同仇敌忾制定了诸多相应的应对策略，取得了卓著的成效。在国民政府制定的"组织建设"与"精神抗战"相结合的指导方针的指导下，以及在动员各民族积极抗战政策的指引下，中国佛教界积极参与佛教外交，为正确宣传抗战、揭露日本帝国主义侵略暴行以及争取国际支持做出了巨大贡献；为民族团结、边疆稳定、粉碎日本帝国主义的分裂活动、打击日本帝国主义的侵略气焰发挥了积极的作用。

一 佛教参与抗战的指导方针：组织建设与精神抗战

加强佛教组织建设与精神抗战是中国佛教界奋勇抗敌的指导方针，这是针对日本帝国主义利用宗教辅助侵华战争和佛教自身的特点而制定的。佛教起源于印度，其根本思想教义是主张慈悲与和平的，综观其于世界范围内的弘传历史，从来都是和平地传播与发展，无论是由印度传入中国，还是由中国再传入日本、韩国、越南等周边国家，都是通过和平传播的方式进行的，从没有因为佛教的弘传而引起侵略战争的先例。然而近代日本部分佛教宗派和僧人却无视佛陀的慈悲精神与不杀生的戒律，甘愿为日本帝国主义侵华充当战争的爪牙，极力美化日本帝国主义侵华恶行，积极为帝国主义罪行效力，造成了极端恶劣的影响。近代日本佛教除了对佛教教义荒谬判释为军国主义服务，间接承办组织，充当爪牙，协助侵华，制造事端之外，甚至直接参与战争，随军效力，为日本佛教界留下了一段不为光彩的历史，致使世界佛教蒙羞。

佛教教义哲学总摄于经、律、论三藏之中，精深广博、极富思辨，日本佛教界为军国主义服务首先便是对于佛教教义哲学的荒谬解释，借此为军国主义侵略行径穿上虚伪的外衣。近代以来，日本逐渐崛起于东方，其军国主义势力在加紧蚕食中国领土、发动全面侵华战争的同时，也企图利用中日所共同信仰之佛教为日本侵华战争服务，甚至不少日本右翼分子积极鼓吹日本佛必须借机对外扩张，以先进之佛教文化度化周边国家之众生之谬论。日本军国主义传统由来已久，其右翼势力历来实力强大，多有各种赞扬侵略的言论和行动。1932年，日本进攻上海期间在日本东京召开的"奉答圣旨国祷会"上，田中智学以国柱会总裁名义公然宣扬"王佛冥合论"，赞扬日本对内高压、对外侵略的政策。田氏之国家主义思想为以后提倡日本法西斯主义的井上日召、石原莞尔等均产生了直接影响。[①] 1938年7月，日本五相会议制定了《从内部指导中国政权的大纲》，提出以精神力量"收揽人心"，达到瓦解抗日思想的目的："对于抗日思想泛滥的现状，必须一面以威力为后盾，打开局面，一面提高国民经济，收揽人心，恢复东方文化，确立指导精神，恩威并施，以促进一般汉民族

---

① 杨曾文：《日本佛教史》，浙江人民出版社1996年版，第602—604页。

的自发的合作。"① 1942 年 6 月，日本佛教真宗大谷派出版了河崎显撰写的《佛教经典战争观》一书，认为佛教肯定战争是"破邪显正"的菩萨行，信徒"参加带给无限喜悦的圣战"不仅能尽臣民之本分，且能显扬"以报恩的至诚尽力于国家"的宗风。② 由此可见，部分日本佛教界人士荒谬判释佛教教义，对于日本军国主义的对外侵略行径实具有推波助澜的作用。而此种思想对于日本社会影响深远，深受日本军国主义势力青睐，抗日战争时期的日军空军士兵每人胸前均佩戴观音菩萨圣像，妄图祈求观音菩萨保佑其侵略恶行正是这一荒谬思想的具体体现。此种不依佛制、荒谬判教的思想恰与佛教"慈悲戒杀"的大乘精神背道而驰，致使释迦之颜面尽扫，实难为信仰佛教之行径。

日本佛教界辅助日本军国主义侵略活动，在从佛教教义思想出发、曲解佛陀精神、为军国主义的侵略行为绘制伪善面纱的同时，还大肆参与在华布教及间谍活动，寻衅滋事，制造祸端，充分显示了其充当日本军国主义侵略爪牙的嘴脸。在田氏、河氏等此邪见谬论的宣传下，日本佛教各宗派配合帝国主义侵略，积极于华布教，截至 1933 年仅日本佛教真言宗等教派就在中国东北地区建立寺庙、布教所达二十余座；截至 1937 年"七七"事变时，上海租界已有九所日本佛教寺庙，天津租界有五所日本寺庙。而全面侵华战争爆发后，与日本帝国主义沆瀣一气的日本佛教，更是加紧了渗透华北、东南各省的步伐，仅日本佛教东本愿寺就在中国各地设立布教所达四十余处，布教日僧近千人。③ 随着日僧在华的积极布教，在华日本寺院成了日军侵华的前哨据点，几尽为日军侵华服务之能事，直接为侵华活动充当帮凶。"九一八"事变后，日本佛教日莲宗右翼僧人以海军特务井上日召为领袖，在上海组织了专门从事暗杀活动的恐怖组织"血盟团"，为配合日军进攻上海寻找借口，挑起事端。1932 年 1 月 18 日，日本驻上海武官田中隆吉和女特务川岛芳子唆使"血盟团"成员、日莲宗僧人天崎启升、水上秀雄及其信徒藤村国吉、后藤芳平、黑岩浅次

---

① 《从内部指导中国政权的大纲》，载复旦大学历史系日本史组编《日本帝国主义对外侵略史料选编（1931—1945）》，上海人民出版社 1975 年版，第 270 页。

② ［日］道端良秀：《日中佛教友好二千年》，徐明、何燕生译，商务印书馆 1992 年版，第 106 页。

③ 参见何劲松《近代东亚佛教——以日本军国主义侵略战争为线索》第二章、第五章，社会科学文献出版社 2002 年版。

郎五人,以举行"寒中修行"为由,到上海马玉山路(今双阳路)三友实业社门前挑衅,为不明身份的人所打(此人实为日本驻沪领事馆武官田中隆吉和川岛芳子所指派),造成一死二伤,事后日方将此次流血事件嫁祸于中方,即轰动一时的"日僧事件"。以此为由,日领馆向上海市政府提出四项要求,除道歉和赔偿被害者之外,还要求"关于排日侮日之非法越轨行动,一律予以取缔,尤其应将上海各界抗日救国委员会,以及各种抗日团体,一律解散之"①。1932年日本帝国主义进攻上海,发动"一·二八"淞沪事变,遂以该事件为导火索。

抗战时期,在侵华日军成员中所谓的"随军和尚"不计其数,他们直接参战,广布荒谬言论,并为日军祈禳,诵经超度,直接为军国主义服务。正如抗战时组织僧人救护队以及国际宣传步行队的乐观法师所说:"敌军每一联队均有日僧参杂其中,或十余人,或三数人不等,随军进退,凡占领我一城一市,日僧即出,向中国僧众号召宣传其口号,曰:'佛教无国界',又曰:'中国政府是破坏佛教的','日本政府是宏扬佛教的'。一般信念薄弱之僧众等受其愚而不自觉,如今日沦陷区中敌人旗帜下所出现之'日华佛教青年会'、'日华佛教恳亲会'、'日华佛教协会'等组织,均事实也。足见敌人灭亡我中国,拉拢我僧众,可谓无孔不入。"②

以上敌人的种种卑鄙伎俩,引起了中国政府的高度警觉。1940年1月30日,国民政府军事委员会政治部致中央社会部密函(治行巴字第0136号)指出:"案查本部前奉委座电令,以敌人占领区内加紧宗教文化侵略,饬究求对策等因。遵经拟具对策,并召集中央组织部、青年团中央团部、本会调查统计局等关系机关会商进行在案。当会议时,金谓粉碎敌人在占领区内加紧宗教文化侵略一案,与中央宣传部、社会部暨教育部均有密切关系,应由政治部分函上述各部,采取有效办法,予以打击等语。"③ 由此可见,随着日本蚕食中华,全面侵华的逐渐深入,国民政府

---

① 《市府秘书长俞鸿钧氏答各记者问》(1932年1月22日),《申报》1932年1月23日。
② 《重庆慈云寺乐观建议组织战时僧众服务团缘起》(1940年5月28日),载中国第二历史档案馆编《中华民国档案资料汇编》第五辑第二编"文化二",江苏古籍出版社1994年版,第800页。
③ 中国第二历史档案馆编:《中华民国档案资料汇编》第五辑第二编"文化二",江苏古籍出版社1994年版,第773页。

也逐渐认清了其利用宗教的丑恶嘴脸，开始意识到了佛教作为中华民族的重要文化，抵御外来文化、外来侵略的重要性。根据抗战期间日本佛教配合日本帝国主义侵华的种种行为，国民政府制定的诸多佛教政策从佛教文化方面入手稳定民心，强化国民意志，抵御日本侵略行径，其指导方针可概括为"精神抗战"与"组织建设"两者。"组织建设"即为"改组并健全各地分会组织"，"精神抗战"即"集中国民意志，建立精神国防"。

针对日本佛教势力甘愿充当日本帝国主义的爪牙冲锋陷阵的具体态势，加强中国佛教会的组织建设是国民政府的佛教政策指导方针之一，具体为改组并健全"中国佛教会"及各地分会组织。"组织建设"一直是近代以来中国佛教发展中所缺失的一环。中国佛教组织诞生于清末民初的"变政兴学"浪潮中，"当时僧人为应付环境（张之洞等提出的庙产兴学运动），维护寺产之需要，创立各地僧教育会，自办僧教育，以维护寺产。嗣又改组成立中华佛教总会。……直至民国十七年庙产兴学呼声高起，内政部斯时亦公布管理寺庙条例，于寺庙产权，加强政府之统制，各地僧众一时又复纷起，进行保护庙产运动，因于民国十八年组织成立中国佛教会，各省及地方亦分别设立分会，成立佛教全国系统之组织，延续以至今日"①。然而，由于涉及人事、利益纠纷，中国佛教会自成立以来一直是形同虚设，难以发挥其组织制度的优势、起到纲纪全国佛教的作用。国民政府对于这一弊端的认识清醒深刻，认为中国佛教会组织成立以来，尽管有励精图治之僧伽力求改革，但是佛教内部保守势力的阻碍和内部的纷争皆造成了中国佛教会的名存实亡，难以借慰。这种情形自中国佛教会成立一直延续到抗战时期无有改变，1937年以后，随着南京失陷，中国佛教会理事长圆瑛出国、秘书长常惺法师去世之后，该会更是形同虚设，日本佛教僧人不但大肆进入我国寺院活动，更是组织成立各种佛教组织，如组织"日华佛教研究会"、"东亚佛教会"等。1938年6月，中国佛教会监事圣钦具呈内政部，以中国佛教会在沪处境恶劣，建议将该会及沦陷地分会明令解散，另行指派后方佛教缁素名德加以改组。之后太虚大师、

---

① 国民党中央社会部关于整理中国佛教会意见致蒋介石函，"整理中国佛教会意见"之"关于中国佛教会过去情形之检讨"。国民政府档案，中华民国二十九年元月十五日，载中国第二历史档案馆编：《中华民国档案资料汇编》第五辑第二编"文化二"，江苏古籍出版社1994年版，第775—783页。

七世章嘉呼图克图以理事、监事地位具呈设立中国佛教会重庆临时办事处以领导各地会务，太虚与章嘉希望借此举以表明立场，加强与后方各地佛教会之联系。本部处理本案经函请内政部派员会商结果，认为该会临时办事处之设立，确具需要，唯应先行电令上海中国佛教会移渝，以示关怀眷念之意，而免因经予核准重庆临时办事处组织，引起沪方佛教会不满，发生意外。不料自民国二十八年一月去电之后便杳无消息①，可见中国佛教会组织制度之诸多纰漏。国民政府督促、改组健全佛教组织是基于对佛教在中国民众之中的影响："我国佛教虽亦由国外传入，然流行已历二千年，信众之多，对于国民精神生活影响之大，罕有其匹"，"我国信佛之人，除在家男女居士不计外，……据中国佛教会以前调查，全国共有大小寺庙庵院二十六万七千余所，僧尼七十三万八千余人（四川、河南、江西、安徽、湖南五省尚未列入）"，"基于战时动员之原则，如何使适龄僧人服兵役，如何动员僧尼担任战时救护救济，均赖藉佛教会组织加以推进也"②。

政府企图整顿佛教会的同时，佛教界中之有识之士也大声疾呼："争取最后之胜利尚赖全国奋起，一致努力，非但需要民众一齐起来，尤需国民精神总动员，始克担荷此艰巨大任。鉴于中国佛教僧众在今日抗战时代之下，有急切从事组织之必要，故不揣愚昧，建议政府愿本革命精神为国家尽力，拟请假以权威，将此一盘散沙之僧众发动起来，在'国家至上、民族至上'的口号下，使僧众之意志集中于抗战事业上，使僧众之力量集中于抗战事业上。"③乐观法师根据自己出家学佛二十年来的经验，认为佛教僧众虽然有一种挡风抵浪之心理，但是有着"不受领导，不知服从"的现象，所以要发挥佛教的作用，必须采用双管齐下的方法，一方面由佛教界高僧出面号召，另一方面请政府明令发动，这样就能真正将佛教力量凝聚起来。由此足见政府与中国佛教界齐心协力的抗战决心。

1940年1月，针对日军在占领区加紧文化侵略，军委会政治部致密

---

① 参见中国第二历史档案馆编《中华民国档案资料汇编》第五辑第二编"文化二"，江苏古籍出版社1994年版，第778、779页。
② 同上书，第779、780页。
③ 《重庆慈云寺乐观建议组织战时僧众服务团缘起》，1940年5月28日，国民政府社会部档案，载中国第二历史档案馆编《中华民国档案资料汇编》第五辑第二编"文化二"，江苏古籍出版社1994年版，第804页。

函给国民党中央执行委员会社会部,要求制定反制措施。中央社会部发布密函[机动字第133号],建议由中央及各主管机关会制订整个方案,协力进行,以防止敌伪利用宗教文化进行侵略。中央社会部的密函共分两部分,即宗教部分和文化部分,宗教部分分别为指导佛教、回教、基督宗教等教会团体防止敌伪活动对策及策动所属教徒抗战工作,其中关于佛教组织方面:"本部短时间内确定调整中国佛教会办法,健全该会组织,策动领导佛教徒抗敌工作。"第二部分为文化方面,分为下列各项办理:"(1)指导战区各省市党部:A. 秘密征集同志参加沦陷区文化教育工作,并妥慎将沦陷区文化教育人员予以联系及组织;B. 全国各地由当地最高军政机关发动各文化团体组织战地文化工作团,深入沦陷区内普遍宣传,打击敌伪文化活动。(2)本部前据密报,以敌派大学政治科毕业生八十人来华,在'兴亚院'华中联络部领导下分往苏浙皖赣湘鄂等省实施奴化教育,当即密电以上各省党部迅拟对策,严为防范。(3)指导中华全国文化界抗敌协会组织作家战地访问团,分赴南北各战场,除慰劳前方将士外,并深入民间作普遍宣传,打击敌伪文化活动。(4)指导各省市党部征募图书杂志,供给前方将士暨战区人民文化食粮,藉以灌输民众抗敌救国思想。(5)会同中央文化驿站部总管理处拟订战地文化食粮供应办法,提交战地各文教会报讨论后,呈请核定施行。"①

同年6月4日,国民党中央社会部又将"关于整理中国佛教会意见"致函蒋介石,指出中国佛教会自抗战以来,即滞留上海一隅,会务逐渐停顿,以致各地佛教会一切工作无从推进,所以有必要对该会组织进行整理。同时,附《整理中国佛教会意见》(密件),其中提到,中国佛教会在寺庙繁盛、僧人数目众多的县市,大多已经设立分会组织,但是其工作大都属于消极地办理寺庙产业事项,对于抗战动员乃至改进教务诸项,成绩并不突出。依照核准的《中国佛教会章程》规定,全国僧尼均应入会,各地分会更应须受总会之指导管辖,然而该会留滞上海,修正章程未能得以实施,各地分会也未能依法改组。各地分会组织,有依照旧有章程办理者,有依据修正章程办理者,佛教会对于各地分会组织的指导极为不便,工作亦无法顺利开展。为此,中央社会部制定了指导原则:第一,"对于

---

① 国民政府社会部档案,中华民国二十九年二月十三日,载中国第二历史档案馆编《中华民国档案资料汇编》第五辑第二编"文化二",江苏古籍出版社1994年版,第774页。

佛教组织以及佛教教务之指导，完全以国家民族利益为标准。如促进僧尼生产事业也，举办教育以及慈善公益利他事业也，督导参加战时动员工作也，均应加紧进行。尤应注意绝对避免落于佛教各种派别窠臼，以免顾此失彼，致纠纷层出不已"。第二，"对于佛教领导人物，党应深切加以领导笼络，僧尼中于政治具有纯正之兴趣而认识又尚正确之份子，应设法吸引入党，藉以增进党在佛教方面之领导力量"。第三，"佛教对于政治权力之依赖，可谓具有历史性，以此党部与政府对于佛教之指导监督乃至一切设施必须意见协调，步骤一致，方可推动工作"。第四，"党对于佛教指导方针，不应为个人意见而轻于更改，党内同志对于佛教之意见，属于个人之信仰爱好者，亦不应轻于影响或改变党之政策，必须党内意见集中齐一，一切办法方期得以推行尽利"①。整理佛教会的办法要点主要有三：第一，关于整理任务，"整理该会之任务，在依照该会各种修正章则，改组并健全各地分会组织，依法召集代表大会，改选理监事，以确立该会中枢及分会机构，并确定整理委员会在整理期间代行理事会职权，积极推行各项会务"。第二，整理时间定为六个月，必要时可以延长。第三，整理人选之支配，要求整理委员要以有影响能够形成中心力量的出家僧尼为限，应设法罗致高僧大德。此外，在整理办法中规定设立设计委员会，由该会自行聘定在家居士任设计委员，以收配合之效。人选由本部征求各方意见拟定，呈请中央通过派定。6月15日，国民政府文官处（第三九七号）笺函回复批示："所拟指导整理办法，已甚周详，惟际兹抗战期间，情形自非平素可比，来函谦怀征询，慎重进行，至为企佩。现对于此案，未有其他意见，可由处函复等因。相应函达查照。"②

国民政府整顿中国佛教会的初衷诚然完美，然而由于特殊历史原因和客观环境、条件的限制，国民政府无暇也无余力达到此初衷，这一设想最终不了了之。另外，在国民政府设计的改组健全佛教组织的预案中，将广大的"居士"阶层排除在中国佛教会及各级佛教会组织之外，这与中国共产党领导的最广泛的"抗日爱国民主统一战线"指导方针相比，明显相形

---

① 《整理中国佛教会意见》，载中国第二历史档案馆编《中华民国档案资料汇编》第五辑第二编"文化二"，江苏古籍出版社1994年版，第781—782页。

② 《国民政府文官处致谷正纲笺函》，《中华民国档案资料汇编》第五辑第二编"文化二"，江苏古籍出版社1994年版，第783页。

见绌，不失为其设想中的硬伤之一。但尽管如此，抗战期间无论是国统区还是沦陷区，抑或是各个抗日战场、敌前敌后，中国佛教界在民族大义面前，在中国政府、佛教领袖带领下，以自身特有的方式，自始至终地以"集中国民意志，建立精神国防"的精神忠实履行了抗战神圣职责与义务。

二 积极推动佛教外交，争取国际舆论支持

近代日本帝国主义侵略势力以宗教配合其军事侵略，甚至掩耳盗铃般在国际上大言不惭，自称是一个虔诚的佛教国家，对华之侵略战争是"弘扬佛教的圣战"，企图将侵华罪行掩盖于宗教之下，以获得国际之支持。日人土肥原在《为创造新文化而战争》一文中所说"东洋文化之代表佛教，支那文化代表儒教，十分维持实行国民生活中者，不在印度、不在支那，实在我日本帝国"，实为自欺欺人。1934年日本政府在东京组织"东亚佛教会"、"佛教兴亚会"、"国际佛教协会"，竟定宗旨为："发扬佛教真理，团结佛教信徒，铲除共产邪说，恢复东方文化。"[①] 日本帝国主义为侵华罪行开脱称侵略战争为可以建立"新摩揭陀帝国"，并说"佛教发源印度，而残存于锡兰、缅甸、泰国、越南、爪哇、中国，最后东渐日本，今日惟缅甸、泰越、日本保有余荣，如缅、泰、越加入形成一联邦国，构成亚洲南部之一防堤，则亚洲佛教兴旺置于磐石之上"等谬论，实则为阻断中国抗战之供给而伪善地联络缅甸、越南诸国。抗战时期广州沦陷后，中国抗战形势危急，只有西南滇缅公路尚能保持对外交通，获得国际支持，而在此时日本特务更是加紧了在缅甸诬诋中国政府摧残佛教的言论。日本帝国主义在缅甸宣传其侵华行为竟然是为了"保中国佛教，故与中国作战"，煽动缅甸反对开放滇缅公路，截断中国之国际支持与给养。[②] 为了戳穿敌人的虚伪面目，争取国际同情、拓展外交空间，抗战时期中国共产党和中国国民党皆主张或采取了具体的实际措施推动宗教外交。

（一）中国佛教访问团

1938年2月6日，《新华日报》发表专论《宗教与民族解放》，指出

---

① 肖鲁：《日本对东方道德宗教的扒手行为》，《新华日报》1942年5月26日，转引自孟国祥《日本利用宗教侵华之剖析》，《民国档案》1996年第1期。

② 史全生主编：《中华民国文化史》，《民国佛教篇》第258页，转引自孟国祥《日本利用宗教侵华之剖析》，《民国档案》1996年第1期。

中国宗教界不但要负担起对国内同胞的抗日宣传,而且要通过国际性的宗教组织联合各国民众,扩大反侵略运动,以争取各种财力和物力的援助。1939年春,近代著名佛教改革家太虚大师门人苇舫发表《应速组织佛教访问团》一文回应《宗教与民族解放》之呼吁,倡导佛教界尽快组织南亚访问团宣传抗战,以回击日本在南亚对中国的诬蔑宣传。① 不久,太虚即发表文章积极响应,并就组织赴南亚的佛教访问团的工作方案作了阐明。② 政府方面,1939年6月21日,国民党中央社会部朱家骅致陈立夫函称:"中缅邦交关系甚巨,敌人在彼间活动甚力,近更以收买报纸对我作种种不利宣传,故总裁对此弥见关切。遵拟进行步骤三项,其中以佛教访问团最为重要,务请提前进行,能于最短期内出发尤妙。"7月5日,社会部杨琪笺呈:"查缅越与我为邻,亦为目前国际交通孔道,自抗战发生以来,对外宣传工作大致注重以欧美为对象,而于西南邻邦各族,不免忽略,致被敌人利用此种弱点,于缅甸、暹罗一带极力进行种种不利于我之活动,情形极为可虑。以前佛教人士倡组佛教访问团,或系限于人力财力,迄无成就。为仰体总裁关切之意,似应由中央极力促成此项组织,俾克发挥国民外交精神,获取缅越各族对我抗战之同情,以破敌人狡计。"③ 1939年9月,国民党中央社会部策划组织以太虚为团长的中国佛教访问团,前往缅甸、泰国、越南、印度、锡兰、新加坡、马来西亚各国,进行抗战宣传。太虚大师在《出国访问宣言》中表示,此行的目的在于:"朝拜佛教圣地,访问佛教领袖,藉以联络同教之感情,阐扬我佛之法化,并宣示中国民族为独立生存与公平正义之奋斗,佛教徒亦同在团结一致中努力。因此佛教愈得全国上下之信崇,随新中国之建成,必将有新佛教之兴立,堪以奉慰吾全世界真诚信仰佛教之大众,泊崇拜赞扬东方道德文化者之喝望!"④

此次中国佛教赴南亚访问团于1939年10月底从云南出境,到次年5

---

① 参见苇舫《应速组织佛教访问团》,《海潮音》第20卷第2期,1939年2月。

② 参见太虚《占海南岛之威胁与对佛教国之诱略》,《海潮音》第20卷第3、4、5、6期合刊,1939年6月。

③ 国民党中央社会部等单位筹组佛教南亚访问团及该团在国外活动情况的有关文件,国民党中央宣传部与国民政府社会部档案,载中国第二历史档案馆编《中华民国档案资料汇编》第五辑第二编"文化二",江苏古籍出版社1994年版,第792页。

④ 太虚:《佛教访问团通电》,《海潮音》第20卷第9期,1939年9月。

月4日回国,先后到达缅甸、印度、锡兰、马来西亚、越南等国家和地区,受到当地华侨华人的热烈欢迎和接待,访问团拜访了各地的政界、宗教界和其他界别的一些重要领袖,深刻揭露了日寇的侵略野心及其对中国佛教摧残的事实,与此同时,访问团还设法增进各访问地区政府对中国的同情,募集救济难民的捐款。1940年1月10日,中国佛教访问团致国民党中央社会部电称:"本团谨如所示,当更淬励奋发,以期无负中央嘱托。兹者在缅已拜仰光大金塔、吉铁石佛塔、瓦城大金佛、勃固大卧佛、海边佛发塔五大灵迹,访大达那边、摩尼、阿兰陀耶三大高僧,缅京石楷诸僧长、青年僧会长宇释加巴拉等,盛德硕学,名僧往来,晤谈者以千计,出席华缅怀印联合欢迎会与华侨、缅人、印人、大学、中学分别讲演会各十余次,会晤现任阁揆宇勃、农林部长宇苏、税务部长宇浦吞、新任交通部长宇沙瓦利貌貌、市长宇峇温、缉私长苏拉勃、建设厅长宇七貌、教育部秘书长宇助、上议院议长宇貌枝、前代督貌技爵士、下议院秘书长宇峇顿、大学校长宇珍突、名誉推事宇伦、上议院议员宇顿并退任阁揆部长峇茂博士等朝野名流数千人,代表中国佛教徒供塔佛及赠礼品三十余起,昨岁十二月三十一日由缅僧俗佛教徒数千人举行盛大之迎接舍利银塔入大金塔典礼,华缅英僧俗参加者近万人,访缅之事遂告完成。今已定九日由仰光转加尔各答,继续访问,如蒙函电,请由印度总领事转交为荷,专此奉复,并颂勋绥。"① 正如太虚回国后总结此行时所说:"所到处,都将日本诬中国已无佛教的恶宣传粉碎了,并且以本团能出为国际宣传的事实,证明了中国的佛教,近年更加发达兴盛的趋势,又为缅、印、锡诸佛教领袖反复讲明了中国佛教的历史,与缅、锡、暹等基本相同,并有缅、锡、暹佛教所没有的大乘部分,引起其对中国佛教研究的兴趣及非常的好感,由此连类而及,说明日本纯是违反佛教的侵略性,与中国纯为求国家民族自主独立及人类正义和平之抵抗侵略的反侵略性,并且,中国的抗战不仅是中国人的要求,也是南洋各佛教民族及印度民族的共同要求,中国抗战的胜利,无异于各佛教民族的共同胜利,因此而唤起了佛教国际共同的反侵略热情,无不希望中国的早获胜利,缅、印、锡、越等,咸以未能

---

① 《国民党中央社会部等单位筹组佛教南亚访问团及该团在国外活动情况的有关文件》,国民党中央宣传部与国民政府社会部档案,载中国第二历史档案馆编《中华民国档案资料汇编》第五辑第二编"文化二",江苏古籍出版社1994年版,第795页。

有何帮助中国的实力为憾事，争以言论鼓励及精神祈祷，以求中国抵抗侵略的速获成功。"①

（二）中国佛教国际宣传步行队

为了破除日军的伪宣传，继太虚大师所带领的中国佛教访问团南亚之行以后，1940年10月，时任重庆市僧侣服务队筹备主任的乐观法师致呈国民党中央社会部，拟组织中国佛教国际宣传步行队，赴印度、缅甸、泰国等国家宣传抗日，得到了当局的批准与支持。中国佛教国际宣传步行队队长释乐观，湖北汉阳人，1937年曾参加上海僧侣救护队，从事前线救护伤员工作，1940年在重庆南岸慈云寺创办僧侣救护队并任副总队长，38岁创建中国佛教国际宣传步行队，时任重庆市僧侣服务队筹备主任。队员释曼林，江苏无锡人，时年30岁，肄业于汉藏教理院，1940年8月奉太虚大师命来重庆市僧侣服务队充任书记之职；队员释果能，四川荣昌人，时年24岁，1939年汉藏教理院肄业；队员释能仁，北平人，时年27岁，1927年肄业于闽南佛学院，1937年在北平联络僧界同志赴前线慰劳将士，同年赴上海参加僧侣救护队任第二分队队长，当时服务于僧侣救护队；队员释觉华，南京人，时年29岁，1926年肄业于闽南佛学院，1937年参加上海僧侣救护队任第一分队队长，1938年服务于湖南佛教青年抗敌协会任总干事。② 国际佛教宣传步行队临行前向社会各界发布宣言称："我们是站在佛教立场从事救亡工作的一群。自从日帝国主义对我侵略三年以来；它一面加紧地轰炸我城市，屠杀我同胞，焚烧劫夺我佛教财产，残害奸淫我佛教僧尼，侮辱我佛徒；它一面还积极地施展着最卑贱无耻的手段，向暹罗、缅甸、印度、锡兰各佛教国说：'这次战争，是为保护佛教而战，是为和平而战'，作种种麻醉宣传，以欺骗世界佛徒。现在我们要使国际佛教人士认识敌人侵略残害逼迫我之种种暴行真相，去给敌人作一个强有力的反宣传运动工作，要去粉碎敌人的阴谋，要去唤起国际佛徒的广大同情来援助我。我们自动联合成立这个阵容，抱定最大的牺牲，决心来作这个万里长征的壮图。这一工作，在'全国精神总动员'的抗建

---

① 太虚：《佛教与国际反侵略》，《海潮音》第21卷第9期，1940年9月。

② 参见《中国佛教国际宣传步行队呈队员略历表》，1940年10月13日，国民政府社会部档案，载中国第二历史档案馆编《中华民国档案资料汇编》第五辑第二编"文化二"，江苏古籍出版社1994年版，第812、813页。

纲领上，我们认定是应当做的，同时也是我们佛教对国家社会、世界人群应有的贡献。我们这一群，都是在敌人飞机大炮下锻炼出来的僧青年，我们亲眼看到敌人狰狞面目灭绝人性的残忍行为，切身受到敌人给我们蹂躏侮辱，我们的热血沸腾了，内心燃起了愤怒的火焰，不愿躲往深山禅房做那逍遥悠闲的自了汉，要挺起身子学习历史上一些为人群谋幸福、献身国家古德们的作风，要为国为教雪耻，要展开佛教反侵略的旗帜，在国际上去与敌人作长期的战斗，这是我们的志行，这是我们的怀抱！我们感谢日本法西斯军阀的炮火，使我们能够在炮火逼迫下结合起来，大家做成伙伴而走茫茫云水的长途，为祖国的自由解放而奋斗。"① 宣言道出了国际宣传步行队爱国爱教的初衷，其拳拳爱国之心为缁素所慨叹。这样一群有激情、有担当、有实践经验，朝气蓬勃的知识僧青年目睹日本法西斯军阀侵占我土地、摧残我文化、屠杀我人民、掠劫我佛教财产、奸淫我佛教僧尼的恶行，本着"佛教牺牲个人为大众服务之本旨"参加革命救亡工作，宣扬政府宏护佛教之德意，揭破日寇在暹罗、缅甸、印度、锡兰各佛国之麻醉宣传，揭露日寇破坏我抗战的黑暗阴谋，为抗战争取国际佛教界人士之同情、增强抗战力量发挥了巨大作用。②

国际宣传步行队到达缅甸后，一面访问著名高僧，联络佛教人士，一面进行文字宣传工作。他们将敌机轰炸我国佛教寺庙、屠杀我国无辜人民的照片，制成铜版，以中、英、缅三种文字说明，印刷了一个特刊散发各地，揭露日本侵略者的残暴罪行并沿途散发日军轰炸中国各地寺院以及残害中国佛教徒的材料，发表演讲，用亲身参加战地救护的经历，控诉日军罪行。他们的宣传得到了强烈的反响，许多国际人士对日本军国主义者的暴行义愤填膺。国际宣传步行队的宣传在南亚诸国产生了极大影响，收到了很好的宣传效果，缅甸人民与佛教徒纷纷对日本侵略中国之行径表示愤慨，要求加强中缅合作，并断然拒绝了日本诱其参加战时所举行东亚佛教大会。

---

① 《中国佛教国际宣传步行队宣言》，1940年10月，国民政府社会部档案，载中国第二历史档案馆编《中华民国档案资料汇编》第五辑第二编"文化二"，江苏古籍出版社1994年版，第814、815页。

② 参见《中国佛教国际宣传步行队拟赴西邻各国开展抗日宣传活动致中央社会部备案呈》，1940年10月13日，国民政府社会部档案，载中国第二历史档案馆编《中华民国档案资料汇编》第五辑第二编"文化二"，江苏古籍出版社1994年版，第811页。

抗战期间，中国佛教界的两次外交行为，为中国政府的抗日救亡赢得了广泛的国际支持与同情，取得了极好的宣传效果，系中国佛教外交史上的"典范"之举。以太虚大师为首的中国佛教访问团，隶属于官方访问行为，尚存在诸多限制，未能全面摧毁日寇在缅甸诸邦进行挑拨离间的阴谋。而以乐观法师所发起的中国佛教国际宣传步行队，虽为民间行为，但却极具有宣传效用，其以图文、演讲等诸多手段宣传佛教正义和平主张，展开佛教反侵略旗帜，暴露日寇的残暴行径，唤起了海外诸国人士之同情与支持。① 另外在此期间，来自祖国的法师访问诸国实际上也给予了当地华人、华侨以极大的心理安慰，为维系和促进海外侨胞与祖国的感情贡献了力量，为华侨积极募捐项资助抗日发挥了作用，系为中国佛教官方外交与民间外交活动相得益彰的显著成果。中国佛教界在抗战期间的出访活动，除争取到了各国人民对中国的同情和支持外，也为战后中国与印度、缅甸、锡兰等南亚各国之间的了解和友好交往奠定了基础，为此后中国佛教的官方外交、民间外交提供了宝贵的经验。抗日战争进入相持阶段后，鉴于南亚各国地处反法西斯阵营的物资交通生命线上，战略地位突出，中国佛教界的这两次外交活动俨然极具战略前瞻性。

三 民族宗教政策与边疆安定

抗战期间，我国西北、西南边陲作为祖国的战略大后方，边疆问题愈加显得重要之极。日本帝国主义在前线发动军事侵略，烧杀抢掠，而在我国边陲亦披着宗教外衣进行特务间谍活动以配合其战略入侵。日本军国主义者加紧推进军事侵略计划的同时，不忘文化侵略，染指蒙藏佛教就是其伎俩之一。早在1935年7月25日，关东军制定的《对内蒙措施要领（绝密）》中就指出："重视尊重喇嘛教的习惯，借此努力收揽人心。为此，进行以下工作：修复必要的喇嘛庙，或使有势力的喇嘛的生活安定下来。对于喇嘛教，逐渐加以改良，不使人心发生激烈的冲动。"② 日本帝国主

---

① 《中国佛教国际宣传步行队拟赴西邻各国开展抗日宣传活动致中央社会部备案呈》，1940年10月13日，国民政府社会部档案，载中国第二历史档案馆编《中华民国档案资料汇编》第五辑第二编"文化二"，江苏古籍出版社1994年版，第812页。

② 复旦大学历史系日本组编：《日本帝国主义对外侵略史料选编（1931—1945）》，上海人民出版社1975年版，转引自孟国祥《日本利用宗教侵华之剖析》，《民国档案》1996年第1期，第102页。

义觊觎蒙藏由来已久，早在19世纪末即有日人小栗栖香顶于北京刺探蒙藏情报，后又有大谷光瑞等派遣之僧人化装经四川康定、打箭炉，云南，青海等地伺机入藏探听军事、地理情报等事实，直到1940年1月，日本人福田隆且化装成朝圣者抵达青海藏传佛教名寺塔尔寺，返回张家口后随即向参谋本部提供了详细调查报告；1940年11月，日伪"华北交通"特务牧野秀之进装扮成喇嘛，穿越腾格里沙漠千里迢迢侦察青海。

日本帝国主义企图染指蒙藏事务的事实，引起了国民政府的高度重视，抗战时期的民族宗教政策被提高到了国家战略层面。1938年11月，国民参政会在重庆召开的第二次大会上通过了以佛教文化增进汉藏感情案，及推行佛教加强民族团结开拓国际援助案。遵照国防最高会议决议，国民政府行政院拟定了民族宗教方针政策，在行政院院长孔祥熙呈请给国民政府关于注意佛教文化一案中，提出了几项关于佛教寺庙、佛学院及蒙藏佛教方面的办理要求："（一）保护寺庙，政府向极注重，除间有为公益事项征取寺庙同意借用部分房屋外，绝对禁止任何机关团体侵入占用。兹经饬由内政部通咨各省市政府申明禁令，切实保护。至国内各地寺院僧众均须守持净戒，事属当然，并经饬由该部督饬中国佛教会各省市分会严密遵守。（二）组织佛教学院及学校一节，已在西康省内开始筹设五门佛学院，所有五台山蒙藏学校，亦经改为蒙藏教理院，并饬由教育部会同蒙藏委员会聘任章嘉呼图克图为院长。此外，教育部并拟在各大学哲学系中设置佛学专门科目，以资阐扬而便研讨。（三）查人民依法有纳税及服兵役工役之义务，为中华民国训政时期约法所明定，设因种族宗教关系而有所例外，深恐减削全面抗战力量，兹为体恤边疆民族起见，经由本院核定，蒙藏僧众应准缓设，汉族僧人仍须照服国民兵役，以免壮丁藉图逃避，影响役政。至纳税义务与服兵役义务性质不同，凡属中华民国人民应一体遵照国家法令办理，并已令饬军政、财政两部分别转行有关机关遵办。（四）达赖转世及班禅遗体入藏两事，政府始终审慎，自当一秉既定国策，督饬蒙藏委员会妥为相机处理。（五）择译汉藏名著一节，查蒙藏委员会按月出版之《抗战小丛刊》，即系以边疆语文，译印领袖及党国名人言论，以及有关抗战之重要文献，分发边疆宣传，现决再加充实，增加编译人员，扩大编译之范围及数量。又教育部对于边事编译工作，并拟就国立编译馆特设专组办理。"① 此外，国民政府对于边疆各族均一视同仁，广为延纳各种人才，不少边疆民族人士服务于中央各机关者。政府还委托蒙藏委员会，注意遴派高僧分赴国外宣传联络，并且由内政部与中央社会部协商组设改进佛教委员会，赴边疆各地宣传工作，推进蒙藏地区的抗战工作。

1940年6月4日，国民党中央社会部关于整理中国佛教会意见，致蒋介石函件中特别提到佛教与边疆问题："我国国内藏族全部为佛教，出家喇嘛与在家信徒，固无论矣，即满蒙康青宁各地佛教亦极盛行。此外缅甸、安南、暹罗、日本都盛行佛教。如须确切深入领导边区各地民众，吸引边民内向，固不能不藉佛教以资联系，即为防止强邻假藉佛教关系以为侵略之工具，势亦唯有加强对于佛教组织之领导，发扬佛教积极救世之精神，期对各佛教国家民族发生领导作用。"② 1941年4月2日，国民党五届八次会议主席团又批准颁布了《关于加强国内各民族及宗教间之团结以达成抗战建国成功目的之施政纲领案》，具体编定了关于边疆之施政纲要，第一，是三个一般原则："一、对于边疆各民族一切设施，应培养其自治能力，改善其生活，扶助其文化，以确立其自治之基。二、对于边疆各民族一切设施，以尽先为当地土著人民谋利益为前提。三、尊重各民族之宗教信仰及优良社会习惯，协调各民族之情感，以建立国族统一之文化。"第二，在政治方面，提出两项措施："一、边疆及接近边省地方政府，应以振兴教育、改善人民生活为主要工作，关于此项经费预算，应予逐渐增加。二、各边疆地方政府及各级行政机关，应适应环境情形，尽量以任用各民族地方人士为原则，其优秀者应特予以选拔，使其参与中央党政，以收集思广益之效。"第三，在经济方面，提出三点促进边疆少数民族地区经济发展的措施："一、迅速开辟边疆主要之公路铁路。二、逐渐增设边疆各地金融机构企业及合作组织，以扶助经济事业之发展。三、对于边疆人民原有之各种生产事业，政府当尽量予以资本及技术之协助。"第四，在教育方面，提出了四点推动少数

---

① 《军委会政治部为防止敌伪利用宗教文化进行侵略与国民党中央社会部往来密函》，载中国第二历史档案馆编《中华民国档案资料汇编》第五辑第二编"文化二"，江苏古籍出版社1994年版，第771、772页。

② 国民政府档案，载中国第二历史档案馆编《中华民国档案资料汇编》第五辑第二编"文化二"，江苏古籍出版社1994年版，第779页。

民族地区人才培养和文化发展的举措："一、改进并扩大现有边疆教育机关，以培植边疆人才。二、于适当地点设置必须之各种专科学校，并设置各级师范学校，以期造就边疆各种人才，以应建设之需要。三、特设边疆语文编译机关，编印各种民族语文之书籍及学校用书。四、设置边疆研究机关，敦聘专家搜集资料研究计划边疆建设问题，以贡献政府参考，并以提倡边疆建设之兴趣。"①

抗战时期，由于日本在南亚各国的恶意宣传对于蒙藏地区影响较大，为了落实行政院政策措施，1939年5月15日，国民政府蒙藏委员会与教育部决定派遣藏传佛教高僧喜饶嘉措格西等赴青海各大寺庙宣传佛教文化，将日本专行违背教义之无耻暴行宣传于边疆各地，以增强边民的抗战意识。国民政府对喜饶嘉措大师的边陲之行具体要求有："一、拟派喜饶嘉措格西前往青海各大寺庙，视察佛教，宣传三民主义及抗战实况，以慰边民。二、时间由六个月至一年。三、经费全额一万元，由喜饶格西统筹分配。四、工作计划由喜饶格西自行拟定，分报部会查存。"② 5月27日，行政院致教育部密令（吕字五五三七号）通过了此宣传计划，"惟工作计划，由嘉措格西自行拟定后，应分报部会查核"，"除令饬财政部照拨经费一万元，并指令蒙藏委员会补编概算呈候核转"③。

6月11日，蒙藏委员会与教育部致行政院会呈，汇报了前赴青海视察寺院宣传抗战工作计划概要。第一，前往地点为青海省原有各县所属各藏族及各寺庙环海八族，阿里克九族，上下果密族，黄河南各藏族，南番二十一寨，保安十二族，以上各族所属寺庙及拉卜楞一带。第二，行程路线为：西宁—塔尔寺—的咱寺—夏琼寺江拉族—十族昂属地—佑宁寺—却藏寺—广惠寺—天堂寺—北山后各族—东科尔寺—扎藏寺—阿里克族—阿里克寺—千卜采族—冈咱族—汪什代克族—达乌玉—都受族—上果密族—

---

① 国民政府档案，载中国第二历史档案馆编《中华民国档案资料汇编》第五辑第二编"文化二"，江苏古籍出版社1994年版，第784页。
② 《蒙藏委员会与教育部致行政院关于喜饶嘉措格西等人赴青海各大寺庙宣传佛教文化增强边民抗战意识的文件》（会呈（密）：教育部渝水11376号、蒙藏委员会1068号），国民政府教育部档案，载中国第二历史档案馆编《中华民国档案资料汇编》第五辑第二编"文化二"，江苏古籍出版社1994年版，第787页。
③ 中国第二历史档案馆编：《中华民国档案资料汇编》第五辑第二编"文化二"，江苏古籍出版社1994年版，第788页。

下果密族—黄河南鲁仓族—完受族—拉加寺—贵德县属上山各族—下山各族—德庆寺—边都三沟—乃小楞寺—边都寺—隆务寺—保安十二族及所属寺庙—夕场寺—起台沟—朵唯扎仓寺—拉卜楞寺—黑错寺等。第三，宣传期限：由西宁经青海各族寺最低限度须时五六个月。第四，视察宣传方式。到一地后先行讲经，以发起佛教信仰之心，然后利用听众集会机会，从事口头宣传，并以佛教道理比较中日存心善恶行为之良暴，以因果关系证明我抗战必胜。利用所带油印机，随时编印多种藏文宣传品，并印制合乎边民心理的藏文抗战兴教标语，随时张贴，以收宣传之效。利用藏历六月九日各寺盛大法会时藏民麋集的机会，从事口头文字各种宣传。随时利用所带留声机及照片等，吸引牧地民众（因牧人尚少见也）集合一处，从事宣传。利用所带收音机将所收新闻消息逐日报告，遇必要时并油印简单每日新闻，以资宣传。宣传期间，于所经各地，将民众疾苦、社会状态、地方情形及各寺院之沿革现状等，详细察访，登诸日记札记，汇报中央。第五，宣传要点主要有十：①说明当时的国际情势及国内详情，俾其有正确概念。②说明我国以往光荣伟大之历史各民族间的关系，以种种事实证明国内各民族系同源分支，与国外民族绝不相同，申述国家对各族平等的主张，以增强民族意识而固团结。③比较中日历史文化之优劣，指出此次战争中良善残暴及有心善恶之别，使之倾向中央，鄙夷日本。④对抗战以来，敌我军事、经济、政治、民气、士气之优劣进行比较说明，并指出中国第二期抗战各种设施之进步情形，以证明中国必胜，敌人必败。⑤说明日本虽标榜以佛教为国教，然其行为直同于修罗魔王，不仅不合于佛法，且违反至极，此等行为以佛法业果而言，绝无好报，日人卑鄙无耻，惯用欺骗伎俩，以达其侵略目的，蒙藏同胞应谨慎防护。⑥说明中央确实尊崇佛法，并以已往史实及现在事实证明之，俾其勿惑于邪说。⑦说明现代中国之地理区划，政治组织及三民主义之真义，俾其了解。⑧说明中央关念边民，爱护边民，边民对于中央亦应一致，竭诚拥护。⑨说明举国上下努力的情形，号召边疆同胞亦应一致奋起，效忠国家，若仍不关痛痒，甚且甘作奸人，供敌利用，则不但个人身败名裂，为人共弃，遗臭万古，并且为出卖祖宗。⑩说明日本人口口声声谓辅助建立"满洲国"，其实所谓"满洲国"不过是日本人的牛马，现在傀儡溥仪及东北人民所受痛苦，悔之不及，较朝鲜、台湾尤甚，人若误受其甘言诱惑，供其利用，将来一入其手，将生生世世作其奴隶，受其蹂躏，乃至于万劫不复，应十分谨慎。① 视察寺院宣传抗战工作计划为喜饶嘉措拟呈给政府，通过这一宣传工作，有效发挥了佛教爱国爱教积极救世的精神，揭露了日本帝国主义卑鄙欺骗的伎俩，使得蒙藏同胞在抗战这一大是大非问题上坚决与国家保持一致，真正达到了全国各族人民共同参与抗战的目的，维护了边疆的稳定。

第二节　抗战时期佛教界的爱国举措

日本帝国主义侵华之前，中国佛教于曲折艰难之中得到了新兴和发展，佛教组织和社会团体纷纷出现，佛教文化事业得到极大的发展，佛学院、佛教刊物大量出现，然而随着中国广大地域纷纷沦陷，佛教各项事业遽然夭折，受到巨大损失。在日寇铁蹄的无情践踏下，中华民族陷入了前所未有的灾难深渊，而中国佛教界作为社会、民族的一部分也同样罹受了巨大苦难，所遭受损失亦是罄竹难书。"覆巢之下无完卵"，抗战时期，中国佛教界的命运与国家、民族之命运血肉相连、唇齿相依。面对日寇惨绝人寰的侵略事实，向以佛陀教法与律仪慈悲救世、严于律己的中国佛教界也深刻警醒了，发出了"我不信敌人还有人性，更不相信敌人还信仰佛教"② 之震耳欲聋的狮吼强音！中国作为佛教的第二故乡，汉传佛教、藏传佛教、南传佛教三大佛教流派在中国这片沃土上茁壮成长、遥相呼应，在全民族的抗战救亡洪流中，无论是汉传佛教僧徒抑或蒙、藏等各民族佛教徒，无不将自己与民族救亡联系在一起，将自己的生命与中华民族的救亡图存融合在一起，积极投身于民族救亡的洪流之中。他们以"无缘大慈，同体大悲"的大乘菩萨行精神为鼓舞，以佛教自身特有的方式组织起各式各样的抗日救亡活动，走上了一条"救国、救世、救教、救人"的道路，为中华民族抗击外来侵略发挥了不可磨灭的积极作用。

一　佛教界的空前厄运与抗战宣传

1937 年，全面抗战爆发后，中国佛教几乎完全陷入了前所未有的灾

---

① 《前赴青海视察寺院宣传抗战工作计划概要》，载中国第二历史档案馆编《中华民国档案资料汇编》第五辑第二编"文化二"，江苏古籍出版社 1994 年版，第 789—791 页。
② 苇舫：《敌人对我佛教的暴行》，《海潮音》第 19 卷第 3 期，1938 年 3 月。

难深渊，广大中国佛教徒遭受到了空前的厄运，侵华日军对中国佛教所犯下的滔天罪行累累在目。如1939年2月，从扬州逃难到汉口的祥瑞法师亲身闻见："上海的龙华寺炸毁了，大场的大佛寺也炸毁了，杭州的灵隐寺全部遭火焚了，丹徒的会隐寺的烧毁，老和尚和客僧六人惨被枪杀，镇江的竹林寺大部化为灰烬，金山江天寺的僧侣除被残杀外，其余的都拉到南京抬炮弹，焦山定慧寺的东部殿宇，都成焦土，扬州的天宁寺的僧道六人同时遭惨杀"，"比丘尼方面被毁的寺庵，更是无法统计了，在未逃出的尼众，不但青年的要奸污，即六十岁以上的老尼，亦强迫兽行，因此与其拼斗而被残杀，或自投水吊死，不知凡几"①。又如扬州福缘寺为当地著名丛林，僧人数十，戒行谨严，为地方善信所敬仰，但自扬州失陷后常受日寇扰害，迫不得已主持和尚遂率全体僧众乘汽油船逃亡，不幸被日军发现，以为反动，顿时四十余人全被枪杀，河流变赤。② 再如1939年10月，倭寇在山西国恩寺盗去白檀雕刻观音像一尊；炸毁安徽六安昭庆寺唐塑佛像多尊。著名的天台宗祖庭湖北当阳玉泉寺1940年夏遭日军血洗，25名僧众被杀害，毗卢殿方丈寮等被焚毁。1940年倭寇入五台山将各寺庙金属佛像香炉等运走；重庆罗汉寺、长安寺被日寇飞机炸毁。以埋藏有石经而闻名的千年古寺北京房山云居寺绝大部分建筑因日军的轰炸而毁于一旦。天津蓟县盘山好几座历史悠久的皇家寺庙也被日军飞机炸得一座不剩，日军之侵略恶行数不胜数。而震惊中外、惨绝人寰的南京大屠杀中，吃斋念佛的无辜善良僧人尚不能幸免，武定门正觉寺慧兆、慧璜、慧光等十七名僧人，及消灾庵女众真行、登无、登高三人被枪杀③；金陵寺前的二百名平民尸体中也有两名寺中僧人④；纵淫成性的日军就连出家的尼僧都不肯放过，占领区的尼庵也成了他们施虐的场所，很多尼僧遭到奸污。⑤ 日军的暴行发指到令人难以想象的地步。被侵占的南京各处城门都有日军的把守，一个青年女子为脱魔掌装扮成男子不幸被发觉，被守门日

---

① 苇舫：《敌人对我佛教的暴行》，《海潮音》第19卷第3期，1938年3月。
② 《扬州福缘寺僧众被难》，《海潮音》第19卷第6期，1938年6月。
③ 蒋赞初：《南京史话》下册，南京出版社1995年版，第123页。
④ [美]明妮·魏特林：《魏特林日记》，南京师范大学南京大屠杀研究中心译，江苏人民出版社2000年版，第396页。
⑤ [美]张纯如：《南京暴行——被遗忘的大屠杀》，孙英春等译，东方出版社1998年版，第66页。

军当场轮奸。最为凄惨的是，恰好此时一个和尚路过这里，于是日本兵便试图强迫这个和尚奸污女子，和尚不从，于是他们便阉割了他，致其流血不止直至身亡。① 抗战期间，中国佛教界所付出的牺牲、罹难的损失罄竹难书。

在全民族的抗战救亡热潮中，中国佛教界组织起了各种各样的抗日活动，他们将自己的事业与民族救亡联系在了一起，他们将自己的生命与民族兴亡融合在了一起。1932年2月，北平法源寺释空也函请中国佛教会通令全国各省市佛教会转知各寺院僧侣共赴国难，并提出途径有二：一是僧侣与寺院节省日常开支，用以慰劳抗日军士，是谓物质援助；二是精神安慰，即各寺院僧侣举办法会追悼抗日阵亡战士与受害同胞，祈求国难速消与早日和平。② 1933年3月15日，闽南佛学院的学僧在致实业部的信中说："我们以为国家的责任，不仅在政府中几位要人身上，救国的事业，国内四万万七千三百万的同胞们，是都有责任的，我们希望大家一致团结起来作中流之砥柱，挽狂澜于既倒，所谓'国家兴旺，匹夫有责'即此义也。我们身虽出家，衣食住乃至一切的一切，差不多都仰赖于社会的供给，与社会国家是有密切关系的。我们生在于中国，长在于中国，吃中国的饭，穿中国的衣，讲中国的话，受中国政府的保护，而又是中华民国的一份子，对于国家也应该要负点相当的责任。"③ 在残酷的敌寇侵略事实面前，在佛教界高僧大德的奔走呼吁之下，广大中国佛教徒迅速意识到了抗战的急迫性和重要性，僧青年们怒吼道："僧青年同志们，大家携手上前线，为着悲心的激发，为了正义与自由，为了争取民族的生存，为了光大佛教的前途，为了解脱人类的痛苦，不惜自我牺牲，消灭日本军阀，实现和平安乐的世界"，"以沸腾的热血清洗国族的耻辱，于情理上实属应分，并与佛戒不相违背"④。他们还以佛经为证，"菩萨见恶劫贼，为贪财故，欲杀多生……以怜悯心而断彼命，由是因缘，于菩萨戒无所违犯，生多功德"⑤。

---

① ［美］张纯如：《南京暴行——被遗忘的大屠杀》，孙英春等译，东方出版社1998年版，第71页。
② 《空也函佛教会呼吁全国僧侣共赴国难》，《海潮音》第13卷第5期，1932年5月。
③ 《现代佛教》第5卷第8期，1933年4月。
④ 繁辉：《我们是一支降魔生力军》，《海潮音》第26卷第2期，1945年2月。
⑤ 弥勒著，玄奘译：《菩萨戒本》，《大正藏》第24册，第1112页上。

对于日军侵华恶行，中国佛教界纷纷撰文论述僧伽护国。1933年震华法师撰写了《佛伽护国史》并于上海佛学书局出版，内容主要包括了僧伽护国的疑问、僧伽护国的思想、僧伽护国的施设和僧伽护国的史实四大部分，激励僧众积极投身于抗战护国运动之中。中国国际宣传徒步队的倡导者乐观法师撰写了《奋迅集》，细细阐释了僧伽爱国的具体实践，为爱国救亡指明了前进的方向。除此之外，中国佛教界还开展了大规模的抗战宣传活动。太虚大师在"九一八"事变后就呼吁全国佛教青年要在抗战行动中使"向来所藉以营生之职务，系违背佛理、损害人生者，应设法改良，以求有益为法为众"①。"七七"事变后，他在汉藏教理院防护训练队的训辞中又明确指出："今欲复兴中国佛教，亦必须寺院僧众，尤其是僧教育之学僧，能矫正向来散漫放逸、怯弱萎缩之旧习，实现出整齐严肃劳苦勤勇之精神。本菩萨之智悲，去施行护教救世、护国救人之方便工作。"② 太虚大师后来在云南僧俗救护队的训辞中强调说，参加救护的佛教青年除了怀抱救国救世的理想，还应当严守佛教的戒律，"充实严净道德，去从事于救护工作"，这样就能够"博取舆论之赞美，社会的同情"，从而"达到宣扬佛教、振兴佛教、昌明佛教之目的"③。很显然太虚大师领导和宣传佛教徒积极参加抗战救国运动，除了救世救国的社会政治目的，也有革新佛教、振兴佛教的内在需求。他是想通过僧众亲身参与抗战救国运动，既要改变社会对佛教的各种消极和错误的看法，也要革除寺僧各种不适应时代需要的旧习，从而革新佛教、振兴佛教。佛教杂志《佛海灯》在1937年出版了"僧伽护国专号"，卷首语指出："吾伎僧伽，乃中华民国之一，衣、食、住、行之问题，悉依赖于国家，而对于目前之国难，岂可忍而袖手旁观耶？本刊同人，有见于兹，且职责之所在，故出此'僧伽护国'专集，宗旨在唤醒我醉梦之僧伽，一致来救国、护国。"④ "专号"发表了《护教护家与护国》、《僧训武装护国论》、《佛法救国与僧伽护国》、《僧伽与国难》、《唤起僧青年共同救国》、《僧伽应尽之护国

---

① 太虚：《劝全国佛教青年组护国团》，《海潮音》第14卷第5期，1934年5月。

② 太虚：《复兴佛教僧侣应受军训——二十六年冬对汉藏教理院防护训练队训辞》，《海潮音》第19卷第1期，1938年1月。

③ 太虚：《太虚大师对云南省僧众救护队之训词》，《海潮音》第20卷第9期，1939年9月。

④ 《佛海灯》第2卷第4期，第1页。

责任》、《僧伽应怎样护国》、《僧伽生存与国民之认识》、《僧伽护国应有之认识》、《我们学僧该持怎样护国的精神》、《僧伽的护国途径》等文章，宣扬护国是僧伽应尽之责，且强调了护国与佛教的宗旨是相符合的，还提出了一些实际的办法，如参加救护工作、组织慈善救济、筹集抗战捐款，甚至提出了"实力援助"，武装僧伽以图卫国等措施。

除了《佛海灯》杂志之外，重庆的《海潮音》、桂林的《狮子吼月刊》、香港的《觉音》是当时中国佛教界宣传抗战救国救教的最重要的三大刊物。《狮子吼月刊》创办人暮笳在创刊词中明确指出，该刊之所以创办于抗日的烽火之中，就是"针对敌伪的荒谬宣传，尽量发挥佛教的反侵略思想，从佛教岗位上，来巩固抗日战线，支持长期抗战"，"使《狮子吼》成为一支宣扬佛教文化的笔部队，深入到祖国的广大原野"①。巨赞、道安等成为该刊的主笔。该刊也正如其创刊宗旨所言，发表了大量的反映佛教界抗战爱国和救国救教的宣传、鼓舞的文章，并积极团结各界爱国人士，如郭沫若、柳亚子、夏衍、欧阳予倩、聂绀弩、端木蕻良、廖沫沙、关山月等，极力宣传抗战救亡。1941年1月，暮笳法师发表了《培植青年的心》一文，呼吁广大青年以乐观的精神迎接中华民族的明天，"在民族再生的新天地中，我们只有狂歌，而没有半点忧伤"。他号召佛教青年"要将自己的人格和庄严而神圣的佛事结合在一起……就是在参加现阶段的解放事业中，把我们的全副身心交给那个光辉的事业……不惟下地狱也，且常乐地狱，且庄严地狱"。《狮子吼月刊》主编和组织南岳佛道救难会的巨赞，在抗战宣传中更提出了开展"新佛教运动"的主张，要求将革新佛教的新佛教运动与抗战救国运动紧密地结合在一起。巨赞说："新佛教运动是社会革命的一个重要部门，是抗战建国的今天所应有的运动。新佛教运动者进行工作起来，处处要以国家民族为前提，执政当局也不要漠视这一个动力。"他还说："新佛教运动的成败在于人，人的造就在僧教育，现在的僧教育很不够，请各主持者设法改进。"②他的这一主张得到了教内、教外比较广泛的响应。太虚大师、汉藏教理院的观中和同灵、绵阳佛学社的慧栋、广东高城的澄真、广西的道安等，会同海内

---

① 暮笳：《沉重的背着两个卐字——代创刊词》，《狮子吼月刊》第1期，1940年12月。
② 巨赞：《新佛教运动检讨特辑·写在前面》，《狮子吼月刊》第8、9、10期合刊，1941年9月。

外的在家居士康寄遥、心丰、敬之等，还包括基督宗教界的谢扶雅、教外的田汉等，都给予了大力的支持，纷纷向《狮子吼月刊》寄来稿件。①《狮子吼月刊》虽然到1941年年底出版第11、12期合刊后停刊，但它在海内外引起了巨大的反响。

《觉音》原名《华南觉音》，是由一批从内地逃难到香港的闽南佛学院、武昌佛学院的学僧所创办的，既讨论僧制改革与佛学问题，也大量刊登反映佛教界抗战爱国救教的宣传文字，及时将太虚大师和各地佛教徒的抗战事迹及言论传递给海内外，成为抗战时期联络和团结海内外爱国救教佛教徒的最重要的一份刊物。

在抗战宣传上，佛教界不遗余力付出了艰苦卓绝的努力，做出了巨大的贡献。正如太虚大师在1941年总结中国佛教界的抗战事迹时所指出的："文字宣传，则《海潮音》以二十年来之佛教月刊权威，四年来集佛教缁素学者抗战救国言论精华之大成，所以坚决国内佛徒之勇气，唤起国际佛徒之同情者殊巨！上海沦陷前之《佛教日报》，广州、汉口未沦陷前之《金卍字》及《正信周刊》，四年来渝、蓉之《佛化新闻》，香港之《觉音》杂志，及近年出现之浙江《人间佛教》、成都《佛化评论》、桂林《狮子吼月刊》、仰光《耕荒月刊》、陕西《觉报双周刊》等，亦无不在佛教立场上，发挥配合抗建纲宗的理论。"②

无论是太虚大师所宣传的救国以救教的抗战主张，还是巨赞所推动的"新佛教运动"之讨论，受客观环境和条件限制，虽然带动佛教界走上革新之路的实际成效还很有限，但是无疑表现出了抗战中的中国佛教界已经有了越来越强烈的"救国亦是救教，救教必须救国"的历史觉悟。如1937年8月，弘一法师于青岛湛山寺讲律，手书"殉教"横幅，其题记中云："为护佛门而舍身命，大义所在，何可辞耶？"③ 1937年10月，弘一法师居厦门万石岩，此时厦门战事紧张，其师友力劝他内避，弘一题其室曰"殉教堂"，以明爱国之心。他在致李芳远的信中称："朽人为护法故，不避炮弹，誓与厦市共存亡。……吾人一生之中，晚节为最要，愿与

---

① 这些来稿见于《狮子吼月刊》第8、9、10期合刊，1941年9月。
② 太虚：《抗战四年来之佛教——三十年七月作》，《海潮音》第22卷第9期，1941年9月。
③ 林子青：《弘一大师新谱》，台北东大出版公司1993年版，第384页。

仁者共勉之。"① 他还告诫僧青年说:"吾人吃的是中华之粟,饮的是温陵之水,我们身为佛子,若不能共纾国难,为释迦如来张些门面,自惭不如一只狗子。"抗战期间,他常书"念佛不忘救国,救国不忘念佛"警语,并题记云"佛者觉也。觉了真理,乃能誓舍身命,牺牲一切,勇猛精进,救护国家。是故救国必须念佛",广赠佛门信徒。② 近代诗人柳亚子撰述悼文《怀弘一上人》,对弘一法师念佛与救国的理念予以赞叹,文中说李叔同自出家后,"余亦自此不复见弘一矣!战事既兴,弘一闭关闽海,度其六秩世腊。李生芳远驰笺索诗,余寿以偈云:'君礼释迦佛,我拜马克思。大雄大无畏,迹异心岂殊?闭关谢尘网,吾意嫌消极。愿持铁禅杖,打杀卖国贼。'见者缩项咋舌,顾弘一不以为忤;亦报余一偈云:'亭亭菊一枝,高标矗劲节。云何色殷红?殉教应流血!'呜呼,洵可谓善知识已"③! 太虚大师于1939年8月在云南僧众救护队讲话时也说:"佛教徒也是国民的一份子,所以要服务国家……我们现在来训练组织成立云南省僧众救护队的初意,就是为的要使佛教徒能实际地从国民立场上去服务国家。"④ 太虚大师在抗战中的所作所为,完全符合他所倡导的人生佛教理想与追求,他的贡献得到了政府的肯定,国民政府对他多次明令嘉奖。

二 战时的中国佛教会

日军侵华期间,日本侵略者积极利用佛教为侵华战争服务,披着伪善的外衣积极以佛教名义承办各种组织,力图拉拢我国人中信佛之徒众为其利用。如1934年7月,日本佛教界于东京成立所谓的"日华佛教研究会"。1938年,策动汉奸在天津成立伪"中华佛教会",妄图代替我国原有之中国佛教会,随后每占领一个地方,都相应设立各种伪传教组织,并在这些地方开办日语班,倡日语、禁汉语,影响极其恶劣。1938年11

---

① 林子青:《弘一大师新谱》,台北东大出版公司1993年版,第386页。
② 秦启明:《弘一大师李叔同书信集》,陕西人民出版社1991年版,第506页。
③ 《弘一大师全集》第10册,第4辑,福建人民出版社1991年版,第62—63页。据李想《亭亭菊一枝》(《正法眼》2000年)研究,柳文在时间上有疏误,柳亚子的贺诗写于1939年弘一法师六十寿辰,而弘一法师的诗则作于1941年,是缘于"贯师赠余红菊花一枝",绝非特意为报柳亚子寿偈而作。弘一法师将诗作分赠于友人,也分抄一份给了柳亚子。不过从柳亚子的悼文可以看出,弘一法师的爱国思想也得到了社会人士的认同和赞赏。
④ 《云南省僧众救护队训辞》,《海潮音》第20卷第9期,1939年9月。

月，他们又在中国沦陷区设立"日华佛教研究会分会"。"日华佛教联盟南京总会"设在南京利济巷知恩别院内，日本佛教净土宗僧人胜田圆成等任理事长，扬州、镇江、上海、无锡、常熟、南通、九江、芜湖、蚌埠、合肥皆设有分会。侵华日军上海军特务部于1939年2月在虹口虬江路624号成立"中支宗教大同盟"。1943年6月，又在延安东路77弄1号成立"大东亚佛教总会"。日本佛教配合军国主义侵略不辞疲惫，在组建各种协会、学会之余，在日本特务机关"兴亚院"的授意下且不断组织、诱惑中国沦陷区宗教团体访问日本，仅北平的大汉奸王揖唐等出面成立的"佛教同愿会"就组织了四次华北佛教代表访日活动。1943年春，华北、华中、华南、伪满洲国等地的佛教团体同时访日，其中领队中头衔最高的系内蒙古多伦诺尔汇宗寺著名之活佛世系甘珠尔瓦呼图克图。相对于日人所组织之佛教联合会之类，抗战期间的中国佛教界以中国佛教会为代表发挥了极大的作用，为凝聚中国佛教界力量共同抗日提供了保障。太虚大师与圆瑛法师作为中国佛教会的领导人带领中国佛教界积极投入抗日救国大业。

　　1931年，"九一八"事变发生后，日军占领东北三省，太虚大师指出列强当中压迫中国最厉害的就是日本，它们以中村事件借口出兵东北，实际是强占我领土，杀掠我人民。"此种暴行，为国际公法所不许，人道正义所不容，而日人竟悍然不顾，但求达到吞并满蒙，征服中国之目的，可谓狰狞极矣。"① 太虚强调佛徒也是国民的一部分，也应肩负起守土抗战的责任，"国难已到非常时期，凡属国民同有救国救民之责任"②，为此他发表了《为沈阳事件告台湾朝鲜日本四千万佛教民众书》，号召广大信佛民众要"以菩萨大悲大无畏之神力"，制止日本的侵略行径。本着佛教的和平主义来呼吁包括日本和日据朝鲜及台湾的佛教徒在内的全世界爱好和平的人们联合起来，团结一致反对日本军国主义。认为佛教徒占过半数之日本竟然"迷昧因果之理，造作凶暴之行，妄动干戈，强占中华民国东北之辽、吉两省。复运其海军陆战队威胁天津、青岛、海州、上海，以及长江各都市，且强迫满人、蒙人为傀儡而诳言独立。十恶、五逆，一时俱

---

① 太虚：《中国危机之救济》，载《太虚大师全书》第48册，台北善导寺1980年印本，第34页。
② 《佛海灯》第2卷第3期，1937年1月。

作，以残毁五族共和之中华民国"，也是"逼令东亚以至南亚、全亚佛教民众入于自相屠杀之一途，将亚洲民族复兴之活路突然堵塞，亦将进于世界和平之基础忽尔摧坏"，他呼吁长期受"日本少数贵族军阀政客"所宰制的"我台湾、朝鲜、日本四千万信佛民众，应速速成为一大联合，以菩萨大悲大无畏之神力，晓谕日本军阀政客因果之正法，制止其一切非法行动"①。

1932年，上海"一·二八"事件发生后，中国佛教界也迅速作出反应。太虚大师指出日本侵华，不仅给中国人民造成深重灾难，也必将给新兴的现代日本国及其人民带来灾难性后果，奉劝日本应当以和平而不是战争进于亲善。表示要以"我不入地狱谁入地狱"之大无畏精神，逼迫日本当局"撤兵回国"，使中日两国人民免遭涂炭，共享和平②，而日本佛教联合会却复函中国佛教会，竟然颠倒黑白地说："欲补救目前之危机，须先开导抗日团令停止其暴举，劝导不正之军队，令终止对日炮击，则我徒继之提倡休战，以引入直接交涉之局，冀尚有前途一线之光明。如不然，排日如旧，炮击如前，而语讲和平，虽我佛出世亦无可奈何。"1932年2月，中国佛教会通告全国诸山寺院："上海受日军攻击，吾军起而抵御，血战已将一月……我佛教徒除已由各法师居士组织救护队收容所并捐大批食品慰劳负伤将士外，凡各地僧众居士，均应共发悲悯救世之心，募集金钱或物品输送战地，慰劳我忘生救国之将士，兼济战区逃出之难民，拯国家之危亡，尽国民之义务。愿我佛教徒踊跃图之，勿居人后。"③

1932年12月，太虚大师在潮州欢迎大会上做《佛法与救国》的演讲，指出中国正处于国难极严重的时期，在全国人的心里首先要讨论的问题就是怎样去救国："爱国之道甚多，非单限制于一法，如各人依各种的社会职业，皆可尽各人的力量，趋于救国同一的目标。"④ 所以太虚着重发挥佛教中"有利于社会人群国民公益的义理"，以佛教的"因缘生义"、"无自性义"和"大悲心义"，来激发起佛教徒的爱国救国行为，尽到对于社会人民的责任。1933年2月，太虚大师在思明县佛教会作《学佛先

---

① 《海潮音》第12卷第11期，1931年11月。
② 太虚：《因辽沪事件为中日策安危》，《海潮音》第13卷第5期，1932年5月。
③ 《中国佛教会报》第31—42期合刊，1933年1月。
④ 太虚：《佛法与救国》，《海潮音》第14卷第1期，1933年1月。

从做人起》的演讲中称："若无国家，不但外患无法抵御，国内人民的生命也没有保障，生活也没有安宁"，所以我们"要报答国家恩，大家要以爱国心为前提，在今日众敌围攻的中国，我们中国的国民，英勇的将士，慷慨的豪杰，应在众敌环攻之时，一致奋起"[1]。1933年5月7日，太虚大师在上海永生电台播讲《佛教与护国》，时值日军占领榆关，侵略热河，国难日深，太虚大师以佛教入世精神号召僧众和全国人民同心协力，共同抵抗日本帝国主义的侵略。对于进行抗日救亡宣传、发挥佛教的社会功能，产生了积极的促进作用。

1934年，日本主持召开泛太平洋佛教青年大会，同邀中国佛教会和伪"满洲国"的"佛教青年团"与会，妄图制造分裂我国的事实，太虚大师断然拒绝，使日本军国主义者野心没能得逞[2]。为了团结广大民众抗战，太虚大师撰写发表了大量的抗日救国言论。据统计，在1931年至抗战胜利的十四年里，太虚前后发表了二十多篇抗战通告、诰电、论文等[3]。这些言论既鼓励了佛教爱国人士勇往直前与敌斗争，又为抗战提供了部分理论指导思想。七七事变前，太虚大师撰文指出，中国想要不被吞并或分割，对于"外来的强邻侵逼，尤非武力抵抗不为功"[4]。1937年，抗战全面爆发后，太虚大师在庐山通电全国佛教团体四众同人，拟具三项办法相勉："（一）恳切修持佛法以祈祷侵略国止息凶暴克保人类和平。（二）于政府统一指挥之下准备奋勇护国。（三）练习后方工作，如救护伤兵、收容难民、掩埋死亡、维持秩序、灌输民众防毒等战时常识诸项。"[5] 各地佛教团体遂通电响应。8月，上海组织僧侣救护队，每日赴前线救护受伤官兵及难民，甚得各国赞许。汉口佛教正信会组织救护队。9月，国民政府通令全国壮年僧道一律须受军训，太虚大师呈请政府改为僧侣特组训练，偏重于救护技能，俾合佛教宗旨。十月，汉藏教理院实行救护僧训，定制黄色圆领制服。南岳山寺僧组织救护队练习武术。

---

[1] 太虚：《学佛先从做人起》，《海潮音》第14卷第4期，1933年4月。

[2] 参见东初《中国佛教近代史》第27章"佛教对抗战护国之贡献"，台湾中华佛教文化馆1974年版。

[3] 参见《太虚大师全书》第48册"时论"，台北善导寺1980年印本。

[4] 太虚：《佛教和平国际的提议》，载《太虚大师全书》第35册，台北善导寺1980年印本，第296页。

[5] 太虚：《告全国佛教徒》，《申报》1937年7月18日。

"七七"事变更进一步地激起了全中国人民乃至全世界人民声讨、抗击日本法西斯的浪潮。太虚大师在事变发生后,第一时间向日本佛教联合会发去电文,要求转告日本"全国佛徒及军民","中日冲突已达危迫之极点,将陷中日民族于数载数十载相争相杀,卒致日本自杀,遗地球至惨之祸"①!其后,他不断发表声讨日本军国主义者的文章和讲话,认为曾长期受惠于中国文化之滋养,与中国有悠久友好交往历史并自称"崇儒信佛"的日本,居然被少数军阀所绑架,"不顾祖先积德之艰,纵其淫杀之滔天罪恶,加以受恩久长之中国人身上,是实同不肖子弟以浪荡倾败其祖宗所遗之家业者无异"②。进而他又向全中国佛教徒发出了"降魔救世,抗战建国"的号召③,通电全国呼吁国内外的佛弟子同赴国难。他明确指出佛教徒虽说反对杀生,但"当侵略者破坏国家伤害人民时,则任何人皆负有抵抗之义务,为正义而引起战争惨杀,虽甚遗憾,然实不得已之事"④。

太虚大师鼓励佛教徒全力支援抗战事业,他说佛法所讲的"财施"、"法施"、"无畏施"三种布施,都很适合抗战的需要。他解释说:"在今抗战建国时期内的中国人,当以认清并宣扬国家至上、民族至上之义为最大法施;以抵抗侵略,驱除暴寇,达到军事胜利为第一的无畏施;能将意志、力量集中于求国家民族抗战胜利上,为最扼要的财施。"⑤他还多次撰文,揭露日本军国主义罪行,警告他们:"以地大人众新兴蓬勃之中国民族,又岂能为日本所能完全吞灭!"如果相持不下,引发世界大战,危害的不只是中国,日本的多年发展也将一举归于毁灭。他呼吁日本人民起来反对战争,呼吁日本的佛教徒迅速觉醒,不要当侵略者的工具,否则只有自取灭亡。他要求日本佛教联合会"领导日本三千万佛教民众,运其大悲般若,速破除贵国当局之无明贪嗔,撤兵回日,服礼谢华,弥将动之

---

① 太虚:《电告全日本佛教徒众——二十六年七月自牯岭发》,《海潮音》第18卷第8期,1937年8月。
② 太虚:《日伪亦觉悟否——二十七年春为拥护抗战建国纲领作》,《海潮音》第19卷第4期,1938年4月。
③ 太虚:《降魔救世与抗战建国——二十七年六月在成都佛学社讲》,《海潮音》第19卷第7期,1938年7月。
④ 天慧:《美记者访问佛教领袖记》,《海潮音》第26卷第5期,1945年5月。
⑤ 《太虚大师最近的护国言论》,《海潮音》第22卷第5期,1941年5月。

魔战，彰遍常之佛慈"①。他建议台湾、内地、朝鲜的佛教徒联合起来，以菩萨大悲无畏之神力制止一切非法行动。1945年抗战胜利在望，太虚大师不失时机地再次苦口婆心通告日本佛教徒："日本佛教之善知识，可以呼吁四千万佛徒起来自救救国民矣。今日本有思想知识之国民，固无不深知此已绝无胜望之苦战，能早停止，可多保全也。其如全国无一大力量人，能负起投降之责任乎？此诚日本国民实际之苦衷。然此正须佛教善知识本大慈悲，运大智慧，发为大雄大力大无畏精神，不惜牺牲个人身命，冒死犯难，大声急呼全日本国民，勿再拥护主战之军阀政府，同时为一而再、再而三的向当政请愿停战，甘受戮辱而不退屈，并由个人或集团不断的对主战军阀实施袭击，则必能唤起厌战懈争之高潮，而为息战造成有利形势，则可共进于世界和平之运动矣。日本佛教徒诚能如此牺牲个己，救国、救民、救世人，其侠义之大仁大勇，必为全世界人所能倾倒，而中国暨各国之佛教徒，尤当引为无上光荣，不胜其馨香祷祝，敬仰钦崇者也！吾佛徒在紧急关头，贵能提起正念，突破魔障。日本佛教徒乎！浩然其无畏，其猛然蹶起！你们的中国佛教老友太虚掬无限热诚谨白。"②

　　九一八事变后，中国佛教会理事长圆瑛法师领导的中国佛教会发表了《中国佛教会为日本侵略致彼国佛教界书》，谴责日本侵略者"占领中国领土，残杀中国人民"的罪行，呼吁日本佛教徒"制止在华军阀之暴行"，"实施慈悲平等主义"③。1936年11月，中国佛教会鉴于国难日亟，灾祸纷乘，拟具"中国佛教会灾区救护团章程"，并制定了《中国佛教会灾区救护团僧众训练班纲要》，呈请内政部、民众训练部备案。12月17日，中国佛教会灾区救护团在上海开始办公，圆瑛法师任总团长，宏明法师任总干事。12月18日，抽派留云寺、灵山寺等寺四十名壮年僧众，编队受训。各地寺庙亦由总团部署限期成立分团，普遍受训，以备非常。④

　　七七事变爆发后，在危急关头，圆瑛法师召开中国佛教会的理、监事紧急会议，号召中国佛教徒积极参加抗日救亡运动，并担任中国佛教会灾

---

① 太虚：《致日本佛教徒电》，载《太虚大师全书》第48册，台北善导寺1980年印本，第327页。
② 《告日本四千万佛教徒》，《海潮音》第26卷第8、9期合刊，1935年7月。
③ 圆瑛：《中国佛教会为日本侵略致彼国佛教界书》，《佛学半月刊》第26期，1931年11月。
④ 《灾区救护团部昨集中僧众开始训练》，《佛教日报》1936年12月22日。

区救护团团长。他还到各地帮助建立抗日救护队，举办难民收容所和佛教医院。全面抗战爆发后不久，中国佛教会特推圆瑛法师赴新加坡、槟榔屿等地筹募款项，以期使救护团获得必要财力，"发挥救护工作之效能"①。1937 年 10 月，他携徒明旸先到新加坡，与当地华民政务司和总商会取得联系，通过侨领胡文虎等发动华侨，组织了新加坡华侨协助中国佛教会灾区救护团募捐委员会，开展募捐工作。② 为了募捐经费，圆瑛法师赴各地讲经，同时向海外侨胞介绍祖国抗战情况，后在吉隆坡总商会的配合下组织了第二募捐委员会，在槟榔屿组织了第三募捐委员会。经过不懈努力，他以炽热的爱国热诚感得华侨踊跃捐献，前后共计募捐国币三万二千四百元③，他将这些钱悉数寄回祖国以作抗日救护的费用。1937 年冬，上海除租界外全部沦陷，四郊战场堆满尸体，日军方面仅掩埋日本死亡士兵，中国阵亡士兵及难民的遗骸无人过问，尸横遍野，惨不忍睹。于是中国佛教会又在上海组织掩埋队，圆瑛法师任总队长，范成法师任第一队队长，慧开法师任第二队队长，两队队员都是上海玉佛寺、法藏寺、清凉寺、国恩寺、关帝庙、报本堂等寺庙的僧众和香工。大家都是主动踊跃参加，集中食宿，每天一大早出发，有四辆汽车开出，车上备有绳索、竹杠、铁铲、铁钩、担架等工具，每人带有防毒面具、药品以及食物，准备整天工作。队员们每天都是抬的抬，埋的埋，一直忙到傍晚，才收工回来。掩埋工作自 1938 年 2 月开始，至 5 月结束，共计掩埋尸体一万多具。1938 年秋，圆瑛法师回国了解到各难民收容所和佛教医院的经费仍然十分困难，于是年冬天再次到槟榔屿等地进行爱国演说，发动"一元钱救国运动"④。1938 年 4 月，圆瑛法师等宣布在上海孤岛恢复办公，废止会址迁移重庆的双方前议。在重庆的部分中佛会理、监事审时度势商决成立"中国佛教会临时办事处"，由太虚大师主持，推动僧众救护队、伤兵慰劳队、募捐救济流亡同胞，并与大后方各省县佛教会保持联络。太虚大师遂通告全国佛教徒"特设'中国佛教会临时办事处'于重庆罗汉寺，惟冀中国佛教会历届理监事之散居各方者，及川、黔、滇、粤、闽、赣、苏、皖、

---

① 见《圆瑛等致内政部呈》，《民国档案》1996 年第 3 期，第 35 页。
② 见《胡文虎原函》，《民国档案》1996 年第 3 期，第 36 页。
③ 《圆瑛等致内政部呈》，见《抗日战争初期佛教徒参加抗日救亡活动史料选》上，《民国档案》1996 年第 3 期，第 37 页。
④ 游有维：《上海近代佛教简史》，华东师范大学出版社 1988 年版，第 133 页。

鄂、湘、豫、陕、甘、青等省佛教会率各县佛教会，先由通讯一致联合，以进图增强后方各省佛教徒之组织。并宣布'废止沦陷在京沪之中国佛教会机构'，暂与京、平、沪、杭等沦陷区内佛教会等断绝关系"①。

1940年9月，圆瑛法师刚从南洋回到上海，凶残的日本宪兵队突然涌入寺院将圆瑛、明旸师徒二人以"抗日"的罪名抓到宪兵队，后解往南京日本宪兵司令部的监狱关押。宪兵们面目狰狞，情况非常紧急。每当夜阑人静时刻，日本宪兵就对他们进行严刑审讯，他们从容陈辩，不为所惧。日本侵略者见严刑高压制服不了圆瑛法师，便劝诱他出来与日本合作，然而皆遭到拒绝。圆瑛法师始终没有向侵略者屈服，更不与他们合作，除大义凛然与日寇周旋外，还连续打了三个"净七"。威逼利诱不成，日军只得放人。②圆瑛法师出狱后，虽对外宣称闭门谢客，却依然关心国家的命运，曾致书北平中国佛教院的师生，郑重叮咛："国家兴亡，匹夫有责。佛教兴衰，教徒有责。"1942年6月，圆瑛法师在天津佛教居士林演讲中明确地提出爱国与爱教不可分离。

三　战场救护与直接参战

九一八事变后，1931年12月，湖南衡阳花药寺住持寄居，义愤日寇侵占东三省，发起组织抗日救国输送队并发表《告全国僧伽书》，痛陈"国将不国，教于何有，僧于何存"之理。③在各地佛教界举办的不同形式的抗日活动中，最有成绩的就是"僧伽救护队"对伤兵与难民的救助了。早在1932年2月27日，弘伞、常惺、包寿引、闻兰亭、赵云韶等，即致函中国佛教会，建议组织战地救护队，开展救济工作。29日，中国佛教会复函："悲深愿切，不辞艰险，诚今日之急务，与本会前通告之意相符，至深佩慰。"④1933年3月，热河失陷，日寇进攻长城各要隘，中国军队秉承"宁做战死鬼，不当亡国奴"的信念，奋起抗击敌寇。为声援和支持前线浴血抗战的将士，汉口佛教正信会与武昌佛学院的僧俗信徒组织了救护队，会同汉口红十字会救护队北上，实行救护工作。⑤1936年

---

① 《通告全国佛教徒加强组织以抗战》，《海潮音》第19卷第6期，1938年6月。
② 惟觉：《佛教界几件救国工作》，《佛教公论》复刊第2、3期，1946年6月。
③ 见《威音》第36期，"新闻"，1931年12月。
④ 《中国佛教会报》第31—42期合刊，1933年1月。
⑤ 《佛教徒组织救护队》，《海潮音》第14卷第5期，1933年5月。

4月，中国佛教会呈文民众训练部，要求组织"中国佛教徒灾区救护团"。民众训练部因其"简章"过于简略，要求重拟简章，再呈来部核办。① 1936年7月，国民政府训练总监部令各地僧尼编入壮丁队接受军训，太虚大师立即函请陈唐总监，请改僧侣为救护队、看护队，以符合佛教宗旨。得到回复僧道受训单独编组，受训后不列入战斗部队。② 1936年11月，中国佛教会拟定《中国佛教会灾区救护团章程》呈请内政部、民众训练部备案，民众训练部通过审核准予备案，内政部则参照训练总监部、军政部、卫生署的意见，对章程及纲要进行了修正。

1937年8月，中国佛教会理事长圆瑛法师与上海慈善团体联合会救灾会共同组织僧众救护队。圆瑛法师被选为"中国佛教会灾区救护团"团长，僧侣救护队由宏明担任队长，队址设在上海法藏寺内。当时上海集合着全国各地而来的知识僧青年，消息传出，很快就有一百多名僧青年报到参加，救护队迅速宣告成立。"八一三"上海抗战爆发，上海僧侣救护队开赴吴淞前线，冒着敌人的枪炮，抢救伤员。在沪战的三个月中，本着"大无畏、大无我、大慈悲"的精神，这一群僧侣英勇地在东战场上，冒着生命危险往返于浏行、大场、昆山之间，不分昼夜地辛苦工作。除救护伤兵外，他们还负责救护租界内被日机炸伤的同胞。在战火里，他们中有的人献出了宝贵的生命，有的人被敌人炮弹炸伤，造成终身残疾。据《救亡日报》1937年9月22日报道："该会（指上海慈善团体联合救灾会）除了收容难民之外，还组织了救护伤兵队——僧侣救护队，参加这一工作的有一百七十余人，全是平日吃素念佛的和尚，他们上前线救护伤兵的勇敢，是谁都及不上的。在不久之前，他们曾因救护伤兵给敌人的炮火打死了几个。"《申报》1937年9月26日报道："该队在工作时，虽迭遇险阻，而遭受重大牺牲，然仍勇往直前，百折不回。尤以宏明法师，不避艰险，每日必率队赴最前线，监督救护，其勇敢服务之精神，殊堪钦佩。"③ 根据上海慈善团体联合救灾会，1938年报告书记载，上海僧侣救护队在淞沪会战期间，共救护伤兵及租界难民达8273人。上海的报纸将

---

① 陈金龙：《论七七事变前中国佛教界的抗日活动》，《民国档案》2005年第3期。
② 释尘空：《民国佛教纪年》，见张曼涛主编《现代佛教学术丛刊》第86册《民国佛教篇》，台湾大乘文化出版社1978年版。
③ 《僧侣救护队易地工作》，《申报》1937年9月26日。

他们誉为"英勇僧侣"，外文报纸称他们为"战神之敌"。他们的英勇事迹，深受社会各界的赞美，博得中外舆论的一致好评。当时，上海佛教界抗日护国的组织工作安排得十分周到，前方有救护队，后方则有收容所。中国佛教会在觉园内成立了难民收容所，收容难民 3000 多人，并供给全部饮食医药。还有比丘尼主动为前方官兵缝制征衣，也有比丘尼担任医院看护和杂工。

淞沪会战后期，僧侣救护队在枫林桥将 300 多名伤兵抢救出来，送往租界。当时租界里的医院都住满了人，无法收容。宏明法师向社会发出紧急呼吁，要求各方支持，立即成立一所佛教医院，收容治疗这 300 多名伤兵。当天就得到名绅祝兰舫的响应，愿意无条件地把他在牛庄路上的一所大宅院腾空交出来，作为佛教医院的院址。又得到社会各界人士的支持，聘请医护人员，捐助药品和医疗器材设备等。不到两天光景，一所粗具规模的佛教医院就这样诞生了，负伤官兵得到了及时治疗，恢复健康后救护队又设法护送他们归队，让他们能继续为国杀敌。僧侣救护队又在佛教医院举办了一次规模盛大的"超度阵亡将士法会"，以慰为国牺牲者的英灵。然后全体队员化整为零，瞒过敌人的视线，秘密转往武汉继续工作。1937 年 8 月，屈映光、黄涵之、赵朴初等居士建立上海慈善团体联合救灾会救济战区难民委员会，由赵朴初担任收容股主任，专门负责难民收容工作。在赵朴初等的艰苦努力下，先后设立了 50 多个难民收容所，收容难民 50 多万人次，占当时上海市收容难民总数的一半左右，是上海市收容时间最长、工作最好的收容机构。

上海沦陷后，僧侣救护队转赴武汉继续工作，后来又转移到重庆。队员万泉、觉初等十余人，辗转到了延安抗大，走上了中国共产党领导的抗日救国道路。在重庆的救护队员重新组织了"重庆慈云寺僧侣救护队"和"重庆市僧侣服务队"。在日军轰炸重庆期间，他们往往不待警报解除就冒着敌人的炮火，奔走在长江两岸，救护受伤难民，被称作"继上海僧救队而起，在陪都树立起来的一杆佛教救国旗帜"①。他们的卓著成绩获得国民政府通令嘉奖，还得到了最高领袖蒋介石的赞许，特别颁给银质

---

① 乐观：《沪渝僧救队及国际宣传队的经过》，《狮子吼月刊》第 11、12 期合刊，1941 年 12 月。

镀金"青天白日"奖章36枚，以资鼓励。① 1943年12月，重庆佛教界组织前僧侣救护队队员22人，应政府发动远征军运输队的号召前往印度工作。这些队员恪尽职守，在艰苦的条件里出色地完成了各项任务。他们中的印宏、圣亮、光华三人，在中国军队攻克密支那一战中，不幸牺牲在炮火中，为争取民族独立洒下了最后一滴鲜血。

最早遭受日本军国主义者侵略之害的华北僧俗，救国救难的热情不逊于上海，从九一八事变到七七事变，北平广化寺、柏林寺等都组织创办了伤兵医院，收容伤兵数千人。拈花寺内设立了规模宏大的妇孺收容所，先后收容难民数以千计。广济寺僧则组织了救护队奔赴前线。此外三时学会、华北佛教居士林也创立医院，救济难民、护理伤员。天津徐蔚如居士更是为了救济难民耗尽余力而逝。南京栖霞山寺僧人在南京保卫战失败后，将许多官兵挟于难民之中给予保护，掩护的抗日军民数以万计，国民党将领廖耀湘就在其中躲过敌人的搜捕。为保护难民，栖霞寺住持寂然法师在三九寒冬赤裸身体被日寇以冷水从头到脚浇冻，也毫不屈服。由于身心遭严重摧残，寂然于1939年圆寂，1940年国人特立碑纪念。② 镇江焦山寺的僧人将焦山炮台未来得及撤退的数十名将士掩护在寺内达半年之久，最后终于脱离险境。至于像无锡源修法师那样，在战乱之际集资开设收容所，为数以百计的难民提供食宿、旅资者，全国不知有多少。1938年10月，由阿泰尔率领的印度救护队，在参观了汉口佛教正信会所设的妇孺避难收容所后，对中国佛教徒所做的工作深表钦敬。③

上海僧侣救护队在华东地区坚持救护工作三个多月，因故被迫解散后，西安、四川、湖北、湖南、广东等地也相继成立了僧众救护队和救济会。"南岳佛道救国会"由巨赞法师等人联合道教徒一起成立，召集青壮年僧侣，举办军事训练班。参加者身着新式僧装，接受多门课程学习，集中训练两个月后，组成了佛教青年服务团和佛教流动工作团两个组织，分赴长沙、湘潭二地开展抗日救亡宣传活动。他们出版宣传抗日思想的佛教壁报《佛青》，还四处作抗日讲演，受到人们的广泛欢迎，民众亲切地称

---

① 有关僧侣救护队的内容可以参考乐观《奋迅集——僧侣抗战工作史》，上海护国禅院1943年印行；乐观：《佛教在抗战期间的表现》，载张曼涛主编《现代佛教学术丛刊》第86册《民国佛教篇》，台湾大乘文化出版社1978年版。

② 朱洁轩编撰：《栖霞山志》，香港鹿野苑1963年版，第82页。

③ 邓子美：《传统佛教与中国近代化》，华东师范大学出版社1994年版，第44页。

他们为"和尚兵"。他们得到中共领导人叶剑英、周恩来等的赞许,周恩来为他们题词:"上马杀敌,下马学佛。"① 而在抗战的陪都重庆,狮子山慈云寺僧众在从缅甸回国的佛教国际访问团成员、曾参加过上海僧侣救护队的乐观的动员和组织下,成立了由60多人组成的僧侣救护队。全队共分四个小队,分头从前线将伤员抬回来,并实施医护和救济。②

据不完全统计,从1931年到1945年,中国佛教界在上海先后兴办了上海佛教慈幼院(1933)、上海佛化医院(1936)、佛教医院(1937)、佛教时疫医院(1938)、上海净业孤儿教养院(1940)、佛光疗养院(1943)六所佛教医院;1942年3月,太虚大师、觉通法师、钟益亭、雷心佛等于重庆慈云寺也组设了佛教中医慈济院;除此之外尚有各种佛教诊所参与抗战救亡。全国各地成立僧人抗战团体的城市,有文献可考的超过15个,其中有谢英伯领导的广州佛教救护队、南岳僧伽救护队、僧侣抗敌慰劳队(湖北)、佛教青年服务团、云南佛教会救护队、成都佛教会僧侣救护队、镇江佛学院僧众服务队、西安僧伽战地服务团、厦门市佛教僧众救护队、汉口佛教正信会救护队、湖南壮僧救护队等。③ 其中仅镇江一地的僧人就同时成立了救护队、宣传队和公债劝募队。

除了战场救护,有些僧人及寺院甚至拿起枪杆,直接参加武装抗战。1938年3月2日,山东招远陈言忠利用普云佛教会负责人的名义,树起抗日大旗,称"普云佛教抗日救国军",队伍很快发展到1000多人,一次战役后队伍被击溃,余部由王先春率领投奔八路军。当时,在五台山的僧侣中流传着"虽然出家,但没有出国,所以我们至死不当亡国奴"这样一句话。1938年4月,五台山台怀镇内48座青庙和21座黄庙的1700余名各族僧侣联合成立"佛教救国同盟会"。金阁寺住持含空目睹日军践踏文殊圣地,占据寺庙,劫夺文物,决心卫国卫教。在他的带领下,寺中有不少僧人直接脱下了僧装,穿起军装,参加了八路军,留寺的僧人组建了"僧人抗日武装自卫队"。他们热烈欢迎并款待八路军,踊跃认购根据

---

① 巨赞:《奔走呼号一整年》,《觉音》第15期,1940年7月。另见明真《关于"南岳佛道教难协会"的回忆》,《法音》1990年第7期。

② 杨慧贞:《赴汤蹈火的释迦弟子——访问狮子山慈云寺僧侣救护队》,《觉音》第14期,1940年6月。

③ 释尘空:《民国佛教纪年》,见张曼涛主编《现代佛教学术丛刊》第86册《民国佛教篇》,台湾大乘文化出版社1978年版。

地救国公债,捐献衣食财物,主动为抗日部队提供食宿,站岗放哨,传送情报,积极配合八路军反"围剿"、反"扫荡",含空和尚因此受到边区政府和当地人民的尊敬①。聂力中将在《山高水长——回忆父亲聂荣臻》一书中写道:"五台县,应该说是晋察冀根据地最早的立足点。军区成立后,部队没地方住,只好住在五台山的寺庙里……父亲回忆说:'对于这些和尚和喇嘛,我们很尊重他们,同他们相处得也很融洽。'……僧侣也是中国人,也痛恨日本鬼子,大法师然秀代表五台山僧众表示:'出家人慈悲为怀。吾等出家不出国,保不住国家,佛教、寺庙何存!抗日救亡,僧众有责!'"在聂荣臻等的感召下,五台山寺庙成立了由青年僧人组成的抗日自卫队。他们利用自己的特殊身份和特定环境,积极以各种形式参加抗日,想方设法营救被日军关押的八路军和群众,他们中的许多人还拿起枪,勇敢地与日军搏杀,在当时,仅菩萨顶的和尚就消灭日军 30 多人,当地群众称赞五台山的和尚为"革命和尚"。以后,晋察冀军区专门把这些和尚僧侣组织起来,建立了一支连队,人称"和尚连"。从 1938 年秋至 1939 年春,有 100 余名五台山僧人参加了八路军,其中包括菩萨顶等 10 处藏传佛教寺庙(黄庙)僧人 30 余人,他们被编入晋察冀二分区四团,人称"僧人连"。

闽南的宏船法师以出家人的名义加入抗日救护军,由于他宽宏大度,带兵有方,很快就由一般队员升为救护队大队长。湖北当阳玉泉寺僧人眼看宜昌沦陷,日军企图攻击陪都重庆,激于爱国义勇,自觉动员起来为游击队提供给养,不幸被日军发觉,竟将该寺老少 37 人全数捆绑,用机枪扫射打死,还放火焚烧了这座已有千年历史的古寺。湖南理妙法师深入敌后刺探情报,惨遭日军剜眼割耳挖舌,最后剖腹致死。江苏宜兴龙池山恒海法师,在俗时曾毕业于保定军校,日军犯及宜兴,他召集僧俗千余人施以军事训练,组建游击队,被推举为司令,转战于江苏宜兴龙池山、张渚、安徽屯溪、广德及太湖地区,屡挫敌军凶锋,不幸于 1938 年日军扫荡太湖马山时,因粮尽援绝而壮烈牺牲。② 江苏连云港三元宫遭日军飞机

---

① 以上事例见吕更美《爱国抗日的高僧——含空和尚》,《五台山研究》1997 年第 3 期。
② 黄常伦:《江苏佛教概况》,江苏文史资料编辑部《近代江苏宗教》,《江苏文史资料》1990 年第 38 辑,第 5 页。一说恒海法师为招抚收编当地以田文龙为首的武装,以增强抗日实力,不幸遇害。参见大初《护国护教 彪炳千秋——抗日高僧恒海上人事略》,《江苏佛教》2009 年第 2、3 期合刊。

轰炸，寺僧义愤填膺，联络僧俗20余人，多次伏击敌寇，日军气急败坏，施行报复，1939年农历七月围剿三元宫及所属寺庙，杀害宁死不屈的住持仁芳法师等5位僧人，还四处焚烧庙宇，致使三元宫及其所属13处建筑全部化为灰烬。①

中国佛教徒在抗日战争中所表现出来的可歌可泣的救苦救难之言行，既是他们对国民意识和国民责任的一种政治觉醒，也是他们重新认识佛教、走上佛教革新之路的一种历史觉悟。在中国佛教史上，"历代沙门受佛陀'不舍世间不离世间'、'三界唯心、万法唯识'大乘教理之熏陶，而为国人群服务者甚多，……然在当时封建时代，只有少数人表现此种勇猛无畏精神，换言之，只是个人之表现，而非集体表现。……中国佛教僧众国族观念本极薄弱，亦过去受封建流毒与佛教小乘自了思想过深之故，所以个人思想超过国族思想，敌人看出此种弱点，极思因势利导，疲麻我全部僧众之心思"②。然而，在经历了抗战十四年血与火的洗礼的中国佛教界，已经有了越来越强烈的救国亦是救教、救教必须救国的历史自觉。抗战时期，中国佛教界的表现以事实说明了这一点。中国佛教不仅因此得到社会的广泛赞誉和同情，逐渐改变了以往社会对衰败的佛教的完全排斥，更有信心和自觉地走上佛教自我革新与复兴之路。中国佛教的社会形象在抗战烽火中，转软弱为刚强，佛教之真精神也由是而彰显。

四 法会祈愿与宣传募捐

1935年8月，北平僧俗举办了大规模的"盂兰盆法会"，诵经追悼华北抗战中的阵亡将士。随后上海、湖北、山西、陕西等地佛教徒先后呼应，在当地也举办了类似的法会。1936年5月，由太虚、圆瑛、王一亭、屈映光、朱子桥、江味农、范古农、关絅之、简玉阶、赵朴初等229位上海佛教界人士和14个佛教团体联合发起，在上海佛教净业社内启建了规模盛大的丙子息灾法会，同时成立了由163人组成的理事会，设有常务理事70人，王一亭任理事长，朱子桥、屈映光任副理事长。丙子息灾法会

---

① 参见东初《中国佛教近代史》第27章"佛教对抗战护国之贡献"。
② 《重庆慈云寺乐观建议组织战时僧众服务团缘起》（1940年5月28日），国民政府社会部档案，载中国第二历史档案馆编《中华民国档案资料汇编》第五辑第二编"文化二"，江苏古籍出版社1994年版，第800—801页。

以挽回人心、潜消劫运为宗旨，由5位法师主持其事，其中荣增堪布任藏密主座，修"大威德息灾大法"；多杰觉拔尊者修"大威德五部大法"；持松法师任东密主座，修"尊胜佛顶法"；常惺法师开讲《华严经·行愿品》；能海法师开讲《菩提道次第论》。丙子息灾法会期间，讲经3座、修法5坛，每日参加的僧俗二众甚多，称得上是当时中国盛况空前的一次大法会。① 1936年11月，在全国民心激奋，纷纷起而要求抗日的形势下，菩提学会与上海佛教净业社联合启建了上海护国息灾法会，以弘扬净土、劝发悲心、护国息灾为宗旨。该法会成立了理事会，推举王一亭为理事长，朱子桥、屈映光为副理事长。法会道场设在上海佛教净业社，设办事处于仁济堂菩提学会。办事处设法务、宏扬、文书、会计、庶务、招待6组。11月21日下午8时净坛，22日起由印光法师主建大悲佛七道场7日，每日为大众宣说净土法要，万指围绕，莫不欢喜信受，圆瑛法师领众薰修，当时的著名居士皆亲临参与念佛。护国息灾法会于28日圆满，达到了号召全国佛教徒为护国抗日做出贡献的目的。其间，印光大师听说抗战中的绥远灾情严重，当场就将1000余人皈依求戒等香仪共计2900多元尽数捐去。② 1937年10月，重庆佛学社启建护国息灾法会，由能海上师主坛修法。次年，湖南各大寺院纷纷举办护国法会，湖北汉口佛教正信会也举办"七·七"周年法会，国民政府还举办了由太虚大师主坛追荐九世班禅的法会，以利民族团结。1939年3月，戴传贤、屈映光等发起在重庆二次启建护国息灾法会，请藏传佛教大师贡噶活佛主坛，追悼阵亡将士、死难同胞。同年，著名高僧虚云提议，"凡为佛子，应各发心，乃设坛每日礼忏二小时，荐亡息灾"③。1942年11月，国民政府主席林森等在重庆举行"护国息灾大悲法会道场"，虚云法师应邀赴渝主修法会，盛况空前，影响巨大。这些法会对安慰死难家属、激励继续抗日产生了积极的效果。

中国佛教界除了广设法会、祈福超度以外，还鼓励信众捐款捐物，支援前线。江苏各大寺院如镇江金山、焦山，常州天宁寺、句容宝华山隆昌寺等都承担了巨额救国公债。1936年印光大师在上海发出献金息灾的倡

---

① 屈映光：《丙子息灾法会办事细则》，《佛学半月刊》第126期，1936年5月。
② 《上海息灾法会纪胜》，《佛学半月刊》第140期，1936年12月。
③ 岑学吕：《虚云法师年谱》，宗教文化出版社1995年版，第83页。

议，在社会上立即引起积极的回响。五台山的僧俗人士非常支持八路军的抗日活动，金阁寺住持含空等僧人踊跃认购晋察冀根据地发行的救国公债，捐献衣食财物，主动为抗日部队提供食宿，受到边区政府和当地人民的尊敬。① 1938年年末，菩萨顶范围的寺院捐款1万元，显通寺范围的寺院捐款2万元，镇海寺范围的寺院捐款2600元，全部用于八路军的抗日费用。广东南华寺的僧人在虚云和尚的领导下，为支持抗战，每天礼忏两小时，为前线官兵祈福消灾。寺内每人每天减省晚饭一餐，将省下的饭粮捐给抗日事业。广州沦陷后，虚云和尚集资20余万元赈济款。1941年5月，甘肃酒泉、安西、敦煌等7县佛教联合发起了捐献"佛教号"飞机运动，获得大后方佛教徒热烈响应。

第三节 汉藏教理院及蒙藏佛教界积极参与抗战

一 蒙藏佛教界积极参与抗战

早在1932年1月，上海发生"一·二八"事变后，十三世达赖喇嘛土登嘉措得知日寇在上海的暴行，立即令西藏各大寺庙数十万僧人同为抗日战争的胜利祈诵经文，祈愿"中央政府取得最后胜利"。抗战前夕与初期，九世班禅多次在内蒙古、青海、四川等地召集各大寺庙的喇嘛修建坛城，虔诵靖国消灾大经，祈祷和平，超荐抗日阵亡将士。西藏昌都地区著名活佛诺那呼图克图多次在上海、南京等地主持的"大白伞盖护国法会"上，传授旨在镇护国家、退却强敌、息灾解难的大白伞盖坚甲咒等经咒、仪轨。炉霍、道孚、甘孜等藏区57寺僧人还联合致电国民政府，表示："于每月东日举行月会时，虔诚挚心，增诵经课，面向三宝，为国家民众祈求胜利。"② 1932年4月5日，西康省僧民抗日大会常务委员会格桑泽仁等呈文国民党中央执行委员会，要求组织西康省义勇军，并请对日宣战。民众运动指导委员会则认为，"义勇军之组织在作战期间，与军事上之任务同样重要。该省既僻处西陲，在此时期应即提高其科学上之知识与技能，为战时军事上之准备，尤须遵照中央颁行对日经济绝交要点之规定办理，以增进抗日救国之力量。惟关于组织义勇军步兵10大队，马队

---

① 吕更美：《爱国抗日的高僧——含空和尚》，《五台山研究》1997年第3期。
② 《康导月刊》1939年第11期。

3000名,歃血誓师,枕戈待发,实属可嘉。但在中央未确定办法以前,似应暂不准组织"①。九一八事变后,诺那呼图克图与在南京藏胞一道,组织了康藏驻京人士抗日大游行,并通电谴责日寇暴行。诺那初抵南京时,曾向中央政府建议宣统寓津不妥,宜早有安置为善,惜未纳其议。迨沈阳失陷,诺那知日本人必挟废帝东行,乃通电废帝及平津满蒙王公喇嘛,劝勿为人利用。电文说:"际此外患迫切,甚望团结一致,共挽危难。外侮频陵,即是内政革新之日。我五族人士,均有维持之责,即均有参与政权之利。换言之,即吾五族优秀人士,均有享受中央政权,并策进国家安定发达之任务。年来外忧内患,形禁势格,若努力底定之,则大好疆域,锦绣河山,吾五族子孙,得自由居处,自由行使政权,其乐如何?如其被人宰割,呻吟于强权之下,其痛苦有若何?诺那深信吾五族无分裂之理,深信吾国家必能独立自由,深信我政府必能抵御强敌。爰奉忱悃,望我满蒙贤达,本佛教大无畏之精神,立志拥护中央,共济艰难。"②1933年4月15日,诺那呼图克图应朱子桥将军请,为日本侵略惨祸,赴上海闸北居士林修十三轮金刚大法。5月4日二次临沪,于闸北联义善会修火轮金刚大法以消弭平津灾劫。③

1932年,日本侵略者企图进犯热河一带。九世班禅额尔德尼却吉尼玛在给中央政府的电报中说:"近闻暴日不顾公理,藐视盟约,仗其武力,攻我热榆,视彼用心,无非欲实现其大陆政策之阴谋。""班禅目击时艰,忧愤无已,虽身属空门,而于救国图存之道,何敢后人!"④

1939年正月,"康藏民众抗战赴难宣传团"在拉萨传召大法会期间,深入各大寺庙拜访高僧,介绍抗战情况,特别是针对日本所散布的中国为反佛教国家的谎言,强调中国宗教信仰自由,中央历来尊崇佛教,内地各省佛教素来兴盛。1939年3月,戴季陶、屈映光等发起在重庆再次举行

---

① 《中国国民党中央执行委员会民众运动指导委员会批西康省僧民抗日大会常务委员会格桑泽仁等呈稿》,中国第二历史档案馆藏档案,全宗号721,案卷号82,转引自陈金龙《南京国民政府时期的政教关系——以佛教为中心的考察》,中国社会科学出版社2011年版,第261页。

② 《金刚上师诺那呼图克图在南京应化要略》,转引自罗同兵《太虚对中国佛教现代化道路的抉择》,巴蜀书社2003年版,第170页。

③ 同上。

④ 牙含章:《班禅额尔德尼传》,西藏人民出版社1990年版,第304页。

护国息灾法会，请藏传佛教大师贡噶活佛主坛，追悼阵亡将士和死难同胞。热振活佛于1939年7月7日致电蒋介石，表示"特于五月十二日在三大寺上下密院及古刹诸处，一律设坛，进行祝我军得胜利，并诅日政权立灭之咒"。蒙藏佛教领袖以自身特有方式的爱国义举，同抗日救亡的时代脉搏紧密相扣，对于安慰死难家属、化悲痛为力量、激励继续抗日产生了积极的效果。

1939年，喜饶嘉措大师前往甘肃、青海一带，视察各大寺院及土司头人，发动僧俗团结抗日。他积极宣传抗战救国，发表了《为宣传抗战告蒙藏同胞书》、《白螺的声音》，并举行息灾诵经法会。1940年，因其"护国精诚，深堪嘉尚"，国民政府册封喜饶嘉措大师为"辅教宣济禅师"，并授大小银印两枚。

1939年3月，西藏佛教界派代表赴前方慰问抗日将士和伤兵难胞，捐献了价值5000元的医药费和一些慰问金。当时，甘南拉卜楞寺嘉木样五世活佛派兄长黄正清在兰州成立了"藏民文化促进会"，两次组团赴抗日前方慰问抗日将士，并捐献出可购30架飞机的巨资30万元银币。1946年，为了表彰嘉木样活佛的抗日爱国精神，国民政府特赐"疏财卫国"匾额一块，至今仍保存在拉卜楞寺中。

1944年10月，西藏僧俗群众省吃俭用，捐赠国币500万元。用这笔钱可购飞机25架，组成近3个空军大队。① 那时，古老的康藏印驿站运输线又发挥了它特殊的作用。有资料表明，在这条驿运线上经常有驮马3万多头往返，每月由印度运出物资约4000驮，合240吨。在这些支援运输抗战物资的马帮中，有许多人是西藏寺庙派出的僧侣。②

二　抗战时期的汉藏教理院

汉藏教理院全称"世界佛学苑汉藏教理院"，1932年8月，太虚大师在川渝地方实力派刘湘、刘文辉、潘文华等军政要员的支持下，于重庆北碚缙云山之缙云寺，以"沟通汉藏文化、融合汉藏感情"为宗旨及奋斗目标，正式创建汉藏教理院。1936年7月，呈请四川省政府教育厅，正式立案。汉藏教理院的创建及办学过程，是近代中国佛教史上的重要篇

---

① 《蒙藏月报》第16卷，第9、10期合刊。
② 《边疆通讯》第3卷第8期，第17页。

章。作为个案综合研究，于抗战而言，它在民族宗教国家战略层面，在特殊历史时期与西藏问题、边疆问题休戚相关，对巩固祖国战略大后方起到不可代替的作用。早在1929年，太虚大师就有"非连蒙、藏为扩大之团结，中国佛教徒不足图存。汉族佛教僧之能为国家尽力，以和合同化蒙、藏民族等，亦正在此"的思想。①

近代，西藏问题与边疆问题由来已久。由于清政府昏聩无能导致清末治藏政策失误，加上英帝国主义者等外来势力的挑拨，十三世达赖喇嘛于1910年2月出走印度，同时清政府宣布革去十三世达赖喇嘛的名号。紧接着，内地辛亥革命的成功、驻藏清军的异动、西藏政局出现错综复杂的局面等原因，中央权力在西藏地方的威信逐渐弱化。民国政府为了缓解中央与西藏地方政府之间的紧张、消除汉藏隔阂、恢复以前双方的正常关系作了种种努力，并坚持强调西藏是中国领土的一部分，但汉藏关系却并未因此而得到根本好转。西方列强纷纷企图乘隙染指西藏，日本帝国主义者更是不甘其后，西藏问题与边疆问题日益突出。为此，中国近现代各界有识之士，包括佛教界僧人都进行了多种努力，收到了不同程度的实际效果。地方政府以刘湘为代表，积极响应中央号召，试图以佛教为突破口，派遣僧人入藏学经，沟通汉藏文化，联络汉藏感情，为最终解决西藏问题做准备。适逢太虚大师入川弘法，太虚于是劝刘湘"与其派僧伽入藏仅学藏文，不若就川中设立汉藏学校，招收汉藏青年，对于汉藏等文兼学并习，沟通始易"。正是在这种政教互利的情况下，汉藏教理院得以顺利建立。

对于汉藏教理院的建院宗旨，太虚在1937年冬对汉藏教理院防护训队训辞中说："本院以汉藏教理之名，旨在沟通汉藏佛教之教理。然汉地佛教之特点有禅宗，禅宗重在头陀苦行的刻苦耐劳；藏地佛教之特点在密宗，密宗重在金刚勇力的勤勇精进。中国民族与佛教的复兴，皆将托命于国民与教徒之能刻苦耐劳与勤勇精进。若能从汉藏佛学暂习得这两点殊胜，乃能贯彻本院之宗旨，奠定复兴中国佛教之基石。"② 1944年5月，《世界佛学苑概况报告表》则明确将汉藏教理院以"沟通汉藏文化，联络

---

① 太虚：《佛寺管理条例之建议》，《海潮音》第10卷第9期，1929年9月。
② 太虚：《复兴佛教僧侣应受军训》（二十六年冬对汉藏教理院防护训队训辞），《海潮音》第19卷第1期，1938年1月。

汉藏感情，发扬教义，巩固边陲"为主旨。① 又据该院 1936 年 6 月填报的《世界佛学苑汉藏教理院简章》第一条，及《世界佛学苑汉藏教理院院董会简章》第二条，规定"本院以招收汉藏青年研究汉藏佛学，沟通汉藏文化，团结汉藏精神，巩固西陲边防，并发扬汉藏佛教，增进世界文化为宗旨"②。以及"旨在陶铸僧材，振兴佛法，研究汉藏教理，融洽中华国族，发扬汉藏文化，增进世界和平，以言振兴佛教也"③。该院又自称"沟通汉藏文化，团结汉藏精神，巩固西陲边防，保全中国领土"④。综合上述诸说，可将汉藏教理院的历史重大作用概括为"沟通文化"四字，主要内涵与核心宗旨可归纳为："研究汉藏佛理，发扬汉藏佛教，联络汉藏感情，融合中华民族，增进世界文化。"

汉藏教理院的创办正逢其时。抗战时期由于西藏的重要战略地位，日本侵略者采取各种手段，加快了对西藏的渗透步伐，阴谋策划了一系列染指西藏的侵略活动。其中接近和拉拢西藏宗教上层、利用藏人和直接派遣特务潜入西藏刺探情报等都是他们惯用的伎俩。这些活动对西藏上层集团个别人的政治倾向产生了一定影响，无疑也对当时西藏分裂倾向的增长起了一定的作用。1942 年 5 月，日本军队侵占缅甸以后，西藏战略地位的重要性更为突出，日本军国主义者对西藏的兴趣也迅速增强，他们认为进一步将势力延伸到西藏是顺理成章的事情。日本外务省负责西藏工作的调查局第二科在一份材料中说："随着大东亚战争的爆发，皇军战果的扩大，神秘国西藏突然觉得近在咫尺。这不光是因为考虑到缅甸陷落以后，英、蒋（介石）政府通过西藏对日进攻的可能性，还因为重新认识应将喇嘛教圣地西藏纳入大东亚共荣圈的地位及作用的缘故。为了正确把握、处理我国与西藏之间最近出现的微妙关系，在探讨围绕西藏的中、英、俄关系史的同时，还必须最大限度地掌握西藏其他方面的各种情况。"⑤ 因

---

① 《世界佛学苑概况报告表》（1944 年 5 月），载中国第二历史档案馆编《中华民国史档案资料汇编》第五辑第二编，江苏古籍出版社 1998 年版，第 819 页。

② 《世界佛学苑汉藏教理院院董会简章》，载《汉藏教理院立案文件汇编》，汉藏教理院 1936 年编印，第 22 页。

③ 同上。

④ 《教学旨趣》，《汉藏教理院特刊》，汉藏教理院 1944 年编印，第 2 页。

⑤ 日本外务省调查局：《西藏问题〈前言〉》，转引自秦永章《抗战时期日本染指我国西藏秘史》，《中国藏学》2005 年第 1 期。

此，外务省以及关东军加强了对西藏的调查和情报收集工作。1940年11月，日本特务机关"华北交通"的牧野秀之进伪装成喇嘛，经百灵庙、中公旗，穿越腾格里沙漠，到达青海的夏宗寺，后返北平。日本特务野本甚藏、木村肥佐生、西川一三等，更是假扮蒙古族喇嘛而混入西藏。①1941年，外务省让曾在拉萨留学了三年的"西藏通"青木文教出山，聘请其担任外务省"嘱托"，专门负责对西藏方面的情报工作及对策（此前，日本的另一位"西藏通"多田等观也担任了关东军的"喇嘛教对策顾问"，活动于我国东北、华北地区）。日本外务省与关东军密切合作，积极笼络往来内地的西藏重要人物，并引诱西藏地方政府的驻京代表到日本"观光"，同时派遣军事间谍潜入西藏从事情报搜集等活动。日本外务省的档案资料中把这项专门活动称为"西藏工作"。其中于1942年6—7月，秘密策划组织，并实现让西藏地方政府代表、雍和宫札萨克堪布丹巴达扎，以及阿嘉呼图克图的驻京代表"杨喇嘛"（拉布吉）一行到日本"观光"，则是日本外务省"西藏工作"的一项重大"成果"。

对于这些涉及国际政治军事战略的重大绝密，太虚大师当然无从知晓。他身为爱国爱教的宗教领袖，是从民族大义、担当意识、个人修为出发，使汉藏教理院个案行为暗合战略前瞻性质。1937年2月，太虚大师"阅二月一日申报南京专电云：'蒙藏委员会订汉藏互派僧侣游学办法十二条，内容补助汉藏僧侣名额每年各二名，年在二十五岁以上、四十以下，熟习经典为合格。赴藏游学僧侣，由佛教总会每年六月以前保送本会考核派遣之。每人补助往返旅费各二百五十元外，每年补助汉僧生活费八十元，藏僧生活费一百二十元，游学期间五年为限'"。他就考虑到"此虽人数过微，难期急效，然亦已见政府对于汉藏佛教关系之注意，未尝非佛教前途之一线曙光。但云由佛教总会保送，未明派来藏僧由何处授学。其实，今之佛教会于此初无预备，而堪以选派汉僧往学及承受藏僧来学者，兹在国内唯重庆北碚缙云山之汉藏教理院足以任之，是又待蒙藏委员会当局之能察实情，俾此善举不致唐功而寡效"②！

抗战期间，佛教界组织的许多抗日宣传活动中，汉藏教理院师生在

---

① 《抗日战争研究》1994年第1期，第124页。
② 《汉藏互派僧侣游学与何键电请提倡纲常》，《海潮音》第18卷第3期，1937年3月。

院长太虚大师的号召及带领下都积极参加。更重要的是，汉藏教理院成立，即肩负着沟通汉藏文化、促进汉藏交流的历史使命，汉藏教理院也围绕此目标作了不懈努力，并取得了一定成效，主要表现在讲授、学习藏族文化，翻译、出版"汉藏佛教丛书"及本身成为沟通汉藏关系的一个重要渠道三个方面。宗教教育方面，汉藏教理院主要给学生讲授有关藏族历史、宗教、文化等课程，包括藏语文、藏族风俗、藏传佛教、藏族历史等，使汉藏教理院学生能较全面地了解西藏情况，以备更好地沟通汉藏关系。同时，针对康藏情况，汉藏教理院还开设了一些应用型的课程，比如农学、卫生学、气象学等，为使汉藏教理院学生将来毕业后，能更好地服务于康藏。宗教研究方面，主要表现在编著有关西藏历史、文化的书籍及翻译汉藏佛教典籍等。翻译汉藏佛教典籍，既是汉藏教理院高僧大德讲授、学僧学习与研究藏文化的需要，也是汉藏教理院沟通汉藏文化的一个重要途径。1936年10月，汉藏教理院"翻译处"成立，由代理院长法尊法师主持，专修科学生为助译，以资练习藏文，念诵佛典。从1938年4月起，国民政府教育部每月拨付400元经费，资助翻译处编译汉藏对照初级教科书。同时改翻译处为"编译处"，并加强组织，制定章程预算呈教育部备案，并命编译处按月报告工作，随时将编译稿本送教育部审查。在学制上，汉藏教理院"设普通科与专修科各一班，普通科多重汉文，专修科多重藏文，专修科学生可到西康留学"。"他们的行政非常有系统，而且是现代化的管理，院董会之下有院长院护，其下有教务主任、训育主任、事务主任，教务主任之下设藏文佛学教员、汉文佛学教员、国文常识教员，训育主任之下设学监，事务主任下又设文牍、会计、书记、庶务、出纳、招待、采买。另外特设编译处，专门译经，将藏文译成汉文，并编汉藏字典等。至于学生生活方式与普通学校是一样，尤其是训育方面，特别采用最新式的导师制同清规制，据说管理却比较普通学校容易得多，因为他们既没有普通学校学生那样的调皮，也没有普通庙里和尚那样呆板，他们每天也升降国旗，唱党歌，打篮球等运动，而且还有劳作一科。""在现今抗战期中，正准备加以救护的训练，体行我佛六度四摄广救众生的意旨，救护伤兵最大计划方针，必须完成以下三种任务：（一）提高国家民族的意识，（二）改善僧伽制度，（三）复兴中国佛教。""所有学生在此抗战期中，大家都一致的本着提高国家民族地位，改善僧伽制度，复兴中国与复兴佛教为最大目标，他们是绝对不离开未来现实希望的。"① 汉藏教理院堪称抗战烽火中盛开的一朵奇葩。

　　汉藏教理院自成立之日起，就成为沟通汉藏关系的一个重要渠道，和藏传佛教界上层人士保持了紧密联系，建立了良好的合作关系。西藏地区在新中国成立以后，民主改革前，一直保持着政教合一的特殊政治形态，佛教界上层人士在社会政治生活的各个领域，都具有举足轻重的崇高地位，发挥着重要作用。在人员的交流上，汉藏教理院邀请藏区的一些著名的法师、格西、活佛到该院任教，将藏传佛教文化介绍到内地，使内地佛教文化界能够了解、研究藏传佛教，并招收康区的藏族学生来院学习，以促进汉藏文化交流。阿旺堪布、诺那活佛、多杰格西、贡噶活佛、根桑活佛、悦西格西、东本格西等高僧大德得以应邀，先后来到汉藏教理院任教。阿旺堪布是西藏黄教著名大德颇邦卡大师的弟子，曾任西藏色拉寺的堪布，也是刘文辉的上师；诺那活佛是西藏宁玛派数一数二的大德；根桑活佛属于萨迦派的活佛，曾受过国民政府的册封；东本格西是哲蚌寺的著名格西。在抗日、救亡、图存、复兴的大背景下，汉藏教理院在于"联络康藏喇嘛佛徒团结一致，开发生产，自卫救国，尤有重大影响"。

　　1939年6月，兼任国民参政会参政员的喜饶嘉措大师提出"注意佛教文化，以增进汉藏感情"议案，获得国民政府的批准。喜饶嘉措大师的设想与太虚大师的愿景不谋而合。1937年10月，喜饶嘉措大师抵达重庆后，应邀在汉藏教理院讲演西藏各宗教流派及教义，此时距汉藏教理院翻译处成立刚好一周年。太虚大师在欢迎词中阐明了汉藏教理院的工作，就是沟通汉藏教理。要做到汉藏教理互通，一个重要的途径就是翻译汉藏教典，互通有无。对于前期的工作，太虚大师予以了肯定，认为汉藏教理院已经打开了将藏文翻译为汉文的风气，并希望喜饶嘉措大师能够在西藏把汉文佛教典籍翻译成藏文的风气提倡起来，"这样，才能做到汉藏教理的彻底沟通，同时也彻底做到了汉藏两民族文化和感情的沟通"②。做好了沟通汉藏教理的最基础工作，才能沟通汉藏文化并联络两民族感情。喜

---

　　① 若斯：《缙云寺里汉藏教理学院出家学生访问记》（1938年6月6日），《国防部史政局及战史编纂委员会档案》，载中国第二历史档案馆编《中华民国档案资料汇编》第五辑第二编"文化二"，江苏古籍出版社1994年版，第786页。
　　② 喜饶嘉措：《从沟通汉藏文化说到融合汉藏民族》，《海潮音》第19卷第10期，1938年10月。

饶嘉措大师即兴赋诗一首,题曰《汉藏教理院赞》,由法尊法师当场译出:"汉藏圣典广如空,教理威光烈日红。冥暗破除斯院最,庄严重庆赞何穷。"

随着抗战全面爆发,战略后方逐渐向西南地区转移,国民政府空前重视"边疆开发",即西南民族地区文化的研究及经济的发展。为了反制日本军国主义者越来越倚重利用文化、宗教等配合军事行动,"今日要巩固边防团结民族,这个沟通文化的工作,实属至为迫切","今日要振兴文化,就应振兴佛教文化始","要沟通佛教文化,就当自沟通汉藏文化始"①。因此,"沟通汉藏文化"是内地佛教僧人能以身报国的最方便途径,也是"挽救民族的最重要的工作"。

抗日战争全面爆发后,汉藏教理院从有利于"抗战建国而增加边疆民族团结计",对于各科学生的藏文教学特别认真,要求严格,提出了具体的目标,普通科毕业生"务使其能达到普通一般的应用藏文",专修科毕业生"务使能达到学理上较深之应用藏文"。总之,"要各人都能说西藏话,看藏文书"。为达到这个目标,院方规定:对于普通科学生学藏文,采用新编藏文读本,并使学生逐日背诵;专修科则增进其自阅藏文能力,讲授外的自习,全用藏文书籍。

抗战期间,汉藏教理院师生还以实际行动支援、参加抗日活动。1937年年底,川军第二十一军军长、汉藏教理院常务院董潘文华将军率军出川抗战,太虚大师代表全院师生致电预祝胜利。1938年1月,汉藏教理院名誉院长刘湘将军率军出川抗日,汉藏教理院全体师生又致电以示祝贺。1937年11月,汉藏教理院以"国难严重,外患日亟,吾辈僧伽亦国民之一份子",特召开院务会议,决定组织僧伽军事训练班,以为僧伽救国之先声。训练班定名为"汉藏教理院防护训练队",分为两班训练:一为救护班,主要任务是救护战区内受伤的军民;一为防守班,专作后方防守维持治安等工作。随后,汉藏教理院还致函重庆市佛教会和巴县佛教会,通知各寺庙抽调少壮僧伽到该院参加军训教育,"籍资整齐教导而作政府后盾,以尽国民天职。"各县佛教会接函后立即响应,派遣僧众二十名前往参加。汉藏教理院的学生经过军训后,组成僧伽救护队,分赴各地进行救护工作。1942年,汉藏教理院及其他佛学院的一些在渝学生,明知国民

---

① 周观仁:《沟通汉藏文化》,《海潮音》第17卷第6期,1936年6月。

政府军政部有僧侣免服兵役的规定，由于爱国情绪的高涨，"毅然脱去袈裟着战袍"，在重庆兵役处报名上前线。这桩"青年和尚的壮举"在大后方轰动一时。这批从军的僧侣后来随着青年军远征缅甸，很多人献出了年轻的生命。

1939年9月，"中国佛教国际访问团"成立，由汉藏教理院院长太虚大师任团长，出访东南亚各国。团员苇舫也是汉藏教理院教员。出访期间，访问团与东南亚各国宗教、文化界就佛教和文化等问题进行交流，加强了国际反日阵线，并得到各国赠送的各种佛教法物珍品千余件。这批法物遂交由汉藏教理院收藏，并举办文物展览，产生了很大的影响。1940年10月，"中国佛教国际宣传步行队"成立，队员共五人，其中二人是汉藏教理院肄业学生，由太虚大师指派参加。

汉藏教理院于培养人才方面，成果斐然。1940年秋，得国民政府教育部资助，太虚大师派遣汉藏教理院教务主任法舫法师赴锡兰、印度，传播大乘佛教，研究巴利文、梵文，交流中印文化。1941年，缅甸记者访华团来华访问，曾专程到北碚缙云山拜访太虚大师并参观汉藏教理院。随后，又有印度僧噶底法师、美国名记者侯安纳氏、印度大学罗达克利西那校长等到汉藏教理院参观或讲学。1945年，锡兰摩诃菩提会会长金刚智博士函商世界佛学苑苑长太虚大师，请交换教授、学生各一人。当时，汉藏教理院拟派教授福善法师、学生果易，到摩诃菩提会设在科伦坡的巴利文学院学习。随即，汉藏教理院又受科伦坡智严学院之请，相互交换学僧一名。汉藏教理院学僧碧松于1939年抵拉萨佛寺深造。他在藏期间，先后从一百多位著名的上师接受了六百多次密教各派的传法灌顶，不仅学到了经论，而且成为有史以来第一个获得西藏三大寺最高学位——拉然巴格西称号的汉族僧人。同时，在藏期间，碧松也积极沟通汉藏关系，与西藏地方政府部分上层人士结下了深厚的友谊。1945年，他由西藏返回重庆，西藏地方政府摄政王达扎活佛托他携带金佛像一尊、问候信一封，呈献国民政府主席蒋介石。之后，碧松法师又成为蒋介石亲自任命的国立拉萨小学校长，再次赴藏，创办拉萨小学，为西藏地方民族教育的发展做出了一定的贡献。云登嘉措（俗名杨化群）1943年赴色拉寺学经，新中国成立后在为党和国家翻译汉藏文稿工作的同时，积极治理于藏传佛教因明学研究，后任职中国社会科学院世界宗教研究所，为我国佛教因明学的研究做出了巨大贡献。另外，邓明渊赴藏后，在拉萨担任翻译工作；释寂禅赴藏学成后，回重庆汉藏教理院担任藏文教授。太虚大师创办的汉藏教理院是中国近代佛教史上的一个创举，对促进汉藏文化交流、增进汉藏民族感情、共同抵御外敌入侵、维护边疆稳定和领土完整等，都发挥了不可磨灭的积极作用。

经过八年抗战，中国各民族空前地团结在了一起，正如《中国抗战史》一书所说，抗战体现了"中华民族的大团结"："中国这一次的抗战是全面的，因为单就人力论，绝不限于占数较多的汉族，却广泛地普遍到满、蒙、藏、回、苗等族。因为中国已真实地统一了，国内各民族已是平等地团结一致了，中华民族已是国内各民族有机地联系起来对于日本帝国主义共同认为是中华民族的公敌，日本帝国主义虽然对于中国各民族极尽他的挑拨离间之能事，但这正如挑拨离间汉族，制造汉奸一样的遭遇到最大的失败了。"① 抗战时期汉藏教理院等机构在政府的支持以及努力下，汉、藏、蒙等民族通过佛教这一纽带更紧密地联系起来，为抵御外侮，实现"中华民族的大团结"做出了积极的贡献。

---

① 冯子超：《中国抗战史》，载沈云龙主编《近代中国史料丛刊》第77辑，台北文海出版社有限公司1981年版，第28页。

第五章 清末民国时期的佛教宗派

近代中国佛教制度之变革、佛教组织之勃兴、佛教教育之兴起,均为时代之潮流,相比较而言,佛教宗派之发展并非近代佛教的主要特点。清末民国时期的佛教宗派中,禅宗和净土宗依然为影响最大的两宗,出现了虚云禅师、来果禅师以及印光法师等有影响的祖师,然两宗均已趋衰微,仅能勉力维系宗风而已。传统佛教的义学在近代佛教教育风气影响下,得以新兴,以天台宗的谛闲法师和华严宗的月霞法师为代表。此外,清末民国佛教出现了两大新的趋势,一为佛教密宗通过日本密教的回归和藏传密法的弘传而得以重兴,二为唯识学的复兴,这是清末民国佛教宗派发展的最大特点。

第一节 近代密宗的复兴

密法入华,蔚为大观,其中汉传佛教唐密和藏传佛教密宗在我国的流布极为广泛,唐密一度在中国汉地影响甚大,藏传佛教密宗则一直在藏地流传。唐玄宗天宝年间,"开元三大士"[善无畏(637—735)、金刚智(671—740)、不空(705—774)]以长安青龙寺、大兴善寺等为主要道场,在唐帝王的支持下弘传密法,遂形成汉传佛教八宗之一,史称唐密。有唐一代,唐密教法不但流布于全国,而且对于日本、朝鲜、爪哇(属印度尼西亚)等海外诸国佛教均具有广泛的影响。唐晚期"会昌法难"后,唐密一蹶不振,寺院被毁、经卷佚失,近乎销声匿迹,尽管宋初有印度僧人天息灾、施护等来华翻译密教经典,亦不能力挽狂澜,再现其兴盛之势。其后,汉传佛教仅于瑜伽焰口等佛事及念诵中尚保存少许密咒真言。公元8世纪,吐蕃赞普赤松德赞(742—747)迎请印度高僧寂护和莲花生大士入藏弘传显密教法，建立西藏第一所寺庙桑耶寺，剃度"七试人"，标志着藏传佛教的形成。元代帝王极为崇奉藏传佛教，甚至敕封藏传佛教萨迦派八思巴为国师，拉开了藏传佛教在内地的弘法序幕。流风所至，明清两代帝王亦尊崇藏传佛教僧徒，崇信藏传佛教，然藏传佛教的传播长时间仅限于宫廷，无法融入汉传佛教丛林，难以得到大众之认同。

清末民初，藏传佛教始走出宫廷，得以融入社会大众的信仰之中。民国时中国佛教有复兴之气象，尤其是复兴盛唐中国佛教各宗派成为佛教界有识之士之志向。近代主佛教革新的太虚大师既主张"派人留日、留藏习密，以重兴我国之密宗"，又"欲密宗复兴而无害有利者，当由有力比丘分子，以出家戒律为基础，以性相教理为轨范，而后饱参日密及藏密，同化而成一种中密，实为当今唯一之急务，唯一之企图"①，可见近代中国佛教界对重兴密教之迫切与希冀。由于当代密宗久已中断，太虚大师理想中的密宗是融汇吸收日密与藏密，成为一种适合汉地特色的"中密"。在近代的佛教复兴运动中，密宗的重兴与密教的盛传，成为一件引人注目的大事。此时期唐密回归、藏密东来，为汉传佛教的发展增加了新的资源，一时间国人习密成风，蔚为热潮，至今方兴未艾，与唯识宗的复兴一起成为近代佛教宗派发展中最值得注意的新现象。

一 昙花一现的东密与台密之回传

中日文化交流源远流长，日本奈良末、平安初期，以空海（774—835）、最澄（767—822）为代表的日本求法僧远渡重洋前来求法，使得唐密教法东传日本。空海及其弟子以东大寺为主要道场始创日本真言宗，又称东密；最澄及其弟子并弘天台与唐密教法，始创日本天台密宗，又称台密，延续至今，遂成日本佛教之大宗。及至近代，随着日本明治维新后国力之增强，日本佛教密宗回传于中国，又恰逢中国佛教复兴之机，中日佛教交流开始了新的纪元。此时日本佛教密宗（东密、台密）回传中国，掀起了一阵国内修学日本密法的热潮，虽是昙花一现，但也盛况一时。日本密宗的回传与中国近代佛教复兴运动的著名居士杨文会以及倡导佛教改革的高僧太虚大师有着密切的关系。杨文会在《十宗略说》一书中对密宗在印度和中国的历史以及经典进行过研究，并称学者如果至心诚恳，但

---

① 太虚：《中国现时密宗复兴之趋势》，《海潮音》第 6 卷第 8 期，1925 年 8 月。

持诵《准提》、《大悲》等咒，亦得密益。如果要进一步通达其中奥妙，须阅《大日经》疏释，及《显密圆通》、《大藏秘要》等密宗典籍。杨文会还曾致函南条文雄请他代为寻觅辽觉苑撰的《大日经义释演密抄》一书。太虚大师对密宗的复兴更有开创之功，早在太虚的《整理僧伽制度论》中就提出派中国学僧赴日、赴藏学习密法的主张，这促成了之后的持松、显荫、大勇等的东渡。太虚的弟子大勇曾总结说："近世中国沙门提倡密宗最有力者，当首推虚大师。"① 太虚主编的《海潮音》更是在密教复兴运动中起到了首倡的作用。故《海潮音》曾撰文称："中国密宗的复活，以本刊第一年的提倡——出有密宗专号——为始，失传千年的中国密法，才由日本返流回来。由本刊提倡之后，才有大勇、持松以迄谈玄等之留学事业。迄民国十二年大勇归来传法，十三四年持松回来传法，在这个时候，中国的密宗真是风靡一时的了。"② 东密、台密在内地的弘传主要有中国僧人或居士赴日求法和日人来华弘法两种形式，其中中国僧人诸如大勇、持松、显荫、谈玄诸师为其中之佼佼者，王弘愿、顾净缘居士为中国佛教居士东渡求法之代表，而日人来华者主要以觉随、权田雷斧等为代表。

（一）持松与大勇之东渡求法

民国时期，我国东渡日本求学密法最早者为桂念祖居士，其后对佛教界影响最大的当首推大勇、持松两位僧人。桂念祖（1869—1915），一名赤，字伯华，江西德化县（今九江县）人。桂念祖从小师从经学大师皮锡瑞，在经学、词章方面均有深厚功力："同治八年（1869）生，与夏敬观同师皮锡瑞，经词章，根底深厚。"③ 光绪二十三年（1897）中举人。早年曾追随康有为、梁启超参加戊戌变法，主持沪萃报馆。梁启超离开湖南时，曾举荐桂念祖代理时务学堂讲席，桂念祖因故未就返回家乡，后至南京师从于杨文会学习佛法。此后与其弟东渡日本留学十年，学习密宗，为当时著名之阿阇黎，学密乘并拟西入藏卫，补学日域所未逮，至是赍志以殁。1915年3月5日，桂念祖在日本东京逝世，临终，自撰挽联云："无限惭惶，试回思囊日壮心，只余一恸。有何建白？惟收拾此番残局，

---

① 大醒：《十五年来僧事之检讨》，《海潮音》第16卷第1期，1935年1月。
② 《欢迎谈玄法师归国》，《海潮音》第17卷第2期，1936年2月。
③ 龙榆生：《三百年名家词选》，载《桂念祖小传》，上海古籍出版社1979年版，第196页。

准备重来。"陈铭枢、黄忏华尝从其学佛。

持松（1894—1972），法号密林，自号师奘沙门。俗姓张，湖北荆门人，初出家于荆门沙洋铁牛寺，后于湖北汉阳归元寺得授比丘戒。1914年，持松初入上海哈同花园华严大学，后因华严大学相继迁至杭州海潮寺、九华山东崖寺及常熟兴福寺续办，持松法师一直亲近月霞法师，研究华严教义。1918年2月，月霞法师圆寂，应慈法师宣读月霞法师遗嘱，告知大众由持松法师嗣法月霞法师。1919年，持松法师始主持月霞法师之常熟兴福寺，继应慈法师后，主讲"法界学院"，专弘华严五教义。1922年，曾参与组织"北京念佛会"的著名居士马冀平任安徽省教育厅厅长，持松法师遂与安庆迎江寺竺庵法师商洽创办佛教学校事宜，并亲自任教。持松法师与常惺法师均为月霞法师门下，同为华严大学同学，私谊甚厚，故又礼请常惺法师主办。持松法师因1915年日本"二十一条"有来华传布佛教之说，早有探究日本佛教状况之意，然时机未能成熟。后来因杭州等地居士劝他学密宗，他认为此乃中国绝学，借此正可参观日本佛法之设施，于是慨然允诺，遂赴日学法。据持松后来回忆："当民国四年，余在杭州华严大学肄业时，日本有二十一条要求，并有来华传布佛教之说，闻之不胜怀疑。我国千余年来，佛教虽迭有兴废，而大乘教理，绵延未绝。日本佛法，为中华之末流，有何特殊之点，转欲传布于我国？然其自明治维新后，或亦不无可采之点。尔时即欲东往，一探其究竟，奈时机未熟，殊失所期。迨十一年冬，杭地诸居士劝学密宗，余以此乃中国绝学，假此并可参观日本佛法之设施，遂慨然允诺。"① 从中不难看出持松法师东渡日本求法之因缘，乃受到杭州居士之推动，意欲一探日本佛教于明治维新以来发展的状况，以此探究振兴中国佛教的措施。1922年冬，持松法师与大勇法师等结伴东渡日本学习密法。持松法师首先抵达日本横滨，尔后赴高野山随金山穆韶修学古义真言宗中院一派密法，得第六十四世阿阇黎灌顶位。1924年春持松法师回国，开始在上海传法，1924年夏应武汉善信礼请由上海辗转至武汉。持松赴武汉途中经安庆迎江寺，故地重游，甚为感慨东渡之过往，在常惺法师特开会欢迎席间即席陈词，报告

---

① 持松：《留学日本之见闻》，载杨毓华主编《持松大师选集》（六），华夏出版社2009年版，第137页。原载《海潮音》第5卷第7期，1924年7月，原题《安徽佛教学校欢迎持松法师讲演纪略》，署名"南亭"。

东行之经过，除了回忆自己东渡日本求法的因缘外，还深入介绍了日本佛教之现状，讲述了其初入横滨亲见日本僧人为罗马教皇要求派驻总监驻扎东京之事而游行示威的状况，并感叹日本佛教欲布教于我国时，我国佛教徒或不知其事，或装聋作哑，不知患生眉睫、祸起萧墙的种种表现，字里行间流露出了大师的拳拳报国之心。陈词中还介绍日本宗派团体承办大学，僧俗于佛教有极高造诣的事实，表现了其对中国佛教之复兴的迫切期待。持松法师介绍日本佛教护国、护教、兴法之现状，尽管对于我国佛教现状的失望之情不免溢于言表，但也将日本佛教之娶妻生子、荒废戒律斥为"三宝之形神不完"，鼓励我国僧徒弟子当奋勉改革旧习、奋发精神、广立学校、矫枉过正，则前途不可限量，不待彼国强来布教反哺于中华。

1924年秋，持松法师任武昌洪山宝通寺住持。为祈求保国安民，两湖巡阅使兼湖北省长萧耀南发起，请持松法师在宝通寺灌顶结缘的《仁王护国经》大法会。七日法会中，持松法师亲自撰写结缘灌顶文书，介绍日本密教的缘起和自己东渡求法的热情，使得远道而来求法的信众对于密教有了新的认识。传法期间盛况空前，每日来山受法者不下百数人，连持松法师自己都说："两年中，先后受灌顶者数万人，是五代以来所未有也。"自此，社会名流陈元白、赵南山、杜汉三、邓梦光、孙自平等相继入坛灌顶，倾心于秘密神咒，而武昌宝通寺也成为近代中国重兴密教之主要道场。此后，在萧耀南布施巨资支持下，持松法师在宝通寺修筑了密宗法界宫、瑜伽堂等建筑，并购置法器，绘制诸曼陀罗，拟将宝通寺建成专修密宗的道场。1925年，持松再次东渡日本，入学京都比叡山延历寺、高野山等日本密教道场，深入学习了台密、东密教法和梵文，后于1927年回国往来于上海、杭州、南京、武汉等地广传密法。

持松早年修学显教诸宗，尤精华严，于天台、法相亦有研习，后入东密，于密宗教理、修持仪轨深入闻思修学，其著述丰富，于显密教义能融会贯通，并在对东密批判性继承的立场上，兼摄台密，于唐密亦有所建树。其主要思想主要集中于《贤密教衡》和《贤密教衡释惑》之中。持松认为东密的部分教义并非最初唐密原貌，与密宗原始经论也有所出入。他认为东密部分理论为该宗祖师所创，而他对空海的《十住心论》尤有独到的见地，他说："吾之所以开坛灌顶，推行所学者，正吾之所以尊吾师也，尊吾祖也，尊吾自心成佛之教也。吾之所以有《贤密教衡》者，亦吾所以尊吾师、吾祖之所宗者，令去其十住心之小疵，而还成其真言密教之良规。"① 除此之外，持松对东密的整体教义还是基本接受的，并吸收台密的部分义理使之更加圆满，且更能融摄华严，汇通显密，其密教主要著作有《大日经住心品撰注》、《金刚大教王经疏》、《苏悉地经疏》、《金刚界行法记》、《密教图印集》、《密教通关》、《施诸饿鬼食法注》等多种流传于世。

大勇法师受太虚大师影响，倾心于密法，成为民国时期密宗复兴的重要推动者。1921年，太虚大师在北京广济寺宣讲《法华经》，恰逢日僧觉随阿阇黎在北京弘传密法。觉随前来听法，并意欲邀请太虚大师东渡日本，承传唐代东传之密法，然而太虚大师无意于此道，自言"无即身成佛之野心"，遂未能成行。尽管如此，但太虚大师并不反对东渡求法，从他面向世界，适应时代，融摄梵、巴、汉、藏全体佛法以重建中国佛学之立场出发，他十分支持中国学人东渡、西行，学习东西密教，以融会贯通，复兴中国之密教。在太虚大师的支持下，其弟子大勇法师（1893—1929）发心前往。大勇，俗姓李，原名锦章，四川巴县人，清末毕业于法政学校，民国初年，曾历任军政、司法之职，后来与重庆佛源法师建香光学社，学习佛法。1919年农历四月初八佛诞日，大勇于上海皈依太虚大师剃度出家，于1920年在金山寺受具足戒，后又赴五台山朝礼文殊师利菩萨，乞勇猛智。1921年秋，大勇自五台山往北京听闻太虚大师宣讲《法华经》，正遇日僧觉随力邀太虚大师留日学法，因太虚大师无意于东渡日本，于是大勇发心欲往一试，遂同觉随于1922年东渡日本。

大勇法师到日本以后，入高野山随金山穆韶（1875—1958）阿阇黎学习东密。金山穆韶是古义真言宗中院流（引方血脉）第六十三世和三宝院流第五十世传灯大阿阇黎，高野山天德院住持，高野山大学著名教授，历任宝寿院门主、修道院长、高野山大学校长、金刚峰寺第396世座主（1953年2月—1956年2月）、高野山真言宗管长等职衔，有《弘法大师之佛教观》、《秘密宝钥大纲》、《真言密教教学》、《真言密教教理史》、《大日经研究》、《弘法大师的信仰观》等诸多著作传世。金山穆韶博学多识、戒律精严，坚持终生素食独身，乃是日本近代杰出的真言宗高僧，1927年，曾随日本佛教考察团来中国回访。大勇法师

---

① 持松：《贤密教衡释惑》，《海潮音》第9卷第4期，1928年4月；并见《持松法师论著选集》（二）上编，《荆门文史资料》第16辑，荆门市文史学习委员会1999年版，第243页。

抵达东京后，结识了在东京留学的陈济博（陈元白之子），一同与觉随前往高野山学习密法，大勇法师访得金山穆韶阿阇黎要求学习密法。金山穆韶令大勇筹备两年学费随其学习密法，于是大勇返回杭州筹措经费，于1923年冬再次东渡，入高野山密宗大学专修密教，经一年有余，得授传法灌顶阿阇黎位。大勇法师于1923年10月回国，初抵上海便遇到清末民初著名居士江味农、吴璧华等力邀其在上海开坛传授东密教法，打破了大勇法师意欲专修的愿景。大勇法师于上海传法灌顶，后至杭州停留月余传法授徒，得到了潘国纲、王吉樗（时为实业厅长）等社会名流的支持，其纷纷皈依得法，徒众多达数百人。1923年农历十二月十五日，大勇法师应武汉佛教徒祈请抵达武汉，住在武昌佛学院内传法授徒，得到了武昌佛教会的认可。自十二月二十二日开坛到1924年正月二十三日止，陆续灌顶十次，其中入坛学法者有在家居士李隐尘、赵南山、孙自平、杨选承、杜汉三、黄子理等居士名流和院内学员等共计237人，于是武昌佛学院学僧以及武汉居士几乎全部倾心于密法，太虚大师锐意改革佛教之根本道场、新僧运动之大本营（武昌佛学院），却因日本密教的弘传而勃兴，实难以预料。太虚大师于1922年采用现代教育方式建立的近代第一座高等佛教学府因以往支持学院的诸大董事都因转修日本密教（东密、台密）以求"即身成佛"，而无意于继续支持太虚大师，学院遭遇挫折，有违太虚之初衷。

（二）显荫与谈玄的弘密活动

1923年冬，民国天台宗大德谛闲法师之高徒显荫法师继大勇、持松之后东渡日本学习日本密教。显荫法师，字大明，俗姓宋，江苏省崇明县人，依宁波观宗寺谛闲法师剃度出家，并于五磊山依谛闲受比丘戒。显荫法师天资聪慧，精通经藏，善词赋诗章，1919年，入观宗学社正科学习，并与常惺、仁山同学，常惺考试名列第一，仁山第二，显荫法师第三。1923年显荫法师抵达日本高野山，与大勇、持松一样就学天德寺金山穆韶阿阇黎座下学习日本密法，受持灌顶，佩法身佛心印。显荫法师所著《留东随笔》中讲述了他东渡日本的因缘，本为慰吊日本"京滨灾区"而远渡扶桑，可见其并非如大勇、持松一般专为求学日本密法而专程赴日。

显荫留日期间，习学密教诸法的同时，深切关心国内佛教之发展，并且提出了发扬我国先进国家佛教光辉而与东邻佛教并驾齐驱，对日本佛教徒来华提高警觉等诸多真知灼见，足见显荫法师渴望国内佛教徒团结一致、奋发图强以御外侮的报国之心。显荫法师留日期间多与太虚大师有书信来往，太虚大师所主持的"世界佛教联合会"能够如期召开，显荫法师功不可没。1924年夏，太虚大师期望以佛教关系促进东西方文化交流，并有助于世界和平，但因限于时间及经费关系，虽名为"世界佛教联合会"，实际上仅以中日两国佛教徒为主体，正是由于显荫法师从中斡旋，而促成了日本派东京帝国大学教授木村泰贤博士及奈良法隆寺丰山派佐伯胤定等日本佛教界重要人物来华参会。显荫法师在上太虚大师函中谦虚地解释此为太虚大师慈光所至。显荫法师不但是精通三藏的佛教学者，也不愧为深谋远虑的外交活动家，太虚大师组织"世界佛教联合会"，显荫法师身在东洋且书信向太虚大师提出了诸多宝贵意见和注意事项：首先肯定了太虚大师建立"世界佛教联合会"为中国佛教界增强实力以抵御日本佛教徒布教于中国发挥了积极作用；其次撰写了《劝告书》（劝告中国佛教僧俗），强调中华佛教本为世界先进之国，中国僧徒不应落人后学，该极尽努力且抵御源自中国之日本佛教的布教野心，扬我国光；再者显荫法师又以一个政治家的卓越眼光对日本佛教布教于中国的野心进行了仔细的梳理，提出了中国僧徒理当各自勤勉，复兴中国之佛教与日本佛教并驾齐驱，而并非盲目排外。后来显荫法师又向太虚大师上书详细阐述了其建立"神户华侨讲学会"的过程，并对建立"世界佛教联合会"再次提出了中肯的建议，主要有：发布劝告宣言；联络全国各丛林长老协同进行，各派会员赴会；聘请诸山大德为理事；组织对外负责任之代表团体，以便与日僧相提携而不致被他轻视；组织杂志，以事会务之记载及督促之需；会长一职以总干事名义统率诸务；多诸负责任之干事长以利各地鼓吹；各宗寺院别选负职任之上座师；会议规模与目的皆当远大公正互助互勖；对日本僧侣须亲善而慎为防范等建议。① 显荫法师于1925年回国，不久便因勋劳过度染疴，英年早逝，不失为近代中国佛教之一大遗憾。显荫法师德识兼备，学养深厚，日本佛教学者高楠顺次郎发起的《新修大藏经》，博考唐、元、明、清历代大藏经版本，遍搜高丽、西藏、印度以及欧洲诸佛经以备校雠，而特请显荫法师撰序，刊于新修大藏经样本卷首。日僧主修大藏经，请中国佛教少年沙门作序，实属空前罕有之事，其对显荫法师学术

① 东初：《中国佛教近代史》，台湾中国佛教文化馆1974年版，第417—421页。

修养之崇敬，于此可见一斑。① 显荫法师遗著现有《留东随笔》、《佛学大辞典序》、《真言密教与中华佛法之关系》、《再论真言密教与中华佛教之关系》、《扶桑探胜记自序》、《十八道作法秘记》、《显密对辨章》、《佛教救世之根本要义》等。显荫在肯定东密基本教义的基础上有所取舍，对空海的十住心论判教说等东密极端思想采取较为缓和的态度，调和显密，使密宗能够融入中国佛教现有诸宗。另外，显荫进一步认为佛法诸宗圆融无碍，禅宗、天台、贤首、三论和密宗都以龙树为祖，他说："佛法圆融，中边皆甜，耳齿足尾，皆是象体。"② 他认为学佛之人应显密兼通，性相兼学，先显后密，并主张将藏传佛教包容纳入中华佛法之中，形成一中华五大民族之佛教。

谈玄法师，湖南人，自幼出家，专志修学，亦是近代中国佛教修学、弘传日本密教的大德之一，1934年谈玄奉太虚法师之命东渡日本求学一年半，得台密、东密两大传法阿阇黎位归国，系我国获得日本密教台密、东密两大支流密法灌顶的第一人，其回国所携两千余种密典和许多密乘法器，曾在上海佛学会对外展览，颇受各界关注。1936年2月发表于《海潮音》署名吉祥子撰写的《欢迎谈玄法师归国》一文中说："其所学而得者，有台密全部传法灌顶与东密全部传法灌顶。在日本修学密宗的中国留学僧，自民十年以至现在，十五年来，有大勇、持松、显阴、又应、纯密、谈玄诸师，而得日本台密东密两大支流的密教传法灌顶学位者，唯谈玄法师一人也。"③ 谈玄法师不仅于密宗教相有精湛的证悟，于深研中国禅学，对时代环境亦有清醒的认识。谈玄法师东渡求法携归两千余种密宗典籍和密宗法物，主要分为书籍、图标、佛像、供佛衣品等几大类，其中以书籍最多，包括中国佚失由日本寻回的佛典、手抄佛典等，就编目内容而言，总共214种，1700余册，未编目录者，百余种，计800余册；版本有宋刻、明刻、清刻、手抄、油印、影印等，大多数为铅字刊印本；装订方式大多为欧美式精装，兼有日式装订和中式装订；书中文字有纯汉文、纯英文、汉日文对照、梵日对照、英梵对照、梵汉对照、藏汉日合刊

---

① 《大正藏》出版时，未将此序文刊出，显荫法师《留东随笔文》中也说为"新修大藏经作序"一篇，颇得日本人士的欢迎，另外显荫法师序文，日本于日后重印大藏经目录时，已译成日文。

② 吕建福：《中国密教史》，中国社会科学出版社1995年版，第764页。

③ 吉祥子：《欢迎谈玄法师归国》，《海潮音》第17卷第2期，1936年2月。

对照等形式。谈玄法师从日本带回的珍贵资料，大多不易得到，其中《经海一滴》、《秘藏经》、《八啭声钞》（有关音韵之书）、《宗镜录》即是在中国早已失传之绝本；《金胎合灌私记》、《金灌私记》、《子岛流四度次第》、《诸尊单法》、《安禅寺流四度圣教》、《密宗研究》则为日本尚未刊印的手写本；另外《经海一滴》系清雍正刊印，极为珍贵，每部第一册序文后均印有"雍正宗翰"字样的朱红印章，这些书籍均藏于武昌佛学院图书馆。昔有日本人空海、最澄二人入唐短暂求法，并雇人帮助抄录经典、绘画密宗五祖像等携归日本成为绝世法宝，近有谈玄法师效仿二尊搜集到中国失传的诸多教门经籍，对于光大教门、复兴中国佛教影响深远，价值不可估量。

（三）曼殊揭谛、王弘愿与顾净缘的弘密活动

曼殊揭谛以其传奇经历以及扑朔迷离的身世堪称近代佛教史上的奇僧。近代天台宗倓虚法师的《影尘回忆录》及东初法师的《中国近代佛教史》均将曼殊揭谛与苏曼殊相混淆，认为他是中日混血。[①] 然据曼殊揭谛的自述："曼殊，川人也。离省廿余年，从政北京，服务之暇，涉猎内典。"[②] 他与能海、大勇、张克诚等来自四川的著名佛教人士一样，都是先涉足于政界或军界，后因时局之变而转入佛门，并为中国近代佛教的复兴留下了光辉的一笔。

1913年，曼殊揭谛于北平广济寺从清一老人受临济法脉，并与张克诚并称高弟。1918年，曼殊揭谛妻、儿病逝，其遂于红螺山资福寺闭关一年。后游五台山，因感悟自己前世为文殊眷属，乃自号为曼殊揭谛。1920年，于天童寺受具足戒；1921年，为虞山兴福寺华严学堂教授，后入支那内学院，从欧阳渐研习唯识。1924年6月，日本丰山新义真言宗权田雷斧应潮安居士王弘愿之请，至潮州开元寺弘法，曼殊揭谛即以王弘愿师兄的身份接受传法灌顶，得传法灌顶大阿阇黎位。与同学王弘愿在广州、潮汕等地组织震旦密教重兴会。后来，王弘愿以居士身份践传法阿阇黎之位，为僧俗灌顶、授戒，激起国内佛教界的公愤，曼殊揭谛亦以同门

[①] 参见周广荣《曼殊揭谛行实著述摭考》，载李利安主编《佛教与当代文化建设学术研讨会论文集》第三辑，西北大学出版社2013年版，第150—158页。

[②] 曼殊揭谛：《佛法今后之乐观及其教义之抉择》，《世界佛教居士林林刊》第13期，1926年8月。

师兄身份，斥其改过自新。由是，昔日同门情断义绝，相互口诛笔伐，势同水火，曼殊揭谛亦由此身陷囹圄。曼殊揭谛的著作主要有《瑜伽真言句义》一卷、《成金刚身内功修养》一册、《悉昙梵文启蒙》一册、《观无量寿佛经义蕴》两册。前三部主要介绍密宗的教义、见地、修学方法，从入门启蒙到深入的内功修炼都有涉及，内容翔实、范围全面。《观无量寿佛经义蕴》主要是以法相唯识之旨诠解净土三身四土之义，书末附介绍云："曼殊揭谛法师精研法相、秘密二宗，为当代佛门龙象，曩岁尝依唯识教义，解释《观无量寿经》，内容精彩，胜义重重，可谓别出手眼之名著。"①

近代赴日求学密法的居士中，除了桂伯华外，尚有王弘愿、顾净缘、程宅安、黎乙真、屈映光和冯达庵等人物，其中王弘愿（1836—1937）与顾净缘（1889—1973）居士的影响最大，王弘愿所主持之"密教重兴会"和顾净缘所主持的"两湖佛教讲习所"是近代复兴密教颇有影响的两大居士团体。

王弘愿，原名王师愈，字慕韩，号大心居士、圆五居士，广东潮安人，系近代弘传日本密教极具影响力的居士之一，因为1918年翻译日僧权田雷斧所著《密宗纲要》一书，视其为法宝，并由太虚大师将其编入觉社丛书出版发行。1920年，王弘愿又翻译了权田雷斧另一部著作《曼荼罗通解》，流通出版。由于前后两次翻译权田雷斧的著作，故深受其青睐。1924年夏，日僧权田雷斧来华，留居潮州15日为王弘愿传法灌顶，并赠送了全部法器和《弘法大师全集》，对其寄予了厚望。太虚大师在致王弘愿书中，深入分析了权田雷斧本人及日本佛教僧侣之传法行为而启迪王弘愿修学日本密教之注意事宜："雷斧于日本密教之学者中，洵亦一代泰斗。然虽冒僧正之名，实缺僧行，闻之演华师，其年七十余时犹娶妾，闻日本僧皆如此，已成通俗，所行殆不亚居士非议于净土宗之某某上人者。夫密教贵行，空言无行，则只能以哲学者视之，不能以密教阿阇黎视之也。故私意当请周行讲学，等之杜威、罗素，而不应有开坛灌顶之事。质之居士以为何如。"② 然王弘愿并不同意太虚大师的分析，因此植下了

---

① 曼殊揭谛：《观无量寿佛经义蕴》，《佛学半月刊》第95期（第5卷第2号），1935年1月。

② 太虚：《覆王弘愿居士书（七通）》，《海潮音》第5卷第2期，1924年2月。

日后僧俗、显密净论之因。近代日本佛教布教于中国的同时，往往配合日本侵华之野心，正如太虚大师所说："凡事之兴，必有因缘。就言密宗，中国自唐迄今，绝响殆千余年。其复兴也，奈何不前不后，而潮涌于斯时耶？兹且一言其动机。密宗为日本中心之佛教，其宗义亦异开元之旧，杂于国俗私见。而我国清季留日人士，往往传闻其说，李证刚既译日文之《西藏佛教史》，侈读密宗，桂伯华且留学焉。共和四年，欧战方酣，泰西各邦无暇东顾之时，日人乘机暴发其素蓄谋我之野心，以二十一条胁迫我政府，其第五条即要求日人在华布教自由权，冀以传教之名，而行其帝国主义之实，其含有政治色彩，路人皆知也。"① 太虚对日本佛教僧徒来华布教与日本军国主义图谋我国领土之关系的分析颇为透彻。

  王弘愿于1924年从权田雷斧学习密法后，又于1926年东渡日本再次从学权田雷斧得密宗阿阇黎位。自1928年起，王弘愿在潮汕、香港、广州等地开坛灌顶，弘扬日本密教，直至1933年，授徒数以千计。1932年7月，王弘愿以"白衣身份"受广州解行精舍之邀请前往传授密法，于1933年主持解行精舍，传法期间开坛灌顶，法会颇盛，且有比丘从受灌顶，引起了包括太虚在内的不少高僧大德的批评，如姚陶馥《护法痛言》、周圆性《中国佛教密乘危矣》、法舫《全系佛法上之密宗观》、李一超《密宗平议》、澹云《从显密问题上说到王弘愿之犯戒》等。太虚大师批评说："此王师愈狂妄骄慢之所自招也。夫以一师愈而辟佛之陋儒，一旦因从日文翻出两本东密新义派僧权田雷斧所著书，获雷斧青眼，破佛律祖制，授以传法灌顶，遂自以为奇货可居，妄思翘举雷斧所传，以压倒中外一切佛教法门；并以优婆塞居比丘等六众之上，统率七众，由此致招佛教缁素之训诫。乃王师愈不知反省，不识惭愧忏悔为何字，与人续兴斗诤而不已，遂招来四面八方之诃斥矣。"② 王弘愿的同门曼殊揭谛的批评尤为激烈，曼殊揭谛在《与王弘愿论密教书》中称："弘愿法弟慧照：谊属同门，理应信使往还，倍形亲睦。然愚到广州，经时六七年之久，绝不以片纸只字与吾弟者，皆由吾弟之行动为愚所不齿也。犹忆民十四年，愚在日本多闻院修法时，日本密宗各流于吾师权田大僧正到中国传法，与居士授传法灌顶事，攻击甚烈。同时中国显教中人，发布刊物，亦多以吾弟所

---

① 太虚：《中国现时密宗复兴之趋势》，《海潮音》第6卷第8期，1925年8月。
② 太虚：《王师愈净潮中的闲话》，《海潮音》第15卷第3期，1934年3月。

行为讥评之资料。并接弟函，亦自述及。此事愚覆函中，因有恳切劝弟之言，谓既欲弘扬佛法，理应弃俗出家，如吾弟能火速现比丘身，则众口自息，乃不谓弟覆函中，竟谓居士当大阿阇黎，有圣言可据，是不错的。愚知此时魔入弟之心腑，邪执坚固……乃不谓近年以来，愈闹愈凶，除在潮州灌顶收徒，僭法王位外，并出应各处灌顶之请。"①

顾净缘，名畴，字伯叙，法名净缘，密号正明，江苏淮安人，为顾炎武之后。早年学儒问道，后遍访名僧修学佛教，曾与梁融觉、李又聃等在湖南创办佛教团体"二学苑"，主办"两湖佛化讲习所"。1924年唐生智拜顾净缘为师，自称"佛教将军"，顾净缘随军讲法，军中都尊之为老师，于军队中大力推行佛法。顾净缘的身份在当时颇为神秘，有传言他为南方某山的大和尚，云游至湖南，为唐生智讲经三日不倦，使唐生智大为敬服。1927年唐生智于武汉洪山宝通禅寺建金光明法会，顾净缘亦亲自到会讲经，引经释意，非常详尽，方为世人确认其为精通佛教的学者而非和尚。顾净缘建议唐生智组织佛法宣传队，选择留养在后方口齿流利的伤员，由顾净缘进行培训，然后派往各处宣传。这样既可宣扬佛法，又可约束散漫无所事事的伤员，一举两得。唐生智大为嘉许，令顾净缘照办。②1928年，顾净缘东渡日本习学东密、台密教法得阿阇黎位，回国后在上海建畏因同学会，创办《威音》佛刊，常以"谢畏因"的笔名在该刊发表文章，阐扬密乘，著述不少。顾净缘虽得日本东密、台密二宗之法脉，但以弘扬"人道佛教"为本，圆融不浄，并非独尊密教。

综观近代国内弘传日本密教（东密、台密）之现状，既有配合日本军国主义图念我国土之权田雷斧之流入华弘法，亦有国内佛教有识之士远涉重洋，赴日求法。众多赴日求法之大德勇士不畏艰辛诚难能可贵，几尽为我国佛教之复兴鞠躬尽瘁诚令人感念，而日本密教于我国之弘传结果却是喜忧参半，既有持松、显荫等头脑清醒、爱国护教之高僧大德，也有王弘愿之流倒行逆施、忽视佛制的荒唐之辈。日本密教实源于中国之唐密，但流入日本以后，其旨归、形式皆已完全本土化，与我国之唐密当然存在诸多差异，其回传我国，不异于再次经历本土化过程，且近代以来日本佛教适应日本军国主义需要，高举护国护教之旗号，其传教布道大多带有政

---

① 曼殊揭谛：《与王弘愿论密教书》，《海潮音》第14卷第2期，1933年2月。
② 《唐生智军之佛法宣传队》，《佛化随刊》第1卷第1期，1927年12月。

治色彩，图谋我之国土昭然若揭，诸多原因促使其在我国之流布不可能长久。

考察我国僧俗修学、弘传日本密教的现状也是造成其迅速消殒的原因。首先，当时入日本修学密法的僧人由于资费等问题，学法时间皆较为短暂，难以全面掌握密宗体系，求法当中大都重视密宗事相，而忽略教相，金山穆韶在回忆中国僧人学法情况时也明确地指出了这一点："先年支那有密林（持松）、大勇、纯密三法师，殆同时来山修学，是时余当指导之任。对于密林等授之以教相与事相之二门。盖教相者，理论门也，事相者，实践门也。此二门之不可相离，犹如车之两轮、鸟之双翼，故必宜双修也。本宗学徒以先学教相后入事相为顺序。然密等皆因留学之时间甚短，故希望自事相先授而教相以人体之修学方针，当自研钻云云。故即入事相，主以悉昙、真言陀罗尼、四度加行、曼荼罗诸尊之三密门灌顶等授之。"① 描述了国人东渡习密的学风；其次，诸多留学求法僧回国后即投入灌顶传法的活动中，并没有进入专修专练的阶段，根基较为浅薄，难以深悟密教之宗旨，为日本密教的弘传埋下了不可逆转的隐患。再有此时期较之日本密教更加圆备具足的藏传佛教在内地的广泛传播也是造成日本密教迅速销声匿迹的又一大原因。藏传佛教较之唐密东传之日本密教在内容上更优胜一等，其四续修法之"无上瑜伽部"填补了日本密教之空白，加之东来传法的藏传佛教诸位高僧大德多学养深厚，具神通及修法灵验等特质，掀起了国人修学藏传佛教热潮，严重打击了日本密教在内地的弘传态势。1931年以后，日本密教在我国的流布始示现衰相，逐渐销声匿迹，东渡求法之大勇法师后改习藏传佛教，甚至1953年持松法师于上海静安寺内设立真言宗坛场作为复兴唐密的基地，却多年求不得合适的付法人，使他不得不凄然感慨。

法舫法师曾感叹日本密宗在中国弘传的情况："中国现在传行的密宗分两派：一为日本传归的东密，一为西藏传来的藏密。这两派在现在中国佛教中有相当的势力。中国密宗的复兴，始于本刊的提倡，继以大勇持松诸上人的东渡留学。民十二三年东归的密宗，宏传极盛。勇师持师均得佛教信众的拥戴。勇师因学藏密而示寂，持师复因现行密宗之复杂而消极。王弘愿君虽力宣东密，因越法羁道，未能引起国内佛弟子的信仰。所以现

---

① 金山穆韶：《弘法大师之佛教观》，《海潮音文库》第10册。

在中国的日本密的现状，已无精神。道在人宏，尚望大心之士，努力振兴！"① 大醒法师亦说："中国密宗在佛教史上并无若何光彩。近十年来始有兴起之象；惟学密者多系从日本学习而来，其弊病良多。盖日本传授我国习密者之密法都属皮毛之形式，并不视学习者'修学行证之功夫'，躐等授受，欺法欺人，其害甚大。比如中国至日本学密者，有不到三月即得'阿阇黎'学位者，迨回归中国，即忙乱传授，致一般趣时之佛徒，盲然相从。幸习此宗者，在中国现在还属极少人数。然也有发心救此弊者，我师太虚上人之弟子大勇法师于二年前特往西藏，研修藏密，意在求有所得，归而救诸日密之不足也。"② 近代日本密教在我国的弘传非但未能复兴我国之佛教，且多有以标奇立异者，引起我国佛教内部缁素不和，显密相争，虽然盛极一时，但也昙花一现，不得长久安住。

二 藏地僧人于内地弘传密法

近代佛教复兴运动中，弘传密教受到了教内外僧俗的普遍关注，除了有日本密教（东密、唐密）在内地传布以外，与此同时藏传佛教东来，掀起了继日本密教以后另一个修习密教的热潮，至今方兴未艾。早在元代即有藏传佛教萨迦派八思巴（1239—1280）国师统领天下释教，对内地之影响深远广泛，后及明清，多受历代皇帝所尊崇，但一直身居宫廷上层，难以融入汉传丛林。及至近代伴随九世班禅喇嘛、多杰尊者、白普仁喇嘛、诺那活佛、贡噶活佛等一批藏传佛教高僧在内地的弘法有了明显的改善。另外，此时社会诸人也深谙沟通汉藏佛学于团结蒙藏佛教徒及巩固边陲的重要作用，为藏传佛教在内地的弘传奠定了群众基础。藏传佛教在内地的弘传方式主要有藏地高僧东来内地和内地有识之士赴藏求法两种，前者有九世班禅喇嘛等高僧，后者有大勇、法尊、能海诸师为代表。法舫法师曾言及藏传佛教密宗在中国内地传播的情况："西藏密法，在中国现社会中宏扬，近数年来，突飞猛进，班禅大师被迫亡居内地之后，其个人与门徒大宏藏密，政府为治边陲，不阻止蒙藏佛教，而近一二年来又极提倡，这是藏密宏传极盛一时的一个原因。其次就是一般藏僧——喇嘛——

---

① 法舫：《中国佛教的现状》，《海潮音》第15卷第10期，1934年10月。
② 大醒：《中国佛教讲话：中国佛教各宗的现状（6）——与台湾林德林师的谈话》，《现代僧伽》第39、40期合刊，1929年。

的向内地宏传密法。起初为久居北平的蒙古白普仁喇嘛，以金光明法曾来西湖及江南各省，盛宏一时。次为西康的多杰觉巴格什喇嘛，他留学西藏数十年，宏法蒙古，十四年来北平，十五年来武汉建密乘学会传法译仪轨五十余种，十八年至四川建和平法会，又传译仪轨百数十种；藏密在中国有雏形者，多杰格什上师之赐也。此外北平有密藏院，主讲者为蒙僧名辛喇嘛，二十一年与本年之时轮法会主动发起者，即为该会会员。由密藏院至班禅建时轮法会，为藏密在中国社会中宏扬最盛之一阶段。蒙藏喇嘛近在内地传法者，尚有安钦那拿等，亦皆传授仪轨，摄引学人。吾人之观察，白普仁之金光明法会，为内法的藏密宏传之胚胎时期。从十三年之北平藏文学院西藏学法团到民二十一年重庆成立的世界佛学苑汉藏教理院，再从北平密藏院而到今日的上海菩提学会，已走入教理之研讨、文献之翻译，吾人认为是藏密宏传的萌芽时期。大盛时期，尚待来日！"① 概而言之，近代内地修学藏传佛教的内容主要有学习密法事相，学习藏传佛教义理、翻译经典（以法尊法师为代表），以及两者兼之（以能海法师为代表）三种形式。

（一）九世班禅在内地的弘法活动

近代内地修学藏传佛教之热潮，起始于康、藏、蒙诸高僧大德在内地的弘法活动，其中九世班禅额尔德尼·确吉尼玛（1883—1937）在内地的活动格外引人注目。民国年间，十三世达赖喇嘛土登嘉措（1876—1933）分别于1917年和1923年颁布《火蛇年法令》和《水猪年法令》，为了增加军队开支而迫使扎什伦布寺增加税收，双方矛盾激化。九世班禅大师于1923年11月15日被迫离开扎什伦布寺，远走内地，于1924年3月20日抵达甘肃安西，并于1925年2月2日抵达北京。九世班禅佛学造诣精深，他到汉地以后，一方面灌顶授法从事佛事活动，另一方面致力于民族团结、一致御敌等爱国活动。《班禅额尔德尼传》记载九世班禅离开西藏后，在蒙古、内地总共举行过九次"时轮金刚灌顶"法会，其中第六次和第七次都是在汉地举行。1932年段祺瑞邀请九世班禅入京授法，后在段祺瑞、吴佩孚、朱庆澜等的支持下，于10月22日在故宫太和殿举行了第六次时轮金刚法会，参加法会的各族群众十万余人。1933年，九世班禅在南京应戴季陶、石青阳、居正、贺耀祖、黄慕松、叶恭绰等之

---

① 法舫：《中国佛教的现状》，《海潮音》第15卷第10期，1934年10月。

请，在城东宝华山的护国圣化隆昌寺举行密法灌顶三日，参加者有三百余人，外有各寺和尚二百余人。另有王一亭、屈映光、冯仰山、关䌹之、杜月笙、黄金荣、张啸林等人作为施主，请班禅在杭州灵隐寺举行了第七次时轮金刚法会，参加法会者七万余人，其开示也由刘家驹、超一等译出。近代佛学大家太虚大师亦经常与班禅大师接触，互相赞仰，唯以语言之阻隔，不能互相研究，诚为遗憾。班禅于杭州授法期间，太虚大师专程抵达杭州参加时轮金刚法会，并随喜从班禅大师受金刚阿阇黎灌顶，执弟子礼。太虚大师素以弘扬"人生佛教"为宗旨，乃应机而学"融摄魔梵"之密咒，识与不识，多所惊奇。然就太虚大师一切皆为方便，无事不可适应心境观之，则也无足惊奇。太虚大师于"时轮法会设千僧斋"，并且融会各方不同之心境上堂说法，以一法不立，直指人心之"见性成佛"与"即身成佛"作一转语，化解了各方之怀疑。太虚大师说："如来所有性，即是世间性，如来无间性，世间亦无性。以无性故，无少分别，觅毫厘世间法不可得，亦觅毫厘佛法不可得，说甚么发心学佛，弘法利生？而尤以禅祖西来，直指见性；密宗灌顶，即身成佛，最令人所欣慕。殊不知才云直指，早曲了矣！性且不有，怎样可见？何况天下本空，身不可得，说什么即不即？五智非有，佛不可得，说什么成不成？所以直指见性，即佛成佛，都不过空拳引儿笑，黄叶止婴啼。然不存佛法，非立人情；若立人情，便须佛法。例如提倡科学，而科学即建在因果律上，必明即空而假说，乃非迷信。故若怀救国济世之愿，即应于时轮坛中，虔诚顶祝！"①可见太虚大师之佛学造诣、救国济世之宏愿以及对九世班禅之礼敬。

九世班禅大师在内地的弘法活动，除了举行灌顶法会等佛事活动以外，也积极与中央政府联系，为国家稳定和民族团结奉献力量，也更加深了他在内地的影响力。自九世班禅远走内地后，国民政府既尊重班禅，又笼络达赖喇嘛，日本侵占东北后，应如何消除西藏与内地的隔阂、重振中央政府在西藏之声威促使国民政府为缓和班禅、达赖喇嘛矛盾而努力。1932年12月24日，中央特任九世班禅大师为西陲宣化使，在国民政府大礼堂举行就职典礼，是日到场有国民党中委戴季陶、石青阳、石瑛、吕超、魏怀及各报社记者数百人。由国民政府主席林森授印，行宣誓礼，由

---

① 太虚：《时轮法会设千僧斋上堂》，载《太虚大师全书》第61册，台北善导寺1980年印本，第1205—1206页。

张继监誓，班禅举右手宣读誓词谓："自奉中央命后，即诚意宣传德意，冀以宗教实力，效命中枢，振导人心，挽回末劫。"① 同年，国民政府考试院院长戴季陶首先致书达赖喇嘛，劝他与班禅大师"敦睦数百年来之旧好，示人民和平慈祥之范模，建五族永久结合之基础"②。戴季陶又于同年6月21日，复函班禅大师，恳切陈词："益信复兴西藏之宗教文明，为救国救教之第一大事。而此之根本，则在于班禅达赖两大师之相亲相保。夫自来佛祖，必有两补处菩萨以为神足，诸佛皆然，具如经说。我宗喀巴祖门下之有两大师，事例正同。若两大师之亲交不复，佛教前途实不堪问……大师一日不回寺常住，达赖大师一日不与藏中僧俗四众同心协力，领导四众，建设西藏，化导群生，保障国土，则佛教将不可救，教亡则国与民无所赖矣。"③ 意在规劝九世班禅重回西藏。自1932年6月起至同年10月止，戴季陶六次致书班禅大师，一再恳切陈词规劝双方修好，直至1933年，十三世达赖喇嘛始表示同意班禅回藏，双方不难恢复旧谊。而正当各方盼望之余，不料十三世达赖喇嘛于1933年12月17日在拉萨圆寂，于是西藏问题一波未平，一波又起。1936年5月，国民政府蒙藏委员会委员长黄慕松以中央专使身份，率领仪仗队由南京出发护送班禅大师回藏。1936年秋，行辕抵达青海玉树，因西藏亲英势力从中挑拨，西藏借口中央官兵随护迫使班禅大师回藏遭受阻碍。1937年九世班禅大师停留玉树期间抗日战争爆发，班禅大师一面为国祈祷、做念法事，一面捐款慰问将士，而且动员班禅行辕踊跃捐款，为抗战出力。九世班禅大师于1937年12月在青海玉树圆寂，1941年灵柩回藏。1938年国民政府于重庆举行追悼大会，分别请七世章嘉呼图克图·罗桑贝旦丹贝仲美主持密坛，太虚大师主持显坛，特派戴季陶于1938年8月赴四川甘孜亲自致祭。国民政府对班禅大师的崇敬，对融和边疆各民族情感、安定大后方，以争取抗战最后胜利，发挥了不可替代的作用，而九世班禅显密圆融、德行高深，在内地的弘法传教活动也为藏传佛教在内地的弘法做出了积极的表率，为内地了解藏传佛教发挥了重要作用。

---

① 中国第二历史档案馆、中国藏学研究中心合编：《九世班禅内地活动及返藏受阻档案选编》，中国藏学出版社1992年版。

② 陈天锡编：《戴季陶先生文存》，中央文物供应社1959年，第1211页。

③ 同上。

（二）白普仁与多杰尊者在内地的传法活动

白普仁尊者（1870—1927）系近代藏传佛教格鲁派著名高僧，驻锡北京雍和宫，多以修法灵验而著称。1925 年，应段祺瑞之请，白普仁带领 108 位喇嘛主法于雍和宫修"金光明法会"21 天，以祈祷国泰民安、消弭国难。同年 7 月，关䌹之、闻兰亭等敦请白普仁喇嘛南下传法并发起"金光明法会"，以祈祷全国和平。白普仁尊者携带全部法器和 28 名喇嘛南下上海，修供"金光明法会"，传"大白伞盖度母"灌顶，法会设内外二坛，以七日为期，入内坛听经者，必须在法会结束后才能外出，外坛则无限制。上海法会结束，各地信众纷纷礼请白普仁尊者莅临传法，上海的著名居士江味农且随同白普仁喇嘛赴各地弘扬密法，辗转数千里。另外白普仁尊者在承德外八庙也极富有法缘，在承德传法期间皈依者约 17 万余，甚至九世班禅抵达北京后，得知白普仁尊者之道行，始往礼谒，并赐予堪布僧职。

多杰觉拔尊者（1874—?），系康定人，属藏传佛教格鲁派，初剃度于康定安却寺，后入西藏哲蚌寺，修显密佛学十二年，显教穷究因明、般若、中观、俱舍、律学五部大论，取得格西学位；密法入金刚曼荼罗，受诸法灌顶，又在爵巴寺专修密法三年，后来宏化内地，广结法缘。早在民国初年，多杰觉拔尊者即先后达 16 年宏化于蒙古①，在蒙古地区极具影响力。段祺瑞执政时期，国内形势暗潮汹涌、危机四伏，欲请多杰觉拔尊者修法息灾，唯恐被人讥为迷信，乃着范彦彬为代表请求尊者开"绿度母"道场 15 天，为国修法，事后段祺瑞加封他"诺门罕"封号，以示尊敬。多杰觉拔尊者于 1925 年入北平，礼谒九世班禅喇嘛，与白普仁尊者一起指导大勇法师学习藏传佛教"生起次第"等密法前行，并介绍他入康藏求法。1925 年，多杰觉拔尊者南下杭州等地灌顶授法，并译出了 20 余种密教仪轨，后在杭州、汉口传法期间，吴佩孚、赵炎午、汤芗铭等政界要人及北大教授张怡荪、罗庸中等皆皈依座下，虔诚听法。多杰觉拔尊者在传法过程中共译出密轨 108 种，由程宅安等刊行，名曰《密乘法海》，为近代汉译藏传密典之嚆矢。1931 年，多杰觉拔尊者入四川朝礼峨眉山，后到成都传法灌顶，数百人相继入坛，开绿度母、长寿佛、药师佛道场，广度阵亡将士，开金刚狮王佛母道场以降伏四魔。四川省主席刘文

---

① 东初：《中国佛教近代史》，台湾中国佛教文化馆 1974 年版，第 438 页。

辉亲率数百人入坛受灌，从学者达九百余人，自此川中密法大兴。多杰觉拔后至上海，又经香港、南洋至印度，朝礼莲花生大士修法处，由大吉岭至菩提大金塔，后返回西藏驻锡哲蚌寺，普修供养。综观多杰觉拔尊者在内地的弘法活动，可谓成绩斐然，为内地翻译藏传佛教密宗仪轨和普修密法要门做出了巨大贡献。

（三）诺那活佛与贡噶活佛在内地的弘法活动

藏传佛教在内地的弘法，除了格鲁派之外，还有宁玛派、噶举派等诸位活佛、堪布。诺那活佛系宁玛派活佛，贡噶活佛系噶举派活佛，二者开创了二宗互传的先例，为藏传佛教在内地的弘传树立了良好的典范。诺那活佛（1865—1936），西藏昌都人，原系汉族，俗姓徐，原名格热喇嘛·索朗列旦，是昌都类乌齐寺吉仲活佛的管家和央贡拉章的管理人，后被认定为十四世金塘活佛，24岁继承宁玛派祖位，于1924年绕道印度至北京传法，1926年入川弘法三年，从学者数以千计。1929—1936年，在南京、上海、苏州、杭州、莫干山、广东、湖南、湖北、南昌、庐山等地多次传法，皈依受学者甚众，其中颇多政界、商界、知识界上层人士。其所传藏传佛教密法主要为宁玛派"莲花生大士"、"度母"等本尊修法，并著有《应化记》、《语录》、《诺门普传真言录》等刊刻印行。诺那活佛传法弟子众多且多属在家居士，广布诺那法系，使得诺那活佛所传之藏传佛教教法弘传于世界各地，其中王家齐在昆明建有"莲花精舍"；吴润江在香港、台北、台中建了"诺那精舍"，后于1960年赴美国、加拿大，开了藏传佛教密法弘传于北美的端绪，今天美国纽约亦有诺那徒裔所建之"诺那寺"；屈映光于1949年赴台湾，在新店五峰山建"南方宝生佛刹"传法，有林祥煌、欧阳重光继承其事业。

贡噶活佛（1893—1957），四川康定木雅乡人，为西夏党项后裔，被噶玛噶举派十五世大宝法王卡钦多杰认定为雪山喇嘛扎白拔之转世，3岁坐床即位，18岁入昌都名寺德格八邦寺受沙弥戒，1916年受具足戒，后赴西藏深造，于诸善知识座前，随类听讲显密教法，先学五明，次学慈氏五论及噶玛噶举派"中观"、"瑜伽"、"俱舍"、"集论"等性相十三部大论，无不次第研究；其密法实践方面广受"密集金刚"、"喜金刚"、"胜乐金刚"、"玛哈嘎拉"等诸部密法灌顶，显密造诣极深。1935年，诺那活佛函邀贡噶活佛来内地代为传法，尊者于1935年、1945年两度东来，在成都、重庆、杭州、沙市、昆明、长沙、南京、庐山、汉口、上海等地灌顶传法，先后历时5年，较系统地传授了藏传佛教噶举派之主要密法"大手印"、"胜乐金刚"、"金刚亥母"、"那若六法"及"宁玛派大圆心髓法"等，并翻译出百余种传法仪轨，重要者有《大手印讲义》、《恒河大手印直讲》、《大密妙义深道六法引导广论》等。诺那活佛、贡噶活佛交从深厚，二人在传法过程当中，往往融会密法与汉传禅、净二宗，称赞汉传佛教禅宗为"大密宗"。1937年，贡噶活佛至庐山，为诺那活佛安葬灵骨，建塔供养，1939年返抵成都，演说新旧二部仪轨，旋又重返西康。1947年1月25日，国民政府明令颁予贡噶活佛"辅教广觉禅师"封号，并赐金册银印，令文说："贡噶呼图克图，夙明教义，邅绍宗风，缮性传经，边民信仰。二十六年，抗战军兴，远来赣蜀诸省，虔修法会，祈祷和平，护国之诚，殊堪嘉尚，着加给辅教广觉禅师名号，以示优隆，此令。"① 册文说："觉民辅世，本政教之同源，旌善酬庸，亦国家之令典。西康贡噶呼图克图，修持坚卓，慧性澄明，振鹿苑之宗风，化行南服，弥狼烽之劫运，志极群生，着予辅教广觉禅师名号。于戏，慈惠为心，能召祥和于大地，精诚护国，宜申褒扬于中枢。特授嘉名，祗承显命。"② 1947年6月，贡噶活佛于内地传法，在江苏无锡传"那若六法"之"破瓦法"时，入坛得授灌顶者数百人，门外伫立者，不知其数。后于南京驻锡玄武湖诺那塔院传授"喜金刚"、"胜乐金刚"、"度母"等法，于1957年正月二十九日，圆寂于西康，世寿65岁。综观诺那活佛与贡噶活佛二大师在内地的弘法活动，二位尊者显密双修、随机教化、为藏传佛教东传内地功不可没，其法脉传习至今，仍不绝于耳。二位大师护国利民、慈悲爱教、维护国家民族利益之诚心，是为楷模。

除了以上格鲁派、噶举派、宁玛派诸位活佛来内地弘法外，来内地弘传藏传佛教的高僧大德还有内蒙古格鲁派高僧宝珍金刚于1930年应请在北平极乐庵传"大威德金刚"生、圆二次第，"那若空行母"等法，有传法记录本刊印；有青海塔尔寺安钦呼图克图于1933年6月至南京传"吉祥天女"法，又至北京"密藏院"传法，皆由法尊法师译出；另有格鲁派荣增堪布（1922）、章嘉呼图克图（1924）、扎什伦布

---

① 朱同生辑：《辅教广觉禅师本传》，莲华精舍1947年版。
② 同上。

寺萨钦（持明）呼图克图（1938）等来内地传法，萨钦在北京"密藏院"（持咒法藏寺）为各族弟子548人授"金刚鬘"灌顶，其所传本尊图像被译出刊行。诸位藏传佛教大德于内地弘传藏传佛教不但为汉藏交流做出了贡献，也为近代民族团结、民族融合，共同抵御外侮发挥了积极作用。

三 大勇法师与法尊法师的入藏求法

藏传佛教在内地的弘传，除了有藏地高僧东来传法，汉僧入学西藏求取密法是另外一种方式，其中大勇法师、法尊法师、能海法师为其著名代表。1924年春，大勇法师到北京求教于雍和宫白普仁喇嘛，当他听说藏传佛教密法较之日本密教更为严整圆备时，顿生转而修习藏传佛教的意念，欲以贯通日、藏两系密教，建立完全的中土密教，为东西佛教流布开一新的纪元，并计划组织"藏文学院"，先集一班学僧学习藏文，待藏文稍有基础，再进入西藏学习。大勇法师此举得到胡子笏、刘亚休、但恕刚、陶初白、汤铸新等居士的赞助，于1924年农历九月十三日于北京慈因寺成立"藏文学院"，并请多杰觉拔尊者为导师，花了两个月的时间为大家教授"琅忍次第"及"藏汉佛教住持传承规模"等课程，在此期间还学法习定，修持"浅深"、"成就过程"等。武昌佛学院职员大刚、超一，及研究员法尊、观空、严定、会中、法舫等也来入学，经过一年有余，大勇法师改组"藏文学院"为"留藏学法团"，专究藏密。大勇法师于1925年农历六月初四带领徒众从北京出发，经四川入藏，并制定了严格的规章制度，但无奈被藏军所阻，止于甘孜扎迦寺学习，后因水土不服，同行徒众多有丧亡，大勇法师本人也于1929年英年早逝，圆寂于甘孜。大勇法师先后修学日本密教与藏传佛教，其不畏艰辛、敢为天下先的精神为佛教缁素所敬仰，身后留有《菩提道次第略论》译著传世。留藏学法团团员中，超一、观空、大刚、密严、严定、恒演、密悟、广润、朗禅、密慧等留康学习，超一法师先回内地，在京、沪、无锡等地传法，后译有《大白伞盖经》等小品；大刚、法尊、密悟三人则继续西进，留学拉萨哲蚌寺，得格西学位，其中法尊法师（1920—1980）留学康藏九年，后应太虚大师之请返回内地主持"汉藏教理院"，以"翻经比丘"自任，译著有《菩提道次第广论》、《密宗道次第广论》等显密重要论典三十余部，为汉藏佛学的沟通做出了巨大贡献。

法尊法师俗姓温，字妙贵，1902年生于河北深县南周堡村，19岁在五台山显通寺玉皇顶出家，北京法源寺受具足戒，曾先后师从太虚大师和大勇法师入学武昌佛学院、北京藏文学院学习，后在大勇法师的感召下随大勇法师组织的赴藏学法团入藏学法。首先抵达西康甘孜，并于1932年入藏于拉萨哲蚌寺学习显密经论。法尊法师在《入藏经过》中回忆说："我在武昌听讲《三论》、《唯识》的时候，便深慕什（后秦鸠摩罗什）、显（东晋法显）、奘（唐代玄奘）、净（唐代义净）诸先觉的情尘，继闻勇法师（大勇）入藏的函召，当然是雀跃三丈，唯恐不得其门而入了。从此便以学习藏传佛教，研究和翻译藏传佛典，向内地介绍藏传佛教的教义和历史，作为自己终生的目标和事业，曾未动摇。"① 1925年法尊与北京藏文学院的同学踏上赴藏的路程，在离开峨眉到达嘉定乌尤寺时，读到寺藏唐代求法僧义净大师的著作《南海寄归内法传》，得知当年义净历尽艰辛到达印度求法的事迹，看到义净所写"去人成百归无十，后者安知前者难"的诗句，深为其感动。后来他在《著者入藏经过》中又回忆此事说："我受了他老人家（义净）说话的刺激，同时也受了他老人家的感化，我对于前贤实在不敢起半点轻视心，我对于先觉的事业实在不敢起半点容易心。但是先觉的这种大慈大悲和大无畏精神，我羡慕极了，我也想牺牲一切去学学先觉。我对于西藏的佛教典籍，凡是内地所没有的，我都发愿学习翻译出来补充所缺。尤其对于义净法师所翻译的律藏，我很想给他补充圆满。西藏的密法，当然也不是例外的事。就是世间的地理、历史和工巧、医方、政治、文艺等，我也有学习的志愿。"② 法尊法师正是抱着这种坚定的志愿入藏学习佛法、坚持译经事业的。自1925年起先后九年，法尊法师饱尝艰辛，历经坎坷，足迹踏至今四川、西藏的许多地方，并遍访名师学习藏传佛教显密经论。

1933年，法尊接连收到太虚大师几封信，催促他速归办理汉藏教理院的事情。虽然觉得历尽千辛万苦方到西藏求学，但师命难违，只好于10月开始动身返回。途经印度、尼泊尔等地，他均朝礼佛教圣迹。1934年5月初到上海，特往奉化朝谒太虚大师。8月参加汉藏教

---

① 吕铁钢、胡和平编：《法尊法师佛学论文集——著者入藏的经过》，中国佛教协会、佛教文化教育基金委员会1990年版，第178页。

② 同上书，第180页。

理院开学典礼,并代太虚大师主持院务,每天除了讲三小时的课外,还要翻译校改《菩提道次第广论》、《密宗道次第略论》和《菩萨戒品释论》等。1935年,为迎请藏传佛教高僧安东格西来汉地传法,法尊法师再次入藏一年,却因格西圆寂而未能遂愿,不过他带回了大量的宗喀巴大师著作,丰富了汉地对格鲁派乃至整个藏传佛教的认识。

从法尊法师代太虚大师主持"汉藏教理院"工作直到1949年,法尊法师在从事繁重的教学工作(藏文、教义哲学)之外,大量翻译藏传佛教经典,后又将汉译《大毗婆沙论》二百卷译为藏语。法尊法师弘传藏传佛教,兼通汉藏,翻译经典,遂成为近代汉藏佛学交流之巨柱。中华人民共和国成立之后,法尊法师笔耕不辍,在北京菩提学会受国家有关部门委托从事藏文翻译的同时,翻译、撰写了大量藏传佛教译著和文章,向内地全面、深入地介绍了藏传佛教。1955年,法尊法师为《中国佛教百科全书》所写的关于藏传佛教的若干词条,流传最广,经常为各界读者参考,影响深远。此时斯里兰卡佛教界为纪念释迦牟尼佛涅槃2500周年发起编纂英文版《佛教百科全书》,希望中国佛教学者予以合作,撰写有关中国佛教的条目。当时周恩来总理接受斯里兰卡总理的请求,将任务交给中国佛教协会。此后中国佛教协会成立《中国佛教百科全书》编纂委员会,聘请国内著名佛教学者参与撰写,内容涉及教史、宗派、人物、经籍、教理等各个方面,法尊法师、观空法师参加了藏传佛教条目的撰写工作。这些汉文原稿在1980年以后陆续由知识出版社以《中国佛教》的署名分册出版,受到了教内外学者的普遍欢迎和好评。法尊法师撰写的《西藏前弘期佛教》、《西藏后弘期佛教》、《西藏的宁玛派》、《西藏的萨嘉派》、《西藏的迦举派》、《西藏的迦当派》、《善慧法幢》、《善慧海》、《克主杰》、《嘉曹杰》、《僧成》,概要而系统地介绍了藏传佛教的历史和若干主要教派、人物、教义,可以说是法尊法师一生研究藏传佛教成果的结晶。后来法尊法师从北京菩提学会转到中国佛教协会工作,1956年中国佛学院成立,法尊法师兼任副院长并亲自任教。1980年中国佛学院恢复,法尊法师担任院长。法尊法师于1980年圆寂,回顾其一生事迹,最突出的贡献表现在两个方面:一是协助太虚大师振兴中国佛教,特别是培养现代僧才;二是翻译了大量藏传佛教文献资料,为内地认识、了解藏传佛教做出了突出贡献。

1947年3月，近代佛教泰斗太虚大师圆寂，法尊法师为恩师撰写《略述太虚大师之悲愿及其伟业》，回忆自己师从太虚大师的经历，从"大师之救教运动"、"整理僧伽制度"、"创办僧教育机关"、"从事世界佛教运动"、"组织学会教会"、"筹办菩萨学处"等各个方面介绍并评述了太虚大师一生的事迹，在最后的"继承大师事业之集议"中将太虚大师弟子于上海集议的要点向世人介绍："其最要者，在僧教育机关方面，则大师所创办之武（武昌佛学院）汉（汉藏教理院）两院，必须力图其继续进行，以备造成复兴中国佛教之人才。在佛教刊物方面，《海潮音》为大师二十余年弘扬佛法唯一之喉舌。不论经费如何支绌，必须设法印行，以为推行大师之思想及其事业之指针。大师丛书为大师毕生思想学行之结晶，必须速疾编纂完成，以作后学推行复兴佛教运动之范本……"①法尊法师秉持恩师太虚大师提倡之复兴佛教理念和重视僧才教育的佛教发展思路，在追随太虚二十多年间深谙太虚大师思想之要旨，历任汉藏教理院、中国佛学院职务，积极为汉地培养僧才。1935年，法尊法师在汉藏教理院开学典礼上向学僧致辞《论学僧之成绩》，从不同的角度对学僧提出要求。他认为学僧要成为"真正的僧才"，成绩应表现在"一智，二行"两个方面。第一"智"者，即普通之所谓知识，虽然范围略显狭窄，但也是成绩的一部分，是僧人赖以弘法利生的一部分；第二"行"者，即是德行，能够修养身心，调伏烦恼，防止诸非，而不致越轨的行为。而不论是"智"还是"行"皆为佛法所并重。在佛法当中，二者摄为教、证两种功德，"教者即通达圣教。证者谓由佛之言教，而亲证诸法性相。又教即通达教理智，证即依智而修，所得之三学功德也。《菩提道次第广论》说，教证二种，学佛者应当并重。教证之义，直言之即是智行。一方面须要注重学问，一方面仍要注重德行。注重学问则于师所授课，日有所进；注重德行，则于己身心日有所益。此进益即是莫大之成绩。品格者，是成绩之基础也。此致成绩之方法，略而言之有三：（一）具足品格；（二）勤求学问；（三）注重德行"②。法尊法师在这里所说的"智"

---

① 吕铁刚、胡和平编：《法尊法师佛学论文集——略述太虚大师之悲愿及其伟业》，中国佛教协会、佛教文化教育基金委员会1990年版，第177—178页。

② 吕铁刚、胡和平编：《法尊法师佛学论文集——论学僧之成绩》，中国佛教协会、佛教文化教育基金委员会1990年版，第161—164页。

与"行"、知识与德行、教与证,也就是现在常讲的才与德、思闻与修、学与修的关系,既要通过刻苦勤奋的学习积累系统丰富的佛教知识,掌握能够适应不同环境弘法利生的本领("方便"与"善巧"),又要培养优秀的品德,坚守戒律,遵循佛教义理修持戒定慧三学,以求证得最高觉悟。

法尊法师在研究、翻译和介绍藏传佛教经典、教义理论的主要成绩包括以下两个方面:第一,汉译藏传佛教格鲁派宗喀巴大师(1357—1419)师徒的重要著作《菩提道次第广论》、《菩提道次第略论》、《菩提道次第略论止观章》、《密宗道次第论》、《密宗道次第广论》、《现观庄严论略释》、《辨了不了义善说藏论》、《辨了不了义论释难》、《供养上师与大印合修》、《入中论善显密意疏》、《辨法法性论》、《七十空性论科摄》、《修菩提心七义论》、《苾刍学处》、《精研经释》、《缘起赞释》、《五次第论》、《正理庄严论》、《菩提道次第修法》、《入中论略释》、《七宝论》、《四百论颂》、《沙弥学处略释》、《俱舍论略释》、陈那《释量论略解》、《集量论》、《集量论颂》、法称《释量论》等;第二,撰写了大量藏传佛教研究论著,系统地介绍了藏传佛教的显密经著以及历史现状,如《西藏佛教概要》、《西藏佛教的建设》、《从西藏佛教学派兴衰的演变说到中国佛教的建立》、《元明间与中国有关之西藏佛教》、《中观宗"不许诸法有自相"的问题》、《中观宗"不许自证分"的问题》、《〈般若八千颂〉与〈现观庄严论〉对照科目》、《中观宗关于"安立业果"与"名言中许有外境"的问题》、《中观宗不许"自续"的问题》、《〈现观庄严论〉中八品七十义略解》、《〈菩提道次第广论〉的造作、翻译、内容和题解》、《评〈藏密答问〉》等。

四 能海法师的弘法活动

与大勇法师同时赴藏学习藏传佛教教法的另一位高僧是能海法师。能海法师悲深愿切,不辞艰辛,于1928年6月和1940年5月先后两次入藏求法。能海法师入藏学法的动因主要是有感于汉地佛教之衰落,他曾论及近代汉地佛教之凋零时说:"降之近代,言台宗者,惟宁波谛闲老人于观宗寺振其坠绪。贤首一宗,几近绝迹。……至于禅宗,因举世竞趋学教之途,更复成广陵散。一者领导乏其师资,二则学者根器陋劣,无笃信守道之士,浅尝辄止,何能成就。高旻寺来果和尚,有鉴于此,故限定住禅堂三年为期，用意固佳，然学者望望然去之矣。"①

能海法师（1887—1967）俗姓龚，名学光，字缉熙，光绪十三年腊月二十二日（1887年1月15日）生于四川绵竹县汉旺场。早年时父母相继去世，由他的姐姐抚养长大。少年时的龚缉熙即具忧国忧民之心，三十一年（1905）考入四川陆军速成学校，开始了此后二十年的军旅生涯。宣统元年（1909），赴云南讲武堂任教官，朱德总司令、川中将领杨森等均在此受学。次年讲武堂结束，经两广、上海回到四川，升任团长兼川北清乡司令。能海法师最初的入佛因缘，《能海上师传》称："海公上师弱冠遇藏喇嘛于云南"②，可能在云南讲武堂时已经开始接触藏传佛教。然而真正倾心于佛法则始于1914年，他从谢子厚居士得闻佛源老法师在成都讲经，即生起向往之心。一日骑马带兵经过三义庙，见法师正在讲经，深为信服，由此触发善缘，皈依佛源法师。同年袁世凯图谋窃国，在北平设将军府，羁縻异己将帅，龚缉熙亦在其中。1915年，他前往北京大学跟随四川广汉张克诚居士学习佛教哲学，大为叹服，因张克诚精于法相唯识学，著有《成唯识论提要》、《百法明门论浅说》、《八识规矩颂》等，由此深受唯识学的影响，并逐渐萌生出家的念头。③ 由于在北京打下了很好的唯识学基础，次年应重庆居士邀请讲《百法明门论》，深受听者赞誉。1917年在成都创办佛经流通处，由谢子厚任少城佛学社社长，经常举行讲经法会，佛源老法师、刘洙源教授、余沙园教授和邵明叔居士等常在此讲学。龚缉熙由此对佛学造诣日益精深。

能海法师与大勇法师等入藏求法的目的不同："近人以大勇为最早，能海（上师自称）亦与同时，而动机略异。勇法师最初志学密乘，适有日本僧人来华，为赞日本密法殊胜，遂相偕东渡，殊至日本后，备历艰苦，戒亦几于不保，所得亦少。因日本密法传自东土，所谓东密者，其初祖仅留三阅月，所得仅有念诵仪轨之一部分；所谓台密者，其初祖亦仅留华二三年，归日后，于密法中有不能解者，则以台宗教义解之，故称台密。勇师既不满于日本之密法，遂归国，嗣从雍和宫白尊者闻西藏密法之

---

① 能海讲授、隆莲笔记：《定道资粮颂讲录》，载沈去疾《能海上师年谱》，香港天马图书有限公司2004年版，第197页。

② 定智：《能海上师传序》，《能海上师传》序一，上海佛学书局2000年版。

③ 沈去疾：《能海上师年谱》，香港天马图书有限公司2004年版，第30—31页。

殊胜，遂决意入藏求密法。"① 此外，能海法师入藏求法，亦不同于通常学问之研究。"能海入藏之因缘，复异于彼，内学院欧阳居士有弟子名黄某者，少年颖悟，志学梵文，得梵文《弥陀经》一卷，与中文对较观之，久之遂通其义。后于俄国公使馆有秘书通藏文，教其学藏文以为学梵文阶梯，彼既研究藏文，乃从雍和宫所藏藏文经论中举其内地尚无异本者，译其标题，列为目录，其所译书目，流来成都，适余出家未久，见之，遂兴求法之念。"②

1925年，能海法师与同戒果瑶、永光、果蓉、传品结伴西行抵康定，恰与1925年大勇法师所率北京佛教藏文学院学生二十余人相遇，同住康定跑马山，依止降巴格西学"菩萨"、"比丘"、"密乘"诸戒及《菩提道次第》、《俱舍论》，并经灌顶传授"度母"等密法。1928年5月，能海法师与永光、永轮、永严四僧历时四个月入藏，于9月行抵拉萨，师号云登嘉措，住哲蚌寺郭莽扎仓瓦须弥村依止，被誉为藏地佛学界日月二轮之一的康萨仁波切，学显密教法五年，深得喇嘛显密法要。能海法师入藏学法的动因主要是有感于汉地佛教之衰落，他曾论及近代汉地佛教之凋零时说："降之近代，言台宗者，惟宁波谛闲老人于观宗寺振其坠绪。贤首一宗，几近绝迹。……至于禅宗，因举世竞趋学教之途，更复成广陵散。一者领导乏其师资，二则学者根器陋劣，无笃信守道之士，浅尝辄止，何能成就。高旻寺来果和尚，有鉴于此，故限定住禅堂三年为期，用意固佳，然学者望望然去之矣。"③ 能海法师于显密两教皆有成就，为显密双修之一代宗师，在康萨仁波切座下修学时得到了康萨仁波切的认可，尤其对能海法师之戒行精进多为赞赏，并把自己用的衣、钵和许多珍贵经典交给能海，这说明康萨仁波切已认定能海是继承他法流的承传弟子了。能海法师说："临济正宗传至能海四十四代，康公（按：康萨仁波切）所传之法于某二十九代。"④

能海法师一生修学藏传佛教极为重视戒律问题，并深入浅出地强调了显密之间的关系和修行戒、定、慧三学之正规法门，他说："显是密之

---

① 能海讲授，隆莲笔记：《定道资粮颂讲录》，载沈去疾《能海上师年谱》，香港天马图书有限公司2004年版，第198—199页。

② 同上书，第199页。

③ 同上书，第197页。

④ 《能海上师传》第九，"德行成就"，上海佛学书局2000年版，第58页。

显，密是显之密，有则双存，无则并遣。若不知显，则不了密之性相，若不知密，则不悉显之作用，显教乃密教之基础，密教乃显教之善巧方便，二者相互配合，相得益彰，密法若背离显教之基础，即无异于外道，故学人必须有坚实之显教基础，方堪学密。有谓学密者，可不必拘泥于别解脱戒，师则断然不许。因密法讲即身成就，速度愈快故，要求愈高，亏损律仪，直堕狱地。如飞机少一螺钉，危险极大，不比普通车辆故也。下手方便，需依次第。学密法必须有显教之基础，未学显教者，不能入密。显教戒、定、慧三学，以戒学为首。能海法师说宗大师创格鲁巴教派，所以特别兴盛，即因严持别解脱戒，及摄持僧团如法羯磨之故，又说定道由戒律入手，乃格鲁巴之家风，定道不由戒入，即非正定，与解脱道不相应故。密法本来在戒律中，戒律即是密传，故应结合而修也。大乘戒为密乘戒根本，密戒是大乘戒方便，二者尤不可分。初学密者，应学下二部，万要与别解脱戒结合。"① 可见修行藏传佛教密法须以显宗作为根基，显密圆融，次第修学，且"生起"、"圆满"二次第循序渐进，不可颠倒加以修行；戒律方面"密乘戒"必须以"大乘戒"为基础，"大乘戒"必须以"别解脱"为基础，亦皆须次第授之，可见能海法师对于藏传佛教历代僧俗对于修行密法和戒律的认识阐述精良。能海法师平时常助勉僧俗弟子："依戒依法精进学修，但勤耕耘，不问收获，百折不回，必有成就。"

近慈寺又称护国金刚道场，寺院修学以藏传佛教格鲁派的修学体系为其家风，早晚念诵以《大威德仪轨》、《上师供》为主，僧人着黄色僧衣亦别于汉地丛林。能海法师于近慈寺非常重视戒律之行持："为了树立正法僧团楷模，近慈寺对讲律守戒，特别重视，依佛制每半月集体诵戒（每一僧人都必须背熟戒本），每年夏三月集体安居，严持过午不食，共住僧众既须严守戒律，同时亦须恪守僧规，一有违犯，当主动忏悔，否则被揭发处分。"② 能海法师非常重视僧才的培养，由此创设五堂口（沙弥堂、学事堂、学戒堂、加行堂和金刚院）及译经院："内分学戒堂，五年学戒；学戒之前，先学威仪事相等，名学事堂，学戒以后，进修加行，名加行堂，外来僧众已曾学戒者亦可入此；最上金刚院，由台山来川诸上座

---

① 《能海上师传》第八，"般若正见"，上海佛学书局2000年版，第52页。
② 清定上师：《无上大宝恩师能海老法师德行实纪》，载《能海上师永怀录》，上海佛学书局1997年版，第9页。

所居,专修金刚乘法;未满廿岁之沙弥,则另设沙弥堂,学戒学法,作为比丘之基。每年结夏安居,传授大戒,半月一次诵戒,上半月烧护摩十五天,经常讲经灌顶传法,每日念诵修定,如法薰修。观堂持钵,三衣不离,一切悉遵佛制。"① 各堂口的管理,通常由上座管中座,中座管下座。如学戒堂管堂由加行堂担任,加行堂管堂由金刚院担任。寺中监院、知客、班首执事、多由加行堂负责,金刚院推都监一人,主管寺务,其他僧众则专心修持。近慈寺的五堂口和译经院之创设,使僧众得以由浅入深,由显而密,次第而修,自利利他,学修圆满。近慈寺在僧团组织管理方面,如"羯磨制度"、"忏罪制度"、"半月诵戒"、"结夏安居"、"每年传戒"等制度,都是依据佛陀所制定的律法,依律奉行,这是中印汉藏寺院所共同奉行的。而"处罚办法"、"读账制度"等则属于清规的内容,最具有汉传佛教传统丛林特点的是"班首执事"一条:"班首执事,沿用丛林制度,四大班首:首座、西堂、后堂、堂主。八大执事:都监、监院、知客、库头、衣钵、典座、维那、纠察。以及其他执事,如付寺、账房、监修、庄主、园头等。执事一般于年底羯磨会中商议推选,由金刚院主持,经上师同意后就任。班首亦可由上师敦请。上师常与都监、监院、知客等商讨寺务,研究问题,作出指示。执事在师座下,均有戒律之观念,故能带动大众,依戒行持。"② 所以僧制这一方面完全是依据汉传佛教丛林制度进行管理。据能海法师的弟子回忆:"我国佛教徒,为了解决衣食住处问题,曾有不少高僧大德,提倡亦农亦禅的生活方式。最突出的代表人物,如百丈、怀海和沩山灵祐等,都非常重视农业和林业等生产劳动,我们的海公上师更为突出。他老人家经常教诫我们,要发扬祖师一日不作、一日不食的优良传统,自成都近慈寺开创以来,便采取了农禅并举,便体现了马祖、百丈自耕自食的精神。"③ 新中国成立后,为贯彻党的自食其力政策,1950年,能海法师令近慈寺金刚院、加行堂、学戒堂等处的僧众前往绵竹县汉旺乡云悟寺植树造林,开荒种地。1951年能海法师也来到云悟寺,一面讲授教法、安居结夏,一面率众植地造林,开荒

---

① 《能海上师传》第四,"译述弘建",上海佛学书局2000年版,第20页。
② 《能海上师传》第十,"功德事业",上海佛学书局2000年版,第86页。
③ 马庆云:《忆海公上师教诲我们,发扬佛教的优良传统》,载《能海上师永怀录》,上海佛学书局1997年版,第141页。

种地，并亲到山坡鼓励大家，讲述造林的重要意义。农禅并重，正是自唐代百丈怀海禅师创立清规以来，汉传佛教中的一大优良传统。1953年春，能海法师决定率弟子上五台山开荒造林，重建律宗道场。选定清凉桥三昧律师道场故址开始筹建，定名为吉祥律苑。1954年春，能海法师为广济茅蓬大殿毗卢佛装藏，讲《慧行刻意》。后返清凉桥安居，培修殿宇，躬亲参加劳作。又依佛制，选十夏以上比丘先学、照通、请佛、成佛、通一、常浩、贞意七人为新戒授戒，师自任戒源和尚，戒坛名慧灯堂。1956年春，能海法师参加五台山宗教办事处，组织全山僧众学习。此后一直住广济茅蓬、清凉桥、善财洞等处，直至1967年元旦圆寂。

能海法师继承禅宗、弘扬律学、修持密教，概而言之，他的佛学思想主要有如下特点。

第一，显密圆通，无门派之见，会通诸宗。藏传佛教传入汉地，以元、清两代为盛，然多于宫廷之中流传，对汉传佛教僧团和普通信众则影响甚微。近代以来，随着活佛喇嘛相继来汉地传法，以及汉地僧人赴藏地求法，藏传佛教于汉地的影响日益加深。能海法师曾经开示说："显是密之显，密是显之密，有则双存，无则并遣。若不知显，则不了密之性相；若不知密，则不悉显之作用。"① 显教乃密教之基础，密教乃显教之善巧方便，二者相互配合，相得益彰。密法若背离显教之基础，即无异于外道，故学人必须有坚实之显教基础，方堪学密。1936年，能海法师在五台山茅蓬安居讲学，禅宗僧人早晚上殿，参禅；法师领弟子四十余人法堂修大威德。沈去疾老居士在评价能海法师临终洒脱自如时说："至于临终洒脱自如，说走就走，设问侍者，暗藏机锋。皆其先日临济家风，禅宗本门功夫，与密宗神通无关，后人不当附会其为临终时显神通之说。"② 任杰先生是能海法师的弟子，1942年秋至1956年秋，曾依能海法师学经十余年，他在回忆能海法师的家风时说："外来客僧住学事堂，不分宗派一律平等相待，决不劝他学密及听讲，听讲取其自愿。"又讲："余依止上师十余年，或讲经或闲谈，从未听上师指他人之过，总是赞他之德，亦未听说别宗之非，扬自宗之长，总是平等对一切宗派及各派之人。"③ 据

---

① 定智：《能海上师传》第八，"般若正见"，上海佛学书局2000年版，第52页。
② 沈去疾：《能海上师年谱自序》，载《能海上师年谱》，第14页。
③ 任杰：《复函三通（二）》，载《能海上师永怀录》，上海佛学书局1997年版，第76页。

《能海上师传》载："师最尊重各宗大德，各派教法，如见虚云和尚先在门外三拜，然后入室互礼。见印光法师，亦赞叹净土，谈论佛法。遇红教寺庙，如康公教低头示敬。对其他宗派，均恭敬相待也。"① 此事笔者曾求证于净慧法师，据他回忆，能海法师到北京参加佛教会议时曾前往虚云老和尚处顶礼，而虚老总是回拜，能海法师此后每次拜见前先在门外礼拜，然后入室相见。另据《能海上师行迹录》记载："上师无门派之见，见虚云和尚，顶礼后才互拜；见印光法师也甚为恭敬，称赞净土，而非以自承密宗便轻视他教；他与太虚大师亦甚相合，绝不因宗派不同而言行有异。"又载："师最尊重各宗大德，各派教法，如见虚云和尚先在门外三拜，然后入室互礼。见印光法师，亦赞叹净土，谈论佛法。遇红教寺庙，如康公教，低头示敬。对其他宗派，均恭敬相待也。"② 能海法师会通诸宗的思想，出于对佛教的长驻世间和整体佛教发展的悲愿。

第二，解行相应，学修并重。能海法师在近慈寺及五台山等地弘扬佛法，以培养自他兼利的高素质法师为目标。能海法师强调学是为了修，所以不尚空谈。而修是以学为基础，以般若正见为指导，避免盲修瞎练。"为修而说，如说而修，学修一致，不尚空谈。"③ 能海法师极重僧人教育，他曾经说："寺庙首应培育僧才，若要法流流传，必须培养年轻一代。"又说："若令沙弥专修，似难安心，亦不相应；若令老僧学教，亦难学好。故沙弥，青壮比丘宜多学，老僧宜专修。即能各抒所长，各得其所。"又说："有一定根器或学识者，应以法师为培养目标，学修兼优者最上，能学或能修者，亦有成就。"④

第三，戒律之提倡。《能海上师传》总结他的德行成就时说："上师功德，首重三学。宗大师（按：宗喀巴大师）中兴西藏佛法，首在复兴戒幢。师观内地佛法略似西藏当初，故决意提倡戒律，重振僧纲，以身作则，严净毗尼。"⑤ 能海法师对戒律极为重视，要求共住僧众必须严持戒律，每日严持过午不食，每半月集体诵戒，每位僧人都必须背熟戒本，每年夏三月集体安居。在严格持守戒律的同时，还要求僧众恪守清规制度，

---

① 定智：《能海上师传》第九，"德行成就"，上海佛学书局2000年版，第60页。
② 同上书，第72页。
③ 同上书，第70页。
④ 定智：《能海上师传》第十，"功德事业"，上海佛学书局2000年版，第78页。
⑤ 定智：《能海上师传》第九，"德行成就"，上海佛学书局2000年版，第60页。

虽然寺院以藏传修学为主，但仍严守汉地佛教素食的传统："于藏地学法，虽极困难，仍坚持素食，因素食为汉地传统，僧制重于佛制故。主张出家必素食，在家则许渐断肉食，以为摄引。"① 从1937年春，能海法师在广济茅蓬设学戒堂，计划每年春秋两季定例传授沙弥戒、比丘戒和菩萨戒。春季于夏历二月十五起，演习威仪，至四月初四文殊诞日圆满。秋季八月初四起，演习威仪，至九月十九观音纪念日圆满。新受戒者，随时听其入沙弥堂，预习律仪，至时给戒。每次传戒人数定为四十八名，若有超过该戒额者，留至下期与戒。得戒以后要依律制在该堂学戒五年，第一年中无论何事不得请假出戒堂。若有他处得戒之比丘欲入本堂学律者，随时听其入堂学习。该学戒堂有五种特点："一、教授人多，二、教法周密，三、注重行持，四、兼通定慧，五、书籍完备。"②

第四，重视丛林清规和制度建设。能海法师在实践中非常重视汉传佛教丛林清规制度，他常教育弟子说："寺庙丛林规矩乃祖师制定，经久则成一寺之宗风，若破坏他规，必损其寺，使他无章接引后学。按别解脱戒，一是重罪制戒，一是避免讥嫌，不损他人利益。"③ 1953年春，能海上师来到五台山清凉桥，整修了多年失修的律院吉祥寺，"师住持律院后，当即恢复为十方丛林，历年于寺院周围植树造林，开垦原有田地，兼营牲畜，俾住僧生活有寄也"④。能海法师率领弟子自力更生，提出三项计划："一是山上有几十亩地，可种土豆蔬菜；一是造林，每年春季造林，师都率大众植树，并砌碑以资鼓励，把造林作为长远计划；三是搞畜牧业，经集资建起拥有三十多头牛、驴、马的畜牧组，不久就产了十多个小牛犊，计划每年能产二十多头牛，即可生活自给。"⑤

总之，能海法师一生弘法，以藏传佛教为主，但不排斥汉传佛教；在寺院管理方面，以佛制戒律为主，但亦酌情吸收借鉴汉传佛教丛林管理制

---

① 定智：《能海上师传》第九，"德行成就"，上海佛学书局2000年版，第61页。
② 《山西五台护国碧山十方广济寺（即广济茅蓬）设学戒堂》，《海潮音》第17卷第7期，1936年。
③ 任杰：《海公上师德尘亲闻录》，载《能海上师永怀录》，上海佛学书局1990年版，第65页。
④ 智敏：《海公上师耆年思行实录》，载《能海上师永怀录》，上海佛学书局1990年版，第43页。
⑤ 任杰：《海公上师德尘亲闻录》，载《能海上师永怀录》，上海佛学书局1990年版，第69页。

度，具有重要的启发和借鉴意义。他以近慈寺和五台山为中心，努力融合汉藏文化，以藏传佛教格鲁巴派的道次第为基础，借鉴汉传佛教丛林管理制度，建立起一套体系完备、切实可行的修学体系。由于他的佛学思想兼具汉藏两系佛教的优点，可补汉传佛教特别是禅宗忽视修行次第的弊端，又能避免历史上汉藏佛教格格不入的局面。换言之，能海法师严持戒律，定慧具足，显密融通，融会汉藏显密诸宗之长，可补汉地近代各宗之缺，千载以来，可谓稀有难得，这也是能海法师对近代佛教的一大贡献。

除了大勇法师、法尊法师、能海法师等高僧大德赴藏求法，赴康藏习学密法的内地徒众还有陈健民、张澄基、妙空、申书文（贡噶老人）、根造、密显等。陈健民（1903—1987）原修净土，依止过诺那活佛，后随贡噶上师入康学法，1952年出国隐居印度北境修行二十余年，1972年赴美国弘法，所撰《曲肱斋全集》论述显密教法，多依修证体验，堪称汉人中发挥藏密最为深彻者，并撰有一百多种英文小册子向西方人介绍佛学。张澄基（1920—1988）于1937年随贡噶上师入山，修学八年，1948年由印度赴美国，在纽约、宾州等地大学任佛学教授，以中英文译出《米拉日巴尊者传》、《米拉日巴道歌集》等，所撰《佛学今诠》，以现代语言、现代思想诠释佛法，甚为深彻，其中简要论述了藏密的理论与方法。妙空（1921—1991）密号法海，原为青海塔尔寺藏僧，由心道法师携入内地习禅学教，1948年随贡噶上师入山修行，1985年在所隐居的浙江临安南天目山建千佛寺，灌顶传法，讲解显密教典，培育人才。申书文（女），曾随贡噶上师学修，于1960年在台南成立"贡噶精舍"传法，徒众颇多。另有郭元兴（1920—1989）亦曾从学于贡噶等上师，通藏文，译出宁玛派中兴者隆钦然绛巴的重要论典《实相宝藏论》，所撰《大圆满》等颇为精辟。根造、密显原为普陀山青年僧，1948年结伴入康，受迦举诸法及宁玛派竹箐寺传大圆满法。根造上师于1954年再度入康，从昂藏寺甲色上师受"大圆心髓"灌顶，二师于1953年在上海辟"常乐精舍"，刊行《常乐文库》介绍藏密，出到第三册。1985年，二师应请在香港、纽约传法，建有"大圆满心髓研究中心"，并继续出版《常乐文库》四册。香港刘锐之于1953年成立"金刚乘学会"，曾得屈映光上师遥灌，1959年赴印度求法于宁玛派敦珠仁波切，1975—1983年在台北、台中、高雄、台南等处成立金刚乘学会，创办《金刚乘季刊》，出版《金刚乘文库》，已出《大幻化网导引法》（敦珠传）、《大圆满无上道广大心要》等。

五 结语

近代之中国，国运多舛，社会动荡，国人前仆后继为国家复兴苦寻良方，中国佛教徒亦不例外，展开了声势浩大的佛教复兴运动。近代佛教复兴运动中密教兴盛，盛况空前，可谓近代佛教宗派中的最大特色之一。在此时期取自中国唐朝之日本密教回传，藏传佛教东来弘法皆为中国佛教之发展带来了新的生机，对近代中国的振兴亦起到积极的推动作用。首先，佛教作为世界性宗教于中国周边许多国家皆有弘传，佛教文化作为各国交流之纽带，对国与国之间的文化交流具有积极的作用。其次，我国作为佛教大国，信奉佛教之民族众多，以佛教文化作为各民族交融之介质，有利于民族文化融合和各族团结。然而，近代密宗在弘传过程中亦存在诸多问题，值得反思。从近代密教于内地弘传的现状来看，弘扬佛教文化也应该注意多方面社会问题，以求防患于未然，这样才能既有利于佛教正法的流布，更有益于国家的稳定和民族的强盛。密宗在汉地的流传，往往流于密法的事相，缺乏系统深入的教理学习，尤其是不少学法者夹杂求神通等动机，所以出现了很多弊端。如松法师曾明确指出："对于教理未曾明了以前，还是保存汉地固有现状；要宏密宗也要依着密宗的原则，无论中密西密的事相，不能随便宣布其无上的秘义来惊世骇俗。"① 太虚大师则"主派人留日、留藏习密，以重兴我国之密宗"②，并说："今日本与蒙藏之密宗，殆已同昔年之红教，末流之弊，在所不免！故中国应学宗喀巴以教理戒律为之轨范，建为中华之密宗；不应一概承受也。要之，欲密宗复兴而无害有利者，当由有力比丘分子，以出家戒律为基础，以性相教理为轨范，而后饱参日密及藏密，同化而成一种中密，实为当今唯一之急务，唯一之企图。"③ 法舫法师亦精辟地论述道："从这种现状上看来，日本密（宗）在中国今日须待人的努力振扬，以恢复到唐代所传为至善。西藏密（宗）亟待人的努力开发。因西藏密宗，不止于仪轨，而应建筑于律仪和教理之上，佛之正法，原来如是。今日新学归来之和尚和来内地传法之喇

---

① 持松：《自利利他之方便》，《海潮音》第16卷第7期，1935年7月。
② 太虚：《中国现时密宗复兴之趋势》，载《太虚大师全书》第30册，台北善导寺1980年印本，第2879页。
③ 同上书，第2884页。

嘛，当知此义，应将藏密，如西藏然，建于律与教上，努力传译教典，不可再图一时之热闹而随便传授大法。中国内地佛教，今后的改建，多少地方，正需要西藏佛教的辅助；然而绝不止于密法，这是从方兴未艾的密宗现状下生起的一点观感！"①

第二节　近代唯识学的复兴

唯识学的传译早在陈隋时，以真谛三藏翻译的《摄大乘论》为核心，形成了摄论学派。以勒那摩提翻译的《十地经论》为核心形成了地论学派。初唐，玄奘求法西还，承续护法、戒贤法脉，译出《解深密经》、《瑜伽师地论》及以护法释为主的《成唯识论》等唯识宗重要典籍，弟子窥基广为注疏，时唯识宗名副其实地成为中国佛教的八大宗派之一。但经过四代传承，即慧沼、智周两位祖师之后，唯识宗就已式微，作为佛教宗派的唯识宗就已不复存在，唯识学以依附于其他宗派的形式而存在。时至近代，杨文会启办祇洹精舍培养佛教英才，并创办金陵刻经处刊刻从日本寻回散失的《成唯识论述记》等重要唯识学典籍，对于唯识学的复兴起到了推动作用。杨文会曾言："诚末法救弊之良药也，参禅习教之士，苟研究此道而有得焉。自不至颠顶佛性，笼统真如，为法门之大幸矣。"②他们下弟子成就者众多，欧阳竟无撰《杨仁山居士传》有谓："唯居士之规模弘广，故门下多材，谭嗣同善华严，桂伯华善密宗，梨端甫善三论，而唯识法相之学有章太炎、孙少侯、梅撷云，蒯若木、欧阳渐，亦云伙矣。"③欧阳竟无、梅光羲、太虚等唯识学大师都曾在此求过学，日后专研唯识学，亦是由此而得启发，杨文会可谓近代唯识学复兴的先行者。最为重要的，民国唯识三大师欧阳竟无、韩清净、太虚也发现法相唯识学异于其他中国佛教宗派学理，在世界文化中也独具魅力，由是深入研习，发扬光大，研习唯识学蔚然成风。著名学者如章太炎、谭嗣同、熊十力等无不从唯识学中汲取营养，运用到哲学思想研究中。正如有学者所言："这种风气，由严复的《天演论序》开其端，以乾坤释力；同年（1896）谭

---

①　法舫：《中国佛教的现状》，《海潮音》第 15 卷第 10 期，1934 年 10 月。
②　杨仁山：《十宗略说》，载《杨仁山集》，中国社会科学出版社 1995 年版，第 3 页。
③　欧阳渐：《内学杂著》下，支那内学院蜀院 1944 年版，第 2 页。

嗣同撰《仁学》，亦以任以为太，而说以太'亦唯识之相分'。至章太炎，则更大量节取唯识宗的义理，来注释老庄，平章儒学，如《齐物论释》中的以灵府为藏识，以成心为种子之类。……但由于他们都是学术界的领袖人物，又开风气之先，影响到当时谈义理的学者亦鲜有不读唯识宗书的，这可以说是清末民初学术界和思想界的特色。"① 由是呈现了近代唯识学的复兴，千年绝学，由是重光！

一 欧阳竟无与支那内学院

（一）欧阳竟无及其唯识学思想

1. 欧阳竟无的生平及对唯识学的弘扬

欧阳竟无，江西宜黄人，生于同治十年（1871），名渐，字镜湖，50 岁以后改为竟无，人称"宜黄大师"。父仲孙公官农部二十余年，不得志。欧阳庶出，6 岁丧父，家贫，由叔宋卿公教其读书，年少时欧阳最崇拜谭纶、黄爵滋二人，此二人皆精忠爱国、功绩显著。他自幼刻苦攻读，善诗文、书法，精制艺，20 岁中秀才。他不重科举，于是进入南昌经训书院学习，由曾胡程朱诸家言，博涉经史，兼工天算，为经训书院高才生。甲午战争爆发后，深感程朱理学等难以济世，改治陆王心学，欲以之挽救时弊。遇友人桂伯华，赠予《起信论》、《楞严经》，劝他向佛，始知有此究竟之学问。1897 年，农历十月初四，兄长欧阳溦病死，此时三母、一嫂、三姐皆守寡在家，全家生计仅靠欧阳一人维持，"霾阴悍鸷之气充于庭，无宁日矣"②。

1904 年，欧阳赴北京廷试，旋归途中经桂伯华引荐，谒南京金陵刻经处杨文会居士，"得开示，信念益坚"。③ 1906 年，欧阳的母亲逝世，是日决心归心佛法，以求究竟解脱。"我母艰苦，世叔所知。病魔生死，儒既无术应我推求，归根结蒂之终，下手入门之始，亦五里堕雾仿佛依稀。乃于我母谢去之一时，功名富贵，饮食男女，一刀割断。"④ 欧阳自

---

① 霍韬晦：《绝对与圆融》，东大图书股份有限公司 1986 年版，第 30—31 页。
② 欧阳竟无：《支那内学院院训释》，载《欧阳竟无佛学文选》，武汉大学出版社 2009 年版，第 124 页。
③ 吕澂：《亲教师欧阳先生事略》，载《悲愤而后有学——欧阳竟无文集》，上海远东出版社 1996 年版，第 437 页。
④ 欧阳竟无：《覆魏斯逸书》，载《欧阳竟无佛学文选》，武汉大学出版社 2009 年版，第 338 页。

谓其学佛，与他人异。他曾叙述其思想历程说："初习程朱，得乡先生大誉，虽足树立，而生死事不了。继学陆王，虽较直截，而亦不了生死。母弃养，无奈何，吾友桂伯华导看《起信》、《楞严》，虽快然知生死由来，而岂知无余涅槃之说哉！于是年四十矣，究极所归，学《唯识》、《瑜伽》而不能入。女兰，年十七，随予学于宁，予入陇而死，痛彻于心脾，中夜哀号而无可奈何，遂翻然求学，通宵达旦，钻研《瑜伽》，于是《唯识》、《瑜伽》涣然冰解。四方之士毕至，真如、十力亦于是结道义之交。于是年五十矣，又岂知无余涅槃之说哉！无端而东儿死，生世十九年耳，聪明而不禄，诚悼痛之，许一鸣同时死，黄树因同年死，于是习《般若》，不能融贯。逾年而同怀姊死，又聂耦庚死，乃发愤治《智论》而《般若》娴习。虽得毕竟空义，犹未敢执无余涅槃以为宗趣也。进治《涅槃》，年已六十，作《涅槃叙》，苦不克就。乃避暑庐山，会散原至，留连数月，而《涅槃叙》竟，而后知无余涅槃之至足重矣。"① 从这里我们可以看到在欧阳亲人、弟子相继谢世的因缘刺激下，欧阳的研习也经历了这几个阶段：第一，理学、心学阶段；第二，《起信》、《楞严》阶段；第三，法相唯识学阶段；第四，《般若经》、《大智度论》等空宗典籍阶段；第五，《涅槃经》及融通孔佛阶段。欧阳笃学力行，皆激于身心而出，尝曰："悲愤而后有学，盖切验之谈也。"

1907年3月，欧阳赴南京金陵刻经处从杨文会游。秋，欧阳堂兄欧阳沂留学日本，欧阳起寻访遗籍之愿，遂随往日本。1908年秋，欧阳回国，恰逢杨文会创办祇洹精舍，入随杨文会学。为谋久学之资，任两广优级师范经学讲席。不久大病濒死，旋归故里。1910年冬，欧阳病愈，乃决心舍身为法，不复治家计，重返金陵刻经处。杨文会临终，以金陵刻经处相嘱："我会上尔至，尔会上我来，刻藏之事，其继续之。"② 欧阳顿首稽首，敬以将命。不久，革命军攻打南京，欧阳居危城守护经坊四十余日，经版得以保全。

1912年春，与李证刚等发起"中国佛教会"，主张政教分离，不久即

---

① 欧阳竟无：《再答陈真如书》，载《欧阳竟无佛学文选》，武汉大学出版社2009年版，第358页。

② 欧阳竟无：《支那内学院经版图书展览缘起》，载《欧阳竟无佛学文选》，武汉大学出版社2009年版，第282页。

解散。1917年，刻经处刻成《瑜伽师地论》后五十卷，完成杨文会遗愿。《〈瑜伽师地论〉叙》完稿，首次提出法相、唯识分宗的独特学说。章太炎曾评言："余初惊怪其言，审思释然，谓其识足以独步千祀也。"① 1919年，为培养佛教英才，欧阳开始筹备支那内学院，刊布缘起章程。其南游云南，应唐蓂赓请讲《维摩诘经》、《摄大乘论》。北赴北京，为蒯若木讲《成唯识论》，稍稍得到资助。1921年，欧阳应南京高师哲学研究会之邀，作了一次题为"佛法非宗教非哲学而为今时所必需"的演讲。1922年7月17日支那内学院正式在南京成立。欧阳立师、悲、教、戒为根本院训，揭明在家众可以为师、可以说法，堪以住持正法，教证凿然，居士道场坚确不动。

欧阳创讲《唯识抉择谈》，学人毕集，吕澂、熊十力、汤用彤、梁漱溟、黄忏华、王恩洋、蒙文通、梁启超、陈铭枢等皆尝游学于其门，后来他们在民国学术史上均卓有成就。《唯识抉择谈》是对唯识宗要义作十抉择而谈，分别为：抉择体用谈用义、抉择四涅槃谈无住、抉择二智谈后得、抉择二谛谈俗谛、抉择三量谈圣言、抉择三性谈依他、抉择五法谈正智、抉择二无我谈法无、抉择八识谈第八、抉择法相谈唯识。在抉择谈之前，欧阳对中国化佛教进行了尖锐的批判，以为弊病有五："一者，自禅宗入中国后，盲修之徒以为佛法本属直指本心，不立文字，见性即可成佛，何必拘拘名言？殊不知禅家绝高境界系在利根上智道理凑拍之时。其于无量劫前，文字般若熏种极久；即见道以后亦不废诸佛语言，见诸载籍，非可臆说。而盲者不知，徒拾禅家一二公案为口头禅，作野狐参，漫谓佛性不在文字之中；于是前圣典籍、先德至言，废而不用，而佛法真义浸以微矣。二者，中国人之思想非常优侗，对于各种学问皆欠精密之观察；谈及佛法，更多疏漏。在教理上既未曾用过苦功，即凭一己之私见妄事创作。极其究也，著述愈多，错误愈大，比之西方佛、菩萨所说之法，其真伪相去诚不可以道里计也。三者，自天台、贤首等宗兴盛而后，佛法之光愈晦。诸创教者本未入圣位（如智者即自谓系五品位），所见自有不及西土大士之处。而奉行者以为世尊再世，畛域自封，得少为足，佛法之不明宜矣。四者，学人之于经典著述，不知抉择。了义不了义乎，如理不

---

① 章太炎：《支那内学院缘起》，载《中国哲学》第6辑，生活·读书·新知三联书店1981年版。

如理乎，皆未之思也。既未之思，难免不误。克实而谈，经论译文虽有新旧，要以唐人新译为胜。唐人之书间或深博难通，然其一语义俱极谛审，多旧译所不及。又谈著述，唐人亦称最精。六朝要籍未备，宋明古典散亡，前后作者乏于依据，难云尽当。今人漫无简择，随拾即是，所以义解常错也。五者，学人全无研究方法；徘徊歧途，望门投止，非视学佛为一大难途，即执一行一门以为究竟，如今之言净土者即是。如此安望佛法之能全显露耶！且今之学者视世、出世智截然异辙，不可助成，于是一切新方法皆排斥不用；徒逞玄谈，失人正信，比比见矣。"① 欲祛上五弊，就须研学法相唯识学了，欧阳一生专研、推崇法相唯识之缘由由此可见。

1923年9月，内学院开研究部试学班。1924年，《内学年刊》第一辑刊成。1925年7月，开办法相大学特科。1926年12月，内学院设"树因研究室"，以巴利、藏、梵文佛典订正、补充汉藏佛典的不足。黄树因是内学院弟子中最早研究梵藏的学者，为纪念他所以以他的名字命名。这些举措使得内学院成为当时佛学研究的重镇。1923年9月，在内学院第二次研究会上，欧阳讲演《今日之佛法研究》，专谈佛学研究方法。由空、有二宗来谈佛法结论，简言之，即"寂静而圆明、圆明而寂静"二语。但寂静圆明之境非世间众生所知，于是在研究上会碰到两种困难：苦无出世现量、苦世智不足范围。所以不得不假借圣言量为比量，深信本有无漏种子，久远为期。"一切佛法研究，皆是结论后之研究，非研究而得结论。"② 1925年6月，欧阳在内学院第十一次研究会上讲演《龙树法相学》，以为龙树破空执，无著破有执，皆讲法相，只是时间地点不同。1928年，欧阳完成《大般若经叙》。其中以十义抉择龙树、无著学，融会两宗，以为两圣一宗，无二无别。1931年8月，欧阳旅居庐山，作成《大般涅槃经叙》，此时他已深深地体会到无余涅槃在全部佛法中的重要价值。下庐山不久，"九一八"事变爆发。欧阳作《论语十一篇读叙》，叙中称"世无真孔"。孔孟之后无真孔，后世儒学皆伪孔，唐宋诸儒皆拘于门户之见，以为儒佛殊异。世乱之汉奸，其思想源出乡愿。"唯有孔佛

---

① 欧阳竟无：《唯识抉择谈》，载《欧阳竟无佛学文选》，武汉大学出版社2009年版，第36—37页。

② 欧阳竟无：《今日之佛法研究》，载《欧阳竟无佛学文选》，武汉大学出版社2009年版，第29页。

理义同一",①"般若直下明心,孔亦直下明心……般若离言行义,孔亦离言行义……般若无知,孔亦无知……般若因相似相续而不绝也,孔亦相似相续则不绝也"②。

1932年,欧阳授意刘定权针对熊十力《新唯识论》作《破新唯识论》,并亲作序文,批评熊十力"逞才智","惟非尧舜、薄汤武是事"。熊十力撰《破破新唯识论》还击。后来内学院弟子参加论战的有吕澂、王恩洋、陈铭枢等。1939年,在两篇给陈真如的书信中,欧阳又评熊十力说:"所可咎者,自既未得真甘露味饫人饥虚,而徒迹袭宗门扫荡一切之陋习、宋儒鞭辟为己之僻执,遂乃孤明自许,纵横恣睢,好作一往之辞,堕入谤十二部经、谤般若波罗蜜而不自觉。其罪伊何?宁不省惕耶!"③ 同时欧阳也表明了自己不同于熊十力的立场,也就是他"晚年的定论":孔、佛一致,一致于无余涅槃、三智三渐次而已。1936年,欧阳著成《大密严经叙》,自称"乃渐晚年论定之学说"④。晚年欧阳论定学说要义之一为:"宗趣唯一,即无余涅槃。"⑤

1937年"七七"事变后,内学院部分门人迁到四川江津,院名为支那内学院蜀院,分毗昙、戒律、瑜伽、般若、涅槃五科,仍讲学、刻经不辍。1938年4月,欧阳为朱芾煌之法相辞典作序,批评法尊译《辨法法性论》说:"新贵少年(法尊)译弥勒《辨法法性论》,以实无而现为虚妄,以无唯义计为分别,此可谓弥勒学乎?弥勒《辨中边论》明明说虚妄分别有,明明说非实有全无,其言无者,无二也,其言有者,妄中有空,空中有妄也。而彼但以二取名言之现实在无惟义,以尽概乎虚妄分别之义。"⑥ 以为《辨法法性论》不合弥勒学。1938年,欧阳作成《辨二谛与三性》,在融通般若的态度上有所转变,判定"大乘有两轮",与原先

---

① 欧阳竟无:《覆蒙文通》,载《欧阳竟无佛学文选》,武汉大学出版社2009年版,第375页。
② 欧阳竟无:《论语十一篇读叙》,载《欧阳竟无佛学文选》,武汉大学出版社2009年版,第331页。
③ 欧阳竟无:《答陈真如书》,载《欧阳竟无佛学文选》,武汉大学出版社2009年版,第352页。
④ 欧阳竟无:《覆魏斯逸书》,《内学杂著》下,支那内学院蜀院1944年版,第8页。
⑤ 欧阳竟无:《答陈真如书》,《内学杂著》下,支那内学院蜀院1944年版,第19页。
⑥ 欧阳竟无:《瑜伽法相辞典序》,载《欧阳竟无佛学文选》,武汉大学出版社2009年版,第292页。

主张"两圣一宗"有所不同。1939年7月10日，欧阳作《答陈真如书》，阐发"三智三渐次"，孔佛一般，亦代表欧阳晚年的成熟思想。1942年，历经三载的《心经读》完稿，是欧阳最后精致之作。1939年，欧阳就于《心经》默识一味幻真之旨要，夙夜参研，期以彻悟。1943年2月，欧阳竟无因肺病不治而逝。

欧阳竟无的唯识学论著有《百法五蕴论叙》、《世亲摄论释叙》、《佛地经论叙》、《〈瑜伽师地论〉叙》、《杂集论述记叙》、《瑜伽真实品叙》、《唯识抉择谈》、《成唯识论研究次第》、《摄论大意》、《解节经真谛义》、《楞伽疏决》、《龙树法相学》、《大密严经叙》、《瑜伽法相辞典序》、《辩虚妄分别》、《辩二谛三性》、《辩唯识法相》等。其他重要论著有《今日之佛法研究》、《大品经大意》、《心学大意》、《大涅槃经叙》、《心经读》、《孔佛概论之概论》。信函有《与章行严书》、《覆陈伯严书》、《覆魏斯逸书》、《答熊子真书》、《覆欧阳浚明书》、《答陈真如书》、《再答陈真如书》、《覆蒙文通书》等。欧阳在法相唯识学方面的研究不乏创见，如法相、唯识分宗说。且不局于法相唯识学，而是会通空有，以为唯一宗趣在无余涅槃，孔佛一般。可谓是对大乘三系、内外学的融贯。欧阳身为佛教弟子，出于祈愿佛教正法久住的悲心，简别了真实佛教与相似佛教，激烈地批判了中国化佛教，其求真之精神由此可见。吕澂曾说："弟依止吾师，卅载经营，自觉最可贵者，即在葆育一点'存真就是'之精神。"① 他的法相唯识学研究，吕澂赞曰："慈宗正义，日丽中天，自奘师以来所未有也。"②

2. 唯识与法相分宗

传统佛学以为法相宗即唯识宗，二者名称虽异，实即一宗。欧阳则抉择为：弥勒学分为法相宗与唯识宗。即法相与唯识分宗。《辨唯识法相》中说："盖弥勒学者，发挥法相与唯识二事也。初但法相，后创唯识；弥勒《瑜伽》中诠法相于《本事分》，而诠唯识于《抉择分》，是法平等曰法相，万法统一曰唯识；二事可相摄而不可相淆，亦复不可相乱，此弥勒

---

① 吕澂：《复熊十力书二》，载《吕澂、熊十力辩佛学根本问题》，《中国哲学》第十一辑，人民出版社1984年版，第72页。

② 吕澂：《亲教师欧阳先生事略》，载《悲愤而后有学——欧阳竟无文集》，上海远东出版社1996年版，第438页。

学也。"① 在《〈瑜伽师地论〉叙》"十要"部分，欧阳对唯识与法相二宗之基本宗义做出具体的界定："第一，唯识义者：众生执我，蕴、处、界三，方便解救，遂执法实，心外有境；救以二空，又复恶取；是故唯言遣心外有境，识言遣破有执之空，而存破空执之有，具此二义，立唯识宗。以有为空若无，以空为有亦去，证真观位，非有非空。若执实有诸识可唯，亦是所执，长夜沦迷。然此宗义，虽对治二，而心外有境，趋重偏多。一切山河，相分现影，他心神变，并是疏缘；以心观心，入无分别，乃是亲缘。诸修唯识观人，应知有漏诸相，皆依三性之所，悉转八识之能。又复应知：多闻熏习，无漏种生，寻思意言，得如实智，历次五位无功用行，而后金刚道尽，异熟皆空，唯识之果，于斯遂证。然此无分别义、后得并行，非唯根本，但任运缘说无分别。如是诸义，《五识意地》及诸《抉择》，应善披寻。是为略说唯识义。第二，法相义者：世尊于第三时，说五位事，十度事，十地事，三十七菩提分事，二十七贤圣事，十八不共佛法事，诸如是显了相，无上无容，则有遍计施设性、依他分别性、圆成真实性。复有五法：相、名、分别、正智、如如。论师据此，立非有非空中道义教，名法相宗。遍计是空而非是有，依、圆是有而非是空。依他摄四：相、名、分别及与正智，圆成摄一：所缘真如。是则诠表一切，皆属依他。许有杂乱识，遂有如是事。所谓六善巧事，三杂染事，三界事，事，无量无边。然复应知：诸如是事，有而不真，惟是虚妄，犹如幻梦、光影、谷响；又复应知：诸如是事，虽是虚妄，然有相在，而非是无。若能如是观诸实相，能所二取，增损二见，自然消殒，于彼不转。是故法尔尘刹，法尔寂静，法尔功德，法尔涅槃。是故诸修法相观人，莫不于法方便善巧。是故善巧义是般若义。如是诸义，《菩萨地》及诸《抉择》，应善披寻。是为略说法相宗义。"② 所谓"唯识"，即是简去心外实有诸境，择取内识心，说为"唯识无境"，据此立"唯识宗"义。此宗重唯识观行，转八识成四智，历次唯识五位的修行，于金刚道下一刹那证唯识果。"法相宗"义，侧重如三自性、五法等法相纲领而立宗，修诸法相

---

① 欧阳竟无：《辨唯识法相》，载《欧阳竟无佛学文选》，武汉大学出版社 2009 年版，第 92 页。

② 欧阳竟无：《〈瑜伽师地论〉叙》卷上，载《欧阳竟无佛学文选》，武汉大学出版社 2009 年版，第 160—161 页。

观。唯识宗"以唯有识为观行,以四寻思为入道"①。法相宗"以如幻有诠教相,以六善巧为入道"②。法相与唯识是两门学说,因此玄奘在印度学法相与唯识的师承分别是戒贤、胜军。

"法相宗"、"唯识宗"不同"宗",其各自所依的经典也有所不同。"六经"中,《楞伽经》为两宗共依之经典。《华严经》、《密严经》、《解深密经》、《菩萨藏经》属唯识宗,《阿毗达摩经》属法相宗。"十一论"中,本论《瑜伽师地论》以《五识身相应地》、《意地》及《抉择分》相关部分属唯识宗。《菩萨地》及《抉择》相关部分属法相宗。《显扬圣教论》、《摄大乘论》、《分别瑜伽论》、《二十唯识论》、《大乘庄严经论》、《百法明门论》、《成唯识论》属唯识宗。《大乘五蕴论》、《辨中边论》、《阿毗达磨杂集论》属法相宗。

《〈瑜伽师地论〉叙》述法相与唯识二宗之差别有如下十义:"复次于唯识、法相二宗,相对互观,其义始显。略有十义:一者,对治外小心外有境义,建立唯识义;对治初大恶取空义,建立法相义。二者,若欲造大乘法释,应由三相而造:一由说缘起;二由说从缘所生法相;三由说语义,是故由缘起义建立唯识义,由缘生义建立法相义。三者,观行瑜伽归无所得,境事瑜伽广论性相,是故约观心门建立唯识义,约教相门建立法相义。四者,八识能变,三性所变,是故能变义是唯识义,所变义是法相义。五者,有为、无为,一切诸法,约归一识,所谓识自性故,识所缘故,识助伴故,识分位故,识清净故;又,复以一识心开为万法,所谓五蕴、十二处、十八界、二十二根、四谛等,是故约义是唯识义,开义是法相义。六者,精察唯识,才一识生,而自性、所依、所缘、助伴、作业五相、因果交相系属,才一识生,四识互发;又复精察法相,虽万法生,而各称其位,法尔如幻,就彼如幻,任运善巧,宛若为一;是故开义是唯识义,约义是法相义。七者,了别义是唯识义,如如义是法相义。八者,理义是唯识义,事义是法相义。九者,流转真如、实相真如、唯识真如义是唯识义,安立真如、邪行真如、清净真如、正行真如义是法相义。十者,古阿毗达磨言境多标三法,今论言境,独标五识身地、意地,是故今义是

---

① 欧阳竟无:《〈百法〉、〈五蕴论〉叙》,载《法相诸论叙合刊》,金陵刻经处2007年印本,第1—2页。
② 同上。

唯识义，古义是法相义。是为略说二宗互相为对义。"①

《瑜伽·真实品叙》另述有六义："譬如披机，唯识披二。《瑜伽师地论·真实品叙》中，又补充六义：（一）譬如披机，唯识披二，不定及大；法相齐披二乘、无姓。（二）譬如正智，唯识虽净，唯是相应，而非即智；法相家言，依他具二，一妄分别是心心所，一即正智。（三）譬如论议，唯识有五不判；法相即无不谈。（四）譬如三世，唯识谈种，即一现在托过未种变似三时，而实一现；法相谈相，果相所对，便谈过去，因相所对，便说未来，三法展转而实现在。（五）譬如六根，唯识缕分，最后判言，若入果位，六根互用；法相家言，法相不可乱。非耳能视、非目能听，种与种相网，执破者无限，目挟耳种而现行而实耳闻，耳挟目种而发现而实目见。（六）譬如涅槃，唯识无住，但对《般若》自性涅槃，而俱简小；法相普被有余、无余，以为其果。《瑜伽》地中即以标目。"此二宗主要不同处如下：第一，两宗建立的机宜不同。①两宗建立的缘由不同，为对治执心外实有境的外道、小乘实执，建立唯识宗；对治初期大乘恶取空执，建立法相宗。②两宗的摄众也不同，唯识宗的受众主要设定在不定种性和大乘种性的众生；法相宗则无不摄受，包括小乘种性、无种性众生。③由于两宗摄众不同，果地境界由之不同。唯识宗只摄大乘，果地境界只为无住涅槃。而法相宗大、小乘具摄，果地境界为有余涅槃、无余涅槃等。第二，两宗分属不同的系统。唯识宗重观心，为"观行学"；法相宗重建立教相，为"教相学"。第三，唯识宗为古义，法相宗为新义。欧阳还认为"唯识、法相学是两种学，法相广于唯识，非一慈恩宗所可概"②。"法相糅古，唯识创今。法相广大，唯识精纯。顾法相结局，亦必精微而归诸唯识，故总曰唯识学。"③虽然欧阳对法相与唯识二宗做出了种种区分，但其结论中却有"法相必归唯识"。

3. 体用简别

《唯识抉择谈》其中抉择体用谈用义，进行了佛学中的体用简别，

---

① 欧阳竟无：《〈瑜伽师地论〉叙》卷上，载《欧阳竟无佛学文选》，武汉大学出版社2009年版，第161页。

② 欧阳竟无：《与章行严书》，载《欧阳竟无佛学文选》，武汉大学出版社2009年版，第335页。

③ 欧阳竟无：《支那内学院院训释》，载《欧阳竟无佛学文选》，武汉大学出版社2009年版，第146页。

文说：

> 无为是体，有为是用，此粗言之也。若加细别，则有体中之体、体中之用、用中之体、用中之用。今先言其粗者：无为有八，即虚空、择灭、非择灭、不动、想受灭（此五皆就真如义别而立）、三性真如是也。云何虚空？真如离障之谓。云何择灭？由慧简择得证之谓。云何非择灭？缘缺不生之谓。云何不动？苦乐受灭（即第四禅）之谓。云何想受灭？离无所有处欲，想受不行之谓。云何三性真如？谓善、恶、无记法中清净境界性。盖真如遍一切一味，非恶无记中即不遍也，此理须辨。无为法不待造作，无有作用，故为诸法之体。反之由造作生，有作用法，即是有为，故有为是用。此所谓粗言体用也。次细分体用有如左表：
>
> 一、体中之体　　一真法界
> 二、体中之用　　二空所显真如（又三性真如）
> 三、用中之体　　种子
> 四、用中之用　　现行①

中国化佛教性宗尚谈体用圆融，而唯识宗却多谈"性相别论"。虽然欧阳所使用的体用范畴同于中国化之佛教，但他体用范畴简别当源自唯识宗的性相别论。欧阳运用体用范畴进行简别，使得佛法与其他哲学、宗教的本质差异得到彰显，最为重要的，简择出了中国化佛教中的体用混淆现象，如智混淆、真如缘起等学说。体用简别成为欧阳判定真实佛教与相似佛教的理据。在《抉择五法谈正智》部分即是以唯识真如为坐标对《起信》的真如缘起进行批判，还有后来发表的《大乘密严经序》亦有提及。他的批判有以下三方面：第一，"真如"只是一个遮诠，而《起信》却视真如为表诠，能缘起万法。第二，真如之理非关能熏所熏，有漏、无漏种子亦不能互熏，《起信》不立染净种子，真如无明互熏之说不能成立。第三，真如为"不动"，是体性边事，随缘是相用边事，《起信》说真如随缘而不动，体用淆乱。吕澂曾言："师之佛学，由杨老居士出，《楞严》、

---

① 欧阳竟无：《唯识抉择谈》，载《欧阳竟无佛学文选》，武汉大学出版社2009年版，第37—38页。

《起信》伪说流毒千年，老居士料简未纯，至师始毅然屏绝，荑稗务去，真实乃存，诚所以竟老居士之志也。"①

体用简别是欧阳一贯的思维向度，《大乘密严经叙》一文欧阳提出了他晚年体用简别所得的结论："体中之体，自性涅槃是也。自性之名亦称本性，本来法尔毕竟不动，有佛无佛此性真常，有情无情此性皆在，是为法住性、法界性、法尼夜摩性。体中之用，无余涅槃是也。有余属于无余，无余境界是体相之究竟，然必择灭解脱始得而跻，体必仗用以呈，非若自性无所云呈，故曰体中之用也。用中之用，菩提是也。用中之体，无住涅槃是也。无余是根本，无住乃增上，我皆令入无余涅槃而灭度之，根本于无余灭度，而增上于我皆令入。"②佛法的究竟目的在转依，转依所得有二：菩提和涅槃。这是对佛教究竟果境中体用关系的揭示。

4. 唯识释般若

在《龙树法相学》一文中，欧阳竟无提出龙树、无著两圣三自性观没有差别，龙树俗有，依他起性有，若遍计所执性俗龙树亦无。龙树亦说唯识学中的依他起性、阿赖耶识等。如文："或问龙树亦说依他耶？曰：有说。如《中论》卷三（二十一左）云：大圣说空法为离诸见故，若复见有空诸佛所不化。是所空者惟有见无见，本不妨说一切法也。又《中论》讲因缘，即讲依他。如《论》卷一（四右）云：众因缘生法我说即是空，亦为是假名亦名中道义，未尝有一法不从因缘生，是故一切法无有不空者。是其所云空者，但因缘法无自性为空，非并因缘亦空之。无因无缘而徒空，则几何不同于外道矣！此因缘即依他，他是因缘，故不妨说有，但须知无我而已。所谓名则是假，义则是中，此龙树之立义也。"③"又龙树亦讲赖耶义，如《智论》三十六云：意有二种：一者念念灭，二者心相续，为是心相续故，诸心名为一意，是故依意而生识，九十六外道不说依意故生识，但以依神为本。此段因说五众中说六识为六觉，以内缘力大故名为眼识等，问：如意即是识，何故名为意？缘力故生识。答：如

---

① 吕澂：《亲教师欧阳先生事略》，载《悲愤而后有学——欧阳竟无文集》，上海远东出版社1996年版，第440页。

② 欧阳竟无：《大乘密严经叙》，《欧阳竟无先生内外学》第六种《藏要叙·经》，金陵刻经处刻本。

③ 《龙树法相学》，转引自《现代佛教学术丛刊·46·第5辑·6·中观思想论集·龙树与中观》，大乘文化出版社1978年版，第116页。

上文，即是说第七识也。既有第七，即应有第八。因外未推论及第八识境，故未详说，而其意固见于《中论》业品（卷四）矣！如云：不失法如券，业如负财物，此性则无记，分别有四种，见谛所不断，但思惟所断，以是不失法，诸业有果报。此龙树所破不失法，盖说似阿赖耶而不精者。破彼是常，而龙树自有说。如论同卷云：虽空亦不断，（相续）虽有亦不常，（相似）业果报不失，是名佛所说。是说相似相续业果，赖耶法已存于其间矣！故智论二十七云：得无生忍时断烦恼，得佛时断烦恼习。是则声闻谓菩萨不断结使，摩诃衍谓无生法忍习都断尽，皆错。故智论一亦云：着常颠倒不知诸法相似相续，诸法相续者但相似耳。此佛法最要处，岂龙树反不知？昔人讲龙树学拘拘中论，乃不知此义，故不能按实。然不知无着说，固未易论此矣！"① 龙树说意重在法无自性，无著说意着重依他起，这是二者的不同之处。

《大般若经叙》中有文："龙树《中论》，无著《辩中边论》，若初得闻，入道有门，应以《中边》最初一颂，诠释《中论》中道义颂，而后非空非不空义。两圣一宗，非各别轮，曰龙树空、曰无著有。'虚妄分别有'者，释'众因缘生法'句也；'于此二都无，此中唯有空'者，释'我说即是空'句也；'于彼亦有此'者，释'亦为是假名'句也；'故说一切法、非空非不空、有无及有故、是则契中道'者，释'亦为中道义'句也。空为一边，假为一边，合空及假，中道圆成。但空非空，空空乃空；假以济空，乃为空空；空空之空，乃为中道；是故即空即假即中。其义则是，其文不明。为是但空，为是空空，不能索解，但为诠义，非是释文。龙树空空，非初句空，乃末句中，释以无著，文始不淆。"② 此中会通空有二宗之中道，以为两圣一宗，无二无别。

《辨二谛与三性》中判定"大乘有两轮"，与原先主张"两圣一宗"有所不同。文说："大乘有两轮：曰二谛，曰三性。二谛以说法，《中论》'诸佛以二谛，为众生说法，一以世俗谛，二第一义谛'，是也。三性以立教，《密严》五法、三自性、八识、二无我，此即是诸佛最后之教理是

---

① 《龙树法相学》，转引自《现代佛教学术丛刊·46·第5辑·6·中观思想论集·龙树与中观》，大乘文化出版社1978年版，第116页。

② 欧阳竟无：《〈大般若经〉叙》，载《欧阳竟无佛学文选》，武汉大学出版社2009年版，第223页。

也。说法无二道，其极曰一真法界；立教视机感，其极曰二空所显。既已云一真法界矣，而复曰二空所显者，法界法尔，唯如是真，增益固不得；法界法尔，有如是幻，损减亦不得也。不真无体，幻灭无用也。依真说法，依幻立教，此其所以立二谛复谈三性欤！二谛诠真，克实唯遮世俗谛；三性诠幻，克实唯诠依他起性。第一义谛周遍有也，依他起性少分有也；第一义谛如实有也，依他起性如幻有也。皆有也。其为无者，二谛中俗谛无，三性中计执无也。真俗以有无判，依、圆以真幻判也。"① 真谛摄遍计所执自性与圆成实自性，俗谛摄依他起自性。

5. 无余涅槃唯一宗趣

"宗趣唯一无余涅槃"，是欧阳晚年论定学说的主题。大乘三系的宗趣均在无余涅槃。欧阳叹道："无始时来，恒河沙数诸佛世尊最崇最上，曰无余涅槃，释迦说法四十九年，最终归趣，亦大演涅槃。以是因缘，而后吾人饮甘露味于一切法海，若全襟骊珠在握！"② 此学说的提出缘由"有激于自身而出者，有激于唐宋诸儒而出者"③。即其一，这是其一生备历艰辛，历研程朱、陆王，《起信》、《楞严》、《唯识》、《瑜伽》，《智论》、《般若》、《涅槃》等诸学，而得的融会诸宗的领悟。其二，唐宋诸儒如韩愈等辟佛，以断灭为寂灭、以清谈废事为禅而恶禅，以为佛法寂灭出世。此观念一直影响到近代学林。而佛教中取得"无余涅槃"，并非意味着灰身灭智，如《无上依经》云，住无余涅槃，不舍众生利益事。此说的提出是对这一历史问题的澄清，引摄当时的学人。

首先，佛法中有四种涅槃，即自性涅槃、有余涅槃、无余涅槃、无住涅槃，为什么欧阳会抉择无余涅槃是最究竟之归趣？欧阳从体用角度指出了这四种涅槃的内在关系。体中之体是自性涅槃。"自性之名亦称本性，本来法尔毕竟不动，有佛无佛此性真常，有情无情此性皆在，是为法住性、法界性、法尼夜摩性。"④ 无余涅槃是体中之用，作为体中之体的自

---

① 欧阳竟无：《辨二谛与三性》，载《欧阳竟无佛学文选》，武汉大学出版社2009年版，第87—88页。
② 欧阳竟无：《再答陈真如书》，载《欧阳竟无佛学文选》，武汉大学出版社2009年版，第360页。
③ 同上书，第358页。
④ 欧阳竟无：《大乘密严经叙》，《欧阳竟无先生内外学》第六种《藏要叙·经》，金陵刻经处刻本。

性涅槃须由用——无余涅槃方得显示。用中之用是菩提,用中之体是无住涅槃。其中,"无余是根本,无住乃增上"①。如经中说:我皆令人无余涅槃而灭度之。经文指向最究竟处、最根本处是无余涅槃,是为毕竟之体。而无住涅槃只是促进了无余涅槃的取得,相对于无余涅槃是为用。虽然无住涅槃既契真体,且功德尽于无际,也不可为究竟之归,因为无余涅槃是其体的缘故。

其次,从转依的经过来看,无余涅槃是究竟之归。从凡夫修成佛果,《大般涅槃经》显示的因果次第序列是:因因(观缘智)→因(十二因缘)→果(菩提)→果果(涅槃)。无余涅槃是最究极之果,为究竟之归。如《〈大密严经〉叙》中一问答为:"问:既许转依为二,则无住亦果,云何非竟,必取无余耶?答:《大涅槃经》因果以四句谈,有因、有果、有因因、有果果,十二因缘是因,菩提是果,观缘智是因因,大般涅盘是果果。对十二因缘则菩提是果,对大般涅槃则菩提非果果。何为果果?以菩提之果,显涅槃之果,最后之归果,是涅槃之果也。"

最后,菩提义、无分别义、无漏义、般若义、缘生义,皆必得涅槃相应义乃成立,是故佛之宗趣唯一,即无余涅槃。如文云:"涅槃所显得,菩提则所生得。生得一分菩提,即显得一分涅槃。涅槃必待菩提而显,故必发菩提以显之。作用在菩提,归趣仍在涅槃也。《大涅槃经》云:'菩提为果,涅槃为果果'是也。涅槃待菩提显,而大涅槃又必待大乘大般若显、一乘大方便显。发心在无上菩提,充量在一切智智是也。菩提之谓智,智是无分别,必得与涅槃相应乃能无分别,乃可谓之智。智亦是无漏,必正智缘如与涅槃相应时乃能无漏,乃可谓之智。智亦是般若,龙树云:'菩提是般若之果,般若是菩提之因。'又云:'能观实相慧,谓为般若波罗蜜。'实相是涅槃,慧观实相即与涅槃相应乃称般若,乃可谓之智。智亦是观缘,《大涅槃经》云:'十二因缘为因,观缘智为因因'是也;《密严经》云:'非不见真如,而能了诸行,皆如幻事等,虽有而非真'是也。了真乃知幻,即与涅槃相应乃能观缘,乃可谓之智。"②

---

① 欧阳竟无:《大乘密严经叙》,《欧阳竟无先生内外学》第六种《藏要叙·经》,金陵刻经处刻本。

② 欧阳竟无:《答陈真如书》,载《欧阳竟无佛学文选》,武汉大学出版社 2009 年版,第 353 页。

不仅佛教中各学系的宗趣一致，孔、佛亦一致，一致归于无余涅槃，法门则有三智三渐次。从凡夫到修成佛果，修唯识观行，三智加行智、根本智、后得智将会次第显发。欧阳会通儒佛说："但读《中庸》，二义明了：初段，'天命之谓性'至'万物育焉'，统明宗趣唯一、法门三次。二段，'仲尼曰'至'唯圣者能之'，但明能中庸与不能。三段，'君子之道'至'治国其如示诸掌乎'，分明宗趣唯一。四段，'哀公问政'至'达天德者其孰能知之'，分明法门三次。五段，'衣锦尚䌹'至'无声无臭至矣'，复明宗趣唯一。文段既晰，可以谈义。一段，《中庸》是素隐之书，素其隐于不睹不闻，则与无余涅槃相应，譬如狮子据得其窟，然后可以出而大吼，此之谓唯一宗趣。未发之中，天下大本，如根本智；发皆中节，中和位育，如后得智，此之谓法门三次。然天命之性已示宗趣，率性修道已详法门矣。一阴一阳之谓道，成之者性也，一阴一阳则无思无为与涅槃相应，天命即一阴一阳之天道也。自诚明谓之性，自明诚谓之教，非三渐次耶？三段，夫妇知能费也，圣人不知能隐也，般若无知无能也。天地之大费也，人有所憾隐也；大小费也，莫载莫破隐也；鸢飞鱼跃费也，戾天于渊隐也；忠恕违道不远无入而不自得，费而隐也；鬼神离躯壳而应于无余涅槃，得物之体而万物无不育，学者如鬼神，初空其身继空其心、心所，即立于无余涅槃地与鬼神同，体万物而王天下，岂奇异事耶？君子之道，鬼神之为德，一本于无余涅槃而已矣。四段，不思而得，不勉而中，从容中道，诚也，圣人也，是即无所有不可得入地般若行也，则所谓根本智是也。其次致曲，可欲之谓善也，曲能有诚，有诸己之谓信也，诚则形形则著，充实之谓美也。著则明，充实而有光辉之谓大也，明则动，动则变，变则化，唯天下至诚为能化，大而化之之谓圣也。何谓化？转有漏心、心所成无漏四智，异物曰变化也，则入地成圣矣，则所谓加行智是也。唯天下至诚为能尽其性乃至赞化育与天地参，先知如神，则圣而不可知之谓神也，则所谓后得智是也。此非三渐次而何？五段，入德而天下平皆归乎隐微乃至无声无臭，则又郑重归结于无余涅槃，唯一宗趣可以想矣。"①

---

① 欧阳竟无：《答陈真如书》，载《欧阳竟无佛学文选》，武汉大学出版社 2009 年版，第 356—357 页。

(二) 吕澂的唯识学研究

吕澂，字秋逸，又作秋一、鹫子。1896年生于江苏丹阳，先后就读于镇江中学、常州高等实业学校农科、民国大学经济系。14岁始读内典，18岁时常偕其胞兄吕凤子往金陵刻经处听杨文会居士讲经，结识任该处编校工作的欧阳竟无，经常向其请教佛学，书信往还不断。至是年，已寝馈天台、华严宗五载。同年，民国大学停办，适值欧阳竟无在金陵刻经处成立佛学研究部，聚众讲习，吕澂即前往随学，成为研究部第一批学员之一。1915年，吕澂偕兄凤子东渡日本，入日本美术学院专攻美术。1916年，因抗议日本侵华而罢学归国。刘海粟聘吕澂为上海美术专科学校教务长。在此期间，吕澂边教学边著述，先后撰有《美学概论》、《美学浅说》、《现代美学思潮》、《西洋美术史》、《色彩学纲要》等著作，后陆续出版。1918年，应欧阳竟无之邀，吕澂入金陵刻经处研究部，协助筹建支那内学院。自此悉废旧学，专志佛学研究。1922年，支那内学院正式成立，欧阳竟无任院长，吕澂任教务长。1924年12月，内学院年刊《内学》正式印行。第一辑上刊有吕澂佛学论文《杂阿含经刊定记》、《显扬圣教论大意》、《论庄严经论与唯识古学》，是内学院建院以来研究玄奘一系译述初步取得的重要成果。1925年，《西藏诸本〈摄大乘论〉》发表于《内学》第二辑，是玄奘翻译之后，第一次从藏译《摄大乘论》译为汉文，仅译出《摄大乘论》第一品所知依品。1926年9月，《因明纲要》由商务印书馆出版。12月，《内学》第三辑发表《安慧三十唯识释略抄引言》，弥补了汉传唯识学所缺的安慧对《三十论》的注释。1927年，内学院刻经重点由整理玄奘一系的要典章疏转移到《藏要》上来，具体校勘工作由吕澂负责。其历经十年"搜探梵藏，涵道味真"，穷源究委《藏要》始成。欧阳竟无曾云："若夫继往开来之事、共建邦家之基，住宁二十五年不出户庭，蛰居不离者有吕秋一（吕澂）。《藏要》成、教义明、图书聚，修缏得。"[①] 1928年吕澂于《内学》第四辑发表论文《因明入正理门论本证文》、《论奘译观所缘论之特征》、《入论十四因过解》、《因轮论图解》、《集量论略抄释》。《论奘译观所缘论之特征》指出了玄奘的翻译并不都是忠实于原文。1943年，欧阳竟无逝世，吕澂继任院长。吕澂

---

① 欧阳竟无：《支那内学院经版图书展览缘起》，载《欧阳竟无佛学文选》，武汉大学出版社2009年版，第282页。

关于佛学根本问题与熊十力往复辩论近半年，往来书信共17封。1950年，内学院改名为中国内学院，吕澂继续担任院长。1952年，内学院院董会决议内学院停办，此一创立三十余年之佛学研究机构至此结束。1953年5月30日，中国佛教协会于北京成立，吕澂为发起人之一，并被选为常务理事。1956年，中国佛教协会在法源寺设立中国佛学院，吕澂任院务委员会副主任，同时担任中国科学院哲学社会科学部委员、哲学研究所研究员。1956年，周恩来总理应斯里兰卡总理和《佛教百科全书》主编的函请，委托中国优秀佛教学者撰写中国佛教条目，吕澂担任中国佛教百科全书编撰委员会副主任委员，并参与撰写有《阿含经》、《因明入正理论疏》、《阿毗达磨俱舍论》、《阿毗达磨集论》、《唐代佛教》、《五代佛教》、《宋代佛教》、《安世高》、《支娄迦谶》、《支谦》、《朱士行》、《竺法护》等多篇。1961年，受中国科学院哲学社会科学部委托，在南京办了一个为期五年的佛学研究班，由吕澂主讲。1962年，吕澂于《学术月刊》四期发表《起信与禅》，探讨《大乘起信论》的来历；6月6日于《光明日报》发表《试论中国佛学有关心性的基本思想》，揭明中印佛学的差异，巨赞法师与其就心性问题来往书信商榷。除了佛学研究外，吕澂还曾任江苏省人代会代表、江苏省政协委员、全国政协委员。1989年7月8日，吕澂逝世于北京清华园。

在唯识学研究上，吕澂相关主要研究成果有：①在玄奘所译《瑜伽师地论》最后二十卷里，发现了引用全部《杂阿含经》，这是连玄奘本人也未尝知道的。由此发现了瑜伽一系学说的真正来源。②梵藏本唯识论书的文义自成一系，与玄奘所传的迥然不同，因而确定了唯识古今学说分歧之所在。③玄奘译文与其谓为忠实之直译，毋宁谓为畅达之意译；玄奘意译与其谓为信于原本，毋宁谓为信于所学；玄奘译所宗与其谓为护法之学，毋宁谓为晚起变本之说。④印度佛学对于心性理解为"性寂"之说。中国佛学用本觉的意义来理解心性明净，则可称为"性觉"之说。这是中印佛学有关心性的思想所有的重要区别。

吕澂擅长英、日、梵、藏、巴利等语，佛学研究领域广泛，涵盖中印佛学，广涉三大语系。对梵藏佛典的校勘及版本目录等文献学也极为精审，并开启因明研究之风气。其唯识学研究论文有《杂阿含经刊定论》、《显扬圣教论大意》、《论庄严经论与唯识古学》、《西藏诸本〈摄大乘论〉》、《安慧三十唯识释略抄引言》、《论玄奘译本之特征》、《论奘译观所缘论之特征》、《慈恩宗》上下、《关于玄奘法师生卒年代与留学业那烂陀寺的正误》、《玄奘与印度佛》、《奘净两师所传的五科佛学》。讲义有《楞伽观妄义》、《楞伽如来藏章讲义》、《谈真如》、《佛性义》、《种性义》、《辨中边论要义》、《法界释义》、《辨中边论讲要》、《瑜伽菩萨戒本羯磨讲要》、《六门教授习定论》、《入楞伽经讲记》。因明专著有《因明纲要》、《因明入正理论讲解》。因明论文有《因明入正理门论本证文》、《入论十四因过解》、《因轮论图解》、《集量论略抄释》、《佛家辩证法》、《佛家逻辑——法称的因明说》、《西藏所传的因明》。探讨印度佛学与中国佛学差异的论文有《起信与禅》、《试论中国佛学有关心性问题的基本思想》、《楞严百伪》、《大乘起信论考证》、《正觉与出离》（佛学基本问题之一）、《缘起与实相》上下（佛家基本问题之二）、《现行与转依》（佛家基本问题之三）。还有讲义《起信与楞伽》。这些讨论几乎都不是以唯识学为题展开的，但其中却深入地探讨了唯识学与中国化佛学的差异。

（三）王恩洋的唯识学研究

王恩洋，字化中，四川省南充县人，清光绪二十三年（1897）生。南充中学毕业，1919年到北平求学，在北大哲学系旁听，从梁漱溟学印度哲学，得梁漱溟赏识，介绍在哲学系管理印度哲学图书室，因此有机会阅读唯识学典籍，最喜欢读欧阳竟无的著作，如《〈瑜伽师地论〉叙》等。经梁漱溟引荐往南京支那内学院在欧阳竟无指导下学习佛法。先遍读大小乘各家戒本，知何者当行，何者当戒。继研窥基《成唯识论》、清辩的《大乘掌珍论》等，并遵欧阳竟无之嘱，校勘《唯识学记》、《成唯识论掌中枢要》、《成唯识论了义灯》、《能显慧日中边论》、《顺正理论》等重要典籍。1923年，承续欧阳竟无的观点，作《大乘起信论料简》，批判真如缘起说。王恩洋亦随着欧阳竟无的足迹作《大乘起信论料简》，并对太虚大师的《大乘起信论唯识释》提出质疑。[①] 在《大乘起信论料简》中，他指出的《起信》真如缘起说有三方面的过失。第一，《起信》所立的真如背法性。佛法所说的真如没有实体，为诸法空性，《起信》所立的真如则为实体为诸法本质；佛法真如是没有作用的，性非能生，不

[①] 王恩洋：《〈起信论唯识释〉质疑》，载《中国佛教与唯识学》，宗教文化出版社2003年版，第157—164页。

生万法，为万法之理，而《起信》之真如能生万法；佛法真如不是有一常住的体性，诸法依之而有生灭，真如不过是无常的常性，《起信》之真如则以有一常住实体之真如，诸法随之而生灭。又《起信》之真如，因为能够生起万法，则是有为法，而非无为法，而佛法真如则是无为法。第二，真如能生万法，真如性常一，万法非常一，常生无常，一生多，有不平等因、一因、共因的过失，失坏世出世间之一切法，即失坏缘生义。第三，违唯识。① 太虚大师《大乘起信论唯识释》一文即是针对恩洋而作。

1925 年 7 月，王恩洋任法相大学主任，主讲《瑜伽真实品》及《佛学概论》。1926 年，时国民革命军北伐，法相大学因军队入驻，被迫停课。王恩洋返回四川南充。1928 年王恩洋在贫困交集中仍研学不辍，圈读一百卷的《瑜伽师地论》。1929 年，他在南充设立龟山书房，聚众讲学，佛学与儒学并重。1930 年，应成都佛学社之邀请，王恩洋讲《瑜伽真实品》、《广四缘论》、《八识规矩颂》等，前后达三月之久。此后教学和著述并重，先后撰写佛学著作《摄大乘论疏》、《二十唯识论疏》、《佛说无垢称经释》等。1942 年，王恩洋赴四川内江创办东方佛学院，同年 9 月改名为东方文教研究院，招收学员，讲授儒学和佛学。1943 年 2 月，欧阳竟无逝世，王恩洋赶赴江津支那内学院蜀院奔师丧，推吕澂继任院长，王恩洋任理事。时藏传佛教中观学传入内地，风靡一时，其宗见以唯识学为不了义，亦有唯识学人附益其说。王恩洋由此写了《实有真空中道了义论》破斥，他认为"两宗对观，空有无诤"，"空有两义相待相入，展转一味"。1944 年以后，他除了主持东方文教研究院的院务外，先后到成都、重庆、自流井、泸州等地讲学。1952 年 9 月，王恩洋被聘为四川省政协委员和文史馆馆员；1957 年受聘为中国佛学院教授，讲授"佛学概论"等课程。1964 年 2 月王恩洋在成都病逝。其主要著述有《摄大乘论疏》、《二十唯识论疏》、《阿毗达磨杂集论疏》、《唯识通论》、《八识规矩颂释》、《起信论料简》、《大乘佛说辨》、《佛教概论》、《佛学通论》、《佛法真义》、《解脱道论》、《心经通释》、《大菩提论》、《佛教解行论》、《佛说无垢称经释》、《世间论》、《人生学》、《人生哲学与佛学》、《儒学

---

① 王恩洋：《〈起信论唯识释〉质疑》，载《中国佛教与唯识学》，宗教文化出版社 2003 年版，第 65—115 页。

大义》、《论语疏义》、《孟子新疏》、《老子学案》、《新理学评论》等。

二　韩清净与三时学会

（一）韩清净的唯识学研究

1. 韩清净生平及其唯识学著述

韩清净（1884—1949），名克宗，字德清，法号清净，河北河间人。韩氏家族为当地望族，韩清净18岁时中乡试举人，善儒业，曾为地方官，颇有政誉。但其不乐仕进，辞去职务，到北京游学求道，曾师从一贯道段师尊习扶乩，历久而生厌。转而研习佛法，初读《俱舍论》，以普光《俱舍论记》、法宝《俱舍论疏》为归。于是皈依佛门，自以清净居士名称于世。韩清净初研《成唯识论》、《瑜伽师地论》等著作，却不解其义，于是发愿专事研究唯识学。他研究《成唯识论》时，以窥基《成唯识论述记》为准。1921年，他在北京与研究佛学的同仁朱芾煌等组织了以研究法相唯识学为目的的佛学研究团体"法相研究会"，由他主讲《成唯识论》，这是他讲经弘法之始。后来，他到北京附近的房山县云居寺，闭户潜修三年。

1925年，韩清净出席在日本东京召开的东亚佛教大会，宣读其所作《十义量》一文，博得与会者赞许。十义者，一世间有情义，二佛教义，三真如义，四种姓义，五善巧义，六因缘业果义，七唯识义，八净土义，九成佛义，十立宗义。1927年9月，韩清净发起并创办三时学会，学会设总务、研讲、修持、刻印四部。"三时"，出于《解深密经》的三时教判之说，此经所述的第三时教法即《解深密经》等为"了义教"，由此可见三时学会的宗趣。三时学会中唯识学研究卓有成就者有梅光羲、朱芾煌等。韩清净弟子周叔迦在佛学研究方面也颇有贡献，周叔迦先后任教于北京、清华、辅仁、中法等大学，主讲唯识学、因明学等课程，有讲义题为《唯识研究》出版。周叔迦重要著作有《中国佛教史》、《法华经安乐品义记》、《因明学》等，有《周叔迦佛学论著全集》七册传世。

韩清净专研精唯识学，对六经十一论都作深入研究。生平尤重《瑜伽师地论》，1937年9月始迄1943年1月，历时五年，撰成注疏《瑜伽师地论科句披寻记》，这是韩清净最为重要的著作。三时学会弘扬的经典也重在唯识学。韩清净定期在会中讲学，每周一次，时亦至各大学作公开演讲。东初法师著《中国佛教近代史》曰："韩氏不唯精于《瑜伽》、

《摄论》,且能熟背。他讲《摄论》,一字一句,皆交出来自《瑜伽》某卷某句。普通讲《摄论》,多则一年,少则半年,韩氏讲之,则非二年不可,以其精故,不能速也。"① 会中有许多北京的著名知识分子,如叶恭绰、梅光羲、徐鸿宝、林宰平、朱芾煌、周叔迦、胡瑞霖、韩哲武等。刻经多出版唯识宗典籍,1935 年,学会曾与上海宋版藏经会合作出版《宋藏遗珍》。除了弘扬唯识学,该学会还扩及社会事业,于 1934 年设立大良医院。北京三时学会与欧阳创立的南京支那内学院,南北呼应,时誉为"南欧北韩"。

韩清净专重研究和弘扬瑜伽行派典籍,恪守唯识学系思想,对于中国的传统佛教,韩清净评议说:"吾国佛法,号称十宗,入主出奴,各执己是。究其实际,随时随地,各有变迁。而吾国人之所信受者,终不越乎吾国固有儒道沿袭之见。纵或援引佛典名字,不无非义为义,标榜附会之嫌;纵或传译佛教经论,不无非法为法,矜奇好异之弊。"② 他以为中国佛教并没有承袭印度佛教的精髓,而是夹杂、固执着中国文化中的儒道思想,迥异于印度佛教,是变了质的佛教。所以他几乎不谈论唯识宗(以及《俱舍论》)以外的任何宗派学说。

他生平的著作有《瑜伽师地论科句披寻记》、《唯识三十颂诠句》、《唯识三十论略解》、《唯识指掌》、《唯识论述记讲义》、《大乘阿毗达磨集论别释》、《因明入正理论科释》、《瑜伽师地论科句》、《大乘阿毗达磨集论科句》、《解深密经分别瑜伽品略释》、《摄大乘论科文》、《缘起三经科释》、《般若波罗蜜多心经略赞》、《般若波罗蜜多心经颂释》、《般若波罗蜜多心经蠡测》、《心经颂释四种——略引、义演、随释、束要》、《能断金刚般若波罗蜜经科文》、《能断金刚般若波罗蜜经了义疏》、《佛法略谈》、《十义量》、《唯识者何》、《世间三大势力》等,其中以《瑜伽师地论科句披寻记》最为著名。

2. 佛教真实精义在《瑜伽》

中国唯识宗向来以《成唯识论》为宗本,对《成唯识论》的重视程度大大超过了印度唯识宗所宗依的"一本十支"之本——《瑜伽师地

---

① 韩清净:《瑜伽师地论披寻记叙》,《瑜伽师地论科句披寻记》卷一,科学出版社纽约公司 2006 年版,第 1 页。

② 同上。

论》。韩清净以为《成唯识论》的精旨在于遮无外境，但是犹不足以窥见大乘佛教的全体大用。欲识大乘佛教真实精义，不可不研究《瑜伽师地论》。可见，他与中国传统的唯识宗学人的取向有一定的差异。当他要弘扬此论，却发现古疏中窥基的《瑜伽师地论略纂》、遁伦的《瑜伽师地论记》等皆不足为研究之资，"匪唯义不能详，甚且文莫能解。门犹不入，室何能窥？乃知此论传译虽久，研讨无人。间或涉猎，焉能有得！科判不分则统蕴不明，解释无据则义理无当"①。为此他发愿以三万小时为期疏释《瑜伽师地论》，以本论注本论，融会前后文义，"文义务求润洽，前后务求贯通。不惑虚言，但徵实际"②。《瑜伽师地论披寻记》七十万言，竣成历时五年，三易其稿。正因为他有过长期深研《瑜伽师地论》的经验，乃复发现文句舛误处很多，章节错简处亦有，并不只是传写讹误，而是原译本身有失，其缘由渊源久远。梵本章节本有错简处，"如《抉择分》中思所成慧地所举差别各法内，有所知、所识法，应置所缘法前，而竟漏略不及；内无三苦性，而反增入无因。至所漏略所知、所缘诸法，发见妄列《抉择分·声闻地》中。此则章节错简，毫无疑义者也。披文勘校，尽人能知。初则以为传刻之讹，继乃知为梵文之误。《大论》卷一百，二十页云：'复有十智，能觉一切所知境界，谓法智、类智、世俗智、他心智、苦等智、尽、无生智。'此广分别，如声闻地。然此十智分别应属《抉择分·思所成慧地》，皆是所知法差别，不应列入《声闻地》中。当知译本错简根据梵文。不然，何故前后同一讹误？古昔诸德皆未校正，翻译诸师亦未深察，可知从事研究《大论》而能披文寻义者，古今中外不易多构见矣"③！《成唯识论》十大论师所引《瑜伽师地论》，也自各引异文，附成己意，讵免顾此失彼之嫌。各宗因多以讹传讹，而有扞格不通之弊。此外，也见有翻译师随自意解处。"又，《大论》'本地分·菩萨地'中，分列'初持瑜伽处'、'第二持随法瑜伽处'、'第三持究竟瑜伽处'、'第四持次第瑜伽处'诸品，不知何所依据？'菩萨地'初嗢柁南曰：初持次相分，增上意乐住，生摄受地行，建立最为后。长行释云：持

---

① 韩清净：《瑜伽师地论披寻记叙》，《瑜伽师地论科句披寻记》卷一，科学出版社纽约公司2006年版，第2页。
② 同上。
③ 同上书，第3页。

有三种：一为堪任性持，次为行加行持，后为圆满大菩提持。皆为初持所摄，次后皆不名'持'，何可分为第二、第三、第四诸所持相？译本当亦根据梵文，定非弥勒菩萨所说。此则论文中间义不容有者也！翻译诸师沿袭增入，岂非随自意解，与《论》相矛盾耶？"①

3. 五种姓说

中国化佛教宗派以为一切众生终究必定成佛，而玄奘所传的唯识宗却持五种姓说，无种性众生终不能成佛，这是唯识宗一个独特的宗见。《十义量》一文，特立《种姓义》一章。文中，韩清净恪守五种姓说，对传统他宗的观念作了进一步抉择。

首先，持一切众生终究必定成佛者，言有经典明文"一切众生皆有佛性"为证。他以为不可定说有佛性。因为若以为有为法是为佛性，众生在有为的层面上却有着有种姓、无种姓的差别，无种姓就相当于无佛性，由此，就不能定执众生皆有佛性。另外，《涅槃经》也说如果认为众生定有佛性，就是在诽谤佛法僧三宝。若以为无为法是佛性，说一切众生皆有，则与唯识学理相符。如唯识学中就以一切法的真如理来谈本来自性清净涅槃，此真如理本性清净，一切众生共有。但不能由此就断言一切众生皆能成佛，佛不是由作为无为法的真如理而成。既然说无为之真如理无生，却能生起大菩提，那么，说无为之真如理无灭，既无消灭，理应一切众生现已成佛，也应说佛犹是众生。因为佛与众生没有差别，佛也是众生，众生也是佛。其实，佛和众生差别相宛然，那么，原来设定的由无为法当得成佛的观点是不合理的。

其次，韩清净辩驳了"一切有情心性本净"作为一切众生均究竟成佛依据的观念。"复有有情作如是说，一切有情心性本净，由一刹那无明起故，便为客尘烦恼之所染污，由染污故流转生死。若能了知心性本净，制伏妄念令不生起，由是便离一切客尘烦恼不为染污，不染污故还得自心清净本体，永断生死及成佛果。应问彼言：先无无明，心性本净应名佛耶，不名佛耶？若名佛者，佛无无明，不应刹那无明顿起，许，便诸佛还成众生，又今众生亦应先是诸佛，若尔，便成大过；若不名佛，便应后时心性清净亦不名佛，前后心净无异因故。又若心性本净，先无无明，由何

---

① 韩清净：《瑜伽师地论披寻记叙》，《瑜伽师地论科句披寻记》卷一，科学出版社纽约公司2006年版，第4页。

而有无明生起？心性本净不应说为无明因故，若许尔者，心性净已，例应更有无明顿生，便无究竟得成佛者，又同前说诸佛还成众生等过。由是故知所说心性本净不应道理，若闻此者不应迷惑，于非义中持为是义。"①他质疑说：以心性本净为前提，如果名为"佛"，佛没有无明，不应刹那顿起无明。如果说佛会顿起无明，那么，应该承许佛还成众生，众生亦应先是诸佛，如此，便成大过。如果不名为"佛"，那么后时心性清净也不可名为"佛"，因为前后心净的原因是相同的，都是本来清净。还有，如果心性本净，无明由何生起？"心性本净"不是无明生起的原因。如果承许此说，就如同前面讨论的无究竟得成佛者、诸佛还成众生等过失。他还指出此说和数论所立道理、次第相同，只是其中的名称不同，为《成唯识论》广破。同时《成唯识论》还主张空理（心性本净）非无漏因；心性本净不应生起诸不净心。其实，《成唯识论》中就申明有"心性本净"的正义：一是真如，心空理所显真如，就是心的真实性。二是心体，即说心王自体非烦恼性，烦恼是它相应心所，因非烦恼性故名性本净。

他总结说：并不是有漏心性是无漏故名本净。经中虽言"众生皆有佛性"、"心性本净"，但此教言不能作为一切众生都能成佛的理论依据。韩清净在此段文中批评了某种"心性本净顿起无明"说，虽未明言此见解出自何宗何派何人，但应就是近代唯识学界如支那内学院所批判的真如缘起说，这种观点出自《起信论》等经典，为中国化佛教宗派所奉持。如《起信论》中的心性本净忽起无明说："何以故？是心从本已来，自性清净而有无明；为无明所染，有其染心。虽有染心，而常恒不变；是故，此义唯佛能知。所谓心性常无念故，名为不变；以不达一法界故，心不相应，忽然念起，名为无明。"② 换言之，韩清净并不同意中国传统佛教中的一切众生终究必定成佛观。

4. 唯识即是般若

唯识宗按照《解深密经·无自性相品》的判摄以为《解深密经》等第三时教是最究竟、圆满、了义的，而《般若经》等第二时教是"有上、有容"，非究竟、了义之教。韩清净按此原理以《解深密经》了义道理解释不了义的般若系经句。"《解深密经》说：依相无自性性，密意说言，

---

① 韩清净：《十义量》，《海潮音》第7卷第3期，1926年。
② 《大乘起信论》卷一，《大正藏》第32册，第577页下。

一切诸法，无生无灭，本来寂静，自性涅槃。又说：依法无我性所显胜义无自性性，密意说言，一切诸法，无生无灭，本来寂静，自性涅槃。前依遮遣言说遍计所执相而说；后依证得离言圆成实性而说。这就是《解深密经》以了义道理，解释不了义的经句。"① 此著作最突出处之一为，韩清净以三自性释《金刚经》文。《了义疏浅解》云："说福德聚、福德聚者，是经文的标句，是遍计所执相。是显如来随顺世俗假以名字施设的缘故。如来说为非福德聚者，是经文中的遮句，是圆成实相。是显无有真实福德聚性的缘故。是故如来说名福德聚、福德聚者，是经文中的释句，是依他起相。是显假说必有所依的事理的缘故。"② 另外，以阿赖耶识释般若经典中的"心"。《金刚经》有文："佛言善现！乃至尔所诸世界中所有有情，彼诸有情各有种种其心流注，我悉能知。"③ 其中的心，韩清净释为阿赖耶识。如："这有情心，当知总说就是阿赖耶识。如来于此各各有情阿赖耶识，而言我悉能知。就是因为，诸有情心，虽有无量差别，要皆不外唯识熏习及所变现的相。所以，若凡若圣、若染若净一切不同的法，皆不能越因果决定的道理。因果相续，如水流注：前能引后，名之为流；后能续前，名之为注。……如来于此诸有情心，了知有因，决定有果，生果决定因。由是说言'我悉能知'。此据唯识因果道理，所以作如是说。"④ 其中，又依据唯识学因果道理释"心流注"义。

《般若波罗蜜的心经颂释》是一部以偈颂的形式来注释《心经》的著作。在解释《心经》之"心"时，韩清净说："心是集起义，广大遍虚空，含摄一切相，极微密且精。"⑤ "譬如树有心，坚密在其中，依此得增长，广茂而繁荣。今说心相义，与此喻正同，积集而生起，故以集起名。"⑥ 这其实就是阿赖耶识。阿赖耶识又名为心，由于积集、收藏种子的缘故。另外《心经颂释》还将《心经》中的识蕴解释为八识。通过唯

---

① 《了义疏浅解》，转引自太虚、圆瑛、韩清净《金刚经心释》，陕西师范大学出版社2008年版，第229页。
② 同上。
③ 《大正藏》第7册，第984页。
④ 《了义疏浅解》，转引自太虚、圆瑛、韩清净《金刚经心释》，陕西师范大学出版社2008年版，第230页。
⑤ 《般若波罗蜜的心经颂释》，转引自郭朋等《中国近代佛学思想史稿》，巴蜀书社1989年版，第21页。
⑥ 同上。

识学理的解释，般若系经典之深义得以显明。唯识即是般若，"了义和不了义，言教虽是不同，而道理正是一样"①。

5. 唯识学视角下的西方净土

唯识学论净土有三：一法性土；二受用土，分为自、他受用土；三变化土。法性土是识实性，自受用土由第八识变，他受用土由第七识变，变化土由前五识变。按照唯识学的原理，所有影像均为识变，影像不能离于识而独存。因此，凡夫所见的器世间相由异熟识变，非离识外别有器世间相。佛之净土亦然，同为识所变现，不过是佛最极自在净识所变罢了，非离识外别有净土。换言之，净土亦不离唯识。菩萨众、二乘、异生往于佛所变西方净土等，由具足无漏或漏能观净识的不同，随应所见他受用土及变化土。或者说，十地见的是报土，二乘、异生等见的是化土。所以《经》中言："若欲勤修严净佛土，先应方便严净自心，随诸菩萨自心严净，即得如是严净佛土。"②

韩清净还特别强调，非谓十念即得往生。首先，他依据唯识典籍说来讨论。"《义林章》说：《摄大乘》云，非唯由愿方乃得生，别时意故，如以一钱货得千钱，别时方得，非今即得。十念往生亦复如是，十念为因后方渐生，非由十念死后即生，为除懈怠不修善者，令其念佛，说十念因，生净土故。"③ "又《瑜伽论·七十九》说：清净世界，已入第三地菩萨，由愿自在力故于彼受生，无有异生及非异生声闻、独觉，若异生菩萨得生于彼。问：若无异生菩萨，即非异生声闻、独觉得生彼者，何因缘故，菩萨教中作如是说，若菩萨等意愿于彼，如是一切皆当往生。答：为化懈怠种类未集善根所化众生，故密意作如是说。所以者何？彼由如是蒙劝励时便舍懈怠，于善法中勤修加行，从此渐渐堪于彼生当得法性。应知是名此中密意。"④ 此中指出，关于经中说十念即得往生的法门，《摄大乘论》以为是别时意趣。《瑜伽师地论》说三地菩萨定增上，能受生于净土。初地菩萨因已证得法性，按理也能往生净土。清净净土是他受用土，无异生声闻、独觉等此论所言故。说十念即得往生是为了摄化懈怠种类未集善根的

---

① 《了义疏浅解》，转引自太虚、圆瑛、韩清净《金刚经心释》，陕西师范大学出版社2008年版，第229页。
② 《大正藏》第14册，第559页。
③ 韩清净：《十义量》，《海潮音》第7卷第3期，1926年3月。
④ 同上。

众生来到佛教中，隐藏着如是密意。其次，依净土经典来讨论。如《经》言："不可以少善根福德因缘得生彼国。"① 并非只要发愿往生即得往生，必须要具备善根福德因缘，善根即五根、五力等。而已具备善根的若发大愿求生彼国，确实可得不退转，所以佛说："若有人已发愿、今发愿、当发愿欲生阿弥陀佛国者，是诸人等皆得不退转于阿耨多罗三藐三菩提。"② 说唯发愿十念往生也是不违理的。

（二）韩清净门下的唯识学研究

1. 朱芾煌的唯识学研究

朱芾煌，又名黻（绂）华，四川省江津县人，生于1877年，1901年考中清朝秀才，1906年入读上海中国公学。1909年到日本求学后加入同盟会。辛亥革命期间回国，南京临时政府成立后，任总统府秘书。因与袁世凯之子袁克定有旧，于南北统一之际，奔走调和，使得议和成功，促成了清帝退位和共和制度的确立，他是南北议和、民国建立的功臣。《胡适日记》曾记云："在叔永处读《朱芾煌日记》，知南北之统一，清廷之退位，孙之逊位，袁之被选，数十万生灵之得免于涂炭，其最大之功臣，乃一无名之英雄朱芾煌也。"③ 1912年夏，朱芾煌与吴玉章发起组织四川省俭学会，此为川人留法勤工俭学的开始，受惠者包括陈毅、聂荣臻、赵世炎、刘伯坚、邓小平等数百人。1913年10月袁世凯就任中华民国正式大总统，朱芾煌谢绝官职，赴欧洲游学考察，研究各国思想文化及政治制度。1914年年底回国，先后出任夔关、张家口关监督。1921年之前，朱芾煌专宗净土，朝夕不辍。白天则博览大小乘经典，多能记诵，每遇问难，言辞锋利。1921年，太虚在北京弘慈广济寺宣讲法华经，朱芾煌向太虚请教了七个佛学问题，从他所提的问题来看，对佛法已经有比较深的理解了。1922年朱芾煌退隐北京，潜心佛学，追随韩清净专究"一本十支"，组织了法相研究会、三时学会等。朱芾煌虽长韩清净七岁，但终身执弟子礼，并搜集大小乘阿毗达磨等诸论有关名词，汇编成《法相辞典》。此辞典始编于1934年，迄1937年成书，共260余万言。朱芾煌发现一般的佛学辞典在编纂上会出现十种失误，为解决这些问题，他发愿去

---

① 《大正藏》第12册，第347页。
② 同上书，第348页。
③ 胡适：《胡适日记》，安徽教育出版社2001年版，第187页。

编纂一本新的《法相辞典》。他在辞典序文中指出这十种失误是：其一，一般的佛学辞典，泛载俗名者多，唯取法名者少。其二，于所载法名中，随自意解释者多，依圣教解释者少。其三，于所依圣教中，依中土诸师之说多，依佛菩萨之说少。其四，于佛菩萨之说中，依不了义经者多，依了义经者少。其五，依了义经者，译文讹误者多，译文正确者少。其六，译文正确中，选材芜杂者多，选材精慎者少。其七，选材精慎中，唯举一义者多，兼学众义者少。其八，兼举众义中，略释概要者多，详陈本末者少。其九，详陈本末中，大小无分者多，大小可别者少。其十，大小可别中，出处不明、难可查对者多，详志卷页、易可查对者少。该书以玄奘所译之经论为取材范围，于名词下悉录各种典籍对此名词论述的原文，一名词下，所引材料多条，但不加解释，并标明所录文字之出典卷数、页数等，方便读者返回原典查对，是一部研究大小乘经论的入门辞书。

2. 梅光羲的唯识学研究

梅光羲，字撷芸，江西南昌人，生于清光绪六年（1880），梅氏为洪都望族，书香世家。梅光羲幼年受传统教育，19岁中举。23岁，以道员在湖北候补，为湖广总督张之洞所赏识，先拔擢为湖北武备学堂监督，后派遣到日本陆军振武学堂学军事，毕业后又入早稻田大学习政治经济。1907年，梅光羲学成回国后大多在司法界任职。

梅光羲学佛早于欧阳竟无，与欧阳竟无有同门之谊。1902年，梅光羲由桂伯华引介，从杨文会学佛，有《大乘起信论》、《华严》、《三论》及净土诸宗之要等。从此尽弃以往所学，专心研究佛典，于唯识学所下的功夫最多。后来他曾言："非佛书不读，非佛行不行"，以此自勉。宣统二年（1910），梅氏任广州司法官，赠新刊《成唯识论述记》予太虚，太虚携以自随，时一披阅。

1920年，梅光羲出版第一部著作《相宗纲要》，欧阳竟无为他作序。此书对唯识宗之名相一一加以疏释，总计条目一百五十二条，可以说是一部法相小辞典。1921年前后，梅光羲任山东省高等监察厅厅长，在济南大明湖畔组织佛学社，开办法相唯识学讲座。后来在台湾弘扬佛教的李炳南居士（1889—1986）就是其当时座下的学生。1927年9月，三时学会成立，梅光羲为会中之一员。1931年，梅光羲发表论文《相宗新旧两译不同论》，考证世亲学传来中土，先后有菩提流支、真谛之旧译与玄奘之新译三系，并且还列举了旧译与新译的八条不同，并附列唐代灵润所辨相宗新旧二译不同义十四条。以为安慧是"从空而之有",与护法的不同在于不许依他性为有。真谛的唯识古学,处于创始的粗糙阶段,学不至护法,非故异护法或别有一途。唯识学至护法,确然可立,纯粹以精。由此引起讨论,太虚大师作《相宗新旧两译不同论书后》,守培法师亦发表了评论文章《读唯识新旧二译不同后的一点意见》,他的基本观点是"旧译无一非处,新译无一是处"。抗日战争时期,梅光羲在重庆任职于司法院,协助太虚组织佛学社,推动佛教弘法事业。晚年,他在重庆长安寺佛学社讲《大乘起信论》、《唯识要义》等,风雨不辍,直到卧床不起。

梅光羲生平所得薪俸多用于佛教事业,资助金陵刻经处印经、支那内学院办学等。1947年5月梅光羲病逝。其著作除了《相宗纲要》外,还有《相宗纲要续篇》、《大乘相宗十胜论》、《相宗史传略录》、《因明入正理论解录集注》、《法苑义林章唯识注》等。梅光羲在佛教界声望甚高,与北京夏莲居齐名,时称"南梅北夏"。

三 太虚与武昌佛学院的唯识学研究

(一) 太虚的唯识学研究与弘扬

太虚唯识学思想最重要的特点在于会通如来藏学与唯识学,主要表现在会通《楞严》与唯识,以及以唯识学思想解释《大乘起信论》。此外,太虚还与支那内学院围绕着法相与唯识分宗等问题展开了辩论。

1. 会通《楞严》与唯识

《楞严经》在中国佛教中有着独特的地位和影响。自从唐代中叶译出后,就一直有人疑为伪经。近代,梁启超在《古书真伪及其年代》一书中认为,《楞严经》是剽窃道教及中国传统思想而来,是伪经。吕澂《楞严百伪》中亦说:"《楞严》一经,集伪说之大成。"① 佛教出家僧团中亦有认为《楞严经》为伪经者。太虚也就不能不对此经的真实性作出维护,这种维护也就是在维护中国传统的佛学。他在《楞严摄论》中对《楞严经》的地位作出了很高的评价:中国佛教历代宏建,不出八宗:禅、净土、律、密、天台、华严、唯识、三论宗。这些宗派根据修行的重点不

---

① 吕澂:《楞严百伪》,载《吕澂佛学论著选集》(一),齐鲁书社1991年版,第370页。此文发表于1980年,此时太虚大师早已圆寂。

同，又可摄为禅、净、律、密、教五宗。而一部经中兼该禅、净、律、密、教五，而又各各专重，各各圆极，在大藏教中罕见，唯《楞严经》最得通量。此外，他如此信奉和极力弘扬《楞严经》也与他悟入"楞严心境"有关。他曾述："闭关二三月后，有一次晚上静坐，在心渐静时，闻到前寺的打钟声，好像心念完全被打断了，冥然罔觉，没有知识，一直到第二天早钟时，才生起觉心。最初，只觉到光明音声遍满虚空，虚空、光明、声音浑然一片；没有物我内外。嗣即生起分别心，而渐次恢复了平凡心境。自此，我对于《起信》、《楞严》的意义，像是自己所见到的，所以我当时就开始著成了《楞严摄论》。"① 太虚的维护不是一味地守旧，而是给予新的唯识学诠释，使得传统经典在新的时代显示出了新的生命。

首先，太虚以唯识来诠释《楞严经》名相。见精即唯识学之见分，见性即自证体，证自证心即识精圆明如来藏心。"见性是指'见犹离见、见不能及'之自证体、证自证心，即识精圆明如来藏心也。见精是指自证体上亲见分，未执所缘为自性者，所谓'于妙圆中黏湛发见，见精映色'是也。"② 六精就是阿赖耶识见分，前五识，意识明了现量，触、受位的遍行心所。如文说："六根唯是色法，虽是第八之亲相分（法尘影子之意根、其种子亦第八所缘之相分种子），具有摄为自体、持令不散、领以为境、令生觉受四义，介乎知无知间；要属第八所缘性境（第六缘之则为有质独影境），但是发见胜增上缘（较灯能显色稍优胜耳），无能缘用，非是真能见者。六精唯是心法，正是见分、真能见者。自体本来离所缘相，即是识精。亲证识精，即是圆明如来藏心。约一识门言之（一识门有三种：一是唯一意识，二是唯一末那，三是唯一黎耶。此依《楞伽》约唯一黎耶言，即唯识观摄末归本门）：则是第八之亲见分，唯无覆无记性。然根本识深细难知，须约八识门言（唯识观隐劣显胜门），则是前五及第六明了之现量。此六现量唯缘性境，得境自相，不带名言。唯一刹那，不落时量，亦无长短、方圆、一多、远近、前后、始终、内外、大

---

① 太虚：《我的宗教经验》，载《太虚大师全书》第41册，台北善导寺1980年印本，第349页。

② 太虚：《大佛顶首楞严经摄论》，载《太虚大师全书》第26册，台北善导寺1980年印本，第1567—1568页。

小、高低、上下、同异、彼此、轻重、深浅等分位假。未起意识比量，则不迷能见是眼根，所见是情物、无情物，从何以立大小而观大小？尚无有头（头亦名言种类所起），何有头自动摇？尚无有手，何有手自开合？一刹那际逼塞虚空，法法不相到故，故得澒荡无涯，即同如来身心圆明，不动道场，一毛端遍能含受十方国土也。而在六识现量，既无识类差别可言，则八识门亦同一识门耳。头自动摇，见无动摇；境自大小，见无大小。且就唯识观舍滥留纯门言：就舍滥留纯门得论心所，则六精是前六遍行触、受二位（触受颇同近人所云感觉、直觉），未入想位、思位，故不共余诸心所转。以别境不定善染等心所，皆入想、思位后分故。"① 根大实是觉大，是六根门头之精明，也就是阿赖耶识。如文："实相者，离一切相即一切法之如来藏也。而大乘教多标六大，本经加立根大。根大实非指六根，而是指发现六根门头之精明，依本精每称见精、闻精等，应名精大，然名词不雅驯。据实应云觉大，……虽名根大，实是依根之觉，寄名根大。例如依眼之识名为眼识，识实非眼。可知此大精觉，亦复非根。经文虽云'如一见根'，乃诠见之根元，非诠眼根。若眼根向前则背后，岂云见周法界？又此六精本一精明，一精明即阿赖耶识。阿赖耶识必以末那识为共依，是故此大即摄七八两识。既知根大、是指精觉，可知识大唯指第六明了乱意之比、非量及独头意识矣。"②

其次，将《楞严经》与唯识经典会通。《楞严经》与《解深密经》在胜义、修、证、了义教四方面是相同的。"《解深密经》，共有四分。文相义门，最为井然。一、《解深密》法门胜义了义之教，同本经显如来藏章，亦兼含本经说七趣生报。二、《解深密》法门瑜伽了义之教，同本经明圆通门章，亦兼含本经说五阴魔境，亦即三重渐次。如曰：'此奢摩它、毗钵舍那、清净尸罗、清净闻思所成正见以为其因'，亦即禅那进修圣位。如曰：渐次于彼后后地中，如拣金法陶炼其金，乃至证得无上正等正觉。三、《解深密法》门诸地波罗密多了义之教，同本经示菩提路章。四、《解深密》法门如来成所作事了义之教，同本经观世音所发妙用，佛顶神咒所成功德。名相稍异，综核其义，大致同也。本经一名如来密因

---

① 太虚：《大佛顶首楞严经摄论》，载《太虚大师全书》第13册，台北善导寺1980年印本，第1568—1569页。
② 同上书，第1591—1592页。

（胜义）修（瑜伽地波罗蜜）证（地波罗蜜成所作事）了义（四皆曰了义教），意见乎《解深密经》矣。彼经虽唯与无量大声闻众俱、无量菩萨摩诃萨俱，是从超过三界净土中说；其说胜义之教、瑜伽之教、皆有无量有情发菩提心，无量声闻得法眼净（案：即不随分别，歇即菩提，亦是于菩提心令得自在）；又诃定性二乘为增上慢（亦同法华诃退席者为增上慢），甚合本经旨趣。善现所说，即是转《般若经》，亦即大阿罗汉得自在菩提心者也。"①《成唯识论》与《楞严经》义亦同。如云："《成唯识论》，共三十颂，略作三门会勘：一、前二十五颂，同本经历万法显如来藏。后十六颂，同本经约四谛显如来藏。用彼全论前后相互，方成本经显如来藏章耳。二、初一颂半兼第二十五颂，同本经破相想遮显如来藏。十六颂至二十五颂，同本经说七趣生报。二十五颂至三十颂，同本经明圆通门示菩提路章，兼含超越阴浊，脱离魔邪。三、彼之全论，唯是本经示菩提路章。因彼论文义之前后互相关摄，可反显本经文义章章含融已！然非见彼论之条分缕析，不易明本经一体全具也。"②

2.《起信论》唯识释

内学院料简《起信》之非，其有力武器是唯识学理论，因为唯识学理论直接传译自印度，比较真实地反映了印度佛学的原貌。在内学院视域中，华严宗等对《起信》的诠释是与唯识学理相违的，其诠释与印度佛学是相违的，并不具有合法性。而回应内学院的批判最好的回答就是证明《起信》与唯识学理是相容的。太虚大师曾说："予解此论，尝著略释、别说二书。今以时人依据《成唯识论》，对于此论颇多非拨，而主张此论之贤首家说，又不足祛除除其迷谬，乃从《成唯识论》寻得此论立说之依据点，示全论之宗脉，裂千古之疑网，择要以言，不复详其章句。"③ 为了回应内学院的批判，太虚大师以《成唯识论》的观点诠释《起信》，开显《起信》与唯识学理是不相违的。但是他的唯识学诠释不免会与传统中国佛家的解释不同，华严、天台家对《起信》的解读在太虚大师看来，未必是准确的。以下从本觉思想与真如缘起思想这两个

---

① 太虚：《大佛顶首楞严经摄论》，载《太虚大师全书》第13册，台北善导寺1980年印本，第1651—1652页。

② 同上书，第1654—1655页。

③ 太虚：《大乘起信论唯识释》，载《太虚大师全书》第9册，台北善导寺1980年印本，第1409—1410页。

重点方面来谈。

(1) 本觉思想

太虚对"本觉"思想作了唯识学诠释。其一，本觉即无漏种子。如："真如体上之不可离不可灭相——真如自体相，如来藏也。换言之，即无漏种子，亦即本觉，亦即大乘相大。"① 亦有直接称为"本觉无漏种"。② 此无漏种无始以来于阿赖耶识中法尔本具。如《大乘宗地图释》中说："本净种即是本觉种，诸净法皆智觉性故，故一切无漏清净法亦可曰唯觉也。阿赖耶识异生位中无始以来未起此觉，换言之，即无漏无分别智种曾未起现行，一向是迷，一向分别，故一切有漏杂染法亦可曰唯迷也。本觉净种无始以来法尔本有，以此义故，经云：'众生心性本净'。"③ 又："阿陀那识为无始时来界，本具有一切法种子，具有根本无明种子；亦具有本觉种，亦本具八识及诸心所法、色法种子。"④ 唯识学以为阿赖耶识（阿陀那识）无始以来法尔本有清净的无漏种子，此无漏种子并非为阿赖耶识所摄持，而是"寄存"于阿赖耶识中。其二，本觉即根本无分别智。太虚大师除了以无漏种子来解释"本觉"之义，亦以为本觉为"本觉智"，即根本无分别智。如《大乘起信论唯识释》中说："依证此一切法本身，故名根本智，亦说名本觉——本觉即根本智别名。"⑤ 而"本觉"之"本"意为以"觉"（根本智）所亲证的诸法的根本，即真如，或为法身。而非是"觉"已然具有之意。如《真现实论》中说："此言'本觉'，犹所云'根本智'。依此法身说名本觉，即是以所证真如为诸法根本故名根本，能证此根本之智故名根本智——以法身为本，能觉此本名本

---

① 太虚：《佛法总抉择谈》，载《太虚大师全书》第 9 册，台北善导寺 1980 年印本，第 1377 页。李广良以为本觉为有漏清净种子，引文及叙述有误。见李广良《心识的力量——太虚唯识学思想研究》，华东师范大学出版社 2004 年版，第 123、124 页。《佛法总抉择谈》原文应为"诸无漏清净种，说为本觉"，载《太虚大师全书》第 9 册，台北善导寺 1980 年印本，第 1382 页。

② 太虚：《佛法总抉择谈》，载《太虚大师全书》第 9 册，第 1377 页。

③ 太虚：《大乘宗地图释》，载《太虚大师全书》第 5 册，台北善导寺 1980 年印本，第 910—911 页。

④ 太虚：《大乘起信论略释》，载《太虚大师全书》第 15 册，台北善导寺 1980 年印本，第 2513 页。

⑤ 太虚：《大乘起信论唯识释》，载《太虚大师全书》第 9 册，台北善导寺 1980 年印本，第 1423 页。

觉。"① 将"本觉"解释为根本无分别智，与解释为无漏种子可以说是一脉相承的，因为无漏种子的现行则为根本无分别智，所以无漏种子亦称为本觉种。如："本净种即是本觉种，诸净法皆智觉性故，故一切无漏清净法亦可曰唯觉也。阿赖耶识异生位中无始以来未起此觉，换言之，即无漏无分别智种曾未起现行，一向是迷，一向分别，故一切有漏杂染法亦可曰唯迷也。"②

同样，太虚大师亦对《起信论》的"始觉"、"究竟觉"作了唯识学的诠释。始觉即资粮智、加行智、后得智。究竟觉即一切智智，或称为一切种智，即佛智。如："始觉然此本觉一名，乃对资粮智、加行智、后得智等始觉，及一切智智之究竟觉，与异生之不觉而说。始觉等由对本觉等展转而说亦然。始觉或能引本觉——资粮智、加行智，或本觉所起——后得智，故始觉者即同本觉。"③ 若换另一种表达方式，"始觉"即是信智、顺解脱智、顺抉择智、后得智。如："除根本智及佛果智而外，其余信智、顺解脱智、顺抉择智及菩萨地之后得智，皆名始觉。"④

太虚还批评了华严宗以佛智释"本觉"。太虚大师以为《起信》所讲述的是菩萨的境界，而非究竟佛果的境界。法藏宗《华严经》以"一切种智缘起"来解释《起信》思想，则有多处未能符合《起信》之意。也就是说《起信》之"始觉"、"本觉"等指的是菩萨的智慧，而非"一切种智"、佛智。如《大乘起信论唯识释》中说："贤首宗在华严，明大乘果，依庵摩罗识持一切无漏种，彰法界缘起——法界缘起可名庵摩罗识缘起，或无漏界缘起，或一切种智缘起，或大牟尼法缘起，或净心缘起，或佛果缘起，可参考《缘起抉择论》——以释此论，虽亦可通，究多未符之处，不能解人疑惑。"⑤ 华严宗中确是以佛智释"本觉"，如法藏以为本

---

① 太虚：《真现实论》，载《太虚大师全书》第 19 册，台北善导寺 1980 年印本，第 564 页。

② 太虚：《大乘宗地图释》，载《太虚大师全书》第 10 册，台北善导寺 1980 年印本，第 910—911 页。

③ 太虚：《大乘起信论唯识释》，载《太虚大师全书》第 18 册，台北善导寺 1980 年印本，第 1423 页。

④ 太虚：《真现实论宗依论》，载《太虚大师全书》第 38 册，台北善导寺 1980 年印本，第 564 页。

⑤ 太虚：《大乘起信论唯识释》，载《太虚大师全书》第 18 册，台北善导寺 1980 年印本，第 1409 页。

觉之觉为"无垢无挂碍智"、"大圆镜智",此觉"理非新成",即本具之意。但是,以佛智释"本觉",则会引发如下矛盾:"不知此义,但依佛之自证智境,说诸众生无始不觉,实依如来觉心而起,实有始起之期可得,若贤首家法界还源观等,则众生虽可还如来觉心源而成佛,其如佛仍将从众生不觉心流成众生何?则成一治一乱之循环式,永无常觉时矣!故依如来心说缘起,是从佛应到众生,又从众生感到佛之自他不二增上缘起,由佛等流身教,生起众生信心,使发起求成佛之志而已。其实佛居佛位,众生居众生位,各不相到,而众生无始无明实非依如来心而起,故继此为令众生得甚深胜解,当说阿陀那识一切种缘起也。"① 华严宗的妄尽还源观等,众生可还"如来觉心源"而得成佛,那么佛是否同样会从众生的不觉心而流成众生?"还如来觉心源而成佛"也就是还本觉而成佛。

(2) 真如缘起义思想

首先,反驳支那内学院的真如缘起的批判。其一,辨正真如义。太虚大师以为真如宗与唯识宗所立的真如义是不同的。如:"真如宗以最扩大圆成实故,摄诸法归如故,在生灭门中亦兼说于真如体不离不灭之净相用名为真如。以诸净法——佛法——统名真如;而唯以诸杂染法——异生法——为遍计、依他,统名无明,或统名念;此《起信论》所以有'无明熏真如,真如熏无明'之说也。"② 真如宗因为最扩大圆成实性、摄诸法归如的缘故,将无为之真如与真如体不离不灭之净相、净用(无漏种子)合名为真如。"摄诸法归如"首先由窥基提出,如:"此大乘三宗之宗主,基师尝略现其说于《唯识章》曰:'摄法归无为之主,故言一切法皆如也。摄法归有为之主,故言诸法皆唯识。摄法归简择之主,故言一切皆般若'(《法苑义林章》卷三)。……真如宗最扩大圆成实性而缩小余二性,以有为无漏及离执遍计皆摄入圆成实,复从而摄归于真如无为之主,唯以无明杂染法为依他、遍计故。故此宗说三性,圆成固圆成,遍计、依他亦属在圆成也。"③ 而唯识宗因为扩大依他起性,有漏、无漏有为法均

---

① 太虚:《大乘起信论唯识释》,载《太虚大师全书》第9册,台北善导寺1980年印本,第1425页。

② 太虚:《佛法总抉择谈》,载《太虚大师全书》第9册,台北善导寺1980年印本,第1378页。

③ 同上书,第1372—1376页。

摄为依他起性，只以诸法之法性名为真如。正因为真如宗如此安立真如，才为《起信》无明、真如互熏之说提供了可能。其二，辨正真如缘起义。太虚大师对"真如缘起"所下的定义已别于内学院等的解读。如："意识缘起，正是从迷悟依以说缘起，悟真如即空智缘起净法，迷真如即无明缘起染法。故此二者亦可总名'真如缘起'，依真如而悟而迷故。"①"云真如缘起者，正名空智缘起。空智谓达二空证真如之正智——妙观察智相应心品、平等性智相应心品——相应意及意识心品。然此正智由达二空所显真如而发，故亦展转名为真如缘起。"② 以真如为迷悟之依而缘起染净诸法，名为真如缘起。真如缘起，正名应为空智缘起，正智由通达二空所显真如而显发，所以展转名为真如缘起。关于真如宗真如、无明互熏说，太虚大师辨析如下："无明熏真如者，无明如目病，病彼体自离病之目——如熏正智或心之自证体，而观——熏——净空之真如，有诸狂华。依净空实不变生狂华言，言真如不受熏；据因目病所观故，即净空有狂华现，亦可寄言真如受熏。要之，其病（无明）共好目净空（真如）相和合——熏——而有病目空华，可以喻此所云无明熏真如义。真如熏无明者：以一切净法——真如体及于真如体不可离灭之净相净用，皆名真如故，一切佛法皆名真如；以一切染法皆名无明故，一切众生法皆名无明。众生见闻诸佛真如等流所示身言，而生起众生信解思修真如熏无明也。以见闻信解思修故，而自内本具之无漏智种——真如，渐渐引起能熏破于烦恼——无明，亦真如熏无明也。唯识宗以扩大依他起故，只以诸法之全体名真如，而真如宗时兼净相净用统名真如；此于真如一名所诠义有宽狭，一也。唯识宗于熏习专以言因缘，真如宗于熏习亦兼所缘、等无间、增上之三缘以言，二也。明此，则唯识宗正智现行唯识熏正智种子，无明现行唯熏无明种子，且不可言正智无明相熏，何况可言无明真如相熏！而真如宗则可言无明熏真如，真如熏无明也。二者各宗一义而说，不相为例，故不相妨。如闻击柝，或言木声，或言四大种声，均无不可。"③ 此中以为，若以病喻无明，洁净的天空喻真如，通过有病的眼睛在天空中则见有乱花，这好

---

① 太虚：《真现实论》，载《太虚大师全书》第 19 册，台北善导寺 1980 年印本，第 569 页。

② 同上书，第 562—563 页。

③ 太虚：《佛法总抉择谈》，载《太虚大师全书》第 9 册，台北善导寺 1980 年印本，第 1378—1380 页。

比无明熏习真如，因为病（无明）与洁净的天空（真如）相和合，才会发生见有乱花（遍计所执性）。无明与真如相和合，见有遍计所执性，说为无明熏习真如，实际上真如是不受熏。唯识宗讲熏习专就因缘来说，而《起信》虽然说真如熏习无明，但真如仅仅为所缘缘、增上缘、等无间缘而已。真如为无分别智的所知境，故也就是所缘缘。众生以诸佛真如之等流所显示的身教、言教为增上缘，而生起信解思修即是真如熏习无明。无漏智种（真如）破于烦恼也是真如熏习无明。空智亦可为无明的等无间缘，如无漏有为法可无间生有漏有为法。所以真如宗说真如、无明互熏是可以成立的。染净诸法均是从自己的种子生起，也就没有无为生有为的过失。《起信》的真如缘起说与唯识学理是不相违的。

其次，辨正《起信》如来藏缘起义。《起信》云："所言法者，谓众生心。是心则摄一切世间法出世间法，依于此心显示摩诃衍义。"① 太虚大师以为此"众生心"指的是地上的菩萨心，如此才能与《起信》下文论生灭门中"依如来藏故有生灭心"及"忽然念起名为无明"对应起来。对此，太虚大师释为："盖菩萨心无漏现行时，可依根本智起后得智，复可依后得智无漏无间有漏现行。后得智亦如来藏摄，依后得智无间而起执障相应之三界有漏生灭心，故可云依如来藏故有生灭心，亦可云：'不达一法界故，心不相应——由根本智而后得智，即不达一法界，而智不亲真如契应——忽然念起——由后得智无漏无间忽生二执、二障相应杂染心念，名为无明。'"② 正因为"众生心"为地上的菩萨心，才有可能出现如此不稳定的心况。后得智无间而生起人我、法我执与烦恼、所知障相应的三界有漏心，即"依如来藏故有生灭心"。后得智无漏无间忽然生起二执、二障相应的杂染心念，即"忽然念起名为无明"。可以说《起信》是"依菩萨心说如来藏"，而华严、天台、唯识宗人对《起信》如来藏说的解读都是有偏颇的。如："若贤首家以如来心说如来藏，则如来心常无漏故，不应依之有有漏生灭心——此论之有生灭心，专指三界有漏虚妄分别心心所聚及忽然起无明。天台家以真如说如来藏，真如常无起故——真如本义，专指法性以言，此中亦然，但是体义。他处言真如用，言真如熏，

---

① 真谛译：《大乘起信论》，载《大正藏》第32册，第575页。
② 太虚：《大乘起信论唯识释》，载《太虚大师全书》第18册，台北善导寺1980年印本，第1409页。

则兼清净法相以言,包含真如如来藏,总名曰真如。犹包含清净依他起分,总名曰圆成实也——不应依之有有漏生灭心及忽然起无明。唯识家以异生心中本具之无漏种说如来藏,其无漏种曾未现行,而无始无明执障亦从无间断,绝无从无漏无间起有漏之事,亦不应说依如来藏有生灭心,非依无漏种得有有漏现行故;无明亦不应说忽然而起,无始现行曾未暂间断故。坐是贤首、天台二家,不知其不可而说多舛谬难通;唯识家知其不可而致生违诤,三家皆不知此论依据菩萨心而说,故皆失之私蔽。"① 华严宗人依如来之心(真法界及事事无碍法界),或真如(真法界及理法界)解如来藏,但是如来之心恒常无漏,不应依如来之心而有有漏的生灭心及忽然生起无明,这与《起信》论文是相违的。天台宗人以法性真如解如来藏,但是法性真如恒常无有变异,没有造作,不生起万法,所以不可说依法性真如而生起有漏的生灭心和忽然生起无明,而《起信》却有如此的论文。唯识宗人依凡夫之心本具的无漏种子解如来藏,但是在凡夫的心行中,凡夫如来藏中的无漏种子从未现行,而且无始无明执障也从来没有间断过,自然不会发生从无漏无间生起有漏的心况,而《起信》却说依如来藏有有漏的生灭心;无明无始以来未曾暂时间断,则不应该说无明忽然而起。

(二) 驳法相与唯识分宗

太虚以为欧阳分宗说裂法相与唯识为楚汉,皆是虚妄分别,由之而作《论法相必宗唯识》、《再论唯识与法相》以反驳。对于"法相"、"宗"的用法,太虚认为"宗"为"宗派"义,非"宗趣"义。太虚辨云:"法相之法,法相之相,都无不通,都无不详。若然、则固无诣非法相者,法相宁得为宗?——若所云贤首宗、慈恩宗之宗字,乃是一家一派之代名词,异此中所云法性宗、法相宗为标宗趣之宗也。"② "凡属遮表言思所诠缘者无非法相,一一法相莫非唯识,故法相所宗持者、曰唯识,而唯识之说明者、曰法相;此就唯识宗言者也。若就法性宗言:亦可法相所宗持者、曰法性,法性之说明者、曰法相。故法相绝然不得以名宗。若名法

---

① 太虚:《大乘起信论唯识释》,载《太虚大师全书》第18册,台北善导寺1980年印本,第1409页。

② 太虚:《竟无居士学说质疑》,载《太虚大师全书》第18册,台北善导寺1880年印本,第1454页。

相为宗,则岂唯俱舍、华严可属法相宗,即大乘其余各家与小乘各派,外道各派乃至世间小家珍说,孰不可属法相宗哉?故须大乘所说一切法相所宗持者乃得名宗,而不得别指有一通三乘之法相宗、与唯识宗非一也。"①对此问题,太虚从三个方面逐条破斥。

第一,对分宗理由的破斥。首先,破"缘起理,建立唯识义;缘生理,建立法相义"。欧阳认为:"缘生理是就其果说成就相,识不独尊,故万法平等平等,是法相义。缘起理就因谈种子相,万法归于一识,故唯识独尊殊胜殊胜。"② 太虚则认为种现因果,不即不离,由此,缘起与缘生亦是不即不离。缘起义之唯识与缘生义之法相亦不可相离而单独成立。其次,破"唯识宗以根本智摄后得智;法相宗以后得智摄根本智"。太虚认为根本智属唯识,后得智属法相。由根本智摄后得智,则法相以唯识为宗;依后得智显根本智,即是通过法相而彰显唯识。据此只能看到二者所宗为一,不能别立为二。再次,破"唯识宗以四寻思入道,法相宗以六善巧入道"。"后得智为仿根本智之所起,加行智为引真见道,根本智前结加行智之成,后为后得智之源,乃一切智之枢纽也。而六善巧之蕴、处、界、食、谛、缘、诸法,皆为后智所分别之幻有法相,以之入道,但是依教入理之道;不宗唯识之四寻思观,不能从行证果入真见道,故法相必宗唯识。"③ 真见道所依的是根本无分别智,这只能由唯识之四寻思观才能发起。六善巧诸法为后得智所分别之法相,不是真正的真见道。且后得智也是源于根本智,也就说源于唯识观。所以,法相必宗唯识。最后,破"唯识宗以唯有识为观心,法相宗以如幻有诠教相"。"唯识为唯有识以观心,是观即行,行必证果。法相以如幻有而诠教,教但显理,理必起行,方能证果。凡举一宗,皆具教理行果:唯识之教理即法相,法相之行果即唯识。且宗也者,正指统持教所明理之一集中点以言,故由法相教理,反博归约而起行趋果者,正在唯识。唯识为唯有识以观心,是故法相

---

① 太虚:《竟无居士学说质疑》,载《太虚大师全书》第 18 册,台北善导寺 1980 年印本,第 1454 页。
② 欧阳渐:《杂集论述记叙》,转引自徐清祥、王国炎《欧阳竟无评传》,百花洲文艺出版社 1995 年版,第 110 页。
③ 太虚:《论法相必宗唯识》,载《太虚大师全书》第 9 册,台北善导寺 1980 年印本,第 1464—1465 页。

依唯识为宗。否则，法相如童坚戏，不能趋行证果。"① 从境行果三层次来看，法相属教，即境；而唯识是其行、其果，所以，法相以唯识为宗。

第二，对两宗宗依经典判摄的破斥。太虚引述欧阳观点说："近人之《〈百法〉、〈五蕴〉叙》云：抉择于《摄论》，根据于《分别瑜伽》，张大于《二十唯识》与《三十唯识》，而怀胎于《百法明门》，是为唯识宗，建立以为五支。抉择于《集论》，根据于《辨中边》，张大于《杂集》，怀胎于《五蕴》，是为法相宗，建立以为三支。"② 如是二宗八支，《瑜伽》一本及《显扬》、《庄严》二支括之。太虚回应说："此所判者，未善思维，试举一二非之：世亲《〈摄论〉叙》云：'《摄论》宗唯识，则以一切法唯识以立言，所有一切显现，虚妄分别，唯识为性故，摄三性以归一识故'。是言也，谓为《摄论》明法相，以唯识为宗者可，若判为《摄论》是唯识而非法相，则殊未敢苟同。盖如其所计，则《摄论》之初品之所知依，应判为唯识，其第二品之所知相，不又应判归法相乎？吾敢正告之曰：十支诸论，若《摄论》，若《显扬》，若《百法》，若《五蕴》，或先立宗后显法，或先显法后立宗，无不以唯识为宗者。若于立显之先后微有不同，强判为唯识与法相二宗，则不仅十支可判为二宗，即一支、一品亦应分为二宗。如是乃至识之与唯，亦应分为二宗；以能唯为识，所唯为法故。诚如所分，吾不知唯识如何安立？"③ 世亲《〈摄论〉叙》明言，"《摄论》宗唯识"，且第二品所知相品应判属为法相宗。可见，一部论既属唯识宗，亦属法相宗。唯识的经典有的先成立唯识，以唯识为宗，再显示法相；有的经典先显示法相，后成立唯识，均以唯识为究竟宗依处。如果将经典分为唯识、法相两支，那么一部论、论中的一品亦可分为两宗，"识"与"唯"也得分成两宗。如此，就显得分崩离析了，"唯识"则不能成立。

第三，对法相宗摄菩萨别藏、声闻通藏的破斥。首先，对欧阳的观点，太虚引述说："近人于分立唯识与法相之二宗，更画其范围，所谓法相赅广，五性齐被。唯识精玄，唯被后二。兹先出其意：《〈杂集论〉叙》

---

① 太虚：《论法相必宗唯识》，载《太虚大师全书》第9册，台北善导寺1980年印本，第1465页。

② 欧阳渐：《法相诸论叙合刊》，支那内学院蜀院1941年版，台北善导寺1980年印本，第1页。

③ 太虚：《论法相必宗唯识》，载《太虚大师全书》第9册，台北善导寺1980年印本，第1465—1466页。

云：'唯识简声闻藏八万四千法蕴处，是三藏相。是所缘境。法相则摄方广十事门菩萨别藏，更摄十二部声闻通藏。'又《〈真实品〉叙》云：'唯识无住，但《般若》自性涅槃，而俱简小，法相普被，有余无余以为其果。'又，'唯识有简，故有其略；法相咸应，罄无不详'。更有括及于《华严》帝网重重之无尽法界，皆入法相宗范围者。"① 太虚以为法相宗的提法只能局于唯识宗，其他的如小乘、法性空慧宗、法界真净宗等皆不属于法相宗。第一、二乘法执之法，是法相唯识之所破，非可滥同唯识之如幻有。其次，从法性空慧宗来看，空慧具遮执作用，即遣诸法相、名、分别，乃至能遣亦遣，正智、真如亦不安立。入毕竟空，起法空慧，而直契一切法之平等体性，此体性性离言绝思。法相之相，由后得智分别施设，乃相用之相，非体相之相。法性空慧宗与法相唯识宗，二应有别。最后，安立非安立之圆融法界非法相。此圆融法界，即太虚所判三宗中之法界真净宗，又名真如宗。真净即对有漏虚幻杂染谈，真简有为虚幻，净简有漏杂染，为佛智性相圆融之究竟真净。华严天台无碍法界——此亦可称为唯智论。但唯智乃宗依佛之一切种智，安立非安立圆融为一法界，所以不可束之于法相。由此，法相宗不摄菩萨别藏、声闻通藏。

欧阳将法相与唯识分宗，至关重要的意图不是要把统一的法相唯识学区分为两个部分，而是借一分为二的条理指认"从缘所生法相"的抽象教法系统，为佛法形上体用关系的探究清理了地基。法相、唯识分宗的另一意图在于突破传统所谓慈恩宗的界限，直接提示弥勒学的全体。这一个意图是分宗说创意思考的直接契机。② 太虚则站在传统的唯识宗即法相宗的立场来抉择这一问题。立场不同，其实各是其所是。

(三) 论唯识与人生佛教

太虚大师提出人生佛教是为对治当时佛教的弊端，即"死人的宗教"和"鬼神的宗教"。他说："'人生'一词，消极方面为针对向来佛法之流

---

① 太虚：《论法相必宗唯识》，载《太虚大师全书》第 9 册，台北善导寺 1980 年印本，第 1465—1466 页。

② 程恭让：《抉择于真伪之间——欧阳竟无佛学思想探微》，华东师范大学出版社 2000 年版，第 154 页。另外，张志强以为太虚对欧阳的观点有误解，他立论的依据恰恰从反面运用了分宗说试图简别澄清晚明的旧唯识学的颠顶笼统之说。见张志强《"法相"与"唯识"何以分宗？——试论"唯识、法相分宗说"在欧阳竟无佛学思想中的奠基地位》，《中国哲学史》2010年第 3 期。

弊，人生亦可说'生人'。向来之佛法，可分为'死的佛教'与'鬼的佛教'。向来学佛法的，以为只要死的时候死得好，同时也要死了之后好，这并非佛法的真义，不过是流布上的一种演变罢了。还有说：佛法重在离开人世的精神；但死后不灭的精神，具体的说即为灵魂，更具体的说，则为神鬼。由此，有些信佛者竟希望死后要做个享福的鬼，如上海某居士说'学佛法先要明鬼'，故即为鬼本位论。然吾人以为若要死得好，只要生得好；若要作好鬼，只要作好人，所以与其重'死鬼'，不如重'人生'。何以言之？因为人和鬼，都是众生，至于死，特为生之变化耳。我们现在是众生中之人，即应依人生去作，去了解；了解此生，作好此人，而了死了鬼亦自在其中，此所以对向来死鬼的佛教而讲人生的佛教也。""人生"之意，"世俗对于人生的解说，往往以为人生几十年光阴就是人生的安立，把人生概指为'人之一生'、'人的生命'或'人的生活'而已"①。用佛法透视"人生"，可得如下结论："一、'人'是什么？是五蕴和合及相续的假相——故人假无人。二、怎样叫'生'？是众缘交遍且互融的空性——故生空无生。三、怎样做'人'？尊重仁及坚忍精进的人格，启发此人人本具的性德，做成一个能仁能坚忍精进的'仁人'。四、'人生'为什么？造成人人能仁能坚忍精进的人格，去实证'人假无人'、'生空无生'的人生真相，同登正觉。"② 更广义的人生是"人生即一宇宙"、"人生各一宇宙"。"其实，宇宙只是人的生活与非人的生活之总生活，而人亦即为宇宙总生活表现之一种生活。换言之，人生即一宇宙，人生各一宇宙。人生各一宇宙与一一人生各一宇宙，及一一非人的生活各一宇宙，皆有交遍涉入之调和关系而不相离绝的。"③ 太虚大师曾将佛教人生观分为三种：佛教一心十法界大统系中的人生观、三乘佛法中的人生观和大乘佛法的人生观，太虚大师最为推崇大乘佛法的人生观。太虚大师将学佛法之目的及其效果分为人生改善、后世增胜、生死解脱、法界圆明四个层次。值得注意的是，太虚大师的人生佛教是即人生改善，隐摄后世增胜、生死解脱，直达法界圆明的极果，大师以为这一法门最为"契

---

① 太虚：《人生》，载《太虚大师全书》第 3 册，台北善导寺 1980 年印本，第 199 页。
② 同上书，第 203—204 页。
③ 太虚：《人生观的科学》，载《太虚大师全书》第 23 册，台北善导寺 1980 年印本，第 223 页。

机"。太虚大师人生佛教的修行方法是圆渐,而非圆顿,他以为圆渐更契合时机。如文说:"大乘佛法,虽为令一切有情普皆成佛之究竟圆满法,然大乘法有圆渐、圆顿之别,今以适应重征验、重秩序、重证据之现代科学化故,当以圆渐的大乘法为中心而施设契时机之佛学,是为人生佛学之第三义。故'人生佛学'者,当暂置'天'、'鬼'等于不论。且从'人生'求其完成以至于发达为超人生、超超人生,洗除一切近于'天教'、'鬼教'等迷信;依现代的人生化、群众化、科学化为基,于此基础上建设趋向无上正遍觉之圆渐的大乘佛学。其道当先从大乘经论研求得正确之圆解,发菩提心,学菩萨行。先修习大乘十信位菩萨之善根,获得初步之证验,完成人生,成为孔丘、王守仁一般之人圣,然后再渐趋入于十住、十行、十回向、四加行、十地等三无数劫之长劫修证,由超人、超超人以至于佛。"① 不重圆顿,而重圆渐,应该是受到了唯识宗修行次第的影响。

太虚运用唯识学对人性进行分析后,略示了即人而成佛的路径。如云:"以上依佛学分析人性,大概如此,次略讲修证:性若全善,何修证为?本不可修,遑言证诣!因有求知创作性,方有引发正觉创显真如之修证可能;因有不善恶劣性,始有进攻执我清治染杂之对治的必要。有七:一、善用求知性以理解信向纯善性:依理解纯善性而信向之为最高目标,以达到其圆满究竟为目的。无此理解基础,虽有趋向,亦不能直到佛法之修证,故此第一条须特别注意。二、善用创作性以勇作善业止不善:青年人对于自己的创作性,须好好利用,否则一失足成千古恨。三、集中善行理解力进攻执我性:集中云者,如国民与军队的集中,便生伟大之力量,单散则否。吾人善行理解,必也集中方有进攻执我性——第七识——之最高能力,否则便投降于他了。理解是从禅定所生之无我观、法空观等智慧。四、积高善行理解力引发正觉性:善行高,理解力强,如春天之阳光,可引发生之种子生起。五、突破执我性,生起正觉性,创显真如性。六、洗除执我习;清治杂染种增长,增显纯善性——初地至十地。七、异熟性空,杂染性尽,圆满纯善性——

---

① 太虚:《人生佛学的说明》,载《太虚大师全书》第3册,台北善导寺1980年印本,第208—209页。

佛地。"① 这其实就是唯识学的修行次第。

四 结语

近代唯识学的研习成果蔚为可观,他们的研究都有一个共同的取向,即重视印度佛学,重视印度佛学原典,以为汉传唯识学直接传译自印度,真实地反映了印度佛学的原貌,反映了佛法的真实义。而对中国化佛教多有提出质疑,特别是欧阳竟无和韩清净,视其为相似佛教,即使是太虚这样的中国佛教的维护者也对台、贤颇有微词,都将振兴唯识学视为振兴中国佛教的途径,彰显了佛教去伪求真、弘扬正教之精神。他们的研究也不仅仅局于唯识学,而是广涉大乘三系,会通空有二宗,给我们提供了一条解读中观学的新的理路。同时,亦重视唯识学与现世人间的关联,摄化世间,他们时常至各个大学等举办唯识讲座,三时学会兴办大良医院,太虚推动的人生佛教运动尤为突出。欧阳竟无、太虚等融通儒佛,以佛摄儒,不失为佛教导俗化方之善巧方便。他们希望通过严密的法相分析,揭示佛教与其他宗教、哲学的差别,包容和取代西学中的科学、逻辑体系,重建中国人道德与信仰的根基。唯识学大师和章太炎、谭嗣同、熊十力等思想界著名学者将唯识学引入研究中,共同促进了民国学术的繁兴。

第三节 近代华严宗与天台宗的弘扬

大醒法师曾论及民国时期华严与天台的弘扬时说:"中国佛教各宗除禅净而外,足称于今古人耳听者,有天台、贤首二宗;中国研习经教之佛教徒,莫不知有此二宗,甚且于佛教大旨茫而不知,反于台、贤二宗能数其宝。台、贤二宗,在智者、贤首二大师判教之初,不过讲的方法之不同,迎合当时众生根基利钝者。后来习此宗者奉为金科玉律,自限门户,不能博学多闻,致至现在不能倡大其宗。"② 明清以降,由于佛教界整体

---

① 太虚:《人性之分析与修证》,载《太虚大师全书》第 21 册,台北善导寺 1980 年印本,第 738—739 页。

② 大醒:《中国佛教讲话:中国佛教各宗的现状(6)——与台湾林德林师的谈话》,《现代僧伽》1929 年第 39、40 期合刊。

素质的下降，华严宗与天台宗一样，久已衰微，而天台宗由于在浙江等地尚有天台山国清寺、高明寺，宁波观宗讲寺和湖州灵峰寺等道场和法脉传承，尚能勉强维持；而华严宗在陕西终南山和西安，以及山西五台山等地的道场日趋衰落，或改宗禅宗，缺乏深入研究华严宗教义的大德，故与天台宗相对，至清末之时，华严宗衰敝更甚，幸赖月霞、应慈等苦心孤诣奋力提倡，方有复兴之气象，所谓："贤首一宗，盛于唐宋而衰于清末，今之后学，得窥一乘堂奥者，赖月师与吾师殚心穷究，独力提倡之所致也。"①

一 近代华严宗的重兴

中国华严宗通过对"经中之王"《华严经》的诠释，建立起一套完整的华严学思想体系，除了对华严大经即《六十华严》、《八十华严》和《四十华严》三个译本尊崇外，更重视唐代华严宗创立者智俨、法藏、澄观等祖师的著作的研习，唐代以后所谓的华严宗的传播，主要是对后者的研究和弘扬。正如魏道儒在《中国华严宗通史·导言》中说："会昌年（公元841—846年）之后的华严宗历史，既不是传承法系的严格意义的宗派延续历史，也不是华严教理依据内在逻辑有新发展的历史，而是华严教理的传播史，是它在整个佛学中的运行史和转型史。"② 所以近代华严宗的重兴亦是如此，并非严格意义上的宗派发展，而是华严教理的研究与弘扬。

（一）近代的知识分子与华严思想

在近代思想史上，佛教思想成为社会改良与革命的思想武器。近代以来，中国在面临着西方列强铁炮利舰的入侵和蹂躏的同时，也面临着西方文化的巨大冲击，在这样民族危亡的关头，有识之士抱着图亡救存的目的，往往从佛教中寻求传统文化的资源，用以激发民族的自尊心。在这样的形势下，对于华严思想的研究，蔚然成风。

杨文会托人于日本搜集到中国久已失传的唐译智俨《搜玄记》、法藏

---

① 《虞山兴福寺华严座主应慈本师和尚六秩颂言》，《世界佛教居士林林刊》第34期，1933年4月。

② 魏道儒：《中国华严宗通史导言》，载《华严学与禅学》，宗教文化出版社2011年版，第174页。

《探玄记》等数十种华严典籍,并整理刊行。徐蔚如(1878—1937)与杨文会一样,一生致力于创办刻经处,流通佛经,他同时也是以华严学者而著称。他校刊了许多华严宗的重要经典,曾在天津功德林讲解《华严经》大意,被尊称为"华严学者"、"华严大师"。他还研究阐释了华严宗的《华严探玄记》、《华严搜玄记》和《华严纲要》等三大疏以及《华严经疏钞》等经典。杨文会自谓平生得力处乃"教宗贤首,行法弥陀",所以华严学为其学问的重要根基,他对华严教理进行了深入研究,并结合时代需要作了新的发挥,激起了强烈反响,对近代知识社会思潮产生了重要推动作用。受杨文会的影响,近代社会改革家、政治家康有为、谭嗣同、章太炎等,均对华严思想有着很深的研究。

康有为的《大同书》和谭嗣同《仁学》,是对晚清的知识界影响很大的名著,其中有相当多华严的概念和思想。谭嗣同曾入祇洹精舍从杨文会学习,尤擅长于华严思想,他受杨文会影响,在南京金陵刻经处从杨文会学佛期间撰写了著名的《仁学》一书,他说:"凡为仁学者,于佛书当通华严及心宗、相宗之书。"①

章太炎则从佛教的缘起性空、种姓平等和众生平等思想出发,反对满汉不平等,推崇佛教的大无畏精神和菩萨的慈悲济世思想,尤其是从地藏王菩萨"地狱不空,誓不成佛;众生度尽,方证菩提"的大愿,认为只有佛教才能在普度众生中做到"头目脑髓,都可施舍于人"的自我牺牲精神,才能"以勇猛无畏治怯懦心,以头陀行治浮华心,以惟我独尊治猥贱心,以力戒诳语治诈伪心"。正如章太炎在《人无我论》中说:"之所以提倡佛学者,则自有说。民德衰颓,于今为甚,姬、孔遗言,无复挽回之力,即理学亦不足以持世。……矫弊者,乃憬然于宗教之不可泯绝。而崇拜天神,既近卑鄙;自非法相之理、华严之行,必不能制恶见而清污俗。"② 章太炎主张"用宗教发起信心,增进国民之道德"③,对华严思想亦有较深入的研究,他的这段话既是他本人佛教思想的概括,同时也是时代思潮的反映。

---

① 谭嗣同:《仁书》,《谭嗣同全集》增订本,中华书局1981年版,第293页。
② 章太炎:《人无我论》,载《章太炎全集》第4卷,上海人民出版社1984年版,第429页。原载《民报》第十一号,1907年1月25日。
③ 章太炎:《东京留学生欢迎会演说辞》,载《章太炎文选》,上海远东出版社1996年版,第143页。

（二）月霞法师与近代华严学之重兴

月霞（1858—1917），名显珠，一名识悔，俗姓胡，湖北黄冈人。月霞生于清咸丰八年（1858），幼年受学儒家教育，稍长研习医学，因逢太平天国战乱，社会动荡，备尝民间疾苦，领悟到"世间庸医，医人一身，尚不可必，况医一家一国哉"①，进而认识到病由心生，所以医心才是根本，于是他开始广求医心之道。由此因缘开始涉猎佛书，认为"惟佛学乃穷尽心理"，故发心出家。光绪八年（1882），月霞辞别双亲，来到南京观音寺，依禅定法师出家，并于当年往安徽铜陵大通莲花寺受具足戒。②

月霞受具后，一日在禅坐之后忆及永明延寿禅师有言：威音王以前，无师自悟犹可，威音王以后，无师自悟者，乃天然外道，于是决心遍历名山，参访善知识。光绪十三年（1887），至江苏常州天宁寺，参冶开禅师，深受器重，后与应慈、明镜、惟宽三人，同受天宁冶开老和尚记别，成为冶开和尚的法嗣传人，传磐山一系临济宗，为临济宗第四十二世。光绪十五年（1889），前往金山寺参大定禅师，次年参访少林寺故迹，往桐柏山太白顶参了尘和尚，一日晚上读《维摩诘经》，静坐达旦，犹如食顷，由此得桶底脱落，身意泰然，有所悟入，"谛信依无住本立一切法，成就众生，庄严佛土，惟人生最要重任"③。此为其讲经说法，利益众生的最初因缘，其后才有弘法于江苏、湖北之间，无稍懈倦。不过在太白顶时因为用功太猛，致患心疾。了尘和尚告诉月霞，南京句容法忍禅师为禅门名宿，可前往参学。光绪十六年（1890），月霞至南京句容（今属镇江）赤山真如寺，参谒法忍老人，参究禅宗最上一着，尽得其传。每遇大众不能回答之语，必使月霞法师代为回答。光绪十九年（1893），湖北归元禅寺请法忍讲《楞伽经》，多由月霞法师代座，由此开始他讲经弘法的生涯。然而月霞法师还是以为自己悟境尚浅，于本来面目未能彻证，所以往来于赤山十余年间，深参力究。在此期间，他还结识了精研唯识学的松岩法师，一起研习佛法教理，后松岩不幸早逝，月霞痛心地说"失吾

---

① 智光：《月霞法师略传》，《海潮音》第 11 卷第 3 期，1930 年。又见金山禅寺《法海观澜》第 5 期，1930 年 7 月。

② 持松：《月霞老法师传略》，《觉有情》第 62、63 期合刊，1942 年。

③ 智光：《月霞法师略传》，《海潮音》第 11 卷第 3 期，1930 年。

宏教左臂矣"①。月霞还曾往长安，拜谒华严宗祖师法藏弘道之地，巡礼隋唐时各大宗派祖师弘法阐教之遗迹。至五台礼文殊菩萨，据言得文殊示其弘华严之处。

光绪二十二年（1896），月霞朝礼五台山返回途中，来到九华山礼地藏王菩萨。清光绪二十八年（1902）所立《开建翠峰华严道场碑志》记载，月霞见翠峰寺废墟遗址景胜清幽，便协助楚僧普照，在当地士绅王作宾、王文鼎等支持下，披荆斩棘，重修寺院，创办"华严道场"，讲八十《华严》全部，由"普照主讲，月霞、可安佐之"。②"华严道场"学制为三年，招收苏浙皖等省的学僧共三十二名。"华严道场"开创了近代中国僧教育之先河，受到高度赞扬，有人评价说："自明清以来，未有讲《华严经》如此其久者，其道行之高，可想见矣。"③

光绪二十七年（1901），因赤山法忍法师至终南山，月霞率学人一同前往。《虚云和尚年谱》记载，光绪十一年（1885），"（虚云）至南五台，晤觉朗、冶开、法忍、体安、法性诸上人，在此结茅庵，留予同住。法忍住老虎窝。冶开居舍龙椿。法性住湘子洞。予与觉朗体安同住大茅蓬"④。赤山法忍于光绪三十一年（1905）圆寂，而月霞亲近法忍十余年，故虚云所记在终南山坐禅的时间有误。在终南山结庐禅修期间，清廷驻扎地方的守军将领苏公施田若干亩，月霞即领众开垦，不避艰辛。次年亲迎法忍法师于长安居之，又成为大道场。一年后法忍法师有事南返，月霞亦随之回赤山居住。

清末，有识之士纷纷东渡日本，寻求强国救民之道。此时中国国贫民弱，日本人讥讽华人不识佛教。为了鼓舞革命精神，光绪三十二年（1906），同盟会领袖及骨干孙中山、黄兴、章太炎、蒯寿枢，以及留学日本的佛学家桂伯华等，在东京发起成立研究佛学会，迎请月霞到日本讲经，为留东京学人讲了《楞伽经》、《维摩经》、《圆觉经》等大乘经典，听经的人士中有章太炎、苏曼殊、孙少侯、刘申叔夫妇、蒯若木夫妇等，留学生中很多因听经之影响而学佛者，被誉为"启发革命之真谛，期佛

---

① 持松：《月霞老法师传略》，《觉有情》第62、63期合刊，1942年。
② 参见张轼《佛教与安徽》，安庆市政协文史资料委员会1997年版，第98—99页。
③ 九华山志编纂委员会编：《九华山志》，黄山书社1990年版，第146页。
④ 岑学吕：《虚云和尚年谱》，"光绪十一年乙酉四十六岁"条。

教为将来民众之觉场"①。

　　清末庙产兴学之风盛行,光绪三十四年(1908)冬,杨文会居士在南京金陵刻经处内创设"祇洹精舍",以新式教育培育佛学人才,时太虚、文会、智光、开悟、惠敏等均入学受教。杨文会授《楞严》,苏曼殊授英文,谛闲法师任学监,月霞法师亦应邀入校授课。祇洹精舍开办不足一年,即因经费困难而停办。宣统元年(1909),安庆提学使沈子培迎请月霞住持迎江寺,于此创设安徽僧教育会,招收僧人受学,宣讲《法华经》、《楞严经》等。月霞法师与杨文会居士为莫逆之交,当时江苏诸山长老同时组织江苏僧教育会,创立僧立师范学堂于南京雨花台,聘请月霞法师担任监督,招收僧青年八十余人,仁山法师、智光法师等在此求学,这是近代以来最早开办的专门的僧教育学校之一。月霞后因为要到武汉洪山宝通禅寺讲经,学堂监督由谛闲法师继任。至辛亥革命兴起,学生星散,僧学堂即告解散。此时,沈子培劝请月霞游历欧美诸国,考察宗教,参观胜迹,搜集遗经。月霞曾到过暹罗(泰国)、缅甸等国,后因水土不服,胃病突发,不得已而返回。

　　辛亥革命后,月霞溯江而上,至武汉见黎元洪都督,探讨佛法真谛。不久,受上海著名佛教居士狄楚青(平子)的邀请至上海,在他所主持的时报馆楼上讲《大乘起信论》。继由狄楚青推荐,入哈同花园,讲经年余,先后讲过《楞严经》、《圆觉经》等,并著有《维摩经讲义》。哈同花园为犹太人富商哈同及夫人罗迦陵在上海静安寺路所兴建私人花园,罗迦陵闻经发心,于1913年留月霞创办了华严大学。招收学僧六十人,订为预科三年、正科三年,后来成名的僧人持松、常惺、慈舟、智光、霭亭等均曾于此就学。开办约两个月时间,因有其他宗教信徒从中作梗,华严大学不得已停办。1914年,于杭州望江门外海潮寺继续兴办,校名定为"中华佛教华严大学",由浙江巡按使屈映光报请内务部总长准予成立。根据1915年8月21日浙江巡按使屈映光致内务部的咨文:"根据中华佛教总会呈请大总统规定章程之第二章第五条建立华严大学于杭州望江门外海潮寺,联合梵林之俊,选集兰若之秀,即于上年十二月初八日来校肄业,用稽大乘密藏,讲说方广华严,详订约规,以自利利他为行,博采程范,以修观习教为宗。总期造就布教人材,养成僧众模范,将来散之四

---

① 智光:《月霞法师略传》,《海潮音》第11卷第3期,1930年3月。

方,专宣布我佛最盛功德,使世界同享和平之福,人心共趋善良之途。"①后又迁往安徽青阳县大九华山东崖寺、江苏常熟兴福寺续办。据月霞弟子持松回忆:"师对于晚近佛教,每抱悲观,常谓佛教前途将有不堪设想之厄运。故一面设立学校,以期造就人才,备布教之用,一面向政府抒其意见,俾藉政治力量,革除劣习,刷新制度。然旧习深染,非旦夕可除,近来佛教学校稍见振作,师实开风气之先也。"② 1917 年,月霞在常熟虞山兴福寺住持,因积劳深重,率弟子十余人至西湖玉泉寺养病,不久圆寂。

月霞对杜顺的法界观及法藏、澄观的章疏均有深湛的研习,他力阐华严一多相容重重无尽的缘起学说,认为:"须弥、大海之大,芥子、毛孔之小。非放芥子、毛孔令大,以容须弥、大海;亦非收须弥、大海令小,以入芥子、毛孔之中。不动本体,而相摄入,即一真法界之妙用,事事无碍法界也。""真如性理,生、佛本同……众生不守真如,即成妄想,故有分别,由是彼此各殊,大小各别,处处空碍;菩萨不失真如,故能依正无碍,大小融容。"③月霞法师在弘扬华严的同时,特别重视禅观的修行。他在各地创办华严大学时,都设有禅堂,用以补充传统华严宗禅修的不足。

月霞颇具禅宗风范,重视讲经说法,培育僧才,而无暇著述,流传于世的仅有《维摩诘经讲义》和《法源论》等少数著作和文章。月霞在《法源论》中发挥佛经中所记载的释迦牟尼佛于菩提树下夜睹明星而悟道时所说的,"大地众生,悉有如来智慧德相,皆因妄想执着不能证得",有此说法四十九年,月霞认为佛法宗旨不出乎三:"谓一心二法。一心者,即当人一念灵知之性,非色非空,无形无相,遍满法界而不失,住一微臣而不小,能出生一切万类,能收摄一切万法,不可得而名,假名之曰心。二法者,一依报,二正报。"④月霞认为:"(释迦牟尼)四十九年所说,无非直指一心,能造十界苦乐依正二报因缘果报也。其能造之心体,非言说所能宣,必须回光返照,自肯承当,默然契悟,然后能造净妙依正二报。"月霞在《法源论》中所讲的中国佛教之兴衰演替,完全

---

① 屈映光:《浙江巡按使屈映光致内务部长咨》,载中国第二历史档案馆编《中华民国档案资料汇编》第三辑"文化"(1912—1926),江苏古籍出版社 1994 年版,第 738 页。

② 持松:《月霞老法师传略》,《觉有情》第 62、63 期合刊,1942 年。

③ 《维摩经讲义录》卷二之上,第 40 页。

④ 月霞:《法源论》,《佛教月报》第 1 期,1912 年 5 月。

是按照禅宗的说法，从释迦牟尼在灵山会上拈花示众，迦叶破颜微笑，由此开始了正法眼藏、涅槃妙心的递代相传。至二十八代祖师菩提达摩传入中华，为此土之初祖。其间有唐代的六祖慧能、马祖道一，以及宋代的大慧宗杲等，禅风均有大变。至明末天隐圆修、密云圆悟禅师，又恢复临济宗机锋棒喝的家风，至清雍正乾隆时，天慧彻、大晓彻两位禅师又开启新的禅风，坐香打七，棒喝交加，流传二百余载。月霞虽然自称对清代以来禅宗的利弊不敢妄加评论，但又说："法门不得其人，则是其明证。传灯之法，其旨趣在令悟心光，而庄严依正，自得利益，方可普利众生，自既不能得利，又安望其利生？是于国民政治毫无裨益，无怪乎攘夺之徒有所借口也。彼仗佛衣食者，固不足为道，其自任为续佛慧命者，吾不知其将何以为之乎？"月霞法师虽然出家以后巡礼名山古刹，参访禅门尊宿，以禅宗自居，但是他对于清末之时禅门之衰敝颇有感触，一方面，佛教僧人整体素质下降，禅宗门庭拘泥于禅堂中坐禅了生死，故人才不出；另一方面，中国佛教以禅宗丛林为代表，走向山林，一味追求出世，割裂与社会民众之间的联系，"于国民政治毫无裨益"，故难免受到社会的轻视，甚至觊觎攘夺佛教丰厚的庙产，佛教面临着严重的生存危机。

（三）应慈对华严学的继续弘扬

月霞法师之后，能够继续将沉寂已久的华严学发扬光大的当属应慈法师。月霞法师在圆寂之前，执法弟应慈手说："应弟！善弘华严，莫作方丈！"应慈当即允诺，遂终身以弘扬华严为己任，一生未出任方丈。应慈（1873—1956），俗姓余，名铎，号振卿，别号"华严座主"，又号"拈花老人"，祖籍安徽歙县，父亲余根源旅居江苏东台经营盐业，余铎即出生于东台。光绪二十四年（1898），余铎辞亲朝礼普陀，值遇明性禅师，即随之出家，法名显亲，号应慈。出家后读经三载，如《维摩》、《法华》、《楞伽》诸经，靡不领悟。光绪二十六年（1900）冬，往宁波天童寺从寄禅受具足戒，深受寄禅器重。逾年，朝礼天竺寺、云栖寺，于西湖灵隐、昭庆寺参学两年。"每悟佛旨不在经忏门庭"，自发誓曰："在家不能尽忠孝，出家不能绍佛种，此何人哉？由是发心，上求佛道，下利群生。"①

---

① 《虞山兴福寺华严座主应慈本师和尚六秩颂言》，《佛学半月刊》第41期，1932年10月；又见《世界佛教居士林林刊》第34期，1933年4月。

光绪二十九年（1903），奉师命往常州天宁寺参学，亲炙冶老和尚。入禅堂第三年，上座问"念佛是谁"的话头，答："无是谁，无非谁。"冶老引为入室弟子，盖以明公深通禅理，担荷祖庭。为冶开门下四大弟子之一（另三位即明镜显宽、月霞显珠、惟宽显彻）。应慈虽为月霞法弟，但一直敬事月霞如师。清末之时，协助月霞法师创办江苏僧立师范学堂。民国以后，先后协助月霞在上海哈同花园创设华严大学，又移杭州海潮寺开中华佛教华严大学，先后凡六年。

冶开住持虞山兴福寺后，命月霞与应慈至山，因月霞受诸方之请，讲经办学，为法勤劳，1917年在西湖圆寂，应慈独立支撑兴福寺，渐复旧观，传法与持松、慧宗、泽月及再传正道等，相继住持兴福寺。设法赎回寺产以维持僧众生活，设华严讲堂以培养僧才，倡禅宗以绍祖印，又先后两次传戒，使兴福寺成为禅宗、教门、律宗兼备的道场。

1922年，应慈前往芜湖讲经传戒，随后于西湖菩提寺掩关，专研华严教理。1924年，常州清凉寺静波法师亲自叩关迎请应慈至常州。1925年正式创办清凉学院，招收学僧三十余人，学制五年，预科二年，专科三年。华严预科的课程有《四十二章经》、《华严五教仪》、《华严教义章》等，每日坐禅讲经，结冬打七。1928年，清凉学院预科毕业后，移上海辛家花园清凉寺下院继续兴办，讲授《华严悬谈》三十卷，为华严专科。后二年，又先后移至常州永庆寺、无锡龙华庵，开讲八十《华严经》正文，1931年春华严正科学僧终于圆满毕业。

应慈法师弘法二十余年，讲法三十余会，足迹遍及大江南北，如1931年夏，第五次朝五台山，礼文殊菩萨，在碧山寺宣讲《梵网经》，听众三百余人，咸感稀有之瑞。次年秋，应姑苏西园寺邀请，演讲《楞严宗灌顶疏本》。此书为清代华严宗高僧续法所著，1928年开始应慈法师募刻此书，经三载刻成，版存扬州藏经院。此次开讲，时值国难，希望借此消弭灾劫，祈祷世界和平。1932年春，应慈在常熟兴福寺讲演《法华经》，并传授三坛大戒，普劝世人止恶作善，以挽救世厄。应慈法师秉承圭峰宗密之遗峰，先定后慧，禅教圆融。据《六秩颂言》云："如讲《起信》、《维摩》、《楞严》、《楞伽》、《圆觉》、《般若》、《华严》、《梵网》、《法华》诸经，皆先定而后慧，尝有不坐禅则不说法之规约，所谓禅秉南宗，教遵贤首，如圭峰之遗教也。"①

《华严经疏钞》是唐代华严宗四祖澄观所撰，因澄观号清凉国师，故此书又称《清凉疏钞》，为《大方广佛华严经疏》和《大方广佛华严经随疏演义钞》的会合本。《疏》和《钞》原来分别刊行，宋代净源法师始录疏注经，明嘉靖年间妙明法师续钞合疏，合为会本，雕版流通，版存武林昭庆寺。然而在会和时有欠精当，后世流通过程中又增加了许多讹误，明《永乐南藏》及《嘉兴藏》收录此书时未加考订，清《乾隆大藏经》亦沿袭其讹。徐蔚如居士对《华严经疏钞》非常推崇，孜孜研习，通过汇校诸本，发现各本均有异同，乃认定当时流通的版本已非澄观之原本，主要有两大问题，一是厘会不当，二是删节不完。因此与蒋维乔、李圆净、黄幼希等信函磋商，决定重编《华严经疏钞》八十卷。徐蔚如于1937年因病逝世故未能如愿，蒋维乔等仍本其遗志，决定继续进行此重编工作。直到1939年应慈法师到上海宣讲四十《华严》，闻知此事，竭力赞助，《华严疏钞》编印会得以成立。5月18日，《华严疏钞》编印会第一次会议在上海功德林蔬食处召开，由应慈法师和蒋维乔居士担任会议主席。据黄幼希在成立大会上的报告可知，重编工作首先是"胪列异同，补正伪脱"，其次是"考证异同"及"点正句读"，即"考证异同，决定应从何本，而以他本异文择要列入校勘记。并将现行本厘会失当之处加以改正，点正句读"②。华严疏钞编印会的宗旨是："本会专以校勘补正《华严疏钞》旧刻伪脱，编会重印，以便利讲演、修习、受持、流通为宗旨。"③大会推举应慈法师为理事长，朱庆澜（字子桥）、叶恭绰（字玉甫）、蒋维乔三人为副理事长，月晴、僧昙、关絅之、李耆卿、范古农、黄幼希、李圆净、费慧茂、孟望渠、钱重知、徐春荣十一人为常务理事。经过两年多的努力，全部《华严经疏钞》于1941年冬校勘完毕，并于1944年全书校印完成，成为千余年来最为完善的版本，对于华严教义在近代的传播起了重要的推动作用。

应慈法师还著有《般若波罗蜜多心经浅说》一书，结合他在数十年

---

① 《虞山兴福寺华严座主应慈本师和尚六秩颂言》，《佛学半月刊》第41期，1932年10月；又见《世界佛教居士林林刊》第34期，1933年4月。
② 《华严疏钞编印会第一次会议录》，《佛学半月刊》第8卷第12期，1939年6月。
③ 《华严疏钞编印会简章》，《佛学半月刊》第8卷第12号，1939年6月。

中在华严大学及各地讲演《心经》，"采集靖迈、法藏、宗泐、憨山、智旭、紫柏各家之说，而加以熔炼，又时时自出机杼，别附胜见，记录用白话体，亦极明畅流利之致"①。

持松法师对应慈法师评价甚高："华严一宗，自五祖而后，虽不乏哲匠，然时隆时替，未能衔接一系。迨清末共和之交，先法师月霞尊者，始挺然利见，奋华严之硕誓，继列祖之鸿猷，阐五教，明三观，彰六相，抉十玄，别教一乘，于焉恢启。现法师应慈和尚，与先师同愿俱来，影响翊赞，殆媲夫文殊之辅化遮那，而庆喜之伦叙释尊也。故先师捐尘以来，师独荷肩仔，频演大经，奖掖后进，无厌无倦，仍犹先师之住世也。甲戌秋，师宴坐兴福寺救虎阁中，方阅《入法界品》纂要之文，恍见金人丁宁付嘱曰：'贞元四十，《华严》久秘未宣，显而扬之，责在尔躬矣。'师感惕惊窹，爰赴邗江，重镂是经，就虞山宝严寺敷陈嘉会。时众会中有读《探玄记》者，觉贤首规模，昉于晋经，因复劝请转其轮毂，俾三部大经，平等推挽。矧华严教义，虽曰盛于唐，而实创于晋隋之间，故晋译微言，实肇宗基，杜顺依之而立观，云华遵之而《搜玄》，贤首准之而判教分宗，顾可因唐译而偏废晋经乎哉？师允其请，乃捡核旧刻，舛误滋多，遂依徐文蔚居士近刊《探玄记》及诸藏本，校而正之，仍授梓扬州，与前四十卷经版式相若，放大字形，俾庄严法宝，易于受持。鸠工于丁丑岁，旋遇军兴，辍作不时，延至今秋甫庆观成。行见千载秘藏，悉揭橥而传播之，展转弘通，于是昔日之不能绵续一系者，亦得薪传无尽，历百千劫而不熄矣！当晋典传译之时，有双童给侍之瑞。盖以此经久置龙宫，龙王庆其传通世间，故令龙子及诸善神护于左右。今则千百年来无人宣示，不翅若在龙宫，故新刻竣事，吾师发挥奥赜之际，定亦有瑞相现前也。"②应慈法师60岁时，门人弟子亦赞颂应慈法师说："皖歙有高僧应慈大师，生于前清同治之季，由儒而佛，本宗贤首，戒乘并急，禅慧兼超，以度生为其天职，以说法布其宏施，尽虚空遍法界，有一不得其所者，师引以为己责，此其心量为何如耶！其仁慧为何如耶！"又说："师由禅宗见性而自利，次明华严大法而利他，先承冶老之心印，复绍月师（月霞）之宏

---

① 应慈：《般若波罗蜜多心经浅说》，载《佛学出版界》第三编，上海佛学书局1934年版，第427页。

② 持松：《应慈和尚重刻晋译华严经序》，《佛学半月刊》第192期，1939年11月。

模。贤首一宗,盛于唐宋而衰于清末,今之后学,得窥一乘堂奥者,赖月师与吾师殚心穷究,独力提倡之所致也。"①

(四) 结语

近代华严学的兴起有其鲜明的时代原因,即面对西方文化的冲击和佛教所面临的外部摧残和打击,华严学者自觉地对传统佛教资源再弘扬,用以回应来自国家和社会的挑战,以求佛教在新的时代生存和发展。近代华严宗的最大特点即从禅出教,融汇各宗。月霞"教宏贤首,禅继南宗",其门下弟子除了弘扬华严教理外,有的兼修禅观,有的兼弘真言,有的则兼修律宗和净土。月霞、应慈等均为禅僧出身,由禅入教,并且将华严教义融合到各宗修行之中。如应慈亦"教演《华严》,行在禅宗";持松精通华严,兼弘密宗;慈舟教弘华严,行修净土,并且重视戒律;戒尘"教依华严,行归净土"。月霞及其门下尤其重视戒律的持守,如法界学院学生上太虚大师书中言:"尸罗不弘,举世有沉溺之患;止持既没,佛种断相续之人。凡执教鞭者,何不提倡佛祖正令,纵使听者学得辨若悬河,不先专律,难免狂知狂见。虽投空门,秉三堂大戒,究其实菩萨、比丘尼僧、沙弥,有名无实者,比比皆是。"② 然而,近代华严宗由于缺乏一个稳定持续的专门弘扬华严学的道场,这也影响了其传播。月霞法师清末在九华山翠峰寺创办"华严道场",到民初在上海哈同花园创办"华严大学",以及后来辗转迁移于杭州海潮寺、常熟兴福寺,乃至弟子慈舟法师在汉口九华寺创办华严大学等,皆难以持久,无法形成持续弘扬华严的专宗道场。与此同时,作为华严宗发祥地的终南山至相寺在清代时已改为禅寺,演变为曹洞宗道场;华严宗祖庭长安华严寺等更是衰败不堪,唯余初祖杜顺大师舍利唐塔和四祖清凉国师舍利唐塔两座祖师舍利塔耸立,虽然在民国时期经朱子桥将军倡重修,但寺院未能重兴,并无人弘扬华严。这是近代华严法脉传承方面的缺陷。

二 近代天台宗的重兴

自明清以来,随着佛教义学的衰微,相对于禅宗和净土宗的深入影响

---

① 《虞山兴福寺华严座主应慈本师和尚六秩颂言》,《世界佛教居士林林刊》第34期,1933年4月。

② 《法界学院学生上太虚法师书》,《海潮音》第7卷第1期,1926年1月。

和广泛普及，天台一宗颇为沉寂。进入近代以后，佛教教育的兴起和佛教义理的研究，推动了天台宗的发展，尤其是谛闲法师创办观宗讲社，提倡天台教观，大力培养僧才，天台宗出现了复兴的气象。弟子倓虚、宝静、静权、仁山等皆为天台宗之翘楚，法门之龙象，弘法于大江南北，足迹遍及海内外。《中国天台宗通史》中在论及近代天台宗的展开时说："近代天台佛教在教界的主要人物是谛闲、倓虚二位大师。其中谛闲大师为近代天台宗的中兴者，而倓虚大师则将天台弘化于北方居功至伟。"① 此段话对于近代谛闲、倓虚二位天台宗祖师的评价颇为公允。不仅如此，倓虚法师及谛闲法师的其他几位弟子更传法于香港等地，使天台法脉得以在海外扎根，枝繁叶茂，影响深远。

在以往对天台宗的研究中，对谛闲、倓虚二位天台宗法师只是作个案性的研究，而对从蕅益大师至谛闲法师之间的天台宗法脉传承并未加注意。实际上明清以后中国佛教已经走向以禅宗为主体的融合型的佛教形态，天台宗、华严宗、律宗、净土宗均受禅宗的影响，已经不再像唐宋时期那样关注宗派义理的创新和发展，而是更加关注宗派法系的传承。如清代、民国年间出现了很多诸家演派的著作即可反映出这一潮流，尽管这一潮流有的时候只有形式上的象征意义，但却是明清以来中国佛教宗派的新的特点。鉴于目前天台宗法脉已遍及海内外，此研究亦具重要的现实意义。

（一）近代天台宗法系传承

关于天台宗的传法世系，历史上《台宗源流》、《台宗世系》、《指源集》、《世系源流》等著作均有记载。明代中兴天台宗僧人幽溪传灯法师曾撰《灵山正脉》一书，详细叙述了从释迦牟尼佛开始，历代祖师相传的天台宗法脉传承世系，并以他的师父天台山高明寺百松真觉法师为开始，推演了六十四字的法脉传承辈分。据清代守一空成重编《宗教律诸家演派》中记载，智者下传二十六世高明寺百松真觉大师，演派六十四字："真传正受，灵岳心宗。一乘顿观，印定古今，念起寂然，修性朗照。如是智德，体本玄妙。因缘生法，理事即空。等名为有，中道圆融。清净普遍，感通应常。果慧大用，实相永芳。"又衍表行偈六十四字为号："大教演绎，祖道德宏。立定旨要，能所泯同。功成谛显，了达则

---

① 潘桂明、吴忠伟：《中国天台宗通史》，江苏古籍出版社2001年版，第783页。

安。万象海现，孰分二三。初门悟入，化法遂行。己他益利，究极彰明。源深流远，长衍纪纲。百千之世，恒作舟航。"①

百松真觉之前二十八代祖师传承，据《百丈清规证义记》载："按智者《观心论》云：'归命龙树师'，验知智者，遥禀龙树为初祖，近禀北齐慧文为二祖矣。文传南岳慧思为三祖，思传智𫖮德安智者为四祖，𫖮传章安灌顶非凡为五祖，凡传法华智威为六祖，威传天宫慧威为七祖，威传左溪玄朗慧明为八祖，朗传荆溪湛然为九祖，然传国清道邃兴道为十祖，道传国清广修至行为十一祖，行传国清物外正定为十二祖，定传国清元琇妙说为十三祖，说传清竦高论为十四祖，论传螺溪义寂常照为十五祖，照传明州宝云义通惟远为十六祖，远传四明知礼约言法智为十七祖，智传南屏梵臻为十八祖，臻传从谏慈辩为十九祖，辩传车溪择卿为二十祖，卿传竹庵宜翁可观为二十一祖，观传北峰元实宗印为二十二祖，印传佛光法照为二十三祖，照传子庭师训为二十四祖，训传东溟慧日为二十五祖，日传普智无碍为二十六祖，碍传南天竺林慧为二十七祖，慧传东禅月亭德为二十八祖。"②

明末百松真觉从禅入教，为天台宗第二十九祖，其弟子幽溪传灯为第三十祖。传灯之后，继承天台宗法脉的是蕅益智旭和午亭正时，二人的天台法系分别被称为灵峰系和高明系。智旭出家后，曾于天台参学，从幽溪传灯受法。智旭在注《梵网经》时，作四阄请问于佛，连续拈阄三次均为天台宗，于是决心专究弘扬天台宗。鉴于当时佛教界禅宗等各派门庭之争严重，智旭不肯以天台宗法脉子孙自许，而只是"私淑台宗"，但由于他对天台宗弘扬的贡献和影响，故其门人等将其推为天台宗第三十一祖，即百松真觉下第三世。智旭之后，相继传承天台宗法脉者为：苍辉受晟—警修灵铭—履源岳宏—素莲心珠—道来宗乘—宏海一辅—智德乘勋—禅远顿永—观竺观义—所澄印鉴—迹端定融。光绪十二年（1886），迹端定融出任上海龙华寺方丈，谛闲法师从定融得法，为天台宗第四十三代祖师。

清末又有谛隐禅师复兴灵峰寺，传续灵峰一系天台法脉。咸丰年间，灵峰寺惨遭兵燹而被毁。谛隐禅师（1815—1885），浙江温州平阳人，俗姓张，道光十八年（1838）至本邑仙坛寺从弥玺和尚出家，咸丰三年

---

① （清）守一空成：《宗教律诸家演派》，《卍新纂续藏经》第88册，第565页。
② （清）仪润：《百丈清规证义记》卷九，《卍新纂续藏经》第63册，第497页。

（1853）受戒于天台山国清寺。同治三年（1864）北游灵峰，"见祖庭荒废，观之不忍，决志重兴"①，经二十年的艰辛努力，相继修建开戒堂和各殿堂，重兴灵峰祖庭。为使灵峰寺天台一宗法脉传承不失，付法于长兴清凉寺从能法师和灵峰寺显本法师，显本又传法于了开法师，了开传法于达阶法师（1860—?），后者于光绪二十一年（1895）接任灵峰寺法席，一直到1928年传法于则戒法师，前后住持灵峰三十四年，先后修复了东首新客堂、斋堂、禅堂、钟楼、僧房等，为灵峰寺天台宗祖庭的复兴贡献甚大。

（二）谛闲法师与近代天台宗的中兴

1. 谛闲法师生平

谛闲（1858—1932），清末民初天台宗名僧，浙江黄岩人，俗姓朱，名古虚，号卓三。幼见沙门即喜。9岁时父亲病逝，乃奉母命从舅习医。18岁结婚，自己在黄岩城北门设立药铺，经常为贫者施医施药。17—20岁，妻子与儿子相继病故，母亲也随之去世，深感世事无常，人命脆危，省悟到"药虽多，医虽良，但疗身而不疗心，治病而不治命"②，于是决意出家。光绪三年（1877）谛闲前往临海县白云山，依成道法师出家。不几日被兄长追回，逼令还家。两年后，长兄去世，谛闲再入白云山。光绪七年（1881），于天台山国清寺受具足戒。圆戒后，继续留在寺中坐香，日夜精勤参究"念佛是谁"话头，深入定境。于是冬打七之时善根发露，身心脱落，恍然有所悟，自此功夫日进。

光绪九年（1883），谛闲至平湖福臻寺，从敏曦法师听讲《法华经》。敏曦法师（1827—1899）为清末天台宗高僧，光绪年间曾与海盐张常惺东渡日本考察佛教，先后住持过天台山华顶寺、宁海县广顺寺与苏州报恩寺，并在嘉兴楞严寺、上海龙华寺、杭州天龙寺等寺院主讲《法华经》，注疏天台经典，其中最重要的著作是对天台宗《四教义集注》的注释。谛闲因初次听讲，对《法华经》的思想及天台宗的义理茫然不知所云。寺中维那授虚法师对谛闲很器重，送给他一部《法华会义》，于是他白日

---

① 赵金寿：《重修灵峰讲寺法脉碑记》，载阮观其、释慈满主编《北天目山灵峰寺志》，中国文史出版社2007年版，第277页。

② 蒋维乔：《谛闲大师碑铭》，载《谛闲大师语录》，台北新文丰出版公司1993年版，第496页。

听讲，夜晚披阅注解，连续多日废寝忘食，潜心钻研，终于"玄解顿开"，阅读全经如观指掌，对天台宗一心三观、一境三谛之妙旨洞然明白。后复讲小座，发挥文义滔滔不绝，授虚对谛闲的进步深表赞叹，认为"稀有"，敏曦则赞其为"法门龙象"。

后谛闲又至上海龙华寺，随晓柔、大海等诸师研习《法华经》、《楞严经》，并讲偏座。光绪十一年（1885）到杭州六通寺开大座讲《法华经》，讲至《舍利弗授记品》，寂然入定，讲毕即回国清心潜修。光绪十二年（1886），承迹瑞定融出任龙华寺方丈，一再命他出山相助，并授记付法，传持天台教观第四十三世。

光绪十四年（1888），谛闲在上海龙华寺阅读大藏经，深入经藏，慧业大进。后应龙华寺之请，开讲《法华》，期满前往镇江江天禅寺习禅。光绪十八年（1892），闭关于慈溪圣果庵阅藏，次年又应龙华寺之请，从慈溪圣果寺出关，到上海讲《楞严经》，并著《楞严经序指味疏》。光绪二十年（1894），在龙华寺辅助敏曦长老讲《四教义集注》，并协助整理刊印。其间曾于光绪二十四年（1898），掩关普陀山，精进潜修。光绪二十九年（1903），谛闲46岁时首任永嘉头陀寺住持。自此，历任绍兴戒珠寺、上海龙华寺、宁波观宗寺、天台山万年寺住持。其间应各地僧俗之请，如先后多次受天童寺、杭州弥陀寺、温州头陀寺、普陀山普济寺、龙华寺、南京毗卢寺等邀请，主讲《法华经》、《弥陀疏钞》、《弥陀便蒙钞》、《生无生论》、《楞严经》、《梵网戒心地品》等众多经典和天台宗著述，席不暇暖。

光绪三十四年（1908），杨文会居士在南京金陵刻经处创办新式教育的佛教学堂祇洹精舍，请谛闲去担任学监。祇洹精舍的学生中，出家缁众有太虚、仁山、智光、开悟、惠敏等。一年后祇洹精舍以经费困难停办，谛闲受南京毗卢寺之请，开讲《楞严经》。宣统二年（1910），江苏省僧教育会创设"僧师范学堂"，招收青年僧人入学，谛闲以杨文会之推荐，继月霞法师后出任学堂监督。后因革命军兴，学堂停办。

1912年，上海名流在留云寺创办佛学社，请谛闲任主讲，相继宣讲《八识规矩颂》及《圆觉经》等经论。同年冬，他接受宁波沈知事等的礼请，住持宁波观宗寺，改为观宗讲寺，被誉为中兴观宗之始祖。第二年，又创设观宗研究社，成为常年研习天台宗教义之场所。1915年和1918年，谛闲两次前往北京讲经，开北方讲经之新风，盛况空前。1918年秋，北京讲经会结束，蒯若木、叶公绰两居士为谛闲法师饯行，捐资请设观宗学舍，作为天台宗培养师资之所。第二年，观宗学舍正式开办。1929年，将观宗宏法社、研究社二社，合并为宏法研究社，规模益备，成为民国时期重要的佛教教育场所，培养了一大批优秀僧才，推动了民国时期佛教的兴盛和发展。

1932年5月，谛闲将在香港的弟子宝静召回观宗寺，全权托付给他，命他继任住持。七月初二日午时，谛闲索笔题偈云："我今念佛，净土现前，真实受用，愿各勉旃。"写毕，嘱全寺僧众齐集大殿念佛，迎请佛至，于大众念佛声中结跏趺坐安详而逝。谛闲法师一生讲经说法四十余年，教在《法华》，行在《楞严》，先后掩关三次，专修禅观。他培养的天台宗僧才中著名的有宝静、仁山、常惺、倓虚、显荫、戒莲、禅定、可瑞、根慧、妙真等，在家皈依弟子著名的有徐蔚如、王一亭、蒋维乔、潘对凫、馨航、黄函之、施省之、李斐然、朱子谦等。其著作有《法华经普门品讲义》、《华严经普贤行愿品辑要疏》、《普贤十大愿王别释》、《圆觉经讲义附亲闻记》、《观经疏钞演义》、《首楞严经序指昧疏》、《大乘止观述记》、《念佛三昧宝王论义疏》、《教观纲宗讲录》、《始终心要解钞》、《省庵劝发菩提心文讲义录要》、《梁皇忏随闻录》、《水忏申义疏》、《金刚般若波罗蜜经新疏》、《八识规矩颂讲义》等，弟子倓虚法师等于香港合辑为《谛闲大师遗集》出版。此外还有《谛闲大师语录》流传于世，该书是谛闲所撰经论义疏类专著以外的其他文述的汇编，正文分为十六类，共二百九十五篇，包括论说、开示、答问、演辞、书函、要述、进义、特著等，内容丰富，是研究其思想的重要著述。

2. 谛闲法师的思想及其贡献

谛闲法师作为中兴天台的一代宗师，其思想重心虽在天台，对于天台行具善恶等思想有所阐发，其创办的观宗学社亦以弘扬天台为目的，然而他却并不排斥他宗，对天台宗思想的解释延续了明清以来中国佛教融合型的特点，重视《起信论》和《楞严》，并将其融入禅修和念佛上，形成了教依天台、禅依《楞严》、行归净土的风格。

谛闲法师一生在各地讲经弘法一百几十次，所讲的经典有三类，第一类为佛经，包括《法华经》、《楞严经》、《阿弥陀经》、《梵网经》、《圆觉经》、《仁王经》、《金刚经》、《观无量寿佛经》、《普贤行愿品》、《盂兰盆经》等；第二类为天台宗著述，如《摩诃止观》、《法华玄义》、《大乘止观》、《宝王三昧》、《始终心要》、《十不二门》、《教观纲宗》、《四教仪集注》等；第三类为忏仪及净土方面的经典，如《水忏》、《梁皇忏》、《彻悟语录》、《省庵语录》、《净土十要》、《相宗八要》等。此外，谛闲法师还著有《大佛顶首楞严经序指味疏》一卷、《圆觉经讲义》二卷、《金刚经新疏》一卷、《普贤行愿品辑要疏》一卷、《观经疏钞演义》一卷、《始终心要解》一卷、《观世音普门品讲义》一卷、《二玄略本》一卷、《念佛三昧宝王论义疏》一卷、《水忏申义疏》一卷、《八识规矩讲义》一卷等。正如《谛闲大师传》中赞誉法师说："夫大教兴替，会有其时。然得人则兴，古今一辙。师生于末法时代，一人精修，化及天下，微特天台一宗，赖以中兴，于全体佛教，亦有扶衰起敝之功。因缘时节，夫岂偶然。且宏扬自宗，排斥他宗，历代大师，亦不免蹈此积习。而我师虽宗天台，对于他宗，绝无门户之见，有非古人所能及者。"①

谛闲法师的思想主要可概括为两个方面。第一，从禅出教，会通禅教。

法师娴于天台教观、精于禅宗修持。据《影尘回忆录》说，谛闲法师最初讲经的时候，外人都说他学来的，他个人也认为自己年纪轻，不宜过早升座讲经受人礼拜。所以后来他又去参禅，在禅宗名刹金山寺住了两年多，以后又到其他地方掩过几次关，专修禅定功夫。此后开座讲经，就与先前讲经时大不相同了，"因为他这是从自己心地悟出来的"②。谛闲法师在北平时，曾告诉徐文蔚说："讲经全视修持之深浅，如专恃记忆，纵将全藏背熟如流，亦无益也。"③并讲他曾于国清寺切实参究，连续参加了十个禅七，某日午方坐定，即闻开静之声，私自问邻单为何今日不坐香，邻单告知一炷大香已经结束了，因此才知道因入定故只似一刹那，自此禅定功夫日有进境。所以谛闲法师可谓"由教入禅，从禅出教"的典范。

谛闲法师对诸宗的用功方法都颇有见地，他在论及禅宗的参话头和天台的止观修行时说："禅宗注重于参，教下注重于照。如破千年之闇室，

---

① 《天台第四十三代谛闲大师传》，载方祖猷、释宗真《谛闲法师年谱》，中国炎黄文化出版社 2007 年版，第 201 页。
② 谛闲：《开示常堂主师》，载《谛闲大师语录》，台北新文丰出版公司 1993 年版，第 47 页。
③ 徐蔚如：《补遗》，载《谛闲大师语录》，台北新文丰出版公司 1993 年版，第 498 页。

贵在明灯；欲出无始之樊笼，须凭妙观。所以看话头，须起疑情，疑情不起，功夫不能进步。修止观只须直照，如在狮子岭，四五七中用功是也。"① 但终究归心于净土，并以此作为弘化之宗。他认为："其实当今之世，吾人业重，修止观，须破惑，方能了生脱死。看话头，莫道不悟，纵使澈悟，而生死尚未了脱。具见此宗教二种修功，俱非了脱生死之对治法也。尔若以真实为了生死用功，唯有信愿持名念佛一法，所谓出生死无别路，入涅槃唯此门。"②

除融合天台禅宗思想开示念佛要义之外，谛闲法师也会用天台及禅宗的思想来指示用功之道，如他曾说："当妄念猛焰之际，宜细心体究，看他起从何来，灭向何去，久久自得妄销真现矣。须知妄无自性，全体即空。若竭力而压捺，则是以妄逐妄。愈压而愈多，如水上按胡芦。徒自疲劳，终无实益。只要佛念相继，则杂念自稀矣。"③ 对于止观的运用则说："一唯识观，此事观也；二实相观，此理观也。此二观下手稍异，从理下手，则唯达法性，法性者。诸法实相也，直观一念本寂，具足三千，不推四运。所以云唯达法性。更无余途。从事下手，则专照起心，四性叵得。谓：用自他共离四性推检四运起心，毕竟不可得。所以（云专）照等也，亦名本末相映，事理不二。观于内心，二观既尔；观于外境，二观亦然。此皆列祖传心之要，非从臆说也。"④

至于其常常所用的上堂法语，则更是处处透露教下与宗门之风范，在此仅录一段《讲喻品上堂法语》，以供品析："（师拈拄杖云:）达摩不来东震，神光不往西干；妙德口中有舌，净名室内无言。迷悟原无得失，生佛不隔毫端；人人从来具足，各各本自天然。何缘一坐十劫，佛法不得现前。众中果有不会，问取大通如来。虽然如是，今日特因护法信士，请山僧升曲录床，为大众重宣此义。而说偈言（遂卓杖云）：这个端的，微妙

---

① 谛闲：《开示学者道传师》，载《谛闲大师语录》，台北新文丰出版公司1993年版，第31页。
② 同上。
③ 谛闲：《覆香港罗忍慈居士函》，载《谛闲大师语录》，台北新文丰出版公司1993年版，第220页。
④ 谛闲：《复王式猷居士书》，载《谛闲大师语录》，台北新文丰出版公司1993年版，第123页。

幽玄，一坐十劫，待离言，搁地一声连底脱，森罗万象笑颜开。（掷杖下座）"①

第二，教依天台，行归净土。

自永明延寿之后，汉传佛教中禅净并修之风日重，对此谛闲法师有精妙的阐述，他说："信禅宗，又信净宗，此即永明祖师所谓，有禅有净土，犹如戴角虎。何善如之？你说禅以返观，净以存想，二者难以兼修，即是不知善用其心。须知当参禅时，一意参禅，返观便不是真参。真参者，宜于话头上顿起疑情，切实体究他，毕竟话头一个落处，直下觑见，当下荐得，算是个参禅的样子。不参禅时，老实念佛，净念相继，较之参禅，尤其得力，是名真念佛也。凡参禅人，名念自佛，早晚发愿回向，愿生极乐，此即禅兼于净也。修念佛人，正念佛时，不必存想，须念念返观，能念之心，心心相续，念念无间，较彼看话头，尤易纯熟，此即净兼于禅也。二者正相资，而不相悖。若真实为己躬生死大事，除净土念佛外，那有出死路，思之思之。"②

谛闲法师深切地体会到禅净双修的初衷，他说："夫参禅教（看念）佛是谁，始于明朝毒峰本善禅师，当时宏扬净土，提倡念佛，而会下学者，口虽念佛，而心驰散。和尚俟众收摄佛号之间，示以念佛的是谁，教他从此发疑，可谓禅净双修也。"同时，法师也提出："只此一法，在当初唱之时，最为妙极，疑时参禅，不疑念佛。今人将这一法，不教念佛，单教参禅，不知此法最贵者，能发疑情，大疑有大悟，小疑有小悟，若无起疑，即成弊矣。今人不问疑之与否，只管教他参谁，岂非以病为法也耶。"③又说："参禅看话头，念佛即一句佛号为话头，行也阿弥陀，坐也阿弥陀，此即行住坐卧不离这个，与参禅何异呢？"④所以他认为，念佛一法，涵摄参禅、止观等法，以净土融会禅宗和天台宗。

最终，他对于禅宗与净土宗修行，主张归于净土，尤其认为今不如

---

① 谛闲：《讲化城喻品上堂法语》，载《谛闲大师语录》，台北新文丰出版公司1993年版，第415页。

② 谛闲：《开示学者道传师》，载《谛闲大师语录》，台北新文丰出版公司1993年版，第32页。

③ 谛闲：《开示常堂主师》，载《谛闲大师语录》，台北新文丰出版公司1993年版，第47页。

④ 同上书，第48页。

昔，更应专修净土。他说："参禅必不可无净土，为防退堕，宁不寒心；净土必不可入禅机，意见稍乘，二门俱破。"① 所以他认为，在往昔他宗的修行能有所成就，不必改弦，只要加善巧回向即可，但在现今，其他宗派只可作为助行，必须净业专修。

谛闲法师在修行上最终以念佛求生净土为究竟解脱之法，他说："本宗之子孙者，戒教净三宗并弘不悖。所谓假以异方便，助显第一义。此正助双修，事理并进之妙行也。而况净土持名念佛妙行，是本师释迦牟尼佛，彻底悲心，无问自说，我辈理应上体佛心，下度含识。"②

虽是如此，但谛闲法师始终能依天台教观等思想真正发挥净土法门三根普被的特点。他将念佛法门分为念自佛、念他佛与自他俱念。对念自佛法门，依《楞严经》之《耳根圆通》法门加以发挥说："初于闻中，入流亡所，所入既寂，动静二相，了然不生……"由于念自佛法门的修行全依自力，所以难出生死。而念他法门则"全仗佛力，烦恼不必断，业障不必除。只要愿力恳切，便能横超三界，带业往生，故念他佛，了生死之易也"。而自他俱念法门，则是上根利智所修，此法门"必先大开圆解，了知心佛众生，三无差别，自他本自不二"，亦"非吾辈所能企及"。③

虽然，三种法门中他最为提倡的是念他佛法门，认为此法门"最极稳当"，并说："忆佛念佛，现前当来必定见佛，不假方便，自得心开。"④ 但他在论及念佛法门的修习时仍常常以天台等思想启迪学人，他说："信愿持名，为出生死者第一要务。"⑤ 又说要做到真信，则应具备三点："第一要信得心佛众生，三无差别。第二要信得我是理性佛，名字佛；弥陀是究竟佛，性虽无二，位乃天渊。第三要信得我虽障深（业重）久居苦域，

---

① 谛闲：《真信切愿一心念佛为净土法门之最要论》，载《谛闲大师语录》，台北新文丰出版公司1993年版，第3页。

② 谛闲：《答日本国传华严宗行胜长问》，载《谛闲大师语录》，台北新文丰出版公司1993年版，第82—83页。

③ 谛闲：《丙寅势至菩萨圣诞开示乐清虹桥居士林》，载《谛闲大师语录》，台北新文丰出版公司1993年版，第25—26页。

④ 同上书，第26页。

⑤ 谛闲：《开示上海南园诸居士净土法要》，载《谛闲大师语录》，台北新文丰出版公司1993年版，第41页。

是弥陀心内之众生。弥陀虽万德庄严，远在十万亿刹之外，是我心内之佛。"①并说："是心作佛，是心是佛，是心作地狱，是心是地狱。念佛求生净土，亦复如是。是心想净土，是心是净土。"②这些都体现天台宗固有的"一念三千"、"六即佛"等思想，符合其"大开圆解"的用意。

谛闲法师对近代佛教的贡献，主要体现在如下三个方面。

第一，创办观宗学社，提倡僧教育。谛闲法师认为慈悲事业固然符合佛教济世的精神，但修学办道、培养人才方是根本，他提倡各处寺庵所住的僧众，都应各发道心，认真修行。所有年少的比丘，都应该到丛林学习佛法。对于传统的丛林，他认为不可固执旧习，应该兴办学院，或者是研究社。同时秉承开放的宗旨，认为其形式可以是独办也可以合作办学。其最终目的是培养僧才，光大佛法，用佛法的精神对内自利，对外济他。③

谛闲法师身体力行，致力于办学育人，成绩蔚然，一生多处兴学。尤其值得一提的是观宗讲寺。法师于1912年受宁波当局之请，出任四明山观宗寺住持。在重建祖庭同时，就重订规约，以三观为宗，说法为用，改观宗寺名为"观宗讲寺"。并于第二年成立了"观宗学社"，自任主讲，专攻天台教观。1918年7月，谛闲法师在北京讲完《圆觉经》，交通部部长叶恭绰和铁路督办蒯若木因北方佛法不兴，劝谛闲留在北京，创办一佛学院。因观宗寺的建设尚未完工，所以法师仍决定将佛学院设于观宗讲寺，将原先的观宗研究社改组为观宗学社，除从原先研究社里挑出部分学生外，又招收了一些，共有四十多人，分正预两科，正科和预科各二十名左右。上学期讲《十不二门》，直到下学期把《十不二门》讲完之后，又接着讲《教观纲宗》，第二年（1919）上半年讲《法华经》，下半年讲《法华玄义》。④其中《十不二门》最为重要，法师曾开示天台教观的学习次第："先须熟读《始终心要》，《教观纲宗》。此二种不可不熟读熟背，然后阅《十不二门指要钞详解》。究此一种，要细心玩味。此是性具一宗之纲格，得此纲格已。只须精研《法华》、《楞严》二经，体会佛意，即

---

① 谛闲：《真信切愿一心念佛为净土法门之最要论》，载《谛闲大师语录》，台北新文丰出版公司1993年版，第2页。

② 同上。

③ 谛闲：《在宁波佛教会演说辞》，载《谛闲大师语录》，台北新文丰出版公司1993年版，第84页。

④ 倓虚：《影尘回忆录》，上海佛学书局1993年版，第100—101页。

可自他兼利矣。"①

是时入学的僧侣，有仁山、妙柔、倓虚、静权、宝静、妙真、可端、常惺、显荫、持松等，后来这些人分灯于大江南北，各为天台重要法匠。到了1928年，谛闲把观宗学社改级为弘法研究社，由座下弟子宝静协助社务。宝静学识渊博，辩才无碍，讲经授课，亦深受学僧欢迎，由是入学者增多，研究社乃扩大规模，增加预科，培养了大批的佛学人才。同时，研究社发行《弘法月刊》，弘扬天台教义，并与学界人士有着密切的来往，徐蔚如、蒋维乔、江味农等著名居士都参与了学社的教学，形成了良性互动，使学社的佛学教学研究始终处在较高的层次。

观宗研究社注重教观并进，采取冬参夏学的方式。研究社根据学生的情况，分成弘法社（高级）、研究社（中级）、预科（初级）三班。在预科听课一年，经考试及格，方可进入研究社两年；再经考试及格，始能升入弘法社；再经三年毕业，不发文凭，不分期别。每天早三点起床，三点半上大殿，五点半下殿，稍微休息一会，就过早斋堂。八点钟学生回讲，至十一点下课，十一点半就过午斋堂，然后绕佛。下午一点钟，到讲堂听谛老简单开示，先修止观一个小时，然后听讲大座。下午四点至六点上晚殿。晚间七点至九点，是自修的时间，个人在寮房里看经。或者听课外课，如《古文》、《四书》、《史地》、《书法》等。其时间安排相当紧张，除弘法社的学员因功课程重可免去晚课外，其余照常。②

第二，顺应时代，兴办慈善事业。谛闲法师尤其重视道德教化中孝道教育和家庭教育。1928年观宗义务学校成立，由谛闲法师任名誉校长，宝静法师任校长，悟开法师为教务长。该校由观宗讲寺出资创立，招收6—16岁的青少年入学，免收学杂费，课程设置按照教育部颁布的小学教学科目及课程标准，学制六年，初级四年，高级二年。③谛闲法师在宁波观宗义校成立开学演讲时，就强调保持传统儒家伦理教育的重要性，他说："言家庭教育，以孝顺父母为第一讲。我佛大藏经中，有一部《梵网戒经》，教人持戒，必先用孝顺心，故曰孝名为戒。又有一部《观无量寿佛经》，教人观佛求生净土，必先发心孝顺父母，奉事师长，慈心不杀，

---

① 谛闲：《三证成德》，载《谛闲大师语录》，台北新文丰出版公司1993年版，第209页。
② 倓虚：《影尘回忆录》，上海佛学书局1993年版，第61—62页。
③ 参见宁波佛教协会主编《宁波佛教志》，中央编译出版社2007年版，第307—308页。

修十善业，为净业之正因。具见佛法不离世法，故知世出世间之教育，皆以孝顺父母为根本也。"同时，他也顺应时代，有所变通改进，如将五伦中的君臣一伦改为国民，将忠君改为国民当爱国。在演讲中强调佛教徒的社会责任感，他说："本寺创办义务学校，是为地方公益起见，亦是尽国民份子之责，体我佛利他之本旨也。"①

谛闲法师重视佛教中的放生、忏罪法会等活动，并且通过讲经说法开显其中的意义，引导世人祛恶从善，从而净化社会。1924年，有感于社会动荡，战乱不断，饥馑丛生，谛闲法师在观宗寺开讲《梁皇忏》，希望礼忏者入圣超凡，转污成净。谛闲法师积极提倡并鼓励佛教徒积极参与社会慈善公益事业，他在宁波佛教会演讲时说："观近代世界潮流，佛教有必兴之气象。佛法自来中国垂二千余年，其能健全流传至今者，以有真实不讳之慈悲二字在也，谓慈能与乐，悲能拔苦。而社会上之仇视教徒，轻蔑佛法，都因不做慈悲事业，埋头吃饭的过失。现在国府诸公贯彻中山宗旨，已得统一全国，革命成功，实行平等，而我佛之教法，亦将随国运大兴。吾辈佛徒，亦当秉我佛慈悲救世之精神，首先着手进行拔苦与乐之事业，利生事广，固难详举，且如人民贫病之一种，为最可悯事，欲应救济之急，宜须设立医院，施药以疗治，令免病苦，即为救世拔苦之道。次则筹办平民学校，培植寒苦子弟，将来造就人材，辅助社会工作，斯亦为慈悲利济之事。其他与乐拔苦事业，多之无极，释子称贫，当然难尽办，总求竭其力而行之。"②

第三，北京讲经弘法，推动北方佛教的发展。谛闲法师先后两次前往北京讲经，对北方佛教的发展做出了重要贡献。1915年春，日本提出骇人听闻的《二十一条》，要求加入"传教自由"一条，遭到了国人激烈反对。为了安抚民意，孙毓筠秉承当局之命，在北京设讲经法会，延请谛闲法师北上讲经。为维护国权，发扬佛法，谛闲法师振锡北上，开讲《楞严经》。每天都有数万人之众赴会听讲，其中不乏王公巨卿、各国公使、蒙藏喇嘛，法会中颂祷之声，震动天地。1918年，北京发起讲经会，公

---

① 谛闲：《观宗义校成立开学时演说辞》，载《谛闲大师语录》，台北新文丰出版公司1993年版，第96页。

② 谛闲：《在宁波佛教会演说辞》，载《谛闲大师语录》，台北新文丰出版公司1993年版，第84页。

推徐文蔚居士主其事,请谛闲法师开讲《圆觉经》及《大乘止观》。仁山、倓虚两法师随同乘轮北上,到达北京后,谛闲法师白天撰写讲义,晚上登座宣讲,历时两个多月,法众济济,各地人士请求皈依的不下数万。

自清代以来,北京的寺僧均与官府打交道,使得"名僧风格,酷肖俗流"。而办一个讲经法会却很困难,各个寺庙也不欢迎。据当时的佛教会登记调查:"全北京城,大小有一千一百多处庙,在这么多庙子里,没有一处请法师讲经的,而且听经的时候,他们连听都不听。因为清朝以来,北京的旧风气,都是以经忏交际为主,如果能对经忏佛事拿得起来,再能交上某督抚,某提督,或王爷,就成功了。"① 显然,谛闲法师开启了北京讲经说法的风气,之后,弟子倓虚法师踵事增华,开创了近代北方佛教复兴的新局面。

谛闲法师因为北方佛教衰颓已久,很希望能有北方的法师前往创建道场,弘扬佛法。然南方僧人因口音及生活习惯不同,若前往北方弘法存在困难。后来倓虚作为北方僧人至观宗讲寺参学,谛闲法师对他极为器重。倓虚法师学成北归,果能不辜师命,于东北、华北、青岛先后建造大丛林多处,并随时随地为大众讲经说法,创办佛学院,培育僧才,北方佛教由此得以复兴,尤其是天台一宗得以弘传于北方,这是天台宗历史上前所未有之盛事。②

(三) 谛闲法嗣及近代天台宗之新兴

谛闲法师四十余年讲经说法,培育僧才,弘扬天台教观,门人弟子遍布天下。倓虚法师曾赞颂他说:"诚以大师乃智者嫡传,灵峰嗣响,法门龙象,近世耆德,曩年弘化南北,海宇钦崇,凡当时知名之士,莫不以归依座下为荣。"③ 剃度弟子有显慈(1888—1955)、显荫(1902—1925),以及显密、显培、显奇、显华、显空、显应、显中、显广、显昙、显莲、显寿、显教、显忠、显吉、显馀、显本、显庆、显祥、显贵、显垣等。④ 嗣法弟子有仁山、倓虚、宝静、静权、根慧、楚泉、定西等二十余位,再

---

① 倓虚:《影尘回忆录》,上海佛学书局1993年版,第89页。
② 蒋维乔:《影尘回忆录序》,载倓虚《影尘回忆录》,上海佛学书局1993年版,第1页。
③ 倓虚:《劝发菩提心文讲义录要序》,载毛惕园编纂《净土丛书》第20册,《著述部》(三),台湾新山阿弥陀佛莲社2006年版,第264页。
④ 《谛公大师法系谱》,载慧岳编著《天台教学史》,苏州灵岩山弘化社2009年印本,第365页。

传法子中重要者有乐果（根慧法嗣）、晓云、澍培（以上两位为倓虚法嗣）、斌宗（静权法嗣）等。在家弟子著名者有蒋维乔、徐蔚如、王一亭、江味农、潘对凫、黄涵之、施省之、李斐然等。谛闲嗣法弟子之中，以倓虚、宝静、静权对天台宗的弘扬贡献最大，本书略作介绍。

除门下弟子外，尚有静修法师与谛闲法师深厚法缘。静修法师，生卒年不详，号念德，别号鉴西，浙江瑞安人，童年出家，依止谛闲法师学习天台教观，精通天台三大部，谛闲法师观宗研究社成立后不久，即担任辅讲，讲过《天台四教仪》。1917年至上海弘法。1928年，至杭州云居圣水寺担任住持，后于寺中创办天台研究社。谛闲法师对静修法师评价极高，称："静修法师者，戒月圆明，苦行卓绝，台宗之钜擘，当代之高僧也。"① 静修著作有《教观纲宗科释》、《始终心要解》。61岁圆寂。

1. 宝静

宝静（1899—1941），名今德，号铁峰，俗姓王，浙江上虞人。早年就读于上海大同学院，1916年腊月于奉化灵隐寺出家，次年受戒于天台方广寺。1918年，至观宗学舍随谛闲法师学习天台教义。1921年，观宗学舍改为弘法社后，宝静协助谛闲法师管理社务。次年，出任奉化雪窦寺监院，但其志在讲经弘法，不及一年即辞去职务，沿长江上游江苏、安徽、江西、湖北等地，参访了九华山和庐山等佛教圣地，返回后在扬州长生寺华严大学讲过《性相通说》，又至金山寺大彻堂参禅。1925年春，宝静返回观宗学社，任辅讲，为学僧讲《始终心要》、《四教仪集注》等。1926年，应广州南华佛学院之请，至广东弘传，于中山大学讲《佛教与革命之关系》，政府要员谭延闿、戴季陶等皆于座下受教。与当地居士一起组织广州弘法佛学社，并讲《楞严经》、《大乘起信论》、《地藏经》、《阿弥陀经》等经，法缘甚胜，又创办《经法旬刊》，广东佛法得以兴盛。1931年，应虚云禅师之邀，宝静至云南弘法，适值谛闲法师病危，急电催促返回宁波维持观宗道场，谛闲法师认为除宝静法师之外别无第二人，可见谛闲对其器重之深。1932年宝静离滇回甬，因"一·二八"战事爆发，滞留在香港、广东，讲《金刚经》等四场法会，促成了香海念佛莲社的成立，创办了《香海佛化刊》。5月宝静法师返回观宗讲寺，得谛闲法师传天台宗法卷成为第四十四代祖师，任观宗讲寺住持，兼弘法研究社

---

① 谛闲：《募修云居圣水寺引》，《佛学半月刊》第55期，1933年5月。

主讲。此后，宝静应请至各地讲经弘法，席不暇暖，《金刚经》、《仁王护国经》、《遗教经》、《地藏经》、《阿弥陀经》、《无量寿经》、《观音菩萨普门品》、《宝王三昧论》、《弥陀要解》等，因长年为法忘躯，积劳成疾，1941年1月，宝静原拟在上海觉园讲《法华经》，因病情加剧，不幸早逝。宝静著有《摩诃止观述记》、《大乘起信论讲义》、《妙法莲华经弘序浅述》、《台宗二十五方便浅述》、《修习止观坐禅法要讲述》、《佛遗教经讲义》、《省庵劝发菩提心文讲录》、《佛说八大人觉经讲义》、《念佛开示录》、《观音普门品讲义》、《宝王三昧论讲录》等。一生讲经说法二十年，共计八十余会，其中与观宗讲寺法缘最深，其次为香港和余姚，据《宝公行状》称："师外弘法化，益物利生；内主观宗，阐扬教观，其中以观宗之缘为最深，二十年来由学法而弘法，足迹所至，遍大江南北，而终不离乎观宗。次与港岛及余姚法缘亦熟，自师主席观宗以来，九载于兹，无年不莅港，每岁必临姚，即可证法缘之深也。"①

2. 静权

静权（1881—1960），法名宽显，号实庵。俗姓王，名寿安，浙江仙居人。自幼入村塾读书，能善诗文，儒学造诣深厚。清光绪三十一年（1905），因丧父，感世事无常，于是到黄岩多福寺出家②，光绪三十三年（1907）至天台国清寺，从授能法师受具足戒，后遍参诸方，参学过永智、敏曦法师灯光，后至宁波观宗讲寺，亲近谛闲法师时间，系统研习天台教观，深受谛闲法师器重。1921年，担任观宗学社副讲，后出任主讲，从此以扶宗弘道为己任，讲经说法，声震浙东。1930年，静权回天台国清寺礼祖，见殿堂失修，门庭凋零，感叹不已。适逢可兴法师被礼请回寺任方丈，共同发愿复兴祖庭，重振宗风。在可兴法师支持下，静权法师设立天台宗研究社，招收学僧研习天台教观，讲授过《法华经》、《天台四教仪》等。此后，静权相继重建了大殿、天王殿及斋堂等十余处，新建了妙法堂、静观堂、三贤堂和香光茅蓬等，天台祖庭得以重兴。抗战时期，静权法师还应请至上海、杭州、宁波和无锡等各地讲经说法，除

---

① 香港莲社同人：《传持天台教观第四十四祖四明观宗寺方丈宝公行状》，载方祖猷《天台观宗讲寺志 1912—1949》，宗教文化出版社 2006 年版，第 63 页。

② 赵百辛《天台山国清寺静权座主六十寿言》载："始公削发去氏，依黄岩多福等坤公，受具戒于允茂老和尚，时为光绪之季。"《觉音》第 30—32 期合刊，1941 年 9 月。

《法华经》、《金刚经》外,还重视《仁王护国般若经》,心系国家民族,启发抗日救国之精神。1950年上海法藏寺,应慈法师圆寂后,静权应邀来寺任主讲,宣讲《地藏经》、《楞严经·大势至菩萨圆通章》等。1957年,静权当选为中国佛教协会副会长。不久,应天台山国清寺两序大众要求,回该寺息养。1960年12月,于国清寺安详示寂。

印光法师对静权评价甚高,曾劝年轻僧人前往静权座下参学:"汝年始弱冠,当先参学。不宜标奇显异,作行头陀之状。似宜往天台山国清寺亲近静权法师。现今讲师颇有其人,而光所知者唯此人,故作此说。"①

(四) 倓虚与天台宗的传播

1. 倓虚生平

倓虚(1875—1963),法号隆衔,俗名王福庭,河北宁河县(今属天津市)人。光绪十一年(1885)11岁时入私塾读书,三年后辍读,到益隆智记铺学做生意,半年后辞职。15—17岁在家赋闲,读了很多闲书,对神仙鬼怪等颇感兴趣,逐渐萌生出家志向。17岁结婚后,因生病遇到死而复生的经历,愈发坚定了出家的志愿,只是因为机缘未到所以出不了家。此后,为了生计,先后在奉天营商,在营口开设济生堂药店,闲暇时研究医卜星相及佛道经典。1914年他曾在上海出版过一本《阴阳妙常说》的著作,反映了他当时糅合佛教与民间信仰的思想。后来和刘文化等居士在宣讲堂钻研《楞严经》,逐渐坚定了佛教的信仰。

1914年他赴北京红螺山资福寺听宝一法师讲《法华经》,欲出家未果。1917年,经天津清修院清池法师介绍,在佛前拈阄,从月霞、谛闲、静修(时任北京潭柘寺东寮)、印魁四位法师中拈到印魁法师(当时已圆寂)作为师父,由涞水县瓦宅寺纯魁法师代其师兄印魁法师为他剃度,法名隆衔。是年秋,前往宁波观宗讲寺受具足戒,受戒后留在观宗研究社学习天台教观,先后修学《始终心要》、《教观纲要》、《十不二门》、《法华经》、《法华玄义》等天台宗经论,又从静修法师讲《四教仪集注》,深受谛闲法师器重,初次覆讲即得到"虎豹生来自不群"的赞赏。1920年,倓虚辞别谛闲老和尚,离开宁波观宗寺,北上弘法,从此开始了在北方各地讲经说法、建寺安僧,以及创办佛学院、培育僧才等弘法事业。

---

① 印光:《复应脱大师书一》,载《印光法师文钞三编》卷一,苏州灵岩山寺弘化社2010年印本,第36页。

2. 倓虚法师对近代佛教的贡献

第一，建寺安僧，复兴北方佛教。因为倓虚法师的努力，广建丛林、创立佛学院、讲经弘法，中国北方的佛教渐渐由仙怪迷信和外道盛行的局面开始有了正信，出现了复兴的趋势。近代北方高僧稀少，即是如印光法师、弘一大师出生于北方，却化缘盛弘于南方，北方佛教始终很衰落。尤其是天台一宗，自慧文、慧思禅师发源于北方，后传智者大师盛弘于南方，一直于南方传播。千余年后至倓虚法师，方广泛传播于北方，倓虚法师厥功至伟。

倓虚法师及其弟子（或代传之法弟）在北方创建的十方丛林有：哈尔滨极乐寺（1922 年）、长春般若寺（1922 年）、营口楞严寺（1921 年，负建修责任者为陆炳南居士，后出家名乐果，曾充该寺第三任住持）、青岛湛山寺（1931 年）、黑龙江大乘寺（代传之法弟定西、弟子惺如 1929 年建）、绥远法华寺（弟子慧一、静空 1927 年建）、天津大悲院（1942 年复兴）、沈阳般若寺（1922 年复兴）、吉林观音古刹（1938 年复兴）。[①]

第二，创办佛学院，培育教宗僧才。倓虚法师创办的佛学院有哈尔滨极乐寺佛学院、长春般若寺佛学院、营口楞严寺佛学院、青岛湛山寺佛学院、绥化法华寺佛学院、天津大悲院佛学院、沈阳般若寺佛学院、吉林观音古寺佛学院、沈阳万寿寺佛学院、北京弥勒院佛学院、西安大兴善寺佛学院、松浦镇观音寺佛学院、香港华南学佛院等。[②] 又有周叔迦居士所创办北京中国佛教学院，为华北佛学最高学府。后三年曾一再敦请大师担任院长名义，大师只去讲几次开示，并未到院视事。倓虚培养了众多出色的法门人才，弘法于海内外。

在各寺庙任住持者，多为由佛学院出身，分在各地弘法，教化一方。倓虚法师以下，接天台宗第四十五代法卷为谛闲法师之法孙者，有澍培、静观、善波、仁智、善果、静空等十四人。接四十六代者有妙禅、明悟二人。受天台教培养，已能在各地担任弘法事业尚未接法者，有广觉、显照、慧文等三十余人。以上均曾在各寺充任住持，或任教佛学院。此外，在天台教各寺佛学院及教义研究班学习毕业的，尚有很多。

第三，香江弘法，奠定了当代香港佛教的基础。1949 年以后，倓虚

[①] 倓虚：《影尘回忆录》，上海佛学书局 1993 年版，第 222 页。
[②] 同上书，第 224—225 页。

法师移居香港，次年被推选为香港佛教联合会第一任会长，其后数届当选，均以老病婉辞。倓虚法师继续致力于僧才教育，先后创办华南佛学院、天台弘法精舍、谛闲大师纪念堂、中华佛教图书馆、青山极乐寺与佛教印经处。

受倓虚法师之影响，当代香港界高僧多来自东北，且多为天台宗法嗣。倓虚论天台止观和禅宗参禅："天台宗门庭讲修止观，不讲参禅，其实修止观和参禅用工的方法虽不同，然而它成佛的目的却是一样。参禅是抱定一个话头，从疑中去参悟；止观是大开圆解之后，从信中按照一定理路去修证。止观是以慧门入手，先悟后修；参禅是从行门入手，先修后悟（上根利智，亦有修悟同时者）。从慧门入手的，如让人先睁眼而后行路；从行门入手的，如让人先行路而后睁眼。"①

倓虚法师一生说法四十余年，讲《心经》六十余遍，《金刚经》四十余遍，《阿弥陀经》二十余遍，《楞严经》十余遍，《华严经》、《法华经》十余遍，其他经论等各数遍不等。② 门人弟子搜集整理编订为《太虚大师法汇》四册，共九十余万字，除大光综其口述生平事迹而编成《影尘回忆录》以及部分论文外，尚有著述十余部，包括《普门品讲录》、《普贤行愿品随闻记》、《金刚经讲义》、《金刚经亲闻记》、《心经亲闻记》、《心经义疏》、《心经讲义》、《起信论讲义》、《信心铭略解》、《永嘉证道歌略解》、《始终心要义记》、《天台传佛心印记注释要》等书。

3. 传法不传座：改革传统丛林制度

倓虚法师虽然传承天台宗法脉，但并不存门户之见，尤其对戒律和净土念佛法门十分重视。但是他对各宗派的内容并不是不加选择地借用，而是择善而从，并加以创新发展，其中最典型的就是他提出了"传法不传座"的新的法系传承制度。

明清时期，禅宗中开始流行以法卷、拂尘等作为传法依据，得法者则具有了出世担任禅宗寺院住持的资格，实际上"传法"与"传座"是一致的。倓虚法师认为这种传法形式存在很大的弊端，一是传法人的"感情过于理智"，"在传法的时候，是因'感情用事'，不以'法'为亲，

---

① 倓虚：《影尘回忆录》，上海佛学书局1993年版，第115页。
② 蔡运辰：《倓虚大师法汇序》，载倓虚大师法汇编辑处编《倓虚大师法汇》，香港湛山寺印1974年版，山东海会讲寺印，第5页。

而以'情'为亲了"。第二是嗣法的弟子多（往往一传四五个，甚至更多），因为每人手里都握有一张法卷，也就是理所当然的方丈人选，所以经常会出现法子与法子之间，甚至法子与老和尚之间为争做方丈，争来争去，甚至争讼、都恨，"弄得笑话百出，有玷宗门"。最大的流弊是第三种，即"在老和尚预备往下传法的时候，有三个标准：一、挑年轻人，岁数不比老和尚大的；二、道德、声望、资格一切都不如老和尚的；三、凡事须听从老和尚招呼的"。其结果则是"一代不如一代，所以弄得各宗门庭，不数传而宗风不振。……虽然还有一支法卷往下传，也只是师父传徒弟，一种形式而已"！倓虚法师认为："中国人向来有一个传统的保守性，例如各丛林，从古至今，就有传法这一事，到了我们这个时候，谁也不好轻易废掉；可是既传法而又传座，不容讳言的是有上述流弊。"

倓虚法师从天台宗的实际情况出发，认为"传法"与"传座"从根本上说是两回事，传法是因为受法的人对佛法有解悟，有透彻的研究，可以为人讲经说法。而传座是因接座的人"道德行持为众望所归，能领众修行，能办事刻苦耐劳"，所以大家推举他住持寺务，维持道场。所以接座的人可以接法，但接法的人不能固定地接座，除非他具备接座人的条件，经过大众推选。对于"传法"与"传座"问题，倓虚法师也并不拘泥于固定的模式，他进而提出了"四句料拣"阐释四种不同的情况：第一，"传法不传座"；第二，"传座不传法"；第三，"法座俱传"；第四，"法座俱不传"。因为"法久成弊"，任何一法流传久了，就会出现弊端，倓虚法师"传法不传座"，主要是针对丛林中的弊端而提出的补偏救弊的办法。

无独有偶，倓虚法师的这一主张与近代净土宗祖师印光法师以及妙真法师（倓虚法师在观宗学院时的同学）的主张颇为相近。妙真法师（1895—1967）是谛闲法师的弟子，近代著名高僧，湖北省枣阳县人，他在1930年出任灵岩山寺监院并代理寺务，妙真法师在真达和尚的支持下，全权负起了修建灵岩山寺的责任。1937年10月，印光老法师由苏州报国寺移锡灵岩山，该寺道风日隆，远近衲子闻风而至。1940年11月，印光法师临终前安排妙真法师升任方丈，真达老和尚为他送座。妙真法师出任住持后，秉承印光法师的教诲，在真达老和尚的指导下，将灵岩山寺发展成教依天台、行归净土的道场。真达法师、妙真法师与印光法师商议，制定了《灵岩山寺共住规约》五条，其中第一条为："住持不论台、贤、济、洞,但以戒行精严、深信净土法门为准。只传贤,不传法,以杜法眷私属之弊。"① 此外,近代弘扬天台宗的大德兴慈法师,1942 年于上海法藏寺制定了四条寺规:第一,制度,永为十方选贤制度。第二,住持,德学兼优,解行并茂,修持净土,接引有缘,弘扬新学,始能负领众行道之责。第三,寺内分净业堂与学社二部。入学社者,以研修天台教观为主,兼究其他宗乘。驰心外物,懈怠自弃者,即不共住。第四,佛事,除为施主念佛及施放蒙山外,概不应酬其他佛事。② 其中寺院制度,亦只是革除子孙丛林之弊。与苏州灵岩山及上海法藏寺共住规约相比,倓虚法师"传法不传座"的法系传承方法更具有灵活性,适应天台宗的教门特点,推动了近代以来天台宗的复兴。

(五) 结语

明清以降,由于佛教界整体素质的下降,天台宗久已衰微。蒋维乔在《谛闲大师碑铭》中说:"宋明以来,禅净盛行,余宗衰弊。惟是天台,一脉相传,至今弗衰。"③ 由于谛闲法师的大力提倡,讲经弘法,力振天台教观,创办现代僧教育,大力培养僧才,天台宗出现了复兴的气象。因历史上天台宗在浙江等地有着深厚的因缘,有天台山国清寺、高明寺,宁波观宗讲寺,湖州灵峰寺等道场和法脉传承,天台宗一直能够传承不替。尤其是近代以来谛闲法师一系注意吸取和借鉴禅宗嗣法制度,重视法卷的传授,天台宗在法脉传承方面奠定了新的基础,使得天台宗在当代根深叶茂,焕发出新的生机。

第四节 近代净土宗、禅宗与传统佛教的维系

一 印光法师与近代净土宗

近代社会是中华民族面临转型时期的重大时代,也是中国佛教面临新的发展方向的大时代,各种佛教宗派在这个时期都有新的发展。作为中国佛教宗派的主流净土宗也是有着不俗的表现,其中最能体现这种现象的是

---

① 张一留:《苏州灵岩山志》卷六,民国三十六年(1947)刊本,第 123 页。
② 沈去疾编著:《兴慈法师年谱》,宗教文化出版社 2002 年版,第 3 页。
③ 蒋维乔:《谛闲大师碑铭》,载《谛闲大师语录》,台北新文丰出版公司 1993 年版,第 496 页。

印光法师的出现。印光法师是中国近代著名的佛教大师,在净土宗方面有独特的贡献,被当时的佛教界尊为净土宗的十三祖,应该说,印光法师是无愧于这一称号的。换言之,印光法师基本上可以代表中国近代佛教净土宗的状况,是中国近代净土宗发展的缩影。

(一) 印光法师生平

印光(1862—1940),法名圣量,字印光,别号继庐行者、常惭愧僧。俗姓赵,名丹桂,字绍伊,号子任。① 陕西郃阳(今合阳)县人。印光法师生于清咸丰十一年十二月十三日(1862年1月12日),圆寂于民国二十九年十一月初四(1940年12月2日)。幼随兄读儒书,打下了坚实的儒学基础,"颇以圣学自任,和韩、欧辟佛之议",② "十余岁时,见韩、欧辟佛之文颇喜,兼欲学理学,故于时文俱不愿为"③。印光法师所走的道路与历史上的其他学者大师没有什么太大的不同,从小就接受传统的儒学教育,对佛教道教等与世俗关系比较疏远的学问并不是很感兴趣。因此,年轻的印光法师与韩愈、欧阳修等有思想上的共鸣。韩愈是唐代著名的文学家,他对唐代佛教的兴盛是有很大成见的,认为佛教的兴盛对于国家和百姓没有什么益处,从国家的层面应该限制佛教的发展,并提出了具体的限制措施。韩愈的这一思想几乎就是后来武宗灭佛的思想源头。而欧阳修是宋代著名的文学家和思想家,他对五代十国中国社会的分裂很痛心,并认为造成这一现象的原因在于佛教的兴盛,造成了儒家思想不能在社会上起作用,结果造成了士人和百姓没有是非和廉耻观念。因此,他主张大力弘扬儒家学术,从各个角度限制佛教道教的发展。但是,正如"儒门淡泊收拾不住",韩愈、欧阳修等的思想深度毕竟无法与唐代的佛学大师相比拟。印光法师浸淫韩愈、欧阳修等儒家学者的思想多年,但这并不能使印光法师满足,"时复深长思,古今圣贤众,岂皆无所知?彼既悉尊奉,我何敢毁昔,虽圣有不知,韩欧焉足师"④?自此"遍思古今,

---

① 参见沈去疾《印光法师年谱》,成都天地出版社1998年版,第37、42页。
② 真达、妙真、了然、德森等述:《中兴净宗印光法师行业记》,载《印光法师文钞三编》(下)附录,苏州灵岩山寺弘社2010年印本,第1132页。
③ 印光:《复卓智立居士书一》,载《印光法师文钞三编》(下)卷四,苏州灵岩山寺弘化社2010年印本,第1008页。
④ 印光:《嘉言录题词》,《杂著》,载《增广印光法师文钞》(下)卷四,苏州灵岩山寺弘化社2010年印本,第54页。

详绎经书，始知韩欧程朱之作此说者，全属门庭知见，绝不计及堂奥中事之所致也。乃于弱冠之次年，出家为僧，专修净业"①。儒学的不足，使得印光法师逐渐转向了佛学，并最终导致印光法师出家为僧，将全部生命投入佛学的发展中去。

光绪六年（1880），印光法师跟随自己的兄长在长安读书学习。在此期间，印光独自跑到长安雁塔寺，准备出家为僧，但是被早有准备的兄长找到，强行带他回家。第二年，印光法师又前往终南山南五台莲华洞寺，礼道纯长老为师出家。光绪八年（1882），挂搭于湖北竹溪莲华寺，充任照客，在晒经的时候得读残本《龙舒净土文》，由此知念佛法门。印光自幼患眼疾，几乎失明，接触到念佛法门之后，便一心念佛，结果困扰其多年的眼病逐渐好转，并最终痊愈。这对印光法师触动很大，遂开始将念佛法门作为自己的追求目标，"生平自行化他，一以净土为归，即造端于此"。②后来，印光法师前往陕西兴安双溪寺随印海定律师受具足戒，之后隐居终南山太乙峰，日夜念佛，兼读佛经。③

印光虔修净土，久而弥笃，闻知北京红螺山资福寺为专修净土道场，遂于光绪十二年（1886）前往，十月入堂念佛，以庐山慧远为先范，故自号"继庐行者"。翌年正月朝五台山，返回资福寺，三年时间中，历任客堂、香灯、寮元等职，除念佛外，还深入研习大乘经典。光绪十六年（1890）至北京龙泉寺为行堂，翌年又住圆广寺。

光绪十九年（1893），浙江普陀山法雨寺方丈化闻入京请藏经，并觅管理藏经之人，僧众因印光做事谨慎而一致推荐他。化闻见他道行高卓，请他一起南下，居法雨寺藏经楼，寺众见他励志精修，无不深感钦佩。光绪二十三年（1897）夏，众人坚请他讲经，推辞不掉，于是讲《弥陀便蒙钞》一座。讲经结束后，他在珠宝殿侧闭关两期，六年中学修并进。出关后，僧人了余与真达为他修建莲蓬，与谛闲法师先后居住于此。不

---

① 印光：《嘉言录题词并序》，《印光法师文钞续编》（下）卷下序，苏州灵岩山寺弘化社2010年印本，第119页。

② 游有维录：《灵岩印光大师略史》，《印光大师文钞三编》卷下杂著，载广定辑《印光大师全集》第三册，台北佛教出版社1991年版，第139页；张一留：《高僧·印光法师》，《灵岩山志》卷三，苏州灵岩山寺弘化社1994年印本，第82页。

③ 参见陈海量《印光法师小史》，载其《印光法师永思集》，河南省台前县佛教文化学会1998年印，第19页。

久，印光仍被迎请回到法雨寺。光绪三十年（1904），因谛闲为温州头陀寺请藏经，又请他陪同入京，事毕南归，仍住法雨寺藏经楼。①

印光出家以来"始终韬晦，不喜与人往来，亦不愿人知其名字"②。1913年秋，高鹤年居士至普陀山拜谒印光，将其数篇论文带至上海，次年在上海狄楚青居士创办的《佛学丛报》第十期上刊载了《宗教不宜混滥论》、《佛教以孝为本论》、《如来随机利生浅近论》三篇文章，前一篇和后两篇分别署名为释常惭和普陀僧。印光以文字弘扬净土，开始为世人注意。1917年，徐蔚如居士得师与其友三书，以《印光法师信稿》为书名印行。第二年又搜寻印光文章二十余篇，以《印光法师文钞》书名刊印于北京。后又先后搜集，铅印于商务印书馆，木刻于扬州藏经院。民国十一年至民国十五年间，迭次增广，复于中华书局印行，题曰《增广印光法师文钞》。印光法师弟子张一留论及印光法师的著述时曾说："言言见谛，字字归宗。上符佛旨，下契生心，发挥禅净奥妙，抉择其间难易，实有发前人未发处；且不独佛理精邃，即格致、诚正、修齐、治平、五伦、八德等儒门经世之道，亦必发挥尽致，文义典雅，纸贵洛阳。由是而闻风钦慕，望列门墙者，若泉水之赴壑，莫之能御矣。"张一留在书中还写到印光对所接引众生既能平等而待，绝不趋炎附势，又能做到观机逗教，注重次第宣导，使请法者无不获益，如其文中所述："应折伏者，禅宿儒魁，或遭呵斥；即达官显宦，绝无假借。应摄受者，后生末学，未尝拒绝；纵农夫仆妇，亦与优容，一种平怀，三根普利，情无适莫，唯理是依。凡有请益，必以诸恶莫作，众善奉行，因果报应，生死轮回之实事实理，谆谆启迪，令生憬悟，立为人处世之根基；进以真为生死，发菩提心，信愿念佛，求生西方之坦途要道，教人切实奉行，作超凡入圣之捷径"③。因此，《文钞》印行以后，广受缁素两界重视，印光由此名震遐迩。

---

① 参见真达、妙真、了然、德森等《中兴净宗印光法师行业记》，《印光法师文钞三编》（下）附录，苏州灵岩山寺弘化社2010年印本，第1132—1133页。

② 游有维录：《灵岩印光大师略史》，《印光大师文钞三编》卷下杂著，载广定辑《印光大师全集》第三册，台北佛教出版社1991年印本，第139页。参见张一留《高僧·印光法师》，《灵岩山志》卷三，苏州灵岩山寺弘化社1994年印本，第82页。

③ 游有维录：《灵岩印光大师略史》，《印光大师文钞三编》卷下杂著，载广定辑《印光大师全集》第三册，台北佛教出版社1991年印本，第140页。参见张一留《高僧·印光法师》，《灵岩山志》卷三，苏州灵岩山寺弘化社1994年印本，第83页。

印光生活节俭，凡信徒供养香资，全部用于流通经书，广做善事，救济饥贫。1917年秋，京津地区发生大水灾，印光与谛闲致函上海救灾居士，谓"救灾即是普度众生，亦是保护佛法"，① 积极支持佛教赈灾救济的慈善事业。1918年，为募印《安士全书》而常至上海，遂驻锡太平寺。1922年后，常居上海太平寺。上海及各地护法居士，或私人问道，或因社会慈善，有所咨询，常来此请益。江苏义务教育期成会会长等呈准省府借寺庙作校舍，印光闻知，立即写信给王幼农、魏梅荪二居士设法，并令妙莲和尚奔走，终得政府明令保护。印光凡闻何方被灾告急，必尽力提倡捐助，以期救援。如陕西、绥远等各地灾情，不但积极劝募，还亲自捐献，每次数目都在千元至数千元之巨。南京法云寺创办放生念佛道场、上海市佛教会兴办慈幼院，印光皆大力赞勷。

1928年，因居住在上海交通太便，信札太多，人事太繁，急欲觅地归隐。真达乃与关䌹之等三位大居士商量请他居住苏州报国寺。真达请示印光，将木渎灵岩寺立为十方专修净业道场，一切规约章程，均依印光旨意而定。1930年印光移居报国寺闭关，专修念佛净业。闭关期间，完成了普陀山、五台山、峨眉山、九华山四大名山志的编修。1937年抗日战争爆发后，印光为时局所迫，不得已应妙真等请避居灵岩寺，闭门专事念佛。1940年农历十月二十七日，略示微疾，次日集山全体职事，提议妙真担任灵岩寺住持，众表赞同。农历十一月初三日晚，对真达等说："净土法门，别无奇特，只要恳切至诚，无不蒙佛接引，带业往生。"初四日晨，于大众念佛声中安详而逝，世寿79岁。荼毗后，得五色舍利无数。

（二）印光法师对净土宗祖师的厘定及净土经典的抉择

印光法师是净土宗的祖师，在中国佛教净土思想史上有很大的贡献。印光法师的贡献主要体现在三个方面：一是关于净土宗祖师问题的厘定，二是净土经典方面的贡献，三是净土法门方面的贡献。

1. 关于净土宗祖师问题的厘定

净土宗作为中国佛教的八宗之一，与其他的佛教宗派有一个很大的不同，那就是净土宗并不具有严格的宗法传承，因此，净土宗的祖师与中国

---

① 高鹤年：《印光大师苦行略记》，载陈海量《印光大师永思集》，河南省台前县佛教文化学会1998年印，第20页。

其他佛教宗派的祖师有很大的不同，其他的佛教宗派，比如说天台宗、禅宗等，它们都有比较严格的师承关系。但是，净土宗的祖师之间则没有这种关系，甚至祖师与祖师之间的思想差别也很大。最早提倡念佛的慧远法师被推为中国净土宗的初祖。善导则明确地将称名念佛作为净土宗的根本特征之一提出来。善导的这一提法实际上是对昙鸾与道绰念佛思想的继承，这样，昙鸾、道绰、善导就形成了一个比较一贯的思想，那就是称名念佛的特点，这样，净土宗作为一个宗派才算真正成立。后来随着净土宗的影响不断扩大，出现了净土宗祖师的不同版本。

对于净土宗的这种状况，印光法师是有着自己的认识的："净土法门，绝无口传心授之事。任人于经教著述中自行领会，无不得者。莲宗九祖，非各宗之一一亲传，乃后人择其宏净功深者而称之，实则尚不止九十也。"①

事实上净土宗的祖师确定最早是从宋代开始的，宋代的志磐法师明确提出了净土宗祖师序列，那就是慧远、善导、承远、法照、少康、延寿、省常七祖。关于这个名单，中间当然也有反复，不过基本还是确定下来了。到了清朝，将云栖大师列入净土宗八祖，蕅益大师为九祖、省庵大师为十祖、彻悟大师为十一祖。这是印光法师之前关于净土宗祖师的基本排序。印光法师认为这个序列有一点儿问题，于是增加截流大师为十祖，省庵、彻悟分别为十一、十二祖。由于印光法师的影响和贡献，很早就有人推崇其为净土宗的祖师，甚至有人认为其是大势至菩萨转世。1924 年，弘一大师在复王心湛居士的信中讲："朽人于当代善知识中，最服膺者惟光法师。前年尝致书陈情，愿厕弟子之列，法师未许，去岁阿弥陀佛诞，于佛前燃臂香，乞三宝慈力加被，复上书陈请，师又逊谢。逮及岁晚，乃再竭诚哀恳，方承慈悲摄受，欢喜庆幸，得未曾有矣。法师之本，吾人宁可测度，且约迹论，永嘉周孟由尝云，法雨老人，禀善导专修之旨，阐永明料简之微。中正似莲池，善巧如云谷，宪章灵峰，（明蕅益大师）步武资福，（清彻悟禅师）宏扬净土，密护诸宗。明昌佛法，潜挽世风，折摄

---

① 印光：《复明性大师书》，载《印光法师文钞三编》（上）卷一，苏州灵岩山寺弘化社 2010 年印本，第 16 页。

皆具慈悲，语默无非教化，三百年来一人而已，诚不刊之定论也。"① 从这段话中，很明显可以看出弘一法师有推印光法师为净土宗祖师的意思。当然，印光法师的净土祖师地位的确立是在其往生之后。1943年太虚大师作《莲宗十三祖印光法师塔铭》，印光法师净土宗祖师的地位才开始明确："极乐往生一法，虽佛说多经，马鸣龙树无著世亲诸师亦著于论，然至中国，弘扬始盛，蔚为大宗。唯佛教诸宗，在华各昌一时而浸衰，独莲宗递代增盛，旁流及朝鲜日本安南，靡不承中国之统。波澜转壮，则滥觞庐山莲社，博约其化于昙鸾道绰，善导永明又深其旨，至云栖爰集大成，灵峰梵天红螺益精卓，沿至清季民初，尽一生精力，荷担斯法，解行双绝者，则印光法师也。"

2. 净土经典的抉择

净土宗是以念佛为修行手段、以往生西方净土为目标的一种佛教宗派。因此，凡是符合这些特征的佛教经典就自然成为净土宗的经典。当然含有净土思想的佛教经典很多，提到念佛的经典也不少，但是，真正意义上的净土经典应该是专门弘扬净土和念佛的，这样一来，经典的数量就很少了。一般而言，在净土宗的发展过程中，《阿弥陀经经》、《观无量寿经》、《无量寿经》和《往生论》得到净土宗的认同，构成了净土宗尊奉的经典，简称"三经一论"。这种看法持续了很多年，正如清代彭绍升在《重刊净土三经叙》中所言："净土三经者，大小《无量寿经》及《观无量寿佛经》是也。此三经者，如鼎三足，不读小本，不入信门；不读大本，不入愿门；不读观经，不能成就三昧门。三经合，而净土资粮备矣。"尽管如此，历代一直有将其他佛教经典纳入净土经典系列的主张。在所有与净土宗有关的经典中，《行愿品》和《念佛章》与净土宗关系非常密切，因此，很早就有人试图将这两部经纳入净土经典中。较早将《普贤行愿品》纳入净土经典的是清代的彭际清居士。彭际清从净土宗的立场出发，主张将《普贤行愿品》纳入净土宗经典，并要专门弘扬《普贤行愿品》："此经发心殊胜，绝相超有。他经所指，或言十念，或言一日乃至七日，或观丈六，乃至六十万亿那由他恒河沙由旬，要之不出数量。未若此经，一念普观，竖穷三世，横亘十虚，初发心时，即超数量，

---

① 弘一：《弘一法师复王心湛居士书》，载《印光法师文钞三编》（下）卷四，苏州灵岩山寺弘化社2010年印本，第1143页。

断有净因，最为殊胜。由阿弥陀佛以四十八愿遍摄众生，与此愿王体合虚空，丝毫不隔。是故不移、不易处，任运往生，还同本得。"① 当然真正开始将《普贤行愿品》与其他净土经典合为一起的是魏源，魏源将《普贤行愿品》与《观无量寿经》、《无量寿经》、《阿弥陀佛经》合为一起，称为净土四经。他在序言中介绍了将《普贤行愿品》合在净土经典中的原因："云栖师中兴净土，乃专宏小本《弥陀》，而于大本《无量寿经》及《十六观经》、《普贤行愿品》，皆不及焉。"《普贤行愿品》"盖入门必次第修而后圆修，圆莫圆于《普贤行愿品》，故为华严之归宿矣。此天然之次第，修持之定轨。故合刊四经，以广流通，普与含灵，同跻正觉"②。有了这两人的前期工作，到印光法师的时候，《普贤行愿品》自然而然得到印光的认同，印光法师在《大方广佛华严经普贤行愿品流通》中说："故知此一卷经，为华严一经之归宿。华藏世界海，净土无量无边。而必以求生西方，为圆满佛果之行。可知念佛求生西方一法，原自肇起华严。但以凡夫二乘，不预此会，莫由禀承。故于方等会上，普为一切凡夫二乘，及诸菩萨，宣说无量寿经、观无量寿佛经、阿弥陀经。令其悉知弥陀因行果德，净土殊胜庄严，行人修因证果。"③ "又有华严经《普贤行愿品》以十大愿王，导归极乐。读此知念佛求生西方一法，乃华严一生成佛之末后一著。实十方三世诸佛因中自利，果上利他之最胜方便也。"④ 1933 年，印光法师在《净土五经重刊序》中正式将《普贤行愿品》列为净土五经之一。印光法师除了赞同将《行愿品》纳入净土经典之外，还主张将《念佛章》也纳入进来。印光在当时被人们认为是大势至菩萨转世，这与他推崇《念佛章》有一定的关系。印光法师说："《大势至菩萨念佛圆通章》，乃净宗最上开始，只此一章，便可与净土四经参而为五。"⑤ 印光法师在《净土五经重刊序》赞云："此经（念佛圆通章——

---

① 彭际清：《华严念佛三昧论》，《卍新纂续藏经》第 104 册，第 168 页。
② 《魏源集》，中华书局 1983 年版，第 252 页。
③ 印光：《大方广佛华严经普贤行愿品流通序》，载《印光法师文钞三编》（下）卷三，苏州灵岩山寺弘化社 2010 年印本，第 758 页。
④ 印光：《复包右武书》，载《增广印光法师文钞》（上）卷二，苏州灵岩山寺弘化社 2010 年印本，第 1 页。
⑤ 印光：《复永嘉某居士书四》，载《增广印光法师文钞》（上）卷一，苏州灵岩山寺弘化社 2010 年印本，第 1 页。

引者注）实为念佛最妙开示，众生果能都摄六根，净念相继以念，岂有不现前当来，必定见佛，近证圆通，远成佛道乎哉？"① 因此，印光法师对《圆通章》很推崇："今修念佛法门，当依大势至菩萨所示，如子忆母之诚心，修都摄六根净念相继之实行。果能死尽偷心，则一心不乱，念佛三昧，或可即得。然念佛三昧，乃三昧中王，且勿视为易易。纵不即得，当亦相去不远矣。都摄六根，为念佛最妙之一法。念时无论声默，常须摄耳谛听。此乃合返念念自性，与返闻闻自性之二义而兼修者。返闻单属自力，返念兼有佛力，则为益大矣。心念属意，口念属舌，耳听属耳，眼皮下垂，即见鼻端，则眼鼻二根亦摄。五根既同归一句佛号，身根焉有不恭敬严肃之理乎。故知都摄六根，下手在听。能都摄六根，则心识凝静而不浮散，便名净念。以六根既摄，杂妄等念潜消故也。净念又能常常相继无或间断。则念佛三昧，可即得矣。故下曰得三摩地，斯为第一。此大势至菩萨，以教化九法界一切众生者。实三根普被，有利无弊也。果肯依之而修，当必有观行相似等利益可得也。"②

由于印光法师的影响很大，所以净土宗的信奉者很快就接受了净土五经的说法。将《普贤行愿品》和《圆通章》纳入净土宗经典，对于净土宗扩大影响是很有力的。

（三）印光法师的净土念佛思想

印光法师被后人推崇为净土宗的第十三代祖师，除了其不断弘扬净土法门之外，还在于印光法师在净土宗的思想建设上有很多的贡献。

1. 印光法师在多方面论证净土法门的殊胜，为末法众生指出一条出离之路

第一，末法之易行道：三根普被，仰仗佛力，带业往生。印光法师继承了净土宗末法理论，认为末法时代净土念佛法门是最适合众生修行的。他说："末世众生，根机陋劣。修余法门，难得实益。以一切法门，皆仗自力；惟兹净土，全仗佛力。仗自力：须断惑证真，非最上利根，不能现生了脱。仗佛力：具真信切愿，纵最下钝根，亦可带业往生。二法相较，

---

① 印光：《净土五经重刊序》，载《印光法师文钞续编》（下）卷下，苏州灵岩山寺弘化社2010年印本，第6页。
② 印光：《复张曙蕉居士书八》，载《印光法师文钞三编》（上）卷二，苏州灵岩山寺弘化社2010年印本，第323—324页。

其难易迟速,奚啻天渊。"①

因此,"唯有念佛一法,是如来普应群机而说的,亦是阿弥陀佛的大悲愿力所成就的。无论上中下根,皆可修学。即烦恼惑业完全丝毫未断的凡夫,只要具足真信切愿实行念佛求生西方,亦可蒙佛接引,带业往生。一得往生,生死就可了脱了,所以说是最超胜的"②。"净土法门,其大无外。如天普覆,似地均擎。上之则等觉菩萨,不能超出其外。下之则逆恶罪人,亦可预入其中。诚可谓三世诸佛之总持法门,一代时教之特别妙道也。"③ 由此可知,印光法师为末法众生而尤为推崇净土这一易行法门。

第二,往生三资粮:见思未断,信愿行具,往生决定。信愿行被净土宗人士认为是修行净土念佛法门的三个基本条件,对此,印光法师也强调众生只有三资粮圆满具足才能往生净土世界。他说:"念佛的人,虽没把见思烦恼断除,但能具足信愿行的净土三资粮,临终就能感动阿弥陀佛来接引他生到极乐世界去。"④ 印光法师明确指出但能具足信愿行三资粮,即便烦恼未断也决定可以往生。印光法师还明确指出了信愿行三者缺一不可,他说:"欲生西方,最初须有真信切愿,若无真信切愿,纵有修行,不能与佛感应道交,只得人天福报,及作未来得度之因而已。若信愿具足,则万不漏一。永明所谓万修万人去者,指信愿具足者言也。既有真信切愿,当修念佛正行。以信愿为先导,念佛为正行。信愿行三,乃念佛法门宗要。有行无信愿,不能往生。有信愿无行,亦不能往生。信愿行三,具足无缺,决定往生。"⑤ 蕅益大师在《弥陀要解》中所说:"品位高低得生与否,全由信愿之有无,全由持名之深浅。"其所指专为持名而信愿不足者说,意在使持名念佛的行人发起深信切愿,因此才有"得生与否,全由信愿之有无"之说,而往生与否还是要看三资粮是否具足。前文印

---

① 印光:《济南净居寺记》,载《增广印光法师文钞》(下)卷四,苏州灵岩山寺弘化社 2010 年印本,第 15 页。

② 印光:《由上海回至灵岩开示法语》,载《印光法师文钞三编》(下)卷四,苏州灵岩山寺弘化社 2010 年印本,第 1112 页。

③ 印光:《思归集发刊序》,载《印光法师文钞三编》(下)卷三,苏州灵岩山寺弘化社 2010 年印本,第 752 页。

④ 印光:《由上海回至灵岩开示法语》,载《印光法师文钞三编》(下)卷四,苏州灵岩山寺弘化社 2010 年印本,第 1114 页。

⑤ 印光:《与陈锡周书》,载《增广印光法师文钞》卷一,苏州灵岩山寺弘化社 2010 年印本,第 25—26 页。

光法师讲到,"若无真信切愿,纵有修行,不能与佛感应道交,只得人天福报,及作未来得度之因而已",即是此中道理。印光法师对信愿行三者的核心及三者的内在逻辑关系也有所阐述,其说道:"凡我有情,闻是净土法门者,当信娑婆极苦,西方极乐。当信多生已来,业障深重,匪凭佛力,骤难出离。当信求生决定克期得生。当信念佛定蒙慈悲摄受。由是坚定一心,愿离娑婆,如囚之欲出牢狱,绝无系恋之心。愿生西方,如客之思归故乡,岂有因循之念,从此随分随力,至心持念阿弥陀佛圣号。无论语默动静,行住坐卧,迎宾待客,着衣吃饭,务令佛不离心,心不离佛。譬如切事系心,凡百作为,不忘此事。或有公私众务,了无少暇,须于早晚十念念佛,至心发愿,亦能往生。"①

第三,独特的念佛法门:念佛四法,称名最好,十念记殊。净土宗的念佛是立宗的根本,也是区别其他佛教宗派修行的最重要的标志。印光法师认为称名念佛最好:"念佛一法,约有四种,所谓持名、观像、观想、实相。就四法中,惟持名一法,摄机最普,下手最易,不致或起魔事。"②"惟持名念佛,下手最易,成功最速。倘能都摄六根,净念相继,必于现生亲证念佛三昧,临终决定往生上品。纵根机陋劣,未证三昧,但以信愿持佛名号,如子忆母,常时无间。迨至临终,感应道交,仗佛慈力,带业往生。末世众生,惟此是赖。否则但种来因,难得实益。果能志心持念,念到'全心是佛、全佛是心,心外无佛、佛外无心,无念而念、念而无念,心佛两彰、而复双泯'时,则实相妙理,亲体显露;西方依正,彻底圆彰。即持名而深达实相,不作观而亲见西方。摄机最普,得益最深,最利末法钝根之士,大畅如来出世之怀。"③ 由此可见,称名念佛,最易下手,根机陋劣者,亦可至诚念佛而能仗佛力带业往生。所谓十念记数念佛就是:"所谓十念记数者,当念佛时,从一句至十句,须念得分明,仍须记得分明。至十句已,又须从一句至十句念,不可二十三十。随念随记,不可掐珠,唯凭心记,若十句直记为难,或分为两气,则从一至五,

---

① 印光:《净土普被三根论》,载《增广印光法师文钞》卷二,苏州灵岩山寺弘化社 2010 年印本,第 8—9 页。
② 印光:《覆吴希真居士书一》,载《增广印光法师文钞》(上) 卷一,苏州灵岩山寺弘化社 2010 年印本,第 82 页。
③ 印光:《弥陀圣典序〔民二十年〕》,载《印光法师文钞续编》(下) 卷下,苏州灵岩山弘化社 2010 年印本,第 21 页。

从六至十。若又费力，当从一至三，从四至六，从七至十，作三气念。念得清楚，记得清楚，听得清楚，妄念无处着脚，一心不乱，久当自得耳。"① 此法与宋代慈云遵式所设十念法不同（十念一法，乃慈云忏主为国王大臣政事多端，无暇专修者设）。又欲令其净心一心，故立尽一口气为一念之法。俾其心随气摄，无从散乱。其法之妙，非智莫知。然只可晨朝一用，或朝暮并日中三用，再不可多，多则伤气受病。切不可谓此法最能摄心，令其常用，则为害不小。而印光法师的十念法灵活多变，并不强调一口气完成十念，完全可以根据自身的情况，分为两口气或三口气完成，但须念、记、听三者分明，从而使妄念无从生起，久便一心不乱，此种方法，避免了慈云十念多则伤气受病的弊端，而可常时随念随修。

2. 印光法师不废他宗，而专推净土，强调诸宗以净土为归

如来教法，概分为律、教、禅、密、净五宗，他说："如来一代所说诸法，举其大宗，其名有五。曰律，曰教，曰禅，曰密，曰净。此五宗者，悉皆显示佛之身口意三业，戒定慧三学，与夫一切三昧万德。固无可轩轾抑扬，拣择取舍者。"由此可见，五宗虽殊，然所彰均是如来身口意三业，所宣的也都是戒定慧三学，差异之处皆因众生根基不同，因此不可简单地离开所教化的对象而对五宗进行取舍。

从历史的发展来看，净土宗与禅宗是中国佛教最为流行的两种宗派，并且净土宗的倾向是以他力为主，禅宗是以自力为主，因此，二者天然存在矛盾。对于二者的冲突，印光法师还是站在净土的立场上，认为末法众生，根机陋劣，全仗自力，恐难有成，因此其对强调他力的净土尤为推崇，认为无论是由禅进还是由净进，最终仍是要归于净土的，且净土一门融贯五宗，三根普被，实乃凡登圣位与圣济群萌之大法。他说："大矣哉，净土法门之为教也！是心作佛，是心是佛，直指人心者，犹当逊其奇特；即念念佛，即念成佛，历劫修证者，益宜把其高风。普被上中下根，统摄律教禅宗；如时雨之润物，若大海之纳川。偏圆顿渐一切法，无不从此法界流；大小权实一切行，无不还归此法界。不断惑业，得预补处；即此一生，圆满菩提。九界众生离是门，上不能圆成佛道；十方诸佛舍此

---

① 印光：《复高邵麟居士书四》，载《增广印光法师文钞》（上）卷一，苏州灵岩山弘化社2010年印本，第22—23页。

法，下不能普利群萌。"① 印光法师对永明延寿有关禅、净四料简的公案有着非常详尽的阐述，从中也可看出其对净土的推崇。

从四料简中来看，禅净双修自然最为殊胜，然印光法师并不认为人们可以进行禅净双修，在他看来，人的精力是有限的，做不到双修，况且在末法时期，自力的法门并不是特别适合众生，另外，印光法师从禅、净修行原理的不同上也有阐述，其说："禅者，即吾人本具之真如佛性，宗门所谓父母未生以前本来面目。宗门语不说破，令人参而自得，故其言如此。实即无能无所，即寂即照之离念灵知，纯真心体也（离念灵知者、了无念虑、而洞悉前境也）。净土者，即信愿持名，求生西方。非偏指唯心净土，自性弥陀也。有禅者，即参究力极，念寂情亡，彻见父母未生前本来面目，明心见性也。有净土者，即真实发菩提心，生信发愿，持佛名号，求生西方也。"② 自明代云栖大师以来的参究念佛方法，在印光法师看来，净土念佛修行不可涉入禅宗参究的方法："念佛之人，不可涉于禅家参究一路。以参究者，均不注重于信愿求生。纵然念佛，只注重看念佛的是谁，以求开悟而已。若生西方，无有不开悟者。若开悟而惑业净尽，则可了生死。若惑业未尽，则不能仗自力了生死。又无有信愿，则不能仗佛力了生死。自力佛力，两皆无靠，欲出轮回，其可得乎。须知法身菩萨，未成佛前，皆须仗佛威力。何况业力凡夫，侈谈自力，不仗佛力。其语虽高超，其行实卑劣。佛力自力之大小，何止天渊之别，愿同人悉体此义。"③ 世人所谓的禅净双修，在印光法师看来，实为无禅无净，他说："须知净土法门，以信愿念佛求生西方为宗旨。世人每每以此为平常无奇，遂以宗门参究之法为殊胜，而注重于开悟，不注重信愿求生。美其名，曰禅净双修，究其实，则完全是无禅无净土。何以言之，不到大彻大悟，不名有禅。今之参禅者，谁是真到大彻大悟地位。由注重于参，遂将西方依正庄严，通通会归自心，则信愿求生之念毫无。虽名之曰念佛，实则与念佛之道相反。或又高张其辞曰，念实相佛。实相，虽为诸法之本，

---

① 印光：《印施极乐图序》，载《增广印光法师文钞》（下）卷三，苏州灵岩山弘化社 2010 年印本，第 1 页。

② 印光：《净土决疑论》，载《增广印光法师文钞》（上）卷二，苏州灵岩山寺弘化社 2010 年印本，第 5 页。

③ 印光：《一函遍复》，载《印光法师文钞续编》（上）卷上，苏州灵岩山寺弘化社 2010 年印本，第 3 页。

凡夫业障深重，何能做到。弄到归宗，禅也靠不住，净也靠不住。"① 对于专看念佛是谁一法，印光法师认为只是有禅无净而已，也不可实为禅净双修，其说："有以专看念佛的是谁，以期明心见性，不以信愿求生为事者。虽似禅净双修，实为有禅无净。既无信愿，莫由仗佛力以带业往生。倘未到业尽情空地位，又不能仗自力以了生脱死。是知禅净双修，惟具深信愿者方能得益，否则固不如专致力于持佛名号一门也。"② 对于那些参禅不得，而期望念佛求得来生获大果报，一闻即悟的思想，印光法师是持批评态度的："参禅一事，非小根行人所做得到。即做到大彻大悟地位，而烦恼未能断尽，生死仍旧莫出。即如五祖戒、草堂清、真如喆之道德，尚不能了生死。而为大文宗、为宰相，已远不如前生。至喆老为皇帝，而为臣于房廷，则可怜极矣。秦桧之结果，令人胆寒而心痛。以多年禅定功夫，后世得为宰相。一被金人之贿赂所迷，直成香臭、好歹、忠奸不知之痴呆汉。及至打尿其像，炸食其身，千百年来尚无更改。"③

禅宗及净宗内部所提倡的唯心净土，印光法师也有不同看法，其说："有唯心净土，方生西方净土。若自心不净，何能即得往生。纵逆恶罪人，以十声念佛即得往生者，由念佛之净心，感生西方之净土。世多以唯心则无土，便是魔外知见。此种似是而非之邪见，居其大半，致念佛之人，不得实益。尚自以为高明，而不知其为执理废事，自误误人之邪见也。由自性弥陀故，必须念西方弥陀，以求往生，渐进而可以亲证自性弥陀。倘单执自性弥陀，而不念西方弥陀，纵令真悟，尚未能即了生死。"④ 从中看出，念佛者实应念西方弥陀，而后再亲证自性弥陀，绝不可否定客观存在的西方净土。

3. 儒佛一贯

印光法师早年是从儒者转向佛教的，同时，儒学一直是中国文化的主

---

① 印光：《复张纯一书》，载《印光法师文钞续编》（上）卷上，苏州灵岩山寺弘化社2010年印本，第153—154页。

② 印光：《弥陀圣典序〔民二十年〕》，载《印光法师文钞续编》（下）卷下，苏州灵岩山寺弘化社2010年印本，第21页。

③ 印光：《致广慧和尚书》，载《印光法师文钞续编》（上）卷上，苏州灵岩山寺弘化社2010年印本，第264页。

④ 印光：《答曲天翔居士问二十七则》，载《印光法师文钞续编》（下）卷下，苏州灵岩山寺弘化社2010年印本，第219—220页。

流，因此，印光法师并不排斥儒学，反而主张儒佛一贯。他说："儒释无二道，生佛无两心。以人同此心，心同此理，一切有情，皆禀真如佛性而得建立故。然复生佛迥殊，凡圣各异者，以因地之迷悟不同，修德之逆顺各别也。由是儒释圣人，各出于世，为之倡导。俾一切众生，返迷归悟，溯流穷源，以复其固有之本性而已。其发挥虽有权实浅深，方便究竟之不同，而其所宗之理体，所修之功夫，其大端固无二致也。"由此可见，印光法师认为佛儒二家皆是引导众生由迷而悟，回归本性的教法，只因时间、地域及所教对象的不同，而有了深浅及方便与究竟之分。印光法师讲道："佛以觉为体，而觉有本觉，始觉，不觉。本觉者，即生佛同具之天真佛性，乃性德也。始觉者，依本觉理，起真实修，对治烦恼习气，令其消灭无余之妙智，乃修德也。不觉者，迷背本觉，随境生著，起贪瞋痴，造杀盗淫，认苦为乐，以迷为德，承佛性力，造生死业，一切在迷众生，与不依正觉，错乱修习者，皆是也。"其认为佛以觉为体，然众生因无明所覆，迷失在贪嗔痴中，并造作了众多的恶业，修行的过程就是依于真如佛性，对治烦恼习气，从而由迷转悟，回归本自清明觉了的佛性。印光法师对儒的理解是："儒者以诚明为本，诚即明德，明即明明德之明，实则诚明，即明明德也。明德乃吾心固有之真知，由有人欲之物，遂锢蔽而不能显现，如云遮天日，了不见其光相。欲明其明德，必须主敬存诚，克己复礼，则人欲之物，自无容身之地，而本有真知，全体显露，如浮云去而天日昭彰矣。真知既显，则主权得而使者听命，故意之所念，心之所思，皆归于真诚无妄，中正不偏矣。"佛儒二家比较来看，"若与佛法互证对释，则诚也，明德也，乃本觉性德也。明也，明明德也，乃始觉修德也。物，即妄想执著。格物，即离妄想执著。离妄想执著，则得如来智慧，格人欲之物，自能彻底显现吾心固有之良知与真知也。故曰其发挥浅深虽有不同，其理体功夫固无二致也"。由此可推出印光法师佛儒一贯的主张。

儒家多言佛家注重出世间，而忽略世间的关怀，印光法师也有给出自己的主张，其说："以故泥迹之儒，多辟佛教，以不知佛法虽为出世间法，亦复具足世间一切善法。举凡伦常修齐之道，固已极力宏阐，毫善弗遗，遇父言慈，遇子言孝，兄友弟恭，夫倡妇随，随己职分，各尽其义，固与世间圣人所说无异。然世间圣人，只教人尽义尽分，佛则详示其尽与不尽之善恶果报。尽义尽分，只能教于上智，不能普摄下愚。若知尽与不尽之善恶果报，纵属下愚，亦必歆善报而惧恶果，虽不欲尽义尽分，亦必勉力尽义尽分矣。"由此可知，印光法师认为，佛教不仅限于出世法，也具足世间所有善法，不仅如此，佛教较儒家而言，不仅有父慈子孝等善法，而且详尽地开示了善恶的因果报应，以使下根、下愚之人也会因畏惧恶报而做到敦伦尽分。他说："近来世道人心，陷溺已极，废弃先圣之法，几于无可救药，凡属忧世之士，莫不以提倡佛学为急务。以佛学注重明心，与因果报应。果能明自本心，决不至于错因果。果能不错因果，决可明自本心。既得明自本心，则儒先圣人之心，如来之心，亦可因之俱知矣，此儒释一贯之大旨也。"①

以佛儒二家共举"孝"为例，印光法师说："孝之为道，其大无外。经天纬地，范圣型贤。先王修之以成至德，如来乘之以证觉道。故儒之《孝经》云：'夫孝，天之经也，地之义也，民之行也。'佛之《戒经》云：'孝顺父母、师僧、三宝，孝顺至道之法，孝名为戒，亦名制止。'是世出世间，莫不以孝为本也。"②"推极而论，举凡六度万行，无非孝道扩充。故《梵网戒经》，一一皆言应生慈悲心、孝顺心。又云：'若佛子以慈悲心，行放生业。一切男子是我父，一切女人是我母，我生生无不从之受生。故六道众生，皆是我父母。而杀而食者，即是杀我父母。'因兹凡所修持，皆悉普为法界众生而回向之。则其虑尽未来际，其孝遍诸有情。若以世孝互相较量，则在迹不无欠缺，约本大有余裕矣。惜乎不见此理者，不谓之为妄诞，便谓之为渺茫。岂知竖穷三际，横遍十方，佛眼圆见，若视诸掌也。"③ 因此，只有"尽性学佛，方能尽伦学孔。尽伦学孔，方能尽性学佛。试观古今之大忠大孝，与夫发挥儒教圣贤心法者，无不深研佛经，潜修密证也。儒佛二教，合之则双美，离之则两伤"。又说："以世无一人不在伦常之内，亦无一人能出心性之外。具此伦常心性，而以佛之诸恶莫作、众善奉行，为克己复礼、闲邪存诚、父慈子孝、兄友弟恭之助。由是父子兄弟等，相率而尽伦尽性，以去其幻妄之烦惑，以复其本具之佛性，非但体一，即用亦非有二也。此实也，所云佛化之儒宗，不

---

① 印光：《儒释一贯序》，载《增广印光法师文钞》卷三，苏州灵岩山寺弘化社 2010 年印本，第 71 页。

② 印光：《佛教以孝为本论》，载《增广印光法师文钞》（上）卷二，苏州灵岩山寺弘化社 2010 年印本，第 12—13 页。

③ 同上书，第 13 页。

过表示其实而已，有何不可。"①

(四) 印光法师的地位和影响

近代的中国是一个多灾多难的中国，这是中国之不幸，却也是佛教之幸，它为佛教的发展创造了很好的条件。因此，在民国时期，佛教得到了振兴，也出现了一些佛学大师。其中，印光法师就是杰出的一位。印光法师在大力弘扬净土法门的同时，也在其他方面促进佛教的发展。具体而言，印光法师对近代中国佛教的贡献和影响主要体现在以下几个方面。

第一，筹集资金，刻印佛教经典，促进佛教典籍的流通。印光法师本人的著述很多，但是，他开始并不想显名于世。只是后来机缘凑巧，他的著述被人刊登，才改变了他的隐居修行之路。最早是徐蔚如等将印光法师的文稿汇编为《印光法师文钞》（以下简称《文钞》）流通。后来印光法师又于扬州藏经院木刻其本，分为四册。1925年冬，印光法师又令中华书局排印《文钞》增广本，仍作四册。1940年，续编《文钞》出书。后世又找到了《印光法师文钞》的第三编。这样，完整的《印光法师文钞》出现于世。在印光法师在世的时候，《文钞》就得到了广泛的流通，印光法师自己也刻印了一些。《文钞》的流通，极大地促进了当时的净土思想发展，印光法师也成了净土宗的领袖。

除了《文钞》外，印光法师还刊刻或助刊了许多其他弘法书籍。1918年7月，印光法师倡印《拣魔辨异录》、《三十二祖传》及《安士全书》三书。后来印光法师还倡印过《续高僧传》、《观世音菩萨本迹感应颂》、《寿康宝鉴》等易于理解和流通的佛教书籍。此外，对于净土宗方面的书籍，印光法师更是不遗余力。印光法师先后倡印了《弥陀圆中钞》、《观无量寿经善导疏》、《心往生论注》、《随自意三昧》、《阿弥陀经白话解》、《弥陀要解》等。当然，印光法师刻印最多的是净土五经。在印光法师的倡导下，《念佛章》、《普贤行愿品》与《观无量寿经》、《无量寿经》和《阿弥陀经》一起构成了净土五经，印光法师亲自流通。

此外，印光法师还整理出版佛教名山志等佛教方面的书籍。据统计，印光法师主持刻印流通的各类因果和敦伦劝善书籍，总数有上百万字，极大地促进了佛教的发展。

---

① 印光：《复安徽万安校长书》，载《增广印光法师文钞》（上）卷二，苏州灵岩山弘化社2010年印本，第53页。

第二，创建灵岩山寺净土宗道场。净土思想在中国传播后，就陆续有了以弘扬净土为宗旨的佛教寺院。比如早期庐山慧远的东林寺就是这样的寺院，隋唐时期的山西玄中寺也是弘扬净土的寺院。一直到宋、明，都有专门的弘扬净土的道场。晚明四大师之一的云栖大师所在的云栖寺，就是著名的净土寺院。在清代，彻悟大师创立资福寺，其净土道场也是远近闻名。

苏州的灵岩山寺是一座古老的寺院，清朝末年连年的战争致使这座古刹荒废。1926年，主持修复灵岩寺的真达法师拟将其作为净土专修道场，于是与印光法师共同拟定了寺院规约，规约共有五条："一、住持不论台、贤、济、洞，但以戒行精严、深信净土法门为准。只传贤不传法，以杜法眷私属之弊。二、住持论次数，不论代数，以免高德居庸德之后之嫌。三、不传戒、不讲经，以免招摇扰乱正念之嫌。堂中虽日日常讲，但不升座及招外方来听耳。四、专一念佛，除佛七外，概不应酬一切佛事。五、无论何人，不得在寺收剃徒弟。五条有一条违者，立即出院。"① 这五条简单明了的规定，为以后灵岩寺的发展创造了良好的条件。后来，在印光法师等人的努力下，灵岩寺终于成为一座远近闻名的净土道场。

第三，保护教产。20世纪初，清政府在全国掀起庙产兴学高潮。政府由于财政困窘，便主张利用尼庵、道观和寺院地产及租息兴学。这极大地影响了佛教的生存与发展，这种现象在印光法师所在的江苏更为严重。1922年，江苏省义务教育期成会因缺乏资金建校舍，遂拟议呈请江苏省政府，欲复援清末民初之例，以借寺庙开办学校。议呈上后，即得时任省长王铁珊之赞赏，于是令全省各县遵照办理。印光法师知此令若实施，江苏乃至全国之佛教必遭重创，于是便联络教内外各方人士，阻止这一行为。经过多方面的努力，终于打消了江苏省政府的这一动议，从而保住了江苏的寺院财产，佛教才获得了喘息之机。印光法师曾论及庙产兴学时所说："倡此事者，虽未必全昧心理……但以己见妄测，致令一班假公济私者……欲饱己囊，彼此效尤，势如燎原。"② 1925年，段祺瑞执政北京时，

---

① 印光：《灵岩念诵仪规序》，载《印光法师文钞续编》（下）卷下，苏州灵岩山寺弘化社2010年印本，第111页。

② 印光：《管理寺庙条例序》，载《增广印光法师文钞三编》（下）卷三，苏州灵岩山寺弘化社2010年印本，第42页。

重提旧议，经印光法师等的努力才得以避免。后来，庙产兴学之议屡次反复，印光法师都挺身而出，为佛教争取了一席之地。

二　虚云禅师与近代佛教

近代佛教中，寄禅、月霞、冶开、谛闲、圆瑛、太虚、印光以及虚云等一大批高僧大德，为佛教的生存与发展，从不同方面做出了重要贡献，同时也形成了不同的主张和思潮。尤其是太虚大师与谛闲、圆瑛等围绕着新与旧、传统与革新，在思想义理、佛教组织建设、丛林制度等诸多方面，展开了激烈的争论，有时甚至存在尖锐的矛盾。这场所谓的保守与激进之间的争论，伴随着民国佛教的始终。在近代佛教的这三种思潮中，虚云大师作为禅宗巨匠，独树一帜，保持超然的态度。他从未参与到新与旧、保守和激进的斗争中，而是与各派均有密切的往来。虚云曾请两派的高僧大德讲经说法、创办佛学院。同时他也没有与支那内学院所主张的《楞严经》、《起信论》为伪经伪论进行过争论，尽管他对《楞严经》等推崇备至。1918年，欧阳竟无与吕澂到云南为支那法学苑筹措经费，虚云还请他们同住圆通寺，并邀欧阳竟无讲《摄大乘论》。所以虚云大师在近代各种势力中是"择善而从"①，凡是对佛教有利的，他都能接受。此处主要通过虚云大师对中国佛教传统的继承和发扬的几个方面，探讨他对近代佛教的贡献。

（一）不惮艰难险阻，重兴祖师道场

虚云大师对近代中国佛教的一个重要贡献就是重兴了云南鸡足山祝圣寺、昆明云栖寺、福建鼓山涌泉禅寺、广东曲江南华禅寺、乳源云门大觉禅寺及云居山真如禅寺六大禅宗祖师道场，修复了大小寺院庵堂八十余座。

光绪三十年（1904），虚云来到云南鸡足山，卓锡钵盂庵。鸡足山作为禅宗初祖师迦叶的道场，明清时期一度极为兴盛，全山有三百六十庵，七十二大寺。然而虚云来的时候，全山则不足十寺，且都为子孙丛林，僧人与俗人无异，不知修行为何物。为了改变这一局面，虚云历尽艰辛，前往南洋等各地募化，钵盂庵迎祥寺终于得以修复。光绪三十二年（1906）

---

①　净慧：《虚云老和尚的禅风》，载净慧主编《虚云和尚全集》第七册《追思录》，中州古籍出版社2009年版，第203页。

虚云赴京迎取藏经，获得朝廷的恩崇，加赐迎祥寺为护国祝圣禅寺，并获赐紫衣钵具、玉印、锡杖和如意等，并受赐"佛慈洪法大师"之号。此后，虚云还修复了西竺寺、兴云寺和下洋罗荃寺等寺院。经过十多年的艰辛努力，鸡足山这一禅宗初祖迦叶的道场终于得以重兴。

1920年春，云南省总督唐继尧特派专使诣鸡足山祝圣寺，邀请虚云重兴昆西山云栖寺。1922年，虚云移锡昆明华亭寺，开始重建古刹的工作，将寺更名"云栖寺"。至1929年，除云栖寺外，虚云还相继在昆明修建了胜因寺、松隐寺、太华寺和招提寺大小寺院四座。

1929年正月，虚云由上海回鼓山，海军部长兼福建省主席杨树庄、前主席方声涛，率官绅请他住持鼓山。鼓山涌泉禅寺素称"闽刹之冠"，自梁开平二年（908）神晏国师开山以来，千余年间一直为禅宗之名刹。特别是明末清初无异元来、永觉元贤等住持鼓山涌泉寺，大扬曹洞禅风，成为清代影响最大的曹洞宗道场。由于鼓山为其出家剃度和受戒的地方，缅怀祖德，义不可辞，由此开始了重振宗风、恢复祖庭的艰难过程。

1934年，先后受广东省主席陈枢铭和粤北绥靖主任李汉魂的邀请，虚云承担了主持重兴禅宗六祖慧能大师的道场广东曲江南华寺的重任。经过十年的苦心经营，次第完成"更改河流以避凶煞"、"新建殿堂以式庄严"、"严守戒律以挽颓风"、"创禅堂安僧众以续慧命"等十项大事，总计新建殿堂房舍二百四十三间，新塑大小圣像六百九十尊，使南华寺成为广东第一大丛林。

1943年冬，虚云来到云门宗的祖庭乳源大觉禅寺时，见殿堂荒废，只在荆棘丛中发现残存的古寺内肉身一尊。看到祖庭沦落至此，虚云不禁凄然泪下，于是发愿担任起重兴云门宗祖庭的重任。虚云历十载擘画，修建殿堂阁寮，装理佛像，创办大觉农场，恢复百丈禅师"一日不作，一日不食"的农禅并重的丛林生活制度。经过十年的坎坷与艰辛，云门祖庭得以重辉，大觉禅寺殿堂庄严，道风清净，成为闻名全国的禅宗道场。

1953年6月，闻知江西云居山殿堂在抗战时毁于日军炮火，虚云于是发愿修复此千年禅宗祖庭。云居山自唐元和三年（808）道容禅师肇基开山以来，一直为禅宗名刹，特别是道膺禅师继主法席时，衲子云集，名震朝野，成为曹洞宗的实际发祥地。在解放初期的特殊年代，虚云备尝艰辛，以数年时间竟将一片断垣残壁的真如禅寺恢复为拥有水田一百八十余亩、住僧近二百人的规矩严整的模范丛林，堪称一大奇迹！

虚云大师一生为恢复禅宗祖师道场席不暇暖，劳累奔波，但是他不同于一般的建寺安僧，而是经过深思熟虑，谋求佛教的长远发展。

首先，他不重建新的寺院，而是恢复祖师道场。圣扬法师是虚云和尚的戒子与法子，曾在南华寺和云门寺师事虚云和尚达十年之久，朝夕随侍左右，对老和尚十分熟悉，他曾回忆老和尚的志愿："老人亦常谈及自己一生志愿：一不做现成的住持；二不创建新寺；三不住城市闹镇；四不修自己子孙小庙；五不重兴没历史名胜古迹及祖师道场；六不私蓄储钱财，凡信徒供养果仪，全归常住公用；七不接受任何一个施主供养及建寺功德。这是老人自己毕生的志愿。"①

其次，他每次将寺院修好，总是功成身退，从不留恋，这既表现出他的超然心境，同时也为祖师道场、十方丛林树立了楷模。

最后，修建的寺院建筑以"房舍为轻，而基础为重"。岑学吕居士曾问"何以三分一工程，放之地下"，虚云回答说："坏空有一定之理之数，比如南华寺，今日建筑，超于前代，孰知十年后将如何！予掘地时，遍翻全寺，发见围墙石垒，有在三四丈深者，亦有掘至二丈余深，发见有宋代断碑者，兴废无常，可想而知。故此历修各大刹，必先寻其故址，相阴阳，观流泉，择定方向而改正之。且用巨石筑垒，由一二丈筑起，使基础永固。他日殿堂房舍，纵有破毁，而基础仍存。所以我对于房舍为轻，而基础为重。"② 可见其用心良苦，考虑深远。

从上述分析可知，虚云大师作为禅宗师匠，恢复祖师道场固然出于不忍其衰落，而有饮水思源、知恩报恩之意，但其深层原因则是继承中国佛教的传统，为佛教的长远发展奠定了基础。

（二）兼祧五宗法脉，延续禅宗传承

虚云年轻时行脚参学，百城烟水，历参普陀、金山、高等名山大刹，遍参禅师教诸宗耆宿大德。据《虚云年谱》记载，咸丰八年（1858），虚云与从侄富国礼鼓山涌泉寺常开老人披剃出家，次年受具足戒，取名古岩，法名演彻，字德清。此后行脚天涯，参禅学道，遍礼天下名刹，朝拜

---

① 怀西：《师尊对我一生的影响——为纪念虚云老人上生内院百日而作》，载《虚云和尚全集》第7册《追思录》，中州古籍出版社2009年版，第236页。

② 岑学吕：《虚云和尚年谱》，《虚云和尚全集》第5册，中州古籍出版社2009年版，第259页。

佛教四大名山。光绪二十一年（1895），虚云住江苏高旻寺，参加赤山法忍和尚主持的禅七，因沸水溅手茶杯落地而开悟，因述偈曰："杯子扑落地，响声明沥沥，虚空粉碎也，狂心当下息。"又偈："烫着手，打碎杯，家破人亡语难开，春到花香处处秀，山河大地是如来。"

虚云和尚传承鼓山曹洞宗法脉，兼嗣临济，中兴云门，匡扶法眼，延续沩仰，以一身而系五宗法脉，为海内外佛教界所公认的禅宗泰斗。光绪十八年（1892）接妙莲和尚的临济衣钵，传临济宗第四十三世；同年又承耀成和尚之曹洞宗法脉，为曹洞宗第四十七世。妙莲为曹洞宗第四十五世，字辈为"地"（"地华"），虚云的字辈为"古"（"古岩"），按照鼓山曹洞宗字辈传承"通天并彻地，耀古复腾今"，虚云应为妙莲徒孙。1932年，应福建长汀八宝山表持明湛和尚之请，遥接法眼宗良庆和尚法脉，成为法眼宗第八世弟子。1933年，受湖南沩山宝生和尚之请，远承沩仰宗兴阳词铎禅师，传沩仰宗第八世。在主持修复广东乳源云门山大觉禅寺期间，遥承已庵深静禅师法脉，传云门宗第十二世。

作为禅宗的祖师，虚云十分重视祖师著作的整理和法脉传承的考订。先后修补增订《佛祖道影》，编撰《法系考正》、《校正星灯集》，增订《鼓山列祖联芳集》。《佛祖道影》原为明末清初永觉元贤和为霖道霈住持鼓山时相继编修而成，共收祖师像、赞一百二十二尊，至虚云住持鼓山时，仅存一百一十七位，像、赞也参差不齐。为此虚云在禅诵之余，多方收集资料，并与原苏州玛瑙经房所刊的守一大师本相参照，增刻祖师画像至三百一十尊，将原传、赞阙失者补全，于1935年刊刻流行，题名为《增订佛祖道影》。《鼓山列祖联芳集》为宋代时鼓山的住持庆麟禅师所著，记载鼓山历代住持的生平与事迹，后代又陆续增补至明代的简翁禅师。虚云根据《鼓山志》和碑刻等资料，将此书修补完成，题名为《增校鼓山列祖联芳集》。该书称，自性聪以上，"凡可数者九十代，大皆属于南岳。博山无异来祖嗣法寿昌，来主兹山，经明清两代，奕叶相传，则皆曹洞法脉，无有紊乱"[①]。又于其中附载《禅宗五宗源流》，为沩仰宗、云门宗、法眼宗法脉各续演五十六字，为今日禅宗丛林所遵奉。由于明末清初以来鼓山为曹洞宗的重要祖庭，所以此书对研究曹洞宗的传承具有重要的史料价值。

---

① 虚云：《增校列祖联芳集》案语，鼓山刻本1936年重印版。

清代以后,"禅宗源流"或"正法眼藏"的法卷传授成了禅宗传法和出任丛林住持的主要形式。虚云很注意物色和培养禅宗的后起之秀,不过他对禅宗的传法非常严格,认为禅宗之所以衰落,就是滥传法嗣的结果。所以虽经常有人来请求虚云传法,有时甚至长跪于地,请求传法,但如果不是根器者,他从不答应。

但是近代的中国佛教多灾多难,非常时期亦有非常之举,据怀西法师回忆:"因老人每感宗门衰落,后起乏人,是以在日常,便很细心地观察,谁人能作法门龙象,荷担如来家业?所谓续佛慧命,继祖心灯,使正法久住世间,利济后昆。经三年来之暗中审察,认为能授此'正法眼藏,涅槃妙心,实相无相'微妙之旨,已有六人。故事先把法牒写好,到了下午,便由侍者个别暗中传命至丈室楼上佛前,每次二人。老人命授法人穿袍、搭衣、展具,礼佛三拜后,跪在佛前。之后,将传法由来、源流,开示大意。"①

虚云和尚之所以秘密传授法卷,反映了他留意培养堪当大任之僧才。现当今海内外最具影响的长老尊宿如本焕、一诚、净慧、传印、圣一,及已圆寂的宣化、佛源等均为虚云的弟子或再传弟子,成为中国当代佛教的中流砥柱。这是特殊时期的方便之举,意在维系汉传佛教种子,通过付传法卷的形式为后世佛法复兴奠定基础。

(三)重振宗门家风,传承禅堂规矩

虚云大师在复兴禅宗祖师道场时,特别注意丛林制度建设,坐香参究,二时课诵,半月布萨,结夏安居,力图保存禅门清规。禅门五宗钟板的遗风,最早见于鼓山为霖道霈禅师的《祝白清规》,虚云和尚将其完整继承下来,并在他所复兴的寺院付诸实施,如云门大觉禅寺悬云门钟板、云居山真如禅寺悬沩仰钟板等。特别重要的是,虚云从年轻时就在江南各大禅宗丛林的禅堂中坐过禅,对禅堂的规矩特别熟悉,在他所复兴的寺院中,将明清时期形成的禅堂规矩完整地保存下来,当年跟随虚云老和尚坐过禅的老参们现在在世的依然不少,这是最为宝贵的一笔财富。

虚云大师在住持鼓山时,革除了经忏和寺院执事冗杂的陋习,同时整顿禅堂规矩,将原来禅堂坐三支香增加为十四支香,冬天则加香打禅七,

---

① 怀西:《师尊对我一生的影响——为纪念虚云老人上生内院百日而作》,载《虚云和尚全集》第7册《追思录》,中州古籍出版社2009年版,第229页。

坐禅修行一切规矩均效仿金山寺,所以各方老参纷纷前来,禅堂中的僧众由原来的一二人增至六七十人。在南华寺时"创禅堂安僧众以续慧命","造禅堂,定香数,发警策,下钳槌,冀其磨练身心,度己度人,以续我佛慧命"。

新中国成立前夕,虚云在住持云门山大觉禅寺时,根据形势的发展,认识到以后中国佛教必须在生产劳动条件下,自给自养,所以毅然创办"大觉农场",提倡农禅并重的禅风。特别是在云居山期间,虚云对此更为重视,据一诚和尚回忆:"一九五三年,虚老移锡云居山,入住之后,即率僧众开展农禅,将常住僧众分为两队,一队挖泥制砖,筑炉铸瓦,修复寺宇;一队垦荒辟地,种禾栽蔬,开展生产。在此之中,虚老已是百余岁高龄,虽然不能下田劳动,但却时时巡看在田间,督促于建筑工地,时而一二句话语,教诲众人,鼓舞士气。"① 现在的云居山真如禅寺被誉为中国佛教的样板丛林,这与虚云大师的努力是密不可分的。

虚云大师对传统的丛林规矩并不拘泥固守,而是根据实际情况善加运用,如他强调要革除封建家长制的传统,强调丛林生活制度的规范化和民主化。他认为:"佛弟子的日常生活、衣食住等,有可以权变的;惟三学思想,即戒定慧等理论,不能改动。中国千余年来,佛弟子衣食住等制度久与印度大不相同,既然时间、地点,条件都变了,则佛教中的若干生活习惯,自也应因时制宜。"② 总之,虚云和尚所留下来的禅宗丛林规矩,是当今佛教中非常宝贵的传统资源,值得传承和发扬光大。

(四) 维系汉传佛教命脉,勇于担当的精神

虚云和尚护教安僧,不畏艰难,其精神和事迹感人至深。光绪三十一年(1905),全国各地兴起了毁寺逐僧的风气,虚云在南洋讲经,滇省全体僧众来电,谓政府提寺产,不久又接到寄禅等的来电来约,请速回共图挽救。次年三月虚云回国,抵达上海,与寄禅法师等同进京请愿,终于得到光绪皇帝上谕:"着各该督抚,饬令地方官,凡有大小寺院,及一切僧众产业,一律由地方官保护,不准刁绅蠹役,借端滋扰。至地方要政,亦

---

① 一诚:《在纪念虚云老和尚圆寂四十周年座谈会上的讲话》,载《虚云和尚全集》第 7 册《追忆录》,中州古籍出版社 2009 年版,第 487 页。

② 虚云:《云居管见》,《现代佛学》1955 年第 9 期,又见《虚云和尚全集》第 2 册《书信·文记》,中州古籍出版社 2009 年版,第 146—147 页。

不得勒捐庙产,以端政体。"① 此后各省侵占寺产之风,遂告平息。

民国初年,李根源因为当时云南的一些僧徒不守戒律,亲领队伍赴诸山,逐僧拆寺,使佛教界惶恐不安。后来李根源率兵驻军悉檀寺,毁金顶鸡足佛像及佛殿,虚云不顾个人安危,独自前往军中,说服李根源,不但消弭了佛教的灾难,而且使李根源成为佛门外护。在云南期间,由于地方政府官员受庙产兴学风潮的影响,屡次以兴办教育的名义,窥伺和侵占寺院财产,虚云作为云南佛教会及滇藏佛教分会会长,每次总是据理力争,极力护持寺院教产。

抗战时期,虚云还应邀赴重庆,主持护国息灾大法会,参加法会者有国民党的元老如戴季陶、国府主席林森等。法会举办地在重庆慈云寺,共有显教与密教两坛,上午显坛是虚云主持,下午密坛由贡噶呼图克图主持,两坛盛况空前。抗日战争胜利后,广东佛教会改组,于1941年在曲江正式成立省佛教会,虚云被推举为理事长,积极为佛教事业忙碌奔波。

新中国成立前夕,当时很多内地僧人纷纷前往台湾、香港,虚云在香港的弟子坚留他在港弘化,但是为了护持内地佛教,虚云毅然回住云门,继续修复祖师道场。他认为在香港"弘法自有人在","至于我本人,似另有一种责任。以我个人言,去住本无所容心。惟内地寺院庵堂,现在正杌陧不安。我倘留港,则内地数万僧尼,少一人为之联系护持,恐艰苦益甚,于我心有不安也。我必须回去"②。在"云门事件"受难后,他不但不退缩,反而北上,向政府提出三点要求:"(一)不准拆寺、毁像、焚经。(二)不强迫僧尼还俗。(三)准许配给僧尼田地,自行耕种。"③ 虚云在"云门事件"中虽然受尽磨难,但是他却不改初衷,为护持内地佛教,延续佛教慧命无怨无悔。

1952年中国佛协筹备成立时,有人在会中提出"废除戒律,开放饮酒肉",甚至在全国各地僧尼改装的事多有出现,据当时《现代佛学》报道:"关于长沙僧尼改装事,兹据长沙佛教界工作同志来信云:长沙僧尼

---

① 岑学吕:《虚云和尚年谱》,《虚云和尚全集》第5册,中州古籍出版社2009年版,第45页。
② 白圣:《如是纪念云公老人》,载《虚云和尚全集》第7册《追思录》,中州古籍出版社2009年版,第28—29页。
③ 詹励吾:《悼虚云老人》,载《虚云和尚全集》第7册《追思录》,中州古籍出版社2009年版,第93页。

改装问题,截至四月十五日,已经改了百分之八十,列宁装、中山装均有。其原因有二:一是便利工作,二是完全还俗。前者虽已改装,但仍坚持信仰,为佛教服务。后者与俗人无异,脱离寺庵生活。所有改装僧尼,都是自觉自愿。政府既没有明令废除,合作社与妇联也没有开什么会通过。"① 由此可见当时内地佛教界的状况之一斑。在这种背景下,虚云大师力挽狂澜,反复强调戒律为佛法的根本,坚决反对非戒毁律的主张,斥责"秀才是孔子的罪人,和尚是佛的罪人"。后来他又将自己在中国佛协成立时的讲话整理成《末法僧徒之衰相》一文,终于使得汉传佛教中僧衣、独身、素食的传统得以保持下来。如果没有虚云大师的德行和威望,今日内地佛教界的状况将无法想象。

虚云在《自赞》中写道:"这个痴汉没来由,荆棘林中强出头。峰顶直钩寻钓鲤,海中拨火欲烹沤。作事岂从人所事,怀忧不为我而忧。问渠何故寻烦恼?担子加肩未敢休。"② 这一偈子形象地反映出虚云大师为佛法事业勇于担当的精神,以及护持佛教的大无畏菩萨精神。

(五) 结语

概而言之,虚云在近代各种佛教思潮中,继承中国佛教传统而不拘泥保守,救治现实佛教偏弊而不极端冒进,适应时代发展而又坚持佛法的根本。在当代中国内地汉传佛教发展中,虽然人间佛教思想依然是整个佛教界发展的主流和思想上的共识,但是在实际僧团中,丛林制度建设、禅宗传法嗣法的风气,似乎沿着虚云老和尚的路子在走,特别是丛林中有影响的尊宿长老多为虚云老和尚的弟子或再传弟子,年轻的法门才俊亦多接虚云这一系的法脉,可以说虚云的门下弟子成为中国佛教的中流砥柱。这一点在中国内地佛教与港台佛教有着很大的区别,显现出内地佛教深厚的传统基础。相信随着中国的国运昌盛,政教关系将日渐趋于正常,佛教的复兴必将指日可待,届时虚云老和尚对中国佛教的贡献将会更加显现出来。

三 来果禅师及其高旻禅

近代中国国家、民族沦于危亡之际,衰微中的中国佛教也同样面临着

---

① 《现代佛学》1951年第5期。
② 虚云:《自赞(星州佛慈居士请题)》,载《虚云和尚全集》第3册《诗偈》,中州古籍出版社2009年版,第90页。

更加严重的危机，导致禅宗和净土宗这两个影响最大的传统宗派日渐衰敝。近代禅宗中幸有虚云和尚、来果禅师同为法门龙象，苦苦支撑宗风，使门庭不坠，实乃不幸中之万幸。本文从来果禅师之生平及著述、来果禅师之禅法特性，以及住持高旻寺等方面来加以研究；通过来果禅师修订高旻寺清规、提倡"念佛是谁"的看话禅修行实践，及其特立独行的人格魅力、真参实修的禅法意境和厚实稳重的佛学底蕴，探讨一代高僧对中国近代佛教的贡献。

(一) 来果禅师生平及著述

来果禅师是湖北省黄冈人，历史上黄冈与禅宗祖庭四祖寺、五祖寺所在的黄梅曾毗邻而居，作为禅宗发源地的黄梅现在属于黄冈地区。来果禅师生于光绪七年（1881），俗姓刘，名永理，字福庭。出家后，法名妙树，字来果，一号净如。父名嘉缜，母方氏，祖上以耕读为业。据其自述，生有异相，幼具善根，三四岁时，即喜捏泥土佛像，供于田岸土洞中，每日前往礼拜数次。7岁时，听人念诵《心经》，至"无智亦无得"及"无人、我相"时，豁然省悟，于是萌发出家的念头。从7岁起，每晨待旭日初升时，诵《心经》七遍，习以为常。光绪十八年（1892）来果12岁时，立志出家修道，于是跋涉至汉阳，准备到归元寺出家，因走错了路，被家人追回家中，未能遂愿。早年皈依大智法师，教以念佛法门，于行住坐卧中勤诵佛号不辍。某日，诣寺参拜大智法师，夜间于睡梦之中念佛出声而不自知，被大智法师唤醒问："念佛是哪个，汝可知否？"顿然若呆，无语应答，对于专意念佛与参究"念佛者是谁"两者之间犹豫不决。

来果一心勤修佛道，因家人反对，以致出家未遂。光绪二十五年（1899）奉父母之命完婚，然而却不染尘缘，与妻子各行佛道，在家中坚持吃斋、打坐、念佛，而且引导家人吃斋，并且带领他们常打坐念佛等。父母兄弟妯娌等均受其影响，吃斋念佛。其每夜在家中佛堂领众修行，除父亲不能盘膝外，其余皆长夜不倒单者多年。至22岁时，被叔祖父强行带至官场，因公牍中极刑过多，不忍目睹，辞职归里。虽在宦场之中，佛珠却未曾须臾离手，每日佛声不断。后阅读《法华经·普门品》至："若人受诸苦恼，闻是观世音菩萨名字，即时观其音声，即时解脱。"此时，对于一心立志出家的来果而言，世间之荣华富贵、名闻利益，早已看淡，唯有出家参禅之念日加坚定。

光绪三十一年（1905）六月初一日，来果告辞双亲，至浙江普陀山自剃发易服，准备出家。普陀山为观音菩萨道场，然而清末之时已极为衰败。来果禅师来到普陀山登岸后，见僧人有口含纸烟者，穿绸褂者，手把洋伞者，脚穿白袜者，种种奇形怪状，不一而足。当时心生冷落，便将随身所携带的钱在前后寺打斋供养僧众。做完功德后，即前往梵音洞舍身，此时恰好遇到五位穿衲袄科头赤脚的苦行禅师，觌面相谈，长叹曰："还有真修行人在焉。"听到此话后，来果发愿出家，自行往三圣堂南山麓，将头发剪下，拟行头陀苦行，于深山之中打饿七共十三天。

七月中，来果往宝华山受戒。宝华山是有名的律宗道场，由于明末寂光律师及其弟子见月律师在此弘律，宝华山遂成为明清以来影响最大的传戒道场，被誉为"律宗第一名山"。来果禅师一路艰辛，缺衣无食，于至七月下，方到宝华，此时已精疲力竭。入寺后一个多月的时间中，夜不倒单，精进修行。但因其初入寺时无戒费、号条、衣单，且头上有疤痕，所以备受寺僧白眼，甚至被疑为歹人。来果在宝华山求戒期间遭遇了种种苦难，转而前往金山寺求戒，又被赶出。万般无奈，来果投奔棋盘山顶，准备出家做道士，又被当家道士赶出。于山穷水尽之际，来果发誓："此处动脚，直抵大江，无人救我出家，自愿投江而死，转世再来。"① 后得弥陀寺当家留住一夜，嘱往宝塔寺，被老当家留当行堂，在此随众上殿过堂，参究"念佛是谁"工夫。

光绪三十二年（1906），来果前往金山寺求戒，至戒堂，见贴有"念佛是谁"四个字，喜不自胜。戒期结束，暂留住学戒堂。来果禅师因不熟悉禅林规矩，且每日只食一餐，夜不倒单，屡遭首座责罚，斥其为破坏清规。因不堪责罚，来果发心前往印度，朝觐佛陀道场。来果禅师因思"一钵千家饭，孤身万里游。欲问前途路，究竟是谁走"，于是发愿："不挂单、不赶斋、不歇店、不化缘、不倒单、不问路、不洗澡、不存一切。"② 至冬，行至五台山，朝拜文殊菩萨，遇到一东印度僧人，告诉他至印度的路已受阻，遂只得放弃前往印度的计划。赴印不成，来果返回家乡度化父亲皈佛后，便向双亲告辞而别，直抵金山留驻禅堂，参禅坐香，自誓以悟为期，坚持长坐不眠，夜不倒单，不告病假、香假、缝补假、经

---

① 来果：《自行录》，载《来果禅师广录》，上海古籍出版社2006年版，第517页。
② 同上书，第520页。

行假、殿假，专参"念佛是谁"公案，屏绝其他一切妄念。光绪三十四年（1909）九月，来果于晚间坐香开静之时，猛然开悟，此后依然精进修持，寺中公务行单等事都努力去做。来果禅师在镇江金山寺大彻堂中开悟后，随后担任金山寺、高旻寺执事。

来果禅师与高旻寺的月朗定祖因缘最深，来果禅师初住高旻寺时，住持月朗即视之为法器。1910年住高旻寺禅堂时，一日请月朗开示，问答相契，月朗厉声说："万要苦住高旻，不可乱动。汝若溜到外国，我定要把你找回。任你上天，我用烟把你熏下。好好回去，善自护持。"① 此后即受请为执事。1914年夏，来果往终南山，隐居湘子洞潜修。金山寺和高旻寺均来信劝他回寺，此时因疾病缠身，来果受友人高鹤年居士的劝说，决定下山。1915年夏，来果于终南山闭关禅修，月朗以扬州诸山名义来函，电汇四十元路费，催促回寺。九月十二日来果返回寺中，即前往拜见月朗，月朗即命现任住持明轩法师传法给来果。十五日，明轩遵高旻月朗祖师命，传法给来果禅师，为临济宗第四十六世祖。十六日晚，月老临终前，抓住来果禅师的手，要他发愿"生是高旻寺的人，死是高旻寺的鬼"，否则死不放手。于是来果在月朗病榻前遵命发愿，永不离高旻寺。十七日早课后，月朗圆寂。

来果禅师接法后数年，继续往常州天宁寺、宁波天童寺等禅宗名刹坐禅参学，并于福建雪峰寺掩生死关。1919年，高旻寺来函催回，于六月初四日接高旻寺住持位，此后三十余年领众参禅，修建寺院，中兴高旻寺临济宗风，终成一代高僧。1950年，来果禅师辞住持之位，移锡上海崇德会内，辟建静七茅蓬道场，领众坐香参禅，开上海禅修之风。他以上海弘法募化所得，接济高旻寺众粮食。1953年农历十月十七日，来果在上海静七茅蓬安然示寂，荼毗后，弟子建舍利塔于扬州高旻寺河东塔院。

来果禅师的主要著述有《来果禅师语录》、《来果禅师禅七开示录》、《高旻寺四寮规约》三种。《来果禅师语录》初版于1952年，有来果禅师的弟子达本（温光熹居士）作序，全书共七卷，内容包括《解谤扶宗浅说》、《参禅普说》、《十界因果浅录》、《法语》、《千字偈》、《四十八愿》及《自行录》。《解谤扶宗浅说》针对禅宗、教门、律宗、净土四门之间互相诽谤的说法，分别加以驳斥，认为四门均为佛教的一部分，不应相互

---

① 来果：《自行录》，载《来果禅师广录》，上海古籍出版社2006年版，第523—524页。

贬抑，而是相得益彰，并"详说参禅之方法，功行之层次，见地之考验，及功夫深浅诸要义"。①《参禅普说》对禅法要义、用功的方法，参禅修行过程出现的问题等，都有详尽的发挥，对参究"念佛是谁"的话头阐释尤为精当。《十界因果浅录》阐发了生死轮回及解脱成就的原因。《法语》为来果禅师自1919年出任高旻寺方丈以后上堂说法，以及为圆寂僧人举火、封龛等内容。《千字偈》以千字文中每一个字作为开头而做得一千首偈颂，多为策励警示及修行的方法等。《四十八愿》又称《大悲缘起》，为行菩萨道、利益众生而发的愿，如第一愿："十方诸佛，常居在世，破群迷于九界，令正悟于一乘；法轮转像末之颓风，慧日烛幽衢之长夜。若不尔者，弟子誓不成佛！"如此共四十八个大愿。《自行录》为来果禅师自述生平行履。

《来果禅师禅七开示录》1954年初次于上海油印出版，原名《来果和尚开示录》，后来为配合《来果禅师语录》，易为今名。该书的内容为1942年高旻寺冬制结禅七（农历十月十五日至十二月二十七日）期间，来果禅师于禅堂开示参禅之法语，由上座道真法师笔录。1963年该书于香港重印，倓虚法师为之作序。1982年，来果禅师门下弟子在原油印本基础上，参照钞本加以校订，补充完善了相关内容，并根据语录补全了起七、解七法语，由此臻于完善。1992年，高旻禅寺在来果禅师示寂三十九周年之际对此书加以重印，增加了高旻寺时任方丈德林法师《重修来果老和尚舍利塔记》。

此外，台湾南投中台禅寺曾编《来果禅师语录汇集》（中台山佛教基金会1997年），收录有《来果禅师语录》的内容外，增以《住持警语十则》、《异行录》、《禅七开示录》等内容。上海古籍出版社于2006年出版了《来果禅师广录》，在《来果禅师语录》的基础上，增补了《异行录》、《禅七开示录》等内容。《住持警语十则》列举了担任住持必需十种资格，即品性端正、功夫见地、因果清明、识高见广、专门禅宗、勤谨简朴、培德修福、无诸习漏、威德并济、弘法无厌。《异行录》则为来果禅师自述生平所经历或所遇神异奇特之事，共二十篇。

---

① 达本：《来果禅师语录序》，载《来果禅师语录》卷七，上海佛学书局1992年版，第3页。

(二) 住持高旻禅寺,整顿清规制度

1919年来果禅师农历六月出任高旻寺住持后,首先,处理寺院庙产诉讼之事,保护寺院财产。九月初,处理寺东放生河诉讼事宜,经过努力,终于在十月勒石立碑,确定放生河永远为寺产。1920年,至常州磬山寺,收回高旻寺中兴祖师天慧实彻祖师塔院,另得收租田四十余亩。1921年,处理高旻寺西行宫诉讼之事,暂时保护了寺产,至1924年,此诉讼终于得到政府确认,判定为寺产,并勒石永志保护。其次,恢复寺院建设,修建了五大工程。高旻寺是清代扬州八大名刹之一,为著名的临济宗寺院,与金山寺、天宁寺和天童寺并称四大禅宗丛林。康熙第五、第六次南巡,乾隆的六次南巡,均曾驻跸于高旻寺行宫。咸丰年间,寺院宝塔、部分殿堂及行宫均毁于战火。此后,虽经寺僧努力兴建,然而难复旧观。因寺院修建工程颇为艰难,高旻寺派出弟子四处化缘,有一位僧人在汉口时,不惜断臂,尤为感动者,但更多的则是指责此毁伤身体的行为,认为是违背戒律,对此予以批评甚至嘲讽。因为在近代湖北武汉,佛教文化教育极为兴盛,有着享誉中外的武昌佛学院、汉口正信会两个重要的佛教院校和居士团体,僧俗弟子均受太虚大师佛教改革思想影响,提倡佛教教育和弘法,对于修建宝塔等事并不热心。因为国内化缘很艰难,只好派人分往南洋劝募,然时值不靖,亦无法进行,遂改为化玉佛,共化大小玉佛七十八尊,铜佛一尊。除供宝塔外,计划于七十二门,每门供玉佛一尊。① 经过三年时间的多方募化,才开始动工兴建。为节约修建费用,自宝塔工程起建后,专门安装了电灯,塔上每一角及每一尊佛各安装一盏电灯,相比以前用佛灯、蜡烛和洋油每年大约花费在2000—3000元,用电灯的费用则不到1000元,仅此一项每年即可节约近2000元,所以来果禅师称:"电灯之利,诚大也。"② 1930年,来果禅师开始重建高旻寺,寺院建设包括五大工程,即宝塔、大殿、禅堂、延寿堂和如意寮。来果禅师对高旻寺最大的贡献则是断除了寺院的一切经忏佛事,亲订丛林清规,完善了寺院管理制度,在近代禅宗重要祖庭如金山寺、天宁寺等纷纷衰落的情况下,独有高旻寺规矩谨严,宗风不坠。

---

① 《来果禅师语录》,上海佛学书局1992年版,第579页。
② 同上书,第581页。

1. 革除丛林积弊，摒绝一切经忏佛事

近代丛林戒律废弛，经忏佛事盛行，为世人所诟病。太虚大师对僧人中专事赶经忏的"忏焰流"批评说："学习歌唱，拍击鼓钹，代人拜忏诵经，放焰设斋，创种种名色，裨贩佛法，效同俳优，贪图利养者也。"范古农亦曾言经忏应赴，是僧伽堕落以及世人看不起僧人的原因："应赴者，即为人诵经祷忏之谓也，其始原为自度度他，其后视为应酬具文，今更变为糊口营业，不谋道而谋食，僧伽堕落之原因，此其一端也。复次，僧居寺内，常亲佛法，束摄身心，威仪无缺。及其出外应赴，环境变迁，身心放逸，则流为邪僻。社会由是贱僧，僧亦因以自弃，愈趋愈下，为世诟病，延祸佛教，此最可伤心者。"①

来果禅师反对经忏佛事，然而在当时，丛林之中很少有不应酬经忏佛事者，"有斋主人情关系应酬者，有靠经忏生活者。"② 高旻寺虽然是专修禅宗的寺院，但每年仍有两三堂水陆法会，数十台瑜伽焰口，还有一些大小经忏，尤其是万年水陆一堂是无论如何非做不可。来果禅师毅然革除丛林积弊，断水陆、焰口等大小经忏佛事，以此作为整顿规矩制度的基础。

1922年，来果禅师因事到上海，盛宣怀的夫人庄德华发心出二万元，做永久万年延生水陆头，佛事结束后，再助二万元，为往生万年水陆头。来果禅师一直想断除高旻寺经忏佛事，一旦承接此佛事，那么高旻寺经忏病根永远不能彻底清除，因此没有答应。虽遭旁人嘲笑，但从此高旻寺大小一切佛事全部辞干净，宁肯讨饭，甚至饿死，也不做经忏主人。

高旻寺经改革后，仅有早晚课随堂普佛，其他佛事活动概不应酬。1924年，扬州一姓张的居士出二百四十元钱，希望寺院在早晨二板打一堂延生普佛。来果禅师劝他说："宁动千江水，莫动道人心"，如果放香做佛事，不但无功，反而有过。居士生气地说："二百四十元不肯，出二千四百元，谅必准念吗？"来果禅师依然不为所动："任是二万四千元，亦不能打普佛。"张居士虽然扫兴而止，却对来果禅师很敬佩，他笑着说："和尚是铁打的规矩，如是行去，我很佩服。"自此，无论何人想花钱买放一支香，万难做到，禅堂僧众能够专志于参禅，不为杂念所动。这一年还将万年水陆改为净七一堂。水陆需四十多人做佛事，牌位每座一百

---

① 范古农：《告应赴僧文（代论）》，《浙江省佛教会旬刊》1928年第4期。
② 来果：《自行录》，载《来果禅师广录》，上海古籍出版社2006年版，第530页。

元；净七二百余人，大殿、外寮、早晚殿二次回向，牌位每座二百元。此前有牌位不愿打七者，可以还款，愿意继续供者，照每座一百元收费。自此高旻寺水陆法会这一佛事永远断绝。

1925年，取消每年七月放焰口惯例。自此，高旻经忏根子全部拔尽。此外，高旻寺旧时传统，每年荷花开时，须宴请"由关"上人员赏花吃斋，曰"荷花斋"。1926年，来果禅师将此沿袭了三十八年之久的旧制永远革除。1939年，来果禅师重申高旻寺为专门禅宗道场，只许坐香，其他闭关、般舟行、念佛七、持午、讲经、学社、学戒堂、大小经忏佛事及焰口等，概与专门禅宗相抵触，一律禁止。

来果禅师针对丛林弊端，毅然革除经忏佛事，使得高旻寺谨守禅宗规矩，摒绝外缘，单提正令，专事参禅，具有积极意义。正如妙湛法师所言：经忏佛事在当时十分盛行，对寺院经济也有一些补贴，但对佛教整体形象的损害却是无法估量的。首先，寺僧受金钱势力所强迫，整天忙于赚钱，把修持的时间都挤掉了，这是使僧人素质下降、佛教衰败的根本原因。其次，使寺内寺外、男男女女，喧哗嘈杂，把一个好端端的清净佛地变成僧俗混居的交易市场。最后，经营经忏佛事使僧尼社会地位降低，令社会上误解僧尼是专为死人服务的，习惯上把僧尼与死人联系起来，看到僧尼就认为是晦气，或不祥之兆。①

2. 手订寺院规约，整顿寺院管理制度

来果禅师出家后，因不懂禅堂规矩，常常挨香板，为安心办道，及避免搅扰大众，他时时留意学习禅堂规矩。《自行录》载："初住禅堂，规矩不会，从早四板，至点心时，挨三百余香板，只是半天。至开大静后，共身背四百多下香板，毫无烦念，劳动执事，搅扰大众，深加惭愧。由是留心学习大规矩、小法则，堂内堂外，默背透熟。规矩熟后，安心办道，任人见不到我眼珠，听不到我音声，未见我掉一回头。"②

至宣统二年（1910）春，金山寺常住请他担任堂主职务，他自觉学年太浅，没有出任，此时仍留意丛林规矩制度，"凡外寮行单，悉公务

---

① 参见妙湛《来果禅师的禅风——纪念来果禅师圆寂四十周年》，《闽南佛学院》1993年第2期。
② 《自行录》，载《来果禅师广录》，上海古籍出版社2006年版，第521页。

尽，上至和尚，下至打扫，所有规矩，倒背如流"①。来果禅师留心于规矩，主要有两个目的："我在规矩上用心，其义有二。当知丛林规矩，为行人悟心大法，见性宏模，现为行法基础，未来为进道阶渐，一也。人能留心规矩，钜细清明，毫无讹谬，自则为立身大本，他则为拔楔抽钉，一旦受执为人，拈来便用，二也。"②

来果禅师出任高旻住持后，更加重视清规制度，认为规矩是自利利他、参学开悟的基础，他说："常有法规策励，触目惊心，加得几分道心，锁得几分业障，自己参学必也周到，常住规矩亦也无违，正自他兼利，始具参学人之面目。"又认为："规矩为世出世之最大法纲。……其规矩者，为丛林基础，为海众依归，为学道之初步，为入圣之阶梯，为出世之良师，为成佛之导者，为苦海之宝筏，为黑夜之明灯，为穷者之大宝，为病者之良医，为人道之救星，为学者之宏范。"③在指示弟子参禅时又说："参禅人，第一要守清规，方能参禅。清规者，公正清严为模范。公能除私曲猥弊，正能除邪谬垢染，清能除精浊秽污，严能除病惯懈习。故以清规建丛林，以清规治人格，以清规利人世，以清规成佛祖。规矩不清严，则人随之懈怠；规矩不公正，则人易成流弊。是知公正清严，为丛林本，为佛祖基，作禅人路，为苦海舟。能守清规之人，身能忍苦，心能耐劳，宁死于清规，不存于浊秽。"④ 1932年农历三月二十二日，来果禅师在早粥后表堂说："规矩一法，乃出世之阶梯，为成佛之捷径。离规矩则坏丛林、坏自己；守规矩则修福慧，修身心。师傅们在日用中，切不可随习气转，顺业识牵。当知守得一分规矩，除得一分恶习；修得一分福慧，除得一分生死。所以生死不离习气，福慧不离规矩。"⑤

来果禅师住持高旻寺后，大力整顿旧有的清规制度，上堂开示，领众参修，振兴了高旻禅宗风气。如1927年，改禅堂规制。旧制每于点心后回堂一小时，任人谈心放荡，道念疏散。今念道人用功难，遂改点心后一小时为静坐一支香。由是，高旻上下，从朝至暮，从暮至朝，了无开口

---

① 《自行录》，载《来果禅师广录》，上海古籍出版社2006年版，第522页。
② 同上。
③ 来果：《解谤扶宗浅说》，载《来果禅师语录》卷一，上海佛学书局1992年版，第34—35页。
④ 来果：《参禅普说》，载《来果禅师广录》，上海古籍出版社2006年版，第135页。
⑤ 来果：《高旻寺丈室规约》，载《禅林四寮规约》，上海古籍出版社2004年版，第35页。

处，方符禅宗风范。又，为免道念松懈，旧制每月四次犒劳斋饭等，一律永免。1932年开始，来果禅师依古德所制规约，删繁取要，集成丈室、禅堂、客堂、库房《四寮规约》，以此作为寺院修行的准绳。1938年，改用衣钵寮管理常住诸师账目、清规牌式。此年，来果禅师还专门制定《高旻专门禅宗规则》，重申高旻寺为专门禅宗门庭，只许坐香，其他闭关、般舟行、念佛七、持午、讲经、学社、学戒堂、大小经忏佛事及焰口等，概与专门禅宗相抵触，一禁干净。"二六时中，清规肃矩，如法修行，身外消闲，尘劳远隔，身无他用，心自虚玄。"① 由此，高旻门庭已俨然专门禅宗矣。

正是由于来果禅师的努力，高旻寺成为民国时期禅门丛林之楷模，规矩谨严，宗风不坠，而清末其他著名的禅宗则日趋衰微。来果禅师的弟子达本曾言："其于坐香规约，因时因地辄为损益，至今国内各大丛林均以为法。"②

3. 提倡丛林修行与禅堂坐禅

第一，提倡住丛林，反对住山。

来果禅师主张"生生世世以丛林为家，以规矩为住"，认为住山不如在丛林中修行。有的禅人因厌小庙之烦，畏丛林之苦，贪安偷闲，故乐处深山，来果禅师认为，此非真为道。况且住山有五大弊端：第一，独自住山，有时会遭遇抢劫之患，难有解救之人；第二，常有山下穷苦妇女上山求食，恐戒律难保；第三，因粮食匮乏，需下山化饭，有时甚至一饿十天八天，有因此退失道心而下山者；第四，有与邻山不和，因争吵打架而死者；第五，山上有病无药，有药无人看病，有的死后发臭而惹邻庵之厌。来果禅师所说的住山五大弊端颇具针对性，丛林之中常有僧众因自身原因难以融入僧团，不愿发心为常住奉献，不理解禅门之中行住坐卧、出坡劳作无非是修行，却认为枯心静坐、寂静无为方为修行，故烦恼生起即想逃避至深山之中闭关修行。而一旦入山，诸多不便，反而不如在丛林之中住禅堂内修行。来果禅师曾于终南山湘子洞隐居禅修，有住山的经验，深知住山的不便，他所说的住山之弊值得警醒。

来果禅师在《爱丛林》篇中称："任在一切处，办道十年，不如丛林

---

① 来果：《高旻寺丈室规约》，载《禅林四寮规约》，上海古籍出版社2004年版，第87页。
② 达本：《来果禅师语录序》，载《来果禅师语录》，上海佛学书局1992年版，第3页。

办道一日。"① "古云：历代诸祖出自丛林，古今圣贤从丛林出。自当敬常住如佛刹，爱寺物如金珠，自恨迟来，何不早住。宁愿生生世世，以丛林为家，以规矩为住，其他小庙庵堂，深山穷谷，关房静室，决不暂住。"② 在《愿住丛林》篇中说："非住丛林，不能培其佛因；非住丛林，不能成其佛果。否则因地不真，果遭纡曲。要知丛林为三宝主体，亦为办道础基。丛林衰，正法无从久住；丛林兴，三宝为世福田。古云：能发心住丛林，三五十年不犯一毫苗稼者，此人具大福报，有大正因。又云：若在深山办道，不如丛林睡觉。诚哉斯言也。"③ 住丛林不仅是自我修行成佛的基础，而且还能够真正利益他人，来果禅师认为，大凡住过丛林之人，皆具威仪细行，举动语默，能世人信而敬爱，使一切善男信女，培福德无量，培善根无量。而且，人能生住丛林，死入塔院，不但过去父母超生净土，而且现存父母增福延生，故住丛林有无量功德。

在《劝住丛林》篇中，来果禅师更为直接地表达了他的丛林修学思想："满世僧人，漂流零落，漫无主宰，实可痛心。当知丛林为宏道利生之法窟，为明心见性之佛场，如衣有领，如网有纲。身心安乐，饮食调和，有道者慰之以深加，无道者警之以前进。如满林之竹，比比争高；如大园之松，雄雄上进，不负四恩，有光三有。诚为僧人之僧宝地也。"④ 针对不愿常住者，来果禅师劝以三行："参禅人先立三行，至死不移，自可发明，至真常住。三行者何？一、住此一处，处要常住；二、持此一法，法要常住；三、专此一心，心要常住。有此三常，住不改易，诚转生灭成寂灭，转难住成常住也。"⑤ 来果禅师所批评的主要是不愿为丛林规矩所束缚，而希冀住山、住小茅棚自由修行的僧人。

第二，劝住禅堂，提倡禅堂修行。

来果禅师在《劝住禅堂》篇中说："参禅入定，要住禅堂，始为名能副实，否则终成流俗阿师也。禅堂为诸佛母，禅堂为祖师室，禅堂为大冶

---

① 来果：《爱丛林》，载《来果禅师语录》卷二，上海佛学书局1992年版，第172页。
② 来果：《解谤扶宗浅说》，载《来果禅师语录》卷一，上海佛学书局1992年版，第42页。
③ 同上书，第31页。
④ 《来果禅师语录》卷一，上海佛学书局1992年版，第94页。
⑤ 来果：《解谤扶宗浅说》，载《来果禅师语录》卷一，上海佛学书局1992年版，第47页。

洪炉,禅堂为禅人住处,禅堂为法身法窟,禅堂为慧命慧灯,禅堂为诸佛出身之处,禅堂为众生悟道之所,禅堂为行法之场,禅堂为清规之主。……禅堂之尊,禅堂之贵,禅堂之高,禅堂之上,禅堂最尊最贵、最高最上、无比上上、上无再上也。"①

禅堂之中有堂主和尚指导,有班首师父警策,又有同道修行鼓励,所以"算来还是住禅堂好"。来果禅师说:"当班首者,诚天下人法身父母,必以堂师为诸佛子,为大雄儿,始尽法身父母责任。路行错者指之,工用错者正之,冷暖者调之,饥渴者食之,二六时中,跟随诸师,出入往返,恐放逸者斥之,有疏散者视之,有犯规矩者警之,有违乱众者策之,棒喝交驰古规,警言策行大范,自古至今,未有一毫稍减。必先见到,人今行之,我已行之,明知棒喝,为了生脱死法器,为严规肃矩钳椎,为断情之斧,为割爱之力,能够几斧几刀,直将情之种,爱之根,灰飞天外。人若无情,即是圣人。果能断爱,正是贤人。当知情爱为生死本,为世界根,欲人求了者,非禅堂无了处,非班首无了人。是知禅堂与班首,为天下人法身父母也。"②

禅堂之中,班首执事对于修行者至关重要,来果禅师说:"高旻班首一执,非等闲可比,道行卓绝,行持孤峻,戒如冰雪,心若神珠,为禅者之父母,作衲子之芳规。律己律人,全功全德,出一言而钉抽楔拔,讲一句而鬼战神惊,感神明,动天地,为班首是赖焉。"③ 正因为如此,禅堂之中能锻炼成为法门栋梁。《禅七开示录》"第三十五受人劝服者"云:"要知为首领之人,苦其身,高其志,为当来范,作学者箴。既苦劝留,当从其允。念丛林于将替,睹大法于式微,能不痛心乎?清众行单者,禅堂为修慧之窟,外寮为培福之场,谨守清规,严持戒行,不违教诲,不犯稼苗。纵有他缘,不如禅室;任是好事,不若道场。务宜信劝,莫执自愚。能转身心,终成大器。何乐而不为也。"

4. 选择住持的条件

方丈为一寺之主,宋以后在禅宗丛林中的地位越来越重要。按照方丈

---

① 来果:《禅堂》,载《来果禅师语录》卷二,上海佛学书局1992年版,第174—175页。
② 《来果禅师语录》卷二,上海佛学书局1992年版,第176页。
③ 来果:《禅堂众班首日行规则》,载《禅林四寮规约》,上海古籍出版社2004年版,第1页。

选拔方式的不同,清末时寺院分为选贤丛林、传贤丛林、剃度丛林等类型。"高旻古制,系传贤丛林,住持职务,以死为期,故名生死方丈。"①对于继任方丈,必须具有五大资格方为合格。第一条:"心地上本参透彻,宏法为怀,以静香为心,以规矩为命,不得一毫疏忽。于大法传持坚永,于事则谨守无遗。"第二条:"因果上知得,亲拈一草之功,终投觉海;错用一钱之费,报在阿鼻。"正如古德所讲,买砖之钱不能卖瓦,这是佛教中的传统。第三条:"见地上务要彻法源底,破最上关,首明诸佛眼目,次行菩萨事仪,再识二乘因行。"第四条:"戒律上仪范精严,吉罗无损。"第五条:"勤谨上,每日例行公事,上殿过堂,行香坐香,出坡等事,各处检点,处处留意。于事必以整肃庄严,如法次第为切当,于众必以循规蹈矩、内外安宁为己任。"②

来果禅师的法语中,有《住持法席警语》一文,对丛林住持提出了十个方面的要求。第一条为"为住持人资格者",认为作为住持人,要"品性端方,参学真实,出言合法,作事有条,严守成规,终无越逾。不重己见,不重己能,俯顺曲情,毫无装饰。心真口真,身端事端,只顾正行,不尚偏私,耳根铁硬,眼珠光明。轻己重人,隐恶扬善,赞之不喜,谤之不忧,上恭下敬,和悦同门。遇事难必从容和蔼,见逆境必悦色欢颜。不得一见便嗔,或一见便喜,大失大人资格。若道德为人,举超方眼,立不变知。如此行为,可以越浊劫,可以范当人"③。

其他九条亦为住持应具备的条件。如第二条,工夫见地上,要求住持苦心参究"念佛是谁"十年八载,"首发明心,悟见自性",使参禅学者,有门可入,有道可行,有禅可参,有心可用。第三条是因果清明:"要得佛身,必修佛因",买砖买瓦之钱,各有因缘果报,应效仿禅宗历史上杨岐灯盏、宝寿生姜的佳话,"宁可割肉补常住,不可私蓄肥自己"。第四条是识见高广:"既有高上之识见,必能做高上之事业,成高上之伟人,为高上之模范。"第五条是专门禅宗:"禅宗一事,正在各人眼见耳闻中,穿衣吃饭中,屙屎放尿中,语默动静中,运转施为中,擎拳合掌中,扬眉

---

① 来果:《高旻寺丈室规约》,载《禅林四寮规约》,上海古籍出版社2004年版,第83页。
② 来果:《禅堂众班首日行规则》,载《禅林四寮规约》,上海古籍出版社2004年版,第83—84页。
③ 来果:《住持法席警语十则》,载《来果禅师广录》,上海古籍出版社2006年版,第419页。

瞬目中，无不是当人面目，无不是本地风光，无不是禅宗嫡旨，无不是微妙法门。"① 其他各条分别为勤谨简朴、培德修福、无诸习漏、威德并济、弘法无厌。在《高旻寺丈室规约》中，随处可见对寺院方丈的要求，如除非有重要大事外，一概不许到扬州诸山及二堂庵、护法处，如此方为"清高上士"。②

（三）来果禅师与"高旻禅"

来果禅师是近代禅门巨匠，他参禅数十年如一日，深入得悟，对于禅法多有真知灼见。他住持高旻寺三十多年，精修禅行，劝导禅门学子，使高旻禅风名闻天下。在为众弟子开示禅法时，常结合自己的禅修体验，多有其独到的见解。在《自行录》、《语录》、《开示录》等中有其详细的记载，从中反映出别具特色的禅学思想，日本人称之为"高旻禅"。③

1. 单提正令，以禅宗明心见性为根本

来果禅师单提正令，直指人心，以禅宗明心见性为根本。他说："参禅一法，非世出世法可比拟，乃菩提达摩大师，建树不立语言文字，直指人人，明心见性，为立地成佛宗旨，为教外别传顿法，三身四智，十地三乘，一切佛经祖语，有情无情，皆为此禅含摄。"④ 又说："参禅一宗，直达当人本来面目之重大关键，最直捷、最便宜、最稳当、最平实，世出世法，无逾此也。……独参禅旨趣，为诸佛母，为万法师。"⑤ 来果禅师论"专门禅宗"时说道："宗门一法，上齐三世诸佛，下止有情无情，各本具足，无欠无余，在凡不减，在圣不增，直指当人本有心体。即日用中起心动念之诸佛心、菩萨心、缘觉心、声闻心、天人心、世人心、修罗心、众生心、畜生心、蠢动心、含灵心、恶鬼心、地狱心、草木心、虚空心、大地心、砖石心、瓦砾心，秉承一心，共同一礼。"

《来果禅师语录》开篇即为"解谤"，辨析禅宗、教门、律宗、净土四门之间的相互诽谤。如第一篇即"宗谤教"，即禅宗门人对教宗的贬

---

① 来果：《法语》，载《来果禅师广录》，上海古籍出版社2006年版，第422、423页。
② 来果：《高旻寺丈室规约》，载《禅林四寮规约》，上海古籍出版社2004年版，第109页。
③ 达本：《禅七开示录序》，载《来果禅师广录》，上海古籍出版社2006年版，第568页。
④ 《来果禅师广录》，上海古籍出版社2006年版，第28页。
⑤ 同上书，第28、29页。

抑："一切经教，首由悟心，再可宏教，始效世尊雪山悟道，鹿苑谈经之先范，势必先入禅宗，深悟心理，方为大功。果能先宗而后教者，教理之妙，皆从悟心流出，随发一言，无不是教。"这是禅宗学人常持之观点，来果禅师并不以禅宗的立场贬抑教宗，而是平心辨析教宗之必要性："大悟者，唯佛一人，其他皆次之。能在末法世中，为人解说一句半句佛经，令人种大善根，拥护三宝者，此人即与如来现身说法无异。"古语云："僧赞僧，佛法兴。"来果禅师以禅门宗匠，并不拘于自宗之偏见，为教宗辩护。针对禅宗与教门之间的互谤，来果禅师指出："末法人心，正知者少，邪见者多，恰用宗、教两门之法治之，正当之机。何以故？教能纠正人心，开示正见，使不受五浊浇漓之世流转；宗能空凡圣、了阶级，使不受迷悟沦陷之境遮瞒，庶免悠游六道，辗转三途，岂不宗、教两弘，转恶世而成佛世，改人心而成佛心。"① 由此他得出结论："宗、教、律、净四门，如佛一人，宗是佛心，教是佛口，律是佛脚，念佛是佛身。岂有身说脚非、口说心不是之理？要知如来救度众生，以此四处成为佛身，众生界空，佛尚不存，四处安在？能领会得，性空世界全是众生离垢而成，水月道场尽是诸佛悲愿而立，诸佛为离垢而处众生界内，众生仗悲愿而来诸佛海中。"②

来果禅师的禅法继承了宋元以来临济宗的传统，融会了明清时期禅与净土合流，参究"念佛是谁"，其直接传承源头则是清初玉林通琇一系临济宗禅法特点，重视禅堂规矩和坐禅、禅七等形式，强调克期取证。他说："丛林何事，事在坐香，即参禅也。夫禅虽不在坐，亦不在不坐。老古锥钳锤下死去活来，始知象王行处，一踏到底。故天下丛林一支香。上关诸佛法身，下关众生慧命。"来果禅师尤其强调一门深入，他说："任用何法，必须一门深入，持久耐长。身可以终，法不可忘；心可以迁，法不可移。能将定法，治此乱心，乱心久必依法而定。"③ 来果禅师弟子达本（温光熹居士）在《来果禅师语录序》中所说："曹溪以后，宗门大德教示学人，渐重行履，非行无以践言，非行无以验其眼之正与否。北宋后，乃拈上大人公案一言半句以为话头，令人苦参。话头之风，自是以

---

① 《来果禅师广录》，上海古籍出版社2006年版，第27页。
② 同上。
③ 来果：《参禅普说》，载《来果禅师广录》，上海古籍出版社2006年版。

兴。此时关键，乃在参禅。参究主要，重在疑情成团，又非狐疑之疑，乃大信后自有之境界。话头虽多，本无优劣，应机对症，不无简择。故于明万历后，天下丛林均拣'念佛是谁'为唯一话头，陶铸龙象，不可缕计。"①

来果禅师又有接引方便，为未悟以前的修学者，根据禅宗的修学，广设百法，详细指陈修学要领，这一百种法即发心学道、愿住丛林、立决定行、棒喝难挨、规矩难学、身心不安、委屈难受、习气难除、跏趺难坐、根难收、请示用工、厌住丛林、乐处深山、不喜培福、不真修慧、不愿常住、易犯规矩、喜舍一切、奋勇发心、身心纯熟、不信参禅、疑法、疑人、拟退、追悔、惭愧、起信、听可领会、觉有相应、自愿用工、忘疲、疑情不得力、身心烦躁、退心陡起、受人劝服、妄心暂歇、身外暂忘、觉身轻安、住枯静处、妄自穿凿、专好诗偈、不愿深进、提起用、功能除妄、功能除睡、落堂自在、妄自承当、戒道时非、心法俱寂、得少为足、生心用、有心用、散心用、把持用、得力用、放心用、亲切用、间断用、粗心用、绵密用、不间断用、细心用、离法用、无心用、真心用、转身用、同体大悲、代众生苦、慈心与乐、愍念众苦、学菩萨行、布施、持戒、忍辱、精进、禅定、智慧、喜舍、爱语、利行、同事、立向上志、除懈、恭敬、供养、赞叹、隐恶扬善、除谤、息诤、常不足、劝住丛林、发心做事、喜作清众、愿当行单、知因识果、发大誓愿、事理用、化导用、他受用、自受用。来果禅师接引弟子当务之急即为"解谤"和"扶宗"，前者为去沿途之荆棘，后者则为示坦荡之归程，作行者之指归。"扶宗之说，定一百条规。真参实修，娓娓道来，如示路途之风光，皆称性而谈，从自性本分中流出，实乃参禅学道者之要津。"此外，对于工夫上路以后的禅者，来果禅师又有"宗门三关说"以接引。所谓三关，即初关、重关、牢关，来果禅师称为"过祖师关"、"破重关"、"透牢关"。破三关之后还有悟后重修、悟后自休、悟后度人等，另文详述。

2. 主看话禅，参"念佛是谁"

看话禅是继唐五代时期的机锋棒喝禅、两宋时期的文字禅之后而产生，宋元以后逐渐成为中国禅宗的主要禅法形式。机锋棒喝禅、文字禅到看话禅，有着内在的逻辑发展进程，是禅宗历史发展的必然结果。看话禅

---

① 达本：《来果禅师广录序》，载《来果禅师广录》，上海古籍出版社2006年版，第27页。

是从禅宗公案发展而来的，所谓公案，原指官府用以断定天下是非的案牍，是官府处理公事的文书、成例及狱讼判定的结论。后来禅宗借用这一用语，把"佛祖机缘"称为公案，就是禅宗祖师在接引学人时所说的富有启迪性的话语，后人有所悟解不能自决，请之于师，则举公案作为判定迷悟之准绳。对于公案，不可以思维意识去分别，不可以语言文字去表达。在禅宗看来，释迦牟尼在灵山会上教外别传，达摩祖师西来直指人心，都是公案。禅宗的一千七百则公案，都是用来作为悟心之士取以为开悟的证据。元代时临济宗高僧中峰明本说："夫公案，即烛情识昏暗之慧炬也，揭见闻翳膜之金篦也，断生死命根之利斧也，鉴圣凡面目之禅镜也。祖意以之廓明，佛心以之开显，其全超迥脱，大达同证之要，莫越于此。"① 他把公案说成破除无明黑暗的智慧火炬，去除情识知见的器具（金篦，古代医生刮除眼睛病膜的器械），断除生死命根的利斧，鉴别凡夫圣者的明镜。要廓明祖意、开显佛心、断除烦恼缠缚、彻悟菩提自性，都离不开公案，可见在临济宗看话禅中对公案的重视。

近代虚云老和尚、来果禅师两位禅门巨匠，都力倡看话禅，并有新的阐发。虚云和尚认为，宋代以后，人们的根器渐下，所以只有看话禅一法最为适合。他对于话头有新的解释："其实话头即是念头，念之前头就是心。直言之，一念未生以前就是话头。"② 又说："所谓话头，未说出前谓之话头，若将既说出之话参究，已不是参话头，而是参话尾矣。"③ 所以话头就是未说话之前一念未生的本来面目，参话头就是要参当下的一念心。虚云禅师认为话头也就是心，看话头就是观心："话从心起，心是话之头；念从心起，心是念之头；万法皆从心生，心是万法之头。其实话头，即是念头，念之前头就是心。"他还明确说："看话头就是观心，父母未生以前的本来面目就是心，看父母未生以前的本来面目，就是观心。性即是心，'反闻闻自性'，即是反观观自心。'圆照清净觉相'，清净觉相即是心，照即观也。心即是佛，念佛即是观佛，观佛即是观心。所以说'看话头'，或者是说'看念佛是谁'，就是观心，即是观照自心清净觉

---

① 《中峰广录》卷十一之上，《山房夜话》，载蓝吉富主编《禅宗全书》第48册，北京图书馆出版社2004年版，第108页。

② 《虚云和尚全集》第一册，《法语·开示》，中州古籍出版社2009年版，第159—160页。

③ 同上书，第422页。

体,即是观照自性佛。"又说:"心即性、即觉、即佛,无有形相方所,了不可得,清净本然,周遍法界,不出不入,无往无来,就是本来现成的清净法身佛。行人都摄六根,从一念始生之处看去,照顾此一话头,看到离念的清净自心,再绵绵密密,恬恬淡淡,寂而照之,直下五蕴皆空,身心俱寂,了无一事。从此昼夜六时,行住坐卧,如如不动,日久功深,见性成佛,苦厄度尽。"此心即禅宗所参的"父母未生之前本来面目",禅宗的教外别传,就是要远离语言文字之外,妙契于此心。然而此本来清净的大觉圆满之心,按照佛教的说法,是不可思议、不可言说的,但为了开示悟入此心,不得不假借言语加以描述。疑情是看话禅的根本,是参禅开悟的关键。古人虽不用看话禅的形式,但运用机锋棒喝的形式,于言下当下直接引发疑情。

来果禅师主张专参公案,重视一门深入,他强调:"任何诸祖,无不是在一则公案上一门深入。"① 来果禅师认为:"北宋后,乃拈上大人公案一言半句,以为话头,令人苦参。话头之风,自是以兴。此时关键,乃在参禅。参究之要,重在疑情成团。又非狐疑之疑,乃大信后自有之境界。"他更是强调参禅就是参话头,而参禅的功夫,就是指参"念佛是谁"。

来果禅师的禅法有其独特的风格,他参禅以"念佛是谁"为话头,可以追溯至"禅净合一"的禅法风格。念佛为五门禅之一,《坐禅三昧经》中称念佛观可以对治多分烦恼,与慈悲观、不净观、数息观、因缘观等一起作为对治烦恼、坐禅修习的前行方便。在禅宗之中,四祖道信最早提唱"念佛禅",在《入道安心要方便法门》中,道信依《文殊说般若经》"一行三昧",强调"念佛心是佛,妄念是凡夫"。至五祖弟子北宗神秀,以及净众宗无相等已经出现"念佛净心看净"的习禅方式,念佛被禅门用来当作禅修的入手方便。在禅宗中影响最大的是六祖慧能所提倡的唯心净土思想。据《六祖坛经》记载,韶州刺史韦璩向慧能请教念阿弥陀佛往生西方的说法,慧能引用了《维摩诘经》中"随其心净则佛土(国土)净"语,并说:"东方人但净心即无罪,西方人心不净亦有愆,迷人愿生东方。两者所在处,并皆一种心地,但无不净。……若悟无生顿

---

① 来果:《解谤扶宗浅说》,载《来果禅师语录》,上海佛学书局1992年版,第41页。

法，见西方只在刹那；不悟顿教大乘，念佛往生路远，如何得达？"① 慧能虽然并不否认念佛往生西方，但他的思想重心却是"自净其心"，因为自己的心净，所以国土就会清净，这一思想成为后来禅宗融合禅净的理论基础。受慧能思想影响，唐五代时期禅宗僧人多视念佛往生西方净土为方便，而以禅宗的唯心净土为究竟。至永明延寿禅师（904—975），风气有所转变，近代太虚大师在《中国佛教特质在禅》中曾指出："禅净合修，远在安般禅已有渊源，不过达摩、慧可来后，久成隔绝，至于法眼宗永明延寿始大为提倡之。"② 延寿既坚持禅宗唯心净土的根本立场，同时又肯定了往生西方的修行，积极提倡念佛求生净土。元代中峰明本禅师继承了延寿的思想，既提倡净土信仰，又坚持了禅宗唯心净土思想，进一步提出"禅即净土之禅，净土乃禅之净土"，把禅宗与净土信仰统一起来，对禅净关系作了新的发展。中峰明本的弟子天如惟则甚至教弟子直接将阿弥陀佛作为话头进行参究："但将阿弥陀佛四字，做个话头，二六时中，直下提撕，至于一念不生，不涉阶梯，径超佛地。"③ 将念佛与看话禅相结合，对后世产生巨大的影响，开启了一条禅净融合的新路，为后世参"念佛者是谁"的源头。此后，佛教高僧及禅门尊宿如憨山德清、紫柏真可、蕅益智旭、楚山善琦、无异元来、彻悟禅师，均提倡禅净合修或禅净融合。明清之时，随着看话禅法的普及和净土宗念佛的盛行，参究"念佛是谁"话头公案成为禅门中最流行的参禅方法。近代的虚云和尚、来果禅师等均大力倡导参"念佛是谁"公案。关于禅宗与净土宗的关系，历史上一直有西方净土与唯心净土之争，来果禅师认为："未悟之士，分东分西，既了之人，何内何外？向外驰求，外不离内，内心念佛，何离于外？果能心佛俱念，自可非东非西。心佛一如，当即忘内忘外。"④

来果禅师在《自行录》中自述出家之前专修念佛的情形，其15岁时皈依大智老和尚，教以念佛法门，并告诉他，等他能够睡梦之中还有佛声，即告诉他大法。自此，来果禅师即埋头苦修，昼夜忘疲，念诵佛号不断。后来在大智和尚的启发下，开始参禅，即参究"念佛是谁"的话头。

---

① 杨曾文校写：《新版敦煌新本六祖坛经》，宗教文化出版社2001版，第43—44页。
② 太虚：《中国佛教特质在禅》第六节《禅净合修》。
③ 袾宏：《禅关策进》，载《师子峰天如则禅师普说》，金陵刻经处本，第22页。
④ 《来果禅师广录》，上海古籍出版社2006年版，第18页。

所以他对参"念佛是谁"的话头最为重视，他说："话头虽多，本无优劣。应机对症，不无简择，故于明万历后，天下丛林均捡'念佛是谁'为唯一话头，陶铸龙象，不可缕计。"他说："打七为甚么事？大众要明了：无非是参禅悟道，了生脱死，没有其他的事。要参禅，非参'念佛是谁'不可；了生死，亦复'念佛是谁'可了。""你们所行的都是要向上这一条路上去，以此'念佛是谁'是敲门瓦子、指路碑。""我们的工夫要想成团，必须要上这条路，……这个团，是'念佛是谁'得力的时候，心是'念佛是谁'，打妄想也是'念佛是谁'，翻业障概是'念佛是谁'；身上是'念佛是谁'，脚下也是'念佛是谁'，手里是的，眼、耳、鼻、舌等，均是的；站在这里，站的地方也是'念佛是谁'；抬起头来看天，天也是'念佛是谁'；如是心，如是身，如是虚空、世界，通通共成一个'念佛是谁'。"①

来果禅师住持高旻寺以后，每次的禅堂开示，都要众人提起"念佛是谁"来参。在论及禅宗中的工夫见地时，他说："当住持人，首发明心，悟见自性，先必从'念佛是谁'上苦心十年八载，了知行法。或中途渐歇，或脑后加椎，或铁壁银山，或灰头土面，或别入禅那，或深入观照，或习偏定，或入枯禅，种种参禅，差路修门，一一周知了解。既识正行，再明偏修。"② 对于用功的方法，来果禅师说："'念佛是谁'四个字提起来，一个字、一个字，清清爽爽的，念佛是哪一个呢？这个疑情下去，历历明明，没有一毫厘的含糊，妄想从哪里有？……工夫与妄想，本来没有两个，工夫念念分明，就没有妄想。"③ 宗旨，明清以后受禅净融合思想的影响，禅宗丛林中主要参"念佛是谁"的话头，成为禅宗最主要的参究方法。

（四）结语

来果禅师自出家后，行头陀行，苦志修持，参禅行脚十余年，真参实修，于金山禅寺大彻堂开悟后，辅佐金山禅寺数年，执掌高旻禅寺法席三十余载，苦行翘勤，事必躬亲，苦心孤诣，举扬临济宗风，使高旻禅风独树一帜。近代高僧倓虚评价来果禅师"彻透个事委要，别尽学者疑膜"，

---

① 《来果禅师禅七开示录》，扬州高旻寺印 1992 年版，第 4、12—13、103 页。
② 来果：《法语》，载《来果禅师广录》，上海古籍出版社 2006 年版，第 419—420 页。
③ 《来果禅师禅七开示录》，扬州高旻寺印 1992 年版，第 15 页。

对其禅法高度评价："来公宗说兼通，痛念祖道秋晚，别出手法，普接三根；隐理致机用于普说之中：直说、横说，法说、喻说，粗说、细说，方便、了义说。始自入门途径，蔪尽荆榛；规矩法则，堂堂轨范。心行由粗入细，总归一条心行，而至无心。工夫由站立不长，而至能稳、能长，成团、成片。逐日策发，一路挟持；令学者田地稳密，寻究到无用心处，而豁见自己安身立命所在。观其觌面提持，钳锤紧密：婆和处，如剥尽核皮，与人下口；严峻处，如驱耕夺食，逼人纳财。反复伸说，而不为费辞；行到说到，而全无孤负。凡兹打扫洁净，荡涤一切依稀、光影、穿凿、卜度之病，无非志在学者证得本分清晰；如此荷挟，刻骨究实，不妨易得。"[1] 来果禅师的嗣法弟子、高旻寺的退居老和尚亦赞颂他说："以相见相，众生一样；见相非相，佛祖惆怅；离相见相，多已层障；无相不相，乃名实相。祖德巍巍，祖貌堂堂。踞法王座，号狮子王。婆心苦口，慈悲无上。为万世师，曷尽赞扬。"[2] 此外，来果禅师又革除丛林积弊，取消水陆、焰口等一切经忏佛事，整顿规矩制度，亲自手订《高旻四寮规约》，即丈室、禅堂、客堂、库房等规约，使举寺上下行持各有所依靠，"其于坐香规约，因时因地僦为损益，至今国内各大丛林均以为法"[3]。因此在近代禅宗重要祖庭如金山寺、天宁寺等纷纷衰落的情况下，独有高旻寺规矩谨严，宗风不坠，禅风名闻天下。被赞誉为"天下丛林不止单、守禅制者，独有高旻耳"[4]！来果禅师以其特有的禅门修证和行事风范，示现了他作为禅门高僧在这种时局动荡的困境中复兴传统佛教的宏愿。

---

① 倓虚：《来果禅师禅七开示录序》，载《来果禅师禅七开示录》，扬州高旻寺1992年版，第5页。
② 德林：《来公老和尚像赞》，载《来果禅师禅七开示录》，扬州高旻寺1992年版，第2页。
③ 达本：《来果禅师语录序》，载《来果禅师语录》，上海佛学书局1992年版，第3页。
④ 温光熹：《扬州高旻寺来果禅师塔铭并亭记》，载《来果禅师禅七开示录》，扬州高旻寺1992年版，第1页。

参考文献

一 档案、期刊、文献汇编

赵尔巽等撰：《清史稿》，中华书局1977年版。

周叔迦编：《清代佛教史料辑稿》，《周叔迦佛学论著全集》第7册，中华书局2006年版。

《清实录》，中华书局1987年版。

（清）刘锦藻撰：《清朝续文献通考》，商务印书馆1936年版。

（清）昆冈等撰：《大清会典事例》，中华书局1990年影印版。

（清）朱寿朋编：《光绪朝东华录》，中华书局1984年版。

（清）俞正燮撰：《癸巳存稿》，辽宁教育出版社2003年版。

王铁崖编：《中外旧约章汇编》，生活·读书·新知三联书店1982年版。

李书源整理：《筹办夷务始末》，中华书局1979年版。

孔祥吉编著：《康有为变法奏章辑考》，北京图书馆出版社2008年版。

王明伦编：《反洋教书文揭帖选》，齐鲁书社1984年版。

蒋世弟、吴振棣编：《中国近代史参考资料》，高等教育出版社1988年版。

中国史学会主编：《戊戌变法》，上海人民出版社2000年版。

周康燮：《中国近代史资料丛编》之十，《辛亥革命资料汇辑》第五册，存萃学社1980年版。

沈云龙主编：《近代中国史料丛刊》第三编，文海出版社1989年版。

中国第二历史档案馆编：《中华民国档案资料汇编》第三辑"文化"，江苏古籍出版社1991年版。

中国第二历史档案馆编：《中华民国档案资料汇编》第三辑"教育"，江苏古籍出版社1991年版。

中国第二历史档案馆编:《中华民国档案资料汇编》第五辑第一编"文化一",江苏古籍出版社1994年版。

中国第二历史档案馆编:《中华民国档案资料汇编》第五辑第二编"文化二",江苏古籍出版社1994年版。

黄夏年主编:《民国佛教期刊文献集成》,全国图书馆文献缩微复制中心2006年版。

黄夏年主编:《民国佛教期刊文献集成补编》,中国书店2008年版。

黄夏年主编:《稀见民国佛教文献汇编(报纸)》,中国书店2008年版。

北京市档案馆编:《北京寺庙历史资料》,中国档案出版社1997年版。

石峻等编:《中国佛教思想资料选编》第三卷第4册,中华书局1990年版。

张曼涛主编:《现代佛教学术丛刊——民国佛教篇》,台北大乘文化出版社1978年版。

舒新城:《中国近代教育史资料》(上册、中册),人民教育出版社1981年版。

邱远猷、张希坡:《中华民国开国法制史:辛亥革命法律制度研究》,首都师范大学出版社1997年版。

江沛等编:《老新闻:1921—1930》,天津人民出版社2003年版。

郭卫:《大理院判决例全书》,会文堂书局1931年版。

张羲编辑:《最高法院裁判要旨》,会文堂书局1936年版。

朱鸿达主编:《大理院判决例全集》,世界书局1936年版。

黄英杰编著:《民国宗教年鉴》,台北全佛文化出版社1995年版。

二 文集

《杨仁山居士遗著》,金陵刻经处1982年重刊本。

季羡林主编:《杨仁山居士文集》(第2版),黄山书社2006年版。

刘梦溪主编:《中国现代学术经典·杨文会、欧阳渐、吕澂卷》,河北教育出版社1996年版。

苑书义等主编:《张之洞全集》,河北人民出版社1998年版。

姜义华、张荣华编校:《康有为全集》,中国人民大学出版社2007年版。

中国蔡元培研究会编:《蔡元培全集》,浙江教育出版社1998年版。

《章太炎全集》,上海人民出版社1984年版。

《章太炎政论选集》，中华书局 1977 年版。
《魏源集》，中华书局 1976 年版。
《龚自珍全集》，上海人民出版社 1975 年版。
蔡尚思、方行编：《谭嗣同全集》，中华书局 1981 年增订本。
梁启超：《饮冰室合集》，上海中华书局 1932 年版。
马以君编注：《苏曼殊文集》，广州花城出版社 1991 年版。
《八指头陀诗文集》，北京法源寺 1919 年刻板，金陵刻经处 2009 年重印。
释印顺编：《太虚大师全书》，台北善导寺 1980 年印本。
《谛闲大师语录》，台北新文丰出版公司 1993 年版。
蒋维乔编：《谛闲大师遗集》，香港佛经流通处 1988 年版。
倓虚大师法汇编辑处编：《倓虚大师法汇》，香港湛山寺印 1974 年版。
释倓虚：《影尘回忆录》，上海佛学书局 1993 年印行本。
《印光法师文钞》（正编、续编、三编），苏州灵岩山寺弘化社 1991 年印本。
王雷泉编选：《悲愤而后有学：欧阳渐文选》，上海远东出版社 1996 年版。
忏车：《摄大乘论随录》，长沙洞庭印书馆 1936 年版。
《吕澂佛学论著选集》，齐鲁书社 1991 年版。
印顺：《妙云集》，台北正闻出版社 1992 年版。
《弘一大师全集》，福建人民出版社 1990 年版。
《弘一大师全集》，福建人民出版社 1993 年版。
天津市宗教志编委会编：《李叔同——弘一大师》，天津古籍出版社 1988 年版。
中国佛教协会编：《弘一法师》，北京文物出版社 1984 年版。
真禅法师编：《持松法师论著选集》，华东师范大学出版社 1993 年版。
杨毓华、陈广珍主编：《持松法师论著选集》（二），《荆门文史资料》第 16 辑，中国人民政治协商会议荆门市委员会文史资料委员会 1999 年版。
真禅主编：《持松法师纪年文集》，华东师范大学出版社 1994 年版。
杨毓华主编：《持松大师选集》（三—五），华东师范大学出版社 2005 年版。
杨毓华主编：《持松大师选集》（六），华夏出版社 2009 年版。

朱哲编:《巨赞法师文集》,团结出版社 2001 年版。
梁建楼整理:《法舫法师文集》,金城出版社 2011 年版。
弥勒内院印:《慈航大师全集》,台北大乘精舍印经会 1997 年版。
贾汝臻主编:《无言潮音——桂仑禅师纪念集》,西泠印社出版社 2010 年版。
《茗山文集》,江苏古籍出版社 1992 年版。
释明复:《明复法师佛学文丛》,台北花木兰文化出版社 2006 年版。
《来果禅师禅七开示录》,扬州高旻禅寺印 1992 年版。
来果:《来果禅师广录》,上海古籍出版社 2006 年版。
来果:《高旻寺规约》,蓝吉富主编《禅宗全书》第 82 册,文殊文化有限公司 1990 年版。
来果:《禅林四寮规约》,上海古籍出版社 2004 年版。
《能海上师全集》(第一至五辑),上海佛学书局 1991—2001 年版。
熊十力:《新唯识论》,上海书店出版社 2008 年版。
熊十力:《佛家名相通释》,中国大百科全书出版社 1985 年版。
《王恩洋全集》,四川人民出版社 1999 年版。
中国人民政治协商会议荆门市委员会文史资料委员会编:《行愿无尽:明真、持松、尘空法师专集》,1992 年版。
长沙佛教协会编:《望云集——明真法师文选》,麓山寺佛经流通处 1994 年版。

三 年谱、传记

《宝华先师见老人行纪》,清康熙年间(1662—1722)刊本。
释弘一:《见月律师年谱》,《弘一大师全集》,福建人民出版社 1990 年版。
杨复礼:《梁任公先生年谱》,河南日报社 1941 年版。
汤志钧:《章大炎年谱长编》,中华书局 1979 年版。
明旸主编,照诚校订:《圆瑛大师年谱》,中华书局 2004 年版。
释印顺编:《太虚法师年谱》,宗教文化出版社 1995 年版。
岑学侣编著:《虚云法师年谱》,宗教文化出版社 1995 年版。
何明栋:《虚云和尚传》,宗教文化出版社 2000 年版。
邓子美、陈卫华:《太虚大师传》,青海人民出版社 1999 年版。

穆藕初:《藕初五十自述》(与《李平书七十自叙》合刊本),上海古籍出版社1989年版。

陈海量编:《自我介绍》,香港释圣朴1981年印本。

林子青:《弘一大师新谱》,台北东大图书公司1993年版。

徐星平:《弘一大师》,中国青年出版社1988年版。

陈慧剑:《弘一大师传》,东大图书公司1983年版。

木鱼、南北:《净严法师传》,中国县镇年鉴社2000年版。

隆根:《七十自述附八十再述》,新加坡南洋佛学书局2003年版。

杨毓华:《持松法师》,陕西人民出版社2002年版。

沈去疾编著:《兴慈法师年谱》,宗教文化出版社2002年版。

沈去疾编著:《印光法师年谱》,天地出版社1998年版。

詹天灵编:《静波老和尚纪念集》,内部印本,2009年。

朱洪:《赵朴初传》,人民出版社2004年版。

徐巧道、心澄编著:《慈舟禅师略传》,中国社会科学出版社1998年版。

刘学文:《遍能法师传》,巴蜀书社2001年版。

谭天:《宽霖法师传》,四川民族出版社2000年版。

李守静:《茗山传记》,金陵刻经处2003年版。

《茗山自传·年谱》,金陵刻经处2003年版。

范观澜:《成一法师传》,中国文史出版社2006年版。

王丽心编:《观空法师译著集》,内部流通本,2009年。

刘永华、钱耀梁编著:《真禅法师》,华东师范大学出版社1993年版。

承天寺编:《一代高僧广钦老和尚语录》,四川省宗教文化经济交流服务中心内部印本,1998年。

陈慧剑:《当代佛门人物》,东大图书公司1994年版。

杨慧镜:《近代往生传》,台中青莲出版社1996年版。

四 寺志及地方文史

杜洁祥主编:《中国佛寺史志汇刊》(第一辑、第二辑),台北明文书局1980年版。

杜洁祥主编:《中国佛寺史志汇刊》(第三辑),台北丹青书局1985年版。

白化文主编:《中国佛寺志丛刊》,扬州广陵古籍刻印社1996年版。

江苏文史资料编辑部编:《近代江苏宗教》,《江苏文史资料》第38辑,

1990 年版。

江苏省政协文史委员会等编：《苏州佛教寺院》，《江苏文史》第 98 辑、《苏州文史》第 22 辑，江苏文史编辑部 1997 年版。

江苏省政协文史资料委员会等编：《镇江宗教》，《江苏文史资料》编辑部 1995 年版。

张一留：《苏州灵岩山志》，苏州灵岩山寺弘化社 1947 年初版，1994 年重印。

苏州灵岩山寺编：《灵岩山寺念诵仪轨》，苏州灵岩山寺弘化社 1938 年印。

《金陵刻经处资料点滴集》第 1 册，金陵刻经处 1965 年油印本。

罗琤：《金陵刻经处研究》，上海社会科学院出版社 2010 年版。

《金陵刻经处 130 周年学术研讨会论文集》，金陵刻经处 1997 年印本。

《宝华山志》，清光绪年间（1875—1908）刊本。

朱福烓等编：《高旻禅寺恢复重建二十周年纪念特刊》，高旻禅寺内部印本，2005 年。

松纯主编：《常州天宁禅寺恢复开放 25 周年纪念特刊》，常州天宁寺内部印本，2005 年。

震华法师：《兴化佛教通志》，台北新文丰出版公司 1986 年版。

句容县政协文史资料委员会编：《宝华山隆昌寺专辑》，《句容文史资料》第 9 辑，1991 年版。

陈云观主编：《扬州宗教名胜文化》，广陵书社 2003 年版。

邓子美编著：《吴地佛教文化》，中央编译出版社 1996 年版。

释明学主编：《湖州道场山志》，湖州佛教协会印 2003 年版。

阮观其、释慈满主编：《北天目山灵峰寺志》，中国文史出版社 2007 年版。

宁波佛教协会主编：《宁波佛教志》，中央编译出版社 2007 年版。

方祖猷：《天台宗观宗讲寺志 1912~1949》，宗教文化出版社 2006 年版。

秦师娄、释益行主编：《延庆观宗讲寺志》，香港巨龙时代出版社 2008 年版。

圣辉主编：《闽南佛学院（1925—2005）》，厦门市闽南佛学院内部印本，2005 年。

张悦鸣主编：《天童禅寺》，宁波出版社 2008 年版。

政协武汉市新洲区委员会文史学习委员会编：《新洲文史资料》第 6 辑，《新洲历史人物》2005 年。

湖北省佛教协会、黄石市佛教协会编：《东方山志》，2005 年 8 月内部印本。

九华山志编纂委员会编：《九华山志》，黄山书社 1990 年版。

《专研专修专弘华严专宗学院三十周年特刊》，台北华严专宗学院 2005 年版。

阮仁泽、高振农主编：《上海宗教史》，上海人民出版社 1992 年版。

《台湾佛教名刹》，台北华宇出版社 1988 年版。

释永明编著：《香港佛教与佛寺》，香港大屿山宝莲禅寺 1993 年印本。

五　中国研究著作

释东初：《中国佛教近代史》，台北东初出版社 1984 年再版。

邓子美：《传统佛教与中国近代化》，华东师范大学出版社 1994 年版。

李向平：《救世与救心》，上海人民出版社 1993 年版。

郭朋等：《中国近代佛学思想史稿》，巴蜀书社 1989 年版。

高振农：《佛教文化与近代中国》，上海社会科学院出版社 1992 年版。

张华：《杨文会与中国近代佛教思想转型》，宗教文化出版社 2004 年版。

周学农：《出世、入世与契理契机——太虚法师的人间佛教思想研究》，高雄佛光山文教基金会 2001 年版。

程恭让：《抉择于真伪之间——欧阳竟无佛学思想探微》，华东师范大学出版社 2000 年版。

麻天祥：《晚清佛学与近代社会思潮》，高雄佛光山文教基金会 2001 年版。

李远杰：《近现代以佛摄儒研究》，高雄佛光山文教基金会 2001 年版。

李少兵：《民国时期的佛学与社会思潮》，高雄佛光山文教基金会 2001 年版。

赖永海主编：《中国佛教通史》，第 13、14、15 册，江苏凤凰出版社 2000 年版。

于本源：《清王朝的宗教政策》，中国社会科学出版社 1999 年版。

江灿腾：《现代中国佛教思想论集》（一），台北新文丰出版公司 1990 年版。

江灿腾：《现代中国佛教史新论》，高雄净心文教基金会1994年版。

江灿腾：《人间净土的追寻——中国近世佛教思想研究》，台北稻香出版社1988年版。

杨一帆：《佛教在中国》，香港联合出版社1956年版。

释东初：《民主世纪的佛教》，台北东初出版社1985年版。

郭朋：《印顺佛学思想研究》，中国社会科学出版社1993年版。

郭朋：《太虚思想研究》，中国社会科学出版社1997年版。

张难先：《湖北革命知之录》，商务印书馆2011年版。

江灿腾：《太虚大师前传》：台北新文丰出版公司1993年版。

洪金莲：《太虚大师佛教现代化之研究》，台北东初出版社1995年版。

释圣严：《太虚大师评传》，载《学佛知津》，台北东初出版社1985年版。

江灿腾：《20世纪台湾佛教的转型与发展》，高雄净心佛教基金会1995年印本。

江灿腾：《台湾佛教百年史之研究》，台北南天书局1996年版。

江灿腾：《台湾当代佛教》，台北南天书局1997年版。

喻权域、丛亚平主编：《台湾的昨天与今天》，新华出版社1988年版。

江灿腾：《台湾佛教与现代社会》，台北东大图书公司1992年版。

蒋维乔：《中国佛教史》，上海书店据商务印书馆1935年版影印本。

马洪林：《康有为大传》，辽宁人民出版社1988年版。

姜义华：《章大炎思想研究》，上海人民出版社1985年版。

柳亚子：《苏曼殊研究》，上海人民出版社1987年版。

释果清主编：《灵山遗芳——近现代佛教人物选》，宗教文化出版社2010年版。

潘桂明、吴忠伟：《中国天台宗通史》，凤凰出版社2001年版。

释慧岳编著：《天台教学史》，苏州灵岩山寺弘化社印。

吴立民主编：《禅宗宗派源流》，中国社会科学出版社1998年版。

王建光：《中国律宗通史》，凤凰出版社2008年版。

贤度编：《华严学专题研究》，台北华严莲社2003年版。

罗琤：《金陵刻经处研究》，上海社会科学院出版社2010年版。

洪金莲：《太虚大师佛教现代化之研究》，台北东初出版社1995年版。

江灿腾：《现代中国佛教史新论》，高雄财团法人净心文教基金会印1994年版。

杨曾文主编：《日本近现代佛教史》，浙江人民出版社1996年版。
何劲松：《近代东亚佛教——以日本军国主义侵略战争为线索》，社会科学文献出版社2002年版。
肖平：《中国近代佛教复兴与日本》，高雄佛光山文教基金会2001年版。
肖平：《近代中国佛教的复兴——与日本佛教界的交往录》，广东人民出版社2003年版。
游有维：《上海近代佛教简史》，华东大学出版社1988年版。
张轼：《佛教与安徽——安徽佛教史略》，安庆市政协文史资料委员会1997年版。
陈金龙：《南京国民政府时期的政教关系：以佛教为中心的考察》，中国社会科学出版社2011年版。
释能融：《律制、清规及其现代意义之探究》，台北法鼓文化事业股份有限公司2003年版。
王永祥：《中国现代宪政运动史》，人民出版社1996年版。
王治心：《中国基督教史纲》，上海古籍出版社2004年版。
晏可佳：《中国天主教简史》，宗教文化出版社2001年版。
顾卫民：《基督教与近代中国社会》，上海人民出版社2010年版。
张力、刘鉴唐：《中国教案史》，四川省社会科学出版社1987年版。
四川省近代教案史研究会、四川省哲学社会学学会合编：《近代中国教案研究》，四川省社会科学出版社1987年版。
顾长声著：《传教士与近代中国》，袁绩藩译，上海人民出版社1996年版。
卿希泰主编：《中国道教史》，四川人民出版社1996年版。
王雷：《中国近代社会教育史》，人民教育出版社2003年版。
任杰、梁凌：《中国的宗教政策：从古代到当代》，民族出版社2006年版。
李贵连：《近代中国法制与法学》，北京大学出版社2002年版。
赵春晨、郭华清、伍玉西：《宗教与近代广东社会》，宗教文化出版社2008年版。
史筠：《民族事务管理制度》，吉林教育出版社1991年版。
龙敬儒：《宗教法律制度初探》，中国法制出版社1995年版。
冯子超：《中国抗战史》，沈云龙主编《近代中国史料丛刊》第77辑，台北文海出版社有限公司 1981 年版。

六　外国研究著作

［日］水野梅晓：《支那佛教近世史の研究》，支那时报社 1925 年版。

［日］水野梅晓：《支那佛教の现状に就て》，支那时报社 1926 年版。

［日］牧田谛亮：《中国近世佛教史研究》，索文林译，台北华宇出版社 1985 年版。

［日］塚本善隆：《中国近世佛教史の诸问题》，大东出版社 1975 年版。

［日］日华佛教会：《东亚宗教情事》，昭和十八年（1943）版。

［日］佐藤三郎：《近代日中交涉史の研究》，东京吉川弘文馆 1984 年版。

［日］牧田谛亮：《中国佛教史研究》（二），大东出版社 1984 年版。

［日］藤井草宣：《最近日支佛教之交涉》，东京东方书院 1933 年版。

［日］中村元等：《中国佛教发展史》（上），余万居译，台北天华出版事业股份有限公司 1993 年版。

［日］小栗栖香顶：《北京纪事·北京纪游》，陈继东、陈卫力整理，中华书局 2008 年版。

［美］陈荣捷：《现代中国宗教的趋势》，台北文殊出版社 1987 年中译本。

［美］罗兹曼主编：《中国的现代化》，国家社会科学基金"比较现代化"课题组译，江苏人民出版社 1995 年版。

［德］毕尔麦尔（Bihlmeyer）等：《近代教会史》，雷立柏译，宗教文化出版社 2011 年版。

Holmes Welch, *The Practice of Chinese Buddhism 1900–1950*, Harvard University Press, Cambridge Massachusetts, 1969.

［美］唯慈（Holmes Welch）：《近代中国的佛教制度》，包可华、阿含译，台北华宇出版社 1988 年版。

［美］霍姆斯·唯慈（Holmes Welch）：《中国佛教的复兴》，王雷泉等译，上海古籍出版社 2006 年版。

后 记

度过九年奋力挣扎的岁月，留下许多刻骨铭心的记忆，到了今天，《世界佛教通史》终于出版了！

在这里，我首先代表本课题组所有成员，也就是本部书所有作者，向关心、关怀、指导、帮助我们工作的领导、前辈、同事和朋友表示衷心感谢。

从 2006 年 11 月 7 日到 2006 年 12 月 24 日，在我筹备成立课题组，为争取立项做准备工作期间，世界宗教研究所党委书记曹中建先生最早表示全力支持，卓新平所长最早代表所领导宣布批准我申报《世界佛教通史》课题。前辈杜继文先生给了我最早的指导、鼓励和鞭策。王志远先生在成立课题组方面提出了原则性建议，并提议增加《世界佛教大事年表》。同事和好朋友尕藏加、何劲松、黄夏年、周齐、郑筱筠、华方田、纪华传、周广荣、杨健、周贵华、王颂等人从不同方面给我提出具体建议，提供诸多帮助。没有这些领导、前辈、同事和朋友最初的厚爱、最可贵的指教、最温暖的援手，成立课题组就是一句空话。时间已经过去 9 年了，每次我回忆那些难忘情景的时候，眼前总会出现他们当时脸上流露出的真诚和信任。

2007 年 11 月，课题组筹备工作完成，正式进入研究工作阶段。我在分别征求课题组成员的意见之后，聘请中国社会科学院世界宗教研究所所长卓新平研究员、党委书记兼副所长曹中建先生、副所长金泽研究员、中国社会科学院荣誉学部委员杜继文研究员、中国社会科学院荣誉学部委员杨曾文研究员为课题组顾问。八年来，三位所领导和两位前辈关心、关怀课题的进展，从不同方面为课题的顺利进行创造条件。

2012 年 12 月 31 日，在《世界佛教通史》课题结项时，中国社会科学院学部委员卓新平研究员、世界宗教研究所副所长金泽研究员、北京大学姚卫群教授、中国人民大学张风雷教授、北京师范大学徐文明教授应邀出席答辩会。他们在充分肯定本书学术价值和现实意义的同时，为进一步修改完善献计献策，提出了许多有价值的修改意见。

中国社会科学出版社赵剑英社长非常重视本书的编辑和出版工作，自始至终关注本书的运行情况，组织了责任心强、专业水平高的编辑和校对人员进行本书的编校工作，并为项目的落实四处奔走，出谋划策。黄燕生编审从本课题立项开始就不间断跟踪，在最后的审校稿件过程中，她让丈夫在医院照顾96岁高龄患病的母亲，而自己到出版社加班加点编辑加工书稿。其他编辑也是这样，如孙萍编辑经常为本书稿加班到夜晚才回家。

从本课题正式申请立项到最终完成，我们一直得到了中国社会科学院前任和现任领导的关心、关怀和支持，得到院科研局前任和现任领导的具体指导和帮助。科研局的韦莉莉研究员长期关心本课题的进展，为我们做了许多具体服务工作。

我们这个课题组是一个没有任何行政强制条件的课题组，是一个纯粹由深情厚谊凝结起来的课题组。在共同理想、共同追求的支撑下、促动下，我们终于完成了这项最初很少有人相信能完成的任务。回忆我们一起从事科研工作的八年岁月，回忆我们相互切磋、相互学习、相互鼓励、相互促进的学术活动经历，回忆我们在联合攻关、协同作战过程中品尝的酸甜苦辣，总会让人感到真诚的可贵，情义的无价。

在课题组成员中，有两位青年同事帮我做了较多的科研辅助性工作。杨健在2007年到2012年，夏德美在2013年到2015年分别帮助我整理、校对各卷稿件，查找要核对的资料，补充一些遗漏的内容，处理与课题申报、检查、汇报等有关的事宜。他们花费的时间很多，所做工作也不能体现在现行的年度工作考核表上。

八年来，本课题组成员几经调整，变动幅度比较大，既有中途因故退出者，也有临时受邀加入者。对于中途因故退出的原课题组成员，我在这里要特别为他们曾经做出的有益工作、可贵奉献表示衷心感谢。中国社会科学院学部委员史金波前辈、西北大学李利安教授等学者是在课题组遇到困难时应邀参加的，他们为了保证本课题按时结项，不惜放下手头的工作。

《世界佛教通史》是集体创造的成果，是集体智慧的结晶。作为本课题负责人，我对每一位课题组成员都充满了感谢、感激之情。由于自己学术水平所限，本部著作还存在着许多不足之处，所有已发现和以后发现的错误，都应该由我承担责任。

  本课题是迄今为止我负责的规模最大的项目，我曾为她振奋过、激动过、高兴过，也曾为她沮丧过、痛苦过、无奈过。我的家人总是在我束手无策时，给我注入精神能量。我要感谢我的妻子李明瑞：三十多年来，她的操持家务，能够让我自认能力有限；她的鼎力相助，能够让我不敢言谢；她的体贴入微，能够让我心生惭愧。

魏道儒

2015 年 11 月